KB264810

다이나믹 설교뱅크

최정성 목사 엮음

좋은 책으로 하나님의 사람을 만들어가는

엘맨

*
다이나믹 설교뱅크
*
초판1쇄 — 2002년 12월 31일

*
엮은이 — 최 정 성
펴낸이 — 이 규 종
펴낸곳 — 엘맨출판사
*
서울시 마포구 합정동 433 - 62
출판등록 — 제10 - 1562호(1985. 10. 29.)
*
TEL. — (02) 323-4060
FAX. — (02) 323-6416
e-mail — elman1985@hanmail.net
*
잘못된 책은 바꾸어 드립니다.
*
값 25,000원

다이나믹 설교뱅크

머 리 말

한국 땅에 복음이 전해지기 시작한 후 한국 교회의 선교 역사를 되돌아 볼 때 실로 경이적인 부흥과 성장이었습니다.

그것은 단순히 성도 수와 교회수가 증가한다는 의미에서의 상징만이 아니라, 지난 한국 근대사 속에서 교회가 담당했던 민족적 사회적 사명을 수행함에 있어서 자랑스런 역사와 빛나는 전통을 이룩하였다는 데에도 깊은 의미가 있습니다.

그동안 한국 교회는 교회 성장면에서 많은 노력과 투자를 힘써 왔지만, 이제 내실을 다지고 대외적으로 교회가 사회 속에서 능력 있게 일하는 교회로 일해야 할 새로운 시대를 맞이하였습니다. 새로운 시대이기 때문에 새로운 방법이 필요하기는 하지만 교회가 진정으로 교회 되기 위해서는 교회 안에 있는 하나님의 백성들 가운데 진정한 회심의 역사가 있어야 하고, 이 일을 이루시는 분은 오직 하나님 한 분이심을 깨달아야 합니다.

교회는 사람을 필요로 합니다. 성령이 쓰실 수 있는 사람, 마음과 영혼의 온 시선을 오직 하나님에게만 집중시키고 삶의 꿈과 물음에 대한 가치의식이 주님 안에서 거듭난 사람, 그 분 이름의 영광만을 위하여 사는 사람으로 목회 사명의 동기와 신적인 만져주심으로 정화된 사람을 필요로 합니다. 교회를 교회 되게 하는 것도 말씀을 맡은 종들을 통해서 이루어지는 것입니다.

그리하여 목회자들은 말씀 중심으로 계획 목회를 함으로서 성도들을 변화시키고 세상을 변화시킴으로 "하나님의 선하시고 기뻐하시고 온전하신 뜻"이 무엇인지를 분별하여 살도록 아름다운 세상을 만들어야 합니다.

하나님은 설교를 통해서 하나님 자신의 은혜의 말씀과 그 뜻을 그의 백성에게 전달합니다. 하나님은 하나님의 말씀과 성령으로 그의 백성 가운데 임재하시고 그의 백성에게 말씀하시는 것입니다. 여기 《다이나믹 설교뱅크》에 실린 설교는 전국에서 목회에 성공하시고 설교에 은사가 있는 목사님들의 설교를 주제에 따라 청탁하여 엮은 내실 있는 설교들 입니다.

2002년 주제는 "성령이여 교통케 하소서" 입니다.

1장에서는 성령 목회와 영적 성장을 다루었고,

2장에서는 예배와 설교를 논하였으며,

3장에서는 계획 목회 방향을 제시하였고,

4장에서는 월별 52주 낮 설교 자료를 제공하였으며,

5장에서는 저녁 강단 설교를 주제에 따라 1년 분을 집필하였습니다.

6장에서는 특별자료로서 절기 설교, 헌신 예배 설교, 기념 주일 설교 등을 수록하였습니다.

미흡하지만 이 책 한 권만 소장하시면 1년 설교계획에 많은 도움과 자료를 얻게 될 것입니다. 원고를 주신 목사님들께 감사하며 출간을 맡아 주신 엘맨 출판사 이규종 집사님과 직원들에게 심심한 감사를 드립니다.

2003. 1.

집필자 일동

차 례

1. 절기 설교 · 539

2. 헌신예배 설교 · 601

제1장
성령 목회와 영적 성장

Ⅰ. 목회와 성령의 역사

한국 교회는 70년대 이후로 제자 훈련이 목회의 새로운 영역으로 소개되면서 제자 훈련에 매력을 느끼고 그 방향으로 목회의 방향을 설정하여 제자 양육에 힘써 왔다. 필자도 목회 생활 30여년 동안 제자 양육에 목회의 중점을 두고 일해 왔다.

이제 한국 교회가 21세기를 맞아 교회의 개혁을 말하고, 그 개혁을 위한 목회자들의 책임과 사명을 논할 때 성령의 역사에 대해서 말하지 않을 수 없다. 성령은 삼위일체의 한 분으로서 우리가 믿어야 할 대상이지만, 오늘 이 순간에도 끊임 없이 역사하는 분이다. 목회는 성령의 역사 없이는 할 수 없고, 목회자가 성령 충만함을 받지 않고는 목회를 성공적으로 할 수 없기 때문이다.

1. 성령의 역사에 대한 성경적 배경

성령은 태초부터 있었으며 그 분은 창조시에 수면을 운행하셨다(창 1:2). 즉 그는 태초부터 창조 세계에서 역사하신 분이시다. 또한 교회가 시작될 때 제일 먼저 나타난 것이 성령의 역사였다(행 2:2-3). 그 이후로 성령은 계속 역사해 왔다. 지금도 성령의 역사는 계속되고 있다.

성령의 역사는 목회 방법 가운데 하나가 아니라 목회의 근원이 되어야 한다.

성령의 역사 없이는 목회를 감당할 수 없고, 감당한다고 해도 결실도 없고,

힘이 없어 쉽게 쓰러지고 실패할 수밖에 없다.

성령의 역사는 앞으로도 계속 일어날 것이다.

어려운 시대에 목회 사역을 잘 감당하기 위해서는 성령의 역사하심이 충만해야 한다.

2. 성령 충만한 목회자

목회자에게 필요한 것은 성경적이고 신학적인 기초를 다지는 것과 목회자 자신이 성령이 충만한 생활을 하는 것이다. 목회자가 성령에 이끌려서 성령의 역사를 따라 목회를 하기 위해서는 목회의 방법이나 기술로서 성령의 특별한 은사를 구하기 보다, 목회자 자신이 성령 충만해서 성령에 이끌리는 삶을 살아야 한다는 말이다.

목회자들이 계속적으로 성령 충만한 생활을 하며, 성령이 역사하는 목회를 하는 것은 지금 한국 교회가 당면한 가장 커다란 문제이다. 목회자들은 성령 충만한 목회자가 되기 위해서는 기도에 힘쓰고 말씀 연구에 힘써야 한다. 성령 충만한 목회자가 될 때 목회에도 전념할 수 있다.

3. 성령과 설교

성령 충만한 목회자가 목회에 임하면서 제일 먼저 관심을 갖게 되는 것은 성도들을 자기와 같이 성령 충만한 성도로 만드는 일일 것이다. 한편 전통적으로 목회자의 가장 주된 사명은 강단에서 말씀을 선포하는 일이다.

목회자가 성령의 역사에 온전히 의지하기 위해서는 무엇보다도 말씀 선포를 통해서 성령의 역사가 나타나야 한다. 성경에 보면 베드로가 말할 때에 성령이 말씀을 듣는 모든 사람에게 내려 오셨는데(행 10:44), 이 때 베드로가 전한 말씀은 특별한 은사나 역사를 기대해서 한 특별 설교가 아니라 그야말로 예수 그리스도의 복음을 성경 그대로 전한 것이었다. 그러므로 목회자는 매 주일 전하는 설교를 통해서 교인들이 성령 충만하도록 한다는 책임감과 자부심을 가지고 설교에 임해야 한다.

교회가 새로워져야 한다는 말을 많이 한다. 그러기 위해서 새로운 방법과 기술을 생각해 내고 소개하기도 한다. 그러나 성령 충만을 위한 별도의 기술을 습득하려고 하기보다, 항상 해온 설교를 통해서 그러한 역사가 일어나도록 해야할 것이다. 즉, 목회는 곧 성령의 역사이어야 한다. 목회자의 설교도 역시 성령의 역사가 있어야 한다.

4. 목회와 성령의 사역

목회에 있어서 성령의 역사하심이 함께 하실 때 목회가 목회다워진다. 그러기 위해서 목회자는 다음과 같은 점에 주의하여야 한다.

1) 거룩한 사랑의 은사가 중요하다.

성령은 거룩한 영이시다. 그는 우리의 더러운 마음을 깨끗하게 하시며 사랑으로 충만하게 하신다. 그리고 우리에게 사랑하라는 새 계명을 주셨다. 말세에는 더욱이 불법이 성하므로 사랑이 식어간다(마 24:12). 그러나 사랑은 허다한 죄를 덮는다(벧전 4:8).

이웃에 대한 사랑과 하나님께 대한 열렬한 사랑의 계명이 우리 마음에 인치는 것처럼 새겨지는 일은 사람이 하는 일이 아니다. 이것은 오직 성령만이 하실 수 있는 일이다.

목회자는 "만물의 마지막이 가까웠으니 너희는 정신을 차리고 근신하여 기도하라. 무엇보다도 열심히 서로 사랑하라"(벧전 4:7-8)고 하신 말씀대로 거룩한 사랑의 은사로 충만해야 한다.

2) 성령의 세례를 강조해야 한다.

한국 교회는 성령의 세례를 강조해야만 건전해 진다. 성령의 충만만을 원하고 황홀한 입신 경지에 들어가 그리스도와의 신비적 연합을 이루는 일도 중요하지만, 여기에 회개하는 일이 없이 종교적인 것을 즐기는 것으로만 끝난다면 청교도적 신앙이라고 할 수 없다.

반대로 회개만을 강조하고 종교적인 능력이나 성령의 역사를 강조하지 않는다면 아르미니안적으로 흘러 잘못 되면 바리새인들을 양성하는 일이 된다. 따라서 목회는 성령의 세례를 강조해야 건전해 진다.

3) 절제와 중용이 필요하다.

좌로나 우로나 치우치지 않는 일은 좋은 일이지만 중용은 이것도 아니고 저것도 아닌 기회주의로 떨어질 위험이 크고, 어느 한쪽에의 편중은 절제의 덕에 어긋난다.

구제하는 일은 좋으나 목사가 말씀 증거와 기도하는 일은 제쳐 놓고 나누어 주는 일만 일삼는 것은 옳은 일이 아닌 것처럼, 말씀 증거에만 치우치고 구제나 병 고치는 일을 등한시 하는 것도 좋지 않다. 구제와 치유는 교회에 주어진 권세 또는 의무다.

따라서 교회가 성령의 은혜로 병고치는 일을 이상하게 여길 필요는 없고 오히려 장려할 일이나, 이러한 일은 은사를 받은 자들에게 맡기는 것이 좋다.

4) 목회자는 골방에 있을 때 성령 충만은 지속된다.

목회자로서 설교 한 편을 준비하기 위해서 골방에 들어가야 하며, 오직 성령의 지배 아래서 설교가 행해져야 하며 준비되어야 하고 선포되어야 한다. 목회자는 골방에 있을 때 성령 충만은 지속된다.

II. 목회자와 성령 충만한 설교

성령의 충만함을 받는 성도들을 볼 수 있는 예배의 현장. 그 충만한 은혜가 말씀이 전해지는 시간에 강하게 나타나는 바로 그 강단에 목회자 자신이 서 있게 되기를 누구나 원하고 있다.

설교자는 누구나 충만한 성령의 역사가 임하는 설교를 하기 원한다. 이것은 누구에게나 가능하다. 그 비결은 하나님의 역사가 임하게 하는 비결을 알게 될 때 가능한 것이다.

1. 설교자로서의 자격

"지도자만 있으면 군중은 있다"는 말이 있다. 성령충만한 설교자가 되는 것은 설교자 자신의 문제이다. 즉, 설교자 자신이 갖추어야 하는 설교자로서의 자격에 달린 것이다. 하나님의 역사도 설교자의 자격을 갖춘 자를 통하여 나타나기 때문이다. 여기서 자격이라 함은 학력도 아니요 외모도 아니다. 수단과 방법은 더더욱 아니다.

그러면 설교자의 무엇이 성령 충만한 역사가 일어나는 설교를 가능케 하는가?

1) 성경을 보는 자세가 바로 되어야 한다.

초대 교회가 복음서 중심의 설교를 한 것은 도덕적 윤리적 가르침이나 주려고자 말씀을 전한 것이 아니었다.

사람을 구원하는 것은 디다케에 의한 것이 아니라 케리그마에 의한 것이었다. 케리그마란 말씀 속에 나타나는 예언의 성취, 예수 그리스도의 강림, 인류의 죄를 위한 십자가 위에서의 죽으심, 영과 육이 아울러 다시 사신 완전한 부활, 하나님 오른 편에 앉으신 그리스도의 모습, 심판주로 임하는 재림주의 모습 등이 그 핵심이다. 설교자는 이 케리그마를 전하여야 하고, 성경은 그 근본적인 가르침을 위하여 우리에게 주신 말씀임을 분명히 해야 하는 것이다.

교회는 하나님의 말씀 때문에 존속하는 것이다. 그리고 하나님의 말씀을 그대로 전하는 것이 설교자들의 사명이다. 즉 교회는 하나님의 말씀에 따라 생겨났고 하나님의 말씀을 선포하기 위해서 존재한다. 그러므로 설교자 자신이 매일 하나님의 말씀을 가까이 하며 하나님의 음성을 그 기록된 말씀을 통하여 들어야 한다. 그러한 훈련이 되어 있는 설교자는 성령의 역사가 강하게 나타나는 설교를 할 수 있는 자가 된다.

우리는 남에게 말씀을 전달하는 자가 되기 전에 먼저 이 말씀이 나를 위한 하나님의 말씀이어야 함을 간구해야 한다. 그때 우리는 성령의 은혜가 충만한 설교를 하는 자신의 모습을 보게 될 것이다.

2) 전하려는 열정이 있어야 한다.

18세기 영국의 이름난 설교가이며 목회자였던 리차드 박스터의 "어느 죽어가는 사람이 다른 죽어가는 사람들에게 말하듯 설교했다"고 한다. 열정은 우리로 하여금 성령의 은혜가 충만한 설교를 하는대로 인도해 주신다.

"우리가 너희 각 사람에게 아비가 자기 자녀에게 하듯 권면하고 위로하고 경계하노니"(살전 2:11). 이 말씀에서 우리는 무엇을 느낄 수 있는가?

다니엘 보우만은 "설교란 행위의 변화를 일으키려는 명백한 목표를 가지고 한 사람이 다른 사람에게 진리를 전달하는 것이다"라고 했다. 분명하고 확실한 목표를 가지고 힘있게 증거하는 설교가 되어야 할 것을 시사하는 말이다.

헤리 포스딕은 "삶과 죽음의 문제를 안고 있는 개인들과의 씨름이 설교"라고 표현했다. 열정과 간절함이 없이는, 그리고 뜨거운 마음의 자세가 없이는 목표 달성이 불가능한 것이 설교이다.

열정적으로 주기 원하는 설교자는 부지런히 설교를 준비하게 되고, 이것은 자신으로 하여금 풍족함을 누리는 설교자가 되게 한다. 여기서 풍족함을 누린다 함은 말씀의 이해나 관계되는 사물의 지식에서나 더욱 효과적으로 전달될 수 있는 말씀의 표현 방법 등 다양한 의미를 함축한다.

리차드 스팬은 "네 자신을 잃어 버려라. 그리고 네 청중의 유익만을 생각하라. 그러면 청중도 자신을 잊고 네 말에 따르리라. 네가 이렇게만 하면 설교자가 되는 것이다"라고 했다. 영향을 끼치는 설교자가 해야 할 일이 무엇인가? 그것은 영혼을 향한 불타는 열정 그것이다.

2. 설교 원고 작성

감동적인 설교, 은혜스러운 설교, 그리고 성령의 은혜가 충만한 설교를 위해서는 설교자 자신이 가져야 할 설교자로서의 마음가짐 외에도 설교 원고 자체에 문제가 있다.

잘 갖추어진 설교 원고, 그것이 글로 씌어 졌든지 머리 속에 정리된 것이든지는 회중으로 하여금 큰 은혜의 감동으로 들어가게 한다.

1) 형식

설교자의 설교가 성도들이 감동을 받고, 성령의 은혜가 충만한 설교가 되어 모두가 감격하고 다시 듣기를 원하는 설교가 될 수 있는 것은, 마치 걸작 예술품이 많은 사람들의 사랑을 받고, 다시 그 예술품을 보기 원하는 것과 같은 것이다.

예술성이 있는 작품일 때, 그러한 흠모의 대상이 되는 것과 같이, 설교로서의 아름다운 그 무엇이 갖추어져서 어느 면에서 비쳐 보든 그 형태가 설교로서 아름다운 것이어야 한다. 설교의 황태자란 별명을 듣는 스펄전은 "우리의 표현 방법은 각계 각층에 어울리는 것이어야 한다"고 했다.

더 좋은 설교를 원하는 설교자는 더 좋은 설교의 외형도 생각해야 한다. 잘 구성된 설교의 형태는 같은 설교자로 하여금 더 은혜스럽고 더 감동적인 설교를 하게 하는 것이다.

2) 내용

설교란 언제나 선포이다. 그리고 그 선포의 바탕은 케리그마가 있는 선포이어야 한다. 그러므로 우리는 설교 원고의 내용면을 생각할 때 그 속에 복음의 핵심이 들어 있어야 하며 그럴 때 영적 감동을 주는 진정한 설교가 되는 것을 알 수 있다.

설교 원고의 중심 사상은 예수 그리스도이어야 하고, 모든 문제의 해결방법도 그리스도를 통한 것이어야 한다. "참된 설교는 그리스도 중심이다"라는 R.E 화이트의 말과 같이, 진정한 설교는 예수 그리스도가 중심이어야 한다. 진정한 설교일 때 많은 회중으로부터 사랑받는 설교와 설교자가 될 수 있다는 말이다.

그러면 설교의 형식면에서 어떤 조건이 갖추어져야 설교로서의 예술성과 성령의 은혜가 충만한 설교라 할 수 있는가?

새로운 각도에서 보는 훈련, 말씀의 세밀한 부분을 확대하여 보는 훈련, 그리고 남들이 시도하지 않는 새로운 형태의 설교 유형을 발견하고자 하는 노력이 필요하다. 그러한 노력 속에서 위대한 설교가 나오게 될 것이다.

하나의 설교를 작성하기 위해 여러 면에서 세심한 살핌과 더욱 은혜로운 설교가 되기 위한 시도가 필요한 것이다. 그러기 위하여 설교자들에게 필요한 것은 평소에 항상 감각이 무디어지지 않게 하는 예술가들과 같이, 설교자로서의 표현 방법이나 더욱 감동적인 표현 구사력에 대하여 관심을 가지고 연마해야 한다. 언어표현에 있어서도 더 좋은 표현법을 생각해야 한다. 형식을 무시하지 말자. 더 좋은 표현은 더 큰 감명을 불러 일으킨다. 세심하게 살피며 더 아름다운 예술품이 되도록 해야 한다.

사도시대의 설교 주제를 살펴보면 하나님 나라, 부활하신 예수 그리스도의 주 되심, 회개의 촉구 등으로 볼 수 있다. 그리고 이 모든 주제는 언제나 예수 그리스도를 중심으로 되어 있음을 볼 수 있다. 이와같이 설교자들은 나의 설교에서 철저히 그리스도 중심의 메시지를 설교의 핵심으로 삼고 있는가를 살펴보아야 한다.

목회자의 설교에서 우리가 처해 있는 삶의 현장에서의 수많은 문제들을 제시하고 고발도 하고, 그 문제에 대한 시원한 대답을 말해야 함은 더 말할 나위가 없지만, 모든 시사적이며 현실적인 문제들을 언급할 때도 우리는 설교의 내용 자체가 가져야 하는 기본이 되는 예수 그리스도를 잊어서는 안된다.

그리고 모든 문제의 해결은 그리스도를 통하여 되어져야 한다. 우리의 설교 원고 내용은 그리스도로 채워져야 한다. 인생의 모든 문제를 언급해야 할 것이나, 이 모든 것이 그리스도로부터 발하는 빛의 한줄기로 엮어져야 한다.

3. 결론

내용을 정리해 본다면 결국 은혜롭고 성령의 역사하심이 충만한 설교는 설교자가 먼저 하나님의 말씀 앞에 바로 서는 자세를 갖추어야 하며, 자기의 신앙간증이 될 수 있어야 한다. 하나님과의 관계에서 바로 선 모습 속에서만이 진정한 은혜로운 말씀이 있게 된다는 말이다.

기도하는 것과 말씀 전하는 일에 전무하는 것이 우리의 기본 자세이다(행 6:4). 설교는 인격을 통한 전달이 되도록 하나님 앞에서의 내 모습을 더욱 바르게 정립해야 한다.

그리고 어느 면에서 보든지 아름다운 설교가 되도록 갖추어야 할 모든 면을 세심히 살피고 채워야 한다. 하나님과 듣는 자가 서로 만날 수 있도록 우리가 해야 할 사명을 위해 최선을 다하도록 다짐해야 한다.

참으로 설교자는 값진 일을 감당하는 자이며, 설교는 그 값을 정할 수 없는 보배이다. 바울 쉘러의 말과 같이 "설교를 대신할 유일한 것은 더 나은 설교뿐이다." 설교는 하나님 말씀의 선포이며 영적 감동을 주는 설교는 성령충만한 설교이어야 한다.

제2장
예배와 설교

Ⅰ. 예배와 절기

20세기에 접어든 개신교회 예배신학은 예배의 회복이라는 중요한 과제를 설정하면서 예배 복고운동(Liturgical Movement)이 스콧트랜드 교회와 미국의 장로 교회에서 활발하게 진행되기 시작하였다. 로마 카톨릭교회에 대한 감정의 순화와 함께 잃어버린 예배 예전의 정신과 실상을 찾기 위한 운동이 활발히 전개되기 시작하면서 교회력의 회복이 돋보이기 시작하였다. 그 대표적인 것이 장로교회의 본가인 스콧트랜드 교회가 1940년에 펴낸 예배 모범이었다. 그들은 여기서 마리아 또는 기타의 성자축일들을 제외한 대부분의 교회력을 복원하는 큰 발걸음을 내딛었다.

20세기의 개혁교회에 교회력의 부활을 가져오는데 결정적인 역할을 한바 있는 스콧트랜드 교회의(Church of Scotland) 예배예식서에 명시한 그들의 절기는 대강절, 성탄절, 주현절, 사순절, 부활절, 승천일, 성령강림주일, 삼위일체 주일, 오순절 후의 주일들이다.

이와 때를 같이 하여 미국의 교회에서도 교회력에 새로운 관심을 가지고 교회력을 재조정하여 잃어버린 교회력의 복원에 착수한 바 이다. 그러나 미국 교회의 노력은 스콧트랜드 교회의 교회력과 차이가 있는 내용의 제시는 없었다. 오직 잃어버린 교회력의 복원이라는 것이 더욱 큰 의미를 주고 있을 뿐이었다. 여기에 더하여 1960년대에 로마 가톨릭 교회가 새롭게 변신한 제2 바티칸공의회가 내놓은 새롭게 단장된 교회력과 성서일과는 개혁교회로부터 환영을 받게 되면서 오늘의 개혁교회 교회력은 정착이 되기에 이르렀다.

1. 대강절

대강절은 12월 25일 성탄일 4주 전에 시작된 절기로서, 아기 예수의 영접을 위한 준비보다는 장차 오실 주님의 영접에 준비를 하는 뜻이 있다. 이 때 모든 성도들은 인간의 몸으로 오신 바 있는 성탄절의 과거적인 사건과 중생의 차원에서 새롭게 주님을 영접한 현재적 의미를 가지고 있어야 한다. 그리고, 세상의 끝날에 예고 없이 재림하실 주님을 영접할 미래적인 소망을 다짐하고 준비해야 한다. 이 때는 엄숙함과 진지함의 자세로 자신의 죄를 정리하고 주님을 영접하려는 신앙의 자세를 갖는 것이 중요하다. 그러므로 현대인들이 성탄절을 앞두고 들뜬 감정으로 그리스도가 인간의 축하 행사와 상업주의 현장에 희생물이 되지 않도록 특별한 관심을 기울어야 할 절기이다.

2. 성탄절(Christmas)

12월 25일의 성탄일부터 1월 6일의 주현일까지 계속된 성탄절은 앞에서 서술한대로 초대 기독교에는 찾아볼 수 없는 축제의 절기이다. 그러나 4세기 이후부터 제정된 이 절기는 급속히 확산되어 세계인의 축제로 가장 활발히 정착 되었다.

이 절기에는 왕중의 왕으로 오신 주님의 영접이라는 승화된 의미를 갖도록 하는 것이 기본적인 의미이다. 이 절기에는 소란하고 휘황찬란한 장식 보다는 말구유간을 통해서 지상에 첫 발을 디디신 주님의 친근감 있는 서민적 인격을 표현하는데 노력하는 현상을 보여야 한다.

이 거룩한 절기의 메시지는 무엇보다도 희망과 감격이 솟아나는 내용이어야 한다. 그 이유는 사망의 문에 머물고 있던 우리를 찾아주신 하나님의 사랑이 실현된 계절이기 때문이다. 그리고 주님의 오심에 대한 첫 소식을 들을 수 있었던 목자들처럼 '청빈한 마음'의 준비를 다짐해야 할 것이다. 뿐만 아니라 나를 찾아주신 주님을 맞이할 방이 내게 있는지, 아니면 찾아오신 주님을 또 다시 말 구유로 가시도록 하는지의 자기 점검을 하도록 해야 할 것이다.

3. 주현절(Epyphany)

주현절의 의미는 '주님이 현현하심'이라는 뜻이다. 빛이 어두움 속에 스스로 나타남 같이 하나님이 예수 그리스도를 통하여 계시하시고 하나님의 영광이 예수에게서 보인다는 뜻이다. 이 계절은 1월 6일부터 5주간 동안 계속되며, 이 기간 동안에 주님의 수세일과 산상변화의 주일이 함께 하고 있다. 이 기간은 주님의 공생애에서의 복음의 사역을 집중적으로 다루어 복음의 확산에 집중하는 계절이 되어야 한다. 여기서 구원의 승리가 설교의 총 주제가 될 수 있다. 이상과 같은 메시지의 전달은 각 교회가 선교에 관한 프로그램을 강화하고 복음의 확산에 주력하는 행사를 갖는 것이 교회의 전통적인 이 계절의 모습이다.

4. 사순절(Lent)

십자가의 구속의 사건을 중요하게 생각하는 교회들은 이 사순절을 부활절 다음으로 중요하게 관심을 두는 교회의 절기이다. 이 절기는 참회의 수요일(Ash Wednesday)에서 시작하여 성금요일에 끝나고 있다. 주일을 계산하지 않은 40일이 사순절의 기간이다. 이 절기의 기간에는 종려주일과 수난주일이 동시에 있게 되고, 성주간(Holy Week)인 고난주간이 절정을 이루고 있다.

전통적으로 이 절기는 지금까지 가장 엄숙한 예배와 그리스도인들의 경건한 생활 분위기를 강조해 오고 있다. 그러한 까닭에 그리스도인들의 결혼도 이 기간에는 금지하면서 오직 스스로의 모든 육신적인 욕구를 부정하고 금식을 하면서 참회하는 기간으로 설정한 바 있다. 특별히 수난의 메시지가 사라져가고 있는 오늘의 현상을 눈여겨 볼 때, 어느 때 보다 사순절의 의미는 오늘의 그리스도인들에게 필요하다고 본다. 이토록 중요한 사순절에 교회의 강단이 준비해야 할 메시지의 방향은 무엇보다도 십자가의 수난을 통한 구속의 진리를 강조하는 것이어야 한다.

5. 부활절

부활절은 기독교 축일 중 가장 오랜 것이며 교회력의 근원이 되고 있다. 부활의 역사는 기독교의 가장 큰 생명이요 긍지로서 타 종교에서 볼 수 없는 고유한 것이다. 그러므로 매 주일은 '주님의 날'로서 '작은 부활절'로 기독교의 교회력에서는 강조하고 있다. 부활의 날에 대하여는 325년 니케야 회의가 그 결정을 "봄의 첫날(춘분)인 3월 21일 또는 그 이후의 만월 후의 첫 주일, 또는 만월이 주일인 경우는 그 다음 주일"로 지킬 것을 결의한 바 있다.

이 절기에는 새로운 존재로서의 출발을 강조하는 세례를 비롯하여 생기에 찬 교회의 모습을 일으켜 나가는데 모두가 초점을 맞추고 있다. 죽음을 정복한 초자연적인 승리의 주인을 구원의 주님으로 모신 기쁨이 교회에서는 가득하게 된다. 이러한 승리감은 사순절 동안 부르지 아니했던 "할렐루야"나 "영광송"을 다시 부르게 되는 것을 보게 된다.

6. 오순절

오순절은 성령강림 주일을 기점으로 하여 삼위일체 주일을 지나 대강절 첫 주의 전 주일인 왕되신 그리스도의 주일까지 이어진 6개월간의 기간이다. 오순절은 성령의 강림에 의한 교회의 출발이라는 새로운 역사의 장을 펼친 절기이기에 교회의 시작과 성숙과 성장에 깊은 관심을 두는 절기이다. 오순절은 실질적으로 침체 속에 빠져있던 사도들을 다시 불러 일으켰던 새로운 역사를 새롭게 반복하는 의미를 부여하고 있다. 그래서 지금도 오순절의 의미는 성령의 역사와 은사 및 열매를 통한 교회의 삶과 관련을 지우고 있다.

이러한 오순절의 기간 동안은 먼저 교회란 인위적인 힘으로 이룩되는 인간 단체가 아니라 성령의 역사 가운데서 형성되고 발전되는 주님의 지체임을 확인하는 일을 해야한다. 그리고 성령의 열매가 성도들에 의하여 맺어질 때만이 하나님은 기뻐하시고, 하나님의 나라가 생동력있게 확장되어 간다는 메시지의 전달이 필요하다. 그러나 매 주일 성령의 이름을 남발하여 그 이름의 신성과 권위를 인위적으로 실추시키는 일은 오늘의 교회가 범하지 아니해야 할 또 하나의 과제이다.

맺는 말

　오직 말씀만을 사모하는 열심을 가지고 있는 교회들에서 흔히 교회력이 성경에서도 지켜졌는가라는 질문을 던진다. 그 대답은 바울이 고린도전서에서 "우리의 유월절 양 곧 그리스도"를 말하면서 "명절을 지키라"(고전 5:7-8)고 권하고 있다는 사실만으로도 그 대답은 명확하다.

　철을 따라 바뀌는 자연의 변화를 보면서 인간은 거기에 맞는 적합한 옷을 입고 각각 다른 느낌을 갖는다. 사순절의 절정을 이루는 성 목요일이나 성 금요일에 '성령이 오셨네'의 찬송을 손뼉을 힘있게 치면서 부르고 있는 현장을 상상해 보면 우리는 교회력의 타당성을 충분히 알게 된다. 이러한 현상은 교회력에 대한 조그마한 이해라도 있다면 좀처럼 발생될 수 없는 것들이다.

　현대의 많은 교회들은 하나님과의 보다 더 사실적인 만남을 가져오는 소중한 방편으로서의 교회력을 생활화하고 있음에 유의해야 할 것이다.

II. 예배와 찬양

1. 찬양(讚揚)의 본질

1) 찬양의 의미

찬양은 인간이 하나님을 예배하고, 하나님께 영광을 돌리기 위해서 사용하고 있는 예배 방법들 가운데 하나이다. 일찍이 하나님께서는 세상과 인간을 창조하시고 인간에게 찬양을 받으시고자 했다. 따라서 하나님은 찬양의 대상(신 10:21)으로 이해된다.

찬양은 인간이 전능하신 하나님과 연결되는 방법 가운데 매우 중요한 요소로서, 구약시대부터 이어온 예배의 한 방법이다. 이러한 찬양의 구체적인 의미를 파악하기 위해서는 먼저 그 언어적 개념과 성서적 정의를 이해해야 한다.

(1) 언어적 정의

성서에서는 일반적으로 찬양과 찬송(讚頌)을 구별하지 않고 있으며, 찬양과 동의어로 쓰고 있는 단어가 수없이 많다.

구약성서에서는 '찬송하다'는 뜻으로 〈할랄〉이라는 말을 주로 사용하고 있다. 이 단어는 찬양의 가장 아름다운 표현인 할렐루야(hallelujah)에서 나타난다. 이 말은 시편 145편의 제명(題名)이다.

다음으로 많이 사용되고 있는 단어는 '감사하다, 찬양하다'라는 뜻으로 사용된 〈야다〉라는 말이다. 이 말의 명사형인 〈토다〉는 '감사절, 찬송, 감사하여 바치는 물건'을 의미하는데, 이 말에서 찬양과 감사는 동의어임을 알 수 있다.

이밖에도 구약의 용어로는 '찬미하라(쉐마)', '축복하다(바락)', '소리치다(라난)', '기뻐하다(길)' 등이 있는데, 이 말들은 모두 하나님께 대한 찬양의 뜻을 나타낸다.

신약성서에서는 '찬양'의 뜻으로 〈율로케인〉이 쓰이고 있고, '송영'의 뜻으로 〈아이네일〉이 쓰이고 있다(눅 1-2장, 2:14; 갈 1:5 참조).

신약성서의 여러 서신들에서 쓰이고 있는 '송영(아이네인)'이라는 말은 하나님께 영광을 돌려 보내며 찬미한다는 의미로 쓰이고 있다.

(2) 성서적 이해

찬양은 역사의 초기에서 하나님의 전능하심을 노래하고 하나님의 놀라운 은총을 기리기 위하여 불려진 것으로 구약성서에 의해서 전파되었다. 이러한 찬양은 구약성서에 다음과 같이 나타난다.

① 출애굽기 : 출애굽기에는 모세의 찬양이 기록되어 있다.

모세는 홍해를 건너고 계속하여 이방 족속들을 정복한 후에 소리 높여 하나님 여호와를 찬양하며 승리의 노래를 불렀다. 모세는 창세기 15장에 기록된 그의 유명한 찬양시에서 "여호와여 이는 주의 처소를 삼으시려고 예비하신 것이라 주여 이것이 주의 손으로 세우신 성소로소이다 여호와의 다스리심이 영원 무궁하시도다(창 15:17-18)"라고 노래했다. 여기에서 모세가 하나님을 위하여 처소를 준비하겠다고 서약한 것은 그가 찬양을 잘 이해하고 있었음을 나타낸다. 왜냐하면 하나님은 이스라엘의 찬송 중에 거하시기 때문이다(시 22:3).

② 사사기 : 사사기에는 사사들의 찬양이 기록되어 있다.

사사기에는 이스라엘 백성이 영적으로 쇠퇴하여 범죄할 때, 이를 징계하고 돌이키기 위해 하나님께서 이방 민족으로 하여금 이스라엘을 치게 하시고, 이스라엘 백성은 이들 이방 민족과의 싸움을 통해 하나님께 의지하고 회복되는 사실들을 기록하고 있다. 사사시대에 하나님은 사사라는 이름의 지도자를 선택하시고 그들을 통해 역사하셨다. 그리고 사사들이 승리할 때에 하나님은 찬송을 받으셨다. 그 중에서 유명한 찬송은 바락과 함께 가나안 사람과 싸워 승리한 후 드보라의 입에서 나온 찬송이다. "이스라엘의 두령이 그를 영솔하였고 백성이 즐거이 헌신하였으니… 내 마음이 이스라엘의 방백을 사모함은 그의 백성 중에서 즐거이 헌신하였음이라 여호와를 찬송하라(삿 5:2, 9)."

③ 시편 : 시편은 다윗의 찬양을 비롯하여 전편이 찬양으로 기록되었다.

다윗은 찬송과 예배로써 이스라엘 백성을 감동시킨 모든 임금들 중에서 가장 뛰어난 임금이었다. 그의 시편은 많은 세대를 통하여 변함없는 감동을 주었다. 시편 34:1-3에서 다윗은 "내가 여호와를 항상 송축함이여 그를 송축함이 내 입에 계속하리로다 내 영혼이 여호와를 자랑하리니 곤고한 자가 이를 듣고 기뻐하리로다 나와 함께 여호와를 광대하시다 하여 함께 그 이름을 높이세"라고 노래하고 있다.

다윗은 그 자신이 찬송하는 자였을 뿐 아니라 끊임없이 다른 사람들을 자기와 함께 찬송하도록 권고한 사람이다. 그는 가수에게 하나님을 찬양하도록 가르쳤고, 성가대와 악단을 훈련시켜 하루 24시간 여호와를 찬송하도록 하였다. 그는 자신이 한낱 목동이었을 때 여호와께서 나타나 도우셨던 사실과 계속된 그의 인도하심과 전능을 찬양치 않을 수 없었다.

신약성서에도 예외 없이 찬양은 중요한 신앙의 표현으로 나타나고 있다. 예수의 제자 중 요한 사도는 찬양을 가장 잘 이해하고 있는 사람이었다. 이러한 사실은 그의 계시록에 잘 나타나 있다. 그의 계시들은 여호와를 찬양하는 수많은 찬송으로 가득 차 있다.

바울의 찬양도 신약성서에서 큰 비중을 차지하고 있다. 바울은 그의 서신에서 찬송을 즐겨할 것과 감사의 찬송을 할 것, 찬송의 제사를 드릴 것, 손을 들어 찬송할 것을 권고한다. 바울은 "주 안에서 항상 기뻐하라(빌 4:4)"고 강조했다. 그는 실라와 함께 빌립보 감옥에 갇혔을 때 고통과 박해 속에서도 찬송을 드림으로써 찬양의 위대함과 그 능력을 보여 주었다(행 16:24-26 참조). 그는 찬송을 가르쳤을 뿐 아니라 찬송과 함께 살았다. 에베소서 5:19-20에는 "시와 찬미와 신령한 노래들로 서로 화답하며 너희의 마음으로 주께 노래하며 찬송하며…"라고 기록하고 있고, 골로새서 3:16-17에는 "시와 찬미와 신령한 노래를 부르며 마음에 감사함으로 하나님을 찬양하고…"라고 기록하고 있다.

초대 교회에서는 바울과 더불어 성령의 충만함으로 개개인의 영혼에 변화가 일어났고, 그들은 예수의 이름으로 함께 모여 그들의 삶 위에 역사하시는 성령과 더불어 찬미하였다. 그들은 모일 때마다 떡을 떼며 찬미하였다(행 2:43-47 참조).

2) 찬양(讚揚)의 목적

(1) 찬양의 대상

그리스도인의 찬양은 그 목적의식이 뚜렷해야 한다. 목적 없는 찬양은 공허한 노래가 되고, 세상의 유행가를 부르는 것과 다를 바가 없기 때문이다.

찬양의 목적은 하나님의 창조 섭리 안에서 찾아볼 수 있는데, 예언자 이사야는 "이 백성은 내가 나를 위하여 지었나니 나의 찬송을 부르게 하려 함이니라(사 43:21)"고 함으로, 하나님의 인류 창조의 목적이 찬양을 받으시는 데 있음을 분명히 하고 있다. 히브리서 저자는 "이러므로 우리가 예수로 말미암아 항상 찬미의 제사를 하나님께 드리자(히 13:15)"고 하였다. 피조물인 인간은 창조자이신 하나님을 찬양해야 할 의무를 지고 있는 것이다.

이렇게 찬양의 목적을 올바르게 이해하면 찬양의 대상은 자명해진다. 신구약성서에는 찬양 또는 찬송이라는 단어가 무려 400여회나 기록되어 있는데, 이 단어가 전부 그 전후에 '하나님을', '하나님께', 또는 '여호와께', '여호와를' 등의 말과 함께 쓰여지고 있다. 이것은 찬송의 대상이 절대로 하나님 밖에 없다는 사실을 말하는 것이다. 찬송의 대상, 즉 찬송을 들으실 이는 오직 하나님 한 분 뿐이라는 것을 강조하는 말씀들이다.

그러므로 그리스도인은 하나님 외에는 다른 누구를 위하여도 찬송을 불러서는 안된다. 오직 하나님만이 유일하신 기독교 예배의 대상이요 그리스도인의 기도와 찬양의 대상이시다.

(2) 찬양의 목적

찬양의 목적은 찬양의 대상이 오직 하나님에게만 있는 것과 같이, 오직 하나님을 찬양하고 그분께 영광을 돌리는 데 있다. 따라서 찬양은 다른 목적을 가지고 나타날 수가 없다. 특별히 현대의 그리스도인들은 찬양은 '하나님을 향해 노래하는 것'이지 '사람을 향해 노래하는 것이 아님'을 알아야 한다.

그리스도인의 예배 대상인 하나님은 인간을 창조하셨을 뿐만 아니라 예수 그리스도를 통하여 인간을 멸망에서 구하여 주셨다. 하나님의 이러한 은혜는 계속해서 인간에게 주어지는 것이기 때문에 인간은 계속해서 하나님께 찬양과 감사를 드려야 한다.

찬양을 바르게 드리는 것은 그리스도인의 신앙생활에 중요한 위치를 차지하는데, 이를 위해서는 찬양의 목적을 확고하게 정립하고 있어야 한다. 대체로 현대의 그리스도인들이 간과하기 쉽고, 보다 뚜렷하게 알아야 할 찬양의 목적은 다음과 같다.

① 찬양은 감사함으로 드리는 것이다. 그리스도인의 찬양은 구속함을 얻은 성도가 이미 얻은 은혜에 대하여 감사하는 행위이다. 그런데 간혹 찬송을 지나치게 우상시하여 찬송가 가사나 곡조에 마치 어떤 신비스런 능력이 들어 있다고 생각하는 신자들이 있다. 이러한 생각은 찬양의 가장 큰 목적을 이해하지 못하는 것이다.

② 찬양은 감사한 마음으로 하나님께 드리는 제물이다. 찬양은 하나님께 무엇을 달라고 구하는 것이 아니다. 그것은 성서의 여러 곳에 나타나 있듯이 이미 얻은 바 은혜에 대하여 신자의 감격한 마음을 드리는 데 그 목적이 있는 것이다.

③ 찬양은 하나님의 은혜에 대하여 하나님께 영광을 돌리는 응답이다. 그리스도인이 찬송을 부르면서 은혜를 받는다는 생각은 악한 생각은 아니지만 찬송을 은혜받는 수단 정도로 생각하는 것은 잘못된 태도이다. 왜냐하면 찬양은 하나님의 은혜에 대한 그리스도인의 응답이지 하나님께서 주시는 은혜가 아니기 때문이다. 따라서 그리스도인이 은혜를 받으면 하나님께도 영광이 된다고 생각하는 것은 크게 잘못된 것이다.

이상에서 보는 바와 같이 먼저 찬양의 목적에 대한 확고한 인식이 없이는 올바른 찬양을 할 수 없다. 찬양은 신앙에서 비롯되는 것이기 때문에 올바른 신앙에서만 올바른 찬양이 나타나는 것이다.

2. 찬송(讚頌)의 실제(實際)

1) 예배찬송(禮拜讚頌)

(1) 내용

그리스도인의 찬양은 예배를 떠나서는 존재할 수가 없다. 찬양은 예배의 한 요소로서뿐만 아니라 예배적 의미를 성경에서 보면 예배와 매우 밀접한 관계를 가진다.

하나님을 예배한다는 것은 그분에게 모든 것을 바치는 것이고, 그분의 뜻을 찾고 배우는 것이다. 그래서 하나님을 섬김으로 그분을 주님으로 모시는 것이다. 이 예배의 요소는 찬송, 기도, 성경(말씀), 헌금, 성찬 등으로 되어 있는데, 찬송은 대단히 중요한 역할을 한다. 예배에 있어서 찬송은 경배요, 제사요, 신앙심의 표현이라고 할 수 있다.

사도 바울은 이에 대해 "시와 찬미와 신령한 노래를 부르며, 마음에 감사함으로 하나님을 찬양(골 3:16)"이라고 교훈한다. 여기서는 넓은 의미의 찬송에 시, 찬미, 노래 등을 포함시키고 있는데, 이들을 통해 찬송의 예배적 의미를 고찰해 볼 수 있다.

① 시 : 시 형태의 찬송은 시편을 의미한다. 그러므로 예배에서는 제일 먼저 시편을 교송하여야 한다. 원래 시편은 노래로 해야 것이지만, 현재는 그 방법이 정확히 알려져 있지 않기 때문에 교독하는 것이다. 이것은 가장 오래된 찬송의 형태로 매우 중요한 위치와 의미를 가지고 있다.

② 찬미 : 문자 그대로 하나님을 찬양하는 노래이다. 이런 형태의 찬송은 그리스도인들이 가장 많이 부르고 예배에서 가장 많이 사용하고 있는 것이다. 찬미는 그 가사내용상 전적으로 하나님 성삼위를 직접 노래하는 것으로 구성되어야 예배에서 그 귀중한 가치를 나타낼 수 있다. 따라서 예배 찬송은 반드시 그 내용이 하나님의 은혜를 찬양하는 것으로 선택되어야 한다.

③ 신령한 노래 : 오랜 교회역사 속에서 만들어진 것으로 간접찬송이라고 할 수 있다. 이 형태의 찬송은 그 가사 내용에 구애됨이 없이 하나님을 찬양하는 것으로 오늘날 영가(靈歌) 또는 복음성가 등으로 불리운다. 이러한 노래들은 예배에서 뿐만 아니라 각종 신앙적 모임에서 애창되는 것들이다.

이러한 찬송들은 모두 예배적 역할 또는 예배의 요소라는 점에서 다음과 같은 두 가지 요건을 필요로 한다.

첫째, 찬송은 예배의 중요한 요소이기 때문에 그 내용과 형식에 있어 성서적인 검토를 받아야 한다. 찬송은 기독교 메시지를 전달하는 데 매우 중요한 매개체이며 다른 예배요소들과 밀접한 연관을 갖고 있다. 그러므로 찬송은 감상의 대상이라기보다는 참여를 위한 미디어이다. 이런 면에서 찬송은 다른 예배요소들과 내용의 일치를 기해야 하고 성서적으로나 교리적으로 합당한 것이어야 한다.

둘째, 찬송은 그 형식면에서 예술성과 음악성을 가져야 한다. 찬송은 일정한 형식을 통해서 감사와 찬양의 마음을 하나님께 드리는 것이기 때문에 찬송하는 자는 각각의 찬송에서 그 나름대로의 형식을 지켜야 한다. 찬송은 다른 예배요소나 순서를 위한 부속적 의미를 갖는 것이 아니라 그 자체로 완전한 예배의 수단이며 감사의 표현이라는 점을 간과해서는 안된다.

더구나 예배에서의 찬송은 공동체적 신앙을 표현하는 가장 좋은 방도이다. 그러므로 찬송은 설교나 기도 등 여러 예배요소들과 같은 비중을 가진 것으로 이해되고, 그런 요소들과 밀접하게 연결되어 불려져야만 한다.

(2) 종류

예배의 시작과 끝, 또는 도중에 필요할 때 기악으로 연주하는 것을 주악이라고 하는데, 이를 종류별로 굳이 분류해 보면 대체로 다음과 같이 구분할 수 있다.

① 전주곡(prelude) : 전주곡은 예배가 시작되기 5~10분 전에 반주자들이 성도들보다 미리 입당(入堂)하여, 예배에 합당한 마음의 자세를 가다듬게 하는 시간에 엄숙하고 종교적인 내용의 곡조를 연주하여 예배의 격을 높이고 하나님 앞에 헌악(軒樂)하는 것이다.

전주는 꼭 한정된 곡만을 고집할 필요는 없다. 찬송가 중에서 적당하다고 생각되는 것을 골라 반주자가 사전에 충분히 연습하여 연주곡으로 만들어 연주하는 예도 많이 있으며, 찬송가 그대로 연주할 수도 있다.

② 간주곡(interlude) : 간주곡은 원래 성가와 성가 사이에 연주되는 오르

간 곡을 말하는데, 현대에 와서는 예배가 진행되는 도중 적당히 필요에 따라 음악을 연주하고 있다. 회중이 헌금을 드리는 중이나 사회자가 성시(聖詩)를 낭송하고 있을 때에, 혹은 결심초청 때나 성도들이 개인적으로 기도하고 있을 때 등 간주를 필요로 하는 시간이 다양하다. 이것도 찬송가 중에서 선택하는 것이 가장 손쉽고 무난하다.

③ 후주곡(postlude) : 후주곡은 예배가 끝나고 회중이 퇴장할 때 연주된다. 대개 후주곡은 반주자가 즉흥적으로 찬송곡을 연주하는 것이 상례이지만 미리 준비된 찬송곡으로 하는 것이 좋다.

2) 찬양대 찬양

중요한 위치와 의미를 가지고 있다. 여기에는 대개 다음과 같은 것들이 있다.

① 송영 또는 입례송(立禮頌) : 이것은 예배를 시작할 때 집례자가 성구를 낭독하거나 찬양대가 합창을 함으로써 이루어지는 짧은 찬송이다.

② 기도송(response to prayer) : 이것은 목회기도(pastoral prayer)가 끝났을 때 곧이어 연주하는 것인데, 가사의 내용은 반드시 기도의 내용과 직결되는 것이어야 한다.

③ 찬양(anthem) : 찬양대가 연주하는 음악 중에 제일 중요한 부분이다. 한국교회는 관습상 찬양대가 예배시에 합창으로 노래하는 것을 〈찬양〉이라고 일컫는다. 이 찬양은 대개 설교 전에 회중 전체가 하나님께 영광을 돌리는 의미로 연주된다.

④ 봉헌송 또는 헌금송 : 회중이 헌금하고 있는 동안 성가대가 합창 또는 독창으로 헌금에 적합한 음악을 연주하는 것을 말한다. 어떤 교회에서는 헌금하는 동안 회중이 찬송가를 부르기도 한다.

⑤ 축도송 : 예배의 최종순서로 집례자의 축도가 끝나고 이에 화답하는 음악이다.

3) 회중찬송(congregational hymn)

회중찬송은 예배시에 회중이 합창으로 찬송가를 부르는 것을 말한다. 회중

찬송도 찬양의 일부로서 원래 성가대의 찬양으로 하던 것을 루터의 종교개혁 이후 회중의 예배 참례의식을 앙양하기 위해서 부활된 것이다.

회중찬송은 한 예배에서 두 장 내지 세 장의 찬송가를 부르는 것이 적당하다. 회중찬송은 순서와 예배 내용 등을 고려하여 매 순서에 알맞은 것을 신중하게 선택하여야 한다. 특히 회중찬송은 교회 절기와 메시지의 내용을 고려하여 선택되어야 한다.

3. 찬송(讚頌)의 태도

1) 찬송자의 자세

그리스도인은 누구나 정기적으로 예배에 참석하여 찬송을 부른다. 찬송은 예배 분위기를 좌우할 뿐만 아니라 회중의 신앙적 결단을 불러일으키기도 하는 힘을 갖는다.

그러나 대개 찬송자는 찬송에 대해 지나치게 경솔하게 생각하여 찬송하는 마음가짐이나 태도에 크게 신경을 쓰지 않는다. 찬송하는 사람이 신중한 마음가짐과 태도를 갖지 않고 찬송을 부르게 되면 지나치게 감상적인 흥분에 빠지거나 아니면 너무 딱딱한 분위기에 휩싸이게 된다. 따라서 예배에 참석하여 찬송하는 그리스도인은 언제나 진지한 마음으로 찬송해야 하며, 형식적이거나 광신적인 태도로 임해서는 안된다.

그러면 올바른 신자의 찬송하는 태도는 어떤 것인가? 시편 저자는 "새노래로 여호와를 찬송하라(시 98:1)"고 한다. 여호와를 앙망하는 자만이 새확신과 새소망의 기쁨이 있으며, 새로운 신분으로서 새노래, 신령한 찬송을 할 수 있다. 그리스도인은 먼저 기쁜 마음으로 찬양해야 한다. 찬양은 피조물인 인간이 창조자이신 하나님께 영광을 돌리는 것이므로, 인간은 하나님이 주신 안식과 사랑과 확신과 소망의 기쁨을 찬송으로 표현해야 한다. 범사에 기쁨으로 생활하며 하나님께 찬양을 드리는 것은 그리스도인의 의무이며 생활 가운데에서 승리하는 비결이다. 주어진 삶을 기쁨으로 살며 하나님의 소명을 기쁨으로 받아 행하는 사람은 하나님께 기쁨으로 찬양을 드릴 수 있을 뿐만 아니라 세상에서 승리하는 생활을 소유할 수 있다.

그리스도인은 또한 감사한 마음으로 찬양해야 한다. 찬양은 하나님의 구속적 은혜에 대한 응답이다. 따라서 찬양에는 반드시 감사의 내용이 포함되어야 할 것이다. 경건한 그리스도인은 자기의 생활 가운데에서 감사할 조건을 찾아 하나님께 감사의 찬양을 드리는 사람이다. 그는 비록 고난의 먹구름이 다가온다고 하더라도 두려워하지 아니하고, 그 고난을 주신 사실에 대해 감사의 찬양을 그치지 않는다. 고난은 축복을 위한 훈련이기 때문이다. 감사의 찬양은 그리스도인에게 고난을 이길 용기를 주며 하나님의 더욱 크신 은혜의 조건을 제공해 준다. 그러므로 그리스도인은 범사에 감사하는 마음을 잃지 말고 하나님께 찬양하기를 그치지 말아야 할 것이다(시 137편 참조).

2) 바른 찬송태도

찬송은 그 대상이 하나님이기 때문에 경건하고 거룩한 찬송이 되어야 한다. 이러한 찬송을 위해서는 찬송자의 태도나 자세가 거기에 부합되어야 함은 물론이다. 찬송의 바른 태도는 다음과 같다.

(1) 바른 자세로 불러야 한다.

(2) 곡조나 가사를 정확하게 불러야 한다.

(3) 다른 사람들과 어울리게 알맞은 크기로 불러야 한다.

(4) 진지하게 알맞은 속도로 불러야 한다.

(5) 가사를 틀리지 않게 정확하게 불러야 한다.

(6) 좋은 목소리로 아름답게 부르도록 노력을 해야 한다.

(7) 찬송을 부를 때는 밝은 표정으로 불러야 한다.

(8) 반주가 있을 때는 반주에 맞추어 불러야 한다.

(9) 가능하면 파트별로 합창을 하는 것이 좋다.

(10) 찬송 부를 때는 일체의 잡념을 제거하고 하나님을 묵상하면서 불러야 한다.

Ⅲ. 예배와 설교

1. 예배의 정의

예배는 "그리스도께서 제정하신 것으로 구속함을 받은 성도들이 하나님 앞에 나아와 경배하며, 그리스도의 구속을 기념하면서 믿음을 더하게 하고, 소망을 굳게 하며, 사랑을 실천하면서 그리스도의 재림으로 이어질 하늘나라의 예배로 연결되어 질때까지 계속되는 하나님과 그의 백성의 교제"라고 정의할 수 있다.

2. 예배의 원리

하나님의 창조함을 받은 인간이 타락함으로 인하여 하나님을 잃어버리고 사신 우상에게 예배드렸지만, 예수 그리스도의 구속의 은총으로 구원받은 그리스도인들은 마땅히 하나님께 예배드릴 임무가 있다.

교회의 삼대의무는 예배, 건덕, 증거이다. 이 세가지 중에 예배의 원리를 고찰해 보고자 한다.

1) 하나님의 하신 바에 대한 응답이다.

기독교의 예배는 하나님께서 인간에게 이미 베풀어주신 은혜에 대하여 사람이 감사하는 마음으로 응답하는 것이 예배의 원리이다.

예수 그리스도를 구세주로 믿음으로 구속함을 받은 성도들이 하나님의 은

혜에 대한 응답으로 마음과 몸과 물질을 바쳐 예배하는 것이 예배의 원리이
다.

2) 하나님께 향한 신앙의 표현이고 순종이다.

구속함을 받은 그리스도인들이 하나님의 존재와 구속의 진리를 믿는 신앙
의 표현이 예배라는 행위로 나타난다.

성경적 예배는 사람이 자기의 것으로 하나님께 드린다는 의미를 포함하는
것이 아니라, 하나님이 사람에게 주신 바를 하나님에게 드려 그의 뜻대로 받
들어 섬김에 있어서 하나님께 향한 사람의 신앙과 순종의 행위였다.

3) 하나님께 대한 찬양, 숭배, 존경이다.

인간이 하나님께 대한 신앙을 순종으로 표현하려면 하나님을 찬양하고, 받
은바 은혜에 대한 감사를 하며, 존경과 숭배를 하는 마음과 생활이 따르게 된
다. 하나님을 숭배하고 존경하는 마음과 행위는 창조자이시며 구속자이신 주
님께 대한 그리스도인들의 당연한 응답이다.

4) 하나님의 은사를 생활로 인정하는 행위이다.

하나님께서 무한하신 사랑과 인자하심을 인간에게 베풀어 주셨는데, 이 은
혜에 대하여 입으로만 감사를 표시하고, 그 은혜를 인정하는 것으로 멈추면
참된 것이 못된다. 우리의 생활로써 인정하는 행위가 따라야 진정한 숭배와
존경의 표시가 된다.

그러므로 하나님께 드리는 예배는 하나님께서 인생을 창조해 주셨고 보호
해 주시며 통치하시는 하나님을 생활로 인정하는 행위는 신앙과 순종의 생활
로 표현되어야 한다.

5) 하나님께 영광을 돌리는 일이다.

예배는 하나님을 나의 이익을 얻고자 하는데 초점을 두거나, 예배자들을 흥
분시켜서 어떠한 이익을 얻고자 하는데 방향을 설정하면 안된다. 우리가 드리
는 찬송, 기도, 헌금, 성가대의 찬양 등 모두가 하나님께 영광을 돌리는 일에

초점을 두는 것이 예배의 원리이다.

3. 예배와 말씀 선포

1) 말씀 선포

말씀의 선포를 설교, 강도, 강론 등의 말을 사용하는데 설교라는 말이 가장 많이 사용하고 있다.

말씀을 선포하는 일을 예배의식의 중점에 두는 것은 개신교의 일반적인 관습이다. 예배의식에서 "설교처럼 복음의 뿌리까지 뻗은 것은 아무것도 없고, 이것이 설교를 복음전도적 예배의식의 주된 부분을 만든다"고 포오시드(P.T.Forsyth)는 말했다.

2) 예배의식에서의 설교

(1) 모든 성경적 설교는 하나님의 말씀이다.

(2) 설교는 세상을 향한 교회의 증언이다.

(3) 복음전파는 교회의 일이다.

(4) 설교는 또한 설교자 자신의 개인적인 증언이다.

예배는 설교에 그 존재 이유를 제공하고 설교는 예배를 적절하게 드리도록 하는 예배의 중요한 한 요소이다.

4. 교회는 말씀을 따르는 공동체

교회는 말씀을 따르는 성령공동체이다. 신약의 성령의 역사는 처음부터 교회라는 공동체 안에서 또는 그 중심에서 시작된 것이다.

성령체험은 이제까지 인간이 듣지 못한 모든 신비로운 것을 말하는 것이 아니라, 성경에 이미 적혀 있는 것, 교회 역사가 잘 알고 있는 것, 특히 그리스도에 관한 내용을 더 확실하고 설득력 있게 전하는 것이어야 한다.

이런 점에서 성령을 체험한 사람은 가장 보편적인 이야기, 곧 모든 인류의 구원이 되는 성경에 계시된 진리를 말한다는 것을 알 수 있다. 이미 계시된 성경의 진리와 이미 알고 있는 성경의 내용을 그리스도를 중심으로 명확하게 또 사람의 마음에 강력하게 적용하도록 이야기한다는 것이다. 따라서 사도행전 2장의 성령체험은 무엇보다 하나님의 말씀을 정확히 드러내는 것이라는 점을 기억해야 한다.

또 하나 생각해 볼 문제는, 능력이나 성장이 말하고자 하는 본질적인 섯이 결국 변화라는 데 있다.

성령을 받으면 뜨거움을 느낀다고 하는데, 누가복음 24장에서 부활하신 주님이 엠마오로 가던 제자들을 만난 사건이 나온다. 32절에서 제자들은 "길에서 우리에게 말씀하시고 우리에게 성경을 풀어 주실 때에 우리 속에서 마음이 뜨겁지 아니하더냐"고 말한다. 그런데 그 뜨거움은 사람을 사로잡아 하나님의 말씀에 복종시키는 그런 뜨거움이다.

1) 말씀 선포의 기관으로서의 교회

교회의 존재 이유는 하나님의 말씀을 위한다는데 있다. 즉, 교회는 하나님의 말씀에 따라 생겨났고, 하나님의 말씀을 선포하기 위해서 존재한다. 설교자는 하나님의 말씀 안에 내포되어 있는 하나님의 말씀 그 자체를 되도록 말씀 그대로의 의미를 살려 전달하는 정직한 전달자가 되어야 한다.

2) 말씀선포는 성령의 역사하심이 함께 해야 한다.

초대교회의 베드로의 설교는 성령 충만한 설교였다. 베드로의 능력있는 설교에 3,000명이 회개하고 주께 돌아왔다. 교회는 가진 자와 못 가진 자들이 서로 통용해 썼고 모이는데 힘썼다. 또 하나님께 영광을 돌렸고 믿는 사람들이 날마다 더하였다(행 2:43-47). 모범적 교회의 양상이 드러난 것이다. 이러한 현상들보다 더 중요한 것은 성령 충만한 결과였다. 말씀선포를 통해 성령 충만한 교회가 되어야 한다.

제3장
계획 목회

Ⅰ. 목회 표어와 주제 해설

1. 목회 표어
"성령이여 교통케 하소서"(고후 13:13, 빌 2:1)

2. 주제 해설

고린도후서의 결론은 바울의 다른 서신들과 같이 시작된다. 같은 방법으로 시작하면서 사도는 "하나님의 사랑과 성령의 교통하심"이라는 두 구절을 첨가하고 있다. 바울은 무너진 공동체의 연합을 다시 세워야 할 사명이 있었다. 그래서 바울은 고린도교회 공동체를 세우기 위해 고난도 어려운 일도 감당하겠다고 한다. '그리스도 안에서 굳건하게 하시고'는 그리스도와의 교통을 굳건하게 하는 것을 의미한다. 바울이 이미 말한 것처럼 여기서도 '굳건하게 한다'는 것은 사도들의 설교를 통해 받은 신앙이 계속되는 것을 말한다.

1) 성장과 성취케 하심
신자가 세계를 통해 그리스도를 받으면 그 안에서 성장하게 된다. 이 성장은 주님의 재림시까지 계속된다. 굳게 서는 것은 그리스도 안에서 성장하는 것과 다른 내용이다. 고린도후서 1:21-22절에 의한 성장은 성령이 기반이 되어 있다. 이 성령이 그리스도의 본래 성장원리가 된다. 세례에서 성령은 약속으로 주어진 선물이다. 약속으로 성령은 더큰 활동이 기대된다. 그 활동의 절정은 성장의 완성을 만들어내는 것이다. 고린도후서의 결론은 다른 서신에서 흔히 볼 수 있는 것이 아니다. 1장 22절에서 바울이 세운 것의 자연스런 결정이다. 1장 21-22절은 공동체를 향한 하나님의 활동 상황이다. 13장 13절은 소원이 성취된 것으로 동일한 하나님의 활동을 상기케 한다.

성령으로 말미암아 나누어주는 교제인가, 아니면 성령안에서 참여인가? 코이노니아는 성령이 가져온 인간적 교제이다. 그 교제의 창조적 저자 또는 원천으로서의 성령이 사회적 실재로 교제를 가져온다. 후자의 경우엔 성령은 교제를 우리에게 가져오는 주체가 아니고 우리의 공동관심을 나누는 대상으로 간주된다.

물질을 서로 나누는 공동체는 공동체 생활의 더 깊은 본질을 밖으로 표현한 것이다. 한 마음과 한 뜻을 가진 이들의 내적 연합을 외적으로 표현한 것이다. 초대교회 성도들이 공동으로 가졌던 것은 영감된 체험보다는 성령의 은사를 받고 서로 나누는 것이었다.

2) 하나님 사랑의 확인

성령의 교통하심은 성령의 효력으로 교제하는 것과 성령 안에서 계속적 나눔을 의미하는 것인지 아직도 문제로 남아있다. 주님의 은혜와 하나님의 사랑과 상호 연결된 성령의 교통하심, 예수 그리스도의 은혜는 하나님의 사랑을 우리에게 확인시켜 준다. 우리가 예수 그리스도를 알기 때문에 계시된 실제로서 하나님의 사랑을 알고 접속할 수 있게 되었다. 하나님의 아들 안에서 하나님의 사랑의 행위로 인해 우리는 하나님의 사랑을 알게 되었다. 아버지의 사랑은 아들의 구원 사역에서 충분히 나타났다. 삼위의 하나님은 공동체와 연관되어 있다. 아버지의 사랑은 다른 둘의 원인이고 원천이 된다.

성령의 크리스찬 공동체, 칭의 속에 있는 하나님의 은사는 수용적이고 역동적인 양면성이 있다. 인간의 나눔으로 보답하는 하나님의 은사다. 성령의 교통하심은 성령의 한 은사를 많은 사람이 공동으로 나누는 것이다. 마치 아들 예수와 더불어 교제를 하듯이 즉 아들의 메시야로서 삶과 죽으심, 부활을 많은 이들이 나누는 것이다.

바울은 신약의 공동체에 성령의 효과적 임재를 말한다. 성령의 내주하심은 8장 11절과 디모데전서 1장 14절에서 반복되었다. 이와 같은 성령의 임재는 크리스찬 전 존재를 변화시킨다. 육체의 지배로부터 영의 지배를 받게 한다.

기독교 공동체에 성령이 임재하심으로 산 성전을 만드는 것이다. 바울은 여기서 어둠과의 코이노니아와 빛과의 코이노니아라는 용어를 쓰고 있다. 바울은 충성과 거룩을 강조하면서 불신자와의 야합을 경고했다. 기독교 공동체에서 성령의 임재는 하나님의 성전을 이루고 거짓된 것과의 교제에서 보호한다.

3) 성령의 조직체

바울에게서 공동체내에 성령의 임재는 공동체 회원을 생동력있게 하는 것이다. 그에게 크리스찬 공동체란 예수 그리스도를 모퉁이돌로 하고 세워진 성령의 조직체이다. 성령은 공동체에 생명을 주는 원리로서 일을 한다.

세례를 통해 크리스찬은 예수 그리스도와 함께 성령 안에서 살리심을 받는다. 이같은 결정적 순간에 그들은 산 조직체 안에 산 돌들이 되는 것이다. 이 산 조직체 안에서 그들은 거룩한 제사 직분을 위한 산 제물을 바칠 것을 요청받고 있다.

공동체에 성령 임재의 또다른 모습은 바울이 영적 은사로 부르는 카리스마의 임재다. 바울은 각 사람에게 성령의 은사가 각각 주어진다고 한다. 다른 은사는 개인의 유익을 위한 것이 아니요 공동체를 세우기 위해 주신 것이다.

하나되기 위한 이 권면은 교회생활에 관련되어 있다. 교회가 하나되기 위해서는 ① 그리스도 안에 주는 권면이나 ② 사랑의 무슨 위로나 ③ 성령의 무슨 교제나 ④ 긍휼이나 자비가 있거든 등 네 가지 요소들이 열거되어야 한다.

고린도후서 13장 13절과 빌립보서 2장 1절 말씀을 통해 다음의 결론에 이르게 된다. 성령을 통해 그리스도 안에서 함께 한 사람들은 성령을 통해 그리스도 안에서 성장한다. 성령 안에서 우리는 그리스도의 지체가 되고, 우리 안에서 교제를 이룬다. 성령 안에서 이 교통은 재림시 구원에로 성장한다.

이 교제의 결정적 순간은 세례다. 그러나 교통 자체는 성령의 사역으로 효과가 있다. 교회는 성령의 사역으로 하나님께 향한 성장을 한다. 성령은 코이노니아 전체적 배후의 힘이 된다. 하나님께 향한 그리고 형제를 향하여 성령은 교통케 하시는 원인이 되고 동력적 원리가 되신다.

Ⅱ. 계획 목회의 방향

　목회의 초점이 믿음을 세우는데 있으며, 계획 목회는 이러한 사역이 더욱 활발하게 이루어지도록 돕는 것임을 알아야 한다.
　목회사역이 믿음을 세우는 일이기 때문에 목회의 전 분야가 계획목회의 대상이 된다고 할 수 있다. 그러나 그 중에서도 가장 크게 비중을 차지하는 분야를 선정하여 구체적인 실제까지 생각해 보고자 한다.

1. 말씀과 계획 목회

　말씀은 신앙의 기초라고 할 때 신앙을 세우는데 힘쓰는 계획목회는 말씀을 제외하고 어떤 사역을 생각할 수 없다. 말씀이 없으면 이미 그 목회는 목회가 아닌 것이다.
　그리고 목회를 계획함에 있어서 성도들에게 성경을 읽는 일에 힘쓰도록 돕는 일을 하여야 한다. 더 나아가 더욱 성숙된 신앙인이 되게 하기 위해서는 성서학습을 통해 변화, 성장, 성숙케 하여야 한다.

2. 기도와 계획 목회

　목회사역과 신앙생활에서 기도는 매우 중요하다. 기도와 신앙의 관계는 언제나 신앙이 앞서야 하고, 신앙이 앞설 때 기도가 바른 기도가 될 수 있고, 또 믿고 구할 때에 응답 받는다. 기도야말로 유일한 신앙훈련으로 인간의 마음으로부터 태만을 씻어버리는 신앙의 수련이 된다.

<표 1. 월 주제와 방법>

주 제 \ 내 용	월 주제와 방법			
말씀선포	1월	출발의 달	7월	교육의 달
	2월	교회의 달	8월	봉사의 달
	3월	선교의 달	9월	믿음의 달
	4월	부활의 달	10월	말씀의 달
	5월	가정의 달	11월	감사의 달
	6월	애국의 달	12월	결산의 달
성서읽기	(1) 성경읽기 공부문제 (2) 성경통독대회 - 성경 500독 대행진 (3) 성경쓰기 - 신구약 성경 자필로 쓰기 (4) 성경퀴즈대회 　-구역별 대항 1년에 계간별 4회			
성서학습	(1) 중직자반 - 목자, 구역장, 권찰 교육 (2) 제직수련회 (3) 권사수련회 (4) 각기관 임원수련회 (5) 예수제자학교 (6) 전도학교			

특별기도회	기간 및 방법
신년 마가의 다락방 기도회	기간 : 2002년 1월 ○일 - ○일 마가의 다락방에서 120문도가 합심하여 기도할 때 성령충만을 받은 것처럼 성령충만 신년 특별 새벽기도회를 실시한다.

특별기도회	기간 및 방법
21일(세이레) 다니엘 특별 새벽기도회	고난주간을 전후하여 부활주일까지 3이레동안 특별 새벽기도회를 통해 신앙부흥운동을 전개한다. 자료를 4장에서 소개한다.
여리고작전 특별 새벽기도회	고등학교 3학년 대학 수능시험을 앞두고 한주간동안 수험생 부모와 전교인이 합심하여 기도하는 주간을 갖는다.
기도특공대 및 금요 심야기도회	① 기도특공대들이 수요예배후 특별모임을 통해 기도한다. ② 금요심야기도회를 통해 매주 전교인이 기도회를 갖는다.

3. 성례와 계획 목회

우리의 신앙을 돈독하게 하는데 복음의 내용과 더불어 쌍벽을 이룬다고 할 수 있는 성례전이 있다.

성례전이란 주 하나님께서 우리의 약한 신앙을 복돋아 주시고, 우리에게 대한 하나님의 자비의 약속을 우리의 양심에 인치신 일의 외면적인 표적이다. 그리고 또 한편으로 우리의 편에서는 하나님과 천사들 앞에서도 자신의 경건을 간증하는 일이다.

성례전에는 "세례와 성만찬"이 있다. 세례는 확고한 신앙의 표시로써 하나님께 대한 우리 신앙의 상징에의 다른 편으로는 사람들 앞에 우리의 신앙을 드러내는 것이다.

성만찬의 떡은 예수님의 몸, 잔은 예수님의 피를 기념하는 예식으로 하나님과의 교제, 일치, 연합, 구속의 은혜에 대한 감사, 확신 영광 돌림을 나타난다.

내 용	방 법
세 례	세례식은 수난주간과 추수감사절을 중심으로 세례문답을 하고 세례예식을 거행한다(1년에 2회 정도).
성 찬	성찬은 새해를 시작하면서 1회, 고난주간에 1회, 추수감사절기 때에 1회 정도 실시한다(년 3회).

4. 전도와 계획 목회

전도는 교회의 지상명령이요, 최대의 과업이다. 믿는바를 증거하는 것은 믿는 자에게는 당연한 것이요, 복음을 증거하는 사도들에게 주신 절대적 사명은 모든 믿는 자들에게도 공히 주신 사명인 것이다.

우리가 복음을 전파하면 할수록 우리의 능력은 점점 증가한다. 로마서 10장 10절에 "사람이 마음으로 믿어 의에 이르고 입으로 시인하여 구원에 이르느니라"는 말씀대로, 입으로 시인하여 증거하는 전도는 신앙에 없어서는 안될 연단과정에 속한다고 볼 수 있다. 성숙해지는 크리스찬은 전도하는 크리스찬임을 알아야 한다.

1. 전도특공대	전도에 전문성을 가진 사람들을 훈련하여 매주 수요일은 전도하는 날로 활동한다.
2. 태신자전도	교인 한 사람이 한 사람씩 태신자 전도를 통해 전도하고 양육한다.
3. 구역별전도	구역중심으로 전도하게 하고 전도 시상제를 두어 열심히 전도하게 한다.
4. 총동원 전도주일 및 특별전도집회	1년중 총동원 전도주일을 정하고 전도활동을 하게 하여 전교인이 전도에 참여하고, 전도에 능력이 있는 목사님을 모시고 특별전도 집회를 가진다.

5. 교육과 계획 목회

교육은 성도를 말씀으로 가르침을 통해서 변화, 성장, 성숙한 성도가 되게 한다. 교육의 내용에 따라 질적 성장을 가져오고 능력있는 그리스도인이 되게 하여 체계있는 교육은 예수님의 참제자를 길러내게 된다.

내 용	방 법
평생대학	매주 화요일 10시-11시 30분까지 성경 66권을 말씀으로 양육한다.
동현제자학교	매주 수요일 10시-11시까지 전도특공대 전도교육을 통해 축호전도를 실시한다.
구역장 교육	매주 금요일 10시-11시까지 구역장 및 권찰 교육을 통해 목장예배, 구역기도회를 인도케 한다.
교사대학	년 4회를 분기별로 실시하고, 교사들의 자질향상과 실력을 배양시킨다.
세례예비학교	년 2회에 걸쳐 세례문답 예비 후보자들을 1회에 2개월씩 교육을 실시한다.

6. 구제와 계획 목회

초대교회는 구제에 힘을 써 "신약성경에서 제시된 교회는 증거와 봉사와 친교에 의해 운영되었다"고 말 할만큼 구제를 위한 봉사가 교회사역의 큰 부분이었다. 하나님께서는 우리가 가난한 자들을 구제할 때 하나님께 드리는 것으로 말씀하시고 인정해 준다. 신앙의 성숙을 위한 성화에서 자기 부정의 방법으로 이웃 섬김이 이루어지는 것이므로, 사랑의 이웃 섬김인 구제는 더욱 신앙을 성숙하게 하는 것이다.

내 용	방 법
수난절금식미	수난절 한 주간 동안 한끼씩 금식하여 금식미를 가져오면, 불우이웃을 위해 구제한다.(1,000명쯤 되면 4가마정도 나온다.)
독거노인 돌보기	여전도회 기관에서 지역민들 중에 독거노인을 파악하여 1달에 2번쯤 김치 담가주기 및 빨래해 주기로 봉사한다.
불우청소년 생활돕기	불우청소년들을 파악하여 년간 구제헌금에서 한달에 일정한 액수를 지원하여 생활을 도와준다.
성탄절 이웃돕기	고아원, 양로원, 장애인기관, 사회복지 시설기관들을 도와주고 성가대원들의 찬양 등을 통해 위로하는 행사를 가진다.

제4장
주일 낮 설교

1월
출발의 달

· 일어나라 빛을 발하라(사 60:1-3)
· 삶의 우선순위(마 6:31-33)
· 잘되는 사람(시 1:1-3)
· 희망을 말하라(막 7:24-30)

〈집필자 : 최성규 목사〉
· 명지대학교 경영관리학과 졸업
· 한세대학교 신학과 졸업
· 미국 베데스다신학대학교 명예 신학박사 및 명예 철학박사
· 현) 성산효도대학원대학교 총장
· 현) 순복음인천교회 담임목사

일어나 빛을 발하라

(사 60:1-3)

새로운 한 해, 새로운 역사가 시작되었습니다. 새해를 맞으면 많은 사람들이 지난 해 보다 더욱 좋은 일들이 많이 일어나기를 기대합니다. 누구나 희망찬 한 해를 꿈꿉니다. 그런데 안타깝게도 희망찬 새해를 맞이하고픈 우리의 소원과는 달리 환경은 절망과 좌절로 가득합니다. 사람들의 마음과 사회 분위기가 영적, 정신적, 육체적으로 모두 눌려 있습니다.

이러한 사회적 분위기 속에서 세상 사람들은 희망을 갖기 위해 새해 첫날에 떠오르는 해돋이를 보러 저마다 동해로, 해외로 떠납니다. 그러나 남들보다 몇 분 혹은 몇 시간 먼저 해를 본들 무슨 유익이 있으며, 희망이 생기겠습니까? 우리 인간과 마찬가지로 피조물인 해는 결코 절망과 좌절 가운데 있는 사람들에게 희망을 주지 못합니다.

우리에게 희망을 주실 수 있는 분은 오직 한 분, 하나님 뿐이십니다. 희망은 하나님께서 주시는 것이며, 하나님께서 성취하시는 역사입니다. 뿐만 아니라, 하나님께서 우리에게 주시는 희망은 헛된 위로를 주는 환상적인 꿈이 아니라, 오늘을 견디게 하는 구체적인 힘입니다.

따라서 하나님께서 우리로 하여금 새로운 한 해를 살게 하셨다면 절망할 필요가 없습니다. 왜냐하면 하나님의 뜻이 계시기에 우리 앞에 새로운 한 해가 열린 것이요, 그 뜻은 하나님에 의해 반드시 성취될 것이기 때문입니다. 더욱이 그 뜻은 예수 믿고 구원받은 하나님의 자녀들이 영생하는 것이요, 세상에서 복을 받는 것입니다(요 6:40).

이제 우리는 하나님의 은혜와 보호를 힘입어 세상을 향해 나아가야 합니다. 절망적이고 암흑과 같은 이 시대 역사의 주인공, 영적 지도자, 영적 영웅으로 일어나 빛을 발해야 합니다. 하나님께서는 지금 새 시대(새해)를 열어갈 우리들을 향하여 명령하십니다. "일어나라 빛을 발하라!"

1. 일어나라

"일어나라"(사 60:1)는 하나님의 말씀은 듣는 이에게 최고의 축복이요, 은혜의 말씀입니다. 첫째로, "일어나라"는 말씀은 죽은 자를 살리는 생명의 역사가 담긴 놀라운 축복입니다. 회당장 야이로라는 사람은 예수님에게 자기 딸이 죽었으니 오셔서 살려주기를 간청하였습니다. 이에 예수님은 야이로의 집에서 죽은 딸을 향해 "달리다굼", 즉 "소녀야 일어나라"(막 5:41)고 말씀하셨습니다. 그러자 죽은 소녀는 즉시로 일어나서 걸어다녔습니다.

그 뿐만 아니라, 예수님이 나인성으로 가실 때, 한 과부가 그의 아들의 죽음으로 통곡하였습니다. "부모는 산에 묻고 자식은 가슴에 묻는다"는 옛말처럼, 그녀의 마음은 슬픔과 애통으로 찢어지는 듯 하였습니다. 이때 예수님은 아들의 관에 손을 대시고 "청년아 내가 네게 말하노니 일어나라"(눅 7:14) 하셨습니다. 그러자, 그 아들이 살아나는 기적이 일어났습니다.

이러한 역사는 예수님의 제자인 베드로에게서도 일어났습니다. 선행과 구제를 많이 했던 여 제자인 욥바의 다비다가 병들어 죽게 되었습니다. 이에 사도 베드로는 무릎을 꿇고 하나님께 간절히 기도한 후, 죽어 있는 다비다를 향해 담대하게 선포하였습니다. "일어나라"(행 9:40). 그러자 죽은 다비다가 살아나는 생명의 역사가 일어났습니다.

둘째로, "일어나라"는 말씀은 병든 자를 치유하고, 묶인 자를 자유케 하는 능력입니다. 예수님이 제자들과 함께 여리고에서 나아가실 때, 소경 바디매오가 길가에 앉았다가 "예수"란 말을 듣고 자신을 불쌍히 여겨달라고 소리를 질렀습니다. 이에 예수님은 바디매오의 부탁을 허락하시고, 제자들을 통해 "일어나라"(막 10:49)고 하셨습니다. 그러자 소경인 바디매오는 눈을 뜨게 되는 치유를 받게 되었습니다.

예수 그리스도의 복음을 전한 이유로 옥에 갇힌 베드로에게 천사가 찾아왔습니다. 천사는 쇠사슬에 매여 누워 자는 베드로를 깨우며 말하기를 "일어나라"(행 12:7)고 하였습니다. 그러자 손에 묶여 있던 쇠사슬이 풀어지고, 베드로는 자유로운 몸이 되었습니다.

셋째로, "일어나라"는 말씀은 영적 전쟁에서 승리를 선포하는 것입니다. 무질서와 혼란의 시대인 사사 시대에 드보라는 여자임에도 불구하고 하나님의 약속과 능력을 힘입어 바락과 이스라엘 군대에게 "일어나라"(삿 4:14)고 선포하였습니다. 그 결과, 가나안 군대와의 전쟁에서 승리할 수 있었습니다. 마찬가지로, 기드온은 꿈을 통해 하나님이 주신 말씀을 믿고 이스라엘 백성들에게 "일어나라"(삿 7:15)고 독려 하였습니다. 그 결과, 300명으로 수많은 미디안 군대를 물리칠 수 있었습니다.

이제 하나님은 오늘을 살아가는 우리에게도 "일어나라"(사 60:1)고 말씀하십니다. "잠자는 자여, 일어나라!", "신앙의 앉은뱅이 된 자여, 일어나라!", "좌절과 원망과 낙심과 불평의 자리에 있는 자여, 일어나라!"(잠 6:9-11). 따라서 이제 우리도 일어나야 합니다. 성령 충만하여 제자가 되고, 많은 무리들을 제자 삼는 사명자로 일어나야 할 것입니다. 이를 위해서 우리는 어둠으로부터 일어나고, 하나님을 향해 일어나야 합니다.

수업시간에 아는 질문이 나와도 손을 들지 않는 학생이 있습니다. 이것을 세상적인 표현으로 하자면 "튀지 않겠다"는 것입니다. 마치 신앙생활도 이렇게 하는 사람들이 있는데 잘못된 것입니다. 우리에게 하나님이 사명을 주셨다면, 우리는 그 사명을 위해 일어나야 합니다. 게을러서 걸어가는 다른 사람을 보지말고, 하나님이 우리에게 주신 사명을 완수하기 위해 열심히 뛰어가야 합니다.

성경 속의 위대한 인물들의 공통점이 무엇입니까? 모두 다 튀는 신앙을 가진 사람들이었다는 것입니다. 그 중 대표적인 인물로 이스라엘의 포로기 시절에 다니엘과 세 친구들이 있습니다. 이들은 하나님에 대한 굳은 믿음과 곧은 신앙을 가진 자들이었습니다. 목숨까지도 빼앗을 수 있는 왕의 명령 앞에서도 하나님의 말씀대로 자기들을 더럽히지 않기 위해 진미와 포도주를 거절하고 채식만 먹었습니다. 이에 하나님은 그들을 다른 소년들보다 더 아름답고 더

윤택하게 하셨습니다(단 1:15).

다니엘과 세 친구들처럼, 우리도 하나님을 믿고 일어나야 합니다. 세상이 더욱 악해졌다고 불평만 하지말고 일어나야 합니다. 그렇게 할 때, 다니엘처럼 최고의 자리에 오르고, 여호와의 영광이 우리 위에 가득히 임하는 축복을 받을 것입니다(사 60:2).

2. 빛을 발하라

성도는 하나님의 빛과 영광을 입은 존재들 입니다. 사실 요즘 사람들처럼 소위 스타가 되기를 꿈꾸는 세대도 없을 것입니다. 연예계뿐만 아니라 정치, 경제, 스포츠 등 사회 모든 분야마다 스타가 되기를 꿈꾸는 지망생들로 가득합니다. 그러나 스타가 되면 교만하여, 결국 스스로 타락하게 되는 경우를 우리는 자주 봅니다. 우리는 스타가 아니라, 인정받는 사람이 되어야 합니다. 하나님으로부터, 사람들로부터 인정받는 사람이 되어야 합니다.

그런데 안타까운 것은 성도들조차도 이 사실을 잊어버리고, 자녀를 세상의 영광과 부를 누리는 스타로 키우려고 한다는 것입니다. 세상의 영광과 영화는 잠시 사라지는 안개요, 썩어 없어질 것들임에도 불구하고 그것만을 위해 살고 그것만을 위해 신앙생활 하는 성도들이 많이 있습니다. 성도에게는 그 밝기와 그 영광을 헤아릴 수 없는 하나님의 빛과 영광이 주어져 있음에도 불구하고 세상의 헛된 빛을 쫓고 있습니다.

성경은 하나님의 자녀된 성도된 우리들에게 분명히 약속합니다. "다시는 낮에 해가 네 빛이 되지 아니하며 달도 네게 빛을 비취지 않을 것이요 오직 여호와가 네게 영원한 빛이 되며 네 하나님이 네 영광이 되리니"(사 60:19). 여기서의 빛은 구원의 빛, 말씀의 빛, 생명의 빛이신 분이 바로 하나님 이시라는 것입니다. 따라서 우리는 하나님 한 분만으로 만족하며 살 수 있습니다. 어떤 시련과 환란과 역경 속에서도 하나님 한 분만이 우리의 빛이 되심을 믿고 나가면 반드시 승리할 수 있습니다.

하나님의 빛을 소유한 성도는 세상을 비추는 빛입니다(마 5:14). 빛의 사명은 어둠을 밝히는 것입니다. 어둠을 밝히지 못하는 것은 빛이 아닙니다. 이 세대가 점점 더 어두워져 가고 있는 원인은 무엇입니까? 우리의 자녀들이 점점 더 타락해 가는 이유는 무엇입니까? 바로 세상의 빛인 교회와 성도가 칠흑같이 어두운 세상을 비추지 못했기 때문입니다. 정치가나 사상가나 기업인이 어두운 세상을 환하게 비출 수 있는 것이 아닙니다. 오직 예수님을 믿고 구원 받은 성도만이 어둠을 몰아내고 세상을 환하게 만들 수 있는 것입니다. 아직도 정사와 권세와 어두움의 세상 주관자인 마귀의 악한 세력이 지배하고 있는 세상 속에서 많은 사람들은 갈 바를 몰라 방황하며, 죄를 짓고 있습니다. 이런 현실 속에 하나님은 우리로 하여금 세상을 비추는 빛으로 세우셨습니다. 이 땅을 밝히고, 갈 길을 제시하고, 잘못된 것을 태우는 빛으로 세우셨습니다. "일어나라 빛을 발하라 이는 네 빛이 이르렀고 여호와의 영광이 네 위에 임하였음이니라"(사 60:1).

이제 우리는 어두운 세상에 빛을 비추어야 합니다. 내 빛을 비추는 것이 아니라, 하나님의 빛을 비추어야 합니다. 하나님의 영광이 우리를 통해서 드러나도록 해야 합니다. 즉, 하나님이 우리의 발광체가 되시고, 우리는 그분의 반사체가 되어야 합니다. 마치, 달이 해의 빛을 받아 어두운 밤을 비추는 것처럼, 우리는 태양되신 하나님의 달이 되어야 합니다. 그래서 하나님으로부터 나오는 빛을 세상에 반사하기만 하면 됩니다.

그런데 세상은 왜 이렇게 어둡기만 합니까? 달이 태양의 빛을 비추고 있지 않기 때문입니다. 뿐만 아니라, 하나님의 빛을 자기만 소유하려고 하거나, 감추려고 하기 때문입니다. 이제 우리는 이런 잘못된 모든 것을 버리고 겸손한 마음으로 하나님 앞에 다시 서야 합니다. 에녹, 노아, 아브라함, 모세, 사무엘, 다윗, 다니엘, 이사야, 엘리야 등 헤아릴 수 없이 많은 믿음의 사람들처럼 하나님 앞에 온전하게 서야 합니다. 그래서 하나님의 영광의 빛을 비추어야 합니다. 만민이 알도록 일어서서, 받은 은혜를 나누고, 받은 말씀을 선포하고, 받은 능력을 증거해야 합니다.

3. 만민이 산다

자신의 삶의 자리에서 담대하게 일어나 빛을 발할 때 우리는 축복의 사람이 됩니다. 나만이 아니라 나와 너, 만민이 축복의 사람이 됩니다. 그런데 우리가 이 땅에서 복음의 빛을 드러내면, 고민과 갈등이 생길 수가 있습니다. '왜 하나님의 자녀인 나에게 이런 고난이 올까? 왜 이런 시련이 올까? 하나님이 나를 사랑하지 않는 것이 아닌가?'하고 의아해 할 수 있습니다. 또한 예수님으로 인하여 실제적인 고난과 고통이 따를 수도 있습니다. 즉, 남편과 시어머니가 핍박하거나, 중요한 국가 고시를 포기해야 하거나, 사업상 만나는 손님을 접대하지 못할 수도 있습니다. 이러한 모든 것이 인간적으로는 손해로 보이지만, 하나님이 보시기에는 "이 땅"에서와 "하늘"에서 백배의 축복을 받는 비결인 것입니다(막 10:29-30).

따라서 우리는 잠간의 갈등과 고난 때문에 영원한 축복이 보장된 성도의 빛된 삶을 포기하거나 복음의 빛을 부끄러워 해서는 안됩니다. 우리가 믿는 주 예수 그리스도, 그 분은 신실하십니다. 결코 일방적으로 약속을 파기 하시지 않습니다. 우리가 믿음으로 일생을 예수님께 전적으로 맡기기만 하면, 예수님은 우리의 인생을 끝까지 책임져 주십니다. 그 증거로 바울을 보십시오. 그는 예수님께서 자신의 일생에 대하여 온전히 책임져 주신다는 확신으로 가득 차 있었습니다. 현재는 물론이요, 불안한 미래까지도 보장하여 주심을 믿었습니다. 그러기에 그는 현재의 고난 속에서도 평안함을 누릴 수 있었으며, 복음의 빛으로 인하여 받는 수치 가운데서도 조금도 부끄러워하지 않을 수 있었습니다(딤후 1:11-12).

우리가 일어나 빛을 발할 때, 우리를 통해 하나님의 빛이 드러날 때, 너도 살고 나도 살고 만민이 삽니다. 흔히 여름 밤에 빛을 보고 곤충이 모여들 듯이, 우리가 일어나 빛을 발할 때, 세상은 안식과 평안과 기쁨의 자리인 하나님의 품으로 나아오는 것입니다. 하나님은 일어나 빛을 발하는 자들에게 "열방은 네 빛으로, 열왕은 비취는 네 광명으로 나아오리라"(사 60:3)고 약속하십니다. 따라서 우리는 하나님이 맡기신 영혼들에게 생명의 빛, 진리의 빛, 치유의 빛(말 4:2)을 비추어야 합니다. 그때, 사단도 가만히 있지는 않을 것입니다. 어찌하든지 이 빛이 믿지 않는 자들에게 비추지 못하도록 방해할 것입니다(고후 4:4). 그러므로 우리가 이 사명을 감당하기 위해서는 영적, 정신적, 육체적으로 무장해야 합니다.

　이제 우리 모두 일어나 복음의 빛, 생명의 빛, 여호와의 영광을 아는 빛을 온누리에 비춥시다. 어둠이 물러가고, 온 세상이 그 진리를 밝히 알 수 있도록 산 위의 등불이 됩시다. 그리할 때, 빛 되시는 여호와 하나님께서 우리를 통해 온 땅을 회복 시키시고, 온 만민을 살리실 것입니다. 이 복되고 거룩한 역사에 우리 모두 주인공이 됩시다.

삶의 우선순위

(마 6:31-33)

많은 사람들은 새해가 되면, 비록 작심 삼일이 될찌라도 새로운 목표를 정하고, 이를 이루기 위해서 노력합니다. 이렇게 꿈을 정하고 각오를 새롭게 해서 행동하는 것은 참 좋은 일입니다. 그러나 결코 빼놓아서는 안될 것이 있습니다. 그것은 바로 삶의 우선순위, 곧 먼저 할 것과 나중 할 것을 분별해서 행동해야 한다는 것입니다.

왜냐하면 삶의 우선순위가 정해지지 않으면 뛰어만 다니다가 끝이 나기 때문입니다. 바쁘기만 하지 결과가 없기 때문입니다. 결심만 했지 열매가 없기 때문입니다. 실제로 이 민족이 많은 어려움을 겪었던 이유 중에 하나도 우선순위를 잘못 매겨서 뛰었기 때문입니다. 모든 일에는 시기와 중요도에 따라 먼저 할 것과 나중에 할 것이 있는데, 이 순서를 제대로 정하지 못하고 분주하게 움직이기만 했기 때문입니다.

한 나라, 한 사회, 한 가정 속에 살면서도 어떤 사람은 성공의 인생길로, 어떤 사람은 실패의 인생길로 걸어가는 이유가 무엇입니까? 바로 그 사람의 선택 때문입니다. 그 사람의 능력이 아니라, 그 사람이 무엇을 선택 했는지에 의해 성공과 실패의 인생으로 판가름나는 것입니다. 정치계와 경제계 등 사회 모든 분야에서 가문도 좋고, 학벌도 좋고, 능력도 많은 사람들이 왜 실패합니까? 바로 선택을 잘못하여 실패하는 것입니다. 다시 말하면, 삶의 우선순위를 잘못 정해서 살기 때문에 실패하는 것입니다.

그러면, 성공적인 삶을 위해 하나님이 기뻐하시는 선택과 삶의 우선순위는 무엇일까요? 지금부터 함께 알아보도록 하겠습니다.

1. 하나님 먼저

"하나님 먼저". 자신보다 하나님 먼저. 인본주의가 아니라 신본주의. 민주주의가 아니라 신주주의. 이것이 바로 "믿음"이요, "믿음의 증거"입니다. 예수 믿고 하나님의 자녀된 성도의 삶은 언제나 "하나님 먼저"입니다. 결코 불신자들처럼 썩어질 육신의 장막을 위해 먹고, 마시고, 입는 것이 삶의 우선순위가 아닙니다. 도리어 "하나님 먼저"의 삶을 사는 성도는 바나바처럼 모든 것을 팔아 하나님께 드립니다. 세상의 물질보다 하나님의 일을 우선합니다. 뿐만 아니라, 사도 바울처럼 자신의 삶과 목숨보다도 하나님의 일을 우선합니다.

따라서 우리가 '하나님 먼저'의 삶을 살지 못하는 이유가 어디에 있습니까? 바나바와 바울처럼 담대한 믿음으로 살지 못하고, 생계를 염려하기 때문입니다. 생계를 염려한다는 것은 마음이 둘로 나누어져 있다는 것이요, 하나님을 믿지 못한다는 불신앙의 표시인 것입니다. 온 우주 만물을 창조하신 하나님이 나의 아버지가 되시는데, 염려하고 두려워한다는 것입니다.

성경은 우리에게 "여호와께서 너로 실족지 않게 하시며 너를 지키시는 자가 졸지 아니하시리로다 이스라엘을 지키시는 자는 졸지도 아니하고 주무시지도 아니하시리로다"(시 121:3-4)라고 분명히 약속해 주셨습니다. 그 뿐만 아니라, 생사화복을 주관하시는 하나님 아버지는 나에게 필요한 것을 나보다 더 잘 아시는 분입니다. 마치, 우리가 아기 때 필요한 것, 학생일 때 필요한 것, 장가나 시집갈 때 필요한 것을 부모님이 다 아시고 준비해 주시는 것처럼, 하나님은 우리에게 필요한 것을 다 아시고 미리 넉넉하게 준비해 주시는 여호와 이레의 하나님 입니다. 바로, 그 분이 우리를 사랑하셔서 복 주기를 원하시는데 무엇을 염려하고 걱정합니까?

"그러므로 염려하여 이르기를 무엇을 먹을까 무엇을 마실까 무엇을 입을까 하지 말라 이는 다 이방인들이 구하는 것이라. 너희 천부께서 이 모든 것이 너희에게 있어야 할 줄을 아시느니라"(마 6:31-32)는 말씀은 불변의 진리인 것입니다. 이제, 온전한 성도로서 우리가 해야 할 일은 염려하고 걱정하는 것이 아니라, 하나님의 나라를 먼저 구하는 것입니다. 두려워하기보다는 하나님의 의를 먼저 구하는 것입니다.

예수님은 우리에게 "너희는 먼저 그의 나라와 그의 의를 구하라 그리하면 이 모든 것을 너희에게 더하시리라"(마 6:33)l고 말씀하셨습니다. "모든 것"은 무엇을 말합니까? 먹는 것, 입는 것, 마시는 것, 영혼이 잘 되는 것, 범사가 형통한 것, 강건한 것 등이 모든 것을 말하는 것입니다. 그 비결이 무엇입니까? "하나님 먼저"입니다. 우리가 먹고 마시는 것을 삶의 우선순위로 정하고 염려하면 그것 마저도 얻기 힘들지만, 하나님의 나라와 그의 의를 구하면 "모든 것"은 덤으로 풍성하게 받게 된다는 것입니다.

그렇다고, "하나님 먼저", 즉 하나님의 나라와 그의 의를 먼저 구하는 것을 너무 어렵게 생각하지 마십시오. 그것은 그리 어려운 일이 아닙니다. 단지 모이면 먼저 예배 드리고, 어느 곳에 가든지 기도부터 하고, 누구를 만나든지 예수와 교회를 자랑하는 것입니다. 또한 예수 그리스도의 이름으로 상처받은 자를 위로하고, 병들어 아픈 자를 위해 기도해 주고, 가난하고 소외된 자들에게 사랑을 전하는 것입니다. 그리고 하나님께서 우리에게 주신 시간과 물질 등을 감사한 마음으로 하나님의 일을 위해 다시 돌려 드리는 것입니다.

그런데 안타깝게도 이러한 모습들이 우리 주위에서 점차 사라지고 있습니다. 쌀 한 톨이라도 먼저 하나님께 드리던 우리의 모습은 많은 것을 소유 했음에도 불구하고 자신이 필요한 물건을 다 사고 남은 돈으로 헌금하게 되었습니다. 생활이 넉넉하지 못할 때는 지하철이나 버스에 타서도 먼저 기도하던 우리의 모습은 최고급 승용차를 타고 다니면서도 감사의 기도를 할 줄 모르게 되었습니다.

다시금 우리는 "하나님 먼저"의 삶으로 돌아와야 합니다. "하나님 먼저"의 삶을 통해 당당한 예수쟁이로 바로 서야 합니다. "하나님 먼저"의 삶을 통해 나약한 신자에서 건강한 제자로 우뚝 서야 합니다. 그리하여 진정한 의와 평강과 기쁨으로 충만한 하나님의 나라를 세우는 데 앞장서야 할 것입니다.

2. 교회 먼저

하나님 먼저의 신앙은 당연히 "교회 먼저"의 삶으로 드러납니다. 우리는 하나님의 집이자, 예수님의 몸이요, 성령의 공동체인 교회를 자랑하지 않으면서 하나님을 사랑한다고 말할 수 없습니다. 분명한 것은, 내 일보다 교회 일을 우선하는 것이 하나님의 뜻입니다. 환경이 칠흙같이 어둡고, 아무리 어려울지라도 교회 일을 우선하는 자를 하나님은 반드시 축복 하십니다.

그 대표적인 예를 우리는 학개서의 성전 건축에서 볼 수 있습니다. 바벨론에서 70년간 포로생활을 했던 유다 백성들, 이제 그들이 하나님의 은혜로 고향인 유다 땅으로 돌아왔습니다. 70년이라는 긴 세월만에 돌아온 고향 땅에서 그들은 해야할 일이 너무나 많았습니다. 그러나 그들은 가장 먼저 하나님의 집인 성전 뜰의 제단을 복구하고 성전을 위한 기초를 놓기 시작했습니다. 그러다가, 더 이상 건축하는 일을 진행시키지 않았습니다. 생계걱정으로 성전 재건에 마음을 두지 않고 자신들의 집을 수리하고 농토를 복구하는 일에 우선순위를 둔 나머지 성전 건축을 중단했던 것입니다. 유다 백성들이 성전 건축을 우선하지 않자 하나님은 곧 징계 하셨습니다. 하나님은 "너희가 많은 것을 바랐으나 도리어 적었고 너희가 그것을 집으로 가져 갔으나 내가 불어 버렸느니라 나 만군의 여호와가 말하노라 이것이 무슨 연고뇨 내 집은 황무하였으되 너희는 각각 자기의 집에 빨랐음이니라"(학 1:9)고 책망하셨습니다.

이 사건을 인간적으로 보면 하나님이 너무 하신다고 생각할 수 있지만, 믿음의 눈을 가지고 하나님 편에서 본다면, 그런 생각은 잘못된 것임을 알 수 있습니다. 하나님의 성전은 보통 일반 건물들과는 다른 특별한 건물로써 하나님의 임재를 상징하는 하나님의 전입니다. 이러한 성전을 건축한다는 것은 하나님께 영광을 돌리는 일이요, 이러한 성전건축에 참여할 기회를 갖게 된 이스라엘 백성들에게는 특별한 하나님의 은혜와 축복과 믿음의 특권이 주어진 것입니다. 뿐만 아니라, 이스라엘 백성은 성전 건축을 통해 잃어버렸던 신앙생활을 다시 회복할 수 있는 기회를 얻게 된 것입니다. 하나님의 이러한 깊은 뜻을 깨닫지 못하고, 당장 눈 앞에 보이는 자신들의 집을 지으려고 돌아갔으니 얼마나 어리석은 짓입니까?

세계적 강대국인 미국을 보십시오. 미국이 처음부터 강대국이었습니까? 아닙니다. 영국의 청교도들이 꿈을 가지고 찾아왔던 신대륙 미국은 처음에는 쓸모없는 황폐한 땅이었습니다. 이렇게 불모지였던 미국이 오늘날 세계에서 가장 강대국이 될 수 있었던 비결은 무엇입니까? 바로 청교도적 신앙 때문입니다. 신대륙에 도착해서 청교도들이 먼저 한 일이 예배드리고, 성전 건축하는 일이었습니다. 그 다음에 그들은 자신들이 필요한 집과 학교들을 지었습니다. 이렇게 바벨론 포로기에서 돌아온 이스라엘 백성과는 달리 청교도들은 자신들의 집과 자신들을 위한 공공시설보다 하나님의 집인 성전을 제일 먼저 건축하였습니다. 그래서 하나님으로부터 세계 역사상 유래없는 놀라운 축복을 받은 것입니다. 이에 대해 역사가들은 이구 동성으로 "청교도들은 하나님을 찾아갔다가 금까지도 얻을 수 있었다."고 말하는 것입니다.

교회 일을 우선하는 것은 지혜로운 성도의 삶이요, 축복의 지름길입니다.

교회는 인류의 멸망에 임한 노아의 방주처럼, 빛도 없이 소망도 없이 죽어가는 불신자들에게 하나님의 사랑을 통해 영생으로 인도하는 구원의 방주입니다. 교회는 하나님의 자녀된 성도들에게 신앙을 성숙시키고, 세상의 많은 유혹들로부터 보호하여 바른 길로 인도하는 진리의 등대 입니다. 교회는 하나님의 강한 능력이 함께 하는 것으로써 음부의 권세가 이길 수 없는 피난처입니다. 이 사실에 대해 예수님은 교회를 가리켜 "또 내가 네게 이르노니 너는 베드로라 내가 이 반석 위에 내 교회를 세우리니 음부의 권세가 이기지 못하리라"(마 16:18)고 말씀 하셨습니다. 따라서 교회 먼저의 신앙은 나를 성장시키고, 세상으로부터 보호하며, 사단에게 승리하는 비결인 것입니다.

3. 너 먼저

"너 먼저"의 신앙은 "그와 같으니"의 신앙입니다. 예수님께서는 우리에게 "네 마음을 다하고 목숨을 다하고 뜻을 다하여 주 너의 하나님을 사랑하라 하셨으니 이것이 크고 첫째 되는 계명이요 둘째는 그와 같으니 네 이웃을 네 몸과 같이 사랑하라"(마 22:37-39)고 명령하십니다. "자기 부인이 좋으면, 처갓집 말뚝을 보고도 절을 한다"는 옛말처럼, 우리가 하나님을 사랑한다면 하나님의 형상과 모양대로 지음받은 이웃을 사랑할 수밖에 없습니다. 예수님의 피로 값 주고 산 성도들을 사랑할 수밖에 없는 것입니다.

과거 70년대에 "형님 먼저, 아우 먼저"라는 카피의 광고가 있었습니다. 라면 한 그릇이라도 형제간에 서로 먼저 권하는 모습이 너무나 아름다웠습니다. 자신보다 남을 배려하는 따뜻한 마음을 느낄 수 있었습니다. 비록 헐벗고 가난한 시절이었지만, 사랑과 인정이 살아있는 희망찬 사회를 말할 수 있었습니다.

그런데 지금은 어떻습니까? 옛날보다 몇 십배 이상으로 잘 살게 되었음에도 불구하고 더 많이 소유하고, 더 많이 움켜 잡으려고만 하지, 상대방을 배려하지 않습니다. "너 먼저"가 우리의 삶 속에서 사라졌습니다. 하나님의 말씀에 근거한 올바른 이념과 원칙도 없이 나의 유익에 따라 오늘의 이웃이 내일의 적으로 바뀌게 되었습니다. 그래서 사람을 인격체로 대하지 않고, 부와 명예와 권력에 따라 하나의 도구로 판단하게 되어 더욱 삭막하고 각박한 사회가 되었습니다. "너와 나"가 함께 사는 사회가 아니라 오직 "나"만으로 가득하게 되었습니다.

우리는 사랑의 근원이신 하나님을 믿는 "기독교의 반대말"이 유교나 불교가 아니라, "이기주의"라는 사실을 명심해야 합니다. 우리 사회에서 일어나는 대부분의 사회 분규의 원인이 무엇입니까? 바로 이기주의입니다. 개인 이기주의를 넘어서 집단 이기주의가 사회의 문제가 되고 있습니다. 정치, 경제, 기업, 의료, 교육 등 사회 모든 분야에서 이 문제가 심각한 원인으로 대두되고 있습니다. 어느새 한국 사회는 어느 집단이 되든 간에 자기 이익만 목청 높여 주장하기 때문에 다툼이 빈발하고 쉽게 해결되지도 않게 된 것입니다.

이처럼 자기 밖에 모르는 현대 사회의 해결책이 무엇일까요? 바로 "너 먼저"라는 삶의 기준입니다. 과거의 TV 광고 문구처럼 "형님 먼저, 아우 먼저"가 더욱 확대되어 "부모 먼저, 자식 먼저", "남편 먼저, 아내 먼저", "약사 먼저, 의사 먼저", "사장님 먼저, 직원 먼저", "여당 먼저, 야당 먼저", "선생님 먼저, 학생 먼저"가 실현되어져야 합니다.

남을 낮게 여기는 마음은 예수님의 마음이자, 모두가 잘 되는 길입니다. 사도 바울은 "아무 일에든지 다툼이나 허영으로 하지 말고 오직 겸손한 마음으로 각각 자기보다 남을 낫게 여기고 각각 자기 일을 돌아볼뿐더러 또한 각각 다른 사람들의 일을 돌아보아 나의 기쁨을 충만케 하라"(빌 2:3-4)고 권면합니다. 사도 바울이 우리에게 무엇이라고 권면합니까? 나보다 남을 "낫게"여기라는 것입니다. 그런데 많은 사람들이 어떻게 살아갑니까? 나보다 남을 "낮게" 여기고 살아갑니다. 이것은 교만한 마음이요, 예수님의 마음이 아닙니다. 우리는 나보다 남을 "낫게" 여겨야 합니다. 어떻게 해서든지, 나보다 남을 "낮게" 만들려고 하면 안됩니다.

또한 우리는 비록 지금의 내 형편이 어려워도, 신실하신 창조주 하나님을 믿고 이웃에게 더 나눠주고 베풀어 주어야 합니다. 우리가 눈에 보이는 물질에 연연하지 않고, 보이지 않는 하나님을 믿고 이웃들에게 양보하고 나누어 줄 때, 모든 만물의 주인 되시는 하나님 아버지께서 우리를 갑절로 축복해 주실 것입니다. 예수님도 "주라 그리하면 너희에게 줄 것이니 곧 후히 되어 누르고 흔들어 넘치도록 하여 너희에게 안겨 주리라"(눅 6:38)고 분명히 약속하셨습니다.

우리가 "너 먼저"의 삶으로 먼저 이웃에게 베풀 때, 풍성한 축복을 받을 수 있는 것입니다. 그 증거로 이삭을 보십시오. 이삭이 하나님의 축복으로 큰 부자가 되었을 때, 블레셋 사람을 비롯한 이웃들은 그를 시기하였습니다. 그러나 이삭은 온유한 마음으로 그들과 다투지 않고, 당시에는 생명과 같이 여기던 우물을 이웃에게 계속해서 양보 하였습니다. 이에 하나님은 주는 삶, 베푸는 삶, 너 먼저의 삶을 산 이삭에게 큰 복을 주시고, 그 자손들까지 축복하신 것입니다. "그 밤에 여호와께서 그에게 나타나 가라사대 나는 네 아비 아브라함의 하나님이니 두려워 말라 내 종 아브라함을 위하여 내가 너와 함께 있어 네게 복을 주어 네 자손으로 번성케 하리라 하신지라"(창 26:24).

이처럼 우리가 남을 낫게 여기면, 하나님은 우리를 높여 주시고, 사람들은 우리 안에서 하나님의 영광을 보게 될 것입니다.

4. 그리고 나

"하나님, 교회, 이웃, 그리고 나"는 삶의 우선 순위이지, 그 중요성에서 차이가 나는 것은 아닙니다. "나"라는 존재는 하나님의 형상과 모양대로 지음받은 거룩한 존재입니다. 예수님이 십자가에 달려서 돌아가시기까지 하면서 구원한 존재입니다. "나"라는 존재는 왕 같은 제사장, 거룩한 나라, 예수님의 신부입니다.

그런데 안타깝게도 요즘 많은 사람들이 이 거룩한 자존감을 상실하고 있습니다. 특히 청소년들과 가장들이 내가 얼마나 소중하고, 귀한 존재인지를 깨닫지 못하고 있습니다. 학생으로서 공부 좀 못한다고, 가장으로서 돈 좀 못 번다고 자신을 학대하고, 아무렇게나 내팽개 칩니다. 집을 나가 술로 담배로 몸을 망치고, 자살까지도 합니다. 이것은 매우 어리석은 짓입니다. 우리는 공부 좀 못해도 하나님의 아들, 돈 좀 못 벌어도 하나님의 아들입니다. 세상 것을 위해 지음 받은 존재가 아니라, 하나님을 찬양하고 영광 돌리기 위해 지음 받은 거룩한 존재가 바로 우리들 입니다. 하나님은 "무릇 내 이름으로 일컫는 자 곧 내가 내 영광을 위하여 창조한 자를 오게 하라 그들을 내가 지었고 만들었느니라"(사 43:7)고 분명히 말씀하셨습니다.

또한 우리는 하나님을 아바 아버지로 부를 수 있는 하나님의 아들, 하나님의 후사, 곧 하나님의 상속자입니다. 이에 사도 바울은 "우리로 저의 은혜를 힘입어 의롭다 하심을 얻어 영생의 소망을 따라 후사가 되게 하려 하심이라"(딛 3:7)고 증거합니다.

옛날의 우리 모습으로는 멸망의 자녀요, 사탄의 종으로서 영원히 살아야 하는 절망적인 존재였지만, 이제는 하나님의 은혜로 영원한 생명과 함께 천국을 유업으로 물려받게 된 것입니다.

그러므로 이제 우리는 선한 일에 힘쓰며, 어리석고 헛된 것을 쫓아가지 말고, 죄와는 상관없는 삶을 살아야 합니다. 존귀한 자로 변화된 신분에 걸맞은 행동과 삶을 살아야 합니다. 우리의 미래에는 더 이상 두려움과 공포가 가득한 멸망이 아니라, 평안과 풍요가 넘치는 영원한 생명이 기다리고 있습니다. 우리 모두 그곳에 들어갈 때까지 복음에 합당한 삶, 우리의 신분에 합당한 삶, 하나님이 기뻐하시는 삶을 살아야 하겠습니다.

삶의 우선 순위는 세상을 행복하게 살아갈 수 있는 비결이자, 인생의 길잡이 입니다. 또한 천국에 가기까지 이 땅에서 범사가 형통하며, 강건하게 살아 갈 수 있는 지름길입니다. 그러므로 "하나님 먼저, 교회 먼저, 너 먼저, 그리고 나"의 삶을 통해, 우리 모두 성공의 길로 나아갑시다.

잘되는 사람
(시 1:1-3)

세상에는 하는 것마다 잘 되는 사람이 있습니다. 그리고 반대로 '뒤로 넘어져도 코가 깨진다'는 우리네 속담과 같이, 하는 것마다 안 되는 사람도 있습니다. 여러분은 잘 되는 사람입니까?

세상은 어떻게든 돈, 명예, 권력을 소유하면 잘 되는 사람이라고 말합니다. 그렇다면 성경이 말하는 잘 되는 사람이란 어떤 사람일까요? 성경은 잘 되는 사람(시 1:3)을 "복 있는 사람"(시 1:1)이라고 정의하며, "복 있는 사람"은 "의인"(시 1:6)이라고 말합니다. 그러면 여기에서 "의인"은 누구입니까? 바로 예수님의 피로 구원받은 우리들입니다. 구원받고 의인이 된 우리들은 하나님의 나무이며, 예수님의 생수로 자라나는 가지입니다. 그러므로 우리들은 이미 잘 된 사람들이며, 앞으로도 계속 잘 될 사람들입니다.

그러면 오늘 본문을 통해 어떻게 사는 것이 하나님의 은혜와 축복을 잃어버리지 않고, 더욱더 누리며 살아가는 "잘 되는 사람"인가를 알아보도록 하겠습니다.

1. 버릴 것을 버리는 사람

아름다운 꽃과 좋은 열매를 맺기 위해서는 가지치기를 해야 하는 것이 자연의 법칙입니다. 마찬가지로 우리 인생도 가꾸지 않고 관리하지 않으면 가지만 무성한 쓸모 없는 인생이 되고 맙니다.

이런 측면에서, 우리는 먼저 버릴 것을 버릴 줄 알아야 합니다. 성경은 "악은 모든 모양이라도 버리라"(살전 5:22)고 말합니다. 우리 속담에 '바늘 도둑이 소 도둑 된다'는 말이 있습니다. 그런데도 사람들은 죄를 너무나 가볍게 생각하는 경향이 있습니다. 시편 1편 1절은 이러한 죄의 점진적인 발전 과정과 위험성을 잘 보여주고 있습니다. 맨 처음 사람들은 잘못된 생각(악인의 꾀)에 속아 넘어갑니다. 그 다음에는 구체적인 행동(죄인의 길)을 따라 하고, 더 나아가 함께 모여 악을 도모 합니다(오만한 자의 자리). 이와 같이 죄의 생각을 품고 행동하면 사망을 거둡니다. 그러나 우리가 하나님의 생각을 품고 실천하면 결국에는 영생을 거두게 됩니다(갈 6:7).

또한 우리는 하나님보다 우선되는 것을 버려야 합니다. 이 말 뜻은 심지어 하나님의 일이라 할지라도, 하나님보다 우선시 되어서는 안 된다는 의미입니다. 실례로 예배보다 우선되는 일, 영혼 구원보다 우선되는 각종 모임은 잘못된 것입니다. 또한 아무리 좋은 뜻이라고 해도 하나님 말씀에 위배되는 것은 잘못된 것이며 단호하게 버려야 합니다.

사울이 아말렉과의 전쟁에서 승리하고 백성들로 하여금 아말렉의 기름진 양과 소를 가져와서 하나님께 예배를 드리도록 허락했을 때, 그는 이 행동이 옳은 일이라고 생각했습니다(삼상 15장). 그러나 하나님은 이를 기뻐하지 않으셨습니다. 왜냐하면 하나님을 우선하는 삶은 그분의 뜻에 순종하는 것이기 때문입니다. 하나님은 사무엘 선지자를 통하여 "순종이 제사보다 낫고 듣는 것이 수양의 기름보다 나으니"(삼상 15:22)라고 말씀합니다.

2. 할 것을 하는 사람

잘 되는 사람은 할 것을 하는 사람입니다. 성경은 잘 되는 사람을 "오직 여호와의 율법을 즐거워하여 그 율법을 주야로 묵상하는 자로다"(시 1:2)라고 말합니다. 우리는 여기서 "오직"과 "즐거움"이라는 말에 주의를 기울여야 합니다. 일반적으로 우리는 성경보다 다른 것에 더 많은 시간을 할애하고, 거기서 즐거움을 찾습니다. 하지만 우리가 즐거워하고, 잘 되는 길은 오직 여호와의 율법뿐입니다. 여호와의 율법을 즐거워한다는 의미는 그것에 관심과 시간을 기울인다는 말입니다. 우리가 애정을 가지고 성경을 읽는다면, 꿀보다 단 은 혜를 체험하게 될 것입니다(시 119:103).

또한 잘 되는 사람은 오직 그 율법을 주야로 묵상하는 사람입니다. 현대 성 도들에게 가장 부족한 점이 묵상입니다. 우리는 성경을 닫으면, 그 순간 삶 속에서 하나님의 말씀도 닫아버립니다. 그러나 묵상이란 우리의 몸과 마음과 생활이 말씀 안에서 살아가는 것입니다. 이처럼 우리가 말씀을 깊이 묵상하여 그 뜻대로 살아가면 형통의 복을 누리게 됩니다. 하나님은 "이 율법책(성경) 을 네 입에서 떠나지 말게 하며 주야로 그것을 묵상하여 그 가운데 기록한대 로 다 지켜 행하라 그리하면 네 길이 평탄하게 될 것이라 네가 형통하리라" (수 1:8)고 약속해 주십니다.

3. 성령 충만한 사람

잘 되는 사람은 성령 충만한 사람입니다. 성령은 우리의 삶을 풍성하게 하 시는 생수의 강이십니다(요 7:38-39). 그런데 오늘날 현대인들은 점점 갈증 에 허덕이는 사마리아 여인을 닮아가고 있습니다(요 4:1-42). 즉 하나님과 이웃으로부터 단절된 채, 죄의 늪에 빠져서 목말라 하고 있습니다. 그러나 세 상이 주는 물로는 결코 이 목마름을 채울 수가 없습니다. 단지 예수님이 주시 는 영생하도록 솟아나는 샘물이 우리 안에 넘쳐나야만 가능합니다. 예수님은 "내가 주는 물을 먹는 자는 영원히 목 마르지 아니 하리니 나의 주는 물은 그 속에서 영생하도록 솟아나는 샘물이 되리라"(요 4:14)고 약속 하셨습니다. 이 처럼 성령의 강이 흘러 넘칠 때, 사마리아 여인이 남편을 다섯 번이나 바꾸면 서도 얻지 못했던 만족과 기쁨 그리고 자유함을 우리는 누릴 수 있습니다.

또한 성령은 우리를 "하나님이 쓰시는 사람"으로 만드십니다. 우리의 삶이 잘 된다는 것은 하나님으로부터 쓰임 받는다는 것입니다. 하나님으로부터 버 림받고 왕궁에 있는 사울과 하나님으로부터 쓰임 받는 광야의 다윗 중 여러분 은 어떤 인생을 택하시겠습니까? 지금도 성령께서는 우리 안에 거룩한 사명 을 주시고, 그 일을 감당하게 하십니다(빌 2:13). 따라서 우리는 젊어서는 시간과 헌신의 일군이 되고, 늙어서는 기도와 물질의 일군이 되어야 합니다.

이와 같이 우리가 하나님의 일을 할 때, 하나님은 먹이시고 입히십니다(딤전 5:18). 뿐만 아니라 예수님은 "너희는 먼저 그의 나라와 그의 의를 구하라 그리하면 이 모든 것을 너희에게 더하시리라"(마 6:33)고 약속하십니다.

4. 잘 되는 사람의 결과

잘 되는 사람의 결과는 이미 잘 된 것을 누리며 살아가는 것입니다. 하나님은 우리를 이미 영원히 마르지 않는 시냇가에 심어 놓으셨습니다. 그러므로 우리에게는 하나님이 부어 주시는 삶의 자원이 흘러 넘치고 있습니다. 그런데 우리가 이를 누리지 못하는 것은 엉뚱한 곳에 뿌리를 내리기 때문입니다.

우리가 버릴 것을 버리고, 할 것을 하며, 성령으로 충만할 때, 시냇가에 심은 나무처럼 하나님이 우리의 자원이 되어 주십니다. 아울러 시절을 좇아 열매를 맺듯이 전천후 인생이 됩니다. 게다가 잎사귀가 마르지 아니함 같이 우리의 삶을 풍성하게 하는 후원자들이 넘쳐 납니다. 이렇게 됨으로 말미암아 결국에는 하나님의 뜻 안에서 우리의 인생이 형통한 복을 누리게 되는 것입니다. 성경은 잘 되는 사람의 결과에 대해 "저는 시냇가에 심은 나무가 시절을 좇아 과실을 맺으며 그 잎사귀가 마르지 아니함 같으니 그 행사가 다 형통하리로다"(시 1:3)고 말합니다.

성경적으로 "잘 되는 사람"이란 하나님의 은혜 아래서 성령의 지배를 받는 사람입니다. 우리는 은혜의 시냇가를 떠나서는 결코 잘 될 수가 없습니다. 우리 모두 죄를 끊고 말씀을 사모함으로 말미암아 하늘로부터 쏟아지는 은혜를 누리며 살아가도록 합시다.

희망을 말하라

(막 7:24-30)

　"말이 씨가 된다", "말 한마디로 천냥 빚을 갚는다"는 옛말은 삶이 말에 의해 좌우됨을 보여주는 예들입니다. 성경도 "죽고 사는 것이 혀의 권세에 달렸나니 혀를 쓰기 좋아하는 자는 그 열매를 먹으리라"(잠 18:21)고 말씀합니다.

　창조적이고 긍정적인 말은 역경과 고난을 이기게 하고 우리 모두를 살릴 수 있으나, 부정적인 말은 나도 죽고 남도 죽게 합니다. 본문에는 절망 중에 처한 여인이 희망을 말함으로 기적을 체험한 사건이 나옵니다. 비록 우리의 환경이 어렵고 고통스러울지라도, 영원토록 동일하신 예수님을 믿고 희망의 말을 하므로 본문의 여인처럼 성공하는 사람이 됩시다.

1. 환경은 절망입니다.

　IMF의 여파가 채 가시기도 전에 현재 우리 나라는 또 다른 경제 위기를 경험하고 있습니다. 사람들은 시대가 변하면 인간도 변한다고 생각합니다. 그러나 인간이 죄인인 것과 죄의 결과는 사망이라는 것은 결코 변하지 않습니다. 세상이 아무리 발전해도 우리의 환경이 절망적인 것은 인간이 죄인이기 때문입니다. 사람들은 절망적인 환경을 바꿀 수 있다고 말하지만, 결국 죄로 인해 실패할 수밖에 없습니다. 인간적인 성취와 업적은 결코 죄인을 구원할 수 없습니다. 그래서 지혜의 왕 솔로몬은 "헛되고 헛되며 헛되고 헛되니 모든 것이 헛되도다"(전 1:2)라고 말합니다. 소망과 기쁨을 줄 것이라고 믿는 세상의 것은 아무것도 아닌 것입니다.

이스라엘이 광야에서 40년 간 방황한 것은 하나님의 약속을 믿지 않았기 때문입니다. 이와 같이 하나님의 약속을 믿지 않으면 우리의 환경은 절망일 수밖에 없습니다. 그러나 젖과 꿀이 흐르는 가나안은 이스라엘에게 이미 주어진 것이었습니다. 여호수아와 갈렙처럼 환경을 바라보지 않고 약속을 믿으면 세상의 절망적인 환경은 우리의 밥입니다. "오직 여호와를 거역하지 말라 또 그 땅 백성을 두려워하지 말라 그들은 우리 밥이라 그들의 보호자는 그들에게서 떠났고 여호와는 우리와 함께 하시느니라 그들을 두려워 말라"(민 14:8-9).

삼중 축복의 말씀을 약속으로 믿고 받는 자에게 절망은 축복으로 변합니다. 성경 66권 모두가 크게 나누면 명령과 약속의 말씀입니다. 이 말씀들을 "아멘"으로 받으면 놀라운 기적을 체험하며 복되게 살아갈 수 있습니다(막 11:23).

2. 세상 사람들은 절망이라고 말합니다.

사람들이 절망을 말하는 것은 눈에 보이는 것만 믿기 때문입니다. 보이는 것만을 믿는 것은, 믿음이 아닙니다. 눈에 보이지 않아도 하나님이 약속하셨으므로 믿는 것이 믿음인 것입니다. 히브리서 기자는 "믿음은 바라는 것들의 실상이요 보지 못하는 것들의 증거니"(히 11:1)라고 말했습니다.

출애굽한 이스라엘 백성은 홍해 바다와 애굽 군대 사이에 갇히게 되자, 모세를 원망하면서 절망하였습니다. 유월절 구원의 역사를 일으키신 하나님의 은혜를 어느새 잊어버리고 눈 앞의 바다와 군대만을 바라보았기 때문입니다. 이처럼 인간은 너무나 쉽게 판단하고 계산합니다. 심지어 자녀에게조차도 미래의 가능성이 아닌 현재 눈에 보이는 대로만 판단해서 절망의 말을 퍼부어대곤 합니다.

위를 쳐다볼 수 없는 인생은 영원히 절망할 수밖에 없습니다. 시편 기자는 "내가 산을 향하여 눈을 들리라 나의 도움이 어디서 올꼬 나의 도움이 천지를 지으신 여호와에게서로다"(시 121:1-2)고 고백했습니다. 영국의 유명한 설교자 스펄전 목사님은 "인간이 하나님 앞에서 할 일은 계산이 아니라 절대 믿음을 갖는 일이다. 계산은 하나님께서 하신다"고 말했습니다.

삶의 목적과 사명이 있으면 어떤 역경과 고난에 처하더라도 절망하지 않습니다. 바울은 감옥에 갇혀 있으면서도 기뻐하였으며, 심지어 감옥 밖에 있는 교인들에게 기뻐하라고 권면 했습니다(빌 4:4). 뿐만 아니라, 바울은 빌립보 감옥에 갇혀 매맞고 피투성이가 되어서도 실라와 함께 하나님 앞에 찬송과 기도를 드렸습니다. 왜냐하면 그들에게는 복음을 전할 사명과 목적이 있었기 때문입니다. 바울은 "그러면 무엇이뇨 외모로 하나 참으로 하나 무슨 방도로 하든지 전파되는 것은 그리스도니 이로써 내가 기뻐하고 또한 기뻐하리라"(빌 1:18)고 고백합니다.

본문의 이방 여인도 딸을 건강하게 해야 한다는 목적이 있었기 때문에 절망하지 않았습니다. 예수님이 "안 된다"고 하시면서 "개"라고 말씀하셔도 포기하지 않았습니다. "예수께서 이르시되 자녀로 먼저 배불리 먹게 할찌니 자녀의 떡을 취하여 개들에게 던짐이 마땅치 아니 하니라 여자가 대답하여 가로되 주여 옳소이다마는 상 아래 개들도 아이들의 먹던 부스러기를 먹나이다"(막 7:27-28). 이와 같이 삶의 목적, 특별히 하나님이 주시는 거룩한 사명은 우리에게 희망을 가져다 줍니다.

3. 우리는 희망을 말해야 합니다.

사단이 사용하는 무기 중 최고의 무기는 절망과 포기 입니다. 사단은 어떻게 해서든지 우리들이 내일을 희망하지 못하게 합니다. 희망이 없으면 삶을 포기하지만, 꿈이 있는 백성은 결코 망하지 않습니다.

우리에게 꿈과 희망은 무엇입니까? 바로 예수님이십니다. 예수님이 곧 희망이시자, 예수님만이 희망입니다. 예수님이 계신 곳에 절망은 희망으로, 죽음은 영생으로 바뀝니다. 사람들이 부정적으로 말할 때 예수님은 희망을 말씀하셨습니다. 사람들이 야이로의 딸은 죽었다고 말할 때 예수님은 "그녀가 잔다"고 하셨습니다(마 9:24). 또한 사람들이 십자가를 보고 실패라고 말할 때,

예수님은 "내가 다 이루었다"고 말씀하셨습니다(요 19:30).

우리는 문제를 문제로 보지 말고, 문제를 통해서 축복하시는 예수님을 바라보아야 합니다. "야곱의 하나님으로 자기 도움을 삼으며 여호와 자기 하나님에게 그 소망을 두는 자는 복이 있도다"(시 146:5). 또한 우리는 믿음으로 희망을 고백하고 선포해야 합니다. 예수님은 이방 여인의 말 때문에 그녀의 딸을 고쳐주셨습니다. "이 말을 하였으니 돌아가라 귀신이 네 딸에게서 나갔느니라"(막 7:29). 절망의 말을 하면 눈물과 좌절 뿐이지만, 믿음으로 희망을 선포하면 주님의 은혜를 누리며 살 수 있습니다(잠 18:20).

예수 안에서 우리는 산 소망을 소유한 존재들 입니다. 사도 베드로는 "찬송하리로다 우리 주 예수 그리스도의 아버지 하나님이 그 많으신 긍휼대로 예수 그리스도의 죽은 자 가운데서 부활하심으로 말미암아 우리를 거듭나게 하사 산 소망(살 희망)이 있게 하시며"(벧전 1:3)라고 말합니다. 세상이 아무리 힘들고 절망스러워도 기뻐할 이유가 바로 여기에 있습니다. 우리 모두 희망이신 예수님을 증거함으로써, 좌절과 죽음 앞에서 두려워 떨고 있는 인생들에게 희망을 줍시다.

지금 우리에게 가장 필요한 것은 희망입니다. 세상은 결코 희망을 줄 수가 없습니다. 기독교만이 희망입니다. 성경 66권의 말씀과 교회만이 우리의 희망입니다. 희망을 주실 분은 오직 한 분, 예수님뿐이십니다. 예수님 안에서만 우리에게는 희망이 있습니다. 끝까지 예수님만 바라보고 딸의 병을 치료받은 수로보니게 여인처럼, 환경이 아무리 절망적일지라도 예수님만을 바라봄으로 절망을 희망으로 바꾸는 역사를 체험합시다.

2월
교회의 달

· 새로운 변화(행 9:3-9)
· 보여줄 수 있는 교회(행 2:43-47)
· 살아있는 교회(행 4:23-35)
· 전체를 드리는 교회(행 1:8)

〈집필자 : 최병두 목사〉
· 장로회신학대학 및 대학원 졸업
· 히브리대학 수료
· 미드웨스트 신학대학 명예신학박사
· 현) 예수교장로회 통합 총회장
· 현) 상신장로교회 담임목사

새로운 변화
(행 9:3-9)

우리 나라 역대 임금 중에서 가장 포악한 왕을 꼽는다면 조선시대의 연산군을 들 수 있을 것입니다. 연산군은 그의 제위 기간에 무고하게 반대파들을 죽였습니다. 그리고 많은 처녀와 부녀자들을 농락한 왕이었습니다.

그런데 이 연산군은 원래 포악한 왕은 아니었습니다. 뜻하지 않는 한 사건이 선한 연산군을 포악한 연산군으로 바꾸어 놓았습니다. 이 사건은 연산군의 어머니 폐비 윤씨의 사건이었습니다. 연산군은 초기에는 개혁적이고 도덕적인 정치를 실행하는 왕이었습니다. 그런데 어느날 자신을 낳아 준 어머니의 피문은 보자기를 보면서 그 안에 있는 악한 마음이 발동하여 그를 포악하게 만들었습니다. 이후로 연산군은 파괴적인 사람이 되었습니다. 죽은 한명회의 묘를 다시 파헤쳐 다시 사형 집행을 행할 정도로 복수열에 불타는 사람이 되었습니다. 이렇게 하나의 작은 사건이 파멸의 구덩이로 몰아 넣은 것입니다.

그런데 이와는 대조적으로 한 사람을 인류 역사상 가장 위대한 인물로 만들어 낸 사건을 오늘 본문에서 찾아볼 수 있습니다. 바로 사울이 바울로 바뀌는 다메섹 사건입니다. 이 사건을 통하여 어두움에 잠겨 있던 소아시아와 유럽이 광명의 햇빛을 보게 되었습니다. 이 사건을 통하여 새로운 변화의 역사가 일어나게 되었습니다.

스데반 사건 이후로 잠잠하던 기독교가 다시 유대교의 위협적인 존재로 떠오르고 있었습니다. 특히 소아시아에 흩어져 있는 유대인들이 기독교로 개종함에 따라 유대교 전통이 무너지고 있었습니다. 이에 예루살렘에 있던 유대교

지도자들은 바울과 같은 열성분자들을 안디옥으로 보내어 기독교인들을 체포하라고 명령하였습니다.

여기에 명을 받고 사울이 다메섹 길을 통하여 안디옥으로 내려가는 중이었습니다. 이 여행 중에서 사울은 아무도 듣지 못하는 음성을 듣게 되었습니다. "사울아, 사울아 나는 네가 핍박하는 예수다"라는 말씀이 들려졌습니다.

여기에서부터 사울이 바울로 변하는 역사가 일어납니다. 이 변화는 분명 과거의 모습과는 다른 것이었습니다. 자신을 중심으로 변화된 것이 아니라 하나님을 중심으로 변화된 새로운 사건이었습니다.

하나님은 어려운 환경 앞에 믿음의 사람으로 변화되지 못하는 우리들에게 이 사건을 통하여 우리가 어떤 믿음의 내용을 가지고 살아가야 하는가 가르쳐 주고 계십니다. 어떻게 우리의 믿음이 새롭게 변화되어야 하는가 말씀하고 계십니다.

1. 남이 할 수 없는 것을 하는 사람이 되라 말씀하십니다.

사울은 '왕의 대로'라는 큰 길을 따라 여러 사람들과 같이 살기가 가득찬 마음을 가지고 안디옥으로 내려가고 있었습니다. 분명 사울은 일행과 함께 걸으면서 말과 낙타의 소리도, 사람들의 이야기 소리도 들을 수 있었습니다.

그런데 갑자기 하늘에서 천둥과 같은 소리가 그의 귀에 들립니다. "사울아 사울아, 나는 네가 핍박하는 예수다." 이 소리를 사울은 생생하게 들었습니다. 그런데 신기한 것은 이 소리를 사울 자신만이 들었다는 것입니다. 분명 고막이 찢어질 정도의 생생한 소리를 주위의 사람들은 듣지 못하고 사울 자신만 들었다는 것입니다.

여기에 이 놀라운 사건의 신비가 담겨져 있습니다. 사울이 바울이 되었다는 것은 남이 할 수 없는 것을 할 수 있는 사람이 되었다는 것입니다. 바울은 평범한 가운데에서 남이 들을 수 없는 하나님의 소리를 들을 수 있는 사람이 된 것입니다.

이 다메섹 체험 이후 바울은 남이 하지 못하는 일을 할 수 있게 되었습니다. 그는 한 번도 아닌 세 번씩이나 생명을 걸고 선교 여행을 떠나게 되었습니다. 하늘의 삼층천까지 올라갔습니다. 그리고 사십에 하나를 감한 매를 다섯 번씩 맞았고, 견디기 힘든 추위와 배고픔을 겪었습니다. 더욱 빌립보 감옥에서 생명의 위협을 받기도 하였습니다. 사도 바울은 예수를 통하여 남이 할 수 없는 일을 이루어 내는 사람으로 변화된 사람이었습니다.

빌립보서 4:13절에서 "내게 능력 주시는 자 안에서 내가 모든 것을 할 수 있느니라"고 고백합니다. 바로 남이 못하는 것, 그것을 주님의 능력 안에서 할 수 있다고 자신있게 고백합니다.

이것이 기독교인의 모습입니다. 남이 하지 못하는 것, 그것을 할 수 있는 사람이 참다운 기독교인입니다. 남이 하는 것을 똑같이 하고, 남이 못하는 것을 우리도 못하면 세상 사람들과 아무 차이가 없게 됩니다. 우리는 주님의 이름 때문에 남이 못하는 것을 할 수 있습니다.

사랑하는 사람이 죽은 아픔 속에서도 다시 눈물을 닦고 찬송할 수 있는 사람이 기독교인입니다. 극한 미움에서도 사랑할 줄 아는 사람이 기독교인입니다. 실패에서도 다시 일어서는 사람, 어려움 속에서도 늘 감사하는 사람, 고난의 환경에 천국을 옮겨놓는 사람, 예수 때문에 참을 수 있는 사람, 고통 속에서도 웃을 수 있는 사람이 기독교인입니다.

송명희라는 시인은 여러분이 잘 아시다시피 보지 못하고, 말하지 못하고, 듣지 못한 사람이었습니다. 그런데 정상적인 사람보다 예수님을 더 잘 보고, 더 잘 듣고, 더 많이 증거할 수 있는 사람이 되었습니다.

성도 여러분! 주님은 우리에게 사울의 사건을 통하여서 할 수 없는 것을 할 수 있는 믿음을 가지라고 말씀하십니다. 여러분의 앞길이 보이지 않습니까? 도우시는 하나님의 손길을 봅시다. 고통의 소리가 길어집니까? 여기에서 찬송 부릅시다. 미움만이 놓여 있습니까? 사랑합시다. 절벽의 상황으로 달려가고 있습니까? 더욱 찬송합시다. 이것이 우리가 해야 할 믿음의 내용들입니다.

2. 어제를 버릴 줄 아는 사람이 되라 말씀하십니다.

사울은 이 사건을 통하여 새로운 옷을 입게 되었습니다. 율법 대신 복음을 들고 있었고, 생활 윤리가 아니라 사랑의 윤리를 전하게 되었습니다. 유대교 사람이 아닌 하나님의 사람이 되었습니다. 갈라디아서 2:20에서 그는 예수 안에서 다시 태어난 사람이라 고백하고 있습니다. 어제의 사울은 죽고 오늘 예수의 이름으로 인하여 바울로 태어났습니다.

예수의 이름 안에서 죽고 다시 태어나는 이 일을 매일 했던 것입니다. 그래서 자신있게 "나는 매일 죽노라"는 고백을 하였습니다. "나는 사도요, 선택된 사람이라, 복음을 전하는 파수꾼"이라고 자신의 위치에서 하나님의 사람으로 다시 태어난 것을 자랑하였습니다. 바울은 오직 그리스도를 통하여 변화된 오늘의 모습만을 강조하였습니다.

성도 여러분! 우리 신앙 생활에서 제일 중요한 시점은 어제도, 내일도 아닌 오늘입니다. 오늘 예수님의 이름으로 어떻게 사느냐 그것이 문제라는 것입니다. 어제의 기도가 오늘의 기도로 이어지는가, 어제의 겸손이 오늘의 겸손으로 이어지는가, 어제 가슴을 치며 회개했던 모습이 오늘도 있는가, 어제 말씀을 붙드는 생활이 오늘도 이어지는가 그것이 문제라는 것입니다. 오늘이 문제입니다. 사도 바울에게 있어 내일도 중요하였지만 중요한 것은 오늘이었습니다. 어제의 자신의 모습을 버리고 예수와 함께 다시 태어나는 것, 이것이 제일 중요했습니다.

성도 여러분! 오늘을 사랑합시다.

어제는 예수와 함께 묻어 버리고 오늘 다시 예수와 함께 태어납시다. 어제 자랑하는 사람, 내일 보자는 사람 치고 무서운 사람 없습니다.

우리에게 축복 주시기를 원하시는 하나님은 우리에게 어제의 식어 버리고 시간의 먼지가 묻어 있는 축복이 아니라, 오늘 천국의 기쁨과 소망을 누리시기 원하십니다. 익지 않은 내일의 축복이 아닌, 오늘 생생하게 나타나는 축복을 찾기 원하십니다.

성도 여러분! 힘들어도, 끝이 보이지 않는다 해도, 오늘 주님의 이름으로 다시 태어나 어제보다 더 전진하는 믿음을 가집시다. 어제보다 더 높이 올라가는 오늘의 믿음으로 살아갑시다.

세계에서 최고로 아름다운 불상이 어디에 있는지 아십니까! 바로 티벳의 동굴 사원에 있다고 합니다. 그런데 이 불상은 오래 가지 못한다고 합니다.

왜냐하면 이 불상을 버터로 만들기 때문입니다. 처음에는 버터에다 형형색색의 색깔을 집어 넣어 아름다운 자태를 뽐내는 부처의 모습으로 만들지만, 후에 참배객들이 이 동굴에 한 두 사람씩 들어오면 그 열기에 의하여 점저 녹아져 가장 처참한 부처의 모습만 남는다고 합니다.

그러나 세계에서 제일 오래된 간다라 지방의 부처상은 비바람을 수 천년을 맞았어도 지금까지 건재하다고 합니다. 왜냐하면 가장 단단한 대리석으로 조각했기 때문입니다.

우리에게 긴 세월의 풍파에도 변하지 않고 우뚝 설 수 있는 믿음의 상을 만드시기를 원하시는 주님은 우리에게 그 방법을 가르쳐 주십니다. 남이 하지 못하는 것 그것을 하는 사람, 단단한 대리석처럼 남이 하지 못하는 것을 예수의 이름으로 하는 믿음, 더욱 예수 안에서 어제를 버리고 오늘 다시 태어나는 믿음을 소유하기를 바라고 계십니다. 이 믿음으로 믿음의 내용을 채울 때 우리는 역사의 무대에 주인공으로 다시 설 수 있을 것입니다. 비바람, 모든 환난이 밀려와도 녹아 내리지 않을 것입니다.

보여줄 수 있는 교회
(행 2:43-47)

코미디계에서 신선한 바람을 일으켰던 이주일씨는 여러 가지 유행어를 만들어서 지친 우리들에게 맑은 웃음을 주었습니다. 이중에 "뭔가 보여 드리겠습니다"라는 말은 어린아이들까지 급속하게 퍼졌던 유행어였습니다.

이주일씨의 말대로 뭔가를 보여주려면 그야말로 내용이 무엇인가 있어야 합니다. 아무 것도 없는 내용으로는 무엇인가를 보여줄 수 없습니다. 이러한 형태로 무엇을 보여 준다면 거기에는 외식과 위선만이 남게 되었습니다.

그런데 오늘날 안타까운 것은 이러한 외식과 가식의 모습이 교회와 성도들의 삶에 많이 나타나고 있다는 것입니다. 내용 면에서 성숙된 모습보다는 작은 자신의 경험과 시간의 흐름에 쌓여진 신앙만이 요란스럽게 나타나고 있습니다.

그러나 초대교회는 내용 면에서 무엇인가를 보여주고 있는 교회였습니다. 내용 면에서 언제나 새로운 능력의 역사가 일어나고 있었습니다. 그러기에 초대교회는 죽어있는 교회가 아니었습니다. 모든 면에서 살아있는 교회였습니다. 외식에 파묻혀 있는 우리에게 하나님은 초대교회에서 무엇이 일어나고 있었는가를 다음과 같이 보여주고 계십니다.

1. 기적이 일어나고 있었습니다.

초대교회에서는 사도들로 인하여 각종 질병들이 치유되는 기적이 일어났습니다. 인간의 방법으로는 치유할 수 없는 질병들이 치유되었습니다. 이러한 초자연적인 기적은 한 순간에만 일어났던 것이 아니었습니다. 날마다 일어났습니다. 모든 사람들이 불가능하다고 했던 일들이 사도들에 의하여 초대교회 속에서 일어난 것입니다. 초대교회는 기적의 역사를 많은 사람들에게 보여주고 있었습니다.

오늘날 우리의 교회에서도 이러한 기적이 일어나야 합니다. 불가능한 일들이 가능한 사실로 나타나야 참다운 교회로 자리잡을 수 있습니다. 무신론자의 삶에서 하나님을 인정하는 삶이 있어야 합니다. 역사의 불의에 주님의 이름으로 정의의 외침을 일으킬 수 있어야 합니다. 가난한 이웃들의 고통 소리를 우리의 십자가로 지고 가는 모습이 있어야 합니다. 죽음이 생명으로 바뀌는 역사가 있어야 합니다.

동독이 공산치하에 있었을 때, 매주 목요일 날 한 교회에서 자유를 위한 촛불기도회가 있었습니다. 처음에는 몇 명이 모였습니다. 그러나 비밀경찰의 박해가 시작되었습니다. 그래도 이 기도회는 한 사람씩 증가되었습니다. 드디어 이 교회의 기도회를 출발점으로 동독과 서독이 통일되는 역사가 일어난 것입니다.

사랑하는 성도 여러분! 이제 주님의 이름으로 기적을 만들어 냅시다. 남들이 포기한 모든 것을 다시 주님의 이름으로 일으켜 세웁시다. 우리의 교회를 통하여 세상의 사람들에게 무엇인가를 보여줍시다.

2. 공동체의 역사가 일어나고 있었습니다.

초대교회에는 다양한 부류의 사람들이 모이게 되었습니다. 초대교회를 가장 위협했던 문제는 다양한 계급속에서 오는 빈부의 갈등이었습니다. 빈부의 갈등 속에서 오는 어려움이 교회 공동체를 확립해 나가고 있는 초대교회의 걸림돌이 되었습니다. 더욱 이방세계에 대한 선교의 장이 닫힐 위기에 놓여있었습니다.

그런데 초대교회에 나눔의 기적이 일어났습니다. 먼저 가진 것이 많았던 자들이 자진하여 그들의 재물을 공동체를 위하여 내놓은 것입니다.

언제나 빈부의 문제는 많이 가진 자의 자세에 달려 있습니다. 가진 자는 가진 것을 더 확대하려는 습성이 있습니다. 이 확대성 속에 없는 자의 인권과 상황이 착취당하게 되는 것이 일반적인 통례입니다.

초대교회에서는 이러한 개념들이 통하지 않았습니다. 가진 자들이 형제들을 위하여 공궤하였습니다. 나와 너의 구분을 허물어버린 것입니다. 가장 아름다운 공동체의 역사가 일어났습니다. 모든 장벽이 나눔을 통하여 무너진 것입니다.

빈부간 갈등의 역사를 해소시키기 위하여 공산주의 방법이 막스와 레닌에 의하여 이루어졌습니다. 그러나 이와 같은 공산주의 정치체제는 또다른 모순을 낳았습니다. 일부의 특권계급이 형성되었고 인간들의 노력과 의지를 사라지게 만들었습니다. 이러한 모순은 공산주의 속에 살고 있는 인민들을 굶주림 속으로 빠지게 만들었습니다. 이 땅에 있는 고상한 이념이나 도덕적 노력 속에서 나와 너의 아름다운 공동체는 형성될 수가 없습니다.

1958년 스페인 마드리드에서 개최된 세계 마라톤대회에서 감격스러운 장면이 연출되었습니다.

결승점을 얼마 앞두고 1등으로 달리고 있던 선수의 다리에서 심한 쥐가 일어났습니다. 2등으로 달리던 선수가 이것을 보고서 1등으로 달리던 선수를 부축하여 함께 천천히 결승점을 향하여 달렸습니다. 물론 이들은 등수에 들지 못하였습니다. 그러나 이들은 경기장에 입장하여 마지막으로 운동장을 돌 때 우뢰와 같은 박수갈채를 받았습니다.

하나님의 나라에서는 누가 1등을 하느냐가 중요하지 않습니다. 얼마나 나의 것을 나누었느냐가 문제입니다. 언제나 자신의 것을 나누려 할 때 그 자리에는 아름다운 공동체가 세워질 것입니다. 나눔이 끊임없이 이어지는 교회에서 경상도와 전라도, 남자와 여자, 부자와 빈자의 장벽은 존재하지 않을 것입니다. 우리의 모든 것을 나눌 때 하나님이 기뻐하시는 공동체가 형성될 것입니다.

3. 회개의 역사가 일어났습니다.

초대교회에 강한 바람이 일어났습니다. 그것은 회개의 역사가 모든 이에게 일어난 것입니다. 베드로의 전도를 듣고 오순절날 3천명이 회개하였으며, 이후에도 계속해서 회개가 일어났습니다. 성경의 기록대로 믿는 무리가 날마다 더해갔다는 것은 회개의 역사가 날마다 일어났다는 증거인 것입니다.

초대교회는 회개를 통하여 선교의 장을 넓혀 갔으며, 교회의 정체성을 바르게 이스라엘 사람들에게 보여 주었습니다.

교회에서 없어서는 안 될 운동이 바로 회개의 역사입니다. 회개의 통로를 통하여 부족한 신앙의 틀을 고쳐나갈 수 있으며, 성장의 길을 만들어 나가는 것입니다.

하나님을 향하여 장성한 믿음의 분량에 이르는 최고의 지름길은 회개입니다. 이 회개에서 하나님의 뜻을 가장 바르게 깨달을 수 있기 때문입니다. 회개의 역사가 강하게 일어나는 교회만이 부흥할 수 있었습니다.

1907년 대부흥 운동의 시발점은 회개에 있었습니다. 1903년 원산에서 의료 선교사로 사역하다가 선교사로 오게 된 자신의 동기를 반성하고 자책하였습니다. 여기에서 성령의 뜨거운 임재를 경험하게 되었습니다. 그리고 1906년 평양의 선교사들이 선교사 하디를 초청하여 일주일 동안 집회를 가졌는데, 여기에서도 뜨거운 영적 체험을 하였습니다. 이후 1907년 평양 장대현 교회에서 가졌던 평남도 사경회에서는 길선주 목사가 "맛을 잃은 말라빠진 사람들아"라고 설교할 때 모인 사람들이 큰 충격에 떨며 회개 운동이 일어나게 되었습니다. 회개에 이은 성령운동이 전국으로 퍼지게 되었습니다. 더 나아가서는 일본과 만주까지 확산되었습니다.

이 대부흥 운동으로 교회는 민족의 교회로 자리 잡을 수 있게 된 것입니다. 실로 한국교회의 부흥운동은 회개속에서 이루어진 것입니다.

그런데 오늘날 한국교회는 기복운동에 그 정체성을 넘겨주었습니다. 신유, 은사, 방언, 기적의 집회 전단이 거리거리에 붙여지고 있습니다. 성령을 통한 이러한 기복 운동에서는 하늘을 찌를 듯이 축복은 외쳐지지만, 가슴을 움켜잡고 하나님 앞에 자복하는 회개의 부속물이 되어 버렸습니다. 이러한 이유로 인하여 우리의 교회는 이웃으로부터 감동적인 어투를 받아내지 못하고 있습니다.

이제 우리의 교회는 회개의 정체성을 다시 찾아야 합니다. 우리의 교회가 이 땅에 존재하는 동안 잊어서는 안 될 일, 다른 것이 다 변해도 변하지 말아야 할 일 즉 회개의 자리를 지켜나가야 합니다.

4. 가치관의 변화가 일어났습니다.

위와 같은 변화의 운동이 가능했던 중요한 요인은 초대 교인들의 가치관이 변화되었기 때문입니다. 세상에서 할 수 없는 일들을 기적으로 이루어낼 수 있었던 것, 모든 위험을 무릅쓰고 성전에 모이기를 힘쓸 수 있었던 것, 자기 소유물을 기쁨 속에서 나눌 수 있었던 것은 하나님을 위한 가치관으로 바뀌었기 때문입니다.

초대교회는 세상에서 자신이 할 수 없는 것을 하나님의 이름으로 의지할 때 기적을 일으킨다는 것을 몸소 체험하게 되었습니다. 떳떳하게 자신을 세우는 것보다 하나님 앞에서 회개의 눈물이 진실한 신앙의 첫 걸음이라는 것을 알게 되었습니다. 물질을 모으는 삶의 자세보다 물질을 나누는 삶에 대한 귀중성을 깨달은 것입니다.

나 중심에서 하나님 중심, 이웃 중심, 교회 중심으로 이어지는 삶의 행동양식으로 변화가 되었습니다.

하나님에 의하여 이루어지는 삶, 어두워진 자신의 삶을 바꾸기 위한 회개의 삶, 나와 너를 허무는 나누는 삶의 모양이 가장 고상하고 아름답다는 가치관이 초대교회 속에서 생기게 된 것입니다.

미국의 철학자이며 심리학자인 윌리엄 제임스는 "사고가 바뀌면 행동이 바뀌고, 행동이 바뀌면 습관이 바뀌고, 습관이 바뀌면 성격이 바뀌고, 성격이 바뀌면 운명이 바뀐다"라고 하였습니다. 이렇듯 우리의 중심적인 가치관이 변화되어야 믿음에 능력이 생깁니다.

영어 단어중에 "JOY(기쁨)"라는 단어를 재미있게 풀어 쓴 것을 보았습니다. J는 Jesus(예수님), O는 other(이웃), Y는 yourself(너 자신)라고 표현하였습니다. 맞습니다. 우리 안에서의 진정한 기쁨은 이 순서가 있어야 합니다. 이것이 뒤바뀌면 우리는 어두움만을 좇을 것입니다.

사랑하는 성도 여러분! 끊임없이 내가 가진 것으로 무엇을 이루어 내려하는 용트림에서 우리의 것을 내려놓고 하나님의 이름으로 이루어지는 삶을 살아갑시다. 물질 중심에서 하나님 중심으로 바꿉시다. 수없이 움켜 쥐는 부끄러운 "나"에서 이웃에게 아낌없이 나누어주는 "너" 중심의 삶으로 우리의 생각을 변화시킵시다.

교회를 헬라어로 에클레시아라고 합니다. 이 단어는 엑크(from:-에서)와 레시아(to call:부르다)의 합성어입니다. 즉 교회는 세상에서 다르게 부름을 받은 존재라는 것입니다.

분명 교회는 세상의 단체와는 다른 특성을 가지고 있습니다. 외견상 건물과 조직과 인원들이 다르다고 볼 수 있습니다. 그러나 이것이 본질의 모양이 다른 것이 아닙니다. 진정 다른 것은 내용입니다.

교회는 언제나 하나님의 이름으로 기적이 일어나야 합니다. 돈으로 할 수 없는 수많은 것을 이루어 내야 합니다. 나를 낮추고 통회하는 눈물 자국에서 참다운 길이 열려진다는 것을 보여 주어야 합니다. 더욱 물질의 소유가 아닌 나누는 기쁨이 넘쳐야 합니다. 그리고 세상 사람들과 다른 가치관이 있어야 합니다. 땅의 것이 아닌 하늘의 것으로 살아가는 가치관이 있어야 합니다.

이것이 진정 우리가 보여줄 수 있는 것입니다. 교회의 크기와 헌금의 액수, 교인의 숫자를 우리가 내세운다면 우리는 주님의 교회를 가식으로 뒤집어씌우고 말게 될 것입니다.

이제 우리 교회는 무엇인가를 보여주어야 합니다. 초대교회처럼 진정 무엇인가를 보여줄 수 있는 아름다운 교회를 이루어내야 합니다.

살아있는 교회
(행 4:23-35)

얼마 전에 잘 아는 분의 장례식에 참여한 적이 있습니다. 평소 열심히 살았던 분인데 뜻하지 않는 교통사고로 유명을 달리하였습니다. 갑작스러운 충격에 사모님과 온 가족이 슬픔에 빠져 있었습니다. 그런데 더욱 마음 아픈 것은 정신 지체아의 딸이 고인의 영정 앞에서 삐삐를 사달라고 졸라대는 것이었습니다. 이것을 본 모든 사람의 마음에 슬픔이 밀려오고 있었습니다. 저도 모르게 눈물이 나서 고개를 돌렸습니다. 그리고 이런 슬픔을 안기고 떠난 고인의 심정은 어떨까 생각하며 영정을 바라보았습니다. 잘 생긴 얼굴, 언제나 많은 사람들에게 밝은 모습을 주었던 그 얼굴은 반응이 없었습니다. 남들은 슬픈 표정, 위로의 말, 유족들에 대한 문상 등 여러 가지로 반응을 보이고 있는데 죽은 사람은 움직임이 없었습니다. 반응이 나타나지 않았습니다. 모든 것이 살아있는 사람들만의 것이었습니다. 저는 문상을 하고 나오면서 살아 있다는 것과 죽어 있다는 것의 차이를 크게 깨달았습니다.

사랑하는 성도 여러분, 살아 있다는 것은 무엇입니까? 또한 죽어 있다는 것은 무엇을 의미합니까?

살아있다는 것은 언제나 변화와 반응과 움직임이 존재하는 것이며, 죽은 것이란 변화와 운동과 반응이 없는 삶을 의미합니다.

그러므로 개인의 신앙이 살아 있느냐, 죽어 있느냐를 알 수 있는 것은 그의 삶에 하나님으로 인하여 늘 변화되고 있는가, 아니면 내일의 희망을 향하여 움직이고 있는가에 달려 있다고 해도 과언이 아닙니다.

교회도 마찬가지입니다. 진정으로 살아 있는 교회는 내일을 향한 희망의 움직임이 넘칠 것입니다. 이웃을 향한 사랑의 모습을 새롭게 이루기 위하여 몸부림치는 변화가 작용하는 교회일 것입니다. 그러나 이러한 모습이 없는 교회는 죽어 있는 교회의 모습만이 나타날 것입니다.

사랑하는 성도 여러분! 21세기를 맞이하여 이제 우리 교회는 새로운 이정표에 놓여 있습니다. 하나님이 기뻐하시는 살아 있는 교회를 이룰 것인가, 아니면 이 시대의 어두움의 모습에 빠져들 것인가, 선택의 기로에 놓여 있습니다.

우리 교회를 사랑하시는 하나님은 우리 교회가 살아 있는 교회로 존재할 수 있는 방법을 본문을 통하여 명확히 가르쳐 주고 계십니다.

1. 모이는 교회입니다.

우리가 잘 아는 대로 초대 교회는 흩어져 있었던 제자들이 마가 요한의 다락방에 모여 성령 강림을 체험하면서 비롯되었습니다. 예수 그리스도의 부활에 대한 증인의 삶을 살기 위하여 다시 모여지는 가운데 초대 교회의 초석이 놓여지게 된 것입니다. 그런데 얼마 못가서 초대 교회는 큰 시련을 당하게 되었습니다. 초대 교회는 정통 유대교의 핍박을 견딜 수 없을 만큼 받게 되었습니다.

초대 교회의 지도적 인물인 베드로는 산헤드린 앞에 붙들리게 되었습니다. 이러한 핍박 아래서 용기를 가지고 거리와 성전에서 예수 그리스도를 전하였던 초대 교회 교인들은 안전한 곳에서 기도로 위로를 얻고 있는 실정이었습니다. 그러나 그들은 이전의 제자들처럼 뿔뿔이 흩어지지 않았습니다. 초대 교회의 존재를 파괴시킬 수 있는 시련의 바람에 그들은 결코 안전지대에 앉아 있지만은 않았습니다. 이들은 오히려 분열될 위기 속에서 신앙의 생명력을 지키기 위하여 위험을 무릅쓰고 모이게 되었습니다.

거센 도전 앞에 그들은 오히려 분산력을 가진 것이 아니라 누구도 파괴할 수 없는 응집력을 가지게 된 것입니다. 그리고 이러한 위험상황에서 담대히 예수 그리스도를 전하게 해달라고 기도를 드렸습니다. 이들의 용기와 기도의 동기는 모여지는 곳에서 시작되었습니다. 다시 모이는 가운데 초대 교회는 거센 핍박의 파도를 헤쳐 나갈 수 있었습니다.

오늘날 한국 교회는 여러 곳에서 도전을 받고 있습니다. 이 도전 중에서 가장 힘든 도전은 모이기에 힘쓰지 않는 신자들이 늘어난다는 것입니다.

일반적으로 한국 교회 안에는 3가지의 신자가 있다고 합니다. 일꾼, 방해꾼, 구경꾼입니다. 그런데 오늘날 교회에는 구경꾼이 증가한다는데 문제점이 있습니다. 주일 의무만을 책임지려는 교인들이 늘어가고 있습니다. 주일 예배만 빼놓고 그 나머지는 모든 교회 일에 구경꾼으로 전락되어 버립니다. 주님의 교회에 언제나 손님으로 와 있습니다. 교회의 기도하는 일에, 봉사하는 일에, 지역 사회를 섬기는 일에 언제나 구경하고 있습니다.

이러한 믿음에는 언제나 변두리 것만 나타납니다. 기도의 깊이나 봉사의 기쁨은 추상적인 언어입니다. 이러한 모습으로 가다가는 한국 교회는 서구 교회의 전철을 밟을 수밖에 없습니다.

보고에 의하면 스웨덴 사람의 95%가 루터교 신자라고 합니다. 그런데 주일 예배에 참석하는 사람은 겨우 3%밖에 되지 않습니다. 영국에서 세례받은 사람은 2천 6백만이나 되지만 정작 교인 명단에 기명된 사람은 3백만에 불과합니다.

우리도 모이는 일에 힘쓰지 않는다면 이러한 통계 속에 들어가는 현상을 맞을 것입니다.

성도 여러분! 이제 모이는데 최선을 다합시다. 교회의 손님이 아니라 주인으로서 모이는데 앞장 서 나갑시다. 우리가 모일 때 우리의 교회는 살아 있을 것입니다. 21세기의 거센 도전을 모이는 응집력으로 이겨나갑시다. 우리가 주님의 이름으로 열심을 다하여 모일 때 살아 있는 교회가 이루어질 것입니다.

2. 기도하는 교회였습니다.

초대교회는 모이는 가운데 기도의 능력을 발휘하였습니다. 기도의 동력을 통하여 운동력을 얻게 되었습니다. 기도를 통하여 두려움을 이겼습니다. 기도를 통하여 개인의식을 탈피하여 공동체를 형성시켰습니다.

오늘 본문에 보면 기도를 통하여 그들은 예수를 담대하게 전하며, 예수 그리스도의 표적을 나타내게 해달라고 간구하였습니다. 31절에 나타났듯이, 모두가 성령이 충만하였다고 기록하고 있습니다.

한 마디로 초대 교회는 기도하는데 용기를 얻었고, 기도하는 가운데 예수 그리스도 중심적 삶을 세웠고, 기도하는 가운데 성령의 거룩한 힘을 얻게 된 것입니다. 초대 교회의 살아 움직일 수 있는 동력은 바로 기도 속에서 나오게 되었습니다.

오늘날 교회의 원동력은 어디에 있습니까? 어떤 이는 잘 갖추어진 주차장, 편의 시설, 훌륭한 예배당, 조직화 된 행정, 다양한 프로그램으로 말하고 있습니다. 이러한 것을 분석해 본다면 21세기라는 시대적 상황에 부응한 내용이라고 볼 수 있습니다.

그러나 이것은 궁극적인 것은 아닙니다. 2차적인 것입니다. 1차적인 것은 변하지 않는 내용이 있어야 합니다. 그것은 바로 기도입니다. 성장하는 많은 교회들을 분석해 보면 모두 뜨겁게 기도하는 교회입니다. 자신의 편의와 이익을 위하기 보다 교회와 이웃과 역사를 놓고 부르짖는 교회가 성장하고 있다는 것입니다. 기도 속에서 성장의 비전과 힘을 얻은 것입니다.

스펄전 목사에게 젊은 후배 목사가 질문을 하였습니다.

"목사님! 목사님의 설교는 항상 은혜가 넘치고 교회가 계속 부흥되고 있는데 그 비결이 무엇입니까?"

이때 스펄전 목사님은 그 사람을 데리고 교회 지하실로 내려갔습니다. 거기에는 예배 30분전부터 교회와 목사님을 위해 기도하는 성도 300명이 있었습니다. 땀과 눈물로 뒤범벅이 된 채 열정적으로 기도하는 성도들을 가리켜 스펄전 목사님은 "여기가 바로 교회 부흥을 만들어내는 공장입니다. 저분들이 이 공장에서 일하는 용사들이지요"라고 젊은 목사에게 설명해 주었다고 합니다.

사랑하는 성도 여러분! 우리 교회가 21세기를 향하여 힘차게 달릴 수 있는 원동력은 바로 기도 속에서 나옵니다. 어두움으로 덮여진 한반도의 아픔을 치유할 수 있는 힘은 바로 여러분의 기도 속에서 나옵니다. 우리 교회가 하나님 앞에서 빛과 소금의 본분을 잃어버리지 않게 하는 힘은 바로 우리가 한 마음으로 드리는 기도에서 나옵니다.

성도 여러분! 기도를 우습게 여기지 맙시다. 기도는 개인과 우리 교회를 바로 세우는 주춧돌입니다. 우리를 살피고 민주주의 터전이 잠식되어 가는 현실에 진리와 정의의 목소리를 높여야 합니다. 더욱 우리 각자가 주님 앞에 책임을 다해야 합니다. 교회를 통하여, 개인으로 누릴 권리를 찾아서는 안됩니다. 기도, 봉사, 헌신의 책임을 따져야 합니다.

이런 책임 의식으로 뭉쳐진 우리 교회는 영원히 넘어지지 않을 것입니다. 21세기의 거센 바람을 순풍으로 바꿀 것입니다. 이 민족과 역사에 대하여 책임을 다할 때 우리 교회의 이름은 살아 있는 교회의 명부에 영원히 기록될 것입니다.

30년을 목회하면서 신앙잡지 〈Pulpit〉까지 발행한 스피노스 조디아티 목사는 살아 있는 교회와 죽어 가는 교회를 다음 같이 설명하였습니다.

"살아 있는 교회는 교실, 주차장 등 늘 공간의 문제가 있다. 죽어 가는 교회는 공간을 염려하지 않는다. 살아 있는 교회는 항상 변화한다. 죽어 가는 교회는 늘 똑같다. 살아 있는 교회는 아이들과 소년 소녀의 재잘거리는 소리로 늘 시끄럽다. 죽어가는 교회는 죽은 듯이 조용하다. 살아 있는 교회는 언제나 일꾼이 부족하다. 죽어가는 교회는 일꾼을 찾을 필요가 없다. 살아 있는 교회는 언제나 예산을 초과해서 쓴다. 죽어가는 교회는 은행에 잔고가 많다. 살아 있는 교회는 새 얼굴 이름 알기가 어려워 애먹는다. 죽어가는 교회는 해를 거듭해도 그 사람이 그 사람이다. 살아 있는 교회는 선교사업이 활발하다. 죽어가는 교회는 교회 안에서만 움직인다.

살아 있는 교회는 주는 자(giver)로 가득 차 있고, 죽어가는 교회는 받는 자(tipper)로 차 있다. 살아 있는 교회는 믿음 위에 운행되고, 죽어가는 교회는 인간적 판단 위에 운행된다. 살아 있는 교회는 배우고 봉사하기 위하여 바쁘고, 죽어가는 교회는 편안하다. 살아있는 교회는 활발히 전도하고, 죽어가는 교회는 점점 굳어가 석회화(fossilize)된다."

사랑하는 성도 여러분! 이제 위에서 언급된 살아 있는 교회를 만듭시다.

우리의 교회를 지금까지 지키시고 인도하신 주님은 살아 있는 교회는 이론이 아닌 모이는 교회, 기도하는 교회, 책임을 다하는 교회라는 사실을 잊어서는 안된다고 가르쳐 주고 계십니다.

주님의 말씀 따라 행하는 우리 교회가 될 때 우리 교회는 살아 있는 교회로 칭함을 받을 수 있을 것입니다.

전체를 드리는 교회
(행 1:8)

15세기 중반에 중세 유럽의 세계관을 뒤집는 한 사건이 이름 없는 천문학자에 의해 발표되었습니다.

폴란드의 천문학자인 코페르니쿠스는 우주의 중심이 지구를 축으로 태양계가 돌고 있다는 "지동설"을 거부하고 태양을 중심으로 지구가 돌고 있다는 "천동설"을 주장하였습니다.

코페르니쿠스의 천동설은 당시의 종교계와 지식인들에게 커다란 충격을 주었고 유럽의 패러다임의 전환을 가져왔습니다.

지구를 중심으로 사고하였던 의식구조를 태양이라는 커다란 실체를 중심으로 사고할 수 있도록 의식의 패러다임을 바꾸어 버렸습니다.

오늘 우리에게도 이러한 의식구조의 전환을 가져오는 사건이 나타나고 있습니다.

교회의 주인이신 주님은 본문을 통하여 21세기의 거센 도전에 서 있는 우리에게 교회 갱신의 패러다임을 바꾸는 큰 사건을 소개해 주고 있습니다.

그것은 교회 갱신은 멋들어진 구호나 시대상에 맞는 행동양식에 있는 것이 아니라 성서가 말하는 위상에서 출발해야 한다는 것입니다. 컨텍스트(상황)에서 교회 갱신의 중심점이 이루어지는 것이 아니고, 15세기 종교 개혁자들처럼 텍스트(성서) 중심 축으로 이루어져야 한다는 것입니다. 그리고 교회의 갱신은 부분에서만이 아닌 하나님의 말씀에 따라 전체로서 이루어져야 한다는 것입니다. 하나님은 본문을 통하여 진정한 교회 갱신의 패러다임의 전환을 이룰 수 있는 방법을 명확하게 가르쳐 주고 있습니다.

교회는 요한복음의 저자가 지적한 것처럼 "세상에 있으나 세상에 속하지 않는"(요 18:36) 실체입니다.

세상에 속하지 않았다는 것은 오고 있는 세대에 하나님 나라의 산 표징으로서의 정체성(identity)을 가지고 있다는 것을 말합니다. 더욱 세상에 속해 있다는 것은 세계의 생명을 위해 역사적인 부름을 수행하는 선교(mission)의 틀을 가지고 있다는 것을 의미합니다.

넓게 본다면 교회의 갱신은 이 두 특성을 성서를 통하여 얼마나 깊이 인식하느냐에 달려 있다고 해도 과언이 아닙니다. 그러나 먼저 인식해야 할 것은 교회의 정체성입니다. 마치 칼날이 정교하게 갈아져야 칼의 능력을 나타낼 수 있는 것처럼, 교회의 정체성에 대한 바른 인식의 전환이 이루어져야 선교의 행동양식을 바르게 설정할 수 있을 것입니다. 참다운 교회의 정체성에 대한 갱신이 이루어져야 선교의 장에서 복음의 능력이 나타날 수 있을 것입니다.

하나님은 본문을 통하여 21세기의 거센 도전에 교회 갱신과 선교라는 틀을 새롭게 이루기 위하여 몸부림치는 우리에게 교회의 바른 위상(정체성)이 무엇인지 말씀하고 계십니다.

1. 영성 공동체가 되라고 말씀하십니다.

교회가 일반 집단과 다른 이유는 교회는 성령이 머무는 전이며, 성령에 의하여 이끌림 받는다는데 있습니다. 성령이 주체가 되어 이끌려지고, 성령이 가르쳐 주는 새로운 좌표에 교회는 따라야 합니다. 초대교회는 이러한 특성을 가장 충실하게 따랐던 공동체였습니다.

초대 교회가 공동체로서 정체성을 찾을 수 있었던 것은 성령의 역사에 의해서입니다. 초대 교회 내에 있었던 사도나, 집사, 성도들에 의해 교회가 이루어진 것이 아니라 성령에 의하여 세워졌고, 성령에 의하여 하나님 나라의 방향성이 제시되었습니다. 이러한 가운데 초대 교회는 성령에 의하여 모여지고, 성령에 의하여 하나님 나라의 역사를 이루는 공동체가 되었습니다.

그리고 성령의 역동적인 힘에 의하여 초대 교회와 교인들은 유대라는 제한적 범위를 무너뜨리고 모든 세계를 한 형제로 묶는 영성 공동체로서 확장되어 갔습니다. 여기에는 민족이나 피부색, 종교의 범위가 제한되지 않았습니다. 막혀진 것을 허물었고, 단절된 것을 연결하였습니다. 민족이라는 부분을 하나님의 백성이라는 개념을 통하여 전체로 만들었습니다. 이렇게 밖으로 확장되는 성령의 힘을 로마의 권력이나 이방종교, 편협한 민족주의도 막아내지 못하였습니다. 초대 교회는 성령의 역사를 단순한 감정적 차원으로 가두어 두지 않았습니다. 개인과 역사의 모든 실존의 장으로 확장시켜 나갔습니다. 밖을 향한 성령의 역사에 의하여 공동체의 정체성이 확립되었습니다. 이렇게 밖을 향한 공동체의 정체성의 확립으로 선교의 장은 넓혀져 갔고, 복음의 능력은 모든 것을 허물어 버렸으며, 모든 곳에 그리스도의 영이 머물게 하였습니다.

이렇듯 성령에 이끌림 받으며 밖을 향한 정체성을 확립한 공동체는 단순한 감정적인 차원으로 이어지는 영성이 아닌, 삶과 역사 속으로 확장되는 영성의 능력을 나타낼 수 있습니다. 더욱 인간의 삶의 모든 현장에 하나님 나라의 표징을 바르게 전해줄 수 있습니다. 이렇게 인간의 모든 실존 역사로 확장되는 영성 공동체에는 기복신앙이나 지역 이기주의, 신령 생활이라는 부정적 모습이 나타나지 않습니다. 오직 하나님 나라의 바른 모습만 보여줄 수 있습니다.

오늘의 한국 교회는 교회 안에, 자신의 감정 안에 국한된 영성 공동체를 힘써 지켜 나가려고 합니다. 온 세계를 향한 영성 공동체가 아닌 협소한 차원의 물질 축복과 현장에 보이는 성령의 능력을 최대의 가치로 여기고 이것을 얻으려고 모여지는 공동체가 되어 버렸습니다. 강물같이 흘러 넘치고, 막힌 것을 허물어 버리는 폭발하는 영은 사라지고 들떠 있는 신령 집단의 모습과 같은 공동체를 만들어 내고 있습니다. 이러한 영성 공동체로 21세기를 맞이한다면 한국 교회는 희망이 없습니다.

한국 교회는 초대 교회가 보여준 영성 공동체의 능력을 발휘해야 합니다. 밖을 향하여 확장되는 영을 나누는 공동체가 되어야 합니다. 이제 한국 교회와 성도들은 모든 곳에서 그리스도의 영이 머무를 수 있도록 해야 합니다.

단순한 방언이나 예언하는 영의 능력을 붙잡는 것이 아니라, 해방의 영, 자유의 영, 진리의 영, 정의의 영, 평화의 영, 화해의 영, 나눔의 영, 일치의 영 등을 역사의 자리에 펼쳐야 합니다.

죄와 거짓과 어두움의 모든 자리에 하나님이 기뻐하시는 영을 나타내고 그 속에서 참다운 영성 공동체를 세워야 합니다. 편협한 이기주의나 개인의 신상의 변화를 거들어 주는 교회가 아니라 하나님의 나라를 확장시키는 영성 공동체를 이루어야 합니다. 더욱 어두움과 혼돈의 자리에 그리스도의 영으로 빛과 질서와 진리가 세워지고 회복될 수 있는 힘을 발하는 영성 공동체를 만들어야 합니다.

하나님은 바로 우리에게 이러한 영성 공동체를 이루는 교회가 되어라 말씀하십니다.

2. 흩어지는 공동체가 되어라 말씀하십니다.

교회는 모여짐(gathering)과 흩어짐(sending)의 긴장관계 속에서 존재합니다. 교회의 정체성을 이루는 근본 바탕은 새롭게 부름을(to call) 받아 모여지는데 있으며, 이 모여짐의 실체는 흩어지는데(to send) 의미를 두고 있습니다. 모여짐 속에서 하나님 나라의 사건이 일어나며, 흩어짐 속에서 하나님 나라가 확장됩니다. 교회가 모여지는데 힘이 없으면 흩어지는 능력을 상실합니다. 더욱 흩어지는 능력을 상실하면 교회의 존재 의미를 잃어버리게 됩니다.

주님은 성령의 거룩한 공동체를 이룬 다음에 있어야 할 교회 행동 양식을 "가라"라고 정의하였습니다. 거룩한 종교적 색채를 장식해 놓지 말고 역사의 모든 자리로 가라는 것입니다. 모여졌던 열심의 틀을 고난과 역경의 현장에 흩어져서 하나님의 나라를 보여주라는 것입니다.

초대교회의 특징은 바로 자신의 권위와 특권을 버리고 역사의 현장으로 흩어지는데 있었습니다. 주님의 명령 따라 거들떠 보지도 않았던 사마리아로, 개같이 여겼던 이방인에게로 달려갔습니다. 하나님의 나라를 경험치 못한 모든 곳으로 흩어지는 가운데 하나님 나라의 표징을 전하였습니다.

권력의 힘이 지배하는 세계에 하나님을 섬기고 살아가는 방법을 전하여 주었습니다. 초대 교회는 성령으로 모여지는 공동체의 실체를 흩어지는 가운데서 그 능력을 나타내었습니다. 흩어지는 가운데 가로 놓였던 모든 것을 스스로 허물고 흩어져서 모든 곳에서 하나님의 나라를 전하였습니다.

초대 교회와 교인들은 유대인들처럼 의무적으로 찾아오는 예루살렘의 전통을 깨뜨리고 흩어지는 가운데 공동체를 이루어 나갔습니다. 오히려 초대 교회는 흩어지는 가운데 모여지는 공동체의 정체성도 확고하게 이루어 나가게 되었습니다.

오늘의 한국 교회는 모이는 데에는 세계의 부러움을 사고 있습니다. 그러나 흩어짐의 역사가 나타나고 있지 않습니다. 이제 교회는 자신을 낮추고 흩어져야 합니다. 종교적 위엄에서 자신을 낮추고 역사의 자리로 흩어져야 합니다.

교회가 부패의 현장에 흩어지지 않고서는 소금의 맛을 낼 수 없으며, 어두운 곳에서 빛을 발할 수가 없습니다. 교회는 바로 부패와 어두움의 자리에서만 그 실체의 능력을 나타낼 수 있습니다. 교회는 피조물이 신음하는 모든 곳으로 흩어져야 합니다. 흩어지는데 더 많은 관심과 열정과 물질을 투자해야 합니다.

오늘도 우리의 현장에는 흩어져 찾아가야만이 이루어질 수 있는 사건들이 너무나 많이 일어나고 있습니다. IMF로 인한 고통의 소리, 썩어져 가는 환경의 소리, 소외의 소리, 갈등의 소리가 끊임없이 들리고 있습니다. 이러한 고통과 신음의 소리는 오직 찾아가야 만이 해결할 수 있는 내용입니다. 이제 주님의 명령 따라 세계와 역사의 자리로 흩어져서 하나님의 역사를 이루어 냅시다.

3. 화해와 일치의 공동체가 되어라 말씀하십니다.

교회는 일관된 계급을 가지고 있는 공동체가 아닙니다. 이질적인 계급이 예수 그리스도를 통하여 서로를 이해하고 화해되어 가는 공동체입니다. 본문을 통하여 예수 그리스도는 화해를 이루어야 할 범위(예루살렘, 유대, 사마리아, 땅끝)를 명확히 가르쳐 주셨습니다. 여기에는 일반적 상식으로는 받아들이거나 이해할 수 없는 범위가 포함되었습니다.

민족의 구성단위와 종교적 주장에서 오는 우월감을 다 벗어버리고 주 안에서 화해와 일치의 공동체를 이루어내야 한다고 하신 것입니다.

초대 교회는 바로 이러한 주님의 요구를 충실히 이루어낸 공동체였습니다. 이들은 피부, 언어, 종교, 지역의 범위를 초월하여 그리스도로 일치된 공동체를 곳곳에 세웠습니다.

교회는 진정 이질화 현상이 일어나는 모든 곳에 화해와 일치의 공동체를 체워야 합니다. 지역, 인종, 계급, 이데올로기의 모든 방면에서 오는 갈등의 현장에 화해와 일치의 복음을 나타내야 합니다.

오늘 우리의 현장에는 분열과 갈등의 골이 깊게 패여 있습니다. 둘로 분단된 작은 땅덩어리 안에서 지역 감정으로 인한 불신이 역사를 어둡게 만들었습니다.

이제 한국 교회는 복음으로 화해와 일치를 일구어 내는 공동체가 되어야 합니다.

특히 민족 분단의 아픔의 현장에 민족 동질성을 회복시키는 화해와 일치의 공동체를 세워야 합니다. 분단의 갈등을 복음의 능력으로 하나되게 하는 역사를 우리의 교회가 이루어 내야 합니다. 지역감정으로 인하여 갈라진 우리의 땅에 한 형제됨의 공동체를 이루어내야 합니다. 또한 자신의 교리의 틀에 매여 있는 한국 교회는 이제 모든 교파의 교리를 초월하여 그리스도의 이름으로 하나 되어 가는 화해와 일치의 공동체를 바로 세워야 합니다. 더 나아가서는 분열과 갈등이 현존하는 모든 곳에 화해와 일치의 복음을 들고 찾아가서 서로의 어깨를 감싸는 공동체를 세워야만 합니다. 복음으로 인한 화해와 일치의 공동체를 세워 나갈 때 모든 사람이 들어올 수 있는 거룩한 역사가 일어날 수 있을 것입니다.

오늘날 한국 교회는 교회 갱신이라는 언어를 어떤 행정적인 구조 조정이나 사회 활동의 폭을 넓히는데 한정적으로 재정립 하려하고 있습니다. 그러기에 선교의 장은 하나님의 거룩한 역사를 일으키지 못한 채 종교적 집단 행동 수준으로 나타나고 있는 실정입니다.

밖을 향한 영성 공동체, 자신의 위엄을 낮추고 피조물이 고통하는 모든 자리로 흩어지는 공동체, 분열과 갈등이 있는 모든 역사의 자리에 일치와 화해의 복음을 전하는 공동체를 부분이 아닌 교회의 전체적 틀로 확인하고 갱신을 이루어내야 합니다.

주님의 말씀 따라 전체로 드려지는 갱신을 찾을 때 21세기의 거센 도전에 한국 교회는 바른 모습으로(identity) 서 있을 것이며, 선교(mission)의 장은 모든 곳으로 하나님 나라를 확장시킬 수 있을 것입니다.

3월
선교의 달

· 개동군령 승천까지(눅 24:1-12)
· 사명적 존재(요 17:1-5)
· 은혜를 보여주는 사람들(행 11:19-26)
· 누룩을 가진 교회(마 13:33)
· 사람을 얻는 사랑(잠 11:30)

〈집필자 : 류철량 목사〉
· 대전신학대학교 졸업
· 장로회신학대학교 신대원 및 대학원 졸업
· 미국 메코믹신학대학교 졸업(목회학 박사)
· 현) 부천동광장로교회 담임목사

개동군령(開東軍令) 승천까지
(눅 24:1-12)

개동이란 동이 튼다는 뜻입니다. 어둠이 물러가고 조금씩 밝아오는 미명(未明)을 말합니다. 새벽은 닭의 울음소리와 함께 옵니다. 닭소리를 들으면서 어둠은 슬그머니 물러가고 광명은 한 발짝씩 다가옵니다. 새벽은 새로운 한 날을 열어주는 열쇠입니다.

예수는 안식일이 지난 후 첫날 새벽에 부활하셨습니다. 기절했던 사람이 깨어 난 것이 아니라 손과 발을 대못으로 박아 온 몸의 피와 물을 모두 쏟아 죽은 후 시체의 옆구리를 창으로 찔러 죽음을 확인했던 그 시체가 안식 후 첫날 새벽에 살아난 것입니다.

한 나라의 원수가 통수권을 가지고 군대에게 내리는 명령을 가르쳐 군령이라고 합니다. 開東軍令이란 "새벽에 행군을 명령한다"는 뜻입니다. 부활하셔서 하늘과 땅의 모든 권세를 잡으신 그리스도께서 영원한 하나님 나라의 통수권자로서 그의 백성된 우리에게 내리는 군령에 귀를 기울이시기 바랍니다.

1. 기상명령(起床命令)

기상이란 잠자는 군인에게 급하게 일어날 것을 하달할 때 쓰는 용어입니다. "일어나라!"라고 하지 않고 "기상!"하고 외치면 잠자던 군인들이 화다닥 붙이나게 일어나 정신없이 옷을 입고 연병장에 모입니다. 기상이란 잠자리에서 깨어나라(getting up)는 뜻입니다.

안식이 지난 후 첫날 새벽 아직 어두울 때 여인들이 향품을 준비해 가지고 예수의 무덤을 찾아갔습니다. 뜻밖에도 무덤이 열린 것을 보고 놀랐습니다. 천사들로부터 "어찌하여 산 자를 죽은 자들 가운데서 찾느냐 여기 계시지 않고 살아나셨다"는 말을 들었습니다(5-6절). 예수의 시체가 없어진 것을 확인한 여인들이 사도들과 다른 사람들에게 달려가서 일어난 사건을 알렸습니다.

무덤을 다녀온 여인들이 잠자는 제자들을 깨운 것입니다. 예수께서 부활하셨다는 소식이 제자들을 깨웠습니다. "또한 너희가 이 시기를 알거니와 자다가 깰 때가 벌써 되었으니"(롬 13:11) 하신 말씀처럼, 새벽은 우리들이 깨어야 할 시간입니다. 예수님을 사랑했던 여인들은 안식 후 첫날 새벽에 일어나 예수님이 계신 무덤을 향했습니다.

사람들은 일찍 일어나기 위해서 자명종 시계를 켜놓고 잡니다. 그러나 알람 소리를 들으면서도 금방 일어나지 않고 조금만 더, 조금만 더 하면서 미적거립니다.

새벽 4시나 4시 반에 기상하려면 10시나 10시 반에 잠자리에 들어야 합니다. 그러면 6시간 정도 수면하기 때문에 피곤치 않습니다. 일찍 일어나기 위해서는 일찍 자야 합니다. 새나라의 어린이가 일찍 일어나듯이 하늘나라 백성도 일찍 일어나야 합니다. 믿음의 조상 아브라함도 아침에 일찍 일어났습니다(창 19:27). 이스라엘 민족의 지도자 모세도 아침 일찍이 일어났습니다(민 14:40). 가나안을 정복한 여호수아도 일찍 일어나서 대적을 향하여 전진했습니다(수 6:12).

현대건설 김윤규 사장은 수원에서 태어나 서울대 기계학과를 졸업하고, 69년 현대건설 기계부에 입사했습니다. 그는 사원 시절부터 매일 새벽 4-5시에 출근하는 것이 왕 회장의 눈에 띄었습니다. 이사, 상무를 거치면서 정주영 회장과 해외출장도 자주 다니면서 결국 사장 자리에 올랐습니다. 일찍 일어나면 건강합니다. 부지런함은 선이요, 게으름은 악입니다. 일찍 일어나야 건강하고, 부지런해야 성공합니다.

예수님은 새벽에 부활 하셨습니다. 죽음의 어두운 자리에서 새벽에 일어나셨습니다. 여러분 모두 새벽에 일찍 일어나시기 바랍니다. 위대한 성도는 모두 일찍 일어납니다. 기상 명령에 따라 즉각 자신을 일으키시기 바랍니다.

2. 기도명령(祈禱命令)

새벽에 일어나서 기도하라는 말입니다. 예수님은 습관적으로 일찍 일어나셨습니다. 그리고 언제나 새벽 미명 한적한 곳에 가서 기도하셨습니다(막 1:35). 예수님은 십자가를 지시기 전에도 제자들에게 "깨어 있어 기도하라" 하셨습니다(마 26:38).

하나님은 우리들에게 기도하라고 하십니다. 기도하면 내가 듣겠고 이루어 주겠다고 하십니다. 기도 명령은 우리들에게 모든 좋은 것을 얻게 하기 위한 것입니다. 명령을 순종하지 못함으로 제자들은 모두 실패했습니다. 깨어 기도하라는 명령에 불복종하더니 베드로까지 예수를 부인하고 말았습니다.

중세 교회의 기도 습관은 초대 교회의 습관을 따르면서 발전되었습니다. 기도의 습관은 AD. 4세기에 터를 잡아 나간 수도원의 영향을 받게 되었습니다. 닛사의 그레고리, 나지안젬의 그레고리, 성 바질은 카파도기아의 세 별이라고 불리워졌는데, 그들은 새벽 기도와 낮의 노동을 강조했습니다.

개혁자 루터는 "내가 매일 새벽 두 시간을 기도로 보내지 않는다면 그날의 승리는 마귀에게로 돌아갈 것이다. 나는 너무나 할 일이 많기 때문에 매일 세 시간을 기도로 보내지 않으면 이 일을 지탱해 나갈 수 없다"고 했습니다.

요한 웨슬레 목사님은 특히 새벽 기도를 강조했습니다. 60년 이상을 새벽 4시에 기상하여 기도하고 설교하는 생애를 살았습니다. 기도는 영혼의 호흡이라고 합니다. 건강한 사람에게 제일 쉬운 것은 숨쉬는 일입니다. 그러나 천식에 걸린 사람이나 죽어가는 사람에게는 숨쉬는 일이 얼마나 힘든지 모릅니다. 교회가 건강하다면 기도가 쉬울 것입니다. 기도는 하나님의 능력을 내 안에 끌어들이는 작업입니다.

하나님의 능력은 기도하는 파이프를 통해서 흘러 들어옵니다. 기도를 통해서 능력있는 삶을 살 수 있습니다. 새벽 기도를 통해서 항상 승리하시기 바랍니다.

기도가 우리의 힘입니다. 기도할 때 세상을 움직일 수 있습니다. 누구도 할 수 없는 나 자신의 변화도 기도로 가능합니다. 막막하게 보이던 일에도 길이 열려집니다. 기도는 심는 것입니다. 심는 대로 거두는 것이 자연 법칙입니다.

많은 기도를 심어서 많이 거두시기 바랍니다.

기도는 물을 대는 것처럼 하나님의 은혜를 끌어들이는 것입니다. 성령 충만함을 받을 때 시와 찬미로 하나님을 영화롭게 할 수 있고, 성령이 충만하면 사랑, 평화, 기쁨의 열매를 우리의 생활 속에서 맺을 수 있습니다. 여러분 모두 성령받아 삶의 열매가 풍성해 지시기 바랍니다.

새벽에 예수를 살려내신 하나님께서 새벽에 부르짖는 여러분의 영혼과 육체를 살리고 가정과 사업을 일으켜 주실 줄 믿습니다.

"깰찌어다 내가 새벽을 깨우리로다"(시 57:8).

새벽 기도 명령에 순종하는 기도의 사람들을 하나님이 반드시 도와주실 것입니다. 만일 하나님이 우리를 도우시면 누가 우리를 대적하리요 자기 아들을 아끼지 아니하시고 내어 주신 이가 어찌 그 아들과 함께 모든 것을 우리에게 은사로 주지 아니하시겠느뇨(롬 8:31-32).

기도 명령에 순종하여 새벽에 일찍 일어나 하나님 전에 나와 기도하는 성도들이 되시기 바랍니다.

3. 선교명령(宣敎命令)

예수께서 부활하신 날 무덤을 찾아갔던 마리아에게 주님은 말씀하셨습니다. "너는 내 형제들에게 가서 내가 내 아버지, 내 하나님께로 올라간다 하라." 마리아는 그 말씀을 듣고 형제들에게 가서 "내가 주를 보았다"고 전했습니다(요 20:17-18).

예수 믿는 사람들은 이상한 데가 있습니다. 사람을 물귀신처럼 끌고 들어갑니다. 그런데 누구한테 이끌려 가느냐가 중요합니다. 춤추는 사람에게 이끌리면 춤추는 곳으로, 술먹는 사람에게 이끌리면 술집으로, 이웃에 예수 믿는 사람이 있으면 교회에 갑니다.

예수를 믿고 보면 나를 예수 믿게 해준 사람이 얼마나 고마운지, 그것처럼 귀한 것이 없습니다. 성경은 때를 얻든지 못 얻든지 전하라고 합니다. 교회가 해야 할 일은 복음 전하는 일입니다. 전도하는 것입니다. 예수님께서 이 세상에 오신 것도 전도하러 온 것이라 하였습니다. "다른 마을로 가자 내가 거기서도 전도하리니 내가 이를 위하여 왔다"고 하셨습니다.

기독교가 무서운 침투력이 있고 놀랍게 확장된 데는 부활했다는 사실 때문입니다. 복음전파는 부활하신 예수께서 명령하신 일입니다. 예수께서 열 두 제자를 보내시면서 "가면서 전파하여 말하되 천국이 가까왔다" 하고, "병든 자를 고치며 죽은 자를 살리며… 귀신을 쫓아내되 너희가 거저 받았으니 거저 주어라"(마 10:7-8) 하셨습니다. 교회는 주님으로부터 땅끝까지 복음을 전하라는 명령을 받은 선교 집단입니다. 교회의 존재 이유가 선교에 있습니다.

교회가 얼마나 적극적으로 복음을 전하느냐에 따라서 부흥이냐 쇠퇴냐가 결정됩니다. 마리아가 기쁨과 흥분으로 가득차 예수께 손을 뻗쳐 포옹하려 했습니다. 그때 주님은 명령하셨습니다. "나를 만지지 말라." 그녀는 지금 주님을 붙잡고 매달릴 겨를이 없습니다. 그는 달려가서 자기가 발견한 놀라운 사실을 알려야 했습니다.

부활하신 예수님을 전파합시다. 우리 모두 선교명령에 순종하여 전도하는 교회 성도들이 되십시다.

부활은 하나님의 새출발입니다. 부활 신앙은 죄에 대하여 죽고 의에 대하여 사는 삶입니다. 부활이 없이는 교회의 존재 의미가 없고 빈무덤과 같은 종교가 됩니다. 예수께서 부활하셨다는 것이 우리의 자랑입니다.

어떤 군인이 말했습니다. '내가 죽거든 내 무덤에 흙을 덮지 말고 새벽 기상 나팔을 불어 달라. 나는 일어나야 한다!'

일어나라 하시는 군령에 따라 아침 일찍 일어나시기 바랍니다!

기도하라고 하는 군령에 따라 기도하시기 바랍니다!

복음 전하라고 하는 그 명령에 따라 전도하시기 바랍니다!

사명적 존재
(요한복음 17:1-5)

어떤 바보에게 사발 하나를 주면서 가게에 가서 밀가루와 소금을 사오라고 심부름을 보냈습니다. 그리고 당부하기를 밀가루와 소금을 한데 섞지 말고 따로따로 가져와야 한다고 했습니다. 바보는 즉시 가게로 가서 밀가루와 소금을 달라고 했습니다. 가게 주인이 사발에 밀가루를 담고, 이어서 소금을 담으려고 한 순간에 바보가 말했습니다. "밀가루와 소금을 함께 섞으면 안되요" 하니까, 가게 주인은 대뜸 사발을 뒤집더니 사발 밑의 움푹 패인 곳에 소금을 담았습니다. 말할 것도 없이 밀가루는 모두 쏟아졌고 소금만 조금 담긴 것입니다. 바보는 사발을 거꾸로 들고 집으로 돌아왔습니다. 심부름을 보낸 주인이 밀가루는 어디 있느냐고 물으니, "여기요" 하고 사발을 뒤집으니 소금마저 모두 쏟아졌습니다. 주인은 밀가루도 소금도 없는 빈 사발을 들고 있는 바보를 물끄러미 바라보며, "저런 녀석에게 심부름을 시킨 내가 잘못이지…" 하며 후회했답니다.

우리가 해야 할 심부름은 소금 사러 가는 것이 아니라 복음 전하러 가는 것입니다. 예수님께서는 "아버지께서 나를 보내신 것 같이 나도 너희를 보내노라" 하셨습니다. "아름답도다 복음을 전하는 자들의 발이여!" 주님께서 가라고 하는 곳으로, 주님께서 맡기신 일을 하기 위해서 가는 발걸음은 하나님이 감탄할만큼 아름다운 발입니다.

1. 사명이란 무엇인가?

"그것을 위해 살고", "그것을 위해 죽을 수 있는" 목표나 이념이나 가치를 사명이라 말합니다. 인생에 있어서 가장 중요한 것은 자기의 사명을 발견하는 일입니다. 사람은 사명을 발견할 때 눈동자가 달라지고 자세가 달라집니다. 인간은 누구나 무언가를 위해서 태어났습니다. 인간은 사명적 존재입니다.

법률가요 의사인 칼 힐티는 "사람의 생애에서 최대의 날은 사명을 깨닫는 날이라"고 했습니다. 부모는 자식을 위해서 살고, 기업인은 사업을 위해서 삽니다. 학자는 학문을 위해서 삽니다. 너는 무엇을 위해서 사느냐? "때문에"와 "위해서", 그것이 곧 사명입니다.

사명감이 확실한 사람은 일을 안 할 수도 없고 게으를 수도 없습니다. 그에게는 뚜렷한 목표가 있기 때문입니다. 현대인의 불행과 비극은 목표를 잃은 데 있습니다. 너는 무엇을 위해서, 왜 사느냐는 질문 앞에 "이것이다" 라고 분명한 대답을 하지 못하는데 문제가 있습니다. 정열이 있으나 쏟을 곳이 없고, 충성심이 있으나 바칠 곳이 없고, 능력이 있으나 그것을 활용할 곳이 없습니다.

사명이 있는 사람에게 용기도 있고 성실도 있습니다. 모세는 히브리인을 애굽에서 이끌어내는 것이 사명이었습니다. 그 일을 위해서 나일강에서 건짐을 받았습니다. 여호수아의 사명은 이스라엘 백성을 가나안 땅으로 인도하는 일이었습니다. 위대한 삶을 원한다면 위대한 사명을 위해서 살아야 합니다. 베토벤은 음악을 위해서 살았고, 음악을 위해서 살다가 죽었습니다.

알콜중독으로 50번이나 병원에 입원한 사람이 있었습니다. 의사가 차트를 펼쳐 보며 환자에게 말했습니다. "오늘 50번째 입원했군요?" 그 노인 환자는 "그렇다면 축하 파티를 열어 주어야 하겠군요"라고 하자 의사는 환자에게 할 일을 부탁을 했습니다. 우리 병원에 20세 된 청년이 있습니다. 그 청년에게 할아버지가 걸어 온 길을 이야기 해주세요. 그러면 그 청년은 할아버지가 걸어 온 길을 들으며 자기를 고칠 것입니다.

노인은 알콜 중독으로 입원한 청년을 만나서 진지하게 말했습니다. "여보게 젊은이 나처럼 되지 말게, 나도 한 때는 청년이었지, 나의 어머니는 나에 대한 꿈이 있었고, 나도 꿈을 가졌다네. 그런데 술이 나를 이렇게 만들었어. 나는 50번째 이 병원에 입원한 거야! 나를 자세히 살펴보게"라고 청년에게 말을 할수록 사명감을 느꼈습니다. 내가 이 청년을 구해 주어야겠다는 결심이 생겼습니다. 노인은 날마다 청년을 만나 진지하게 이야기를 나누었습니다. 그 사람이 남을 위해 이야기를 계속하다가 자기도 알콜중독에서 벗어났고 청년도 구해냈습니다. 그는 나중에 알콜중독자 방지협회를 창설했습니다.

2. 나의 사명은 무엇인가?

한 사람의 머리카락이 250만 개나 된다고 합니다. 그렇게 많은 머리카락이 각각 나 하나쯤 어떠랴 하고 제자리를 지키지 않고 없어진다면 그 사람은 대머리가 되고 말 것입니다. 내가 비록 작고 못난 한 사람에 불과하지만 나는 존귀한 자로 할 일이 있고 사명이 있습니다. 250만 명이 사는 도시의 시민 모두가 머리카락 같은 생각을 하며 모두 죽어 버린다면 그 도시는 완전히 폐허가 될 것입니다.

아담은 범죄한 후 하나님을 두려워하여 숨어 있었습니다. 하나님은 숲속에 숨어 있는 그를 향하여 "아담아 네가 어디 있느냐?"고 찾으셨습니다. 그가 있어야 할 자리에 없었기 때문입니다. 축구선수도 자기 자리가 있고 그가 해야 할 역할이 있습니다. 주부도 자리가 있고, 가장도 역할이 있습니다. 각자가 자기 위치에서 자신의 직무를 충실히 해야 할 것입니다.

다메섹 도상에서 부활하신 주님을 만났던 바울은 "주여 무엇을 하리이까?" 하니 주님께서 "일어나 다메섹으로 들어가라 너의 모든 행할 것을 거기서 누가 가르치리라" 하셨습니다(행 22:10). 내가 무엇을 해야 할지는 주님께서 가르쳐 주십니다. 내가 할 일을 하나님의 말씀에서 찾아야 합니다. 성경은 "어리석은 자가 되지 말고 오직 주의 뜻이 무엇인가 이해하라"(엡 5:17)고 하십니다. 여호와를 아는 것이 지혜의 근본이요 거룩하신 자를 아는 것이 명철입니다(잠 9:10). 그리스도인의 사명은 "마음을 다하고 힘을 다하여 하나님을 사랑하는 것"입니다(마 22:37). 우리의 평생 사명은 하나님을 알고 하나님을 사랑하는 것입니다. 무엇보다도 그 사명을 끝까지 잘 감당하시기 바랍니다.

내가 하나님을 알기 전에 가졌던 사명과 그리스도를 알고 난 후의 사명은 달라지기 마련입니다. 하나님을 알기 전에는 삶의 목적이 세상적이었습니다. 우리는 믿음 안에서 인생의 높은 목표를 찾아야 하고, 성경에서 찾아야 합니다. 영적이고 영원한 것을 바라보아야 합니다.

예수님은 "아버지께서 내게 하라고 주신 일을 내가 다 이루어 아버지를 이 세상에서 영화롭게 하였사오니"(4절)라고 하셨습니다. 하나님이 나에게 하라고 하신 일을 받아서 하는 것이 사명적인 삶이요, 하나님을 영화롭게 하는 일입니다. 예수님에게는 그것이 곧 십자가의 죽음이었습니다.

하나님은 지금 나에게 무엇을 하라고 하십니까? 나의 사명은 구체적으로 무엇입니까? 그것은 곧 복음 전파입니다. 사도 바울은 "나의 달려갈 길과 주 예수께 받은 사명 곧 하나님의 은혜의 복음을 증거하는 일"이라고 하였습니다(행 20:24).

복음 전파가 우리의 사명입니다. 하나님은 전도의 미련한 것으로 믿는 자를 구원하시기를 기뻐하십니다(고전 1:21).

3. 사명은 어떻게 감당할까?

사명이 무엇인지 그 개념을 아는 것과 나의 사명이 무엇인가를 아는 데에 머물러 있다면 무슨 의미가 있겠습니까? 구슬이 서말이라도 꿰어야 보배가 됩니다. 구체적으로 나의 사명을 어떻게 감당해야 할까요?

먼저 기도하며 직분을 감당해야 하겠습니다. 오늘 읽은 말씀 중에 예수께서 기도하시는 장면이 나옵니다. "눈을 들어 하늘을 우러러 가라사대 아버지여 때가 이루었사오니 아들을 영화롭게 하사 아들로 아버지를 영화롭게 하옵소서"(1절). 죽음으로 인류를 대속하실 때가 왔다는 것입니다. 그것이 당신의 사명이요, 그 사명을 감당할 때만이 하나님께 영광이 될 것이라는 것입니다. 예수님은 땀방울을 핏방울처럼 흘리시면서, 내 뜻대로 마옵시고 아버지의 뜻대로 되게 해달라고 기도하시면서 그 사명을 감당하셨습니다. 사명을 감당하기 위해서 기도하시기 바랍니다. 기도하는 자에게 하나님께서 능력을 주실 것입니다.

또한 은사로 감당해야 합니다. 사람마다 하나님께로부터 받은 은사가 있습니다. 성령으로 말미암아 받은 선물이 은사입니다.

무디는 교육을 제대로 받지 못했습니다. 그렇지만 혼자서 열심히 공부를 했습니다. 수많은 서적을 읽었습니다. 그래도 그의 무지를 완전히 떨쳐 버리지 못하여 설교할 때 문법이 틀릴 때가 많았습니다. 어떤 사람이 그의 무지를 지적하면서 면박을 주었습니다. 무디는 자신의 무지를 인정하면서, '당신은 그토록 문법에 밝고 말도 잘하면서 그런 재능으로 하나님을 위해서 무엇을 하셨습니까?' 라고 반문했습니다. 동굴속의 물고기는 눈이 먼답니다. 사용하지 않으니까 퇴화된 것입니다. 내게 주신 은사를 활용하여 사명을 감당하시기 바랍니다.

그리고 정열로 감당할 수 있습니다. 지능지수(IQ)보다 정열지수가 더 높아야 합니다. 정열 없이 인생의 대업을 완수할 수 없듯이 정열 없이 사명 감당은 불가능합니다. 최후의 성패를 좌우하는 것은 지능이 아니라 정열입니다. 그러면 정열은 어디서 나올까요? 성령으로부터 옵니다. 하나님 안에 라는 말은 그리스어로 Entheos라고 합니다. "신들린 상태"를 의미하는 말입니다. 하나님 안에서 정열이 나옵니다. 능력주시는 자 안에서 모든 것을 할 수 있는 정열이 나옵니다. 촛불도 타오를 때 열도 나고 빛도 납니다. 우리는 나의 사명을 위해 나의 에너지를 불태워야 합니다. 땀과 피와 눈물을 대가로 지불할 때만이 사명을 감당할 수 있습니다. 설교는 논리적일 뿐 아니라 열정적이어야 합니다. 그래야 성도들이 은혜를 받습니다. 학문도 예술도 정열로 해야 합니다. 사업도 전도도 정열로 해야 합니다. 사도 바울은 "내게 능력 주시는 자 안에서 내가 모든 것을 할 수 있느니라"(빌 4:13), "주 예수께 받은 사명, 복음 증거하는 일을 마치려 함에는 나의 생명을 조금도 귀한 것으로 여기지 아니한다"고 했습니다(행 20:24).

정열이 없는 사람은 가진 것도 빼앗고 싶습니다. 어떤 사람은 주인에게 한 므나를 받아 열 므나를 만들었는데, 다른 사람은 한 므나를 싸두었다가 주인이 준 한 므나 그대로 가져왔습니다. 주인은 "심지도 않은데서 내가 거두는 줄로 알았느냐, 헤쳐놓은 곡식도 없는데 모으는 줄로 알았느냐"며 책망을 했습니다.

　　영국의 철학자 버트란트 럿셀은 이렇게 말했습니다. "학창시절 나보다 재주
가 뛰어난 친구들이 많았다. 그러나 결국 내가 승리했다. 나에게는 사명이 있
고, 정열이 있었기 때문이다." 성령 안에서 정열 지수를 높여 사명에 충성하시
고 승리하시기 바랍니다. 여름 태양처럼 밝고 뜨겁게 살아가시기 바랍니다.
"지혜 있는 자는 궁창의 빛과 같이 빛날 것이요 많은 사람을 옳은 데로 돌아
오게 한 자는 별과 같이 영원토록 비취리라"(단 12:3). 많은 사람을 생명의
길로 인도하여 천국의 영원한 스타가 되시기 바랍니다.

은혜를 보여주는 사람들
(행 11:19-26)

결혼한지 3년째 되는 젊은 부부가 있었습니다. 남편은 낮에는 직장에 나가고 밤에는 야간대학 3학년 학생으로 새벽 5시 반이면 어김없이 일어나 버스비 1,500원을 타 가지고 출근하여 밤 12시가 넘어서야 집에 돌아옵니다.

크리스마스를 앞둔 어느날 저녁 남편이 말했습니다.

"우리 내일 서울대공원 가자."

"당신, 시간도 없는데 웬 과천을 가요?"

"결혼 3주년인데 먼데는 못가도 가까운데라도 다녀와야지…" 하는 것이었습니다.

다음날 아침, 두 살짜리 아들과 함께 서울대공원으로 떠났습니다. 아무도 밟지 않은 흰눈을 밟으며 뛰어오는 아이와 함께 무척 즐거웠습니다. 남편이 아이의 손을 잡고 한참 뛰어가더니 뒤에서 걸어오는 아내를 보고 소리질렀습니다.

"거기서 조금 기다려! 이쪽으로 오지 말라고!"

"왜요?"

"아, 글쎄, 그런 비밀이 있어."

잠시 후에 남편이 손을 흔들며 이제 와도 된다고 했습니다.

남편은 아내에게 "이리 와 봐, 줄게 있어" 합니다.

가보니까 흰눈 위에 낙엽을 주어다가 "축, 결혼 3주년"이라고 써 놓았습니다.

그리고 외투를 뒤적이더니 호빵 3개가 담긴 비닐봉지를 내밀었습니다.

"여보 미안해. 결혼 3주년인데 아무것도 못해줘서! 조금만 기다려줘. 이담에 예쁜 선물 사줄게" 하며 손을 잡았습니다. 참으로 아름다운 사랑이야기입니다.

오늘 읽은 23절에서 "저가 이르러 하나님의 은혜를 보고 기뻐하여"라고 기록된 말씀을 보게 됩니다. 사랑을 보여주며 사는 사람이 있듯이, 믿음 안에서 살며 은혜를 보여주는 사람이 있습니다. 오늘은 은혜를 보여주는 사람들은 어떤 사람들인가 살펴봅시다.

1. 예수를 전파하는 사람입니다.

사람은 누구나 자기 마음에 있는 것을 말하게 됩니다. 불만이 가득한 사람은 언제나 불평이 나옵니다. 영국 속담에 "좋은 아내는 불평하지 않는다"는 말이 있습니다. 좋은 신자는 불평하지 않습니다. 범사에 감사합니다. 그의 마음 속에는 은혜가 있기 때문입니다. 베토벤은 임종하면서 "오랫동안 고통과 수난의 일생을 끝나게 해주신 하나님께 감사한다"고 했습니다. 은혜가 충만한 사람은 받은 바 은혜를 말하게 되어 있습니다.

코카콜라 사장은 "내 혈관 속에는 피가 흐르는 것이 아니라 코카콜라가 흐르고 있다"고 말했답니다. 코카콜라는 세계 모든 나라에서 판매되고 있습니다. 심지어 공산국가까지도 콜라를 즐겨 마시고 있습니다. 콜라 판매를 위한 노력과 정열의 결과입니다.

사도 바울은 "만일 복음을 전하지 않으면 내게 화가 있을 것임이로다"(고전 29:16), "내가 복음을 부끄러워 아니하노니 이 복음은 모든 믿은 자에게 구원을 주시는 하나님의 능력이 됨이라"(롬 1:16)고 했습니다. 그의 혈관 속에는 복음이 흐르고 있었습니다. 입만 열면 예수 그리스도가 튀어 나왔습니다. 억제할 수 없는 열심히 그를 움직였습니다.

옛날 최권능 목사님이 전도하다가 경찰에 붙들려가서 심문을 받았습니다. 심문을 받으면서도 말할 때마다 '예수 천당'이 튀어나오는 것입니다. 심문하던 경찰관이 '이 영감은 입만 열면 예수! 천당! 한다'고 하더랍니다.

바울은 "나의 나 된 것은 하나님의 은혜로 된 것이니 내게 주신 그의 은혜가 헛되지 아니하여 내가 모든 사도보다 더 많이 수고하였으나 내가 아니요 오직 나와 함께 하신 하나님의 은혜로다 그러므로 내나 저희나 이같이 전파하매 믿으니라"(고전 15:10-11)고 했습니다. 바울이 믿은 것도 은혜로 믿었고 전도하는 것도 은혜였다는 말입니다. "너희가 그 은혜로 인하여 믿음으로 말미암아 구원을 얻었나니 이것이 너희에게서 난 것이 아니요 하나님의 선물이라"(엡 2:8).

은혜로 믿어 구원받은 성도 여러분! 전도할 수 있는 은혜가 충만하시기 바랍니다. 예수를 전파하심으로 받은 은혜를 보여주는 성도가 되시기 바랍니다.

2. 믿고 주께 돌아오는 사람입니다.

예수를 믿고 돌아오는 것도 은혜입니다. 바나바가 안디옥에 가서 전도하면서 놀라운 일이 일어났습니다. 21절에 보면 "주의 손이 그들과 함께 하시매 수다한 사람이 믿고 주께 돌아오더라" 하였습니다. 또한 24절에, "바나바는 착한 사람이요 성령과 믿음이 충 만한 자라 이에 큰 무리가 주께 더하더라." 수다한 사람이 주께 돌아오고 큰 무리가 주께 더해지는 원인이 무엇입니까? 바나바라는 사람이 착한 사람이요 성령과 믿음이 충만했기 때문이라는 것입니다.

기독교의 능력은 수가 많은데서 나오는 것이 아닙니다. 성령과 믿음이 충만한 소수에서 나옵니다. 하나님이 함께 하시는 사람을 통해서 나타납니다. 여러분 모두가 바나바 같은 사람이 되시기 바랍니다.

예수님은 "나를 보내신 아버지께서 이끌지 아니하면 아무라도 내게 올 수 없다"(요 6:44)고 하셨습니다. 불신자가 예수께로 나아와서 믿게 되는 일은 하나님이 하시는 일이라는 것입니다. 하나님이 함께 하시는 성도들에 의해서 사람들이 교회에 나오고 구원받습니다.

사사시대에 미디안 군대 13만 5천명이나 되는 대군이 쳐들어 올 때입니다. 이스라엘은 겨우 3만 2천명이었습니다. 그러나 하나님은 3만 2천명의 군대가 너무 많으니 돌려보내라고 하십니다. 먼저 두려워서 떠는 사람은 돌려보내고,

물먹을 때 개처럼 엎드려 마시는 사람도 돌려보내고 나니 남은 자가 300명이 었습니다. 300명의 군대가 적과 싸워 대군을 물리쳤습니다.

헌신하지 않는 다수는 부피만 클 뿐입니다. 숫자가 자랑거리는 못됩니다. 교회의 존재 목적은 복음 전파입니다. 교회가 지금 살아있는 이유는 복음 전하는 일 때문입니다. 우리들 때문에 주께 돌아오는 사람이 있어야 합니다. 나사로가 죽었다가 다시 살아남으로 나사로 까닭에 많은 유대인이 예수를 믿었습니다. 우리 모두 좋은 사람 되고 성령과 믿음으로 충만합시다. 그래서 은혜를 보여 줍시다.

성경은 우리에게 "항상 하나님의 은혜 가운데 있으라"고 권합니다(행 13:43). 왜냐하면 하나님의 은혜 가운데서만이 마귀를 물리칠 수 있고 불신자를 주님께 인도할 수 있기 때문입니다. 우리가 항상 은혜 가운데 있으려면 겸손해야 합니다. "하나님이 교만한 자를 대적하시되 겸손한 자에게 은혜를 베푸시기 때문입니다(벧전 5:5). 겸손으로 허리를 동이고 주의 일에 힘쓰는 은혜가 충만하시기를 원합니다.

3. 주께 붙어 있는 사람입니다.

예수님은 포도나무 비유를 말씀하셨습니다. "나는 포도나무요 너희는 가지니, 저가 내 안에 내가 저 안에 있으면 이 사람은 과실을 많이 맺나니 나를 떠나서는 너희가 아무것도 할 수 없음이라 사람이 내 안에 거하지 아니하면 가지처럼 밖에 버리워 말라지나니 사람들이 이것을 모아다가 불에 던져 사르느리라"(요 15:5-6). 나무에 붙어 있는 가지만이 꽃을 피우고 열매를 보여줄 수 있습니다. 좋은 열매를 맺기 위해서 나무에 붙어 있어야 한다는 것은 필수조건입니다.

바나바는 안디옥 교인들에게 말합니다. "굳은 마음으로 주께 붙어 있으라"(23절). 여기서 말하는 "굳은 마음"이란 어떤 결의나 의지를 나타내는 말입니다. 흔들림이 없는 마음으로 주님을 따르라는 것입니다. "주께 붙어 있으라"는 말은 예수를 삶의 중심이 되게 하라는 것입니다. 주님과 바른 관계를 유지하는 사람만이 은혜를 보여줄 수 있습니다. 예수를 생명의 근본으로 삼고 사는 자만이 은혜를 보여줍니다.

그리스도인이란 그리스도에게 속한 사람, 그리스도에게 붙어 있는 사람이란 뜻입니다. 살아도 주를 위해서 살고 죽어도 주를 위해 죽는 사람입니다.

전쟁중에 러시아 병사 하나가 나폴레옹 군대에게 체포되었습니다. 포로된 병사의 팔에 나폴레옹 군대의 표시로 N자를 새겼습니다. 영문을 모르고 있던 병사가 왜 팔에 글자를 새기느냐고 물었습니다. 너는 나폴레옹 군대에 속했다는 뜻이라고 말해주었습니다. 병사는 즉시 자기 팔을 잘라 버렸습니다. 그리고 "나는 오직 러시아 황제에게 속한 군인"이라고 외쳤습니다. 오직 자기 황제에게 충성할 뿐이라는 것입니다.

백지장도 철판 뒤에 딱 붙어 있으면 뚫어지지 않습니다. 내가 비록 약하지만 강하신 주님께 붙어 있으면 아무도 나를 해치지 못합니다. "내게 능력 주시는 자 안에서 내가 모든 것을 할 수 있느니라"(빌 4:13). 그리스도와 연합하여 능력 있는 사람이 되고, 그 능력으로 은혜를 보여줄 수 있기를 바랍니다.

우리 모두 주께 붙어 있어 은혜를 보여줍시다. 주님께 바치는 충성을 보여주고 헌신을 보여줍시다. 은혜와 진리가 충만하신 주님께 붙어 있어 은혜를 보여 주시기 바랍니다.

야고보서 2장 18절에 보면, "너는 믿음이 있고 나는 행함이 있으니 행함이 없는 네 믿음을 내게 보이라 나는 행함으로 내 믿음을 네게 보이리라" 하였습니다. 어리석은 사람은 어리석음을 나타내고, 지혜로운 사람은 지혜를 나타냅니다. 은혜받은 사람은 은혜를 보여주고 믿음이 있는 사람은 믿음을 보여줍니다.

사울이 예수를 모르고 은혜를 받기 전에는 살기가 등등하여 예수 믿는 사람들을 체포하러 다녔습니다. 그러나 그가 다메섹 도상에서 예수를 만나고 은혜를 받고 난 후에는 그토록 싫어하고 핍박하던 예수를 전하는 자가 되었습니다.

환난을 견디지 못하고 피신했던 그리스도인들은 믿음 때문에 집을 떠나야 했습니다. 그런데도 피신해 지내는 곳에서 전도한 것입니다. 불신자를 신자되게 하려고 노력한 것입니다. 우리도 은혜를 보여 주며 삽시다. 예수를 전파합시다. 불신자를 주님께로 돌아오게 하는 은혜를 보며 기뻐하십시다. 우리 모두 주님께 붙어 있는 가지 되어 열매를 맺읍시다.

누룩을 가진 교회

(마 13:33)

계란을 깨어보면 껍질 속에 흰자가 있고 그 안에 노른자위가 있습니다. 그리고 노른자위에 티눈처럼 박힌 배아가 있습니다. 말하자면 씨눈입니다. 계란이 아무리 충실해 보일지라도 배아가 없으면 식용으로는 쓸 수 있어도 부화용 병아리로 쓸 수는 없습니다.

교회도 그렇습니다. 교회가 마땅히 지니고 있어야 할 본질이 없다면 배아 없는 계란처럼 생산성이 없습니다. 교회의 본질은 누룩입니다. 교회는 누룩을 지니고 있어야 합니다. 영혼 없는 몸이 죽은 시체이듯이, 말씀과 성령이 없는 교회는 죽은 교회입니다.

예수님은 "천국은 마치 여자가 가루 서말 속에 갖다 넣어 전부 부풀게 한 누룩과 같다"고 하셨습니다. 가루 서말과 누룩 한 웅큼은 비교가 안됩니다. 양적으로도 수 백배의 차이로 가루가 많습니다. 질적으로도 그렇습니다. 가루는 밀의 알맹이를 곱게 빻은 분말입니다. 누룩이란 밀껍데기를 반죽하여 뭉쳐놓은 덩어리에 불과합니다. 밀가루 서말 속에 한 웅큼의 누룩을 섞어 버리면 어떻게 누룩을 찾아낼 수가 있겠습니까?

그러나 소량의 누룩은 대량의 밀가루를 부풀게 하는 힘이 있습니다. 잘난 것 같은 밀가루를 보잘 것 없는 누룩이 변화시킵니다. 누룩을 가진 교회란 세상을 변화시키는 영적 힘을 지니고 있습니다. 예수님이 말씀하신 누룩은 예수 믿고 구원받은 하나님의 백성이요, 밀가루는 믿지 않는 불신자입니다.

1. 누룩은 침투력이 있습니다.

침투력이란 뚫고 들어가는 힘입니다. 권투선수의 실력이 방어에 있는 것이 아니라 공격에 있습니다. 히틀러는 말하기를 국력은 침략에 있다고 했습니다. 교회의 힘은 세상을 구원하기 위해 침투하는 데 사용하여야 합니다. 그 일을 위해 어느 정도 힘을 발휘하느냐 하는 것이 교회의 능력입니다.

병든 교회는 엉뚱한 내분으로 힘을 소모합니다. 진리는 본성적으로 침략적입니다. 진리가 비진리의 공격을 당하고 있다면 큰일입니다. 교회가 생명과 진리를 가지고 있다면 전투적이고 공격적이어야 합니다. 그것이 곧 건강한 교회의 모습입니다.

누룩을 가진 교회란 정예부대(精銳部隊)가 있는 교회를 말합니다. 정예란 가장 날세고 용맹스럽다는 뜻입니다. 군대에서 가장 우수하고 강한 군대를 정예부대라고 합니다. 교회는 정예화 된 침투조가 되어야 합니다. 나아가 교회는 모든 성도를 훈련시켜 정예화 하는데 목적을 두어야 합니다.

남아메리카 밀림 속에는 부쉬마스터란 독사가 살고 있습니다. 이 뱀은 무서운 독을 가지고 있습니다. 몸집이 크고 공격적이어서 한번 물리면 20분 이상 살지 못한다고 합니다. 독사가 독주머니를 차고 있고 날카로운 이를 무기로 삼듯이 교회는 누룩이 있고 공격적이어야 합니다.

예수님은 세례요한 때부터 지금까지 "천국은 침노를 당하나니 침노하는 자가 빼앗느니라"(마 11:12) 하셨습니다. 침노한다는 것은 불법적으로 쳐들어가서 점령하는 것입니다. 세례요한은 천국을 격렬하게 침노하기 시작한 사람입니다. 군대가 도시를 쳐들어가듯이 사람들이 천국에 들어가도록 선동했습니다. 누가복음에 보면 요한의 사역을 설명하면서 "하나님 나라의 복음이 전파되어 사람마다 그리로 침입하느니라"(눅 16:16)고 했습니다. "침입"이라는 전투용어를 쓰고 있는 것을 유의해야 합니다. 침입이란 허락받고 들어가는 것이 아닙니다. 사람을 천국에 들어가게 하기 위해서는 교회가 불신세계를 향해 돌진해야 합니다.

우리 모두 누룩처럼 침투합시다. 불신자를 파고 들어가 그들을 하나님의 사람으로 삼으십시다. "주인이 종에게 이르되 길과 산울가로 나가서 사람을 강

권하여 데려다가 내 집을 채우라"(눅 14:23).

2. 누룩은 발효제입니다.

성경에서는 발효라는 말은 없고 발교라는 말을 쓰고 있습니다. 요즘 우리가 사용하는 발효라는 단어의 원말입니다. 술을 빚을 때 술밥에 누룩을 섞어 적당한 온도를 유지해 주면 술이 됩니다. 또 밀가루를 반죽할 때 이스트를 넣어 빵을 찌면 부풀어오르게 하는 것이 발효입니다. 누룩이 침투력만 있다면 뭐합니까? 가루 속에 침투했으면 그 침투 목적을 달성해야 합니다.

누룩을 섞는 것은 발효를 목적한 것입니다. 누룩은 복음의 상징입니다.

바닷물 속에는 염분이 들어있습니다. 전체 바닷물의 2.8%가 염분이라고 합니다. 바다를 썩지 않게 하는 것은 염분 때문입니다. 그 적은 소금물이 그 많은 바닷물의 생명입니다. 교회는 누룩을 키워야 하고 누룩을 늘려야 합니다. 교회가 누룩만 있다면 세상을 얼마든지 변화시킬 수 있습니다.

우리는 누룩인가요, 밀가루인가요? 밀가루가 아무리 많아도 밀가루로는 세상을 변화시킬 수 없습니다. 분량이 적어도 누룩일 때 힘이 있습니다. 세상의 모든 일은 힘에 의해 지배됩니다. 힘이 적으면 적게 이루고 힘이 크면 많이 이룹니다. 힘이 없으면 아무것도 이루지 못합니다. 누구든지 목적을 이루려 한다면 먼저 힘을 길러야 합니다.

이랜드 박성수 사장은 청년시절에 근육 무력증이라는 병에 걸렸습니다. 5년 동안 고생을 했는데, 볼펜 하나 드는 것도 힘들 정도였다고 합니다. 그때 주로 한 일은 성경을 읽는 것이었습니다. 그리고 건강을 위해 기도했습니다. 그가 건강해지고 나서 옷가게를 시작한지 7년 만에 의류업계 1위로 떠올랐습니다. 연간 매출액이 250억 정도가 되었습니다. 일 주일간 매상의 30-40%가 주일날 팔릴 정도였지만 문을 닫고 주일을 철저하게 지켰습니다. 그는 날마다 성구를 암송하며 그야말로 자기를 누룩으로 만들었습니다. 많은 지점을 내면서도 주일을 지키는 일을 전제조건으로 하고 있습니다. 그야말로 주일을 성수하는 기업으로 자랐습니다.

그를 누룩으로 만든 것은 하나님의 말씀입니다. 그에게 있는 능력은 살았고 운동력이 있는 성경말씀이었습니다. 발효력을 가지고 있습니까? 침투하여 녹아지고 스며들어 영적 작용을 하는 누룩이 되시기 바랍니다.

능력 없는 교회는 위선자의 생산공장입니다. 초대 교회는 사람 낚는 어부가 있었습니다. 그러나 현대 교회는 어항을 지키는 사람들입니다. 마귀가 요긴하게 쓰는 도구는 비활동적인 신자들입니다.

3. 누룩은 변화시킵니다.

돈이 있으나 건강이 없는 사람이 있습니다. 건강은 있으나 믿음이 없는 사람이 있습니다. 우정은 있으나 하나님을 사랑하는 마음이 없습니다. 경건의 모양은 있으나 경건의 능력이 없는 것이 문제입니다(딤후 3:5). 교회는 다니나 소속감이 없습니다. 몸은 커졌으나 철이 없습니다.

누룩이 들어가면 형태를 바꿉니다. 부풀어오르게 합니다. 맛 없는 밀가루를 변화시켜서 좋은 음식을 만들어줍니다. 누룩 없는 빵은 개떡이라고 합니다. 누룩은 변화의 힘이 있습니다. 세상에서 가장 능력 있는 사람은 어떤 사람입니까? 변화의 주체입니다. 그에게 바꿀 수 있는 힘이 있어야 합니다.

그가 누구입니까?

주예수 내맘에 들어와 계신후 변하여 새사람되고

주예수 내맘에 들어와 계신후 망령된 행실을 끊고

머리털 보다 더많던 내죄가 눈보다 더 희어졌네

주예수 내맘에 오심 주예수 내맘에 오심 물밀 듯

내맘에 기쁨이 넘침은 주예수 내맘에 오심 (찬송가 208장).

예수, 오직 예수입니다. 그가 우리의 내면을 변화시킵니다. 그리스도는 자신의 계획에 따라 우리 존재의 중심에서 우리를 변화시킵니다. 내적인 변화는 더디지만 유기적이고 영속적입니다. 사람의 변화는 내적 변화를 통해서만이 총체적인 변화가 가능합니다. 예수는 질을 바꾸어 줍니다. 변화가 있는 곳에 희망이 있고, 구원이 있는 곳에 변화가 있습니다. 저주받은 인생을 변하여 복이 되게 하십니다. 나의 슬픔을 변하여 기쁨이 되게 하십니다. 쓸모 없는 인간을 쓸모 있는 인간으로 바꿉니다. 마음이 바뀌면 얼굴도 변합니다. 생각이 바뀌면 생활이 변합니다. 내가 변해야 다른 사람을 변화시킵니다. 내가 달라지지 않고는 누구도 바꾸지 못합니다. 여러분 모두 가루 서말에 들어간 누룩이시기 바랍니다. 사람은 누구든지 예수가 들어가면 빗나간 삶을 청산하고 참된 삶으로 궤도 수정을 할 수 있습니다. 교회 안에는 예수를 만남으로 삶의 궤도를 수정한 사람이 많습니다. 성경에 나오는 삭개오가 그렇고, 마태와 창녀 마리아가 예수에 의해 변화 받은 사람들입니다.

존재하는 것은 행동하는 것입니다. 행동하는 것은 존재하는 것입니다. 누룩을 가진 사람은 자신의 능력과 잠재력을 부인하지 않습니다. 누룩을 가진 사람은 복음으로 변화 된 사람입니다. 내가 예수 믿고 구원받은 것처럼 다른 사람도 믿으면 구원받을 수 있다고 생각합니다. 어떻게 하면 저 사람이 예수를 믿을 수 있을까를 연구합니다.

교회가 존재하는 것은 행동하기 위해서입니다. 하나님이 우리를 택하시고 성령과 말씀으로 거듭나게 하신 것은, 믿는 우리를 통하여 믿지 않는 사람을 구원하기 위해서입니다.

하나님을 위하여 누룩을 가진 사람이 됩시다. 세상으로 침투하는 사람이 되기로 작정합시다! 세상을 사랑하셔서 독생자를 보내셨는데, 여기서 말하는 세상은 사람입니다. 발효력을 가지고 사람을 변화시키는 누룩이 되십시다! 우리들이 가루 서말인 이 세상을 바꾸는 소동을 일으키는 주체가 됩시다! 가루 서말 속에 갖다 넣어 부풀게 한 누룩이 됩시다!

사람을 얻는 사랑

(잠 11:30)

이삿짐을 챙겨 실은 트럭을 이사할 집 앞에 세우고 먼저 집 안으로 들어가 보았습니다. 이사간 집은 언제나 지저분 할 줄 알고 치우기 위해서였습니다. 그런데 전혀 그렇지 않았습니다. 방마다 깨끗하게 청소되어 있고, 부엌도 손 댈 데가 없이 정리되어 있었습니다. 연탄 아궁이를 열어보니 연탄재까지 말끔히 치워놓았습니다. 선반 위에 예쁘게 접은 쪽지가 놓여 있어 펼쳐 보았습니다.

"새로 이사오는 엄마에게.
　대강 청소를 했습니다만. 남이 살던 집이니 다시 한번 살펴보세요. 우리가 살 때는 괜찮았는데 그래도 혹시 모르니 연탄가스가 새는지 다시 한번 불을 지펴보세요. 온 가족이 건강하고 행복하세요."

먼저 살던 주부가 써놓고 간 편지였습니다. 하나님을 믿는 사람이 그랬으면 좋겠습니다. 그런 사람은 사람을 끌어당기는 힘이 있습니다. 얼마나 멋있는 사람입니까? 사람의 마음을 끄는 사람은 능력 있는 사람입니다. 사람이 따르는 사람, 얼마나 귀합니까?

돈을 얻으려다 친구를 잃고, 명예를 얻으려다 사람을 잃는 사람은 아무리 보아도 어리석은 자요, 실패한 인생입니다. 사람을 얻는 사람은 어떤 사람일까요?

1. 주는 사람입니다.

주는 사람이 사람을 얻습니다. 어릴 때 무지개를 잡아 보려고 쫓아다닌 적이 있습니다. 무지개는 쫓아가면 더 멀리 달아납니다. 잡히지 않습니다. 우리가 무언가를 쫓아가면 그것은 달아납니다. 동물도 쫓아가면 도망칩니다. 빼앗으려는 사람에게는 사람이 따르지 않습니다. 미련한 돼지도 맛있는 콩을 떨어뜨려 주면 어디까지든지 따라옵니다.

약수터에 사람이 많이 모이는 이유는 약수를 얻을 수 있기 때문입니다. 물없는 샘은 사람을 얻지 못합니다. 필요한 것을 주는 사람에게 사람이 붙습니다. 꽃에 벌이 날아드는 것은 꿀이 있기 때문입니다.

옛날에 가난한 과부가 혼자서 살고 있었습니다. 그는 개와 고양이를 한 마리씩 키우고 있었는데, 자식도 없는 그는 짐승 사랑이 지극했습니다. 자기는 굶어도 짐승은 먹였습니다. 개와 고양이는 주인께 보답하기 위해 용궁에만 있다는 여의주를 훔쳐다 주인에게 바치기로 했습니다. 천신만고 끝에 여의주를 훔쳐 가지고 강을 건너게 되었는데, 개는 수영을 하고 고양이는 여의주를 입에 물고 개에게 업혔습니다. 육지에 거의 다 왔는데, 개가 말을 시켜서 입을 벌리다 보니 여의주를 강물에 빠뜨렸습니다. 물에 젖은 개는 추위를 견디지 못하고 집으로 돌아갔고, 고양이는 어떻게 하면 물에 빠진 보물을 찾을까 연구하고 있었습니다. 마침 낚시꾼들이 잡은 물고기로 요리를 하기 위해 고기의 배를 가르자 여의주가 나왔습니다. 고양이는 잽싸게 여의주를 물고 달려와 주인에게 바쳤습니다. 그때부터 고양이는 주인의 사랑을 받으며 안방에서 살게되었습니다.

짐승에게도 주니까 받는다는 이야기입니다. 사람은 누구나 주면 좋아합니다. 베풀면 따라옵니다. 과도하게 아껴도 가난하게 됩니다(잠 11:24). 성경은 "주는 것이 받는 것보다 복이 있다"(행 20:35)고 하였습니다. "주라 그리하면 너희에게 줄 것이니 곧 후히 되어 누르고 흔들어 넘치도록 하여 너희에게 안겨 주리라"(눅 6:38) 예수님이 하신 말씀입니다.

어떤 노인이 추운 날씨에 시냇물을 건너게 되었습니다. 사람들은 모두 말을 타고 건너갔습니다. 노인은 타고 갈 말이 없으니 사람들이 건너가는 것만 바라보고 있었습니다. 다섯 사람이 말을 타고 시내를 건너갔습니다. 노인은 여섯 번째 말 탄 사람에게 부탁했습니다. "나를 건너편까지 태워주시오." 그 사람은 주저하지 않고 "네, 타시지요"라고 했습니다. 시냇물을 건너고 나서 노인이 고맙다는 인사를 하니까, 말을 태워 준 사람이 묻기를 "왜 다른 사람이 지나갈 때는 가만히 있다가 제게 부탁하셨습니까?" 노인은 그 사람들의 눈을 보니 부탁해도 거절할 것 같았고, 당신은 들어줄 것 같았다고 했습니다. 노인에게 말을 태워 시내를 건너 준 사람은 나중에 대통령이 된 토마스 제퍼슨이었습니다. 주는 자는 반드시 받습니다.

신발이나 연필은 쓰면 쓸수록 닳아 없어집니다. 그러나 정신력은 쓸수록 발전합니다. 샘물은 쓸수록 더 많이 솟아납니다. 사람의 체력은 20대에 왕성하지만 정신적인 능력은 60-70세까지 성장합니다. 철학자 칸트는 70세에서 80세 사이에 가장 위대한 업적을 남겼습니다. 베푸는 삶을 통해서 얻은 사람을 하나님과 연결시키시기 바랍니다.

2. 밝은 사람입니다.

사람은 누구나 어두운 것을 좋아하지 않습니다. 어두운 사람은 사람을 얻지 못합니다. 하루살이도 밝은 것을 좋아하여 등불 곁으로 몰려듭니다.

강철왕 카네기가 찰스 스와프를 연봉 100만 달러를 주기로 하고 자신의 제철회사 사장으로 스카우트 한 것은 그 사람의 미소에 반해서라고 합니다. 카네기는 "웃음이야말로 인간을 통솔하고 일에 대한 의욕을 상승시키는 위대한 마술사"라고 정의했습니다. 역시 카네기의 판단은 옳았습니다. 스와프가 사장으로 취임한 후 그 기업은 불같이 일어났습니다. 사람이 매사에 부정적이고 불평과 짜증이 많은 사람은 돈도 안 붙고 사람도 안 따릅니다.

사람들은 태양을 좋아합니다. 어른들은 태양을 노래하고 어린아이들은 해를 그립니다. 왜 그런지 이유를 물어볼 필요가 없습니다. 모두들 밝은 것을 좋아하는 것입니다. 인간만이 웃을 줄 아는 유일한 동물입니다.

사람들이 나를 좋아하게 할 수도 있는데, 억지로 싫어하게 행동할 필요는 없습니다. 휘파람을 불며 "파랑새 노래하며 청포도 넝쿨 아래로 어여쁜 아가

씨여 손잡고 가잔다" 라고 노래할 수 있는데, 왜 징징거리며 "아무도 날 찾는 이 없는 외로운…"을 부르느냐 말입니다.

공원 벤치에 앉아 어린아이가 혼자서 공을 가지고 놀고 있는 것을 바라보고 있는 사람이 있었습니다. 친구도 없이 아주 신나게 공을 던지고 있는 것을 보며 말했습니다. "너는 친구도 없이 재미있게 노는구나" 하니까, "저는 지금 하나님과 공 던지기를 하고 있어요. 내가 하나님께 공을 던지면 하나님도 내게 공을 던져 주셔요" 라고 말했습니다. 그 어린아이는 어른의 관심을 끌고 있습니다. 그 말하는 것도 얼마나 예쁩니까?

우리도 하나님과 놀면서 밝은 표정을 지어봅시다. 마음에 있는 평화와 믿음의 소망으로 빛나는 얼굴을 가진다면 우리는 어디서든지 환영받는 것입니다.

하나님은 "빛이 있으라" 하셨고, 빛이 생겨난 것을 보시고 좋아하셨습니다(창 1:3-4). 그리고 말씀하시기를 "일어나라 빛을 발하라"(사 60:1) 하십니다. 예수님은 세상의 빛으로 오셨습니다(요 12:46). 요한은 빛에 대하여 증거했습니다. 예수님은 "너희는 세상의 빛이라"(마 5:14) 하셨습니다. 우리는 비춰야 합니다. 빛을 발하는 것이 우리의 사명이요, 책임입니다. 어둠의 열매는 저주요, 불행이요, 지옥입니다. 그러나 빛의 열매는 모든 착함과 의로움과 진실함입니다(엡 5:9). 밝은 사람, 빛의 자녀가 되어 사람을 얻으시기 바랍니다. 우리가 얻은 그 사람은 하나님의 것이 됩니다. 우리가 이미 하나님의 것이기 때문입니다. 사람을 얻는 사람이 되시기 바랍니다.

3. 지혜로운 사람입니다.

멍텅구리라는 바닷고기가 있습니다. 멍청이라고도 합니다. 이름이 그래서인지 생긴 것이 멍청이 같습니다. 어리석은 사람은 사람을 얻지 못합니다. 지혜란 지식을 최대한 바로 사용할 줄 아는 재능입니다. 어떤 사람은 지식이 있는데도 그 지식을 제대로 활용하지 못합니다. 지식은 있으나 지혜가 없어서입니다.

지혜란 능숙함(Skifulness) 입니다. 잠언에 지혜라는 말이 37번 나옵니다. 잠언을 젊은 자의 책(The young men's Book)이라 부르기도 합니다. 지혜

있는 사람은 배우는 사람입니다. 자기의 실패와 불행에서도 배웁니다. 언제나 배울 준비가 되어 있습니다. 요즘 벤치마킹이란 말을 쓰더군요. 누구에게서나 뛰어난 것은 배운다는 뜻입니다.

하나님은 우리에게 "어리석은 자가 되지 말고 주의 뜻이 무엇인지 이해하라" 하십니다(엡 15:15-17). 누가 어리석은 자입니까? 귀한 것을 귀한 줄 모르고 사소한 것에 목숨을 거는 자입니다. 재물보다 명예가 귀하고 명예보다 목숨이 귀합니다. 천하보다 귀한 것이 목숨입니다. 천하를 얻고도 목숨을 잃으면 얻은 천하가 무슨 소용입니까?

믿는 사람은 사람을 잃으면 안됩니다. 왜냐하면 우리는 하나님의 자녀요, 주님의 제자요, 교회의 지체이기 때문입니다.

우리가 사람을 잃는다는 것은 영혼을 잃는 것이 됩니다. 사람 속에 영혼이 있으니까요. 영혼을 주님께 인도하는 것은 어떤 일보다 중요한 일입니다.

사도 바울은 될 수 있는대로 많은 사람을 얻기 위해서 스스로 종이 되었다고 말합니다. "나는 어느 누구에게도 매여 있지 않은 자유인이지만, 되도록 많은 사람을 얻으려고 스스로 모든 사람의 종이 되었습니다. 내가 유대인들을 대할 때에는 그들을 얻으려고 유다인처럼 되었고, 율법의 지배를 받는 사람을 대할 때에는 율법의 지배를 받는 사람처럼 되었습니다. 내가 믿음이 약한 사람을 대할 때에는 그들을 얻으려고 약한 사람이 되었습니다. …아무쪼록 몇 사람이라도 구원하려고 한 것입니다. 나는 복음을 전하기 위해서는 무슨 일이라도 하고 있습니다. 그리하여 그들과 다같이 복음의 축복을 나누려는 것입니다"(고전 9:19-23).

오직 삶을 얻기 위한 몸부림입니다. 사람을 얻을 수만 있다면 무슨 짓이라도 하겠다는 것입니다. 지혜로 사람을 얻으시기 바랍니다.

도구의 가치는 그 도구의 실용성에 있습니다. 우리는 하나님의 도구가 되어야 합니다. 우리는 내가 가지고 있는 모든 것을 최대한 활용해서 사람을 얻는데 집중 투자해야 합니다. 망원경의 가치는 그것을 이용해서 보이지 않는 먼 곳까지 볼 수 있는데 있습니다. 지혜있는 사람은 모든 지식과 자기 경험을 최대한 활용해서 사람을 주님께로 이끄는 사람입니다.

안드레가 인도하여 예수께 나아갔던 시몬은 위대한 전도자 베드로가 되었습니다. 안드레는 시몬에게 "메시야를 만났다"고 했습니다. 예수님은 "내가 땅에서 들리면 모든 사람을 내게로 이끌겠노라"(요 12:32) 하셨습니다. 우리도 사람을 낚는 어부가 되십시다. "나를 따라 오너라 내가 너희로 사람을 낚는 어부가 되게 하리라" 하셨습니다. 예수를 따라 감으로 사람을 얻으시기 바랍니다.

사람을 얻는 사람은 주는 사람입니다. 베풀며 살아 사람을 얻읍시다. 사람을 얻은 사람은 밝은 사람입니다. 밝게 살아 사람을 얻읍시다. 사람을 얻는 사람은 지혜로운 사람입니다. "지혜로운 자는 사람을 얻느니라." 우리 모두 사람을 얻어 주께 드립시다. 할렐루야!

4월
부활의 달

· 부활하신 주님께서(행 1:48)
· 부활신앙은 도마에게도(요 20:26-31)
· 예수님의 부활을 믿을진대(살전 4:13-18)
· 부활에서 승천까지(고전 15:29-34)

<집필자 : 김순권 목사>
· 경희대학교 문리대 영문과 졸업
· 장로회신학대학교 본과 졸업
· 미국 컬럼비아 선교대학원 졸업
· 미국 샌프란시스코 신학대학원 졸업(목회학박사)
· 현) 국제기독교 공동선교회 스위스 본부 이사 및 한국 대표
· 현) 서울 경천장로교회 담임목사

부활하신 주님께서
(행 1:4-8)

오늘 우리가 듣는 말씀은 부활하신 예수님께서 특별히 당부하시는 말씀입니다. 본문 4절에 보면 "사도와 같이 모이사 저희에게 분부하여 가라사대"라고 했습니다. 부활하신 예수님께서 특별히 가깝게 지냈던 사도들에게 주신 말씀이 본문입니다. 그래서 오늘은 부활하신 예수님께서 먼저 믿는 우리들에게 주시는 말씀을 들어야 하겠습니다. 그러면 부활하신 예수님께서 우리들에게 주시는 당부의 말씀은 무엇일까요?

1. 예루살렘을 떠나지 말라고 하셨습니다.

예루살렘은 '평화의 성'이라는 뜻을 가지고 있습니다.

예루살렘은 살렘 나라의 왕 멜기세덱이 거처한 곳이었습니다. 또한 믿음의 조상 아브라함이 모리아 산에서 외아들 이삭을 바쳤기에, 그 일로 '여호와 이레'란 말이 나왔는데(하나님이 준비하시는 곳), '이레'란 말이 본래의 이름인 '살렘'이란 말과 합해져서 '예루살렘'이 되었습니다.

그 후 여부스인들이 모여 살던 이곳을 이스라엘의 다윗 왕이 점령하여 수도로 정하고, 그의 아들 솔로몬 왕 때에 와서 솔로몬이 성전을 세웠습니다. 그 성전에서 하나님을 예배할 때에 나라와 백성이 평안하고 모든 일이 잘 되었습니다. 반대로 예루살렘을 빼앗기거나 성전이 파괴될 때에는 이스라엘 백성들에게 수난이 따랐습니다.

우리들이 샬롬(평안)의 축복을 받을 때가 언제입니까? "예루살렘을 떠나지 않을 때"입니다. 예루살렘에 하나님이 여호와 이레로 함께 하셨는데, 하나님께서 특별히 성전을 통하여 그런 복을 내려주셨습니다.

성전은 무엇입니까? 교회입니다. "예루살렘을 떠나지 말라"고 부활하신 예수님께서 말씀하셨는데, 그 말씀은 오늘 우리들에게 부활하신 예수님께서 "너희는 교회를 떠나지 말고"라고 당부하시는 말씀입니다.

2. 아버지의 약속하신 것을 기다리라고 하셨습니다.

이제 부활하신 예수님께서 "내게 들은 바 아버지의 약속하신 것을 기다리라"(4절)고 당부하십니다. 그 약속은 '성령'을 뜻합니다. 성령을 받으면 능력으로 새 힘을 나타냅니다. 성경에서 큰 일을 힘 있게 해낸 분들은 한 마디로 모두가 성령의 사람들이었습니다.

사사 시대에 힘 있는 장수로 이름을 날렸던 삼손은 나실인으로, 머리에 삭도를 대지 말라는 하나님의 약속을 지킬 때는 큰 힘을 발휘했지만, 그 비밀을 간직하지 못하고 하나님의 약속을 지키지 못했을 때는 그에게서 성령(하나님의 신)이 떠나 능력이 사라졌습니다.

이스라엘의 초대 왕 사울도 성령의 사람이었을 때는 정치도 잘하고 훌륭했으나 성령이 떠났을 때는 시기와 질투에 사로잡혀 하나님께 버림받았습니다. 요엘 2:28에는 "내가 내 신을 만민에게 부어 주리니…"라는 약속의 말씀이 기록되어 있습니다.

본문 5절에는 "요한은 물로 세례를 베풀었으나 너희는 몇 날이 못되어 성령으로 세례를 받으리라 하셨느니라"고 했습니다. 이미 마가복음 1:8에 보면 세례 요한이 말하기를 "나는 너희에게 물로 세례를 주었거니와 그는 성령으로 너희에게 세례를 주시리라"고 했습니다. 부활하신 주님께서 "아버지의 약속을 기다리라"고 말씀하셨습니다.

우리는 교회를 통하여 기다림을 배워야 합니다. 기도의 응답을 기다리고, 영적인 열매를 맺기까지 인내하며 기다려야 합니다. 또한 다시 오실 주님을 기다리는 신앙을 배워야 합니다. 성령은 평안입니다. 감사입니다. 성령은 기쁨과 사랑을 나타냅니다. 성령은 어려운 이웃에게 선을 베풀게 합니다. 성령이 임하는 것은 꽃이 피는 것이고, 꽃은 결국 열매를 맺게 합니다.

3. 부활하신 예수님께서 복음 전파의 사명을 주셨습니다.

"오직 성령이 너희에게 임하시면 너희가 권능을 받고 예루살렘과 온 유대와 사마리아와 땅끝까지 이르러 내 증인이 되리라"(8). 부활하신 예수님은 우리들을 향하여 부활하신 예수님의 증인이 되라고 당부하셨습니다.

교회의 사명은 전도입니다. 신자의 사명도 마찬가지입니다. 부활하신 예수님께서 맡겨주신 복음 전파의 사명을 잘 감당하는 교회와 교우 여러분이 되시기를 기원합니다.

부활 신앙은 도마에게도
(요 20:26-31)

우리 주님께서 사망 권세를 이기시고 부활하신 날입니다. 오늘은 그야말로 주님의 날입니다.

주님께서는 부활에 대해서 미리 예고해 주셨습니다. 요한복음 11:25에 "예수께서 가라사대 나는 부활이요 생명이니 나를 믿는 자는 죽어도 살겠고"라고 하였고, 요한복음 2:19에 "예수께서 대답하여 가라사대 너희가 이 성전을 헐라 내가 사흘 동안에 일으키리라"고 하였으며, 고린도전서 15:12-13에 "그리스도께서 죽은 자 가운데서 다시 살아나셨다 전파되었거늘 너희 중에서 어떤 이들은 어찌하여 죽은 자 가운데서 부활이 없다 하느냐 만일 부활이 없으면 그리스도도 다시 살지 못하셨으리라"고 하였습니다.

이 부활의 믿음이 이제 의심많은 제자 도마에게도 임하였습니다. 내 눈으로 보고 손을 만져 보지 않고는 믿을 수 없다던 도마였습니다. 그러나 부활신앙이 들어가면 곧 의심도 두려움도 고독도 사라집니다. "주는 그리스도시요 하나님의 아들이시니이다"라고 고백하게 됩니다.

도마는 어떤 사람이었습니까? 그는 어렸을 때부터 비판적이었으며 매우 이지적이었습니다. 도마는 예수를 극진히 사랑하고 따랐습니다. 그렇기 때문에 도마는 나사로가 병들었다는 소식을 듣고는 베다니로 가자는 예수님의 말씀에 "우리도 주와 함께 죽으러 가자"고 했습니다(요 11:16). 도마는 예수와 함께 죽으러 가자고 할 정도로 용기가 있었던 사람입니다. 그는 십자가에 달리시는 주님을 잘 알고 있었습니다. 그러나 도마는 혼자 있기를 좋아했습니다. 그래서 부활하신 주님께서 제자들이 있던 그 방에 나타나셨을 때 그는 그곳에 없었습니다.

도마는 특별한 성격의 소유자였습니다. 믿지 않으면서 믿는다고 말하지 않고, 알고 있지 않으면서 안다고 말하지 않으며, 의문을 품으면 곧 말로 표현하는 겉과 속이 같은 정직한 사람이었습니다.

시인 테니슨은 그를 다음과 같이 묘사했습니다.

얼치기로 알고 있는 신조보다도
성실한 회의 속에서
참다운 신앙은
살아나고 있네.

도마는 타협을 모르지만 믿게 되면 끝까지 믿어주는 사람이었습니다. 도마행전에 보면 그는 남인도에 가서 순교하기까지 선교했습니다. 남인도에는 도마교회가 있습니다. 도마는 처음에는 그곳에 가기를 싫어했습니다. 왜냐하면 '나는 히브리 사람인데 어떻게 인도에 가서 설교를 할 수 있단 말인가?' 하는 생각 때문이었습니다. 그런데 어느 날 밤 예수께서 나타나셔서 "두려워 말라 도마야 인도로 가서 거기에 복음을 전하라. 나의 은혜가 너와 함께 할 것이다" 라고 하셨습니다.

예수님이 부활하시고 8일 후 도마에게 나타나셨습니다. 도마는 부활을 믿지 않을 수가 없습니다. 부활 후 예수님이 나타나심을 보면, ① 막달라 마리아(요 20:14), ② 무덤에 갔던 여인들(마 28:1-10), ③ 베드로(눅 24:34), ④ 엠마오 도상의 두 제자에게, ⑤ 도마 이외의 사도들에게 나타나셨습니다. 그 외에도 부활하신 예수님의 나타나심에 대한 기록들이 많이 있습니다.

의심 많은 도마로 인해 우리는 주님의 부활을 실증적으로 더욱 확실히 믿을 수 있게 되었습니다.

부활의 복음을 우리들도 확실히 믿어야 합니다. 의심을 버리고 믿어야 합니다. 아집을 버리고 확실히 믿어야 합니다. 두려움을 이기고 승리하는 삶을 사시기를 기원합니다.

부활에 대한 의심을 버리고 확신 있는 신앙인이 되어야 합니다. 그렇게 의

심의 눈으로 주님을 보았던 제자 도마가 주님의 부활을 목격한 후부터 확신에
찬 믿음이 되어, 인도에 가서 선교하다가 순교했습니다. 인도의 남쪽에 가면
성도마순교교회가 있습니다.

부활 신앙이 힘 있는 믿음을 만듭니다. 그러므로 반드시 그리스도인들은 부
활 신앙을 찾아야만 됩니다.

예수님의 부활을 믿을진대
(살전 4:13-18)

이 세상에는 모든 사물을 희미하게 보이도록 하는 안개가 있습니다. 안개는 때때로 사람들에게 큰 장애가 됩니다. 비행장에 짙은 안개가 끼면 비행기의 이착륙이 불가능해집니다. 그럴 때는 햇볕에 의해 안개가 걷히기를 기다려야만 합니다. 안개는 보잘 것 없는 것 같지만 자주 큰 장애물이 됩니다.

1. 의심의 '안개 신앙'을 버려야 합니다.

의심은 처음 보기에는 대수롭지 않습니다. 그러나 그것이 방해가 될 때는 큰 장애물이 됩니다. 믿어도 미지근하게 믿도록 합니다. 은혜를 받으려는데 못 받게 합니다. 결심을 하려고 하면 확신이 없게 만듭니다.

2. 염려와 두려움의 '연기 신앙'을 버려야 합니다.

이 세상에는 앞으로 나아가려고 할 때 큰 방해를 주는 연기가 있습니다. 연기는 못된 냄새까지 피우기 때문에 건강에도 해가 되고 갈 길을 가로막습니다. 오래 전에 충무로 입구 대연각 호텔과 청량리에 있는 빌딩에 화재가 났을 때 소방관들이 고가 사다리까지 동원하여 생명을 걸고 화재를 진압했으나, 그 때 가장 큰 어려움을 준 것이 빌딩 안에서 뿜어나오는 카페트 타는 연기였습니다. 그 연기는 사람을 질식시키는 것이어서 화재 진압을 하는데 큰 어려움

을 주었습니다. 연기는 눈을 못 뜰 정도로 앞을 가로막고 코를 찌르는 냄새로
활동을 막습니다.

그런데 우리가 믿는 신앙에도 연기와 같은 것이 있습니다. 그것은 바로 '염
려와 두려움'입니다. 염려는 우리의 마음을 흔들기 때문에 우리에게 겁을 주고
두려움을 만들기 때문에, 결국은 우리의 건강을 침범하고 용기를 꺾어 버리
며, 우리의 생활에 큰 낙심을 가져다 줍니다. 그러므로 우리는 염려와 두려움
을 버리고 담대한 신앙인의 삶을 살아야 하겠습니다.

3. 불신의 장벽이 가로놓인 현실을 넘어서는 확신을 지녀야 합니다.

이것은 불신사회에 더욱 심각하게 나타나 많은 사람들의 공감대를 형성합
니다. 그러므로 이제 이런 문제점들을 벗어난 부활 신앙이 절실히 요구됩니
다.

첫째, 예수님의 부활을 믿을진대, 성경의 말씀이 믿어집니다. 이것은 과거
에 속합니다. 그래서 하나님의 계심을 확신하고, 하나님의 천지 창조를 확신
하며, 그리스도의 사역을 확신합니다.

둘째, 예수님의 부활을 믿을진대, 우리의 현실에서 만사에 희망을 가집니
다. 이것은 현재에 속합니다. 생활 속에 모든 어두운 흑암을 물리칩니다. 그
리하여 소망 없는 다른 이들처럼 슬퍼하지 않습니다. 기쁨과 감사를 주 안에
서 생활화합니다.

셋째, 예수님의 부활을 믿을진대, 우리의 부활도 확신하게 됩니다. 이것은
미래에 속합니다.

"이와 같이 예수 안에서 자는 자들도 하나님이 저와 함께 데리고 오시리
라"(살전 4:14).

주의 강림을 확신하고 기다리게 됩니다. 우리 모두 주님 강림하실 때 공중
에서 나팔소리 중에 들림받을 것을 확신합니다.

예수의 부활을 확신하고 우리의 신앙으로 승화시켜 소망 중에 기쁜 삶을
살아가야 하겠습니다.

부활에서 승천까지
(고전 15:29-34)

　　우리 주님은 부활하신 후 승천하실 때까지 이 땅에 40일간 계시면서 활동을 하셨습니다. 그리고 승천하실 때까지 주님은 다음과 같이 여러 사람들에게 나타나셨습니다.

　　① 막달라 마리아에게(막 16:9, 요 20:18)

　　② 여인들에게마 28:9, 눅 24:10)

　　③ 베드로에게(눅 24:34, 고전 15:5)

　　④ 엠마오 도상의 두 제자에게(막 16:12, 눅 24:13-31)

　　⑤ 도마가 빠진 열 명의 제자에게(눅 24:39, 요 20:20)

　　⑥ 여드레 후 도마가 함께한 제자 열한 명에게9요 20:24-29)

　　⑦ 디베랴 바다에서 일곱 제자들에게(요 21:1-23)

　　⑧ 두 번째로 열한 제자들에게(마 28:11, 막 16:19-20, 눅 24:50-53, 행 1:9-12)

　　⑨ 야고보에게(고전 15:7)

　　⑩ 오백여 형제들에게(고전 15:6-7)

　　⑪ 열한 사도들에게(승천시, 막 16:19)

　　이상과 같이 우리 주님께서는 부활의 실존을 확실하게 보여 주셨습니다.

　　그렇다면 주님의 부활을 믿는 그 부활 신앙을 가진 우리는 어떻게 살아야 하겠습니까?

1. 산 신앙을 보여 줍시다(29-30절).

본문 29절 말씀은 세례를 통하여 그리스도와 하나가 되는 진리를 가르쳐 줍니다. 죽은 자의 부활은 확실합니다.

당시에는 세례를 받지 않고 죽은 신자를 위해서 산 자가 대신 세례를 받는 일이 있었다고 합니다. 세례는 부활의 주님과 연합하는 예식입니다. 부활은 믿는 자의 생명이요 소망입니다. 부활의 종류는 생명의 부활(요 5:29)과 심판의 부활(행 24:15)이 있습니다.

2. 날마다 연합합시다(31-32절).

사도 바울의 서신을 보면 그가 교회를 사랑하는 것을 늘 자랑으로 여기고 있음을 알 수 있습니다. 주님께서 제자들의 발을 씻어 주시면서 사랑의 연합을 보여 주셨고, 십자가의 희생(죽음) 또한 우리로 하여금 하나님과 연합하게 하신 것이었습니다. 초대 교회 교우들이 부활신앙을 갖게된 후 능력 있는 신앙생활을 실천해 보였듯이, 그리스도인의 생활은 부활의 주님께서 본을 보여 주신대로 서로 사랑하고 연합하는 일을 꼭 실천하는 생활이 되어야 합니다. 주님을 사랑하는 마음으로 형제와 연합하며 복음 사역의 명령을 실천해야 하겠습니다(요 21:15-18).

3. 깨어 증인의 일을 합시다(33-34절).

흔히 사람들은 먹고 마시는 일에 골몰합니다. 주님께서 승천하기 직전에 제자들에게 "예루살렘을 떠나지 말고 내게 들은 바 아버지의 약속하신 것을 기다리라… 오직 성령이 너희에게 임하시면 너희가 권능을 받고 예루살렘과 온 유대와 사마리아와 땅끝까지 이르러 내 증인이 되리라"고 하셨습니다(행 1:8). 우리 모두 주님의 부활을 확실히 믿고 부활 신앙을 증거해야 하겠습니다.

결론적으로, 바울이 그랬던 것처럼 부활을 확신하는 사람이 되어 부활을 전할 수 있어야 합니다. 사도 바울은 처음에는 핍박자였으나 예수님을 만난 후, 부활을 확신하면서부터 그는 부활의 증인이 된 것입니다. 성령이 함께하는 사람이 바로 주님의 증인이 됩니다.

우리 다 함께 부활 신앙으로 주의 증인들이 됩시다.

5월
가정의 달

· 천국시민의 교육(막 10:13-16)
· 네 부모를 공경하라(엡 6:1-4)
· 행복한 부부의 삶(엡 5:22-25)
· 여호와를 경외하는 가정(골 3:12-17)

〈집필자 : 손승원 목사〉
· 계명대학교 및 대학원 졸업
· 장로회신학대학교 대학원 졸업
· 미국샌프란시스코대학원 목회학 박사취득
· 현) 울산제일교회 담임목사

천국시민의 교육
(막 10:13-16, 잠 23:13-15)

자녀는 하나님의 축복의 열매입니다. 하나님께서는 인류의 조상 아담과 하와를 창조하시고 "생육하고 번성하라"고 복을 내리셨습니다. 시편기자는 "자식은 여호와의 주신 기업이요 태의 열매는 그의 상급이로다"(시127:3)고 고백하고 있습니다.

부모에게 있어서 자녀는 삶의 보람이요 기쁨이요 행복입니다. 그러나 자녀가 삶의 보람이 되고 기쁨이 되기 위해서는 자녀를 잘 양육해야 합니다. 하나님의 창조 질서에 따라서 잘 양육해야 합니다. 자녀는 부모에게 기쁨을 주는 자신의 자녀이기도 하지만, 동시에 하나님께 위탁받은 하나님의 자녀이기도 합니다.

이스라엘의 전통은 스승이 제자를 자기 자녀에 포함시킵니다. 그러므로 성경에 "내 아들아"라고 하는 말은 자녀를 부를 때에도 사용이 되지만 제자를 부를 때에도 사용이 됩니다. 교회는 자녀의 개념을 모든 어린이로 확대해야 합니다. 물론 부모가 자기 자녀를 잘 양육해야 합니다. 그러나 자녀 교육은 모든 어린이를 교회의 자녀에 포함시켜서 양육할 때 제대로 되어집니다. 그러므로 교회는 모든 어린이의 부모 역할을 해야 합니다. 모든 어린이를 자신의 자녀로서 양육해야 합니다.

1. 어린 아이도 독립된 인격체입니다.

하나님의 창조원리에 따르면 자녀도 독립된 인격체입니다. 하나님께서 창조하신 피조물입니다. 부모는 다만 하나님께서 어린 생명을 이 땅에 태어나게 하기 위해서 사용하신 도구에 불과합니다. 그러므로 자녀는 그 자체로서 하나님의 역사를 이루어 나가는 주체입니다. 하나님의 역사에서 자녀를 어리다고 해서 제외시키거나 무시하는 것은 하나님의 창조질서에 위배됩니다.

예수님께서 천국 복음을 가르치실 때 사람들이 어린아이들을 데리고 예수님께 나아왔습니다. 이 때 제자들이 어린아이를 데리고 오는 부모들을 나무랍니다. 아마도 아이들이 소란을 피우면 예수님께서 설교하실 때 방해를 받을까봐 그랬던 것 같습니다. 이러한 제자들의 자세는 어린아이는 예수님의 사역에 아무 도움이 되지 않을 뿐만 아니라 오히려 방해만 된다는 생각을 잘 드러내고 있습니다.

사실 예수님께서 말씀 전하실 때 어린아이들이 소란을 피우면 사람들의 관심을 흐트려 놓을 수도 있습니다. "어떻게 하면 사람들이 다른 곳에 마음을 빼앗기지 않고 예수님의 말씀만 들을 수 있을까?" 하는데 마음을 쓰고 있었습니다. 제자들의 관심은 분위기를 좋게 하는 것이었습니다. 그래서 사람들이 예수님의 말씀에 감동을 받아 예수님을 지지하게 하는 것이었습니다.

그러나 예수님에게 있어서 어린아이는 어른과 동일한 인격체입니다. 예수님께서는 어른도 사랑하시고 어린이도 사랑하십니다. 예수님께는 어린이아이와 어른의 구분이 없습니다. 모두가 사랑의 대상이고 하나님 나라를 구성하는 구성원입니다. 어른이나 어린아이나 모두 하늘 나라의 시민입니다.

그렇기 때문에 예수님께서는 제자들을 꾸짖으셨습니다. "어린아이들의 내게 오는 것을 용납하고 금하지 말라 하나님의 나라가 이런 자의 것이니라"(막 10:14)고 말씀하셨습니다. 그리고는 어린아이들을 안고 안수하시고 축복하셨습니다.

가정에서 자녀는 가정을 이루는 독립된 구성원입니다. 자녀를 단순히 어른이 되는 과도기적 과정에 있는 존재로만 여겨서는 안됩니다. 부모의 이름이나 위상을 높여 주는 도구가 되어서도 안됩니다. 부모의 못다 이룬 욕망을 풀어 주는 들러리로 사용해서도 안됩니다. 하나의 독립된 인격체로서 가정을 이루는 필수 요원으로 인정하고 존중해야 합니다.

교회에서 어린아이들은 교회의 중요한 구성원입니다. 하나님 앞에서 한 인격체로서의 삶을 살고 있습니다. 단지 어리다는 이유만으로 어른에 비해서 신앙이 열등하다고 무시해서는 안됩니다. 어린아이들도 하나님의 살아 계심을 체험합니다. 예수님에 대한 신앙고백도 합니다. 성령님의 임재하심도 체험합니다. 그들의 수준에 적합한 믿음을 가지고 있고 믿음생활을 합니다. 그러므로 가정에서는 자녀를, 교회에서는 어린아이들을 인정하고 존중해야 합니다. 그러할 때 비로소 자녀 교육, 어린이 교육이 제자리를 잡게 됩니다.

2. 어린이는 천국시민입니다.

본문 말씀에서 예수님께서는 제자들에게 "하나님의 나라가 이런 자의 것이니라"고 말씀하셨습니다(막10:14). 이 말씀은 예수님께서 어린아이들도 당당한 천국시민이라는 사실을 인정하시는 말씀입니다. 천국시민은 천국시민으로서의 축복을 누릴 특권을 가지고 있습니다. 그러므로 어린아이들도 천국 백성의 축복을 누리게 해야 합니다.

천국시민의 자격은 예수 그리스도를 영접함으로써 주어집니다. 교회가 어린아이들에게 가장 우선적으로 해야 할 일은 예수 그리스도를 영접하게 하는 일입니다. 성령께서는 교회가 어린 생명들에게 하나님의 말씀으로 예수 그리스도를 소개할 때 예수 그리스도를 영접하는 역사가 일어나게 하십니다.

교회는 어린이들에게 자신이 천국시민임을 알게 해야 합니다. 천국시민은 자신이 천국시민이 되었다는 사실을 알고 있을 때 천국시민으로서의 권리를 행사할 수 있습니다. 하나님의 말씀은 예수 그리스도를 영접한 자는 생명을 얻었다고 말씀하고 있습니다(요 5:24). 예수 그리스도를 믿는 자는 이미 천국백성이 되었다고 말씀하고 있습니다(롬 8:1-2). 그러므로 교회교육은 구원의 확신을 주는 교육이 되어야 합니다.

천국시민은 거룩한 백성입니다. 예수 그리스도가 거룩하시기 때문에 예수 그리스도를 믿고 구원받은 천국백성도 거룩합니다. 자신의 어떠한 의로움이나 공로 때문에 거룩한 것이 아니라 예수 그리스도 때문에 거룩합니다. 교회는 어린아이들에게 자신이 거룩한 백성이라는 자부심을 길러 주어야 합니다. 그러기 위해서는 자신과 예수 그리스도와의 관계를 알게 해야 합니다. 자신은 부족하지만 예수 그리스도를 믿음으로 예수 그리스도와 연합되었다는 사실과, 그로 인해서 예수 그리스도의 거룩함이 자신의 거룩함이 되었다는 사실을 알게 해야 합니다.

천국시민으로서 당당하게 살아가도록 해야 합니다. 천국시민은 하나님께서 보호하십니다. 하나님의 말씀은 "내가 확신하노니 사망이나 생명이나 천사들이나 권세자들이나 현재 일이나 장래 일이나 능력이나 높음이나 깊음이나 다른 아무 피조물이라도 우리를 우리 주 그리스도 예수 안에 있는 하나님의 사랑에서 끊을 수 없으리라"고 말씀하고 있습니다(롬 8:38-39). 교회는 어린아이들에게 아브라함의 하나님 이삭의 하나님 야곱의 하나님 이스라엘의 하나님은 바로 우리의 하나님이 되신다는 사실을 알려 주어야 합니다.

천국시민으로서 행복하게 살게 해야 합니다. 어린아이들도 고민이 있습니다. 그들 나름대로 스트레스를 받습니다. 심지어 유치원에 다니는 어린아이들도 스트레스를 받는다고 합니다. 이러한 고민은 믿음으로만 극복됩니다. 하나님께서 항상 내 곁에 계신다는 믿음, 나를 사랑하신다는 믿음, 천국백성으로서 영생을 얻었다는 믿음, 하나님께서 항상 지켜 주신다는 믿음, 이러한 믿음만이 어린아이들로 하여금 행복하게 해 줄 수 있습니다. 그러므로 교회교육은 믿음을 성장시켜 주는 교육이 되어야 합니다.

천국시민으로서 천국의 법을 따라 살게 해야 합니다. 누구든지 예수 그리스도를 믿는 순간 천국시민의 신분이 주어집니다. 이 땅에 살고 있음에도 불구하고 천국시민이기 때문에 천국시민으로서 살아야 합니다. 교회교육은 천국의 법을 가르쳐야 하고, 천국의 법을 지킬 수 있는 능력을 길러 주어야 합니다. 능력은 훈련을 통해서 성장합니다. 교회는 어린이들로 하여금 천국시민의 삶을 살아갈 수 있는 훈련장이 되어야 합니다. 하나님을 경외하는 훈련, 이웃과 더불어 사는 훈련, 이웃을 사랑하는 훈련장이 되어야 합니다.

3. 잘 양육받은 자녀는 21세기 지도자가 됩니다.

하나님께서는 이 땅에서도 하나님 나라가 이루어지기를 원하고 계십니다.

하나님의 뜻이 하늘에서와 같이 이 땅에서도 이루어지기를 원하고 계십니다. 이 세상도 하나님께서 창조하신 세상이기 때문입니다.

역사는 소수의 의식있는 지도자들에 의해서 움직여집니다. 지도자들이 선할 때 역사는 축복의 역사가 되고 지도자들이 악할 때 역사는 저주의 역사가 됩니다. 이제까지의 역사가 불행한 역사가 된 것은 지도자들이 악했기 때문입니다. 소위 영웅이라고 불리웠던 자들은 한결같이 악한 사람이었습니다. 하나님을 거역하고 백성을 유린했던 자들이었습니다.

사무엘은 좋은 지도자였습니다. 하나님을 공경했으며, 하나님과 동행하였으며, 하나님의 뜻을 알기를 힘썼으며, 하나님의 뜻에 따라서 백성을 다스렸습니다. 백성을 하나님께로 인도했으며 백성으로 하여금 하나님의 보호 안에서 살 수 있게 해 주었습니다. 이스라엘 역사상 이스라엘 백성이 가장 평안을 누리며 살았던 때가 바로 사무엘이 통치하던 시대입니다.

아합은 악한 지도자였습니다. 하나님을 배반했으며, 하나님의 선지자들을 괴롭히고 죽였습니다. 백성의 평안과 행복은 관심이 없었습니다. 자신의 욕심을 채우기 위하여 오히려 백성을 죽이기까지 하였습니다(왕상 21:1-6). 이때 이스라엘 백성은 큰 고통을 당했습니다. 하나님과 바알 사이에서 머뭇머뭇하였습니다(왕상 18:21). 하나님의 진노하심으로 삼년 반 동안 비가 내리지 않는 기근을 당했습니다(약 5:17). 하나님께서 축복으로 주신 약속의 땅 이스라엘은 황폐할 대로 황폐하였습니다. 하나님의 백성 이스라엘 백성은 말로 다 할 수 없는 고통을 당했습니다.

21세기는 자라나는 어린이들의 세기입니다. 하나님께서는 21세기는 하나님 보시기에 좋아하실 만큼 아름다운 세상이 되기를 원하십니다. 이러하신 하나님의 뜻이 이루어지기 위해서는 좋은 지도자가 나와야 합니다. 하나님을 사랑하고 이웃을 사랑하는 지도자, 겸손히 하나님의 뜻을 구하고 하나님의 뜻을 분별할 줄 아는 지도자, 하나님의 뜻을 실현할 줄 아는 용기 있는 지도자가 나와야 합니다. 그러할 때 이 세상은 하나님의 동산을 회복하게 됩니다.

지도자는 태어나는 것이 아니라 만들어집니다. 우리에게는 21세기의 좋은 지도자를 만들어야 하는 사명이 있습니다. 지금의 어린이들이 하나님의 말씀으로 잘 양육 받을 때 좋은 21세기의 지도자가 됩니다.

교회는 어린이들에게 예수님의 삶의 모습을 소개하고, 예수님의 삶의 모습을 닮아가도록 양육을 해야 합니다. 하나님을 사랑하며 이웃을 사랑하는 사람으로 성장할 수 있도록 양육해야 합니다. 이웃과 더불어 살며, 이웃을 위해서 봉사하고 헌신할 줄 아는 성숙한 인격을 가지도록 양육해야 합니다. 물론 우리의 힘으로는 불가능합니다. 그러므로 겸손히 하나님께 도움을 구하면서 우리의 사명을 감당해야 합니다.

어린이들에게 관심을 가지십시다. 21세기에 지금의 어린이들을 통해서 역사하시기를 원하시는 하나님의 뜻에 관심을 가지십시다. 하나님의 말씀으로 어린이들을 잘 양육합시다. 나의 자녀뿐만 아니라 모든 어린이들에게 천국시민의 모습을 심어 주십시다.

네 부모를 공경하라
(엡 6:1-4, 잠 23:22-26)

1. 효도는 믿음의 행동입니다.

사람에게 있어서 가장 근본이 되고 우선 되는 관계는 하나님과의 관계입니다. 하나님과의 관계에 따라서 그 인생이 축복의 인생이 되기도 하고 저주의 인생이 되기도 합니다. 그렇기 때문에 하나님과의 관계는 항상 정상적인 관계, 친밀한 관계가 되어 있어야 합니다. 하나님과의 관계만 제대로 되어 있으면 그 인생은 자동으로 축복의 인생이 됩니다. 하나님과의 관계는 믿음과 순종의 삶으로 정상화됩니다.

하나님과의 관계 다음에 중요한 관계가 부모와의 관계입니다. 부모와의 관계 역시 제대로 되어 있어야 그 인생이 축복의 인생이 됩니다. 하나님께서는 부모와의 관계가 제대로 되어 있는 사람에게 복을 주신다고 약속하셨습니다. 왜냐하면 부모와의 관계 역시 하나님과의 관계 안에 포함이 되어 있기 때문입니다. 하나님을 잘 섬기는 사람은 부모에게 효도도 잘합니다. 바꾸어 말하면 부모에게 효도하지 않는 사람은 하나님을 제대로 섬기지 않는 사람이라는 말입니다.

하나님의 말씀은 부모에게 효도하는 것은 약속 있는 첫 계명이라고 말씀하고 있습니다(엡 6:2). 하나님의 법은 십계명으로 요약되고 십계명은 하나님을 사랑하고 이웃을 사랑하라는 계명으로 요약됩니다(마 22:37-40). 이웃 중에서 가장 우선 되는 위치에 있는 이웃이 부모입니다. 그러므로 부모에게 효도하지 못하면서 다른 이웃을 사랑한다는 것은 불가능한 일입니다. 부모에게 효도하지 않는 사람이 다른 이웃을 사랑한다면 이 사람은 위선자입니다.

하나님의 진리는 질서정연하게 되어 있습니다. 가장 근본적인 관계인 하나님과의 관계가 제대로 되어 있을 때, 그 다음의 관계인 이웃의 관계가 제대로 될 수 있습니다. 마찬가지로 부모와의 관계가 제대로 되어 있을 때, 다른 부부 관계, 형제 관계, 이웃과의 관계가 제대로 될 수 있습니다. 부모에게 효도하는 것은 이웃을 사랑하라는 하나님의 계명을 지키는 첫 걸음입니다.

하나님의 말씀은 효도하는 것은 축복을 누리는 비결이라고 말씀하고 있습니다. "네 부모를 공경하라 그리하면 너의 하나님 나 여호와가 네게 준 땅에서 네 생명이 길리라"(출 20:12). 생명은 단순히 오래 사는 것만을 말하지 않습니다. 생명의 양(量)은 수명입니다. 생명의 질은 행복입니다. 오래 산다는 것은 행복한 시간이 많은 것을 말합니다. 기쁨의 시간이 많은 것을 말합니다. 소망과 감사와 사랑의 시간이 많은 것을 말합니다. 부모에게 효도하면 그 인생은 반드시 축복의 인생이 됩니다.

뿐만 아니라 효도는 반드시 해야 할 의무라고 말씀하고 있습니다. "네 부모를 공경하라"(출 20:12상). "네 낳은 아비에게 청종하고 네 늙은 어미를 경히 여기지 말지니라"(잠 23:22). "네 부모를 즐겁게 하며 너 낳은 어미를 기쁘게 하라"(잠 23:25). 이 말씀의 특징은 "하라"입니다. "하면 좋다"라는 말이 아닙니다. 반드시 지키라는 말입니다. 그러므로 부모에게 효도하는 것은 자녀가 반드시 지켜야 할 하나님의 명령입니다. 하나님의 명령은 반드시 지켜야 합니다. 하나님께서는 반드시 지키게 하기 위해서 계명으로 주신 것입니다. 그렇기 때문에 계명을 지키지 않는 것은 하나님을 무시하는 행동이며 하나님을 무시하는 행동입니다. 부모에게 효도하지 않는 것은 하나님을 경외하지 않는 불경죄를 범하는 것입니다.

2. 효도의 방법은 순종과 공경입니다.

효도의 근본은 순종입니다. 순종은 부모의 말씀에 기꺼이 따르는 것입니다. 부모의 말씀에 순종하려면 부모에 대한 신뢰와 존경이 있어야 합니다. 부모는 부모라는 사실 하나만으로도 존경을 받을 만합니다. 왜냐하면 부모는 자녀에게 하나님으로부터 생명을 받아서 전달해 주었기 때문입니다. 부모가 없으면 자녀는 없습니다. 자녀는 부모로부터 생명을 받았기 때문에 생명체가 된 것입니다. 물론 부모로부터 받은 것은 육신의 생명입니다. 그러나 육신의 생명은 영원한 생명과 연결됩니다. 육신의 생명이 없으면 영원한 생명도 없습니다.

생명보다 더 귀한 것은 없습니다. 사람이 살아가는 가운데 경험하는 모든 아름다운 것들과 앞날에 대한 소망을 가지는 행복은 생명이 없이는 누릴 수 없는 것들입니다. 특히 그리스도인들에게 있어서 이 세상을 살아가는 동안에 하나님의 사랑을 받고 살며, 이 세상을 떠나서는 영원한 천국의 축복을 누리게 되는 복된 삶은 부모로부터 물려받은 생명이 있기에 가능한 축복입니다. 생명은 부모를 통해서만 얻을 수 있습니다. 그리고 생명보다 더 귀한 것은 없습니다. 생명의 가치는 천하보다 귀합니다. 이와 같이 부모가 생명을 주셨다고 하는 사실은 존경을 받기에 충분한 조건이 됩니다.

그리고 부모가 존경을 받을 수 있는 또 하나의 조건은 부모는 자식을 사랑한다는 사실입니다. 부모의 사랑은 아가페 사랑에 가까운 사랑입니다. 물론 하나님의 사랑에 비교할 수는 없지만,이 세상에서는 하나님의 사랑과 비슷한 사랑입니다. 부모는 자식에게 저절로 사랑이 갑니다. 그렇기 때문에 부모는 자녀를 위해서 기꺼이 희생을 합니다. 부모의 사랑은 헌신과 희생을 전제로 하는 사랑입니다.

사실 자녀는 부모의 사랑 때문에 사람 구실을 할 수 있습니다. 부모의 희생적인 사랑 때문에 사람다운 사람이 될 수 있습니다. 자녀를 위해서라면 아까운 것이 없습니다. 자신은 굶더라도 자녀는 먹입니다. 자신은 누리지 못할지라도 자녀는 가르칩니다. 자신은 고달프고 힘들더라도 자녀는 편하게 합니다. 아무런 대가도 바라지 않습니다. 자녀이기에 베푸는 것입니다. 자녀이기에 희생하는 것입니다. 자녀이기에 아낌 없이 주는 것입니다.

자녀를 사랑하는 부모의 사랑은 다른 곳에서는 찾아볼 수 없습니다. 아무리 친구를 사랑한다고 해도 자녀를 사랑하는 부모의 사랑에 비하면 아무것도 아닙니다. 부부가 서로 사랑한다고 해도 자녀 사랑에 비하면 아무것도 아닙니다. 대부분의 사랑은 주고받는 사랑입니다. 그러나 자녀에 대한 사랑만은 무조건의 사랑입니다. 자녀는 부모로부터 이런 사랑을 받습니다. 이런 사랑을 받고 자랍니다. 이런 사랑 때문에 자녀의 인생은 사람 구실을 할 수 있는 인생이 되는 것입니다.

이와 같이 부모는 자녀에게 생명을 주었다는 사실과, 자녀를 사랑한다는 사실만으로도 자녀로부터 존경을 받을 수 있는 충분한 조건이 됩니다. 그러므로 자녀는 부모를 깊이 존경해야 합니다. 다른 어떤 이유 때문이 아니라 부모라는 이유 하나만으로 존경해야 합니다. 부모가 유식하지 못해도 존경해야 하고, 부유하지 못해도 존경해야 하고, 사회적으로 비중 있는 위치에 있지 못해도 존경해야 합니다.

부모에게 순종하고 부모를 공경하는 것은 하나님의 명령임과 동시에 자녀로서의 마땅한 의무입니다. 효도하는 자녀에게 하나님께서는 복을 주십니다. 효도하는 가정은 화목하고 행복합니다. 뿐만 아니라 부모에게 효도할 때 자기 자녀에게도 똑같은 효도를 받게 됩니다. 그래서 옛말에 '효자 가문에 효자 난다'라는 말이 생기게 되었습니다.

3. 효도의 범위는 주 안에서입니다.

하나님의 말씀은 "자녀들아 너희 부모를 주 안에서 순종하라"(엡 6:1)고 말씀하고 있습니다. 주 안에서 순종한다는 것은 하나님의 뜻 안에서 부모에게 순종해야 한다는 말입니다. 다시 말하면 부모에게 순종하는 것이 무엇보다도 우선되는 일이지만, 부모의 뜻이 하나님의 뜻과 다를 때에는 하나님의 뜻을 따라야 한다는 말입니다. 부모의 뜻이 하나님의 뜻보다 우선될 수는 없습니다.

사실 하나님의 뜻과 부모의 뜻이 다를 때에는 하나님의 뜻을 따르는 것이 부모에게도 유익하고 자녀에게도 유익합니다. 하나님은 부모 이상이시기 때문입니다. 부모의 생각도 때로는 잘 못될 수도 있습니다. 그 때에는 먼저 하나님의 뜻을 알아보고 하나님의 뜻을 따라야 합니다. 하나님의 뜻은 모두에게 유익합니다. 하나님께서는 모두에게 유익하게 하기 위해서 하나님의 진리를 정해 놓으셨습니다. 그렇기 때문에 부모에게 효도하는 것은 부모의 뜻에 무조건 따르는 것을 의미하지는 않습니다. 부모에게 유익하게 행하는 것을 의미합니다.

롯의 경우를 예로 들어보겠습니다. 롯의 시어머니 나오미는 베들레헴 사람입니다. 베들레헴에 흉년이 들자 나오미의 가족은 모압 땅으로 이사를 갑니다. 남편 엘리멜렉, 나오미, 두 아들 말론과 기룐, 이렇게 네 식구는 흉년을 피해서 모압 땅으로 이사를 갑니다. 모압 땅에서 두 아들을 결혼시켰습니다. 그러나 모압 땅에서 살기 시작한 지 십여년이 지나는 동안에 남편도 죽고 두 아들도 죽었습니다. 이제 나오미의 가정은 과부 세 사람만 남게 되었습니다. 나오미는 고향으로 돌아갈 결정을 합니다. 그런데 고향으로 돌아가자니 두 며느리가 걸립니다. 며느리들은 모압 여인들입니다. 베들레헴은 나오미에게는 고향이지만 두 며느리에게는 타향입니다. 그래서 두 며느리에게 고향에 남으라고 합니다. 따라 가 보아야 고생할 뿐이기 때문입니다. 그러자 큰며느리 오르바는 모압 땅에 남고 롯은 시어머니를 따라갑니다. 베들레헴에 가서 시어머니를 극진히 섬깁니다. 물론 고생이 되었을 것입니다. 그러다가 이스라엘의 친족법에 따라서 친척 보아스에게서 아들 오벳을 낳습니다. 이 오벳이 바로 다윗 왕의 할아버지입니다. 아브라함의 족보는 이렇게 이어갑니다. "아브라함과 다윗의 자손 예수 그리스도의 세계라 보아스는 룻에게서 오벳을 낳고 오벳은 이새를 낳고 이새는 다윗왕을 낳으니라"(마 1:1-6). 나오미는 롯이 보아스를 통해서 낳은 오벳을 안고 행복해 합니다. 롯이 낳은 오벳을 통해서 기쁨을 회복합니다.

나오미의 두 며느리 롯과 오르바, 시어머니의 뜻에 순종한 것은 오르바입니다. 그러나 나오미에게 효도한 것은 롯입니다. 겉으로 볼 때에는 오르바가 시어머니 나오미의 말에 순종하였으니 부모에게 순종하라는 하나님의 명령을 따른 것처럼 보일찌 몰라도, 실제로 효도한 것은 시어머니의 말을 따르지 않은 롯이 효도를 한 것입니다. 하나님의 뜻은 시어머니를 따라서 베들레헴으로 가는 것이었습니다. 모압 땅에 남는 것은 하나님의 뜻이 아니었습니다. 결국 하나님의 뜻을 따라 베들레헴에 간 롯이 효도를 하였습니다.

부모에게 순종하라는 명령은 율법적으로 부모에게 효도하라는 의미는 아닙니다. 부모를 사랑하라는 말입니다. 부모를 제대로 사랑하는 행동은 부모에게 유익하도록 행하는 것입니다. 하나님의 뜻 안에서 하나님께서 원하시는 방법으로 부모에게 효도하는 것입니다.

하나님께서는 자녀들에게 "네 부모를 공경하라"고 명령하십니다. 부모님을 잘 공경함으로 하나님께서 주시는 풍성한 축복을 충만히 누리시기를 기원합니다.

행복한 부부의 삶
(엡 5:22-25, 창 2:18-25)

1. 행복한 삶의 근본 조건인 행복한 부부관계

하나님께서는 우리를 사랑하십니다. 우리를 사랑하시기 때문에 우리가 행복하게 살기를 원하십니다. 우리가 행복하게 살 때에 기뻐하십니다. 하나님께서는 우리를 행복하게 살게 하기 위해서 가정을 주셨습니다. 가정은 결혼을 통해서 이루어집니다. 하나님께서 인류의 시조 아담을 창조하시고 아담을 위해서 돕는 배필로서 하와를 창조하셨습니다. 아담이 혼자서 살 때에는 행복하지 못했습니다. 혼자 사는 아담을 보신 하나님께서는 "사람이 혼자 사는 것이 행복하지 않구나 내가 사람을 위해서 돕는 배필을 만들어 주어야겠다"(창2:18)고 말씀하십니다. 하나님께서는 아담을 위해서 돕는 배필로서 여자를 만드시고 아담에게 데리고 가십니다. 그러자 아담은 너무나 좋아하면서 이렇게 사랑을 고백합니다. "이는 내 뼈 중의 뼈요 살 중의 살이라 이것을 남자에게서 취하였은즉 여자라 칭하리라"(창2:23). 그리고는 두 사람이 부부가 되어 행복하게 삽니다. 두 사람은 한 몸이 되어 서로 사랑하면서 행복하게 살아갑니다. 두 사람이 벌거벗었으나 부끄러워하지 않을 정도로 한 몸으로서 살아갑니다. 아담과 하와의 행복한 부부 생활은 모든 삶을 행복하게 했습니다.

행복한 부부 생활은 행복한 삶의 근본입니다. 부부 생활이 행복하지 못하면 다른 삶도 결코 행복 할 수 없습니다. 아무리 많은 것으로 풍부함을 누린다고 하여도 부부 관계가 행복하지 못하면 결코 행복할 수 없습니다. 반면에 다른 모든 것을 가지지 못했다고 하더라도 부부관계만 행복하면 행복할 수 있습니다. 사람이 살아가노라면 어려운 일을 만나기도 합니다. 어떠한 일에 실패를 하기도 합니다. 이 때 부부관계가 행복한 사람은 그 어려움을 능히 극복합니다. 그러나 부부관계가 행복하지 못하면 어려움을 극복할 수 없습니다. 어떠한 일에 실패를 하였을 경우 부부관계가 행복한 사람에게는 실패가 아닙니다. 그러나 부부관계가 행복하지 못한 사람에게는 그 실패는 치명적인 실패가 됩니다. 인생에 성공한 사람은 부부관계가 행복한 사람입니다. 인생에 실패한 사람은 부부관계가 불행한 사람입니다. 부부관계의 행복은 모든 삶의 우선 순위가 되어야 합니다.

하나님께서 아담에게 하와를 주신 목적은 행복하게 살게 하기 위해서입니다. 그러므로 행복한 결혼생활, 행복한 부부관계는 하나님 백성의 의무입니다. 행복한 부부관계는 하나님을 기쁘시게 해 드립니다. 하나님의 백성에게 있어서 행복한 부부관계와 신앙은 별개의 항목이 아닙니다. 행복한 부부관계와 신앙은 하나로 연결되어 있습니다. 행복한 부부관계를 통해서 건전한 믿음 생활을 할 수 있고 건전한 믿음을 통해서 행복한 부부관계를 이루어 갈 수 있습니다.

2. 권리는 주장하지 않고 의무만 행해야 하는 관계

행복한 부부관계는 저절로 이루어지는 것이 아닙니다. 노력을 해야 합니다. 하나님께서 정해 주신 원칙에 따라서 노력을 해야 합니다. 하나님의 법칙은 진리요 원리입니다. 하나님의 법칙을 지키면 반드시 성공합니다.

행복한 부부관계를 위한 원칙중의 하나는 부부관계에는 권리는 없고 의무만 있다는 사실입니다. 다시 말하면 남편은 아내에게 어떤 것을 요구할 권리가 없고, 아내 역시 남편에게 요구할 권리가 없다는 것입니다. 의무만 있습니다. 사랑과 복종의 원칙을 가지고 예를 들어보겠습니다. 남편은 아내를 사랑해야 합니다. 아내는 남편에게 복종해야 합니다. 이 때 남편은 아내에게 어떤 대가를 바라고 사랑을 해서는 안 된다는 말입니다. 남편에게는 아내를 사랑해야 할 의무만 있습니다. 아내 역시 마찬가지입니다. 아내가 남편에게 복종할 때 어떤 대가를 바라고 복종해서는 안 됩니다.

남편 또는 아내에게 어떤 것을 요구하기 시작하면 행복은 깨어집니다. 젊은 사람들이 연애할 때에는 서로 베풀기만 합니다. 서로에게 어떤 것을 요구하지 않습니다. 아무 것도 요구하지 않고 서로를 위해서 배려하고 이해하고 봉사합니다. 어떻게 해서든지 상대방을 기쁘게 해 주려고 노력합니다. 그래서 연애할 때에는 행복합니다. 그러나 결혼하고 나면 서로에게 요구하는 것이 많아집니다. 남편은 아내에게 요구하는 것이 많아집니다. 아내 역시 남편에게 요구하는 것이 많아집니다. 반면에 서로를 위해서 봉사하고 헌신하기는 싫어집니다. 요구하는 것이 많아지면 불만이 쌓이게 되고 불평이 쌓이게 됩니다. 왜냐하면 사람의 욕심은 한이 없기 때문입니다. 남편은 아내의 요구조건을 채워 줄 수 없습니다. 아내 역시 남편의 요구조건을 채워 줄 수 없습니다. 아무리 아내를 사랑하고 능력이 있는 남편이라고 하더라도 아내가 요구하는 것을 모두 충족시켜 줄 수는 없습니다. 아내 역시 마찬가지입니다. 아내가 능력이 있고 남편을 사랑한다고 해도 남편이 요구하는 것을 모두 충족시켜 줄 수 없습니다. 심지어 하나님께서도 인간의 욕심으로부터 나오는 요구조건을 채워 주실 수 없습니다. 남편이 아내에게 요구하는 것이 많으면 많을수록 남편은 그만큼 불행해집니다. 아내 역시 남편에게 요구하는 것이 많으면 많을 수록 그만큼 불행해 집니다. 하나님께서 남편에게는 남편의 의무를 주시고, 아내에게는 아내의 의무를 주신 것은 가정이 행복하게 하기 위해서입니다. 서로에게 권리는 주장하지 않으면서 의무를 행함으로써 행복한 부부관계를 이루게 하신 것입니다.

부부사이에서 의무를 행한다는 것은 강제적인 행동을 의미하지 않습니다. 기꺼이 헌신하는 것이고 기꺼이 희생하는 것입니다. 기쁜 마음으로 남편은 아내에게 의무를 다하고 아내는 남편에게 의무를 다 하는 것입니다. 마지못해 봉사하고 마지못해 헌신하고 희생하는 것은 자신에게도 불행이고 상대방에게도 불행입니다. 사람은 본질적으로 권리를 주장하게 되어 있고 많은 요구를 하도록 되어 있습니다. 그러므로 하나님께서 도우시지 않고서는 행복한 부부관계를 이룰 수 없습니다. 믿음이 없이는 행복한 부부관계를 이룰 수 없습니다. 행복한 부부관계를 이루기 위해서는 하나님께 도움을 구해야 합니다.

3. 아내는 남편에게 복종해야 할 의무가 있습니다.

행복한 부부관계를 위해서 하나님께서 정해 놓으신 법칙은 아내가 남편에게 복종하는 것입니다. 아내들을 향한 하나님의 말씀은 "아내들이여 자기 남편에게 복종하기를 주께 하듯 하라"입니다. 그러므로 이 세상에 있는 동안 아내는 남편에게 복종하여야 합니다. 물론 아내가 남편에게 복종하지 않을 수도 있습니다. 그러나 복종하지 않으면 않는 만큼 불행해 집니다. 아내가 남편에게 복종하는 것은 남편을 위해서가 아닙니다. 자기 자신의 행복을 위해서입니다.

남편에게 복종하려면 먼저 남편을 존경해야 합니다. 남편의 위치를 인정해 주어야 합니다. 남편의 중요성을 인정해야 합니다. 남편과 함께 사는 것이 축복이라는 사실을 인정해야 합니다. 이 세상에서 내 남편이 가장 훌륭하고 가장 멋이 있다고 인정을 해야 합니다. 다시 결혼을 한다고 할지라도 내 남편보다 더 좋은 사람을 만날 수 없다는 자세를 가져야 합니다. 이처럼 남편을 신뢰하고 존중하고 남편과 함께 부부가 된 것을 감사할 때 비로소 남편에게 복종할 수 있습니다.

사실 아내가 남편에게 복종하는 행동은 남편을 사랑하는 행동입니다. 다시 말하면 아내의 복종은 남편을 사랑하는 방법입니다. 아내는 남편에게 복종함으로써 남편을 사랑하는 것입니다. 사람은 사랑할 때 행복합니다. 그러므로 아내가 남편을 사랑하는 마음으로 복종하면 행복합니다. 그리고 남편도 행복합니다. 부부관계는 행복합니다.

아내가 남편에게 복종하는 정도는 교회가 그리스도께 하듯 복종하는 것입니다. 교회는 그리스도께 복종합니다. 절대적으로 복종합니다. 그리스도는 교회의 머리입니다. 그러므로 교회는 그리스도께 복종을 해야 합니다. 몸의 지체가 머리에게 복종하지 않으면 사고가 납니다. 마찬가지로 교회가 그리스도에게 복종하지 않으면 문제가 생깁니다. 부부관계 역시 마찬가지입니다. 아내가 남편에게 복종하지 않으면 가정에 문제가 생깁니다. 아내는 남편에게 복종하는 정도만큼 행복하게 됩니다. 하나님의 말씀은 "아내들도 범사에 그 남편에게 복종할지니라"(엡5:24)라고 말씀하고 있습니다. 아내는 남편에게 복종하되 모든 일에 복종하라는 말입니다. 어떤 부분은 복종하고 어떤 부분은 복종하지 않는 것이 아니라 모든 부분에 있어서 복종하는 것입니다. 아내의 행복은 남편에게 복종하는 정도가 깊으면 깊을수록, 복종하는 범위가 넓으면 넓을수록 행복의 크기가 더해 갑니다.

4. 남편은 아내를 사랑해야 할 의무가 있습니다.

하나님의 말씀은 남편을 향해서 "남편들아 아내 사랑하기를 그리스도께서 교회를 사랑하시고 위하여 자신을 주심같이 하라"고 하십니다(엡5:25). 남편이 아내를 사랑하는 것은 의무입니다. 이 의무 역시 아내가 남편에게 요구하고 주장할 수 있는 권리가 아니라 남편의 자발적인 의무입니다.

남편은 아내를 사랑할 때 행복합니다. 어머니와 아기의 경우를 살펴 보면, 사랑을 받는 아기 보다 사랑을 주는 어머니가 더 행복합니다. 아기가 엄마의 젖을 빨고 있습니다. 이 아기의 모습은 매우 행복합니다. 아기에게 젖을 먹이면서 젖을 빨고 있는 아기의 모습을 바라보는 엄마의 모습은 아기의 모습보다 더 행복합니다. 아기는 사랑을 받으면서 행복하고 엄마는 사랑을 주면서 행복합니다. 사랑은 받는 사랑보다 주는 사랑이 더 행복합니다. 그러므로 남편이 아내를 사랑하면 사랑을 받는 아내 보다 사랑을 주는 남편이 더 행복합니다.

사랑의 정도는 그리스도께서 교회를 사랑하심 같이 사랑하는 것입니다. 남편의 아내 사랑과 아내의 남편에게 복종하는 복종을 비교해 보겠습니다. 아내가 남편에게 복종합니다. 교회가 그리스도께 복종하듯 복종해야 합니다. 남편은 아내를 사랑합니다. 그리스도께서 교회를 사랑하신 것처럼 사랑해야 합니다. 그런데 희생의 크기는 복종보다 사랑이 더 큽니다. 그리스도께서 교회를 사랑하신 사랑의 행동을 보십시오. 교회를 위해서 자신의 모든 것을 주셨습니다. 하나님께 진노의 심판을 받기까지 하시면서 교회를 위하여 자신을 희생하셨습니다. 고통 당하시고 죽으시고 음부에 내려가시는 희생까지 감당하시면서 교회를 사랑하셨습니다. 그리스도께서 교회를 사랑하심으로써 당하신 희생은 엄청난 희생입니다. 교회는 그리스도께 복종합니다. 그리스도께 헌신합니다. 교회의 복종과 헌신도 희생입니다. 그러나 교회가 그리스도를 위해서 바친 희생은 그리스도께서 교회를 위해서 감당하신 희생에 비하면 참으로 보잘 것 없습니다. 이처럼 사랑은 복종보다 더 큰 희생이 요구됩니다.

사랑이 그리스도께서 교회에게 베푸신 행동에 비교된다면 복종은 교회가 그리스도께 행하는 행동에 비교됩니다. 그렇기 때문에 아내를 사랑하는 남편이 남편에게 복종하는 아내 보다 더 큰 희생을 감당해야 합니다. 그러면 하나님의 말씀은 어째서 남편에게 더 큰 희생을 요구하시겠습니까? 남편은 아내를 사랑하고 아내는 남편에게 복종하라고 하시겠습니까? 그것은 바로 남편이 아내보다 강하기 때문입니다. 당시의 사람들은 남자가 여자보다 우수하다고 생각했습니다. 그래서 숫자를 셀 때에도 여자들은 숫자에 포함되지 않았습니다. 이처럼 남성을 우수하게 여기는 시대에 더 큰 희생의 책임은 당연히 남편에게 있는 것입니다. 능력 있고 우수한 사람이 많이 베풀고 희생하는 것은 하나님의 통치 원리입니다. 부부관계도 마찬가지입니다. 우수한 남편은 사랑함으로써 아내를 위해서 자신을 희생해야 합니다. 아내는 남편이 자신보다 우수하다는 사실을 인정하면서 남편에게 복종해야 합니다. 만일에 남편이 우수하다는 사실을 인정할 수 없다면 남편을 사랑해야 합니다. 특히 불신 남편과 함께 살고 있는 그리스도인 아내는 남편을 사랑해야 합니다. 남편보다 더 많이 희생해야 합니다. 그러할 때 부부관계는 행복하게 됩니다.

여러분의 가정이 아내는 아내의 의무를 다하시고 남편은 남편의 의무를 다함으로써 행복한 부부의 삶을 누리시기를 기원합니다.

여호와를 경외하는 가정
(골 3:12-17, 행 10:1-8)

1. 행복한 가정의 비결은 하나님을 경외하는 것입니다.

가정은 하나님께서 인간들에게 주신 선물입니다. 우리의 조상 아담이 혼자서 외롭게 살고 있을 때 하나님께서는 그것이 안스러워서 아담에게 가정을 만들어 주셨습니다. 아담은 하나님께서 만들어 주신 가정으로 인해서 행복하게 살 수 있었습니다. 그러므로 가정의 주인은 하나님이십니다. 하나님께서 주인이시기 때문에 가정은 하나님을 섬겨야 합니다. 하나님을 섬겨야 하나님께서 주신 행복을 누릴 수 있습니다.

최초의 가정인 아담과 하와의 가정은 하나님을 잘 섬길 때에는 행복했습니다. 서로 사랑했고, 서로 이해했고, 서로 도와가면서 살았습니다. 아담과 하와 두 사람 사이에는 아무런 장벽이 없었습니다. 두 사람이 벌거벗고 있었으나 부끄러워하지 않았습니다. 모든 일에 감사와, 모든 일에 기쁨이 넘쳤습니다. 하나님을 만나는 것도 즐거움과 기쁨이고, 다른 동물들을 만나는 것도 기쁨이요, 즐거움이었습니다. 풀과 나무와 꽃을 돌보는 것도 기쁨이요 즐거움이었습니다. 에덴동산에서 하나님을 잘 섬기고 있던 아담 하와에게는 즐거움과 기쁨 뿐이었습니다.

그러나 아담과 하와가 뱀의 유혹을 받아 하나님께서 먹지 말라고 하신 선악과를 따먹었습니다. 그러자 그만 그 가정에는 행복이 떠나갔습니다. 두 사람 사이에는 장벽이 생겼습니다. 벌거벗은 것을 부끄러워하게 되었고, 무화과 나뭇잎으로 옷을 만들어 입어야만 했습니다. 하나님 앞에 서기가 두려웠습니다. 아담과 하와는 하나님의 낯을 피하여 동산 나무 사이에 숨었습니다.

하나님께서 아담을 부르셔도 겁이 나서 하나님 앞에 나가지 못했습니다. 뿐만 아니라 두 사람 사이에 사랑이 없어졌습니다.

하나님께서 아담에게 "왜 내가 먹지 말라고 한 나무 열매를 먹었느냐?"고 책망을 하시자 아담은 잘못을 하와의 탓으로 돌렸습니다. "하나님이 주셔서 나와 함께 하게 하신 여자 그가 그 나무 실과를 내게 주므로 내가 먹었나이다." 정말로 아내를 사랑하였다면 자신이 책임을 지려고 하였을 것입니다. '하나님 모든 잘못은 저에게 있습니다. 아내에게는 잘못이 없습니다. 저에게 벌을 내려 주십시오'라고 했을 것입니다. 그러나 하나님께 범죄한 아담은 아내를 사랑할 여유가 없습니다. 그래서 아내에게 책임을 전가하기에 급급했습니다. 이러한 아담의 행동을 바라보고 있던 아내 하와의 모습은 어떠했겠습니까? 아마도 매우 야속한 눈으로 남편을 바라보았을 것입니다. '저 사람이 과연 내 남편일까? 얼마 전까지만 해도 나를 끔찍이 사랑하던 내 남편인가? 이제는 남편도 믿을 수 없구나' 하면서 남편을 매우 원망했을 것입니다.

하나님을 경외할 때에는 기쁨이 넘치고 행복이 가득하던 아담과 하와의 가정이 하나님 경외하기를 거부하자 즉시 불행하기 시작했습니다. 하나님을 섬기지 않고서는 결코 행복할 수 없습니다. 가정의 행복은 하나님을 섬기는 정도 만큼 행복해 질 수 있습니다. 어떠한 가정을 막론하고 행복하지 못한 가정은 그 원인을 하나님을 제대로 섬기고 있는지 그렇지 못한지 여부에서 찾아야 할 것입니다.

2. 하나님을 경외하는 가정은 최고의 축복을 누립니다.

고넬료의 가정은 하나님을 경외하는 가정입니다. 하나님의 말씀은 고넬료에 대해서 이렇게 소개하고 있습니다. "그가 경건하여 온 집으로 더불어 하나님을 경외하며…." 고넬료는 가이사랴 지방의 이달리아대라고 하는 군대의 백부장이었습니다. 이방인이지만 하나님을 경외하는 사람이었고 경건한 사람이었습니다. 구제도 많이 했고 항상 하나님께 기도하기를 힘썼던 사람입니다.

하나님께서는 하나님을 경외하는 가정의 가장인 고넬료에게 하나님의 사자를 보내셔서 베드로를 청하여 오라고 하십니다. 이 때 베드로는 욥바라고 하는 지방의 시몬이라고 하는 사람의 집에 머물러 있었습니다. 고넬료는 사람을 보내어 베드로를 초청하였고, 다음 날 베드로는 고넬료의 집을 방문하였습니다. 베드로는 고넬료의 가정에 예수 그리스도를 증거했습니다. 우리의 구세주이신 예수께서는 우리를 살리시기 위해서 십자가에서 죽으시고 부활하셨다고 증거했습니다. 누구든지 예수 그리스도만 믿으면 죄 사함 받는다고 했습니다. 이 때에 성령께서 고넬료의 가정에 임하셨습니다. 모든 사람에게 성령께서 강림하셨습니다. 모든 사람이 성령께서 오심을 체험하였고, 그 표적으로서 방언을 말하였습니다. 베드로는 고넬료의 집 모든 사람들에게 세례를 베풀었습니다.

고넬료는 이방인이었습니다. 혈통적으로 아브라함의 자손이 아니었습니다. 그리고 당시에 로마 군대의 백부장으로서 막강한 힘을 가지고 있었습니다. 하나님을 믿기에 어려운 환경에 있었습니다. 그러나 고넬료는 이스라엘의 하나님을 믿었고 하나님을 경외하였습니다. 이러한 고넬료에게 하나님께서는 예수 그리스도를 믿는 구원의 축복을 허락하셨습니다. 성령께서 그 가정에 임하셔서 하나님께서 그 가정에 함께 계심을 알게 하셨습니다.

당시에는 하나님을 경외하는 사람도 예수 그리스도를 믿지 않는 사람이 많았습니다. 아직 예수 그리스도를 믿음으로써 구원을 얻는 진리가 일반화 되어 있지 않았기 때문입니다. 이제 방금 성전시대가 끝나고 교회시대가 시작되었습니다. 구약 시대는 신약 시대의 그림자와 같은 시대입니다. 히브리서에서는 구약 시대를 이렇게 기록하고 있습니다. "율법은 장차 오는 좋은 일의 그림자요 참 형상이 아니므로 해마다 늘 드리는 바 같은 제사로는 나아오는 자들을 언제든지 온전케 할 수 없느니라"(히 10:1).

구약 시대에는 아직 예수 그리스도께서 구원 사역을 완성하지 않으셨기 때문에 성전에서 짐승의 피로써 하나님을 만났습니다. 이 짐승의 피는 예수 그리스도의 그림자입니다. 짐승의 피가 예수 그리스도를 상징하기 때문에 예수 그리스도를 믿는 믿음이 별도로 요구되지 않았습니다. 그러나 이제 예수께서 직접 오셔서 자신의 몸을 제물로 단번에 드리심으로 말미암아 구원 사역을 완성하셨으므로, 이제부터는 짐승의 피가 아니라 예수 그리스도의 보혈로써 거룩함을 얻을 수 있게 되었습니다(히 10:10).

고넬료의 가정은 이제 막 신약 시대, 예수 그리스도의 보혈의 시대, 성령의 시대에 접어들었습니다. 그렇기 때문에 하나님을 경외하는 하나님의 백성이었지만 예수 그리스도를 믿지 못하고 있었습니다. 아직 예수 그리스도를 믿는 진리를 알지 못했습니다. 아직도 그림자와 같은 구약 시대를 살고 있었습니다. 신약 시대임에도 불구하고 구약 시대의 삶을 살고 있었습니다.

이제 시대가 바뀌었습니다. 그렇기 때문에 예수 그리스도의 ´보혈로써 거룩함을 얻어야만 했습니다. 물론 하나님을 경외하는 고넬료는 하나님의 백성입니다. 그러나 이미 옛 시대가 지나갔으므로 예수 그리스도를 영접하고 성령께서 내주하셔야만 하나님의 백성의 모습을 갖추게 되는 것입니다. 하나님께서는 하나님을 경외하는 고넬료의 가정에 은혜를 내리셔서 예수 그리스도를 믿게 하시고, 성령께서 강림하게 하심으로써 새 시대의 하나님의 백성의 모습을 갖출 수 있게 하셨습니다. 고넬료의 가정은 베드로의 설교를 듣고 예수 그리스도를 믿고 성령 강림의 축복을 받았습니다. 그리고 세례를 받았습니다. 이것은 그 당시로서는 최고의 축복입니다.

이와 같이 하나님을 경외하는 가정에는 하나님께서 최고의 축복을 주십니다. 이 시대를 살고 있는 우리도 하나님을 경외할 때에 하나님께서는 최고의 축복을 누리게 하십니다. 하나님의 백성이 이 땅에서 누릴 수 있는 최고의 축복은 이 땅에서도 천국의 축복을 누리는 것입니다. 천국의 축복은 천국에 가서만 누리는 축복이 아닙니다. 천국 백성은 어디에 머물러 있든지 천국의 축복을 누릴 수 있습니다. 마치 부잣집에 태어난 아이는 아버지로부터 재산을 물려받기 전에도 부자로서 살 수 있는 이치와 마찬가지입니다. 부잣집에 태어난 아이는 나중에 장성하여 부모로부터 유산을 상속받기 전이라고 할지라도 부자의 삶을 누립니다. 천국 백성도 마찬가지입니다. 천국에 가기 전에도 천국의 축복을 누릴 수 있습니다. 그러므로 하나님의 백성된 삶은 마땅히 하나님을 경외하는 삶이어야 합니다.

3. 하나님을 경외하는 삶은 그리스도의 모습을 닮아 가는 삶입니다.

골로새서 3:12-16에서는 그리스도인의 덕목에 대해서 기록하고 있습니다. 긍휼, 자비, 겸손, 온유, 오래 참음, 용납, 용서, 사랑, 평강, 감사, 말씀 교육, 권면, 찬양입니다. 하나님을 경외하는 삶은 일상적인 삶 속에서 그 모습을 드러냅니다.

고넬료는 하나님을 경외하였습니다. 그의 삶의 모습은 구제하고 기도하는 모습으로 소개되고 있습니다. 구제는 대인관계에서의 경건의 모습입니다. 기도는 하나님과의 관계에서 경건의 모습입니다. 하나님을 경외하는 삶은 경건한 삶의 모습으로 나타납니다. 골로새서 3:12-16에 기록된 그리스도인의 덕목 중에서 긍휼, 자비, 겸손, 온유, 오래 참음, 용납, 용서, 사랑, 평강, 말씀 교육, 권면은 대인관계에서의 경건의 모습이라면, 감사와 찬양은 하나님과의 관계 속에서의 경건이라고 할 수 있습니다. 물론 하나님 앞에서의 경건과 사람 앞에서의 경건이 별개의 것은 아닙니다. 사람 앞에서의 경건도 하나님 앞에서의 경건에 포함이 됩니다. 그러나 편의상 그렇게 구분할 뿐입니다.

이웃을 사랑하는 것이 경건의 삶이며 하나님을 경외하는 삶입니다. 마찬가지로 온유하고 겸손한 삶, 용서하며 자비와 긍휼을 베풀며 성숙한 믿음을 위해서 권면하는 삶을 사는 것이 경건이요, 하나님을 경외하는 삶입니다. 물론 하나님께 감사하고 찬양하는 것도 하나님을 경외하는 삶에 포함이 됩니다. 이러한 모든 덕목을 요약하면 역시 "하나님을 사랑하고 이웃을 사랑하라"는 예수님의 새 계명으로 요약할 수 있습니다.

하나님의 백성이 가져야 할 삶의 자세가 바로 이러한 삶의 자세입니다. 하나님의 말씀은 "그러므로 너희는 하나님의 택하신 거룩하고 사랑하신 자처럼…… 하나님 아버지께 감사하라"(골 3:12-17)고 말씀하고 있습니다. 그리스도인은 이미 하나님의 택하시고 거룩하고 사랑하신 자가 되었다는 말씀입니다. 이미 하나님의 백성이 되었다는 말씀입니다. 하나님의 백성이 되었으니 하나님을 경외하는 것은 당연하다는 말씀입니다.

예수님은 온전히 하나님을 경외하는 삶을 사셨습니다. 그러므로 하나님을 경외하는 삶은 예수님의 모습을 닮는 삶입니다. 예수께서는 자신이 하나님을 경외하는 삶을 사셨을 뿐만 아니라 제자들에게도 하나님을 경외하는 삶을 살도록 명하셨습니다. 예수께서는 제자들에게 "내가 너희를 사랑한 것 같이 너희도 서로 사랑하라"고 말씀하셨습니다(요 13:34). 이 말씀을 다른 말로 하면 "하나님을 경외하는 삶을 살아라"는 말씀입니다. 어떤 율법사가 예수님께 찾아와서 "율법 중에 어느 계명이 가장 크니이까" 라고 물었을 때, 예수께서는 "네 마음을 다하고 목숨을 다하고 뜻을 다하여 너의 하나님을 사랑하라 하셨으니 이것이 크고 첫째 되는 계명이요 둘째는 그와 같으니 네 이웃을 네 몸과 같이 사랑하라 하셨으니 이 두 계명이 율법과 선지자의 강령이니라"고 말씀하셨습니다. 이 말씀은 다른 말로 하면 "하나님을 경외하는 삶을 살아라"는 말씀입니다.

하나님께서 우리에게 원하시는 삶의 모습은 하나님을 경외하는 삶입니다. 하나님을 많이 경외하면 많이 행복하고 적게 경외하면 적게 행복합니다. 경외하지 않으면 행복할 수 없습니다. 하나님을 경외하는 삶은 하나님의 백성이 하나님의 백성으로서의 축복의 삶을 누릴 수 있는 비결입니다.

성도 여러분의 가정이 하나님을 경외하는 가정이 되어 이 땅에서도 천국의 축복을 누리는 복된 가정이 되시기를 기원합니다.

6월
애국의 달

· 고난을 통한 사랑의 실천(히 5:7-10)
· 하나님의 마음에 합한 사람(삼하 7:14-17)
· 다니엘의 승리적 기도(단 6:10-15)
· 지도자 모세의 자세(출 14:1-14)

〈집필자 : 김연신 목사〉
· 서울성서신학교 졸업
· 대한신학교 졸업
· 미국 칼빈신학대학원 수료
· 미국 훼이스신학대학(명예 신학박사)
· 예장 대신측 총회장 역임
· 인천 일심교회 원로목사

고난을 통한 사랑의 실천
(히 5:7-10)

성지순례의 길에 오른 사람들은 옛 예루살렘 성에서 예수의 마지막 고난의 길인 비아도로로사에 서게 된다. 예수님께서 빌라도의 법정에서 십자가를 지고 골고다로 오르던 언덕입니다. 이 언덕에 섰을 때 뜨거운 감동을 느끼지 않는 크리스천은 아무도 없을 것입니다. 순례자들도 순례의 마지막 여정을 여기서 마감하게 됩니다.

이 언덕에는 예수님께서 십자가를 지고 가다가 넘어진 곳마다 표시가 되어 있습니다. 그래서 순례자들 중에 경건한 성도들은 예수의 고난을 재현해 보기 위해서 실물 크기의 십자가를 지고 이 언덕을 오르고 있습니다. 그 뒤를 찬송을 부르며 그날의 예루살렘 여인들처럼 눈물로 범벅이 된 얼굴의 여인들이 따르기도 합니다.

어떤 성도들은 이 언덕을 무릎으로 기어오르기도 합니다. 어떻게 해서라도 예수님의 고난을 몇 만 분의 일이라도 체험해 보고 싶어합니다. 그러나 어찌 그날의 예수님의 고난을 따를 수 있으리요.

1. 기독교는 고난이 따릅니다.

마가복음 16:24에 "아무든지 나를 따라 오려거든 자기를 부인하고 자기 십자가를 지고 나를 좇을 것이라"고 했습니다. 복음서에서 소반에 담긴 선혈이 낭자한 요한의 머리에 대한 말씀이 나옵니다. 죽음도 각오해야 합니다.

세례 받은 예수님이 광야에서 40일의 과정도 고난의 모습을 말하고 있습니다. 광야에서 40일간 금식하며 모래 바람 속에서 견디어 낸 예수님의 모습을 상상하게 됩니다. 예수님은 이 견디기 어려운 육신의 고난과 마귀에게 시험을 당하시면서 시험을 이겨야 하는 부담의 고난도 당해야만 했습니다.

그뿐 아니라 여러 번 죽음 직전의 위험 속에서 아슬아슬하게 풀려나는 고통의 연속이었습니다. 그리고 사랑하는 제자들의 배신이 주는 고통도 감래 할 수밖에 없는 상황을 체험하셨습니다.

2. 기독교의 고통은 예수님 만의 고통은 아닙니다.

초대 교회 때 예수님의 제자였던 사도들은 그 고통의 반열에 서서 그보다 더한 고통을 이겨내야 했습니다.

사도행전 7:58-60에 스데반은 돌에 맞아 돌무덤에 묻혔고, 베드로가 십자가에 거꾸로 달려 최후를 마친 이야기는 전설로 전해 오지만, 기독교가 고난 속에서 생성했고, 고난을 통해서 인류의 역사와 함께 해오고 있다는 사실을 부인할 사람은 하나도 없을 것입니다.

멀리 초대 교회 신도들의 고통을 일일이 거론하지 않아도, 이 나라의 기독교가 전래된 이래 많은 신앙의 선배들이 고난의 역경을 걸어 왔습니다. 개신교의 선교 전에 순교한 천주교의 교인들이 흘린 피는 기독교회 2천 년 역사에 큰 의미를 부여하고 있습니다. 그리고 개신교의 신앙의 선배들도 순교의 반열 위에 서서 잔혹한 핍박 속에서 생명을 바친 이들이 적지 않습니다.

3. 경건한 성도는 고통을 통해서 자신의 신앙을 돌아보아야 합니다.

오늘의 크리스천들은 모두 십자가 지는 고통을 피해 보려고 하고 있습니다. 다른 사람들이 당하는 고통을 보고는 감격해 하면서, 자신이 직접 당하는 것은 피하려고 합니다.

검소한 생활을 하면서 거기서 얻는 재물로 이웃과 함께 나눠주는 사람보다 자기가 사용하고 남는 것으로 구제하려는 사람도 많습니다.

옛 신앙의 선배들은 크리스천이 되는 것을 하나의 결단으로 생각했습니다. 그래서 회심이라는 이름으로 생의 전환을 표현했습니다. 그래서 회심하기 전과 회심 후의 생활의 방식이 현저하게 달라지는 경험을 했습니다. 그러나 근래 한국 교회의 크리스천들은 이 회심의 결단이 없습니다. 이것은 쉽게 그리스도인이 되려는 태도이고, 참 그리스도인의 반열에 서려는 사람들의 모습이 아닙니다.

결론

기독교인이 된다는 것은 예수 그리스도의 고난에 동참한다는 말이다. 예수 그리스도의 고난에 동참한다는 의식이 없이 참다운 그리스도인이라고 할 수 없습니다.

그리고 예수의 고난뿐만 아니라 모든 고난받는 사람과 연대의식을 가지고 그 고난에 동참하고자 하는 자세가 그리스도인의 자세인 것입니다.

그리스도인은 고난을 통해서 자신이 그리스도와 같은 고난에 동참한다는 사실을 실감하게 될 것입니다. 때문에 참 그리스도인은 가난하고 병들고 굶고 억눌린 자들에게 사랑을 실천하기 위하여 그들의 아픔에 동참하는 것입니다.

하나님의 마음에 합한 사람
(삼하 7:14-17, 행 13:21-22)

세상에는 많은 사람들이 있으나 마음에 드는 사람이란 각각 따로 있는 법이다. 제자는 스승의 마음에 들어야 하며, 사원은 사장의 마음에, 자녀는 그 부모의 마음에 들어야 할 것이다. 성도는 하나님의 마음에 들어야 할 것이며, 목회자의 마음에도 들어야 할 것입니다.

사무엘상 16:7에 하나님께서 사무엘에게 이르시되 "그 용모와 신장을 보지 말라 내가 이미 그를 버렸노라 나의 보는 것은 사람과 같지 아니하니 사람은 외모를 보거니와 나 여호와는 중심을 보느니라" 했습니다.

사무엘상 16:12에 사무엘이 기름 부으려고 이새의 아들 중 집에서 찾았으나 여호와께서 택하지 아니하셔서 허락지 아니 하심으로 막내 다윗을 양치는 데서 불러 그 앞에 세웠을 때 하나님이 허락하여 사무엘이 다윗에게 기름을 부었으니 하나님의 신이 크게 감동했다고 했습니다.

다윗도 우리 처럼 실수와 범죄, 심지어는 우리아의 아내를 범한 사람이었으나, 무엇이 하나님의 마음에 합한 것이었나를 생각해 보려고 합니다.

1. 다윗은 하나님의 이름을 존귀히 여기는 사람이었습니다.

사무엘상 17:36에 다윗이 하나님을 모독하고 이스라엘을 망령되이 일컫는 블레셋인 골리앗의 소리를 듣고 분개했습니다.

출애굽기 20:7에 "여호와의 이름을 망령되이 일컫는 자를 죄 없다 하지 아니하리라" 했습니다. 하나님의 이름 '야웨', '아도나이'는 공의로우시고 거룩한 주로서, 여호와라 하셨습니다.

웨스트민스터 대요리 문답은 제 3계명이 요구한 것을 다음과 같이 말했다. 신의 이름, 그의 칭호, 속성이 마태복음 6:9에 "하늘에 계신 우리 아버지여 이름이 거룩히 여김을 받으시오며", 신명기 28:58-59에는 "여호와라 하는 영화롭고 두려운 이름을 경외치 아니하면 여호와께서 너의 재앙과 네 자손의 재앙을 극렬하게 하시리니", 의식, 말씀, 성례, 기도, 그의 역사 및 기타 어떤 것이든지 그를 나타내는 데 있어서 생각하라 했음이 하나님의 이름을 망령되이 일컫는 자는 배은망덕의 죄가 된다고 했습니다.

왓손은 예를 들기를, 사모티아(Samurtia)에서 갑자기 번개와 폭풍이 불 때 한 병졸이 하나님의 이름을 모독하니 태풍이 큰 나무 뿌리를 뽑아 그 병졸의 머리 위에 떨어져 즉사케 하였다고 했고, 또한 아리안파(Arian) 감독인 올림피아(Olympias)는 삼위일체를 훼방하다 별안간 번개와 천둥이 세 번 나더니 즉사 했다고 합니다.

블레셋의 골리앗이 하나님의 이름을 모독하여 개 같은 이스라엘이라며 하나님의 택한 민족, 즉 하나님에 대해 모독함으로 다윗의 물맷돌에 맞아 곤두박질하여 죽고 말았습니다. 하나님의 이름을 존귀히 여긴 다윗은 죽음을 무릅쓰고 싸웠습니다. 이것이 하나님의 마음에 합하게 된 것입니다.

2. 다윗은 여호와의 기름 부은 자를 존대하고 높였습니다.

사무엘하 1:14에 "다윗이 저에게 이르되 네가 어찌하여 손을 들어 여호와의 기름 부음 받은 자 죽이기를 두려워하지 아니 하였느냐" 하였습니다. 자기를 죽이려던 사울이었으나 여호와의 기름부음 받은 자로 오히려 그를 살려 주었습니다.

3. 다윗은 회개할 줄 아는 사람이었습니다.

사무엘하 12:13에 "다윗이 나단에게 이르되 내가 여호와께 죄를 범하였노라 하매 나단이 다윗에게 대답하되 여호와께서도 당신의 죄를 사하셨나니 당신이 죽지 아니하려니와"라고 말씀하고 있고, 시편 51편에 다윗이 죄과를 위해서 회개 하였다고 했습니다. 죄에 대한 회개는 하늘의 보좌에 상달되는 것으로 하나님의 기뻐하시는 일인 것입니다. 죄에 대하여란 하나님께로부터의 탈선으로 불신의 죄, 즉 하나님을 믿지 않는 것(요 16:9), 불법의 죄(요일 3:4), 불의의 죄(요일 5:17)로, 다윗은 이러한 모든 죄에서 철저히 회개를 하였습니다.

4. 다윗은 하나님의 뜻을 이루었습니다.

사무엘하 7:2에 보면, 하나님의 성전을 건축하려는 마음이 그의 가장 큰 것이었습니다. 다윗은 백향목 궁에 앉아 있다가 하나님의 법궤가 장막 속에 있는 것을 보고 가슴 아프고 죄스러운 생각에 아름다운 성전을 지어 바칠 마음에 감동을 받고 건축재료를 준비했습니다.

결론

사무엘하 7:1-17에 보면 9절에 "네가 어디를 가든지 내가 너와 함께 있어…", 즉 하나님이 함께하신다는 것은 우리의 삶을 인도하는 귀중한 신앙의 축복이며, 10절에 대적에게서 벗어나 나라가 안전하고 평화로울 것을 약속했습니다.

작게는 내 가정 내 자신까지 모두 안전할 것이라는 것입니다. 그리고 12절에 "네 몸에서 날 자식을 네 뒤에 세워 그 나라를 견고케 하리라"고 말씀하셨습니다. 아비보다 아들을, 아들보다 손자를, 갈수록 세대에 축복을 더하실 것입니다.

또한 14절에는 "나는 그의 아비가 되고 그는 내 아들이 되리니", 죄악의 자녀를 하나님의 아들이 되게 해 주십니다. 하나님이 아버지로 나의 모든 것을 책임 지신다는 복입니다. 어린아이가 부모님의 품안에서 집안 일을 걱정할 필요가 없는 것처럼, 하나님의 자녀는 하나님께서 모든 삶을 맡아 주시는 것입니다.

14-15절 "…저가 만일 죄를 범하면 내가 사람 막대기와 인생 채찍으로 징계하려니와 내가 네 앞에서 폐한 사울에게서 내 은총을 빼앗은 것같이 그에게서는 빼앗지 아니하리라" 하였습니다. "죄를 지으면 징계는 할지언정 은총은 빼앗기지 않는 축복이 있습니다.

즉 믿는 자가 혹시 죄를 지어도 은총은 빼앗지 않습니다. 이미 목욕한 자는 발만 씻으면 됩니다. 다윗은 하나님의 택함을 입은 후로는 하나님의 은총에서 제외 되지 아니했습니다.

막대기와 채찍으로 침은, 우리를 바른 길로 인도하기 위함이지 하나님의 자녀된 특권에서 버려짐이 아닌 것입니다. 16절 네 집과 네 나라와 네 직위를 영원히 보존해 주시겠다고 축복하십니다.

다윗은 곧 이스라엘의 왕족의 계보로 예수님의 탄생을 맞이하게 되었습니다.

진실한 신앙으로 하나님의 마음에 합한 자가 되어 가정에 축복이 임하기를 기원합니다.

다니엘의 승리적 기도

(단 6:10-15)

E. M. 바운즈 목사는 그의 저서 "기도의 능력"에서 말하기를 설교자는 설교 제조자가 아니고 사람을 세우고 성민을 만드는 사람이라 했습니다. 자기 자신을 사람과 성인으로 만드는 자만이 그 사업을 위하여 잘 훈련된 사람입니다.

하나님께서 필요로 하는 것은 위대한 재능, 위대한 수확, 위대한 설교자가 아닙니다. 참된 설교자는 골방에서 이루어지며, 설교하는 사람은 기도하는 사람이며, 기도가 설교자의 가장 큰 무기가 되기 때문입니다. 기도가 많은 곳에 성자가 많습니다. 기도는 성자를 만든다고 했습니다. 누구든지 믿기 시작할 때부터 그가 기도의 생활을 어떻게 하느냐에 따라서 신앙의 삶의 질이 달라질 것입니다.

기도의 생활을 성실하게 하는 자는 성실한 성도가 되고 기도 생활을 게을리하는 자는 게으른 신자가 됩니다. 전혀 기도의 생활이 없는 자는 육적인 사람으로 불신자와 다름없는 사람이 될 것입니다.

다니엘이 위대한 인물이 된 것은 그의 기도의 생활에 있었다고 하겠습니다. 그는 기도가 생활화 된 자로, 바벨론 포로때부터 그의 세 친구와 함께 기도의 생활을 하고 있었습니다.

다니엘 1장에서 10일간의 채식 기도, 2장에서 기한부 기도, 9장에서는 나라를 위한 기도, 10장에서 3주 금식기도 등으로 본서에서 다니엘의 기도 내용을 제한다면 기초 없는 집과 같이 의미가 없을 것입니다. 다니엘의 총명,

그의 지혜, 그의 명철, 남이 깨닫지 못하는 하나님의 은밀한 이상을 깨닫는 초자연적인 능력은 모두가 기도의 열매인 것입니다.

1. 기도의 시기

다니엘은 기도의 사람이요, 기도 없이는 못 사는 사람인데, 또한 기도 때문에 큰 시련을 만나게 됩니다. 기도 때문에 자기 직장을 잃게 되며 높은 지위가 떨어져 사자 굴에 들어가 죽게 되었습니다. 기도 때문에 어려운 시련에 빠지게 되었습니다. 그러나 다니엘은 기도로써 어려운 시련을 극복해 냈습니다.

가을철 벼를 베는데 어느 한 부인이 일꾼들의 중식을 만들어 가는 도중, 가을의 단풍 경치가 너무 아름다워 기도하고 싶은 감동에 잠시 기도한다는 것이 2시간이 지났습니다. 남편이 기다리다 귀가 중 중식이 길에 있어 찾아 보니 부인이 기도하고 있는 게 아닙니까? 그 모습을 보고 화가 치밀어 낫을 들어 죽이려고 쳐들었을 때 손이 굳어져 내리지도 올리지도 못했습니다. 이 부인이 다시 이렇게 기도합니다. '나는 죽더라도 남편의 영혼을 구해 달라고…'. 기도에 감동받은 남편이 그 후 예수를 영접하고 구원을 얻게 되었다 합니다. 현재 기도 못하는 모두에게 큰 귀감이 되는 내용입니다.

기도가 가장 필요할 때 기도를 멈추는 것은 삶의 패배임을 인식하여야 합니다. 우리는 바쁘다는 핑계로 기도를 쉴 때가 많습니다. 혹은 직장 때문에, 혹은 육신의 피곤, 세상의 사정 등의 구실로 기도를 못하며 중단하고 있지 않습니까? 바운즈 목사는 말하기를 "기도하지 않는 것은 하나님을 거역하는 행동이며 그의 존재를 거부하는 것"이라고 했습니다. 또한 "하나님의 본성을 거스리는 것이며 인간에 대한 그의 뜻을 거절하는 것"이라 했습니다.

다니엘은 하루 세 번씩 기도하지 않고는 살 수 없는 사람입니다. 사무엘상 12:33에 "너희를 위하여 기도하기를 쉬는 죄를 결단코 범치 아니하리라" 했습니다. 총리의 자리가 떨어져 나가고 자기 몸이 사자에게 내어 줄 것을 알면서도 기도한 사람인 것입니다. 이 시기는 국가의 법이 기도하는 자를 사형에 처하도록 전국에 공포하였던 때인 것입니다. 바로 그 때 다니엘은 골방에서 하루 세 번씩 작정기도를 하였습니다. 예루살렘을 향하여 열린 창가에서 기도의 향이 하루 세 번씩 항상 드려졌습니다.

요한계시록 5:8에 성도들의 기도는 향이라 했습니다. 교회 제단의 기도에 향이 피어 있을 때, 가정 제단에 기도의 향을 피울 때 성도의 승리가 있는 것입니다.

2. 기도의 자세

다니엘은 하루 세 번씩 늘 울면서 그의 조국을 위하여 기쁠 때나 슬플 때나, 비가 오나 눈이 오나 환경에 치우치지 않고 늘 기도로 하나님을 만났습니다. 주위 사람을 상관하지 않고, 왕의 추상같은 명령에도 상관치 않았습니다. 무서운 총칼도 다니엘의 골방의 기도는 점령할 수가 없었습니다. 다니엘이 후세에 존경 받는 인물이 된 것은 이 기도의 훈련을 받았기 때문입니다. 왕의 권세가 다니엘에게 덮고, 사자의 입을 봉하는 원동력은 골방의 기도였던 것입니다.

참된 하나님의 일꾼은 조용한 기도가 있는 사람들인 것입니다. 오순절 성령의 역사는 제자들의 다락방 기도에서, 바울의 옥중 기도에서, 사도 요한은 밧모 섬 기도에서, 예수님은 겟세마네 동산의 기도에서, 요나는 물고기 뱃속의 기도에서, 모세는 시내산의 기도에서와 같이 뜨거운 기도의 현장에 일어나는 것입니다.

3. 기도의 목적

하나님의 명령이기 때문에 기도하는 이유가 많겠으나, 첫째는 예수께서 주기도문을 가르쳐 주셨습니다. 마태복음 7:7에 "구하라 찾으라 두드리라" 하였고, 이사야 58:9에 "네가 부를 때에는 나 여호와가 응답 하겠고 네가 부르짖을 때에는 말하기를 내가 여기 있다 하리라" 했습니다. 하나님의 명령을 거역하면 불효자와 같은 것입니다.

둘째로는 하나님의 도우심을 받기 위해서 입니다. 이 지구상에 하나님의 도움이 필요치 않는 자는 한 사람도 없습니다. 하나님은 기도하는 자에게 그 요구를 채워 주십니다. 기도하지 않음은 도움을 거절하는 불신앙의 자세인 것입니다. 충족해야 할 요구가 많을수록 많은 기도가 필요한 것입니다.

셋째는 사람들의 영혼을 구원하기 위해서 입니다. 사도 바울은 수시로 성령 안에서 기도와 간구로 항상 힘쓴 것입니다. 성도들의 신앙 향상과 믿지 않는 수많은 영혼들의 구원을 위하여 기도했던 것입니다(엡 6:18).

현대 교회에 사도 시대 부흥의 역사가 멈추어짐은 초대 교회에 있었던 기도가 없음 입니다. 잃어버린 영혼을 찾기 위해 간구하는 구령의 기도로 전도의 문이 활짝 열리게 합시다.

3. 다니엘의 기도의 결과

28절에 "다니엘이 다리오 왕의 시대와 바사 사람 고레스 왕의 시대에 형통하였더라"고 말합니다.

기도의 결과 다니엘은 사자굴(죽음)에서 보호를 받았습니다(22절). 왕이 하나님을 오히려 찬양하며(26-27절), 다니엘을 모함하던 자를 멸절하고(24절), 다니엘의 무죄가 판명되었습니다(22절). 하나님의 살아계심을 증명하였으며 다니엘은 만사가 형통하였습니다(26절).

분주한 일로 기도가 가장 필요할 때 기도를 소홀히 하며, 일에 지나치게 골몰함으로 영적인 경건을 경히 여길 위험이 있습니다. 우리는 모두 골방의 기도로 훈련을 쌓아, 가장 어렵고 힘들 때 기도로서 영혼이 빛나는 승리의 성도가 되어야 할 것입니다.

지도자 모세의 자세
(출 14:1-14)

인류의 역사상 가장 수난을 많이 겪은 민족은 이스라엘로 바로 왕에 의해 받은 핍박은 크나큰 민족의 수난이었습니다. 그들은 또한 종교적인 수난을 당했습니다. 만민에게 종교의 자유는 하나님이 허락한 특전이지만, 애굽의 바로 왕은 이스라엘 민족에게 하나님을 경배하지 못하도록 핍박을 했습니다.

또한 인종적인 핍박이었습니다. 이스라엘 민족이 점점 번성하게 되자 마지막에는 자기들의 주권까지 빼앗길까 두려워하여 이스라엘 민족을 다 멸해버리려고 애굽의 산파들에게 이스라엘 여인들이 해산한 남자 아기는 다 잡아 죽여 멸족시키라는 민족적 핍박이었습니다. 경제적인 수난이었습니다. 일을 시키고도 노임을 주지 않고, 갈수록 막중한 노동만 더하여 가는 어려운 경제적 핍박이었습니다.

당시 민족이 어려움을 당할 때 민족을 위하여 위대한 일을 한 사람이 있으니, 유대 민족을 해방시킨 선구자요, 율법의 제정자요, 세계의 위대한 지도자인 모세가 하나님의 보내심을 받아 유대 민족을 애굽에서 구원했던 것입니다. 위대한 지도자 모세는 확고한 권위 세 가지가 있었는데 첫째가 지적 권위요, 둘째가 인격적인 권위요, 셋째가 영적인 권위자였습니다.

1. 지적인 권위

모세는 애굽에서 사십 년, 광야에서 사십 년, 도합 80년 동안 공부를 했다.

그리고 사십 년 동안 나라를 위해 봉사했습니다.

1단계는 고대 문명의 중심지인 애굽 궁중에서의 사십 년 동안 땅에 대한 공부, 2단계는 광야에서 비바람, 뇌성병력, 곰, 사자, 늑대, 헐벗고 굶주리는 등 갖은 어려움 속에서 신앙의 공부, 인격의 공부, 즉 내적 공부를 사십 년 동안 했습니다. 다시 말하면 모세는 애굽에서 외적인 지식을 배웠고 광야에서 내적인 강직을 배웠던 것입니다.

중국의 소진은 웅변으로서 이웃 여섯 나라와 싸움하지 아니하고 통일했습니다. 이 사람은 배운 것이 많기 때문에 그저 나가기만 하면 시간과 장소에 따라 적절한 말이 샘솟듯이 술술 나와서 모든 사람의 마음을 감화시켰으므로 피 흘리지 아니하고 여섯 나라를 통일했다는 것입니다. 이와 같이 우리도 지적인 권위가 있어야만 할 것입니다. 베드로보다 바울이 큰 일을 한 것도 바울이 지적인 권위가 있기 때문이라고 생각합니다.

2. 인격적인 권위

인격이라는 것은 지, 정, 의의 조화와 통일을 말하는 것입니다. 지성, 의지, 감정이 조화되어 통일적인 인격이 행동으로 나타날 때에 덕이 있는 사람이라고 합니다.

민수기 12:3에 "이 사람 모세는 온유함이 지면의 모든 사람보다 승하더라"고 했으니, 과연 모세의 위인됨이 천하 만민보다 겸손했던 까닭인 것입니다.

고린도전서 8:1 하반절에 "…지식은 교만하게 하며 사랑은 덕을 세우나니"라고 했습니다. 지식만 가지고는 안됩니다. 사람이 덕이 있어야 합니다. 그렇기 때문에 사람이 동물보다 낫다는 것은 이성이 있는 까닭이요 사람이 사람 가운데 훌륭하다는 것은 덕망이 있는 까닭이라고 합니다.

모세가 덕이 있다는 것은 무엇을 보아 알 수 있는가 하면, 광야에서 40년 동안 그 200만 군중을 지도한 것이 덕이 있는 증거입니다. 200만 대중은 조직도 별로 없을 뿐만 아니라, 광야에는 집도 의복도 양식도 물도 없고 병원이란 의료기관도 없었습니다. 그러나 모세가 황막한 광야에서 빈손 들고 사십 년 동안 그 백성을 지도했다는 것을 보면 그에게 덕이 있었던 것을 알 수 있습니다.

덕이라 함은 원만한 인격, 왕성한 책임감, 감정과 정서, 풍부한 인간미가 갖추어짐을 말합니다.

제정 러시아 때 한 신자가 추운 겨울밤에 골목을 돌아가는데, 거지 하나가 덜덜 떨면서 동전 한 푼 달라고 손을 내미니, 신자가 주머니를 뒤져 보니까 돈이 없어서 그 사람 손을 꼭 잡으면서 하는 말이 "오늘따라 나에게 돈이 없구려. 이거 참 미안합니다"라고 하였더니, 거지가 두 눈에서 눈물을 주루루 흘리면서 "내가 원했던 것은 돈 한 푼보다 이 따뜻한 손길인 사랑이었습니다"라고 말하며 눈물을 짓더랍니다. 사람은 인정이 오고 가야만 따라서 인격이 이루어지는 것입니다.

3. 영적인 권위

출애굽기 4:20을 보면, 모세는 하나님의 지팡이를 가진 사람이라고 했습니다. 출애굽기 17:11을 보니까, 아말렉과 더불어 싸울 때에 호렙 산에서 모세가 손을 들면 이스라엘이 이기고 손을 내리면 이스라엘이 졌습니다.

이것은 기도하면 승리하고 기도 안하면 망한다는 것을 의미합니다. 또 출애굽기 34:29-30에서 모세가 시내 산에 올라가서 사십일 금식기도하고 내려오는데, 은혜를 충만히 받아가지고 얼굴 빛이 어떻게 광채가 나던지 백성들이 보고 너무나 빛이 나니까 가까이 오기를 두려워했다고 하는 것을 보면, 과연 모세는 영적인 권위를 갖춘 사람입니다. 또 민수기 11:25에서는 모세는 어떻게 신의 권능을 충만히 받았던지 70인 장로를 감동시키며 저희들을 예언케 했다고 했습니다.

출애굽기 7:2에 볼 것 같으면, 하나님께서는 모세가 바로 왕 앞에 가서 섰을 때 신이 되게 하였다고 했습니다. 이래야 됩니다. 우리가 정거장에서 꾸역꾸역 쏟아져 나오는 많은 사람들 틈에 끼여 나와도 믿지 않는 사람과 구분이 될 수 있는 언행 심사를 갖추어야 할 것입니다.

마가복음 5:29에 보면, 예수님은 어떻게 능력이 많으시던지 예수님의 옷자락만 만져도 병이 나았다고 했으며, 사도행전 5:15에는 베드로의 그림자만

지나가도 병자가 나았다고 했고, 사도행전 19:12에 보면 바울 사도의 손수건만 병자에게 얹으면 환자가 일어났다는 것을 보면, 모두 다 영적인 권위를 가진 사람입니다.

오늘날 각계 각층의 권위가 땅에 떨어진 이때에 우리들도 이 모세와 같은 지적인 권위, 인격적인 권위, 영적인 권위를 얻어야 주님의 거룩한 사명을 힘차게 받을 수가 있을 것입니다.

"하나님의 나라는 말에 있지 아니하고 오직 능력에 있음이라"(고전 4:20).

7월
교육의 달

· 우리가 그에게 어떻게 행하리이까(사 13:8-14)
· 당신의 자녀는 하나님께 속하였는가(마 19:13-15)
· 전인교육과 기독교교육(눅 17:11-19)
· 의인의 자손들이여(시 37:25-26)

〈집필자 : 장자옥 목사〉
· 서울신학대학교 졸업
· 조선대학교 대학원 국어국문학과 졸업
· 연세대학교 연합신학대학원 졸업
· 미국 트리니티 신학대학 목회학 박사
· 현재 기성목회 신학연구원 객원 교수
· 현) 기성목회 신학연구원 객원교수
· 현) 간석제일성결교회 담임목사

우리가 그에게 어떻게 행하리이까?
(사 13:8-14)

뉴욕의 발레 무대에 혜성과 같이 나타났던 월터 비셀이란 20세 청년이 아파트에서 시체로 발견되었습니다. 사인은 마약의 과도 사용이었습니다. 스무 살 밖에 안 되는 앞길 창창한 청년이 무엇 때문에 약물을 의지하고 있었을까요?

그 사연은, 그의 어머니 페트리시아만 알고 있었습니다. 월터의 성장 과정을 살펴보면, 그의 가정은 가난하기 짝이 없었습니다. 이미 세 아이를 둔 그의 어머니는 원치 않는 임신을 하게 되었는데, 뜻밖에 쌍둥이를 낳게 되었습니다. 늘 긴장 속에서 일에 시달려야 했던 그의 어머니는 월터를 구박했습니다. 속상할 때마다 매질을 자주하고, 애정으로 돌보아 주지 않았습니다.

월터의 어머니는 교회학교 교사와 성가대원으로 봉사하는 집사였습니다. 그러나 그녀는 성령을 받지 못했으며, 자신의 감정을 전혀 조절하지 못하는 신경질적인 여자였습니다.

직장생활에 바쁘다는 핑계로 아이들을 늘 팽개쳐 놓았습니다. 그런 상태로 세월은 흘렀습니다. 월터의 얼굴에는 늘 수심이 가득찼고, 그의 성장은 불행의 연속이었습니다.

이렇게 자란 월터는 천재적인 발레 솜씨로 뉴욕 발레계에서 크게 성공했습니다. 그러나 그의 성격은 괴팍했으며, 약물 사용 횟수도 점점 늘어났습니다. 월터는 불행한 환경을 딛고 성공을 거두었으나, 성공과 갈채의 정상에 설수록 약물 없이는 한시도 살 수 없게 되었습니다. 월터가 죽은 후 책상에서 메모가 발견되었습니다.

"나는 약물로 파괴되고 있다. 그러나 어쩔 수 없다. 약 없이 살 수 없다. 내 머리는 원치 않는 일만을 명령한다. 나도 모르겠다. 될 대로 되어라."

어머니 페트리시아는 이것이 4대째의 불행이라고 했습니다. 그녀는 어머니가 죽은 뒤로 할머니와 살았는데, 할머니는 무섭게 매질을 자주 했으며, 아버지마저 술 주정을 하며 행패를 부렸습니다. 할머니와 아버지께 매질을 당한 월터의 어머니는 자신의 아들도 매질을 하면서 키웠고, 결국 천재적인 무용가 월터를 죽음으로 몰아간 것입니다.

여기서 우리는 "문제아가 따로 있는 것이 아니다. 다만, 문제 부모가 있을 뿐이다. 문제아에게는 반드시 문제 가정이 있다" 라는 말을 실감하게 됩니다.

교육학자 테일러 박사에 의하면, 아이에게 미치는 영향의 92%가 부모로부터 오고, 나머지는 그밖의 것에서부터 온다고 합니다.

교육 심리학자 하디웨이 박사는 "부모가 할 수 있는 최선은 자녀들이 바람직하게 성장할 수 있도록 격려하고 좋은 환경을 만들어 주는 일 뿐이다" 라고 말하면서, 무엇보다 밝고 즐거운 분위기가 필요하다고 했습니다.

불행했던 천재 월터는 처음부터 이러한 가정의 혜택이 전혀 없었던 것입니다. 대대로 매질만 일삼는 가정, 그것은 공포의 소굴일 뿐이었습니다. 월터가 불행한 환경 속에서 발레로 성공할 수 있었던 것은 타고난 천재성 때문이기도 하겠지만 공포로부터 벗어나려는 발버둥의 결과였다고 생각됩니다.

발레를 해야 가정에서 벗어나는 시간이 많고, 출세를 해야 돈을 벌 것이며, 그래야 가정으로부터 영원히 벗어날 수 있다고 믿었기 때문에 그는 발레를 좋아하지 않을 수 없었던 것입니다. 불행하게 자란 그는 출세하고 성공했어도 불행했던 기억을 떨치지 못하고 마약에 사로잡혔습니다.

대학 진학과 사회 진출이라는 선택의 기로에서 청소년들이 방황할 터인데, 자녀들에게 부모의 입장만 내세워 몰아붙이지 말고 부모에게 문제가 없는지 자신들을 돌아보는 지혜가 있어야 하겠습니다.

월터의 어머니 페트리시아에 대해 생각해 보겠습니다.

페트리시아에게서 교인들의 위선을 보게 됩니다. 교회에서는 교사로서, 성가대원으로서 남들 앞에서는 천사였습니다. 그러나 가정에서는 신경질적이고,

스트레스를 매질로 다스리는 이중성을 가진 여자였습니다.

일찍이 전도자 바울은 "내가 원하는 선은 행하지 못하고 원치 않는 악을 행하게 되는가. 내 속에는 선을 원하면서도 악을 향해 가는 세력이 있도다. 오호라 나는 곤고한 사람이로다. 누가 이 죽음보다 더한 이중성에서 나를 건져 줄 것인가" 라고 탄식했습니다.

물론 그리스도인이 되었다고 해서 순간에 천사가 되라는 법은 없습니다. 우리는 은혜 받고 성령 충만해도 천사같이 완전한 인간이 될 수는 없습니다. 그러나 적어도 우리가 양심적인 그리스도인이라면 월터의 어머니 같은 이중성을 극복하기 위해 마땅히 금식하고, 회개하고, 기도해야 할 줄로 믿습니다.

페트리시아의 내력 있는 매질의 야만성을 봅니다.

가정 내 폭력의 야만성은 언제나 강자인 어른이 무방비 상태의 어린이에게 휘두른다는 점에 있습니다. 그것도 교육이라는 미명하에 상습적으로 자행되고 있습니다.

아무리 미화한다고 해도 자녀에게 행하는 매질에는 야릇한 감정 폭발이 다분히 섞여 있습니다. 세상에서 짓눌리고 푸대접받고 돈도 못 벌어오는 부모들이 훨씬 매질을 즐겨 자행하는 것을 보게 됩니다.

보호와 사랑을 받아야 할 권리밖에 없는 무방비 상태의 어린이들에게 단지 양육의 권리가 있다는 이유로 매질을 일삼는 것은 정신병적이고 야만적인 악행입니다.

그래서 미국 같은 나라에서는 아이를 보고 귀엽다고 머리를 쓰다듬는 일로 아동 학대죄에 걸리고, 남자아이의 고추를 만지면 아동 추행죄에 걸린다고 합니다.

그녀의 집안에서 비밀스럽게 자행되던 매질, 그 악은 대대로 악습을 낳고 가문의 고질이 되었으며, 결국 한 청년의 비극적 죽음으로 표출되고 말았습니다.

패륜과 도박과 알콜중독과 매질의 부전자전은 마땅히 끊어야 합니다. "죽는 한이 있어도 아버지처럼 바람 피우지 않겠다. 손을 자르는 한이 있어도 도박을 하지 않겠다"면서도 그러지 못하는 경우가 많습니다.

모두 부모가 뿌린 대로 자식이 거두는 것 같습니다. 콩 심었으니 콩이 납니다. 술을 심었으니 자식도 술을 거두는 것이 당연하고, 도박을 심었으니 자식도 도박에 미치게 됩니다. 별로 납득이 안 가겠지만, 알코올 중독자의 딸이 알코올 중독자의 남편을 만나기 쉽다는 말도 있습니다.

자신들의 야망에 불타는 허영 때문에 자녀들을 들볶는 부모들이 있습니다. 현재 우리 나라에는 해마다 가출 청소년이 10만 명에 이르고, 끝없는 스트레스에 시달리다 꿈을 피워 보지도 못하고 시들어 가는 청소년들이 얼마나 많은지 모릅니다.

생활이나 사업, 직장 탓만 하지 말고 자녀에게 깊은 애정과 관심을 갖고 대화를 하기 바랍니다. "우리가 내 자녀에게 어떻게 행해야 할지 지혜를 주시옵소서" 하고 기도하는 부모님이 되시기 바랍니다.

당신의 자녀는 누구에게 속하였는가?

(마 19:13-15)

고대 그리스의 도시 국가였던 스파르타에서 출생한 남자아이들은 태어나자 마자 부모에게 속한 것이 아니라 철저하게 국가의 재산으로 등록되었습니다.

국가의 재산인 사내아이는 일곱 살이 되면 누구나 의무적으로 국가에서 경영하는 기숙사에 들어가게 됩니다. 그 기숙사는 곧 군인훈련소였습니다.

무섭도록 강한 훈련, 통제, 학과공부가 서른 살이 될 때까지 진행되었습니다. 숨돌릴 사이 없이 고되게 계속되는 스파르타 교육에는 두 가지 목적이 베어 있었습니다.

첫째로 스파르타 교육은 철저하게 적을 물리쳐 이기는 군사적 승리에 그 목적이 있었습니다. 그것은 마치 벌떼 같았습니다. 죽도록 일하고 싸우는 모습이 흡사 여왕벌을 위한 일벌의 모습이었다는 것입니다. 스파르타의 젊은이들은 왕의 승리와 영광을 위해 생명을 바쳤습니다.

둘째로 스파르타 교육은 군인들을 통하여 노예를 철저하게 통제하고 그들을 완벽하게 지배하려 했습니다. 스파르타 지배층은 자신들의 수보다 몇십 배나 많은 노예들을 부렸습니다. 스파르타 군인들은 노예들이 잠자는 밤에 불시에 뛰어들어가서 건장한 자를 모조리 죽였습니다. 건장한 노예들이 언제 어디서 폭동을 일으킬까 두려웠기 때문이었습니다. 이렇게 비민주적이고 비인도적인 것이 스파르타 교육의 목적이었습니다.

스파르타의 가정에서는 아이가 태어나면 그 아버지는 아이를 이리저리 조사한 후 허약한 아이는 물건처럼 길거리에 내다버렸습니다. 그러면 거지 두목들이 그 어린아이들을 주워 길러서 노예로 팔고 투우사로 팔고 또 창녀로 팔 았습니다.

결국 그렇게 막강하던 스파르타도 얼마 못가서 망했습니다. 스파르타가 목 표로 삼은 육체의 힘을 위한 교육, 즉 고된 훈련, 복종, 용기를 통해 강한 육 체와 뛰어난 정신력을 길렀다고 하지만, 인격을 전쟁의 수단으로 보았기 때문 에 그 교육은 스파르타를 살리지 못했습니다.

그러나 수천 년 동안 압제를 당하고 몰살당하면서도 민족적 주체성을 가지 고 끈질기게 생존해 오는 종족이 있습니다. 나약하고 힘없이 살아온 이 작은 민족은 지금 세계 무대를 휩쓸고 있습니다. 바로 유대민족입니다. 스파르타인 처럼 유대인의 생존 비밀도 바로 그들의 교육에 있습니다.

유대인들의 교육은 스파르타의 조직적이고 강압적인 교육에 비하면 너무 엉성합니다. 가정에서는 아버지가 가르치고 그룹으로는 랍비들이 가르치는 종 교적인 교육과 훈련입니다.

유명한 성서학자 윌리엄 바클레이는 스파르타 교육과 유대인 교육 사이에 는 두 가지 결정적인 차이가 있다고 말합니다.

첫째로 스파르타 교육은 미처 자라지도 않은 어린이들을 국가에서 끌어다 가 기숙사에서 훈련시키므로 성장 과정에서 따뜻하게 받아야 할 부모님의 사 랑을 모두 빼앗아 버렸습니다. 스파르타 사람은 오직 자식들의 육체적 힘만 키웠지 그 힘을 올바르게 사용할 수 있는 지혜와 사랑을 망각했습니다.

가정이라는 터전은 하찮은 인간공동체 같으나 그곳에는 생명이 서로 교차 되는 끈끈한 정이 있는데, 스파르타 교육은 그것을 모두 빼앗아 버렸습니다.

그러나 유대인은 밤낮 외국 침략에 지쳐 쓰러지면서도 가정만은 철저하게 지켰습니다. 가정에서 부모는 자녀들에게 하나님의 율법을 가르치는 의무를 철저하게 이행했습니다.

유대인의 아버지는 고기를 잡아다 주기보다는 고기 잡는 법을 가르쳐 주며, 삶을 어떻게 꾸려나가야 하는지 가르쳐 주었습니다. 스파르타는 가정을 부정 하고 국가를 선택하도록 교육했지만, 유대인은 예루살렘은 빼앗겨도 가정만은 포기하지 않았습니다.

둘째로 스파르타 교육은 지배와 살상을 목적으로 하는 잔인한 것으로서, 인간성과 이웃 사랑을 부정하는 행위였습니다. 그러나 유대인의 교육은 하나님의 길을 따르고 이웃과 평화를 누리고 살아가도록 하는 것이었습니다.

결국 한 마디로 말하면 스파르타와 유대인 사이에는 '어린이를 보는 눈'이 달랐다는 것입니다.

그런데 바벨론 포로에서 돌아온 유대인들은 유대주의를 내세우면서 율법이 자신들을 위한 하나님의 선물이 아니라 다른 사람을 심판하는 법전이라고 잘못 생각했습니다. 그들은 외국에서 그들의 일그러진 이방인 가정을 들여다보면서 자신들의 가정만이 유일하게 하나님으로부터 선택된 가정이라는 배타적 우월감으로 부풀었습니다.

이러한 현상은 예수님이 나이 열두 살 때 예루살렘에 올라가셨다 내려오던 길에서 볼 수 있습니다. 성전 예식을 모두 마치고 하룻길을 내려오다가 예수님이 보이지 않자 야단이 났습니다. 심장이 뛰고 정신이 아찔한 가운데서 이틀이 지난 뒤에야 성전에서 예수님을 찾았습니다. 이때 마리아는 적이 안심하면서도 이렇게 말했습니다.

"어찌하여 우리에게 이렇게 하느냐? 보라, 네 아버지와 내가 얼마나 근심하며 너를 찾았는지 아느냐?"

마리아에게 비친 아이 예수님은 가정에 충실한 아이, 아버지 어머니께 소속한 아이여야 했습니다. 여기에서 마리아의 사랑이 넘치는 것 같으나 마리아의 어린이에 대한 일그러진 시각을 볼 수 있습니다.

물론 예수님은 그 길로 고향에 내려와 부모에게 순종했습니다. 그러나 마리아의 추궁하는 듯한 말에 대해 예수님께서 대답하신 말씀에 유의해야 합니다.

"어찌하여 나를 찾으셨나이까? 내가 내 아버지 집에 있어야 될 줄 알지 못하셨나이까?"

어머니의 애정어린 간청을 마치 부정하는 대답 같은 이 말씀, "나는 내 아버지 집에 있어야 합니다." 여기에서 스파르타 교육과 유대인들이 해결하지 못했던 새로운 차원, 새로운 세계를 볼 수 있습니다.

잘 보십시오. 예수님의 어린이 선언에 나타난 기본 정신은 "어린이는 국가나 한 가정에 속해 살지만, 그보다 더 근본적으로는 하나님께 속한 존재이다"라는 말씀입니다.

물론 모든 어린이는 부모에 의해 세상에 나와 양육되며 국가에 의해 보호를 받아야 하지만, 그보다 더 근본적으로 "모든 어린이는 하나님께 속한 하나님의 자녀이다. 모든 어린이는 말씀과 사랑과 은혜에 속해 있다"라는 새로운 통찰로 대해야 한다는 말씀입니다.

"내가 내 아버지 집에 있어야 될 줄 어찌하여 알지 못하셨나이까?" 어린 예수님의 이 선언은 결코 어린이가 국가의 재산이 아니라는 것입니다. 여기에서 개성 존중과 인격 존중이 우선되어야 할 이유를 발견하게 됩니다.

예수님은 국가든 가정이든, 어떤 부모라 할지라도 그들은 단지 하나님께 속한 어린이를 가르치고 양육하도록 엄숙하게 위탁받았다고 말씀하시는 것입니다.

최근 한 가정의 친아버지와 계모 사이에서 빚어진 살인적인 자녀학대 현장이 고발되어 사회에 충격을 주었습니다. 부모라기보다는 살인마들이라고 할 수 있는 이들은 전처의 남매를 담뱃불로 지지고, 각목으로 때리고, 쇠사슬로 찍고, 심지어 다리미로 등을 지지고, 며칠씩 밥도 먹이지 않는 등, 일제 때 일본사람들이나 하는 짓을 자행했습니다. 그리하여 보람이는 죽여 화단에 묻고 아들까지 그렇게 죽여 없애려 하다가 들통이 난 것이었습니다.

아동학대의 경우 첫째, 자녀 자체가 그 원인이 되는 경우는 10%도 안 되고, 90% 이상이 부모들의 일방적인 폭력에 의해 이루어지고 있다고 합니다. 술은 어디서나 재앙의 원인이 됩니다. 전문가에 의하면 아동학대가 일어나는 세 가지 원인 중 가장 많은 비율을 차지하는 것이 술이라고 합니다. 술이 그 가정을 지배하면 대부분 파탄이 납니다.

둘째, 가정 불화가 원인입니다. 이혼이나 부부간의 불화로 아동이 방치되고, 정서적으로 흔들리는 아이들이 밖으로 나돌거나, 고집 센 아이로 변하고, 반항아가 됩니다. 이때 부모들은 방어능력이 전혀 없는 어린이들을 무자비하게 때립니다.

셋째, 경제적으로 어려워질 때 심리적으로 어린이를 학대하기 시작한다고 합니다.

오늘 모든 부모님들이여! 여러분의 아이들은 여러분의 소유가 아니라 하나님의 자녀라는 것입니다. 하나님께서 양육을 위임하신 자녀들을 하나님의 자녀로 잘 영육하는 부모들이 되어야 하겠습니다.

전인교육과 기독교교육
(눅 17:11-19)

"현대 교육의 어려움은 아이들이 모두 철학박사가 되어 버린데 있다. 그들이 모두 Ph. D.(Philosophy Doctor) 학위를 가지고 있으니 무슨 소리를 들려주어야 하는가" 라는 말이 있습니다. 너무 심한 유머 같지만, 현대교육의 어려움, 그 정곡을 찌른 이야기가 아닐 수 없습니다.

본문에 보면 예수께서 한 촌에 들어가셨습니다. 한 촌은 오늘날 지구촌을 의미합니다. 지구는 이제 비밀이나 간격이 없는 한 촌과 같이 되어버렸습니다. 여기 열 문둥병자는 육신적, 도덕적, 정신적, 윤리적, 정서적, 종교적, 영적으로 깊이 병든 모든 인간의 표상입니다.

오늘날의 교육은 이것이냐 저것이냐 하는 선다형 문제를 보고 잘 골라잡는 인간을 만들어 내고 있습니다. 그러나 교육의 목적은 전인 육성에 있으며, 기독교 교육의 목적 역시 전인 구원에 있습니다. 그러면 전인 구원을 얻도록 하는 기독교 교육의 방법론은 무엇입니까? 어떻게 교육해야 할 것인가에 대해 본문을 중심으로 살펴보겠습니다.

1. 믿음의 사람으로 교육해야 합니다.

나병환자 열 명이 예수를 만났습니다. 거리가 약 45미터나 떨어져 있었는데, "예수 선생님이여 우리를 긍휼히 여기소서" 라고 소리쳤습니다. 저들은 예수께서 자기들을 불쌍히 여기시기만 하면 병이 나을 수 있다고 믿었습니다.

주님께서 가장 문제시한 것은 우리의 믿음입니다.

히브리 사람들에게는 하나님이 계시냐 안 계시냐 이런 문제가 있을 수 없습니다. 그들에게 있어서 하나님은 육신의 아버지처럼 당연히 계시는 분입니다. 그들에게는 하나님이 왜 나를 보내셨나, 하나님이 나를 어떻게 사랑하느냐만이 문제입니다. 그런데 우리 앞에는 어떻게 하나님이 계신 것을 증명할 것인가 하는 신의 존재 증명이라는 본질적인 작업이 가로놓여 있습니다. 그래서 우리에게는 더더욱 믿음이 필요합니다.

"믿음이 없이는 기쁘시게 못하나니 하나님께 나아가는 자는 반드시 그가 계신 것과 또한 그가 자기를 찾는 자들에게 상주시는 이심을 믿어야 할지니라"(히 11:6).

인간관계에 있어서도 불신은 커뮤니케이션의 단절을 가져옵니다. 공자에게 국가에 있어서 필요한 것이 무엇인가를 물었을 때, 그는 '병(兵), 경(經), 신(信)'이라 대답했습니다. 그중에 하나를 뺀다면 병이라 했고, 또 하나를 뺀다면 경이라 했습니다. 공자가 가장 중요하게 생각한 것은 군대나 경제보다는 상호 믿음이었습니다.

사실 믿지 못하는 군대라면 어찌 보낼 수 있습니까? 믿음이 없는 군대이니까 회군(回軍)이 쉽고 쿠데타가 일반화 되었을지 모릅니다. 또 믿음이 없이 사고 팔면 어떻게 진정한 거래 질서가 확립되겠습니까?

초대 교회에 훌륭한 제자들이 있었는데, 그 중에서도 바나바와 스데반에 대해 성경은 "바나바는 착한 사람이요 성령과 믿음이 충만한 자라"(행 11:24) 했고, 스데반에 대해서는 "믿음과 성령이 충만한 사람"(행 6:5)이라고 각각 칭찬하고 있습니다.

믿음은 삶의 기초입니다. 믿음은 인생의 주춧돌입니다.

2. 협력할 줄 아는 사람으로 교육해야 합니다.

본문 12-13절에 보면 비록 이들은 육신적으로는 불리했으나 마음을 같이하고 입을 모아 "우리를 긍휼히 여겨 주소서!" 하고 구원을 요청했습니다. 이것이 협력의 증거였습니다.

사실 유대사회에서 나병환자는 사회에서 뿐 아니라 종교계율이 용서하지 않음으로 가족과 친척에게도 버림받아 고독할 수밖에 없는 것입니다. 거기에 다 '하늘이 내린 가장 험한 벌을 받았다'는 생각이 그 영혼을 더욱 철저하게 소외시켰습니다.

그러나 그 병자들은 달랐습니다. 그들이 건강했을 때에는 "나는 유대인, 너는 사마리아인" 하면서 서로 싫어했을 것인데, 이제는 달랐습니다. 그들은 철저하게 운명공동체를 이루고 지냈습니다.

후진 사회일수록 리더십이 돋보이게 마련입니다. 그러나 멤버십의 뒷받침이 없는 지도자는 절대로 빛을 보지 못하는 법입니다.

협력(協力)이라는 한자는 세 사람의 크리스천이 앞에 있는 십자가를 있는 힘을 합해서 밀며 가고 있는 것이라고 풀이할 수 있습니다.

교회의 모델이 되는 초대교회는 협력이 가장 잘 된 집단이었습니다. 한 집단을 이룸에 있어서 그리스도인은 마땅히 한 알의 밀알처럼 희생하고 협력해야 합니다. 그렇지 않을 때 그 사람은 이기주의자로 낙인이 찍히며 전체 크리스천에게 욕을 돌리게 합니다. 건전한 그리스도인이라면 하나님의 영광과 이웃과 사회의 행복을 위하여 기꺼이 협력할 줄 아는 마음을 소유해야 합니다.

3. 기도하는 사람으로 교육해야 합니다.

당시 유대에 문둥병자들이 어찌 그들뿐이었겠습니까? 병든 사람 치고 불쌍하지 않은 사람이 어디 있겠습니까? 더구나 문둥병자는 그 참상이 얼마나 더 했겠습니까? 그러나 그렇다고 예수님이 온 나라 모든 병자를 고쳐 주려고 밤낮 없이 다닌 것은 아니었습니다.

문둥병자가 불쌍한 것은 사실이었습니다. 그러나 그들이 은혜를 입은 것은 불쌍했기 때문이 아니라 예수님께 부르짖었기 때문이라는 사실을 잊어서는 안 됩니다.

"너희는 여호와를 만날 만한 때에 찾으라 가까이 계실 때에 그를 부르라 그리하면 그가 긍휼히 여기시리라"(사 55:6-7).

기도란 인간이 자신을 발견했을 때 우러나오는 순수한 행위입니다. 교만한 사람이나 하나님을 부정하는 사람, 그리고 망하기로 작정한 사람은 절대로 기도하는 법이 없습니다. 그러므로 누가 기도했다는 것은 인간 본연의 자세로 돌아왔다는 것을 말합니다. 옷깃을 여미고 기도한다는 것은 그 자신을 위해 얼마나 다행한 일입니까?

그런데 그리스도인들 가운데는 이 기도의 특권을 향유하지 못하는 사람이 있습니다. 기도는 영적 호흡입니다. 그러므로 기도하지 않으면 기도가 막혀 버립니다. 그래서 기도를 쉬면 그 영혼도 죽는 것입니다. "기도하지 않으면 그 영이 죽는다. 영이 죽은 성도는 결국 타락한다. 타락하는 것은 큰 죄이다" 라는 말이 있습니다. 그러므로 사무엘 선지자의 말씀처럼 기도 쉬는 것도 큰 죄가 되는 줄 믿습니다.

인간을 둘러싼 상황은 언제나 가변적입니다. 그래서 바울과 바나바는 루스드라에서 쓰스 신과 허메 신이라며 경배를 받을 뻔하기도 했고(행 14장), 빌립보에서는 아무런 죄 없이 무수히 매를 맞고 감옥에 갇히기도 했습니다.

그렇기 때문에 상황을 변화시킬 수 있는 하나님의 능력을 힘입기 위해 기도하는 신령한 사람이 되어야 합니다.

스코틀랜드를 구교 국가로 만들고 영국마저 구교 국가로 만들려고 했던 메리 여왕은 존 녹스가 무릎을 꿇고 기도하는 것을 몇 개의 군단보다 더 위협적으로 느꼈다고 합니다. 가느다란 체구의 간디가 다리를 꼬고 기도하면 영국이 떨고 전 인도가 따랐고 움직였습니다. 민족의 선각자 남강 이승훈, 고당 조만식 선생은 달리 어떤 힘이 있어서가 아니라 기도의 힘, 그 보이지 않는 영권으로써 민족의 마음을 휘어잡을 수 있었던 사실을 잊어서는 안될 것입니다.

바울의 빌립보 감옥은 절망의 벽이었습니다.

"자, 로마의 시민권으로 나갈까, 유창한 언변으로 설명해서 나갈까?"

그러나 착고는 벗겨지지 않고 철문도 끄덕 없습니다. 문제는 착고와 옥문은 바울과 실라가 기도하고 찬송할 때 열렸던 것을 믿으시기 바랍니다.

오늘날 알 것 다 아는 짖궂은 아이들의 마음의 문이 신나는 율동으로 열린다고 생각합니까, 심한 꾸중으로 열린다고 생각합니까? 아닙니다. 우리 교사들의 뜨거운 기도만이 저 아이들의 녹슨 마음 문과 거칠어진 영혼의 대문을 활짝 열 수 있습니다. 마음이 안 열렸을 때 아무리 가르쳐 보았자 "소 귀에

경 읽기"입니다. 기도만이 사람의 마음을 여는 신비한 만능키인 줄 믿으시기 바랍니다.

4. 말씀의 사람으로 교육해야 합니다.

말씀에 굳게 서는 사람, 말씀을 절대적으로 의지하는 사람, 말씀으로 무장된 사람으로 양육하시기 바랍니다. 사람들 특히 신령한 세계에 산다는 성도들도 말씀보다 감정이나 자기 선입관에 사로잡혀 있기 일쑤입니다.

"말씀은 기초적으로 깔았으니 이젠 뭔가 희한한 것을 보여 주소서" 하는 유혹에 넘어가기 쉽습니다. 그래서 아람왕국의 군대장관 나아만도 엘리사를 찾아갔을 때, "나는 저가 나에게 나와 절하면서 자기 하나님께 기도한 후에 내 문둥병 상처 위에 손을 흔들어 병을 고칠 줄로 알았도다"(왕하 5:11)라고 말했습니다.

사실 본문에 열 명의 문둥병자들이 예수님께 고쳐 달라고 간절히 애원했지만, 그들 가운데는 예수님이 달려와서 그 머리에 손을 얹고 '나을 줄 믿나이다' 하고 안수할 것으로 기대했는지 모릅니다. 그런데 정작 예수님은 저들에게 "가서 제사장들에게 너희 몸을 보이라"는 말씀만 하셨을 뿐입니다. 가서 보이라고 했습니다. '깨끗이 나으리라'가 아닙니다. '분명히 나을 것이다'가 아닙니다. 어떻게 보면 말씀이란 이렇게 단순한 것입니다. 그런데 예수님께서는 마르다를 향해 "내 말을 네가 믿으면 하나님의 영광을 보리라"(요 11:40)고 하셨습니다.

그 문둥병자들은 예수님의 의향대로 그 주신 말씀을 믿었고, 따라서 자신의 병 고침 받음을 통해 하나님의 영광을 보았습니다.

5. 행동(순종)의 사람으로 교육해야 합니다.

그들은 예수께서 "가서 제사장들에게 너희 몸을 보이라" 명할 때 '가다가'(진행형) 깨끗함을 받았습니다(14절).

구원은 믿음으로 순간에 받습니다. 그러나 물질적이고 육신적인 외적 복은 순종함으로 받습니다. 그리고 하늘나라에서 받는 상급은 피 흘리고 땀흘리는 충성을 해야 받게 되어 있습니다.

파우스트 박사는 책 속에 묻혀 이론만 외칠 때 악마에게 속아서 쾌락의 노예로 전락되었지만, 후에는 깨닫고 실천하는 행동가로 변신합니다. 우리는 우리의 제자들을 돈키호테처럼 충동적 인간으로 만들어서도 안되지만, 파리하고 우유부단한 햄릿으로 만들어서도 안됩니다.

"이러므로 사람이 선을 행할 줄 알고도 행치 아니하면 죄니라"(약 4:17).

의를 위해서 제물로써 결단하고 주를 위해 헌신으로 결단하고 주의 뜻을 이루기 위해 기꺼이 순종할 줄 아는 사람으로 길러야겠습니다.

6. 감사할 줄 아는 사람으로 교육해야 합니다.

감사란 은혜와 사랑에 대한 인간의 긍정적인 응답 행위입니다. 그런데 일반적으로 행복한 자녀들은 부모의 은혜에 감사할 줄 모릅니다. 생활면에서 다른 신자보다 물질의 복을 많이 받은 신자들이 대개 감사할 줄을 모릅니다. 이것은 다른 데 이유가 있는 것이 아니고 영적으로 깊은 은혜를 깨닫지 못했기 때문입니다.

두 딸과 두 사위에게 철저하게 배신을 당한 늙은 리어 왕은 "배은망덕한 자녀를 갖기보다는 독사에게 물리는 편이 훨씬 낫도다. 불어라 불어라, 겨울 바람아. 은혜를 모르는 인간에 비하면 너는 그렇게 차갑지가 않구나" 라고 했습니다.

이어령 교수는 "감사하는 마음, 그것은 자기 아닌 다른 사람에게 보내는 감정이 아니라 자기 자신의 평화를 위해서이다. 감사, 그것은 벽에다 던지는 공처럼 언제나 자기 자신에게로 돌아온다" 라고 했는데, 그것은 진실입니다.

우리가 하나님께 감사드려야 영적 열등감이 사라지고 내 마음에 영적 평화가 오고, 또 담대한 신앙인이 되게 합니다. 그런데 본문 15절에 보면 열 명 중에 오직 사마리아인 한 사람만 예수님께 돌아와 감사드렸다고 했습니다.

은혜 받고 감사를 모르는 신자는 오늘날에도 있습니다. 그러나 감사할 줄 아는 신자가 진정으로 구원받은 사람입니다.

　기독교 교육의 목표는 이처럼 여섯 단계를 거쳐서 완성됩니다. 말씀을 통해 은혜 받았으면 이제 우리들의 아이들도 예수 그리스도의 완전한 제자가 되게 합시다.

의인의 자손들이여
(시 37:25-26)

　선교 2세기를 맞이한 한국 기독교회사에 많은 순교자가 있지만, 그 중에서 가장 대표적인 두 분이 있습니다. 한 분은 일제하에서 신사참배를 끝까지 반대하다 감옥에서 순교한 주기철 목사님이고, 또 한 분은 신사참배를 반대하다 해방되기까지 6년의 옥고를 치르고, 한국 전쟁 때는 자신의 제단을 끝까지 지키다 공산당의 총탄에 맞아 순교한 손양원 목사님입니다.

　저는 두 분의 순교자와 그 자손들에 관한 책을 읽으면서 밀물처럼 밀려오는 감동을 얼마나 많이 받았는지 모릅니다. 메말랐던 내 눈가에 왜 그리 눈물이 흘러내리는지, 저는 의인들의 고통과 순교와 자손들의 행적을 읽으면서 의인의 자손은 결코 버림받지 않고 복을 받는다는 사실을 확인할 수 있었습니다.

　'저 높은 곳을 향하여'의 주인공 주기철 목사님은 1897년 경남 창원에서 출생하여 고향에서 보통학교를 마치고, 평안북도 정주 오산학교를 졸업했습니다. 오산학교는 조만식 장로님과 이승훈 장로님께서 지도하는 애국애족 정신을 고취시키는 명문 학교였습니다.

　그는 연희전문 상과에 입학했으나 어렸을적 앓았던 눈병이 심해져 휴학을 하고 낙향했습니다. 그는 3.1운동에 참여해 3개월간 옥살이를 하고, 또 깡패 출신 부흥사였던 김익두 목사님의 부흥집회에 참석하여 큰 은혜를 받고, 1921년 스물넷에 평양신학교에 입학했습니다. 스물 아홉에 부산 초량교회에서 목회를 시작했고, 마산 문창교회를 거쳐 40세가 되던 1936년 여름 평양

산정현교회로 가게 되었습니다. 산정현교회는 오산학교 스승이었던 조만식 장로님께서 계신 유명한 교회였는데, 조만식 장로님은 제자였던 주기철 목사님을 당회장으로 모셔갔던 것입니다.

그때는 일제가 신사참배를 노골적으로 강요하며 교회를 무섭게 박해하던 때였습니다. 이런 때 주기철 목사가 평양에서 할 일은 하나밖에 없었습니다. 그것은 십계명의 "우상을 숭배하지 말라"는 말씀을 고수하면서 순수하고 빛나는 순교신앙을 다음 세대에 물려주는 것이었습니다.

그가 신사참배 항거운동으로 인해 첫 번째로 일경에 체포된 것은 1938년 2월 새 예배당 헌당식 날이었습니다. 부임하자마자 새 성전을 짓기 시작해 1년 반 만에 헌당식을 하는 감격의 순간에 사단은 질투의 수갑을 주 목사에게 던진 것입니다. 그때부터 1944년 4월 평양형무소에서 순교하기까지 다섯 번 수감되었고, 6년간에 걸쳐 옥고를 겪었습니다.

일본 경찰은 은밀하게 다가와 "신사참배를 당신만은 안 해도 좋다. 다만 다른 사람에게 그것이 죄라고 선동하지 말고 가만히 있기만 한다면 당신은 가족과 더불어 평안히 살 수 있다"는 등의 감언이설로 회유하거나 네 번에 걸친 잠시 동안의 출감으로 유혹했습니다. 그러나 진리의 파수꾼으로서 불의에 항거하는 믿음의 용사는 침묵할 수도 물러날 수도 없었습니다.

"우리 주님은 나 위해 십자가 고초 당하시고 피 흘려 죽으셨는데 나 어찌 죽음이 무섭다고 주님을 모른체 하오리까. 오직 일사 각오가 있을 뿐입니다. 순교자는 초인이 아닙니다. 다만 주님이 우리를 대속하여 십자가를 지셨다는 그 사랑에 대한 감사와 감격에서 한 발자국도 벗어나지 못하는 약한 인간일 뿐입니다. 소나무는 죽기 전에 찍어야 시퍼렇고, 백합화는 시들기 전에 떨어져야 향기롭습니다. 이 몸도 시들기 전에 주님 제단에 드려지기를 바랄 뿐입니다."

이것이 주 목사님의 마지막 설교였습니다. 그 설교는 "다섯 가지 나의 기원"이란 제목이었는데, "① 죽음의 권세를 이기게 하옵소서 ② 장기간의 고난을 이기게 하옵소서 ③ 노모와 처자를 오직 주님께 부탁합니다 ④ 의에 살고 의에 죽게 하옵소서 ⑤ 내 영혼을 주님께 부탁합니다" 하는 내용입니다.

이미 순교를 각오한 주 목사의 감동 어린 설교로 교회는 울음바다가 되었고, 이 고난의 길이 주님께서 영광의 면류관으로 인도하시는 길임을 믿는 그는 담대하고 꿋꿋하게 오히려 모든 교우들에게 믿음과 용기를 더해 주었습니다. 그러나 오직 한 가지, 당신의 노모와 어린 자식이 걸림돌이 되었습니다. 그는 "여러분, 사람이 제 몸의 고통은 견딜 수 있으나 부모와 처자를 생각하면 철석같은 마음도 깨지는 경우가 허다합니다. 어린 자식의 우는 소리에 순교의 길에서 돌아서는 자 또한 허다합니다" 라고 했습니다. 주 목사 순교의 뒤안길에는 이러한 인정의 애환이 잔잔하게 깔려 있었습니다.

일제에 의해 마지막 다섯 번째로 연행되어 갈 때도 주 목사는 노모에게 큰 절을 하며 이렇게 말씀드렸습니다.

"어머니, 하나님께 어머니를 부탁했습니다." 그리고 잠시 소리내어 기도하셨습니다.

"하나님, 불효한 이 자식은 어머님을 봉양치 못합니다. 내 어머님을 주님께 부탁하옵고 이 몸은 주님의 발자취를 따라가겠나이다."

그 동안 갖은 고문으로 몸은 찢기고 손톱 발톱이 빠지고 기절하기를 수십 번, 배고픔과 추위가 육신의 고통을 더하여 죽음의 고비를 하루에도 몇 번을 넘겨야 했습니다. 그 외에 정신적으로 당하는 외로움과 자신이 언제까지 이 싸움에서 버틸 수 있는지에 대한 불안 속에서도 그는 오직 '하나님 아버지'에게만 매달리면서 가시밭길을 걸어갔습니다.

이러는 가운데서도 주 목사님의 감방에서는 찬송이 그치지 않았습니다. 오히려 찬송이 울려나오지 않는 날이면 옥에 갇힌 많은 애국지사와 성도들이 목사님이 혹 운명하시지나 않았는가 하고 걱정할 정도였습니다.

좁은 이 길 진리의 길 주님 가신 그 옛 길
힘이 들고 어려워도 찬송하며 갑니다
성령이여 그 음성을 항상 들려 줍소서
내 마음은 정했어요 변치 말게 하소서

순교자의 본을 받아 나의 믿음 지키고
순교자의 신앙 따라 이 복음을 전하세
불과 같은 성령이여 내 맘에 항상 계셔
천국 가는 그날까지 주여 지켜 주옵소서.

감옥도 감옥 나름인데 일제 치하에서 옥살이 6년, 이제 주 목사가 순교라는 영광의 면류관을 써야 할 때가 왔습니다. 평양형무소 소장이 주선한 최후의 면회가 이루어졌습니다. 면회라기보다는 금방 죽을 것 같은 느낌을 받은 형무소 소장이 주 목사를 병보석으로 퇴소시켜 병원에 입원시켜도 좋다는 뜻을 전했습니다. 그러나 간수의 등에 업혀 나온 주 목사님을 맞이한 사모님은 "당신은 꼭 승리하셔야 합니다. 살아서는 이곳을 못 나옵니다" 라고 조용히 말했습니다. 순교자의 마지막을 바라보며 가슴이 찢기는 아픔을 느끼면서 토해내는 오정모 사모님의 격려였습니다.

"그렇소. 나를 위해 기도해 주시오. 나는 오래지 않아 주님 앞으로 갑니다. 어머니와 어린 자식을 잘 부탁합니다. 하나님 나라에 가서 산정현교회와 조선의 모든 교회를 위해 기도하겠소. 나의 죽음이 한 알의 밀알이 되어지기를 원합니다."

간수의 등에 업혀 다시 감방으로 가기 전에 한 이 말이 마지막 말이 되었습니다.

때는 4월, 산천에는 벌써 진달래가 만발한 때인데 감옥이 얼마나 차갑고 그 냉기에 몸이 얼마나 쇠약해 졌으면 위대한 순교자의 마지막 말이 "여보! 마지막으로 따뜻한 숭늉 한 사발만 먹고 싶소" 였을까요. 설교 원고를 쓰면서 얼마나 흐느껴 울었는지 모릅니다.

최후의 면회 때 입회했던 형무소장은 자기로서는 도저히 상상할 수도 없는 면회 장면과 대화에서 감동한 듯 주 목사를 모시고 나가 입원을 시켜야 하지 않느냐고 사모님께 물었습니다. 그 때 사모님은 "안 모시고 가겠습니다. 인간의 생명은 하나님이 주관하십니다"라고 하며 한 마디로 거절했다고 합니다.

해방되기 1년 반 전인 1944년 4월 21일 금요일 밤 7시, 겨레의 선한 목자 주기철 목사는 평양 형무소에서 6년의 옥고 끝에 순교하였습니다. 그때 주 목사님의 막내아들 주광조의 나이는 겨우 열 세 살이었습니다. 그 후 47년이 지난 오늘, 주 목사님의 어린 아들은 의인의 자손답게 세양건업 사장이 되었으며, 영락교회 장로님으로 봉사하고 있습니다.

"내가 어려서부터 늙기까지 의인이 버림을 당하거나 그 자손이 걸식함을 보지 못하였도다… 그 자손이 복을 받는도다"(25-26절).

사랑의 원자탄 손양원 목사님이 공산당에 의해 순교한 뒤 애양원교회에서 장례식을 치를 때 사모님은 갓 태어난 막내아들을 품에 안고 몸부림쳐야 했습니다. 저는 그 사진을 보면서 얼마나 울었는지 모릅니다. 그런데 47년이 지난 지금, 그 갓난 아이 손동길 군은 중년의 목사님이 되어서 성남 산돌장로교회에서 목회를 잘 하고 있습니다.

18년 동안 정권을 잡았던 박정희 대통령은 민족으로 하여금 배고픔의 설움을 면케 해준 대통령이란 평가도 받지만 독재를 하였고, 군사문화를 이 땅에 퍼뜨린 장본인입니다. 그의 아들은 어떻게 되었습니까? 그 외아들 박지만은 지금도 정상인이 되지 못하고 마약을 상습적으로 복용하고 당국에 체포되는 불쌍한 사람으로 전락되었습니다. 그러나 의인의 자손은 부끄럽게 되지 않았습니다. 하나님께서 책임지시기 때문입니다.

그러므로 성도 여러분, 큰 명예와 큰 권세와 큰 돈을 못 물려준다고 괴로워 마십시오. 링컨의 아버지와 어머니는 통나무집에 살았고, 낡은 성경 한 권을 물려주었지만 그 아들은 대통령이 되었습니다.

예수 잘 믿는 부모가 그 자녀들 앞에서 다만 하늘을 우러러 한 점 부끄럼 없이 살아가는 모습을 보여주고, 변치 아니하는 사랑을 물려주면, 그 자손은 하나님께서 책임을 지셔서 구원받고 복을 받는 의인으로 뻗어가는 것입니다.

8월
봉사의 달

· 복에 복을 더 받는 원리(대상 4:10)
· 세 가지 큰 은혜(출 17:8-16)
· 하나님의 아들을 믿는 믿음안에서 사는 방법(갈 2:20)
· 심고 거두는 원리(갈 6:6-10)

〈집필자 : 김찬종 목사〉
· 단국대학교 문리대 사학과 졸업
· 장로회신학대학 및 대학원 졸업
· 미국 플러신학대학원(목회학 박사 취득)
· 서울 장로회신학대학교 강사 역임
· 현) 과천교회 담임목사

복에 복을 더 받는 원리
(대상 4:10)

우리는 믿음을 가진 자들입니다. 하나님을 아버지로 믿는 자들입니다. 예수님을 구세주로 믿는 자들입니다. 우리는 불신자들보다 더 많은 복을 받아야 합니다.

복에 복을 더 받는 첫째 원리는, 하나님이 기뻐하시는 일을 하는 것입니다.

하나님이 제일 기뻐하시는 것은 피조물인 인간들의 예배입니다. 그래서 하나님은 십계명을 주실 때도 일 주일 중 하루를 당신께 예배드리는 날로 지정하셨습니다. 그날이 곧 안식일입니다. 지금의 주일입니다. 그러므로 우리는 어떤 일이 있어도 주일을 하나님께 예배드리는 날로 구별하여야 합니다. 그래야 하나님께서 그 예배를 받으십니다. 복에 복을 더 주십니다.

복에 복을 더 받는 둘째 원리는, 부지런히 일하는 것입니다.

에덴동산에서 쫓겨난 인간들은 땀을 흘려야 식물을 먹을 수 있게 되었습니다. "눈물로써 뿌린 씨는 기쁨으로 거두리라"고 했습니다.

어둔 밤 쉬 되리니 네 직분 지켜서
찬이슬 맺힐 때에 즉시 일어나

직장의 일을 열심히 하면서 교회에서도 내게 주어진 직분에 충성할 때 하나님은 복에 복을 주십니다. 주부들은 가정의 일을, 자녀 양육의 일을, 남편 내조의 일을 잘해야 합니다. 학생들은 열심히 공부해야 합니다. 각자 맡은 자리에서 부지런히, 열심히 일할 때 하나님은 복에 복을 주십니다.

복에 복을 받는 셋째 원리는, 전능하신 하나님께 부르짖어 기도하는 것입니다.

본문은 야베스의 기도입니다. 야베스는 복에 복을 받고 싶었습니다. 그 소망을 갖고 하나님께 부르짖어 기도했습니다. 그랬더니 하나님께서 허락하셨습니다. 구하지 않으면 얻지 못합니다.

여러분! 여러분은 어떠하십니까? 모든 것에 남보다 앞서고 싶은데 방법을 모르십니까? 간단합니다. 전능하신 하나님께 구하시기 바랍니다.

12세 때 왕이 된 솔로몬은 하나님께 일 천 번제를 드리면서 기도했습니다. 기도 제목은 '하나님 지혜를 주옵소서'입니다. 하나님은 천 번의 예물을 드리면서 간구하는 솔로몬의 기도를 들으셨습니다. 그리고 그에게 지혜를 주셨습니다. 부귀영화도 주셨습니다. 적군을 무찌를 수 있는 힘도 주셨습니다.

여러분! 사람에게서 무엇을 얻으려고 하지 마십시오. 자녀 여러분은 부모님을 너무 의지하려고 하지 마십시오. 내가 지혜를 얻어 개발할 생각은 않고 힘없는 인간만 의지하니까 발전이 없는 것입니다. 부모 여러분! 자녀들의 자율성을 귀하게 여기시고 위하여 기도해 주십시오.

80세 된 아버지가 60세 된 아들이 외출할 때면 "애야! 길 조심하거라" 한답니다. 이것이 부모의 심정입니다. 아무리 자식이 나이가 많이 들어도 안쓰럽고 걱정되는 것이 부모의 마음입니다. 그러나 부모의 사랑에는 한계가 있습니다. 그러므로 전능하신 하나님께 지혜를 구하십시오. 그분만이 인간의 모든 문제를 해결하실 수 있습니다.

다니엘을 보십시오. 바벨론 포로생활 중에도 그는 하나님께 드리는 기도를 쉬지 않았습니다. 그가 신실하고 명철하여 일을 잘하니까 왕의 총애를 받았습니다. 그 명철은 누가 주신 것입니까? 전능하신 하나님께서 주신 것입니다.

다니엘을 시기하고 질투하던 자들이 다니엘을 죽일 계획으로 다니엘의 일상생활을 엿보았습니다. 그래서 다니엘이 하루 세 번씩 예루살렘 성전이 있는 곳을 향하여 창문을 열어 놓고 하나님께 기도하는 것을 목격하게 되었습니다. 그 후에 그들은 다니엘을 모함하기 위해 1개월 동안 왕 이외에 다른 신에게 기도하는 자들은 사자굴에 넣는다는 법률을 만들어 공포합니다. 그러나 다니엘은 기도하기를 쉬지 않았습니다. 사자굴에 들어갈지언정 하나님께 드리는 감사의 기도를 쉴 수가 없었던 것입니다. 결국 하나님께 기도 드린 것이 죄가 되어 다니엘은 사자굴에 던져졌지만, 하나님은 사자의 입을 막으셔서 하룻밤을 사자와 지내면서도 전혀 해함을 입지 않게 하셨습니다.

여러분! 구하면 하나님은 주십니다. 찾으면 얻게 해주십니다. 두드리면 열어 주십니다. 할렐루야!

복에 복을 받는 넷째 원리는, 온전한 십일조를 살아 계신 하나님께 봉헌하는 것입니다.

십일조는 오랜 역사를 가지고 있습니다. 십일조를 제일 먼저 하나님께 드린 사람은 아브라함입니다. 창세기 14:20은 "아브라함이 그 얻은 것에서 십분 일을 멜기세덱에게 주었더라"고 증거하고 있습니다. 야곱도 십일조를 실천했습니다. 창세기 28:22에 "하나님께서 내게 주신 모든 것에서 십분 일을 내가 반드시 하나님께 드리겠나이다"라고 했습니다. 율법 시대에도 십일조는 지켜졌습니다. 레위기 27:30에 "그 십분 일은 여호와의 것이니 여호와께 성물이라"고 했습니다. 그러나 말라기 시대의 성도들은 십일조 헌금을 드리지 않았습니다. 그때 하나님은 말라기 선지자를 통하여 '너희는 도적'이라고 했습니다.

신약 시대에도 십일조의 교훈은 그대로 지켜졌습니다. 바리새인들도 서기관들도 십일조를 드렸습니다. 예수님께서도 십일조 드리는 것을 긍정하셨습니다. 현대 교회에도 십일조를 바르게 하나님께 드린 자들이 엄청난 복을 받은 기록이 많습니다. 미국의 재벌 가운데 치약의 왕 콜게이트, 석유왕 록펠러,

백화점왕 와너메이커, 강철왕 카네기 등은 십일조를 철저하게 하나님께 드려 큰복을 받은 자들입니다.

안타깝게도 교회를 오래 다니시는 분 가운데서도 십일조를 드리지 못하는 분들이 종종 있습니다. 저는 신앙생활을 44년간 하면서 십일조 헌금을 조금도 내 마음대로 써본 일이 없습니다. 그랬더니 하나님께서는 저를 큰 교회의 목사로 세워 주셨습니다.

여러분! 십일조는 하나님의 것입니다. 내 것이 아닙니다. 어떤 수입이든지 하나님의 것을 떼어놓으십시오. 적은 금액이든지 많은 금액이든지 절대로 내 마음대로 사용하지 마십시오. 성경은 그렇게 하는 자들을 도적이라고 했습니다. 어떤 분은 드렸다 안 드렸다 합니다. 그것도 안됩니다. 반드시 드려야 합니다. 그래야 복에 복을 받습니다. 온전한 십일조를 하나님께 드릴 때에 하나님은 황충을 금해 주신다고 하셨습니다(말 3:11).

농업을 주업으로 생활하던 시대에 황충은 모든 곡식을 갉아먹어 수확을 얻지 못하도록 하는 무서운 존재였습니다. 이것이 가정에 침입하면 병균처럼 개인과 가족에게 실패를 줍니다. 병마와 질고를 줍니다. 불행이 찾아옵니다. 그래서 요한계시록에는 황충을 마귀의 역사로 규정하고 있습니다. 온전한 십일조를 드릴 때 하나님은 황충을 금해 주셔서 악한 자의 해를 받지 않게 해주십니다. 가족에게 평강을 주십니다. 마귀의 역사를 이기게 하십니다.

성경에서는 또한 십일조를 온전히 드리면 기한 전에 토지 소산이 떨어지지 않게 하겠다고 했습니다. 기한 전에 떨어진다는 것은 다 자라지 못하고 떨어지는 것을 말합니다. 생활 가운데 전혀 상상도 못했던 불행한 일들을 당하는 것을 말합니다. 이와 같은 일들은 온전한 십일조를 드릴 때 하나님께서 막아 주신다는 것입니다. 온전한 십일조를 드릴 때 교회도 부흥하고 성장하고 발전합니다. 물질의 복을 받습니다. 하늘 문을 열고 복을 쌓을 곳이 없도록 부어 주십니다.

시드니 주안교회 장로로 호주 한인사회에서는 인간 승리의 주인공으로 꼽히고 있는 장로님이 있습니다. 그 장로님은 호주 땅에 첫발을 닫으며 다음과 같은 기도를 드렸다고 합니다. "호주에서 제일 십일조를 많이 하는 사업가가 되게 하소서. 예배당 건축을 제일 많이 하는 장로가 되게 하소서."

지금 그는 뉴 칼리지 입시학원을 운영하고 있는데, 그 학원에서 13,500명의 학생이 공부하고 있으며, 2년째 대학입학 예비고사에 만점자를 배출하고 있다고 합니다. 그가 13년 동안의 직장생활을 청산하고, 1991년도에 28명의 학생으로 입시학원을 시작했을 때, 다음 달에 300명의 학생이 올 줄로 믿고 300명에 대한 십일조를 하나님께 미리 드렸다고 합니다. 놀라운 일은 그 다음 달에 정말 300명의 학생이 등록을 하였다는 것입니다. 이렇게 해서 500명, 700명, 1,000명, 1,500명이 되었고, 미리 드리는 믿음의 십일조도 많아졌습니다. 대학입시 때는 10명의 목사를 모셔다가 안수기도를 받게 하면서, 요한복음 3:16을 암송하게 한다고 합니다. 지금 그 학원은 3,500명의 재학생을 가진 대형 학원이 되었다고 합니다.

여러분! 우리는 복에 복을 받아야 합니다. 그 비결은 온전한 십일조를 하나님께 정성껏 드리는 것입니다. 이를 실천하여 복 받는 가정이, 사업장이 되기를 주님의 이름으로 축원합니다.

복에 복을 더 받는 다섯째 원리는, 하나님 말씀에 절대 순종하는 것입니다.

신명기 28:2-3에 "네가 네 하나님 여호와의 말씀을 순종하면 이 모든 복이 네게 임하며 네게 미치리니 성읍에서도 복을 받고 들에서도 복을 받을 것이며"라고 했습니다.

인간 세상에 죄악이 들어온 것은 인류의 조상인 아담과 하와가 하나님의 말씀에 불순종했기 때문입니다. 그러므로 복에 복을 더 받으려면 하나님의 말씀에 무조건 "아멘" 하고 순종해야 합니다. 예수님은 베드로에게 "깊은 데로 가서 그물을 내리라"고 하셨습니다. 고기잡이 어부 출신인 베드로의 경험에 의하면 물고기는 깊은 곳에는 없습니다. 그러나 주님의 말씀에 순종했을 때 두 배에 가득할 정도로 많은 고기를 잡을 수 있었습니다.

주님은 나면서 소경 된 자에게 진흙을 발라 주시면서 실로암 못에 가서 씻으라고 하셨습니다. 그 말씀에 순종했을 때 그는 눈을 뜨게 되었습니다. 문둥병이 든 나아만이 엘리사 선지를 찾아갔을 때 요단강 물에 가서 일곱 번 목욕하도록 지시를 했습니다. 그리고 그대로 순종했을 때 그렇게도 치료하기가 힘들었던 그의 문둥병이 깨끗이 치료되었습니다.

여러분! 하나님은 우리에게 복에 복을 주시려고 말씀을 예비하셨습니다. 성경은 하나님의 말씀입니다. 성경은 우리를 구원하기 위하여 기록된 말씀입니다. 성경은 우리에게 하늘의 신령한 복과 땅의 기름진 복을 받는 원리를 가르쳐 줍니다. 그 말씀에 순종만 하면 복에 복을 받는 생애가 이루어집니다.

사랑하는 여러분! 우리는 불신자보다 영육간에 강건의 복을 받아야 합니다. 그 원리를 정리해 봅시다.

첫째, 하나님께 정성껏 예배드리는 것입니다.

둘째, 부지런히 일하는 것입니다.

셋째, 전능하신 하나님께 부르짖어 기도하는 것입니다.

넷째, 온전한 십일조를 하나님께 정성껏 봉헌하는 것입니다.

다섯째, 하나님 말씀에 즉각 순종하는 것입니다.

오늘 이 은혜가 우리 모두에게 넘치기를 주님의 이름으로 축원합니다.

세 가지 큰 은혜
— 여호와 닛시의 복 —
(출 17:8-16)

　　본문 말씀은 출애굽 한 이스라엘 백성들이 가나안 땅으로 가는 도중에 있었던 일입니다. 출애굽 한 그들이 도착한 곳은 르비딤이었습니다. 그곳에는 마실 물이 없었습니다. 하나님께 부르짖었더니 하나님은 모세로 하여금 지팡이로 반석을 치게 하였습니다. 그대로 순종했더니 하나님은 그들에게 마실 물을 주셨습니다. 그런데 그 땅에서 아말렉 족속이 나타나 이스라엘의 앞길을 가로막았습니다. 그래서 이스라엘은 아말렉과 전쟁을 하게 되었습니다. 그때 모세가 여호수아에게 말했습니다.

　　"모세가 여호수아에게 이르되 우리를 위하여 사람들을 택하여 나가서 아말렉과 싸우라 내일 내가 하나님의 지팡이를 손에 잡고 산꼭대기에 서리라."

　　여호수아는 모세의 말대로 군사를 거느리고 나가서 아말렉과 싸웠습니다. 그리고 모세는 아론과 훌과 함께 산꼭대기에 올라가서 기도를 시작했습니다. 그런데 거기서 그가 손을 들고 기도하면 이스라엘이 이기고, 팔이 아파서 손을 내리면 아말렉이 이겼습니다. 모세는 손을 계속해서 들고 있어야 하는데 팔이 아파 그럴 수가 없었습니다. 아론과 훌이 돌을 가져다가 모세를 앉히고, 그들이 각각 모세의 손을 한쪽씩 들고 있게 되었습니다. 계속 손을 들고 기도하게 한 것입니다. 여호수아는 기도의 힘으로 아말렉과 그 백성을 쳐서 무찌를 수 있었습니다. 모세는 그 곳에 단을 쌓고 그 곳 이름을 '여호와 닛시'라고 했습니다. 그 의미는 '여호와는 나의 깃발'(The Lord is my banner)입니다.

여호와가 아말렉으로 더불어 싸웠다는 것입니다. 사실 전쟁은 여호수아가 군인을 거느리고 나가서 싸운 것이었지만, 그 싸움은 하나님께서 도와주시지 않으면 이길 수가 없는 싸움이었습니다. 승리의 방법은 모세의 기도의 손이었습니다. 그가 손을 들면 여호수아가 이길 수 있었지만, 손을 내리면 여호수아의 군대는 어김없이 패하였습니다.

인생은 끝없는 전쟁의 연속입니다. 전쟁의 대상은 누구입니까? 본문의 싸움의 대상은 아말렉입니다. 이스라엘이 하나님의 인도하심을 받아 가나안 땅을 향하여 전진하고 있는데 아말렉이 가지 못하도록 가로막은 것입니다.

구원받은 우리들도 날마다 천성을 향하여 전진해야 합니다. 그런데 전진하지 못하게 하는 아말렉과 같은 세력이 가로막습니다. 그 아말렉은 누구입니까? 공중의 권세를 잡은 악마 사탄의 세력입니다. 그 악한 세력은 우리를 천국으로 갈 수 없게 방해합니다. 유혹하고 넘어지게 합니다. 그 악한 귀신은 우리로 하여금 예배드리지 말라고 유혹합니다. 새벽기도 하지 못하게 합니다. 철야기도 하지 못하게 합니다. 감사생활을 하지 못하게 합니다. 십일조 헌금을 드리지 못하게 합니다. 하나님의 교회에 봉사하지 못하게 합니다. 복음을 전하지 못하게 합니다. 찬송하지 못하게 합니다. 불평하게 합니다. 하나님을 원망하게 합니다. 그러므로 천성을 향해서 전진하는 우리들은 이를 분별할 수 있는 힘이 있어야 하겠습니다. 그래야 승리할 수 있습니다.

욥의 경우를 보십시오. 그는 순전한 사람이었습니다. 정직한 사람이었습니다. 하나님을 경외한 사람이었습니다. 악에서 떠난 자였습니다. 그는 자식의 복을 받아 아들 일곱에 딸 셋을 가졌습니다. 소유물도 많았습니다. 양이 7천, 약대가 3천, 소가 1천, 암나귀가 5백이었습니다. 이를 관리하는 종도 많았습니다. 성경에서는 그를 동방에서 제일 큰 부자라고 하였습니다. 그는 아침마다 가정 예배를 드릴 정도로 하나님께 대한 정성이 지극했습니다.

그러나 마귀는 욥을 그냥 두지 않았습니다. 그를 크게 시험했습니다. 그의 재산을 모두 빼앗아 갔습니다. 지금은 부동산을 많이 가진 사람을 부자로 치지만, 욥이 살던 당시에는 유목생활을 할 때이기에, 내가 가서 살면 내 땅이 되었기 때문에 부동산은 별 가치가 없었습니다. 짐승과 재물에 더 많은 가치를 두던 때였습니다. 그런데 그렇게 많던 욥의 재산이 하루아침에 모두 없어졌습니다. 이방민족이 와서 빼앗아 가고, 강도가 들어 빼앗겼습니다. 하늘에서 불이 내려 짐승들과 살고 있던 집까지 불타 버렸습니다. 그뿐이 아닙니다. 열 남매의 자녀들이 그의 맏형 집에서 먹고 마시던 중 태풍이 와서 집이 무너져내려 모두 죽고 말았습니다. 우리가 주목할 것은(그 극심한 어려움 가운데서의) 욥의 자세입니다.

"가로되 내가 모태에서 적신이 나왔사온즉 또한 적신이 그리로 돌아가올지라 주신 자도 여호와시오 취하신 자도 여호와시오니 여호와의 이름이 찬송을 받으실지니이다 하고 이 모든 일에 욥이 범죄하지 아니하고 하나님을 향하여 어리석게 원망하지 아니하니라"(욥기 1:21-22).

누구나 세상에 태어날 때는 아무 것도 가지고 오지 못합니다. 벌거벗은 몸뚱이 하나만 달랑 가지고 나옵니다. 또한 세상을 하직할 때도 올 때와 마찬가지로 아무 것도 가지고 가지 못한다는 사실도 알았습니다. 부자로 인생을 살았던 것도 하나님이 주셨기에 가능했으며, 그것을 도로 가져가신 분도 하나님이시라는 고백입니다. 그러므로 도리어 하나님의 이름이 찬송을 받으실 것이라는 고백을 했습니다.

중요한 것은 사탄이 하나님의 허락 하에 욥을 시험했다는 데 있습니다. 사탄은 그의 자식과 재산을 모두 빼앗아 가면 순전하고 정직하고 하나님을 경외하며 악에서 떠난 욥이라 할지라도 "하나님 이럴 수가 있습니까?" 하며 원망할 줄 알고 시험했던 것입니다. 그러나 욥은 하나님을 향하여 어리석게 원망하지 않았습니다.

사랑하는 여러분! 여러분의 인생에 원망이 있습니까? 자녀 여러분! 부모님을 원망하는 마음이 있습니까?

여러분! 교회 지도자를 원망하는 마음이 있습니까? 영적 지도자인 목사를 원망하는 마음이 있습니까? 여러분! 잘 기억해야 합니다. 그 원망은 모두가 사탄의 것임을 알아야 합니다. 이를 분별하는 영의 눈이 우리에게 있어야 합니다. 원망은 절대로 문제를 해결할 수 없기 때문에 어리석은 것이라고 합니다.

사탄은 욥을 두 번째 시험했습니다. 욥의 건강을 빼앗아 갔습니다. 발바닥에서 정수리까지 악창이 나게 했습니다. 온 몸에서 고름이 나면서 가려워 견딜 수가 없어서 재를 몸에 뿌리고 가려우면 기와 조각으로 긁었습니다. 처참한 지경이 된 것입니다. 그의 아내가 그에게 "그래도 당신의 순전을 지킬 것이뇨? 하나님을 욕하고 죽으라"고 욕을 퍼부었습니다. 어려울 때 서로 위로하며 손잡고 견디어야 할 아내가 남편에게 욕을 한 것입니다. 인간적으로 볼 때 충분히 이해가 가긴 합니다. 그러나 욥은 대단합니다.

"그가 이르되 그대의 말이 어리석은 여자 중 하나의 말 같도다 우리가 하나님께 복을 받았은즉 재앙도 받지 아니하겠느뇨 하고 이 모든 일에 욥이 입술로 범지치 아니하니라"(욥 2:10).

그의 세 친구, 빌닷, 소발, 엘리바스가 욥의 소식을 듣고 위로하러 왔습니다. 그들은 멀리서 욥을 보고 너무 처참하여 일제히 소리 질러 울었습니다. 자기들의 겉옷을 찢었습니다. 일 주일 간을 그와 함께 앉아 있었습니다. 그러나 한 마디의 말도 하지 못했습니다. 욥의 형편이 너무나 어려웠고 극심한 고통 가운데 있었기 때문입니다. 그러나 그와 같은 극심한 고통 중에서도 욥은 하나님을 원망하지 않았습니다. 입술로 범죄하지 않았습니다.

사랑하는 여러분! 아말렉과 같은 원수 마귀는 오늘도 우리를 미혹합니다. 그래서 넘어지게 합니다. 하나님을 믿지 못하도록 합니다. 하나님을 원망하게 합니다. 악한 마귀의 미혹에 자기도 모르는 사이에 넘어가 버리는 것입니다. 그래서 잘못에 빠집니다. 죄악에 빠집니다. 하나님과 멀어져 버리게 됩니다.

여러분! 지금 여러분의 형편은 어떠합니까? 다른 사람들은 기뻐하는데 나는 도무지 기뻐할 것이 없습니까? 짜증만 납니까? 불평할 것이 아직도 많습니까? 원망할 것이 아직도 많습니까? 도무지 감사할 것이 없습니까? 중요한 것은 나에게 자꾸 원망과 불평과 짜증나는 마음이 드는 것은, 내가 지금 사탄의 미혹에 넘어가고 있다는 증거입니다. 그렇게 되면 문제가 해결되는 것이 아니라 더욱 복잡하게 됩니다.

사탄은 하나님의 허락 하에 욥을 크게 두 번씩이나 시험했습니다. 그가 불평하도록, 하나님을 원망하도록 시험한 것입니다. 그러나 그는 불평하지 않았습니다. 원망하지 않았습니다. 도리어 감사했습니다. 찬송했습니다. 전능하신 하나님이 하신 일에 순종했습니다. 무슨 뜻입니까? 사탄을 이겼다는 말입니다. 할렐루야!

그러면 어떻게 해야 우리도 승리할 수 있겠습니까?

1. 기도의 손을 들어야 합니다.

본문 11절 말씀을 보십시오. "모세가 손을 들면 이스라엘이 이기고, 손을 내리면 아말렉이 이기더니." 모세가 팔을 들고 내릴 때마다 승리와 패배가 교차했습니다. 모세가 팔을 들었다는 것은 기도의 손을 들었다는 것입니다. 손을 든다는 것은 나는 하나님께 항복했다는 뜻입니다.

성도 여러분! 남편들은 직장에 출근하여 일합니다. 자녀들은 학교에서 학업에 열중합니다. 그들을 위하여 여러분은 기도의 손을 올려야 합니다. 그래야 그들이 승리할 수 있습니다. 악한 자의 해를 받지 않게 합니다.

세계보건기구(WHO) 사무총장 할렘 브른틀란트는 20세기에 인간에게 내려진 최악의 천벌은 담배라고 했습니다. 하루에 담배 한 갑을 피우면 생명이 6분 단축된다고 했습니다. 계속 담배를 피우는 자들은 20년의 생명이 단축된다고 했습니다. 전 세계의 흡연자가 10억 이상이고, 흡연으로 죽는 자가 연간 400만 명에 이른다는 통계입니다. 그 담배는 대부분 중·고등학교 때 나쁜 친구들에게 배웁니다. 이런 상황을 볼 때 우리는 자녀들을 위하여 기도의 손을 들지 않을 수 없습니다. 그래야 악한 친구를 만나지 않게 되는 것입니다.

기도는 전능하신 하나님의 능력을 내 인생에 모셔들이는 것입니다. 내 사업에 모셔들이는 것입니다. 내 가정에 모셔들이는 것입니다. 그러면 하나님께서 오셔서 내 인생을, 내 사업을, 내 가정을 주장해 주시는 것입니다.

2. 합심하여 기도해야 합니다.

모세의 기도는 합심기도였습니다. 손을 들고 있으면 팔이 아픕니다. 그러면 손이 내려옵니다. 의학적으로 말하면 팔에 있는 피가 밑으로 내려와 몰리니까 혈액순환이 잘 안되어 아픈 것입니다. 그런데 문제는 손이 내려오면 아말렉에게 패배하고 만다는 사실에 있습니다.

여러분! 여러분의 인생이 왜 어렵습니까? 왜 실패합니까? 왜 고난을 당합니까? 오늘 그 이유를 발견할 수 있을 것입니다. 간단합니다. 기도의 손이 내려왔기 때문에 우리는 패배자가 되고 맙니다.

모세의 기도의 손이 어쩔 수 없이 내려오게 되자 아론과 훌이 돌을 가져다 놓고 모세를 앉혔습니다. 그리고 그의 손을 붙들어 올렸습니다. 그러자 해가 지도록 손이 내려오지 않았습니다. 만일 아론과 훌이 모세의 손을 잡아 주지 않았다면 모세의 손은 더 이상 올라가지 못했을 것입니다.

"진실로 다시 너희에게 이르노니 너희 중에 두 사람이 땅에서 합심하여 무엇이든지 구하면 하늘에 계신 내 아버지께서 저희를 위하여 이루게 하시리라"(마 18:9).

여러분! 합심하는 것은 이렇게 귀합니다. 하나님은 합심하여 부르짖는 기도를 들으십니다. 하나님은 합심하는 자들의 마음을 귀하게 여기십니다. 하나님은 합심하는 자들의 기도를 속히 들으십니다. 모세와 아론과 훌이 합심했을 때 하나님은 그 전쟁에 승리하도록 복을 주셨습니다. 이것이 여호와 닛시입니다.

여러분! 가정에서는 가족들이 합심해야 합니다. 부부가 합심해야 합니다. 국가에서는 위정자와 국민들이 합심해야 합니다. 그래야 평안한 사회와 국가가 이루어지고, 평화적인 남북 통일을 앞당길 수 있습니다.

교회에서는 교역자와 직분자들과 성도들 모두가 힘을 합해야 합니다. 교회의 공동 기도 제목을 정하고 기도해야 합니다. 그때 하나님이 들으시고 응답해 주실 것입니다. 어떤 모임이든지 합심하여 기도해 보십시오. 하나님이 들어주십니다. 아말렉과 같은 원수 마귀를 무찌르고 승리할 수 있게 하십니다.

3. 악마 사탄을 이기는 힘은 예수 그리스도의 이름입니다.

그 이름만이 능력의 이름입니다. 권세의 이름입니다. 사탄 마귀와 악한 귀신이 벌벌 떠는 이름입니다. 그 이름으로 우리는 무장해야 합니다. '무엇을 하든지 말에나 일에나 다 주 예수의 이름으로' 하면 됩니다. 그러면 악한 마귀는 물러가고 승리할 수 있습니다. 오늘 이 은혜가 넘치기를 바랍니다. 그래서 여호와 닛시로 날마다 승리하시기를 주님의 이름으로 축원합니다.

하나님의 아들을 믿는 믿음안에서 사는 방법

(갈 2:20)

성도란 무엇입니까? 한마디로 하나님의 아들을 믿는 믿음 안에서 사는 사람들입니다. 오늘 본문은 하나님의 아들을 믿는 믿음 안에서 사는 방법을 말해 주고 있습니다.

"내가 그리스도와 함께 십자가에 못 박혔나니 그런즉 이제는 내가 산 것이 아니요 오직 내 안에 그리스도께서 사신 것이라 이제 내가 육체 가운데 사는 것은 나를 사랑하사 나를 위하여 자기 몸을 버리신 하나님의 아들을 믿는 믿음 안에서 사는 것이라."

하나님의 아들을 믿는 믿음 안에서 사는 구체적인 방법은 본문 상반절에 나와 있듯이, 내가 그리스도와 함께 십자가에 못 박히는 것입니다. 십자가에 못 박혔다는 말은 무엇입니까? 쉽게 말하면 죽었다는 말입니다. 사람을 십자가에 못 박을 때 살아있을 사람은 아무도 없습니다. 십자가에 못박는 것은 중죄인을 국가의 법에 의하여 사형을 집행하는 방법입니다. 바울 사도는 하나님의 아들을 믿는 믿음 안에서 사는 방법에 대해서 세 가지를 제시하고 있습니다.

1. 육체적인 조건을 십자가에 못박아야 합니다.

왜 죽어야 합니까? 그래야 하나님의 은혜를 깨달을 수 있기 때문입니다. 그렇다면 우리가 가진 육체적인 조건이란 무엇을 말합니까?

첫째, 나의 가문과 혈통입니다.

둘째, 나의 가족 관계입니다. '우리 아버지는 누구다, 우리 친척 가운데 고위 공무원이 있다, 내 남편은 누구인데 어떤 직분을 갖고 있다'는 것 등입니다.

셋째, 나의 학력입니다. '나는 어디서 공부했고, 나는 어떤 학위를 갖고 있다. 나는 어느 학교 출신이다'는 것 등입니다.

넷째, 나의 현재의 세상 지위입니다. '나는 어떤 시험에 합격했다. 어떤 자격증을 갖고 있다. 어디에서 근무를 한다'는 등의 세상적인 조건입니다.

다섯째, 나의 재산의 정도를 말합니다. '나는 재산이 얼마 정도 있으며, 돈과 부동산이 얼마나 있고, 월수입이 얼마이다'는 것 등입니다.

여섯째, 나의 이력을 말합니다. '나는 전에 무엇을 했던 사람이다. 나도 전에는 그런 것 다 해보았다'는 것 등입니다.

이러한 모든 것들은 다 인간적인 조건입니다. 육체적인 조건입니다. 중요한 것은 이러한 것들이 다 십자가에 못 박혀야 한다는 것입니다. 세상적인 것에 매여 살면 은혜를 받을 수가 없기 때문입니다. 그러나 대다수의 보통 사람들은 여기에 매여 살고 있습니다. 참으로 안타까운 일이 아닐 수 없습니다.

사랑하는 여러분! 신앙생활을 오래 했음에도 불구하고 아직까지 깊은 은혜에 들어가지 못하는 이유가 무엇이라고 생각하십니까? 육체적인 조건에 매여 있기 때문입니다.

육체적인 조건뿐 아니라 교회적인 조건도 은혜 받는 데 걸림돌이 될 때가 있습니다.

'내 아버지는 목사다, 장로다, 집사다, 권사다.' '내 친척이 목사다.' '할아버지가 장로였다.' 이러한 것들은 나와는 전혀 관계가 없음을 깨달아야 합니다. 그 사람들이 믿었다고 나까지 믿어지는 것은 아닙니다. 내가 믿어야 합니다.

하나님이 주신 직분은 자랑거리가 아닙니다. 봉사하라고 주신 것입니다. 사랑하라고 주신 것입니다. 인간적인 조건, 육체적인 조건, 교회적인 조건 모두 다 십자가에 못박아야 합니다. 그래야 믿음 안에서 바르게 살 수 있습니다. 그래야 은혜를 깊이 체험할 수 있습니다.

취미생활도 은혜 받는 데 방해가 될 수 있습니다. 골프도 좋은 운동입니다.

그러나 그것으로 인해 주일성수를 못한다면 이것도 십자가에 못박아야 합니다. 낚시하는 것, 바둑 두는 것도 마찬가지입니다. 특히 우리 나라 사람들은 화투를 치는 것이 큰 문제입니다. 어디를 가든지 화투장을 가지고 한 판 벌입니다. 돈벌이 하는 것도 마찬가지입니다. 주일날 장사하기 위해 예배드리는 일을 등한히 한다면, 그것도 십자가에 못박아야 합니다. 주님보다 더 사랑하는 것이 있으면 전부 다 버려야 합니다. 먼저 주님을 앞세우고 나는 나중이 되어야 합니다. 영적인 일이 먼저입니다. 육적인 일은 나중입니다. 그래야 영혼이 잘 될 수 있습니다. 범사가 잘 될 수 있습니다. 강건의 복이 임합니다. 먼저 그 나라와 그 의를 구하는 사람이 될 수 있습니다.

바울 사도는 육체적인 조건이 세상적으로는 아주 좋은 사람이었습니다. 빌립보서 3:5-6에 "내가 팔 일 만에 할례를 받고 이스라엘의 족속이요 베냐민의 지파요 히브리인 중의 히브리인이요 율법으로는 바리새인이요 열심히는 교회를 핍박하고 율법의 의로는 흠이 없는 자로라"고 했을 정도로 본인 스스로도 자신의 조건이 썩 괜찮다고 생각했습니다. 바울의 육체적인 조건에 대해 상세하게 살펴보면, 당시의 바울은 좋은 가문에 학벌도 좋고 지위도 상당히 높았음을 알 수 있습니다.

1) 바울은 8일 만에 할례 받았음을 자랑스럽게 이야기합니다.

'할례'는 하나님께서 아브라함에게 명하신 것입니다. 이것이 이스라엘 민족에게 있어서는 율법이 되었습니다. 난 지 8일 만에 할례를 받는 것은 아브라함의 정통 가문에서만 행해지는 것이었습니다. 바울이 난 지 8일 만에 할례를 받았다는 것은 '그는 정통 유대인이요, 순수한 이스라엘 사람이요, 태어나면서부터 하나님의 사람'이라는 뜻입니다.

2) 그는 이스라엘의 족속이라고 이야기합니다.

야곱이 얍복강 가에서 천사와 씨름하여 이긴 후, 그의 이름은 이스라엘이 되었고, 하나님에게서 많은 복을 받았습니다. 바울이 이스라엘의 족속이라는 것은, 그도 하나님께 복을 받은 자손이라는 것입니다. '이스라엘'이라는 이름은 유대인의 역사에 있어서 하나님의 백성을 가리키는 자랑스러운 이름이었습니다. 바울은 바로 그의 후손이라는 것입니다.

3) 그는 베냐민 지파라고 이야기합니다.

베냐민 지파는 이스라엘의 명문입니다. '베냐민'이라는 이름은 '사랑 받는 자'라는 뜻을 가지고 있습니다. 베냐민은 야곱이 사랑했던 라헬의 소생입니다. 이 베냐민의 지파 중에서 이스라엘의 초대 왕 사울이 나왔습니다. 바울의 부모는 그를 낳았을 때 사울 왕의 이름을 따서 '사울'이라고 지었던 것입니다. 이스라엘이 남북 왕국으로 나누어질 때 열 지파는 북쪽으로 갔지만 배냐민 지파와 유다 지파만이 남쪽에 남아 있었습니다. 유대인의 명절인 부림절의 주인공인 모르드개도 베냐민 지파였습니다. 그러므로 유대 민족의 역사에 베냐민 지파는 큰 자랑거리입니다. 바울은 이 지파에 속한 자라는 것입니다. 즉 귀족 가문의 출신이라는 것입니다.

4) 그는 히브리인 중의 히브리인이라고 이야기합니다.

'이스라엘'이라는 말은 유대인들이 자칭해서 부르는 이름이고, '히브리인'이라는 말은 다른 족속과의 관계에서 불리는 이름입니다. 히브리인 중의 히브리인이라는 것은 히브리어를 사용하는 정통 히브리인이라는 것입니다. 그의 조상 가운데 어느 누구도 이방인과 잡혼하거나 개종한 자가 없는 민족의 지조를 지킨 가문이라는 뜻입니다. 바울도 전도할 때 히브리인들에게는 히브리의 방언으로 설교했습니다. 그러므로 그는 정통 유대인이라는 것입니다.

5) 그는 율법적으로는 바리새인이라고 자랑합니다.

'바리새'라는 말은 '분리된 자들'이라는 말입니다. '바리새인'은 율법 준수에 전념하기 위하여 보통 생활과 일반 작업을 떠난 자들입니다. 유대에 바리새파는 6,000여 명 정도였습니다. 주님의 시체를 장사한 니고데모도 바리새인입니다. 바울은 골수파 유대인 바리새파였습니다.

6) 그는 예수를 따르는 교회를 열심히 핍박하였다고 이야기합니다.

그는 율법에 있어서 열광적인 사람이었습니다. 유대인은 예수를 구세주로 믿지 않았습니다. 바울도 마찬가지였습니다. 그는 스데반을 죽일 때 보증을 서기도 했고, 다메섹까지 가서 예수 믿는 자들을 잡아오려고 했습니다.

7) 그는 율법의 의로는 흠이 없는 자라고 이야기합니다.

바울의 엄격한 삶의 모습을 말하고 있는 것입니다. 율법의 근본은 십계명입니다. 그는 이 율법을 철저하게 준수하였다는 것입니다.

그의 육체적인 조건은 이것뿐이 아닙니다. 그는 당대의 명문대학인 가말리엘(Gamaliel) 문하에서 율법을 전공했습니다. 일등 국민의 자격인 로마 시민권을 소유했습니다. 율법의 대가의 표증인 랍비 자격도 가지고 있었습니다. 70인 의원으로 유대 전국에서 그의 명성은 쟁쟁했습니다. 한마디로 말하면 그는 학벌도 있고 권세와 부귀를 한 몸에 누릴 수 있는 출세한 사람이었습니다. 그런 그가 예수를 만난 후 육체적인 모든 조건을 전부 십자가에 못박았습니다.

바울은 예수를 만난 후 자신의 모든 육체적인 좋은 조건을 전부 배설물로 여겼습니다. 왜 그랬습니까? 본문에 그 해답이 있습니다. 즉 내 안에 그리스도께서 사실 수 있기 때문입니다.

2. 내 안에 그리스도를 모시고 사는 삶이어야 합니다.

주님은 나의 육체적인 조건과 함께 거하시기를 싫어하십니다. 그러므로 우리가 육체적인 조건을 포기하지 않는다면 주님은 내 안에 오시지 않습니다.

바울은 예수를 만난 후 영안이 열렸습니다. 그러자 지금까지 그렇게 소중히 여겼던 육체적인 그 모든 조건들이 썩어져 없어질 것들임을 깨달아 알게 되었습니다. 오직 예수를 아는 지식만이 가장 고상함을 알게 되었고 믿게 되었습니다. 그래서 그는 육체적인 조건을 모두 십자가에 못박은 것입니다.

사랑하는 여러분! 여러분은 어떠합니까? 무엇을 갖고 계십니까? 재물입니까? 지식입니까? 높은 지위입니까? 우리들도 그것을 모두 다 십자가에 못박읍시다. 모두 다 배설물로 여기고 버립시다. 그러면 그리스도를 만납니다. 새로운 부활을 얻습니다. 새로운 피조물이 됩니다. 예전 것은 지나가고 새 것이 됩니다.

주 예수 내 맘에 들어와 계신 후
변하여 새 사람 되고 내가 늘 바라던
참빛을 찾음도 주 예수 내 맘에 오심
주 예수 내 맘에 오심 주 예수 내 맘에 오심
물밀 듯 내 맘에 기쁨이 넘침은
주 예수 내 맘에 오심(찬송가 208장 1절)

3. 이제부터 내가 육체 가운데 사는 것은 주님의 사랑을 믿는 믿음 안에서 살아가는 것이어야 합니다.

하나님의 아들을 믿는 믿음 안에서 사는 삶이란 주님의 사랑을 믿으면서 살아가는 삶입니다. 은혜를 누리면서 사는 삶입니다. 이것이 신앙인과 불신자의 다른 점입니다. 주님을 믿는 자는 다음과 같이 살아야 합니다.

① 마음에 주님을 모시고 살아야 합니다. 예수의 마음을 품고 살아가야 합니다.

② 하나님과 나를 바라보는 영안이 열려야 합니다.

③ 늘 주님을 찬양하며, 예수 그리스도를 구주로 고백하는 입술이 되어야 합니다.

④ 귀는 마귀의 소리와 하나님의 음성을 구별할 줄 아는 복된 귀가 되어야 합니다.

⑤ 손은 주의 사랑을 전달하는 손이 되어야 합니다. 봉사의 손이 되어야 합니다. 구제의 손이 되어야 합니다. 부지런한 손이 되어야 합니다.

⑥ 믿는 자의 발은 좋은 소식을 전하는 발걸음이 되어야 합니다. 땅 끝까지 복음을 증거하는 복된 발걸음이 되어야 합니다. 이것이 참 생명을 얻은 자의 삶의 모습입니다.

값진 것을 많이 싣고 오던 배가 풍랑을 만났습니다. 배 안에 실려 있는 금은보화가 무척 아까웠지만, 살 수 있는 길은 배에 있는 물건을 포기하는 길밖에 없었습니다. 선원들은 싣고 오던 보석들을 바다에 던졌습니다. 그래야 생명을 얻기 때문입니다.

여러분! 복음만이 여러분의 생명을 구원합니다. 오직 예수만이 여러분의 생명을 구원합니다. 그 예수를 얻으려면 다른 것은 포기해야 합니다. 아직까지 포기 못하신 것이 있습니까? 이 시간 새로운 결단을 하시기 바랍니다. 세상적인 모든 것을 다 포기하겠다는 결단을 하시기 바랍니다. 그래야 주 예수님이 여러분의 마음에 오십니다. 여러분을 구원해 주십니다.

여러 해 전에 미국에 지독한 구두쇠 할머니가 한 분 계셨습니다. 그에게는 독자 아들이 하나 있었는데, 그 아들은 수년 전 다리에 병이 들어 수술을 해야 했습니다. 그러나 돈이 없어 수술을 못해 다리를 절단하여 의족을 달고 있었습니다. 이 할머니 집은 먹을 것이 없어 묽은 죽으로 끼니를 때우곤 했습니다. 그 할머니가 돌아가셨습니다. 돌아가신 주 원인은 영양 실조 때문이었습니다. 그런데 깜짝 놀랄 일이 벌어졌습니다. 이 할머니가 돌아가시고 난 후 할머니의 통장에는 1억 달러나 되는 돈이 예금되어 있었던 것입니다. 우리 나라 돈으로 1,250억 원에 달하는 엄청난 금액이었습니다. 본인은 영양 실조로 죽고, 아들은 수술도 시켜 주지 않아 다리까지 절단할 정도였는데, 그런 어마어마한 돈을 가지고 있었다니 정말 기가 막힐 노릇 아닙니까?

여러분! 아무리 돈이 많으면 무엇합니까? 나를 구원하실 분은 오직 주 예수 그리스도 한 분 뿐입니다. 그 분을 내 마음에 모시려면 나를 십자가에 못 박아야 합니다.

이 시간 나를 십자가에 못박는 결단이 있기를 바랍니다. 그래야 나를 위하여 자기 몸을 버리신 하나님의 아들을 믿는 믿음 안에서 승리하는 삶을 살 수 있습니다. 오늘 이 은혜가 있으시기를 주님의 이름으로 축원합니다.

심고 거두는 원리
(갈 6:6-10)

하나님이 창조하신 만물은 심고 거두는 원칙에 따라 살게 되어 있습니다. 특히 인간의 삶도 심고 거두는 원칙에 의해 살게 하셨습니다.

본문 7절에 "스스로 속이지 말라 하나님은 만홀히 여김을 받지 아니하시나니 사람이 무엇으로 심든지 그대로 거두리라"고 말씀하십니다.

좋은 것을 심으면 좋은 것을 거둡니다. 나쁜 것을 심으면 나쁜 것을 거둡니다. 콩을 심으면 콩을 거둡니다. 팥을 심으면 팥을 거둡니다. 열심히 공부하면 좋은 성적을 얻습니다. 심은 그대로 거둡니다. 일하지 않고 수확을 바라는 것은 도둑의 심보입니다.

파이낸스라는 금융업을 하는 자들로 인해 많은 사람들이 큰 재산상의 피해를 보았습니다. 특히 〈청구파이낸스〉라는 회사는 30대 초반의 사장이 계획적으로 높은 이자를 주겠다고 광고를 내어 고객들의 돈을 1,000억 원이나 끌어 모아 그 돈으로 흥청망청 사치와 낭비를 일삼으며 탕진하여 사회적 물의를 일으켰습니다. 그는 처음부터 사기를 칠 목적으로 돈을 끌어 모았던 것입니다. 불과 30대 초반의 이 젊은이의 장래가 어떻겠습니까? 결국 사기꾼으로 교도소를 제 집처럼 드나드는 자가 되고 말 것입니다.

그러나 무엇보다 더욱 큰 문제는 높은 이자를 바라고 돈을 맡긴 자들이 원금까지 모두 잃어버리게 된 것입니다. 성도 여러분! 이것도 심고 거두는 원리와 같습니다. 잘못 심은 결과입니다. 이제 본문을 통하여 어떻게 하면 잘 심는 것인지 심는 원리를 정리해 보겠습니다.

잘 심기 위한 첫 번째 원리는, 좋은 일을 함께 나누는 것입니다.

본문 6절에 "가르침을 받는 자는 말씀을 가르치는 자와 모든 좋은 것을 함께 하라"고 하십니다.

가르치는 자는 누구입니까? 학교에서는 선생님이고, 교회에서는 전도사님이나 목사님입니다. 가정에서는 부모님이 될 수 있습니다.

인간은 세상에서 세 가지 복을 얻어야 좋은 인생을 살 수 있습니다. 첫째는 부모님을 잘 만나는 복입니다. 둘째는 선생님을 잘 만나는 복입니다. 교회로 치자면 교역자를 잘 만나는 것입니다. 셋째는 배우자를 잘 만나는 복입니다. 이 중에 특히 교역자를 잘 만나는 것은 매우 귀중한 일입니다. 교역자는 나의 영적 문제를 책임진 자입니다. 그를 통하여 천국의 진리를 배우고, 믿고 신앙생활을 하게 됩니다.

교역자는 하나님의 말씀만 전하는 사람입니다. 돈벌이하는 사람이 아닙니다. 그렇기 때문에 성도 여러분들이 교역자들에 대하여 물질적인 부양의 책임을 져야 하는 것입니다. 또한 교역자들이 항상 영적으로 깨어 있어 복음의 진리를 바르게 증거하도록 기도해 주어야 합니다.

19세기 영국의 스펄전 목사님은 수만 명이 모이는 큰 교회를 목회를 하면서 설교를 은혜스럽게 잘 하시던 목사님입니다. 어느 날 후배들이 와서 그에게 물었습니다.

"어떻게 이처럼 큰 교회를 이끌어 가시면서 설교도 그처럼 은혜스럽게 잘 하십니까?"

이 물음에 스펄전 목사님은 대답은 하지 않고 그 후배들을 데리고 교회 기도실로 갔다고 합니다. 그곳에는 목사님을 위하여 200명 이상이 팀을 이루어 기도하고 있었습니다. 스펄전 목사님은 말했습니다.

"교회 부흥의 원리가 여기에 있습니다."

또한 성도 여러분들은 교역자들을 인격적으로 대접하여 주어야 합니다. 교역자가 연령이 적던 많던 따질 필요가 없습니다. 절대 소홀하게 대접하는 일이 없어야 합니다.

어떤 목사님의 이야기를 들은 일이 있습니다. 어느 가정에 혼사가 있었는데, 그것을 잊고 미처 주보에 게재를 하지 못한 것입니다. 그 가정은 매우 기분 나빠했습니다. 그래서 목사님은 그 집에 사과를 했고, 예배 시간마다 광고를 해주었다고 합니다. 그런데도 결혼할 당사자이던 청년은 축복 받으며 결혼하려고 했는데, 주보에 결혼 소식을 내주지 않았다고 주례할 목사님께 혈기를 부렸다고 합니다. 그런 와중에 결혼식을 잘 마쳤고, 축하해 주러 온 손님도 많았다고 합니다.

그런데 주일날 오전 예배를 인도하는 목사님에게 신랑 아버지가 와서 행패를 부린 것입니다. "너는 목사 자격도 없다. 네가 무슨 목사냐? 너는 가짜 목사다. 너는 나쁜 놈이다"라고 하면서, 예배를 인도하러 강단에 올라가려는 목사님을 붙잡고 혈기를 부렸습니다. 목사님은 하도 어이가 없어서 웃으면서, "다른 것은 몰라도 나는 가짜 목사는 아닙니다. 교단이 인정하는 신학대학을 졸업했고, 목사고시에 합격하여 정식으로 노회에서 목사 안수를 받았습니다"라고 대답을 한 후 강단에 올라갔다고 합니다.

참으로 어이없는 일입니다. 여러분! 하나님은 주의 종임을 알아야 합니다. 예배를 인도하러 강단에 올라가는 목사에게 혈기를 부리며 욕을 하는 자를 하나님은 어떻게 하시겠습니까? 저는 그 이야기를 듣고 생각해 보았습니다. 목사를 소홀하게 대접하면 그 목사가 선포하는 설교에 어떻게 은혜를 받을 수 있겠습니까? 주일날 교회에 와서 예배에 참석하고 선포되는 말씀에 은혜를 받지 못하면 내 영이 병들고 죽습니다. 영혼이 죽으면 원망하게 됩니다. 불평하게 됩니다. 짜증내게 됩니다. 내 마음에 평화가 없기 때문입니다. 영혼이 병들면 육이 병들게 됩니다. 만사가 불통하게 됩니다.

여러분! 교역자들을 선하게 대접하시기 바랍니다. 그도 인간이라 잘못이 있을 수 있습니다. 실수도 있습니다. 그러나 하나님이 필요해서 쓰시는 일꾼입니다. 소홀하게 대접하면 하나님께서 손을 대십니다. 이를 예사롭게 생각하면 안됩니다.

본문 10절에서 하나님은 분명히 가르쳐 주십니다. "그러므로 우리는 기회 있는 대로 모든 이에게 착한 일을 하되 더욱 믿음의 가정들에게 할지니라."

우리는 선한 일을 한다고 할 때 해외선교를 한다, 남의 나라를 돕는다, 어느 지역에 수재가 났으니 도와야 한다 하면서, 먼 곳에 먼저 구제의 손길을 펴는 경우가 많습니다. 물론 그 사람들도 도와야 합니다. 그러나 내 주위를 둘러보십시오. 내 이웃 가운데에도 선을 행할 대상이 많습니다. 믿는 자들에게 먼저 선을 베푸십시다. 바울 사도도 "너를 가르치는 자에게 먼저 할지니라"고 했습니다.

잘 심기 위한 두 번째 원리는, 자녀들을 위해 선한 것, 좋은 것을 심어 두어야 합니다.

부모의 소원은 무엇입니까? 첫째도, 둘째도, 셋째도 자녀들이 잘되는 것입니다. 자식들이 잘되기 위해서는 부모들은 무엇을 하든 잘 심어야 합니다. 그렇게 하기 위해서는 내 주장, 내 생각, 내 행동만 내세우면 안됩니다. 다른 사람도 이해하고 용서하고 섬겨 주어야 합니다. 베풀 수 있는 자가 되어야 합니다. 그래야 내가 받습니다. 내 자손이 받습니다.

저는 부모님께 신앙을 이어받지 못했습니다. 불신 가정에서 태어나 19세 때 예수님을 영접한 후 43년 동안 신앙생활을 하고 있습니다. 지금은 큰 교회의 담임목사로 봉직하고 있고, 셋째 아들도 목사가 되었습니다.

제가 이렇게 복을 받아 누리는 것은 저의 부모님과 장인, 장모님의 덕택이라고 생각하고 하나님께 감사를 드립니다. 제 부모님은 정말 이웃에게 선하게 대하시는 분이셨습니다. 특히 제가 어릴 때는 위생 상태가 좋지 않아 피부에 부스럼이 많았는데, 동네 사람들이 몸에 종기가 나서 저의 아버지를 찾아오면 저희 아버님은 식사 중에라도 숟가락질을 멈추고 종기에 침을 놓아 째고 고름을 짜내어 치료해 주셨습니다. 가족들은 지저분하다고 싫어했지만 아버지는 항상 마다 않고 손수 하셨습니다. 그런 아버지가 중풍으로 쓰러지시자 동네 사람들은 "이제 동네 일은 누가 하나?" 하고 걱정할 정도로 저의 아버님은 온갖 일을 도맡아 하시던 분이셨습니다.

저희 장인어른은 주의 종을 아주 잘 섬기는 분이셨습니다.

1945년 광복 후 우리 나라의 경제 형편은 말이 아니었습니다. 더구나 시골에서 목회를 한다는 것은 진짜 굶는 날이 밥 먹는 날보다 더 많을 정도로 힘든 일이었습니다. 저희 장인어른은 그런 형편을 아시고 양식이 떨어질 것 같으면 얼른 양식을 가져다 드리곤 했다고 합니다. 사택에 도배도 해드리고, 교회에 우물도 파드렸다고 합니다. 그리고 결정적인 것은 한국전쟁 때였습니다.

한국전쟁이 일어나서 인민군이 쳐들어오자 대한청년단 간부였던 장인어른은 공산당이 오면 체포되어 사형을 당할 위기에 직면하게 되었습니다. 그때 경찰서에서 부산으로 가는 배를 내어 주었는데, 그 배를 목사님 가족에게 양보하고 당신은 체포되어 처형을 당할 위기에 처하셨다가 후에 지혜를 발휘하여 도망쳐서 살아나셨다고 합니다.

제가 영남신학대학교를 졸업하고 서울에 왔을 때, 저는 모르는 분이었지만, 그때 도움을 주셨던 그 목사님이 저를 아들같이 생각하며 얼마나 친절하게 목회 지도를 해주셨는지 모릅니다. 그분의 목회 지도는 저의 목회 생활에 큰 도움이 되었습니다. 하나님은 부모님이 심어 놓은 것을 후손인 제가 받을 수 있도록 함께 해주신 것입니다.

성도 여러분! 본문 7절 말씀에 "하나님은 만홀히 여김을 받지 아니하시나니"라고 기록되어 있습니다. '만홀히 여긴다'는 말은 '무심하게 여긴다. 고개를 쳐든다. 소홀히 여긴다. 콧방귀를 뀐다'는 뜻입니다. 하나님은 만홀히 여김을 받지 않으시는 분입니다. 하나님은 우리가 심은 그대로 거두어 주십니다. 잘못 심어 놓고 잘 거두려는 속셈은 하나님을 만홀히 여기는 것이 되는 것입니다. 그러므로 잘 심어야 합니다.

잘 심기 위한 세 번째 원리는, 말도 생각도 잘 심어야 합니다.

우리는 나도 모르는 사이에 생각을 심는 경우가 많습니다. 남편이 가정에 충실하지 않다고 차라리 과부가 낫겠다고 투덜대는 아내는 없으십니까? 자식이 부모 말에 순종하지 않는다고 밖에 나가서 죽어 버리든지 했으면 좋겠다고 생각하는 부모는 없습니까? 그 모든 생각도 하나님은 아십니다. 정말 과부가 되면, 그리고 자식이 죽어 버리면 좋겠습니까?

어떤 분은 이 세상이 싫다고 빨리 죽어서 천당가고 싶다고 했답니다. 그런데 그렇게 말씀하시던 분이 본인이 말한 그대로 그 해에 돌아가셨습니다. 우리들의 말은 하나님이 모두 들으십니다.

사랑하는 부모님 여러분! 좋은 것을 심는 부모님들이 되시길 바랍니다. 내가 심었어도 내가 미처 거두지 못할 수도 있습니다. 그러면 나머지는 자식들이 거둡니다.

국가적으로 볼 때 세계에서 제일 잘 사는 나라가 미국입니다. 미국은 조상들이 잘 심어 놓은 것을 그 후손들이 거두어들이고 있는 나라라고 할 수 있습니다. 하나님이 복을 주시도록 그들 조상이 심어 놓았기 때문입니다. 그들은 지폐에 "우리는 하나님을 믿는다(In God We Trust)"는 말을 새겨놓을 정도로 하나님을 잘 믿습니다.

사랑하는 여러분! 주의 일에 충성하시기 바랍니다. 여러분의 믿음을 자식들에게 바르게 가르치는 부모가 되길 바랍니다. 믿음의 교육은 행함으로 전수되는 것입니다. 말로서 하는 것이 아닙니다. 예배에 충실하십시오. 헌금생활에 충실하십시오. 맡겨진 일에 충실하십시오. 그것을 하나님은 보십니다. 그리고 여러분들의 자녀들이 봅니다. 자녀들은 아버지, 어머니가 한 그대로 교회를 섬깁니다. 이를 절대로 잊지 마시기를 바랍니다.

우리는 육신의 생활도 풍성해야 합니다. 그렇게 하기 위해서 온전한 십일조를 드려야 합니다.

미국에 이민간 어떤 성도의 간증입니다. 그가 처음 미국에 갔을 당시는 너무나 가난해서 밤마다 뜬눈으로 지새우며 하나님께 서원기도를 했다고 합니다.

"하나님, 생활 터전을 주옵소서. 온전한 십일조를 구별해서 하나님께 드리겠습니다."

그 후 그는 영업이 잘 안되어 폐업하는 상점 하나를 인수하게 되었습니다. 그는 그곳에서 수입의 십일조를 드릴 뿐 아니라, 아침에 가게문을 열면 첫 손님에게는 물건의 반값만 받고 그 반값 받은 것을 하나님께 바쳤습니다. 그랬더니 하나님께서 복을 주셔서 지금은 하루에 고객이 1,600명이나 되는 아주 장사가 잘 되는 가게가 되었다고 합니다.

온전한 십일조를 하나님께 드리는 것도 하나님께 심는 것입니다. 그때 하나님께서는 하늘 문을 여시고 복을 쌓을 곳이 없도록 부어 주십니다. 그러므로 낙심하지 말고 심어야 합니다.

본문 9절 말씀을 보십시오. 심는 자의 자세를 말해 줍니다. "우리가 선을 행하되 낙심하지 말지니 피곤하지 아니하면 때가 이르매 거두리라."

나는 착한 일을 많이 했는데 열매가 없다고 낙심하지 않기를 바랍니다. 그 열매는 하나님이 정한 때에 거두게 될 것입니다. 그러므로 인내해야 합니다.

시편 126:5-6의 말씀을 보면 "눈물을 흘리며 씨를 뿌리는 자는 기쁨으로 거두리로다 울며 씨를 뿌리러 나가는 자는 정녕 기쁨으로 그 단을 가지고 돌아오리로다"라고 추수의 원리에 대하여 기록하고 있습니다. 이 추수의 원리는 절대 변하지 않습니다.

여러분! 지금까지 어떻게 심으셨습니까? 과거에 잘못 심었던 것은 모두 청산하고 이제부터 선한 씨를 심어서 영생 복락의 결실을 거두는 여러분이 되시기를 주님의 이름으로 축원합니다.

9월
믿음의 달

· 질그릇의 보배(고후 4:7-15)
· 하나님의 사랑받는 교회(신 32:9-12)
· 히스기야의 부흥운동(대하 29:1-11)
· 날로 새로워지는 생활(고후 4:16-18)

〈집필자 : 김기현 목사〉
· 숭실대학교 영문학과 졸업
· 장로회신학대학교 신대원 졸업
· 동아대학교 대학원 철학과 졸업
· 미국 플러신학대학원(목회학 박사)
· 영남신학대학교 교수 역임
· 현) 마산문창교회 담임목사

질그릇에 보배
(고후 4:7-15)

사도 바울이 고린도 교인들에게 보내는 편지가운데 우리가 "이 보배를 질그릇에 가졌다"고 하였습니다. 이 말씀은 사도 바울이 자기가 받은 복음은 영광스러운 보배이나, 그것을 전하는 자신은 연약한 질그릇이라는 것을 말한 것입니다.

1. 나약한 인간에게 귀하고 값진 복음진리가 담겨있다는 말입니다.

복음을 통해서 인간이 새 생명을 얻게 되기 때문에, 복음은 세상에서 흔히 보배라고 하는 금이나 은과 다이아몬드 이상의 가치를 지닌 것입니다. 질그릇은 흙으로 빚은 토기인데, 우리 인간을 가리키는 것입니다.

태초에 하나님이 사람을 흙으로 빚어 만들었으니, 인간의 육체는 질그릇입니다. 질그릇은 맵시 없고 약하여 깨어지기 쉽고 가치 없는 그릇입니다. 인간의 육체란 약해서 깨어지기 쉽고 초라하고 가치 없는 것입니다. 질그릇은 인간 육체만 말하는 것이 아니고 인간성을 말하고 인간의 전 인격을 포함하는 것입니다. 우리 인간의 타락한 성품은 질그릇과 같아서 약하고 깨어지기 쉬운 것입니다. 실수하고 넘어지기 쉬운 것입니다.

그러나 본문에 보면 귀하고 값진 보배를 질그릇에 가졌다고 했습니다. 가장 나약한 인간에게 가장 귀하고 값진 복음의 진리가 담겨서 인간을 가치 있게 만드는 것입니다.

바울은 자기 자신을 질그릇이라고 생각했습니다. 우리가 생각할 때 사도 바울은 질그릇 같이 보이지 않습니다. 그 몸이 약했던 것은 사실이고, 그도 물론 성격상 결함이 없었던 것은 아닙니다. 그러나 그는 보통사람보다 위대한 인물이었습니다. 높이 추앙할만한 인물이었습니다. 그러나 바울 자신은 생각하기를 자기는 질그릇에 불과하다는 것을 깊이 느꼈습니다. 그는 자신을 만삭되지 못하여 난 자와 같다고 했고, 지극히 작은 사도보다 더 작은 자라고 했습니다.

바울이 그렇게 자기 자신을 무가치하게 보았기 때문에 그리스도를 소유한 데 대한 감사를 할 수 있었고, 그 감사 때문에 일생을 그리스도를 위하여 살 수 있었던 것입니다. 참으로 은혜는 마음이 겸손한 자에게 주어지는 것이고, 마음이 가난한 빈 심령에 채워지는 것입니다.

2. 질그릇에 보배가 담기니 그릇의 가치가 달라집니다.

무가치한 인간에게 가치 있는 복음진리가 담기니 인간의 가치가 달라지는 것입니다. 무가치하게 이용되던 사람이 가치 있게 사용이 되고, 이기적인 인간이 이타적인 인간으로 바뀌게 되고, 세상만 바라보던 눈이 높고 고상한 신령한 세계를 바라보게 되는 것입니다. 가치관이 바뀌고 인생관이 바뀌고 생의 방향이 바뀌고 행동 원리가 바뀌게 되는 것입니다.

복음의 진리를 받은 사람들은 다 그렇게 바뀌어졌습니다. 바울을 비롯해서 베드로, 요한, 야고보 같은 제자들, 삭개오, 마태, 고넬료 같은 사람, 어거스틴, 루터, 칼빈 같은 학자들, 불량배 김익두, 살인 강도 고재봉도 다 복음진리가 그 맘에 담겨져서 변해진 사람들입니다.

일본의 미우라 아야꼬 여사가 《이 질그릇에라도》라는 소설을 썼습니다. 신앙이 독실한 남편이 아내에게 말했습니다. "하나님은 우리가 훌륭해서 써주시는 것이 아니야. 성서에도 있듯이 우리는 흙으로 만들어진 질그릇에 지나지 않아. 이 질그릇도 하나님이 쓰시려고 하실 때 쓰이게 되는거지. 자기 자신이 질그릇이라는 것을 앞으로 절대로 잊어버리면 안돼." 남편이 이렇게 신앙과 겸비가 담긴 말로 아내에게 말했습니다.

그가 쓴 소설은 전부가 신앙 간증이요, 전도요, 그리스도인의 생활을 주제로 삼고 있습니다. 복음은 이렇게 사람의 가치를 변화시키고, 그 사람의 가치관을 전환시켜 놓습니다.

3. 질그릇에 보배를 가졌으니 큰 능력을 발휘합니다.

질그릇 때문에 수난이 있고, 그 속에 담긴 복음의 능력 때문에 궁극의 승리가 있습니다. 복음진리를 담은 육체는 질그릇 같이 약하지만, "사방으로 우겨쌈을 당하여도 싸이지 아니한다"고 했습니다. 나약한 질그릇 때문에 환난을 받지만, 거기에 담긴 보배 때문에 승리를 얻는 것입니다.

"답답한 일을 당하여도 낙심하지 아니한다"고 했습니다. 답답한 일은 길이 없는 절망상태를 가리키는 것입니다. 질그릇 같이 나약한 육신은 쉽사리 절망상태를 당하나, 그 속에 담긴 보배인 복음의 능력은 절망에 빠지지 않게 하는 것입니다.

"핍박을 받아도 버린바 되지 아니한다"고 했습니다. 사람에게 핍박을 받아도 하나님에게는 버린 바 되지 아니하는 것입니다. "거꾸러뜨림을 당하여도 망하지 아니 한다"고 했습니다. 핍박이 극도에 달하여 짓밟히고 거꾸러뜨림을 당하였으나 망하지 아니합니다.

바울은 실제로 루스드라에서 돌에 맞아 거꾸러졌으나 죽지 않았습니다. 이 말은 전도 전선에서 당하는 영적 전쟁에서 체험한 복음의 능력을 간증하는 것입니다.

4. 질그릇에 담긴 보배를 잘 간직해야 합니다.

1) 질그릇 같이 약한 것을 아는 사람은 항상 조심하며 살아야 합니다.

질그릇은 잘못 다루면 깨지기 쉬운 것입니다. 질그릇에 불과한 것을 깨달아 아는 사람은 몸가짐이나 생각하는 것이나 사교생활이나 모든 일에 있어서 조심할 것입니다.

그리고 성경에 보면 "근신하고 깨어 있으라"고 했습니다. 기도하라고 했습니다. 왜냐하면 악한 마귀가 우는 사자 같이 삼킬 자를 찾으러 다니기 때문이라고 했습니다. 악인이 노리는 것은 돈 있는 사람의 돈을 노리고 귀중품을 간직한 사람의 보화를 노립니다. 길 가다가 변을 당한 사람, 잠자다가 변을 당한 사람, 자녀들을 유괴 당한 사람들을 보면 가진 것이 많은 사람입니다. 가진 것이 많은 사람은 항상 불안하고 신경을 써야 합니다. 정신을 차리고 깨어 있어야 합니다.

우리는 비록 보잘 것 없는 사람일지라도 우리 안에 복음진리를 간직하고 있기 때문에 마귀는 항상 그것을 빼앗아 가려고 노리고 있습니다. 내가 약한 것을 아는 사람은 항상 조심해야 합니다. 죄를 멀리해야 합니다. 유혹을 피해야 합니다. 악인의 꾀를 좇지 말고, 죄인의 길에 서지 말고, 오직 말씀을 묵상하며 살아야 합니다.

귀한 보배를 질그릇에 받아서 간수하는 우리는 항상 몸가짐을 조심해야 합니다. 깨지기 쉬운 질그릇이나 유리그릇을 가지고 걷는 사람은 조심조심 걸어야 합니다.

2) 자신을 낮추어야 합니다.

고린도전서 10:12에 "스스로 섰다고 하는 자는 넘어질까 조심하라"고 경계했습니다. 갈라디아서 6:3에 "만일 누가 아무 것도 되지 못하고 된 줄로 생각하면 스스로 속임이니라"고 했습니다. 참으로 된 사람은 자신을 되지 못했다고 생각하고, 되지 못한 사람은 된 줄로 생각하는 법입니다.

우리에게 무슨 재능이 있든지, 무슨 은혜가 있더라도 그것은 하나님께서 내게 주신 보배이며, 내 자신은 질그릇에 불과한 것입니다. 그러므로 자신을 낮추고 겸손해야 합니다. 언제나 자신은 하나님 앞에서 무익한 종이라는 것을 스스로 고백하면서 겸비해야 합니다. 하나님께서는 겸손한 자에게 은혜를 주십니다. 겸손한 자는 자기자랑을 하지 않습니다. 너무 자기 고집대로 하지 않습니다. 불평이나 불만이 없습니다.

우리는 질그릇 같이 보잘 것 없지만, 내 속에 있는 복음진리 때문에 구원을 얻고, 하나님께서 값진 보배처럼 사용해 주시니 참으로 감사한 일입니다. 우리는 하나님과 사람 앞에 보배처럼 필요한 존재가 되어야 하겠고, 교회에서 보배처럼 필요한 존재가 되어야 하겠습니다.

하나님의 사랑받는 교회
(신 32:9-12)

하나님께서 구약에서는 이스라엘 민족과의 관계를 통하여 그의 뜻을 나타내셨고, 신약에서는 교회 모든 회중을 통하여 그의 뜻을 나타내시는 것입니다. 오늘 본문은 하나님이 교회를 얼마나 사랑하시며 돌보시는가를 나타내는 노래입니다.

1. 교회는 하나님의 기업입니다.

9절에 보면 "여호와의 분깃은 자기 백성이라 야곱은 그 택하신 기업이라"고 했습니다. 기업이란 대대로 물려 내려오는 사업과 재산을 말하는데, 이스라엘 백성이 대를 잇는다는 말이고, 오늘의 교회 곧 성도들이 하나님의 대를 이을 자란 말입니다. 대를 잇는다는 것은 중요한 것입니다. 땅을 물려주는 것도 기업이고, 혈통을 물려주는 것도 기업이고, 정신을 물려주는 것도 기업이고, 신앙을 물려주는 것도 기업입니다.

여호수아가 이스라엘 백성을 이끌고 요단강을 건너 가나안 땅에 들어가서 매 지파마다 영토를 나누어 그들의 기업으로 주었습니다(수 13장). 기업으로 분배받은 땅은 그들의 생활유지를 위해 사용할 땅이었습니다.

기업은 사람에게 있어서 생명과 같이 중요한 것입니다. 기업이 없는 사람은 생활유지를 못하게 되는 것입니다. 우리는 하나님께서 소중히 여기시는 기업입니다. 우리들을 위하여 하나님은 아들의 생명을 내놓으신 것입니다.

시편 33:12에 "여호와로 자기 하나님은 삼은 나라 곧 하나님의 기업으로 빼신바 된 백성은 복이 있도다"고 했습니다.

역사적으로 기독교가 왕성하게 부흥되는 나라는 경제적으로도 번영하고 문명이 발전됐습니다. 영국, 독일, 스위스, 네덜란드, 덴마크, 스웨덴, 미국 같은 나라들을 예로 들 수 있습니다.

시편 33:19-20에 "여호와는 그 백성의 영혼을 사망에서 건지시며 기근시에 살게 하시고 도움과 방패가 되신다"고 하였습니다. 하나님께서 그 기업으로 삼은 교회, 곧 우리 성도들을 사랑하시기 때문에, 성도들을 가리켜 자녀라고도 하고 신부라고도 하신 것입니다. 교회가 하나님의 기업이란 말씀은 하나님께서 생명처럼 사랑하시고 아들처럼 사랑하시고 신부처럼 사랑하신다는 말입니다.

2. 하나님께서 교회를 양육하시는 방법

1) 광야에서 양육하십니다.

본문 10절에 "여호와께서 그를 황무지에서 짐승이 부르짖는 광야에서 만나시고 호위하시며 보호하시며"라고 했습니다. 이스라엘 백성이 광야에서 40년이나 머물게 한 것에는 목적이 있었습니다. 하나님께서 그들을 단시일 내에 가나안 땅에까지 인도하시려면 못하실 일이 아니었습니다. 그러나 하나님께서는 계획적으로 그 여행기간을 40년간으로 연장시키셨습니다. 그 목적은 이스라엘 백성이 광야에서 고생을 함으로써 신앙훈련을 받게 하려는 것이었습니다.

하나님은 때로 우리에게 고생을 주십니다. 우리의 일이 어떤 때에는 단시일 내에 되지 않고 오랫동안 지연되기도 합니다. 하나님께서 하시려면 못하실 것이 없지만, 계획적으로 일의 성사를 연장시키시기도 하는 것입니다. 그것은 우리들을 바르게 만드시려는 하나님의 계획입니다.

2) 자기 눈동자 같이 지키십니다.

사람의 육체 기관 중에서 눈은 아주 귀중한 부분입니다. 바울은 자기를 사랑하는 갈라디아 사람들의 지극한 사랑을 가리켜 말하기를 "너희가 할 수 있었더면 너희의 눈이라도 빼어 나를 주었으리라"(갈 4:15)고 하였습니다. 눈은 우리 몸 가운데 가장 소중히 보호하는 기관입니다. 눈에는 티 하나라도 들어가면 상하게 되고 보지 못하게 되고 고통을 당하게 됩니다. 그래서 하나님께서는 이 눈동자를 특별히 보호하시는데, 신경을 쓰셔서 속눈썹을 만들고 바깥 눈썹을 만들어서 이마에서 땀이 눈으로 흘러 들어가지 못하게 하셨고, 속눈썹으로 바람과 티끌이 들어가는 것을 방지하며, 눈꺼풀은 특별히 움직이게 하시고 또 예민하게 하셔서 잡티가 들어갈 때는 즉시 깜박이고 막아주도록 하셨고, 눈에 무엇이 들어갔을 경우나 눈 안에 더러운 것이 생겼을 때는 즉시 청소를 하도록 눈물이 나서 닦아주도록 하셨고, 눈꼽으로 처리하게 하셨습니다. 하나님은 교회와 성도들을 이렇게 지키시고 보호하신다는 말입니다.

오늘의 교회가 과학과 물질의 인간적인 요소 때문에 무시를 당하고 있는 것 같으나, 하나님은 교회를 자기 눈동자 같이 지켜주실 것입니다. 교회는 결코 세상 끝 날까지 사명을 다 할 것입니다.

마태복음 21:44에 "이 돌 위에 떨어지는 자는 깨어지겠고 이 돌이 사람 위에 떨어지면 저를 가루로 만들어 흩으리라"고 했습니다. 여기서 돌은 그리스도를 가리키는 것입니다. 그리스도의 권세에 아무도 도전할 수 없다는 것이고, 도전하면 자신이 오히려 패망한다는 말입니다. 누구든지 예수 그리스도가 함께 하는 교회에 부딪히면 자신이 깨어지는 법이지 교회가 깨어지는 법이 없습니다.

3) 독수리가 그 새끼를 사랑하듯이 하나님께서 교회를 사랑하십니다(11절).

독수리가 그 새끼를 어떤 방법으로 사랑하는가에 대하여 본문에 세 가지를 보여주고 있습니다.

① 독수리가 그 보금자리를 어지럽게 한다는 것입니다. 어미 독수리가 새끼가 있는 보금자리를 안전하게 놔두지 않고 보금자리를 교란시켜 그 새끼가 가만히 있지 못하게 한다는 것입니다. 새끼가 날개를 펴서 날아가도록 함으로서 나는 운동을 시키는 것입니다. 하나님께서는 신자들을 평안케 하므로 사랑하

시는 것보다 때로는 그들을 교란시키십니다.

때로는 마음의 고통도 당하고, 생활의 고통도 당면하게 되고, 어떤 때는 전혀 발붙일 곳을 찾지 못하게 됩니다. 그러나 그런 일들은 우연한 일이 아니고, 하나님께서 그들의 보금자리를 어지럽게 하시는 일 때문에 그렇게 되어지는 것입니다. 그런 일을 당할 때 신앙인은 새로운 결심을 하게도 되고, 하나님을 더욱 의지하게도 되는 것입니다.

② 독수리는 그 새끼 위에 너풀거린다고 했습니다. 독수리가 그 새끼를 보금자리에서 까불어서 떨어뜨리고는 혹시나 위험을 당할까봐 그것들을 따라가며 보호하려고 너풀거리는 것입니다. 어미 독수리가 새끼 독수리를 지켜보고 있듯이, 하나님은 그의 자녀들을 지켜보고 계시는 것입니다. 하나님은 때때로 교회에 고난을 주시고, 고난을 당하는 교회에 가까이 계셔서 위험을 면케 하려고 대비하고 계시는 것입니다.

③ 독수리가 그 날개를 펴서 새끼를 받으며, 그 날개 위에 그것을 업는다고 했습니다. 새끼 독수리가 가냘픈 날개로 공중을 날다가 만약 힘이 빠지게 되면 어미 독수리는 쏜살같이 밑으로 달려와서 그의 날개 위에 새끼를 받아서 새끼가 다시 날 수 있을 때까지 업어줍니다.

우리는 이 비유에서 교회에 대한 하나님의 사랑을 볼 수 있습니다. 그는 우리의 짐을 져 주시는 분이요(시 68:19), 든든한 피난처가 되시는 것입니다. 우리는 그 하나님의 품속에서만이 평안히 쉴 수가 있습니다.

마지막으로 생각할 것은 눈동자가 정상적인 기능을 발휘할 때 지켜 주십니다. 눈동자를 쓰지 못하게 되었다면 수술을 해서 제거하든지 그냥 버려 둘 것이지 지키고 보호할 필요가 없게 되는 것입니다. 하나님께 합당하게 쓰여질 때 하나님의 보호도 받을 것이고, 더 큰 은혜로 감싸주실 것입니다.

히스기야의 부흥운동
(대하 29:1-11, 32:20-21, 24-26)

국가의 왕이 선정을 베풀 때에는 백성들이 평안히 살 수 있고 나라가 안정이 되지만, 악한 왕이 다스리게 되면 백성들이 불안하고 고통을 받게 되는 것입니다. 아하스 같은 왕이 다스릴 때 유다의 백성은 외적의 침략으로 고통을 당하기도 하고 악정의 제물이 될 수밖에 없었던 것입니다. 그러다가 그 뒤를 이은 히스기야 왕은 부왕의 악정을 떠난 정치를 하였습니다.

1. 우상을 일소함으로 여호와 신앙을 부흥시켰습니다.

부왕 아하스가 성전 문을 봉쇄하고 백성들이 제사를 드리지 못하게 만들어 놓으니, 조상 때부터 섬겨오던 하나님을 섬기지 못하게 되고, 제사를 드리지 못하게 되니 그 백성들은 제사에 굶주린 사람들이었습니다. 왕이 여호와를 떠나 바알신을 숭배하게 되니 백성들은 왕의 가증한 것을 본받고, 그 명령에 못 이겨 바알신을 섬기는 사람들이 날로 늘어났습니다. 왕은 진노를 받고도 점점 악해져서 백성들은 견딜 수가 없게 되었습니다. 그런데 히스기야 왕이 즉위하여 여호와 종교를 부활 시켰습니다. 봉쇄된 성전 문을 열고, 먼지 긴 성전을 청결하게 하고 주를 섬길 것을 명했습니다. 성중 귀인들을 성전에 모아 나라를 위하여 번제와 속죄제를 드리고, 민중의 원대로 제사를 드리게 하였습니다. 제사에 굶주린 민중은 감사한 맘으로 성전에 나와서 제사를 드리게 되었고, 한없이 기뻐했던 것입니다.

신앙부흥은 심령의 부흥인데, 이는 육신의 번영과 사회 안정에까지 영향을 미치게 되는 것입니다.

히스기야는 품성이 정직한 사람이어서 다윗처럼 정직하게 행하였습니다 (29:2). 그는 믿음을 회복시키는 일에 속히 착수했습니다. 그는 유다 나라가 쇠하여 졌다는 것을 알았으나, 국가 정부를 회복하는 것을 우선으로 삼지 않고 믿음 회복을 급선무로 삼았습니다.

유다 나라가 쇠하여 패배한 원인은 여호와 종교를 버렸기 때문이란 것을 그는 알았기 때문입니다. 그래서 그는 모든 정무를 회복하는데 앞서 여호와의 전 문을 열었습니다(29:3). 그리고 그는 제사장과 레위인들에게 황폐한 믿음과 그 결과로 닥쳐온 비참한 상태를 말했습니다. "우리 열조가 범죄하였도다"(29:6) 하고는 제단에 제사가 끊어졌음으로 하나님의 진노를 샀으며, 믿음을 소홀히 함으로써 타락하게 된 슬픈 결과를 밝혔습니다.

하나님께서 진노하시어 곤고케 하셨고, 칼을 피할 수 없게 하셨고, 포로가 되게 하셨고, 하나님이 버리사 두려움과 놀람과 비웃음거리가 되게 하셨다고, 그는 믿음을 회복하고 발전시키는데 주력하겠다는 의도와 결심을 자세히 알렸습니다. 그는 그렇게 함으로 국가 번영의 길을 찾았습니다.

우리 가정의 형통과 번영의 길은 여호와 종교를 바탕으로 하는데 있습니다. 여호와 신앙을 봉쇄함으로써 가정 쇠퇴의 원인이 되지 않았는가 깊이 반성하고, 그 근본 원인을 찾아서 복구해야 되겠습니다.

2. 기도를 통하여 여호와 신앙을 부흥시켰습니다.

1) 히스기야가 앗수르 대군을 기도로 격퇴시킨 사실이 있습니다
　　(대하 32장, 왕하 19장).

히스기야는 유다 나라의 적을 물리치는 것이 하나님의 능력으로 되는 것을 믿는 왕이었습니다. 앗수르 왕 산헤립이 유다 나라를 쳐들어왔을 때, 히스기야는 성을 쌓고 병기와 방패를 많이 만들고 군대장관들을 세워놓고는 백성을 위로하기를, "너희는 마음을 강하게 하며 담대히 하고… 두려워 말며 놀라지 말라 우리와 함께 하는 자가 저와 함께 하는 자보다 크니 저와 함께 한 자는 육신의 팔이요, 우리와 함께 하는 자는 우리의 하나님 여호와시라 반드시 우리를 도우시고 우리를 대신하여 싸우시리라"(대하 32:7-8)고 하였습니다.

이때 앗수르 왕 산헤립과 장관 랍사게가 유다를 침범해 들어와서 히스기야를 비방하고 여호와 하나님을 욕하고 히스기야의 말을 믿지 말고 속지 말라, 너희 하나님이 너희를 건져 내지 못한다고 유다 백성을 놀라게 하고 괴롭게 하며 그 성을 취하려 하였습니다. 이러한 모욕적인 언사를 퍼붓는 것을 들은 히스기야 왕은 원통하여 그 옷을 찢고 굵은 베를 입고 여호와의 전으로 들어 갔습니다(사 37:1). 기도하러 들어간 것입니다. 히스기야는 기도할 뿐 아니라 이사야에게 사신들을 보내어 지도를 구했습니다. 선지자에게 하나님의 말씀을 들으려고 한 것입니다(사 37장).

히스기야는 이런 어려운 때 사신을 이사야에게 보내어 말하기를 ① 인간의 힘으로는 살 수 없습니다. ② 여호와 하나님이 랍사게에게 훼방을 당하였습니다. ③ 택한 백성을 위하여 기도해 달라고 하였습니다. 이때 이사야는 히스기야의 기도를 하나님이 들으신 것을 전해주었습니다. 또 하나님께서 유다를 구원하여 주시고 돌보아 주실 것을 징조로 알려 주었습니다(사 37:30). 앗수르 왕은 장차 실패하고 산헤립은 피살될 것을 예언하였습니다.

역대하 32:20에 보면, 히스기야 왕이 이사야 선지자와 함께 하늘을 향하여 부르짖어 기도하였더니, 여호와께서 한 천사를 보내어 앗수르 왕의 영에서 모든 큰 용사와 대장과 장관들을 멸하였다고 하였고, 앗수르왕 산헤립은 도주하여 자기가 섬기는 신의 전에 들어갔을 때에 그 자식들이 칼로 죽였다고 했습니다. 기도는 이렇게 기적을 낳게 됩니다. 기도는 국난이나 가정환난이나 난제 해결의 길이요, 부강의 길이요, 승리의 길입니다.

2) 히스기야는 기도로 죽을 병이 낫고, 수명이 연장되었습니다
    (대하 32:24, 왕하 20:1-7, 사 38:1-8).

앗수르가 침략하여 물러간 후 히스기야가 병들어 죽게 되었습니다. 우리 성도에게 환난은 끊임없이 닥쳐옵니다. 이때 이사야 선지자는 말하기를 "여호와의 말씀이 너는 집을 처치하라 네가 죽고 살지 못하리라 하셨나이다"고 했습니다. 이 말을 들은 히스기야는 낯을 벽으로 향하고 여호와께 기도하고 심히

통곡하였습니다. 얼굴을 벽으로 향하고 기도한 것은 세상을 단절하고 하나님께만 전심하는 태도입니다. 히스기야의 기도에는 경건한 생활이 뒷받침 되었습니다. 그는 진실과 전심으로 행하였다고 했습니다. 그는 심히 통곡하며 기도했습니다. 극단의 비애를 표시하는 것이고, 간절한 기도를 말하는 것입니다.

이때 하나님은 히스기야의 기도를 들으시고, 그의 병을 고쳐주시고, 그의 수한을 15년을 더 연장시켜 주셨습니다. 그 뿐만 아니라 앗수르 왕의 손에서 왕과 그 성을 구원하고 그 성을 보호하리라는 약속을 하셨습니다. 이것이 그의 기도의 응답입니다. 기도는 죽을 병도 낫게 하고, 죽을 목숨이 연장되고 하나님의 보호를 받게 되는 요건이 되는 것입니다.

병이 낫자 히스기야는 정치에 골몰했습니다. 히스기야가 나았다는 말을 듣고 바벨론 왕이 특사를 보내어 병 나은 것을 축하했습니다. 히스기야는 강한 신흥세력인 바벨론에 추파를 던지는 것이 유리한 외교라고 생각하고, 그들을 극진히 환대하고 모든 소유의 비장한 보물까지 다 보여주었습니다. 그는 내일을 보지 못하고 자기 나라 무기고를 비롯한 모든 국고와 비밀을 다 보여준 것입니다. 그의 교만과 허영과 세상의 것들에 대한 지나친 관심 때문에 그는 선고를 받게 되는데, 이사야는 그가 그렇게 자랑한 보물은 앞으로 약탈품이 되어 바벨론으로 옮겨갈 것이고, 왕의 아들들이 잡혀가서 바벨론의 환관이 되리라고 하였습니다(왕하 20:16-18).

우리가 믿고 자랑거리로 삼는 것을 앗아가는 것은 하나님의 의로운 처사인 것입니다. 바벨론을 좋아하는 자들은 바로 바벨론에 의해서 멸망하고 말 것을 말하는 것입니다. 세상을 좋아하는 자는 그것으로 망한다는 것입니다.

이 선고에 대한 히스기야의 응답은 "여호와의 말씀은 선하시다(왕하 20:19)"는 것이었습니다. 하나님의 말씀이 정당하고 선하다는 것은 불의에 대한 하나님의 징계를 인정하는 것이고, 그의 교만이 겸손하게 된 것을 드러내는 것입니다. 그와 그 거민이 마음의 교만을 뉘우쳤으므로 하나님의 심판은 그의 생전에는 그들에게 임하지 않고 연기가 되었습니다(대하 32:26).

히스기야의 실수는 은혜를 많이 받은 다음에 오기 쉬운 시험입니다. 우리는 이것을 교훈 삼아야 합니다.

날로 새로워지는 생활
(고후 4:16-18)

기독교를 크게 둘로 나누면 구교와 신교로 나눌 수가 있습니다. 구교는 정교회와 로마 카톨릭교회로 나눌 수 있는데, 그 중에 로마 카톨릭교회에서 신교가 갈라지게 되었습니다. 갈라진 동기를 보면 16세기의 로마 카톨릭교회가 교리상의 오류가 많고, 생활이 부패하고 타락된 모습을 보고 마르틴 루터가 독일에서 95개조의 항의서를 윗텐버그교회 정문에 붙이고 공개토론을 하자고 개혁의 횃불을 들었습니다.

루터는 교회를 분리하여 새로운 교파를 만들자는 의도는 없었고, 다만 교회를 참되게 개혁해야 된다는 의도였던 것입니다. 그러나 그 당시의 상황이 개혁운동을 하는 사람들을 로마 카톨릭교회에서 받아들이지 않으므로 부득이 따로 모인 것이 개신교가 됐는데, 그렇게 참신하게 시작한 개신교지만, 개신교도 영구히 그 참신한 정신을 유지하는 것이 아니고 또다시 부패하기 마련입니다. 그러므로 '개혁파 교회는 항상 개혁되어야만 된다'는 것이 개혁자들의 표어였습니다.

우리의 신앙은 아무리 철저히 개혁했다 하더라도 시간이 흐르면 또 때가 묻기 마련입니다. 부패하게 되는 것입니다. 그러므로 씻고 또 씻어야 됩니다.

염려스러운 것은 신앙의 연령이 더하여 갈수록 신앙이 식어지기 쉽고, 침체되기 쉽고, 부패하여져도 회개할 줄 모르는 무감각한 상태로 되어버릴까 하는 것입니다.

바울이 고린도교회에 보낸 편지에서 "겉 사람은 후패하나 우리의 속은 날로 새롭도다"고 했습니다.

유명한 크리소스롬은 '어떻게 날마다 새로워지느냐' 하는 질문에 '믿음으로, 소망으로, 열심으로' 새로워진다고 했습니다. 그의 말대로 우리는 새로워져야 합니다.

1. 믿음으로 새로워져야 합니다.

믿음의 확신이 있었던 사도들은 날로 새로워지는 생활을 했습니다. 그들은 날마다 사명을 새롭게 했습니다. 복음을 증거하다가 쓰러져도, 옥에 갇혀도, 굶주려도, 매를 맞아도 복음증거를 중단하지 않았습니다. 그들에게는 예수님의 십자가의 죽음과 부활을 눈으로 목격했기 때문에, 어느 누구도 그 확신을 빼앗을 수 없었습니다. 의심을 할래야 할 수 없었습니다.

사도들은 이런 확신이 있었기 때문에 박해를 당하면서도 사명을 꺾지 않았습니다. 그들의 사명감은 날로 새로워졌습니다. 그런 사명감을 가진 사람들에 의해서 복음은 안디옥으로 유럽으로 세계로 퍼져 나갔습니다.

유럽의 기독교 국가 사람들은 지금 형식적으로는 기독교인들이지만 속으로는 무신론자들입니다. 신학은 인본주의로 흘러가서 철학화 되었습니다. 교회에 등록은 되어있으나 예배에는 참석하지 않습니다. 그들의 속 사람은 죽은 상태입니다. 겉사람은 후패하나 속사람은 날로 새로워져야 합니다.

사도 바울은 육적 자아가 후패하는 것과 반비례로 영적 자아는 날마다 새로워지는 것을 느꼈습니다.

믿음은 새로운 것을 창조합니다. 시편 51:10에 다윗은 "하나님이여 내 속에 정한 마음을 창조하시고 내 안에 정직한 영을 새롭게 하소서" 라고 기도했습니다. 우리의 심령이 죄악으로 때가 묻고 낡아질 때 회개함으로 씻어버리고, 날마다 새로운 맘으로 창조함을 받아야 합니다. 낡은 것을 그대로 두면 아주 못 쓰게 되어버립니다.

2. 소망으로 새로워져야 합니다.

사람이 나이 많아지면 이 세상에 대한 소망은 희미해지고 점점 꺼져갑니다. 그러나 신앙의 세계에서는 소망도 날로 새로워집니다.

로마서 8:24에 "우리가 소망으로 구원을 얻었으매 보이는 소망이 소망이 아니니 보는 것을 누가 바라리요", 로마서 8:18에는 "현재의 고난은 장차 우리에게 나타날 영광과 족히 비교할 수 없도다"고 하였습니다.

본문 17-18절에 보면 "우리의 잠시 받는 환난의 경한 것이 지극히 크고 영원한 영광의 중한 것을 우리에게 이루게 함이니 우리의 돌아보는 것은 보이는 것이 아니요 보이지 않는 것이니 보이는 것은 잠깐이요 보이지 않는 것은 영원함이니라"고 하였습니다.

미래에 대한 소망이 희미한 사람은 날로 새로워질 수가 없습니다. 낡아질 수밖에 없습니다.

이 세상에는 많은 순교자들이 있었는데, 그들은 다 보이지 않는 미래에 더 큰 소망을 두고 산 사람들입니다. 그러므로 이 세상에서 당하는 어떤 고난도 감수했던 것이고, 그들의 순교적 정신을 꺾지 않았던 것입니다.

덴마크나 스웨덴과 같이 사회보장 제도가 잘 되어 있는 나라에서는 경제적으로 아무 염려 없이 일생을 안심하고 살 수가 있는데, 그 반면에 돈 많은 노인들이 좋은 주택에서 여유 있게 여생을 보내면서도 자살자의 수가 세계에서 가장 많은 나라라고 합니다. 왜 자살해야 하느냐 하면 외로움에 견디지 못해서 입니다. 삶의 맛과 의미가 없기 때문입니다. 소망 없이 사는 인생은 의욕이 상실되고 침체되므로 자포자기하고 마는 것입니다.

소망이 뚜렷해야 날로 새로워 집니다. 의욕이 있고 기쁨이 있고 전진이 있습니다. 믿는 사람이 미래에 대한 소망이 없으면 날로 침체되고, 의욕을 상실하고, 하나님의 일도 해볼 생각이 없고, 무관심하고, 창조적인 생각을 하려고 하지 않습니다. 신앙인은 소망을 가지고 사는 인생입니다. 신앙인이 소망을 잃어버리면 그 신앙은 죽은 신앙이요 형식만 남은 신앙입니다. 소망으로 새로워져야 합니다.

천국의 소망이 확실한 사람은 현세에 견고하고 의욕적으로 살게 됩니다.

3. 열심이 새로워져야 합니다.

모든 생물에 열이 식어지면 활동이 정지되고 죽고 마는 것입니다. 자동차에 불이 꺼지면 열이 식어지고, 열이 식어지면 움직일 수 없게 됩니다. 기차, 비행기, 공장의 기계들이 다 같은 원리에서 움직입니다. 사람도 마찬가지 입니다. 육체의 생명에도 열이 있고, 영의 생명도 불이 꺼지면 싸늘하게 식어서 죽고 마는 것입니다. 그러므로 바울은 로마서 12:11에 "부지런하여 게으르지 말고 열심을 품고 주를 섬기라"고 하였습니다.

사람도 나이 많아지면 낡아지기 쉽고 열심이 식어지기 쉽습니다. 교회도 역사가 오래되면 노쇠현상이 나타나서 침체되고 열심이 식어지기 쉽습니다. 교회의 건물에 때가 묻어도 그 안에 교인은 새 사람들입니다. 겉 사람은 후패하나 속 사람은 날로 새로워져야 합니다.

하나님은 어제나 오늘이나 불변하시고, 성령의 불은 끊임없이 타올라야 하는 속성을 지니고 있습니다. 열심이 식어진다는 것은 성령의 불이 희미하게 꺼져간다는 의미가 되고, 하나님으로부터 멀어진다는 것을 의미하는 것입니다. 불이 계속 타오르게 하려면 계속 기름을 공급해야 합니다. 성령을 기름에 비유한 곳이 성경에 여러 곳 있는데, 어떻게 하면 성령께서 나에게 계속 머물러 계시게 할 수 있습니까?

1) 죄를 멀리해야 합니다.
다윗이 범죄한 후 간절히 기도하기를 "나를 주 앞에서 쫓아내지 마시며 주의 성령을 내게서 거두지 마소서"(시 51:12)라고 기도 하였습니다.

2) 회개함으로 성령을 머물게 해야 합니다.
회개 없는 예배는 하나님이 받지 아니하십니다. 주님께서 라오디게아 교회에 책망하시기를 "네가 열심을 내라 회개하라"(계 3:19) 고 하셨습니다. 열심이 없고 회개가 없는 라오디게아 교회를 책망하시고 징계하신다고 했습니다.

겉 사람은 후패하나 속 사람은 날로 새로워져야 합니다. 새로워지지 않으면 낡아지고 침체되고 범죄하고 심판을 받습니다. 역사상 하나님은 여러 번 심판하셔서 새롭게 하셨습니다. 홍수의 심판, 유황불 심판, 개인적으로는 고라의 심판, 아나니아 부부의 심판 등이 있습니다. 회개하고 새롭게 되지 않으면 하나님이 직접 쏟아버리고 새 것으로 바꾸십니다.

10월
말씀의 달

· 성도님은 꿈이 있습니까?(창 37:1-11)
· 경우에 합당한 말(잠 25:11)
· 보고들은 것을 말하라(행 4:13-22)
· 또 아비들아(엡 6:4)

〈집필자 : 이건영 목사〉
· 단국대학교 졸업
· 총신대학교 신대원 졸업
· 미국 리폼드 신학대학원 졸업
· 미국 플러신학대학원 (목회학 박사)
· 현) 인천제2교회 담임목사

성도님은 꿈이 있습니까?
(창 37:1-11)

하나님 말씀의 시작인 창세기에는 앞으로 하나님께서 택하실 백성들의 예표로 4명의 족장들이 등장합니다. 아브라함, 이삭, 야곱, 그리고 요셉이 그들입니다. 또한 그들을 통하여 "오실 예수 그리스도"를 예표하는 것이 창세기의 주된 흐름 입니다. 그런데 이 족장들 중 오실 예수님의 그림자와 같은 분이 계셨으니, 그분이 바로 요셉입니다.

때가 차매(갈 4:4) 이 땅에 오신 예수님께서는 인류 영육의 대속주가 되시기를 원하는 꿈, 즉 소망을 가지고 사셨다면, 본문의 요셉은 어떤 환경 속에서 성장하였을까? 과연 그의 꿈은 무엇이었을까? 그리고 그의 꿈은 어떻게 성취되었을까? 하는 질문을 가지는 것은 예수님의 제자요 성도로서 당연한 궁금증이 아니겠습니까?

우리는 이 시간 "꿈꾸는 자", "오실 예수님의 그림자"인 요셉의 생애를 통하여 일 년의 신앙과 생활에 필요한 하나님의 음성 듣기를 소원합니다.

1. "문제 많은 가정의 자손"이라고 기죽지 말아야 합니다(1-4).

요셉은 참으로 문제가 많은 가정의 자녀로 태어났습니다. 요셉의 아버지 야곱은 4명의 아내를 데리고 살았습니다. 즉 레아와 라헬을 맞이하여 살았습니다. 그런데 이 레아와 라헬의 반목과 질투, 그리고 모함으로 인하여 노년에 둘째 아내 라헬에게서 태어난 요셉을 첫 번째 아내 레아에게서 난 아들들 가운데 둘 수 없었습니다. 할 수 없이 야곱이 요셉을 자기 가까이 두고 양육할 수밖에 없었습니다. 그러므로 편애의 문제가 그 가정에서 흘러나오는 것은 당연한 일이었습니다.

또한 야곱은 아내인 레아와 라헬의 여종인 실바와 빌하도 아내로 맞이하여 그들에게서도 자녀를 얻었으니, 요셉은 네 명의 어머니들과 이복 형제들 사이에서 성장하였던 것입니다. 물론 그 당시 풍습이 능력이 되는 한 많은 아내를 두어 아들들을 낳아 가정과 족속의 든든한 울타리로 만들어야 하는 특별한 시대였지만, 아무리 생각해도 복잡하고 문제 거리가 많을 수밖에 없는 가정상황이었음은 분명합니다.

이 자리에 혹시 요셉만큼 복잡한 가정환경에서 성장하셨거나, 성장하시고 있는 분이 계십니까? 아마 없을 것입니다. 그러므로 뼈대있는 가정에서 자라야만 성공적인 신앙과 사회생활을 할 수 있는 것은 아니라는 교훈을 얻어야 합니다. 반면, 뼈대 없는 가정에서 성장케 되더라도 교회와 사회에서 큰 인물, 필요한 인물로 성장할 수 있다는 성경적인 가능성을 믿음으로 받으시는 성도들이 되시기를 기원합니다.

평범한 사람은 환경에 지배를 받습니다. 그러나 하나님을 믿는 사람은 내세우기 꺼리는 그 좋지 못한 환경에 지배를 받지 않습니다. 도리어 그 환경과 아픈 과거를 이겨내고자 합니다. 그리고 이겨낼 수 있는 능력을 하나님의 은혜로 받아 누릴 수 있는 것입니다. 꿈이 있었기 때문입니다.

2. 절망적인 환경을 이겨 낸 "임 임택" 집사님

저의 찬양 테이프 1집에서 4집까지의 모든 곡을 편곡하신 분은 시각장애인이신 임임택 집사님 이십니다. 그 분은 우리 성도들이 즐겨 부르시는 복음송 "보혈의 사랑"을 작곡하신 분이십니다. 그 분은 부요한 가정에 태어났으나 아버님 사업의 부도로 인해 영양실조로 7세에 한쪽 눈을 실명케 되는 아픔을 겪었습니다. 그러나 초등학교 6학년까지 다른 한 쪽 눈을 보호하기 위해 칠판을 보지 않고, 오직 귀로 듣는 것을 마음으로 외워가며 줄곧 1등을 하였던 집념의 학생이었습니다. 한 달에 동회에서 나오는 22kg짜리 밀가루 한 포대로 한 가족이 한 달을 견디어야 하기에, 뜨거울 때에는 밀가루 죽, 식으면 풀이 되는 것을 먹으면서 자랐습니다.

그는 10대 청소년 시절 기타를 배우기 시작하여 전국 기타 경연대회에서 2 등을 하였으며, 10대 한국인으로서는 처음으로 미군부대 무대에서는 영광을 누리기도 하였습니다. 그러나 미국으로 기타연주를 떠나게 되기 몇 달 전 나 머지 한쪽 눈도 실명하게 되었습니다. 그 때가 21세였다고 합니다. 흔히 하는 말, "사람의 몸이 천냥이며 눈은 구백 냥"이라고 하는데, 그에게는 절망 그 자 체였습니다. 그래서 자살도 해보았으나 죽는 것도 자기 마음대로 되지 않음을 경험할 뿐이었습니다.

그러던 중, 후배들이 찾아와 악보를 주면서 이것을 다 외워서 자기들의 밤 무대 악사로 같이 일하자고 하였답니다. 그는 150곡을 6개월만에 외워 연주 하였습니다. 나중에는 약 2000곡을 외워 연주하는 명 기타맨이 되었습니다. 청년이 되어 자신의 눈이 되어 주겠다는 아름다운 여인을 만나 결혼하게 되었 으며, 그녀를 통하여 예수 그리스도를 영접하게 되었습니다.

지금은 서울 삼호침례교회 안수집사로 봉사하고 있는 임 집사님, 그는 앞을 보지 못하나 피아노 연주자, 특히 수요예배 반주 및 새벽기도회 기도히는 분 들을 위한 반주자로 봉사하고 있으며, 작곡 및 편곡자, 기타 연주자, 피아노 조율사, 그리고 3000여 회의 교회 간증집회와 회사 연수모임의 강사로 지금 도 성공적인 삶을 살아가고 있습니다. 그러면 요셉, 또는 그 임 집사님이 어 떻게 문제 많은 가정환경과 삶의 환경을 이겨낼 수 있었습니까?

그들의 성격이 원래 독하였기 때문입니까? 혹 세상을 향한 오기가 발동하 였기 때문입니까? 아니면 태어날 때부터 그렇게 살도록 작정되어 있었기 때 문입니까? 결코 아닙니다. 꿈이 있었기 때문입니다.

3. 꿈, 즉 소망이 있었기 때문입니다(5-11).

구약시대에 있어서의 꿈은 특별한 의미가 있었습니다. 왜냐하면 하나님께서 자신의 뜻을 인간들에게 나타내시는 계시 전달방법으로 꿈을 자주 사용하셨기 때문입니다(31:11-13, 40:5-22, 왕상 3:5, 단 4:4-28). 물론 꿈에는 아무

가치가 없는 소위 개꿈이 있습니다. 또한 일상생활의 잠재의식이 꿈에 나타나기도 합니다.

때로는 귀신이나 사탄이 주는 꿈을 꾸기도 합니다. 그런 꿈은 깨어나 너무나 기분이 불쾌해지는 꿈이기도 합니다. 그러면 요셉의 꿈은 어떤 꿈이었습니까? 그의 꿈은 하나님이 특별 계시로 주신 꿈이었습니다. 그 꿈의 내용은 이런 것이었습니다. 형들의 곡식 단들이 요셉의 곡식 단에 절을 하는 내용이었습니다. 그리고 한 가지 꿈이 더 있었으니, 해와 달과 옆에 있는 열 한 별들이 요셉에게 절하는 내용이었습니다.

그리고 그는 그 꿈을 통하여 하나님이 말씀하시고 예언하시는 것으로 굳게 믿게 되었습니다. 어린 소년시절이었으나 그 꿈을 하나님이 주신 꿈으로 알고 소중히 간직하고 있었습니다. 심지어 그 꿈의 내용으로 막강한 애굽의 국무총리가 되어서도 결코 자신의 꿈, 즉 자신을 향한 하나님의 계시내용을 잊지 않고 있었습니다(창 42:9).

그렇습니다. 꿈, 즉 소망을 이룬 사람들의 공통점이 있습니다. 그것은 자신만이 간직한 꿈이 있었다는 것입니다. 그리고 자신의 꿈을 항상 생각하며 인생을 엮어 갔습니다. 침 삼키는 순간에도, 눈 깜빡이는 순간에도, 심지어 숨 쉬는 순간에도 그 꿈을 기억하였습니다.

요셉이 이국에서 종살이를 하며, 심지어 억울하게 감옥살이까지 하면서도 결코 꺾이지 않는 신앙인의 삶을 살 수 있었던 원동력이 무엇이었습니까? 하나님께서 주신 꿈, 즉 때가 차면 자신의 형제들, 부모, 그리고 민족을 위하여 봉사할 기회가 올 것이라는 것이 있었기 때문입니다. 또한 시각장애인이신 임 집사님의 초등학교 시절에는 꼭 학급 1등을 놓치지 않겠다는 꿈이 있었기에 암울한 현실을 이겨낼 수 있었습니다.

중·고등학교 시절에는 세계적인 기타맨이 되겠다는 꿈이 있었기에 육체적인 장애물을 극복할 수 있었고, 청년시절에는 유행 가곡 2000곡을 외워 연주하겠다는 꿈이 있었기에 캄캄한 어둠의 인생 길을 힘차게 걸어갈 수 있었습니다. 그리고 예수님을 안 후에는 그분의 복음과 진리를 전해야 하겠다는 사명자의 꿈이 있었기에 쓰임 받고 존귀함을 받고 있는 것입니다. 그러므로 꿈, 소망이야 말로 연약하거나 낙심된 인생이 회생할 수 있는 유일한 먹는 영양제일 것입니다. 그리고 입술을 열어 기도할 수 있는 기회가 주어지면 그 꿈을 기도 내용으로 삼는 우리 성도님들이 되시기를 원합니다.

4. 사탄, 우리의 꿈을 빼앗아 가는 도둑놈

우리들이 꿈을 이루고자 할 때 방해꾼이 나타나는데, 그 악한 영적 방해꾼은 바로 사탄입니다. 그 사탄이 제일 싫어하는 사람이 있습니다. 물질을 초월하여 하나님의 일을 하는 성도입니다. 즉 돈의 노예가 되지 않고, 돈을 노예처럼 부리며 사는 사람인데 사탄이 도저히 손아귀에 넣을 수 없는 사람입니다.

그리고 꿈, 즉 소망이 있는 사람입니다. 그 이유는 삶의 꿈을 품고 사는 사람들은 현재의 극한 어려움과 앞문과 뒷문이 다 막힌 듯한 현실 속에서도 한 가지만은 결코 잊지 않기 때문입니다.

그것은 그 어려운 현실 속에서도 자신을 향한 하나님의 애정과 섭리, 그리고 간섭하심을 인정하는 신앙 때문입니다. 즉 극한 고난 속에도 하나님의 뜻이 계심을 인정하는 성도입니다. 다시 말씀드려서 "여호와의 말씀에 내 생각은 너희 생각과 다르며 내 길은 너희 길과 달라서 하늘이 땅보다 높음같이 내 길은 너희 길보다 높으며 내 생각은 너희 생각보다 높으니라"(사 55:8-9)라는 고백이 있는 성도입니다.

또한 자신의 꿈을 성취한 후, 다음과 같은 고백을 하는 요셉과 같은 성도들입니다. "그런즉 나를 이리로 보낸 자는 당신들이 아니요 하나님이시라 하나님이 나로 바로의 아비를 삼으시며 그 온 집의 주인으로 삼으시며 애굽 온 땅의 치리자를 삼으셨나이다"(창 45:8-9). 그리고 이 고난을 하나님 중심, 교회 중심, 그리고 성경 중심으로 이겨내면 결국 하나님의 때가 차매 주신 꿈, 즉 잊지 않고 기도하며 행동하던 그 꿈이 이루어질 것을 믿음으로 바라보는 성도입니다. 그런 성도에게서는 사탄이 공격할 틈을 찾을 수 없습니다. 결국 악한 영이 한 길로 쳐들어오다가 일곱 길로 도망하게 되는 현실을 체험케 될 것입니다.

요셉과 그 임 집사님처럼 현실이 자신을 괴롭히고 있는 분들이 계십니까? 그 현실을 이길 수 있는 방법은 오직 한 가지입니다. 꿈을 소유하시기 원합니다. 그것이 성경 말씀을 통하여 얻은 것이든, 설교시간을 통하여 받은 꿈이든 상관이 없습니다. 어려서부터 내게 있었던 꿈이든, 어떤 특별한 계기를 통하여 결코 지워지지 않을 일로 기억되는 소망이든 상관이 없습니다.

그 꿈 성취를 통하여 하나님께 영광 돌리며, 많은 이들에게 복음을 전하시기 바랍니다. 동시에 교회생활을 열심히 하고자 하는 마음을 품고 있는 꿈입니까? 그 꿈을 이룰 때까지 기도 쉬는 죄를 범치 마시기 원합니다. 지금의 아픈 현실 속에서도 하나님의 뜻이 계시며, 그 분의 손길이 함께 하고 계심을 알고 깨닫는 지혜를 얻으시기 원합니다. 그리고 믿음 생활 만큼은 결코 포기하지 마시기 원합니다. 그 꿈을 소망하기에 행동하시기 바랍니다.

세상 끝 날까지 함께 하시겠다는 주님의 언약이 계시기 때문입니다. 꿈이 있는 성도를 사탄이 어떻게 할 수 없기 때문입니다. 꿈이 있는 요셉이 죽을 수밖에 없었던 때, 형 유다를 사용하여 애굽으로 팔려 가는 피할 길 주셨던 하나님을 만날 수 있기 때문입니다. 성도님은 꿈이 있습니까? 그 꿈을 성취하기 위해 지금 무엇을 하고 있습니까?

"내 주와 맺은 언약은 영불변하시니
그 나라 가기까지는 늘 보호하시네
주님을 찬송하면서 할렐루야 할렐루야
내 앞길 멀고 험해도 나 주님만 따라가리." 아멘!

경우에 합당한 말

(잠 25:11)

1. 여보, 119!

세월을 무시할 수 없는 것이 인생인 듯 합니다. 특히 부부관계는 더욱 세월의 흐름을 느끼게 됩니다. 서로 호감을 갖고 남녀가 한창 사귈 때, 혹시 여자가 감기에 걸리면 "자기야, 여기 약 지어 왔어, 빨리 먹고 한잠 푹 자면 좋아질 거야!" 그후, 연애시절로 무르익어 가면 "차라리 내가 아팠으면 좋겠다"고 한답니다.

드디어 결혼을 하고 과도기가 되었을 때, "그러게 왜 내 말 듣지 않고 그렇게 싸돌아 다니는 거야? 에이, 빨리 약국에 가서 약 사먹어. 아이에게 감기 옮기게 되면 책임질 거야?" 웃지 않으려고 애쓰시는 분은 한번쯤 경험이 계신 분이 아니신지요? 그리고 결혼의 권태기에 들어 선 부부의 남편은 "야, 어어, 음식에 콧물 떨어지잖아? 아니, 콧물을 어디 여기서 닦어? 무식하기는⋯."

드디어 결혼 20여 년이 넘게 되면 하는 말이 있다고 합니다. "아까 당신이 입댄 컵이 어떤 건가?" 라고 말입니다. 물론 정도의 차이가 있겠지만, 우리네 삶의 한 단면이 아닐까 생각합니다. 왜 이렇게 변해가는 것일까요? 그 이유는 서로를 향한 기본적인 예의까지 점점 없어지기 때문입니다.

이 예의는 우리들의 가정에서 부부를 중심으로 실천되어야 합니다.

내 생각대로 이야기하는 습관을 던져버려야 합니다. 우리들은 이미 그리스도 안에서 새로운 피조물이 되었기 때문입니다. 부부 피차간에 늘 이런 말이 유익이 될 것입니다. "여보, 119!" 무슨 뜻이 담긴 구호일까요? 야고보서 1:19을 보니 이런 말씀이 있습니다. "내 사랑하는 형제들아 너희가 알거니와 사람마다 듣기는 속히 하고 말하기는 더디 하며 성내기도 더디 하라." 아멘!

그래서 우리 하나님께서 우리에게 귀는 두 개를 주시고 입은 한 개만 주셨는지도 모르겠습니다. 어찌 되었건, 말하기 전에 이 말이 상대방에게 유익이 될 것인가, 아니면 아픔을 더하게 할 것인가를 생각하는 지혜가 부부이기에 더욱 필요한 것입니다.

한번 쏟아 놓은 물은 결코 다시 담을 수 없습니다. 특히 한 여름에 쏟은 물은 금방 땅속으로 흡수되듯이, 격한 감정 속에서 토하듯이 한 말들은 상대방의 가슴에 잘 박힌 못처럼 오래 오래 기억될 것입니다. 그러므로 할 수 있거든 말은 적게 하고, 상대방의 마음속에 있는 감정을 알아내려는 노력이 지금의 우리 부부에게 필요합니다.

또한, 아내의 입장, 혹은 남편의 입장에서 상대방을 이해해 보십시오. "만일 내가 한 달간만 하루종일 집안 일만 한다면?" "저 두 명의 철부지 아이를 24시간 내가 키워야 한다면?" 이라고. 내가 아내의 입장이 되어 상상을 해보게 되는 것입니다. 반대로 "내가 회사원으로서 벌써 석 달째 판매실적이 평균 수준 밑을 돈다면 어떤 마음으로 아침에 일어나 회사로 출근하게 될 것인가?" "내가 만일 이 남편의 도움 없이 우리 구역의 그 여집사님처럼 두 아이의 교육과 신앙을 책임져야 한다면?" 이라며, 스스로 남편의 입장이 되어 생각해 봅시다. 그 결과는 생각했던 것보다 더 유익하고 복된 열매로 다가올 것입니다.

우리 예수님께서도 우리들의 입장에서 현실을 생각하셨기에, 이 죄 많은 세상에 성육신 하실 수 있으셨습니다(빌 2:5-8).

2. 바보 온달과 평강공주

잔소리를 줄인다며 전혀 대화에 응하지 않는 자세는 결국 반항이나 철저히 상대방을 무시하는 태도로 보여질 수 있을 것입니다. 로마 바티칸에 가면 오래된 도서관이 있는데, 그곳에는 다른 도서관에서는 볼 수 없는 희귀한 자료들이 전시되어 있다고 합니다.

특히 그곳에는 두 개의 성경이 진열되어 있는데, 한 권은 부피가 60cm나 되는 매우 큰 책이고, 또 한 권의 성경은 가로와 세로가 약 3cm 밖에 되지 않는 초소형 성경책이 진열되어 있다고 합니다.

그곳의 안내원 이야기를 들으면 큰 교훈을 받는다고 합니다. 잘 들어보세요! "여기에 있는 큰 성경책은 아내 이브가 남편 아담에게 이야기한 내용들이 다 기록되어 있고, 이 작은 성경책의 내용은 바로 남편 아담이 아내 이브에게 한 말이 다 기록되어 있습니다."

아마도 우리네 부부의 대화관계도 그 성경책들의 크기 차이와 그리 다르지 않을 것 같습니다. 어느 교회에 다니는 남자 집사님의 아내와의 유일한 대화 시간은 부부싸움 시간이라는 이야기를 들었습니다. "마른 떡 한 조각만 있고도 화목하는 것이 육선이 집에 가득하고 다투는 것보다 낫다"(잠 17:1)는 말씀이 있는데, 참으로 안타까운 일입니다. 교회 안에서 여 성도들에게는 그렇게 자상하고 친절하게 대화하는 남 집사님이라고 하시는데 말입니다.

한 교육학자는 부부에게 하루 단 5분의 대화 시간만 있다면 이혼이라는 것을 생각할 이유가 없을 것이라고 말합니다(엡 4:29).

그러나 우리 청, 중년 및 장, 노년의 남편 교인들이 어느 날 갑자기, 그리고 그리 쉽게 대화의 문이 열릴 것 같지 않아 이런 방법을 제의해 보고자 합니다. 만일 전혀 기대하고 있지 않을 때 사랑의 마음이 담긴 쪽지를 침대 위에 놓고 출근한다면, 혹은 아내의 이메일 주소나 핸드폰에 따뜻한 찐빵 같은 몇 자의 메시지를 남겨 준다면, 또는 아내의 특별한 날에 예쁜 카드와 그 안에 그동안 수고에 대한 감사의 이야기를 적어 화장대 위에 놓아 둔다면, 혹 이제는 능숙하게 어휘를 구사할 수 있는 나이가 아니기에 성경 "아가서"에 기록된 낯간지러울 정도의 내용이라도 인용한다면 놀라운 반응을 얻게 될 것입니다. 아마, 하나님께서도 우리가 아내를 위하여 인용한 아가서 내용을 보면서 지적 소유권을 주장하지는 않으실 것이라는 확신이 있습니다.

이미 "사랑한다"는 말을 하기에는 너무나 쑥스러워 그 단어를 "요해랑사"라는 말로 바꿔 아내에게 말해 보려고 하건만, 그래도 닭살 돋는 나이가 되었습니까? 80세가 넘으신 꼬부랑 할머님도 외출하실 때에는 여전히 화장을 하신다는 사실을 알아야 합니다. 또한 "참 곱게 연세가 드시네요"라는 말 한마디에 함박꽃 웃음을 지으시는 여자임을 잊지 마셔야 할 것입니다.

코를 심하게 고는 남편과 청각장애 아내를 보면서 찰떡궁합 부부라고 합니다. 맞습니다. 결혼하는 것은 쉬운 일이나, 복된 부부로 만들어져 가는 것은 피차간의 노력이 필요할 것입니다. 바보온달을 훌륭하게 만든 평강공주가 가정에서 필요합니다. 동시에 평강공주의 이야기를 해맑은 웃음으로 들어주며 대답하며 이야기하던 바보온달도 필요한 현실입니다.

우리들의 자녀들이 우리가 알지 못하는 순간에 우리 부부 사이를 보고 있으며, 은연 중 많이 닮아가고 있음을 알아야 합니다. 그들이 잘못 만들어진 붕어빵, 국화빵같이 되기 전에 결단을 내려 실천해야 합니다. 혹 남편으로서 아내와의 대화부분 만큼은 진전될 수 없는 고질병이거든 이 한 가지 변화라도 시도해야 할 것입니다. 아내가 자신에게 이야기할 때 TV를 보거나 신문을 정독하는 자세만이라도 말입니다.

3. "내용"이 아닙니다. 문제는 "때"입니다.

동시에 행복한 부부생활을 유지하는 분들의 대부분은, 말을 해야 할 때보다 말하지 말아야 할 때에 대한 지혜와 결단이 풍부한 사람들이라는 사실입니다. 분명코 아내로서, 남편으로서 내가 한 말은 너무나 합리적이요, 이성적이며, 객관적이라, 그 누가 들어도 고개를 끄덕일 말이었는데, 왜 그 확실한 내 말이 우리 부부의 관계에 이런 악영향을 끼쳤을까 하는 후회를 하였던 적이 있습니까? 그 이유는, 그 이야기의 내용이 잘못되었기 때문이 아니었습니다. 문제는 그 이야기를 한 그 시간, 즉 때가 적절치 않았던 것입니다.

마찬가지로 우리 기독 부부들에게 더욱 필요한 훈련이 있다면 시기 적절하게 말을 꺼낼 수 있어야 합니다. 이것 만큼은 맹훈련을 해야 합니다. 왜냐하면 이 일에 관심을 가지시는 분을 하나님이 기뻐하시기 때문입니다. 그래서 그런 분들에게 알맞은 때에 대화를 시작할 수 있도록 성령님께서 지혜를 주실 것이기 때문입니다. 지금의 불편한 부부관계를 넉넉히 회복된 사이로 만들 수 있는 청량제이기 때문입니다.

마치 에디오피아 여왕 간다게의 모든 국고를 맡은 큰 권세가 있는 내시가 예루살렘으로 예배드리러 갔다가 고국으로 돌아가면서 성경 이사야서를 읽을 때, 제일 좋은 때, 즉 그가 읽는 성경 중 이해되지 않는 성경귀절이 있으므로 궁금해하며 고민할 바로 그때에, 빌립 집사를 그에게 보내듯 말입니다(행 8:26-39). 그래서 지혜의 보고인 전도서는 이런 교훈을 우리에게 주시고 있습니다. "찢을 때가 있고 꿰맬 때가 있으며 잠잠할 때가 있고 말할 때가 있으며"(전 3:7)라고 말입니다.

"여보, 오늘은 빙판길이니 조심스럽게 감속 운전하세요!" 혹은 "○○이 엄마, 애들 방학이니 컴퓨터하는 시간을 잘 지키도록 지도해야 되지 않을까요?" 라는 말은 그날그날 즉각적으로 나누어야 할 말입니다. 그러나 부부생활에서 나누어야 할 특별한 대화는 많이 생각하고 말해야 합니다. 특히 중요한 일들은 기도하고 말해야 할 것이며, 성령의 통제와 지시로 때를 맞추어 대화해야 할 것입니다.

그러므로 "경우에 합당한 말은 아로 새긴 은쟁반에 금사과니라"(잠 25:11) 라는 성경말씀이 성취되는 부부와 가정이 되시기를 진심으로 축원합니다.

그리고 이 설교내용에 전혀 해당되지 않는 교인들도 여기에 계십니다. 이미 배우자가 세상을 떠났기에 이 설교를 남편이나 아내가 아니라 자신의 자식과 부모님과의 관계 개선을 향한 하나님의 말씀으로 받을 수밖에 없는 교인들도 계심을 이 자리에 참석한 부부들은 기억하셔야 합니다.

아직도 내 아내, 혹은 남편이 "그럼에도 불구하고" 내 곁에 있기에 행복지수를 회복할 수 있는 기회가 남아 있는 것입니다. 물론 구원은 일방적이요, 강권적인 하나님의 사역입니다. 그저 감사함으로 받아야 할 것입니다. 그러나 부부관계는 서로에 의하여 만들어 가는 것입니다. 우리 성도들에게는 그 만들어갈 수 있는 기회를 이런 설교를 통하여 허락해 주시는 것입니다.

물론 엎어진 그릇, 깨어진 그릇, 그리고 토라져 옆으로 누워 버린 그릇에는 아무리 소낙비가 오더라도 그 비를 담을 수 없을 것입니다. 마찬가지로 이 말씀을 거절하게 하는 영의 역사에 동화하고 있는 교인에게는 오늘 또 한번의 설교시간이 그렇게 지나가는 주일에 불과할 것입니다. 그러나 이 말씀을 자신을 향한 하나님의 음성으로 받으시는 분에게 주님의 회복하게 하시는 은총이 조만간 있을 것입니다. 특히 부부관계에 있어서 말입니다.

오늘의 말씀이 우리 교회 모든 부부들에게 늘 신혼같은 삶으로 회복되어지는 견고한 통로가 되어지기를, 교회나 국가보다 가정을 먼저 창조하신 우리 예수님의 이름으로 축원합니다.

보고 들은 것을 말하라

(행 4:13-22)

　　성경은 하나님의 자녀들을 향한 신령한 거울입니다. 그래서 바울 사도께서는 "저희에게(구약의 선민들) 당한 이런 일이 거울이 되고 또 말세를 만난 우리의 경계로 기록하였느니라"고 증거하였습니다. 그러므로 본문도 우리 교인들이 자신의 신앙을 조명해 볼 수 있는 좋은 거울입니다. 특히 자신의 전도 생활에 대한 좋은 거울이 되고 있습니다.

　　초대 교회의 시도들이 진도 사익에 헌신하자, 예수님을 믿는 이들이 많아지기 시작하였습니다(1-4). 그러자 예수복음이 전파되는 것을 염병처럼 싫어하던 유대 관원과 서기관들의 핍박이 시작되었습니다. "너희가 무슨 권세와 뉘 이름으로 이 일을 행하였느냐?"(5-7) 그 말에 성령이 충만한 베드로는 담대히 구세주 예수님에 대한 신앙을 고백하였습니다(8-12).

　　그러자 전도자 베드로와 동역하는 사도들의 말씀 속에 비진리를 발견하기 어렵자 관원들이 비이성적인 대항을 시작하였습니다. 즉 무조건, 이유 없이, 좌우간 이 후로는 예수에 대하여 증거하였다가는 해로운 일을 당하게 될 것이라는 경고를 하였던 것입니다(13-18). 그 때, "우리가 보고 들은 것을 말하지 아니할 수 없다"고 담대히 말했습니다. 도대체 그 제자들이 보고 들은 것은 무엇입니까?

1. 제자들이 본 것은 무엇이었습니까?

하나님의 아들로서의 예수님을 보았습니다. 즉 인간 영육과, 현세와 내세의 구주로서의 예수님을 보았던 것입니다. 그 은총을 이 시간 마음의 눈, 신앙의 눈으로 체험하시는 교인들이 되시기를 진심으로 축원합니다. 그 은총을 나누기 위해 성령으로 충만하게 된 제자들이 본 것들을 구체적으로 말씀드리고자 합니다.

1) 동정녀의 몸에서 탄생하신 예수님을 보았습니다.

다시 말씀드리면 일반적인 유전법칙이 깨지는 순간을 예수님의 탄생을 통하여 체험한 것입니다. 즉 일반 출산법이 아니라, 특별 출산법으로 주님이 탄생하신 것입니다. 만일 주님의 부모였던 요셉부부가 결혼하여 태어나신 분이시라면, 그 분 역시 원죄를 지니고 오신 죄인 중에 한 분이셨을 것입니다. 그러나 동정녀의 몸에서 성령으로 잉태되어 탄생하시므로 죄와 상관이 없는 의인으로 오셨습니다(벧전 2:22).

물론 인간의 이성과 눈과 마음으로는 믿을 수 없는 주님의 탄생진리입니다. 그러나 창 18:14의 "여호와께서 능치 못할 일이 있겠느냐?"라는 말씀을 믿음으로 받게 되면 우주만물을 말씀으로 창조하신 하나님께서 일반 출산법을 깨뜨리시고 예수님을 동정녀의 몸에서 탄생케 하실 수 있는 하나님으로 찬양하고 경외하는 은총을 이 시간 받게 될 줄로 믿으시기 바랍니다.

2) 대속의 죽임을 당하시는 예수님을 보았습니다(눅 24:1-53).

마땅히 십자가에서 죽어야 할 이유와 죄목이 있어서 죽임 당하신 분이 아님을 보았습니다. 사랑의 화신으로서 죄 많은 인생들의 사망과 영벌, 그리고 지옥 가게 됨을 대속하기 위한 사랑의 표적으로 죽임을 당하신 것을 제자들이 목도하였던 것입니다.

이는 마치 이런 일과 흡사한 일이었습니다.

한 젊은 청년이 법정에서 재판장 앞에 서 있었습니다. 그런데 기구하게도 그 청년을 재판해야 할 재판장은 그 청년의 아버지였습니다. 아들은 중한 죄를 인하여 기소되었던 것입니다. 각종 증거가 제출되고 아버지인 재판관은 묵묵히 검사의 말만 듣고 있었습니다. 그리고 그 재판장은 자신의 아들에게 유죄를 판결하였습니다. 그러나 그 직후에 재판장이 한 말은 참으로 놀라운 것이었습니다. "그러나 이 아들의 모든 죄의 형벌을 제가 대신 받도록 하겠습니다. 그리고 그가 많은 사람들에게 진 빚도 제가 대신 갚겠습니다"라고 말입니다.

이런 대속의 희생이라는 놀라운 일이 예수님이 지신 십자가에서 이루어진 것을 제자들이 본 것입니다. 즉 하나님께서 우리들의 죄악을 못 본척 하시는 것이 아니었습니다. 다만 우리들의 영, 육 그리고 과거, 현재, 미래의 모든 죄악들을 예수님께 전가시키신 것이었습니다.

"그냥 죽은 것이 아니잖아요? 내가 준 돈을 받아 먹었잖아요?"라고 말한다면 철면피 같은 인간일 것입니다. 자신을 대신하여 전장에 나갔다가 죽은 그 사람 때문에 돈하고 바꿀 수 없는 생명을 유지하게 되었는데 말입니다.

물론 우리 예수님은 십자가에서 죽임을 당하시는 대가로 우리들에게서 무슨 돈을 받으신 것은 아닙니다. 그러나 예수님의 십자가 지심과 죽으심의 역사적 의미는 마치 그러하다고 말씀드릴 수 있습니다.

예수님께서 대속의 죽임을 당하셔서 우리를 죄악과 사망, 그리고 지옥의 권세에서 살려주시고, 하나님을 아버지라고 부르며 살 수 있는 재생의 기회를 주셨습니다. 오직 성령님의 은혜와 간섭하심으로 신앙의 눈을 뜨는 이 시간, "내 너를 위하여 몸 버려 피 흘려 네 죄를 속하여 살길을 주었다. 너 위해 몸을 주건만 날 무엇 주느냐 너 위해 몸을 주건만 날 무엇 주느냐, 아버지 보좌와 그 영광 떠나서 밤 같은 세상에 만백성 구하러 내 몸을 희생했건만 너 무엇 하느냐, 내 몸을 희생했건만 너 무엇하느냐?"(찬송 185장, 1-2절)라는 찬송이 새롭게 들려지며, 그 예수님을 향한 새로운 결단이 생기시길 원합니다. 그리고 제자들이 들은 것이 있었습니다.

2. 제자들이 들은 것은 무엇입니까?

그 예수님께서 승천하실 때 제자들이 들은 말씀인 것입니다. 그것은 주님의 재림 소식이었습니다. 특히 요한복음 14:3에는 제자들이 예수님을 통하여 분명하게 들은 말씀이 기록되어 있습니다. "내가 가서 너희를 위하여 처소를 예비하면 내가 다시 와서 너희를 내게로 영접하여 나 있는 곳에 너희도 있게 하리라." 아멘.

성경은 1518번이나 주님의 재림을 예언하고 있습니다. 특히 절대 거짓을 말할 수 없는 천사들도 예수님의 재림을 예언하였습니다. "오직 성령이 너희에게 임하시면 너희가 권능을 받고 예루살렘과 온 유대와 사마리아와 땅끝까지 이르러 내 증인이 되리라 하시니라 이 말씀을 마치시고 저희 보는데서 올리워 가시니 구름이 저를 가리워 보이지 않게 하더라. 올라가실 때에 제자들이 자세히 하늘을 쳐다보고 있는데 흰 옷 입은 두 사람이 저희 곁에 서서 가로되 갈릴리 사람들아 어찌하여 서서 하늘을 쳐다보느냐 너희 가운데서 하늘로 올리우신 이 예수는 하늘로 가심을 본 그대로 오시리라 하였느니라"(행 1:8-11).

성경이 훌륭한 도덕이나 윤리서가 아니라 일점 일획이라도 가감치 못할 하나님의 말씀으로 믿는 성도라면, 잠언서를 믿듯이 주님 재림 예언의 말씀도 믿으시기 원합니다. 그리고 주님의 재림을 준비하시기를 진심으로 권면 드립니다.

그러므로 신앙생활은 결코 취미 활동이나 여가선용이 아닙니다. 생명이 달려있는 경건입니다. 즉 영원히 저주를 받느냐, 아니면 영생과 천국을 소유하며 살아가느냐가 달려 있는 경건입니다. 그 모든 문제의 중심은 바로 예수 그리스도이십니다(요 5:39).

천지와 인간의 창조 기록인 창세기를 받아 드린다면, 당연히 이 세상과 인간을 향한 마지막 심판이 있을 것이라는 요한계시록의 예언도 인정하며, 마치 오늘이 나의 마지막 날처럼 살아가기를 소원하십니까? 그 진리를 신앙의 귀로 이미 듣고 계십니까? 그렇다면 마땅히 해야 할 사역이 있습니다. 그것은 내가 믿음의 눈과 귀로 보고들은 그 예수님을 증거하고 싶은 영적인 충동을 삶 속에 실천하는 일입니다. 마치 베드로와 초대교회 교인들의 고백인 "내가 보고들은 것을 말하지 아니할 수 없다"라는 고백처럼 말입니다.

3. "겸손"이 아니라 "핑계"입니다.

그러나 자신의 소극적이며 수동적인 성격이나, 신앙은 자유인데 자신의 종교를 다른 사람에게 강권해서야 되겠는가 하는 마음을 갖는 것은 겸손이 아닙니다. 핑계입니다. 즉, 다른 이들보다 먼저 하나님을 믿게 하신 자신을 향한 소명과 사명을 피하는 핑계로서 그 분께 보여질 뿐입니다. 마치 하나님이 모세에게 주신 사명에 대한 모세의 핑계처럼 보여질 수 있습니다.

즉, 하나님께서 불신 애굽 사람들에게 자신을 전하기 위함과 동시에 자신의 선민을 출애굽 시키기 위해 모세를 부르셨습니다. "애굽 왕 바로에게 말하여 이스라엘 자손을 그 땅에서 내어 보내게 하라"(출 6:1). 그러자 모세는 "이스라엘 자손도 나를 듣지 아니하였거든 바로가 어찌 들으리이까 나는 입이 둔한 자니이다"(12). 순종만 하면 함께 하실 것을 다 준비하시고 계신 하나님 앞에서 말입니다. 그러자 하나님께서 이번에는 좀 더 준엄한 목소리로 다시 말씀을 하셨습니다. "모세야! 내가 네게 이르는 바를 너는 애굽 왕 바로에게 다 고하라"(29). 그러자 모세는 "나는 입이 둔한 자이오니 바로가 어찌 나를 들으리이까?"(30)라고 합니다.

이 모세의 모습은 결코 겸손함이 아닙니다. 다만 핑계일 뿐입니다. 자신에게 아론을 준비하시고 동시에 모든 어려움을 기도하기만 하면 해결해 줄 것을 언약하신 하나님을 향한 핑계일 뿐입니다. 출애굽은 자신의 사역이 아니요, 하나님의 사역임(출 6:8, 29, 7:5)을 모르고 짐스러워하는 모세의 모습이 혹 우리에게는 없는지요? 전도는 결코 내가 하는 것은 아닙니다. 오직 하나님의 사역일 뿐입니다. 다만 우리는 그 분의 사역에 쓰임 받는 것뿐입니다.

그래서 사도행전 13:48에는 "이방인들이 듣고 기뻐하여 하나님의 말씀을 찬송하며 영생을 주시기로 작정된 자는 다 믿더라"고 언약하시고 계시는 것입니다. 그러므로 전도는 영생을 받기로 작정된 자들을 찾아서 그 열매를 하나님께 드리는 일입니다. 즉 내가 전도하고자 하는 분이 하나님께서 영생을 주시기로 작정하신 분이시면 결국 믿게 될 것입니다. 그렇지 않은 사람은 결국 거절하고 말 것입니다. 다만 그 구분을 우리가 할 수 없으니 모든 이들에게 복음을 전하는 열정을 새롭게 해야할 시기입니다.

엎드려 기도하고, 일어나 전도하면 하나님께서 자신의 사역에 동참하는 우리들에게 성령으로 함께 하셔서 그 열매를 주실 것입니다. 영생 얻기로 작정된 자를 만나게 해 주실 것입니다. 그리고 예상을 초월한 방법으로 전도의 열매를 주시며 예수님 믿는 기쁨을 더 해주실 것입니다.

4. 성령께서 함께 하실 것입니다.

아직은 중국에서 한국인 선교사의 신분으로 본토인들을 선교할 수 없습니다. 그래서 어느 선교사님도 현지 대학교에서 유학생의 신분으로 선교를 하고 있었습니다. 물론 그 대학교에는 북한 유학생들도 함께 공부하고 있었습니다. 남북 화해의 물결이 그곳으로도 밀려와 서로가 쉽게 친해질 수 있었습니다. 피차 기숙사로 초청하여 식사를 하며 이제는 깊은 대화까지 할 수 있는 관계가 되었습니다. 그래서 어느 날 서로의 유행가를 배우기로 하였는데, 이 선교사님은 아는 세상 노래가 없었습니다.

유행가를 몰라 당황하던 선교사님에게 성령님께서 지혜를 주셨습니다. 그래서 복음송을 가르쳐 주기로 마음을 먹었습니다. "내게 강 같은 평화, 내게 강 같은 평화, 내게 강 같은 평화 넘치네." 여기까지 가르치던 선교사님에게 그만 고민이 생기고 말았습니다. 그것은 아무리 북한 유학생이라 할지라도 서양문화를 이미 접한 그들이 그 다음 가사인 "할렐루야"라는 단어를 모를 리가 없었기 때문입니다.

빨리 다음 소절을 노래하라고 보채는 북한 학생들에게 선교사님께서는 이렇게 노래하셨다는 것입니다. "내게 강 같은 평화, 내게 강 같은 평화, 내게 강 같은 평화 넘치네, 닐니리야." 그랬더니 북한 학생들은 참으로 좋은 가사의 남한 노래라고 칭찬을 하였답니다. 그리고 그것을 계기로 그들에게 복음이 스며들어가게 되었으며, 결국 기독교인이 되었다는 이야기를 들어보았습니다.

제가 알고 있는 권사님은 초등학교를 겨우 나오신 분이십니다. 그러므로 성경을 읽고, 들으면서도 깨달음이 깊지 못하며, 이제는 연세가 많으셔서 설교를 들으시더라도 교회 문을 나오면서 설교제목까지 기억치 못하시는 분이십니다. 그러나 전도하실 때에는 놀라울 정도로 변신을 하십니다. 그 분의 세상 학력과 연세에 비교하여 상상할 수 없을 정도의 복음을 향한 해박한 지식과 전달로 인하여 상대방을 감화시킵니다.

"사람들이 너희를 끌어다가 넘겨줄 때에 무슨 말을 할까 미리 염려치 말고 무엇이든지 그 시에 너희에게 주시는 그 말을 하라 말하는 이는 너희가 아니요 성령이시니라"(막 13:11). 그렇습니다. 전도는 결코 이론이 아니라 실천입니다. 결단 후에 전도현장으로 나가시면 우리들의 성령님이 함께 하실 것입니다. 말하게 하실 것입니다. 우리가 보고 들은 것을 말하다가 전도는 어느 특정 교인들의 전유물이 아니요, 자신의 특권임을 몸소 체험하시는 은총을 받으시기를 진심으로 축원합니다.

또 아비들아!
(엡 6:4)

1. "사랑하는 아버님!"

"강도 높은 폭력과 고액의 수표로 키워주신 큰아들이 작은 돈 5억이 필요한 바, 아버님을 납치할까 합니다. 어처구니 없는 계획이라 여기실 줄 짐작하오나, 더없이 과격한 죽마고우가 있어 서슴없이 도와준다 자청하니 털끝 하나 다침 없이 납치해 드리겠습니다. 그럼, 5월 12일까지 부디 온전히 지체 보존하시길 기원하옵니다.

당신의 호로자슥, 마태오 올림."

"아버지가 위험하다?!" 성명:마복대(납치 대상), 나이:50대 후반, 직업:전직 고관장성,
사악만발 엽기 코미디, 휴머니스트, 이무영 감독, 각본, 음악
주연:안재모, 강성진, 박상면, 박영규, 명순미, 김명수, 노경혜,
특별출연:안석환, 최란

가정의 달, 5월. 어느 일간신문의 영화광고 내용입니다. 서너 번 반복해서 읽어보면서 재미를 위하여는 무엇이라도 할 수 있으며, 그 누구라도 대상이 될 수 있는 세상을 보는 것 같아 씁쓸하였습니다. 그 광고내용에서 그래도 어버이날을 보낸 후, 5월 12일에 납치하겠다니 감사할 따름입니다. 또한 예술

이라면 다 통하는 이 세상에서 그저 당연한 일을 가지고 뭐 씁쓸해 하느냐는 내 자신의 어느 구석에서 들리는 음성을 생각 없이 들어보았습니다. 고개 숙인 아버지, 무너지는 남편에 대한 이야기가 이제는 그리 충격적인 시대가 아닌 것 같습니다.

그러나 저의 가정이 정기 구독하는 월간지 〈낮은 울타리〉에서 자식들이 그럼에도 불구하고 여전한 아버지의 "내리사랑"의 글을 읽으면서, 이 세상의 흐름이 "그럼에도 불구하고"의 아버지 성을 볼 수 있어 결코 작지 않은 위로를 받았습니다.

2. "잠깐만 제 말을 들어주십시오"

전날 회사에서 야근을 하고 집에 들어온지라 아침부터 나는 졸리고 짜증이 났다. 출근길 지하철에 올랐을 때 그날 따라 사람들은 왜 그리도 많은지 손잡이를 잡고 서지 않아도 될 정도였다. 이리 치이고 저리 치이며 혼잡함에 익숙하게 되자 드디어 환승역에 다달았고 많은 사람들이 우르르 내리기 시작하였다.

운 좋게 나는 자리에 앉을 수 있었고, 의자에 앉자마자 졸음 때문에 고개는 자꾸 바닥을 향하였다. 얼마 후면 내려야 된다는 강박관념과 생리적 현상으로 입가에 물기를 묻히게 되면 어쩌나 하는 걱정으로 졸음을 참을까도 했지만, 어느새 나는 모든 의지를 저버리고 있었다.

자리에 앉아 꾸벅 꾸벅 조는 채로 세 정거장 정도가 지났을까? 어찌나 큰 목소리였던지 내 잠을 단숨에 빼앗아간 아저씨의 외침. "여러분, 잠깐만 제 말을 들어 주십시오!" 세수를 몇 일 동안 못했는지 단정치 못한 외양의 어느 아저씨가 통로 중앙에 서서 외치고 있는 것이었다. 그 때문에 잠에서 깨어난 짜증난 얼굴들, 또는 호기심에 가득 찬 얼굴 등 각색의 시선이 모아졌다.

아저씨는 말을 계속 이어갔다. "제겐 세 살 짜리 딸아이가 있습니다. 그런데 그 아이는 대학병원 중환자실에 누워 있습니다. 언제 죽을지 모를 불치병을 앓고 있습니다." 그 남자가 여기까지 말하자 승객들은 '거짓말을 하는 사람이군, 얼마나 돈이 아쉬웠으면 딸까지 팔며 저럴까?' 하는 표정이었다. 나도 같은 생각이었고….

더 이상 들을 필요가 없겠다 생각한 나는 고개를 숙여 다시 잠을 청했고, 대부분의 승객들도 무관심한 표정을 지었다. 그런데 "저는 이전에 어느 책에선가 많은 사람이 함께 기도해 주면 어려운 일도 이루어진다는 구절을 읽었습니다. 그래서 저는 제 딸을 위해 기도해달라고 부탁하고 다니는 중입니다. 지하철에

타 계신 여러분들도 부디 제 딸이 살아날 수 있도록 기도해 주시면 정말 감사
하겠습니다. 제 딸 이름은 송희입니다." 그러더니 그는 정중히 고개 숙여 인사
를 한 뒤 다음 칸으로 건너가는 게 아닌가. 그 때 나는 보았다. 하나 둘 조용
히 눈을 감는 승객들을…

— 이경희, 서울시 종로구 구기동, 낮은울타리, 2000년 5월호 중 —

우리 속담에 "내리사랑은 있어도 치사랑은 없다"는 말이 있습니다. 이는 부
모가 자식을 사랑하는 만큼 자식이 부모를 사랑하기는 어렵다는 말일 것입니
다. 피라밋을 연구하는 학자들이 그 안에서 이런 말을 해독하였다고 합니다.
"요새, 젊은이들은 버릇이 없다!" 그렇다면 자녀들의 버릇없음은 고대나 현대
나 일반이라는 정론이 틀린 것이 아닐 것입니다.

그러므로 지금의 자기 자녀를 보면서 너무 실망할 이유는 없습니다. 왜냐하
면 성도님들이 젊었을 때, 분명 성도님들의 부모님도 성도님들을 보면서 "정
말 버릇없는 세대구먼!" 하셨을 것이기 때문입니다. 그러므로 우리들의 자녀
들이 그럼에도 불구하고 그 송희 아빠처럼 기도하기를 계속해야 합니다. 즉
기도로 자녀를 양육하는 경건을 포기하지 말아야 합니다.

3. "부모로서 기도하면…"

성경 본문에서 자녀를 노엽게 하지 말라는 말씀을 성도님은 어떻게 해석하
고 계십니까?

"노엽게 하기보다는 그 자식을 위하여 기도하라"는 주님의 음성으로 받아야
합니다. 즉 문제가 있다고 자기 자녀에게 도에 지나친 태도, 말, 그리고 엄격
한 규율과 비합리적인 요구를 할 시간이 있다면, 그럴 시간을 도리어 자녀를
위하여 하나님께 기도하는 시간으로 돌려야 한다는 주님의 권면인 것입니다.
성경은 자녀를 위하여 기도하는 분들이 결국 응답 받음을 증거하는 책이기 때
문입니다.

그러므로 부모로서 기도하면 사무엘 같은 자녀를 받을 수 있습니다. 간절히
기도하면 비행 청소년이 주님께 돌아올 수 있습니다.

작정 기도하면 세상의 각종 귀신에 얽매어 있는 자식을 그 수렁에서 건져

낼 수 있습니다. 강청하는듯한 간구를 주님께 드렸더니 죽은 회당장 야이로의 딸이 살아나듯이, 기도하면 이제는 더 이상의 가망이 없다고 단정한 자식이 돌아와, 결국에는 그 어느 자식보다 효도하는 것을 보다가 천국 가게 될 줄로 믿으시기 원합니다. 기도는 우리 기독교인들에게는 모든 것입니다.

만일 부모로서 자식을 향하여 기도 쉬는 죄만 범치 아니하면, "때가 되매 저녁에는 울음이 나를 기숙할지라도 아침에는 기쁨이 나를 찾아오리라"는 시편 말씀이 자신의 신앙고백이 될 것입니다.

성도님은 실제로 자녀를 위하여 하루에 얼마나 기도하시고 계시는지요? 지금 하나님 앞에서 자녀를 위한 중보기도 시간을 자신 있게 말씀드려 볼 수 있는지요? 그리고 자기 자녀의 신앙과 삶의 현주소를 살펴보시며, 기도 경건의 재결단의 시간이 되시기를 원합니다.

4. 부모로서 교훈과 훈계로 양육하면…

우리는 기도와 동시에 자녀들에게 마땅히 해 주어야 할 신앙적인 교훈을 주저하지 말아야 할 것입니다. 그래서 사도 바울은 자녀들을 향하여 "주의 교양과 훈계로 양육하는 부모"가 되어야 할 것을 권면하고 있습니다. 본문의 교양과 훈계로 양육한다는 말씀은 마땅히 해야 할 교훈과 체벌로 양육해야 한다는 의미입니다.

그런데 그 교훈과 체벌을 받고 있는 자녀들이 생각할 때, 자신의 화풀이를 자녀인 자기들에게 한다고 생각할 정도의 무절제한 교훈과 체벌을 권하는 것이 아닙니다. 다만 주의 교양과 훈계입니다. 그러므로 부모인 내가 섭섭해서가 아니라, 자녀들의 삶 속에 하나님이 원치 아니하는 언행심사가 있기에 교훈과 체벌을 해야 한다는 것입니다. 동시에 자녀를 통하여 자신의 기쁨과 만족을 얻기 위함이 아니라, 성도님 집의 영적 주인 되시는 하나님을 위하여 변화가 있어야 할 것을 교훈하거나 체벌로 다스려야 할 것을 의미하는 귀한 말씀인 것입니다. 그러나 요새 자녀들을 교훈하거나 체벌한다는 것이 그리 쉽지는 않다는 것을 넉넉히 이해합니다.

어느 가정에서 불효한 일을 저지른 아들이 아버지께 불려 왔습니다. 그 아버지는 아들에게 "따라 오라"는 말씀 한 마디만 하시고 산으로 올라가서 조상의 묘소 앞으로 다가갔습니다. 그리고 그 조상님 앞에서 손주를 잘못 양육시킨 것을 백배 사죄하고 준비해 간 회초리로 자신의 종아리를 사정없이 내려치기 시작하였습니다.

그 광경을 보고 있던 아들은 정말 마음이 찢어지는 것 같은 아픔을 느끼며 아버지 앞에 무릎을 꿇고 눈물을 흘리며 참회를 하였습니다. "아버님, 죄송합니다. 저의 불효를 용서해 주세요. 그리고 한번만 기회를 주시면 다시는 나쁜 일을 안 하겠습니다."라고 용서를 빌며 고쳤다고 합니다.

월간 〈아버지와 가정〉의 조사 결과를 보니, 청소년 중 37%가 "자기 집에 무서운 사람이 없다"고 응답할 정도의 급변하는 세대 속에 우리 부모님들은 살고 있습니다. 물론 부모로서의 권위와 진실이 없는 가정에서의 매는 자녀에게 구타와 폭력이 될 수 있습니다. 그런 부모님에게 매를 맞는 자녀들은 "지네들(엄마, 아빠)끼리 부부 싸움하고 분풀이는 내게 하고 있네. 내가 무슨 쓰레기통이냐?" 할 것입니다.

그러나 권위와 사랑이 담겨진 교훈과 매는 자녀의 잘못된 언행심사를 고쳐 줄 수 있습니다. 지금 당장 효과가 없어도 때가 되면 그 열매를 보게 될 것입니다. 성경은 반복적으로 자녀의 잘못을 징계할 것을 교훈하고 있습니다. 심지어 우리 하나님 아버지께서도 자신이 사랑하는 믿음의 자녀들에게 징계를 하시는데, 만일 하나님의 징계를 받지 못하는 자녀는 사생자라고 까지 말씀하셨습니다.

어부가 생선이 소금에 절여지는 아픔, 얼음에 담겨지는 고통이 안쓰러워 그 생선을 그냥 내버려둔다면 그 생선은 결국 썩게 되고 고약한 냄새가 나게 되므로 사람들에게 쓸모 없는 쓰레기 생선이 되고 말 것입니다. 마찬가지로 징계와 매 없는 자녀의 장래가 분명 그리할 것입니다.

5. 급히, 다른 가정의 자녀를 판단하지 말아야 합니다.

"초달을 차마 못하는 자는 그 자식을 미워함이라 자식을 사랑하는 자는 근실히 징계하느니라"(잠 13:24)고 말씀하고 있습니다. 동시에 교훈이나 체벌에 대한 자녀들의 자세를 아버지 하나님은 이렇게 말씀하고 계십니다. "무릇 내가 사랑하는 자를 책망하여 징계하노니 그러므로 네가 열심을 내라 회개하라"(계 3:19)고 말입니다.

우리 교인들의 사는 집이 서로 다르듯이, 각 가정 자녀들을 향한 하나님의 양육방법도 다를 수 있습니다. 그 방법뿐 아니라, 자녀들을 때리시고 어루만지시는 시간도 다 다릅니다. 그러므로 다른 교인 댁 담을 넘어 가면서 까지 너무 많은 것을 알 필요가 없습니다. 또 그 집 자녀에 대한 어느 일을 알게 되었다고 해도 급히 판단하거나 다른 이들에게 말하는 것을 삼가야 할 것입니다. 그 까닭은 지금 이 시간도 여전히 내 자녀를 아버지, 어머니인 나를 통하여 하나님께서 양육하시고 계시기 때문입니다. 즉 우리를 통한 하나님의 자녀 양육의 최종적인 결론이 아직 나오지 않았기 때문입니다.

성경은 이런 말씀으로 우리를 권합니다. "그러므로 남을 판단하는 사람아 무론 누구든지 네가 핑계치 못할 것은 남을 판단하는 것으로 네가 나를 정죄함이니 판단하는 네가 같은 일을 행함이니라"(롬 2:1). 아멘.

11월
감사의 달

· 욥의 찬송(욥 1:20-22)
· 바울의 감사(딤전 1:12-17)
· 다윗의 찬양과 감사(삼하 22:50-51)
· 부요케 하시는 하나님(고후 8:7-9)

〈집필자 : 최광영 목사〉
· 감리교 신학대학교 신학과 졸업
· 연세대학교 연합신학대학원 졸업
· 감리교 신학대학교 선교대학원
· 필리핀 크리스챤대학교
· 유니온 신학대학원
· 미국 에모리대학교 목회학 박사
· 현) 인천기독총연합회 공동 회장
· 현) 인천 성덕감리교회 담임목사

욥의 찬송
(욥 1:20-22)

　사람들은 불가능한 일을 이루어 놓았을 때 위대한 일을 이루어 놓았다고 칭찬을 합니다. 동방의 의인 욥은 찬양할 수 없는 자리에서 찬양을 하였으므로 위대한 신앙을 소유한 사람이라는 칭찬을 받았습니다. 찬양과 감사는 신앙의 세계에선 같은 맥락에서 봅니다. 욥은 하루 아침에 세상에서 가장 불행한 사람이 되었습니다. 사람들이 가장 소중히 여기는 재산을 하루 아침에 잃어버렸습니다. 수천 마리의 나귀, 소, 약대, 양을 순식간에 약탈 당하였습니다. 욥의 자녀 7남 3녀가 맏형의 집에서 식물을 먹으며 포도주를 마실 때에 태풍이 불어 와서 그들이 앉은 집이 무너지므로 10남매의 자녀들이 모조리 죽었습니다. 이러한 일이 있을 수 있습니까? 소설이나 영화에서도 나올 수 없는 일이 현실로 나타나게 되었습니다.

　이러한 참혹한 현실속에서 욥은 어리석게 하나님을 원망하지 아니하고 "내가 모태에서 적신(赤身)이 나왔사온즉 또한 적신이 그리로 돌아 가올지라 주신 자도 여호와시오 취하신 자도 여호와시오니 여호와의 이름이 찬송을 받으실지니이다"(욥 1:21)고 고백하였습니다. 참으로 위대한 신앙인이었습니다. 차라리 바보였다면 바보이기 때문이라고 넘겨 버리고 말겠는데 하나님이 인정하시는 동방의 의인이었습니다. 의인이 당한 고난이 너무나 엄청나게 컸었지만 고난 뒤에 숨어있는 하나님의 섭리를 하나님과 사단 외에는 알 자가 없었습니다. 숨어 있는 하나님의 계획을 알지 못한채 사건은 계속 악화되어 가고 있었습니다. 욥의 온 몸에, 발바닥에서 정수리까지 악창이 났습니다. 도무지

손으로 긁을 수가 없어서 기와 조각을 가져다가 몸을 긁고 있었습니다. 이 참혹한 광경을 보고 있던 욥의 부인이 악담을 퍼부었습니다. "하나님을 욕하고 죽으라." 더 이상 밑바닥으로 떨어질 수 없는 자리까지 떨어졌습니다. 아무런 희망도 보이지 아니하는 절망의 자리였습니다.

그러나 욥은 찬양의 자리로 바꾸었습니다. 참으로 위대한 신앙이었습니다. 옛말에 여자는 약하지만 어머니는 강하다고 하였는데, 인간은 약하지만 인간을 지으신 하나님을 믿는 신자는 강한 것이었습니다. 욥의 찬양을 찾아보면서 은혜를 나누고자 합니다.

1. 재산을 모두 잃고서도 찬양하였습니다.

사람들은 때로 재산을 생명보다도 귀중히 여깁니다. 강도가 들어와서 돈을 빼앗아 가려 할 때에 그 돈을 지키기 위하여 자기의 생명을 희생시키는 자가 있습니다. 목숨보다도 재물을 더 소중히 여기기 때문에 일어나는 비극입니다. 신앙인들 중에도 신앙보다도 재물을 훨씬 더 소중히 여기는 자들이 참으로 많습니다. 돈을 소중히 여기느라 하나님의 것을 도덕질 하기도 하며, 돈을 믿음보다 더 소중히 여겨서 주님의 날을 주님께 드리지도 못합니다. 이렇게 사람들은 재물을 소중히 여깁니다.

그런데 욥은 재산이 하루 아침에 다 날라 갔는데도 하나님을 찬양했습니다. "욥이 범죄하지 아니하고 하나님을 향하여 어리석게 원망하지 아니하니라"(욥 1:22) 하였습니다. 참으로 놀라운 신앙입니다. 욥과 같은 상황에서 "주신 자도 여호와시오 취한 자도 여호와시니"라고 고백할 수 있는 자가 우리 한국 교회에 한 사람이나 있을까요? 참으로 상상할 수 없는 일입니다.

구약의 이스라엘 선민들은 잘 될 때에 찬양하였고 어려움을 당할 때엔 원망하였습니다. 이런 현상은 이스라엘 민족만이 아니라 오늘 우리들의 신앙의 모습이기도 합니다. 신앙을 지도하다가 보면 별스런 사람들이 많습니다. 신앙생활을 자기 맘 내키는 대로 하는 사람들이 많습니다. 훈련되지 아니한 사람들이 기분에 따라 이리 뛰고 저리 뛰는 것 같은 오합지졸(烏合之卒)의 군사들과 같은 느낌이 들 지경입니다. 너무 이기적이고 너무 세속적인 신앙들을 소유하였습니다. 물질만능 주의의 신앙인 것 같습니다. 하나님으로부터 받는 복을 물질로 계산하려는 현대인들의 신앙이 되어버렸습니다. 변질되어 가는 신앙이 바르게 자리잡는 변화가 일어나야 할 것입니다.

수많은 재산이 순식간에 없어졌는데도 찬송하는 신앙은 이중표 목사님이 주장하는 별세(別世)의 신앙입니다. 성경에서 말하는 복(福)도 모세의 5경속에 나타난 복은 소유가 많고 번창하고 창대하는 것이 복을 받은 징표로 나타나고 있습니다. 물질은 하나님이 인간에게 주신 복임에 틀림이 없습니다. 그런데 하나님은 욥에게 물질의 복을 많이 주셨다가 특별한 이유도 없이 순식간에 거두어가신 것이었습니다. 물론 하나님은 이유가 있으셔서 사단이 물질을 빼앗아가는 것을 허락하셨지만 이유를 전혀 모르는 욥에게는 청천벽력 이었습니다. 그러나 욥은 하나님앞에 항의를 할 수도 있고 불평도 할 법한데 욥은 전혀 다른 차원의 신앙을 가지고 있었습니다. 물질을 다 잃어버리고도 찬송하는 욥의 찬양은 만인의 감동을 자아내는 위대한 노래였습니다.

2. 자녀를 모두 잃고도 찬송하였습니다.

잘 되고 기쁘고 즐거울 때 찬송하는 것은 누구나 할 수 있는 매우 평범한 일입니다. 그러나 가장 어려울 때 찬송하는 것은 훌륭한 신앙을 가진 자만이 할 수 있는 고유의 특권이라 할 수 있습니다. 이러한 신앙이 하나님의 마음에 기쁨을 드리는 신앙입니다. 재산을 잃은 것쯤은 그래도 참을 수 있다고 가정을 해도, 7남 3녀의 자녀를 모두 한꺼번에 잃은 아버지의 마음을 어떻게 표현을 하며, 그 찢어진 마음은 무엇으로 꿰맬 수 있겠습니까?

지난 이야기 입니다만, 삼풍백화점이 붕괴되어 500여명이 사망하였을 때, 성수대교가 무너져서 수많은 인명이 죽어갔을 때, 얼마나 많은 가족들이 몸부림을 치면서 슬피 울었는지 우리는 생생하게 기억하고 있습니다. 한 명의 자녀가 죽어도 인사불성(人事不省)인데 10명의 자녀가 한꺼번에 떼죽음을 당하였으니 정신이 돌아 버리든지 아니면 피를 토하고 죽을 수도 있는 상황이었습니다. 그러나 욥의 신앙은 너무나도 의연한 신앙이었습니다. "주신 자도 여호와시오 취하신 자도 여호와시오니 여호와의 이름이 찬송을 받으실 지니이다"

고 고백한 욥은 의연한 자세를 취하였습니다. 의연하다기 보다는 바보와 같았다고 표현하는 것이 오히려 솔직한 표현일 것입니다. 오늘의 세상에서 바보와 같은 자세를 갖지 아니하고는 좋은 신앙을 소유할 수 없습니다. 자기의 정신을 똑바로 가지고, 자신의 상식과 이성을 똑바로 소유했다고 자부하는 사람들은 하나님 앞에서 감동을 일으킬만한 신앙을 소유하지는 못할 것입니다.

욥의 찬송의 신앙은 인간의 생명이 어디에서부터 와서 어디로 가는지를 아는 신앙이었고 생명의 주인이 누구인지를 분명히 아는 신앙이었습니다. 주인이 필요하여서 달라고 하는데 안주겠다고 그 누구가 항변할 수 있단 말입니까? 욥의 신앙은 이와 같이 생명의 주인을 불명히 아는 신앙이었습니다. 신앙의 시금석(試金石)은 환난이나 역경입니다. 평온할 때는 그 신앙의 깊이를 모르지만 환난이나 역경을 당할 때는 분명히 알 수가 있습니다. 욥의 신앙은 환난의 깊은 터널을 넉넉히 통과한 하나님 앞에서 인정받은 신앙이었고, 사탄도 감히 이기지 못하는 신앙이었습니다.

만약에 다른 사람들이 10명의 자녀들의 시체 앞에서 욥이 고백하는 신앙의 말을 들었고, 그의 신앙의 의연한 모습을 보았다면 모두가 바보 천치라고 비웃었을지도 모릅니다. 그렇습니다. 좋은 신앙은 때로 믿음이 없는 자들로부터 비웃음도 당하고, 손가락질을 받기도 하며, 욕을 먹기도 합니다. 때로는 비난을 받기도 합니다. 그러나 하나님은 인정하시고 마지막엔 그에게 상급을 주십니다. 신앙의 길이 때론 외롭고 고독한 길이기도 합니다. 아무도 알아주지 아니하는 쓸쓸한 길이기도 합니다. 그러나 졸지도 아니하시고 주무시지도 아니하시는 전능하신 하나님은 어깨를 두드리시면서 조용한 음성으로 속삭여 주실 것입니다. "착하고 충성된 종아, 내가 너를 안다. 너의 신음 소리를 내가 들었노라, 내가 너의 눈에서 눈물을 보았노라" 말씀하시면서 위로하여 주실 것입니다.

3. 건강을 잃고도 입술로 범죄하지 아니하였습니다.

재산을 모두 잃고 10남매의 자녀를 한꺼번에 잃고 난 욥에게는 또 하나의 견딜 수 없는 깊은 시련이 다가왔습니다. 온 몸에 악창이 나서 발바닥에서 정수리까지 성한 곳이 없게 되었습니다. 아마도 설상가상(雪上加霜)이란 말이, 사면초가(四面楚歌)라는 말이 이런 때에 사용하는 것 같습니다. 참으로 너무나도 가혹한 시련이었습니다. 그러나 욥은 왜 이런 가혹한 시련이 다가왔는지를 알지 못하였고, 왜 이렇게 처절한 패배를 당하여야 하는지를 이해하지 못하였습니다.

욥에겐 또 견딜 수 없는 아픔이 다가왔습니다. 욥의 아내는 깊은 고통의 수렁에 빠져있는 남편 욥에게 위로의 말 대신에 너무나 가혹한 악담을 퍼부었습니다. "당신이 그래도 자기의 순전을 굳게 지키느뇨 하나님을 욕하고 죽으라"(욥 2:9). 이 얼마나 독이 가득한 말입니까? 참으로 할 수 없는 말을 남편에게 퍼부었습니다. 좋은 부부는 어려울 때 서로 짐을 나누어지며, 슬픈 일을 당하였을 때 위로하여 주고, 실망할 때 용기를 줄 수 있어야 하는 법인데, 오히려 마음을 아프게하는 가시 역할을 하였으니 참으로 슬픈 일이었습니다.

그러나 우리는 욥이 아내에게 하는 대답 속에서 참으로 훌륭한 남편이며 훌륭한 신앙을 가진 자로구나! 하는 탄성(歎聲)을 자아내게 됩니다. "그대의 말이 어리석은 여자 중 하나의 말 같도다 우리가 하나님께 복을 받았은즉 재앙도 받지 아니하겠느뇨" 하고 모든 일에 입술로 범죄하지 아니하였다는 것이었습니다. 네가 범죄하였으니 어려움을 당하는 것이지 잘했으면 왜 그 꼴을 당하느냐는 아내의 공격을, 그리고 하나님을 저주하고 죽으라는 악담을 은혜스러운 말로 대응하는 욥은 참으로 위대한 신앙을 소유한 동방의 의인이었습니다. 욥의 신앙은 복과 재앙이 모두 하나님의 장중에 있음을 확신하는 신앙이 있었습니다.

이 세상의 모든 신앙인들이 욥의 신앙과 같이 이 세상의 모든 만물이 하나님의 손 안에 있음을 고백하는 신앙을 소유하여야 할 것입니다. 이러한 훌륭한 신앙이 욕심 없이 사는 삶의 지혜를 줄 것이며, 소유욕 때문에 혼돈에 빠지는 카오스의 세상은 오지 않을 것입니다. 세상에 전쟁과 살상과 테러, 시기, 질투가 일어나는 것은 만물의 주인이 하나님이 아니라 인간이라고 생각하기 때문에 일어나는 현상입니다. 욥의 고백과 같이 적신으로 왔다가 적신으로 돌아가는 것이 인생입니다. 이러한 삶의 진리를 아는 자는 삶의 기본 원리를 터득한 자가 되어질 것입니다. 기본 질서가 망가지면 다른 것들도 모두 망가지는 법입니다. 기초가 튼튼하지 못하면 건물이 든든히 설 수 없는 원리와 같습니다.

건강도 부(富)도, 수(壽)도, 부귀 영화도 모두 하나님의 장중에 있습니다. 이 질서를 바로 안 사람이 바로 욥입니다. 그래서 그는 물질을 하루 아침에 모두 잃어버렸어도, 10남매의 자녀를 모두 잃어버렸어도, 건강을 모두 빼앗겼어도 하나님을 배반하지 아니하였습니다. 아버지가 주신 것 아버지가 가져가셨음을 고백하였습니다. 참으로 칭찬할만한 신앙이었습니다.

처절하리만큼 환난의 깊은 수렁에 빠져있는 욥! 그럼에도 불구하고 믿음으로 승리하는 장한 모습! 그는 오늘의 모든 기독교인들에게 정금과 같은 신앙이 어떠한 것인지를 바르게 가르쳐 주었습니다.

달면 삼키고 쓰면 뱉는 얄팍한 신앙을 가지고 큰 믿음을 가진양 자랑하면서 살아가는 오늘의 기독교인들이여! 환난은 인내를, 인내는 연단을, 연단은 소망을 이루는 과정인 것을 기억하면서, 어떠한 환경에서든지 찬송하며 감사하면서 여호와 닛시의 삶을 주님 안에서 힘차게 살아가시기를 주님의 이름으로 축원합니다. 아멘.

바울의 감사
(딤전 1:12-17)

감사하는 분량은 곧 신앙의 분량과 같은 법입니다. 같은 의미의 말이겠습니다만 감사의 척도는 곧 신앙의 척도입니다. 희노애락(喜怒哀樂)이 엇갈려 있는 현실을 살아가는 오늘의 크리스천들에게는 감사할 조건과 원망할 조건들이 교차되어 있습니다. 이것은 광야를 지나는 이스라엘 민족들 앞에 원망의 소리가 드높았던 일과, 홍해를 육지같이 건너고서 하나님을 찬양했던 우렁찬 찬양의 소리가 엇갈려 있었던 것과 마찬가지입니다.

유명한 바울 사도의 감사하는 내용을 보면, 바울 사도의 신앙은 참으로 위대하였다는 사실을 느낄 수 있습니다. 신약 성경의 절반이나 기록한 바울 사도의 서신을 보면 구절 구절속에 감사가 넘치는 은혜로운 말씀으로 수놓아져 있습니다. 바울 사도는 어떤 면에서 감사하였는지를 살펴보면서 은혜를 나누고자 합니다.

1. 직분을 맡기심에 감사하였습니다(딤전 1:12).

바울 사도는 자신이 어떠한 사람인가를 잘 아는 사람이었습니다. 바울은 자신을 훼방자요, 핍박자요, 포행자였다(딤전 1:13)고 고백하고 있습니다. 부활하신 주님을 만나기 이전에는 바울의 고백대로 훼방자요, 핍박자였습니다. 그래서 주님은, 예수 믿는 사람들을 결박할 공문을 가지고 살기가 등등하여 다메섹으로 가는 사울을 강한 빛으로 엎드러지게 만드시고 말씀하셨습니다.

"사울아 사울아 네가 어찌하여 나를 핍박하느냐"(행 9:4).

따지고 보면 바울은 사도의 직분을 받을만한 아무런 자격도 없는 사람이었습니다. 우리 모두가 주님의 대속의 사랑을 받을 만한 자격이 없지만, 바울은 특별히 주님의 교회를 잔멸하고, 믿는 자들을 옥에 가두고 죽이는 일에 앞장을 섰던 사람이기에 더욱 자격이 없는 자로 자처하였던 것입니다. 바울은 스데반 집사가 돌에 맞아서 순교를 할 때 돌로 치는 사람들의 겉옷을 맡아 지켜주었던 사람(행 7:58)입니다. 이러한 이유들로 바울은 "내가 죄인 중에 괴수니라"고 말씀하였고, 이러함에도 불구하고 직분을 맡겨주심에 감사하였던 것입니다.

바울 사도는 특별히 받은 직분을 '영의 직분' 또는 '의의 직분'이라 표현하면서(고후 3:7-9) 최고의 영광으로 여겼습니다. 구약 율법시대의 직분을 '의문의 직분', '정죄의 직분'으로 표현한 반면에 신약의 복음시대의 직분을 영의 직분과 의의 직분으로 표시하면서 영원히 있을 영광(고후 3:11)으로 표현하였습니다. 이렇게 바울 사도는 주어진 직분에 대하여 최고의 영광으로 아는 믿음이 있었습니다. 그야말로 자부심이 충만하였습니다. 때문에 바울 사도는 없어지지 아니할 영광스런 직분을 받은 자 답게 생명을 주님께 고스란히 바쳤던 것입니다.

직분을 받은 것에 대한 감사는 어찌 바울 사도에게만 해당이 되겠습니까? 하나님을 알지 못하고 죄와 사망의 그늘에 앉아 허덕이던 불쌍한 우리들이 하나님의 외아들 우리 주 예수 그리스도의 풍성한 은혜로 구속함을 받고, 또한 영광스러운 직분까지 받았으니 만 입이 있어도 찬송할 것 밖에는 없습니다.

우리는 훼방자가 아니었나요? 우리는 핍박자가 아니었습니까? 우상의 골짜기에 앉아서 우상을 섬기고 조상을 섬기던 참으로 미개하고 가난하고 헐벗었던 민족이었습니다. 그런데 값없이 주시는 하나님의 은혜로 새 생명을 얻었고, 새로운 삶을 얻었고, 하늘나라 백성이 되었으며, 없어지지 아니할 영의 직분, 의의 직분을 받은 것입니다. 감사한 말씀을 어찌 말로 다 형언할 수 있겠습니까? 할렐루야!

그러나 우리는 우리의 생활 주변에서 일어나는 생활의 변화 앞에서 울고 웃으면서 감사도 찾지 못하고 하나님께 영광 돌리지도 못한 연약한 죄인들임을 고백하게 됩니다. 우리에게 주신 직분에 감사한 마음도 갖지 못하고 불평하면서 살아왔습니다. 이제 불평이 변하여 감사가 되고, 훼방이 변하여 축복이 되어지는 새로운 믿음의 삶을 다짐하여야 할 것입니다.

2. 성도들때문에 늘 감사하였습니다.

바울은 늘 성도들을 위하여 감사의 기도를 드린 믿음의 아버지와 같은 분입니다. 바울 서신을 보면 언제나 첫 부분에 인사로 문안을 하고 끝 부분을 보면 역시 믿음의 기도로 축복하는 내용이 나옵니다. 그런데 첫머리 인사에는 대개의 서신마다 빠지지 아니하고 "너희를 인하여 하나님께 감사한다"는 말씀이 있습니다. 복음을 전하며 개척한 교회들이 믿음에 든든히 서 간다는 소식을 들으며 하나님께 감사하는 바울 사도의 감사는 참으로 값진 감사입니다. 성도들을 위하여 하나님께 기도할 때 감사의 기도가 넘칠 수 있다는 것은 참으로 다행스러운 일입니다. 그리고 믿음의 씨앗을 뿌리고 잘 가꾼 보람의 결실일 것입니다.

여러 서신에 감사의 기도를 드린다는 말을 썼기 때문에 혹시 의례적인 인사가 아니겠느냐 생각할 수도 있겠습니다만, 각 서신의 내용을 읽어보면 반드시 감사할 조건을 기록하였습니다. 고린도 교회의 예를 든다면, 고린도전서 1:4 이하에서 감사의 조건을 몇 가지로 기록하였습니다. 구변(口變)과 지식이 풍족하여 그리스도에 대한 증거가 견고한 점을 감사의 조건으로 들었고, 은사에 부족함이 없는 점, 그리고 주의 재림을 기다리는 신앙을 가진 사실에 대하여 감사하였습니다.

빌립보 교회를 위하여 감사하는 내용은 복음 안에서 성도들이 교제함을 인함이며, 데살로니가 교회의 성도들을 기억하면서 감사한 이유는 믿음의 역사, 사랑의 수고, 소망의 인내가 있음을 감사하였고, 환난 가운데서도 성령의 충만함으로 믿는 자들의 본이 된 점을 감사하였습니다. 이렇게 각 교회마다 감사의 조건을 찾아서 기도하였습니다. 참으로 위대한 사도였습니다.

오늘의 한국 교회에서도 각 교회마다 목회자가 성도를 위하여 하나님께 기도할 때에 감사의 조건이 많아질 수 있는 아름다운 역사가 일어나야 할 것입니다. 성도를 위하여 기도할 때에 감사의 조건보다 불평의 조건이 많아진다면 목회도 잘못한 것이 될것이며 성도들의 신앙에 자랑거리가 없다는 결과가 될 것입니다. 그렇다면 안타까운 목회, 안타까운 성도들의 신앙이 될 것입니다.

어려운 가운데서도 서로 돕고 의지하고 부족한 점을 위하여는 서로 보충하고 함께 기도하면서 신앙생활을 한 좋은 기도의 동지들이 있는가 하면, 사사건건 시비하고 대수롭지 아니한 것도 큰 것인냥 확대시켜서 떠벌리고 거짓 증거하며 편당을 지어서 교회 분위기를 망가뜨리는 성도들도 있었습니다 어느 누구든지 이웃을 위하여 기도할 때에 감사의 조건이 많아지는 은혜로운 역사가 한국 교회위에 임하여야 하겠습니다.

3. 이김을 주시는 하나님께 감사하였습니다(고전 15:57).

싸움에서는 이겨야 합니다. 나라와 나라 사이에 일어난 전쟁에서도 이겨야 합니다. 금메달을 앞에 놓고 경주(Race)를 벌리는 경기에서도 이겨야 합니다. 정의와 불의의 싸움에서 정의가 이겨야 합니다. 영적 전쟁 마당에서 흑암의 세력과 악령의 세력을 반드시 이겨야 합니다. 바울 사도는 이김을 주시는 하나님께 감사의 기도를 드렸습니다. 죽음의 세력을 이기고 부활의 영광이 찬란하게 밝아오는 기독교의 승리를 노래하면서 감사하였습니다.

고린도전서 15장은 부활장입니다. 로마 병정들의 무지한 채찍과 십자가의 형틀과 손과 발에 박힌 대못, 옆구리에 깊숙이 박힌 창이 하나님의 아들 예수 그리스도를 죽였습니다. 그리고 그들은 승리했다고 개가를 불렀습니다. 무덤 문을 돌로 막고, 인봉하고 굳게 지키게 하였습니다. 부활을 예언하신 하나님의 아들을 이기겠다는 심산이었습니다. 불의가 정의를 이긴 듯 하였습니다. 악이 선을 이긴 듯 하였습니다. 미움이 사랑을 이긴 듯 하였습니다. 비진리가 진리를 이긴 듯 하였습니다. 순간이 영원을 이긴 듯 하였습니다. 그러나 부활의 승리의 아침은 밝아왔습니다. 주님이 예언하셨던 그대로 말입니다. 부활의 첫 열매가 되신 예수님이 승리하신 것을 바탕으로 모든 성도가 부활되어질 것을 바울 사도는 역설하면서 죽음도 이기게 하시는 하나님 앞에 감사하면서 "이김을 주시는 하나님께 감사하노니"(고후 15:57)라고 말씀하였습니다.

바울 사도는 싸움에 대하여 다른 각도에서도 말씀하셨습니다. 영과 육의 갈등 속에서의 싸움을 말하였습니다. 특히 갈라디아서 5:17에서 육체의 소욕과 성령의 소욕이 서로 싸우고 있음을 말하였습니다. 인간의 고뇌를, 특히 믿는 자들의 갈등을 잘 나타내 주었습니다. 인간은 육을 소유하고 있기 때문에 육의 지배를 받게 되어 있습니다. 그러나 육만 있는 것이 아니고 영이 존재하고 있기 때문에 영의 소욕이 또한 있습니다. 문제는 육의 소욕은 하나님의 뜻과 같지 않기 때문에 하나님의 뜻을 거스리게 되는 점입니다. 따라서 하나님의 뜻을 쫓는 성령의 소욕과 인간의 뜻을 쫓는 육체의 소욕이 서로 싸우며 사는 것이 성도라고 하는 사실이 분명해지는 것입니다. 바울 사도는 이 전쟁에서도 이겨야 할 것을 말씀하고 있습니다. "만일 우리가 성령으로 살면 또한 성령으로 행할지니"(갈 5:25)라고 말씀하므로 성령의 소욕을 좇아 살라는 강한 요청이 있습니다.

바울 사도는 또한 성도의 생활에서 늘 이기게 하시는 하나님께 감사하는 말씀을 고린도전서 2:14에서도 말씀하고 있습니다. "항상 우리를 그리스도 안에서 이기게 하시고 우리로 말미암아 각처에서 그리스도를 아는 냄새를 나타내시는 하나님께 감사하노라." 로마서 6:17에서는 죄의 종에서 의의 종으로 해방이 되어졌음을 감사하였습니다. 그렇습니다! 하나님은 우리를 사랑하시기 때문에 지극히 미약하고 부족하여 실수하고 죄를 범하여도 성령의 역사로 깨닫게 하시고 생각 나게 하십니다(요 16:8). 또한 믿음을 주셔서 믿음으로 이기게 하십니다.

4. 하나님이 주시는 은사를 인하여 감사하였습니다(고후 9:14-15).

하나님은 성령의 열매인 은사를 성도들에게 선물로 주셨습니다. 은사는 성도들이 어려운 세상에서 신앙생활을 잘 할 수 있도록 주신 매우 유익한 선물입니다. 은사의 종류를 보면 고린도전서 12장에서 9가지 은사가 있습니다. ① 지혜의 말씀의 은사, ② 지식의 말씀의 은사, ③ 믿음의 은사, ④ 병고치는 은사, ⑤ 능력 행하는 은사, ⑥ 예언의 은사, ⑦ 영을 분별하는 은사, ⑧ 방언의 은사, ⑨ 방언 통역의 은사입니다. 또한 로마서 12장에도 6가지 은사가 소개되어지고 있습니다. ① 섬기는 은사, ② 가르치는 은사, ③ 권위하는 은사, ④ 구제하는 은사, ⑤ 다스리는 은사, ⑥ 긍휼을 베푸는 은사입니다. 예언의 은사도 있습니다만 고린도전서 12장에서 이미 언급하였으므로 생략하였습니다. 에베소서 4:7-12 말씀을 보면 은사로 주신 것이 있습니다. ① 사도, ② 선지자, ③ 복음 전하는 자, ④ 목사, ⑤ 교사입니다.

인간을 사랑하시는 하나님은 이와 같이 많은 종류(20가지)의 은사를 사람의 필요에 따라 나누어 주셨습니다. 바울 사도는 이러한 은사를 주신 하나님께 감사를 드렸습니다. 연약한 인간들을 긍휼히 여기시고 갖가지 은사를 주신 이유는 "성도를 온전케 하며 봉사의 일을 하게 하며 그리스도의 몸을 세우려 하심"(엡 4:12)입니다. 성도들은 마땅히 하나님께 늘 감사하되 우리를 온전케 하기 위하여 은사를 주신 아버지께 감사하면서 살아가야 하겠습니다.

5. 성도들에게 감사하라고 권면을 하였습니다.

마지막으로 바울 사도의 감사의 생활을 성도들에게 권면한 말씀을 소개합니다. 기도할 때에 감사함으로 구하라(빌 4:6). 말을 할 때에는 언제나 감사하는 말을 하라(엡 5:4). 성도의 생활 속에 감사를 넘치게 하라(골 2:7). 감사함으로 찬양하라(골 3:16). 범사에 감사하라(살전 5:18) 등으로 소개할 수 있습니다.

바울의 감사는 참으로 폭이 넓은 감사였습니다. 감사가 메말라가는 현실속에 바울 사도의 감사는 새로운 힘을 살아주는데 넉넉한 것 같습니다. 바울 사도의 감사를 본받아 감사로 충만한 성도의 삶이 되시기를 주님의 이름으로 축원합니다.

다윗의 찬양과 감사
(삼하 22:50-51)

바울 사도는 범사에 감사하라고 말씀하였습니다만, 실로 범사에 감사하는 신앙은 누구나 가질 수 있는 신앙은 아닙니다. 결코 말처럼 쉬운 일이 아닙니다. 다윗이라는 인물은 참으로 훌륭한 인물이었습니다. 신앙도 훌륭하고 용맹도 있으며 지도력도 훌륭한 왕이었습니다. 잘못을 솔직하게 시인할 줄도 알고, 특별히 너그러운 관용과 사람을 사랑할 줄 아는 인간다운 정이 있는 성군(聖君)이었습니다. 상식을 뛰어넘는 비범(非凡)한이 있는 하나님의 사람이었습니다.

이스라엘 나라의 두 번째 왕 다윗의 신앙의 위대함과 그의 인간다운 진솔한 모습을 조명하면서, 다윗의 찬양과 감사의 신앙을 소개하고자 합니다. 다윗의 찬양은 참으로 많습니다. 다윗이 기록한 시편만도 79편이나 되는데, 그의 감사와 찬양을 다 기록할 수는 없고, 특별히 특징 지울 수 있는 대목을 찾아서 말씀을 드리겠습니다.

1. 골리앗 앞에서 하나님을 높였습니다(삼상 17:45-47).

골리앗 장군은 블레셋 나라의 백전 백승의 유명한 장군이었습니다. 이러한 무시무시한 장군을 나이 어린 소년 다윗이 하나님의 이름으로 나가서 골리앗을 거꾸러 뜨리고 골리앗의 머리를 베어가지고 돌아왔습니다. 사실 이스라엘 민족은 40일 동안이나 꼼짝 달싹도 못하고 골리앗의 위엄 앞에서 절절 매고 있었습니다. 이때 소년 다윗이 아버지의 심부름으로 전쟁터에 나간 형들의 안부를 알기 위하여 왔다가 이스라엘 민족이 블레셋 장군인 골리앗에게 수모를 당하고 있는 광경을 목도하고 끓어오르는 모욕감을 참지못하여 골리앗을 죽이려고 적진을 향하여 나가게 됩니다.

다윗은 골리앗에게 도전을 하였습니다. "너는 칼과 창과 단창으로 내게 오거니와 나는 만군의 여호와의 이름, 곧 네가 모욕하는 이스라엘 군대의 하나님의 이름으로 네게 가노라. 오늘 여호와께서 너를 내 손에 붙이시리니… 여호와의 구원하심이 칼과 창에 있지 아니함을 이 무리로 알게 하리라 전쟁은 여호와께 속한 것인즉 그가 너희를 우리 손에 붙이시리라"(삼상 17:45-47)고 다윗은 하나님을 자랑하였고, 하나님을 알지 못하는 블레셋에게 하나님의 존귀와 위엄을 알려주었던 것입니다. 다윗은 하나님을 높이는 일이라면 언제나 앞장을 서는 훌륭한 신앙인이었습니다.

2. 하나님의 궤를 모셔 올 때 춤을 추며 찬양하였습니다(삼하 6:1-23).

하나님의 궤(법궤)가 가럇여아림 아비나답의 집에 20년이란 긴 세월 동안 머물러 있었습니다. 그 이유는 이스라엘의 암흑기인 사사시대 이후, 왕정시대 이전 엘리 제사장 때에 하나님의 궤를 블레셋에게 빼앗겼습니다. 블레셋에 들어간 하나님의 궤가 이르는 곳마다 변이 일어나니 블레셋이 더 이상 하나님의 궤를 소유할 수가 없어서 돌려 보냈는데, 그 법궤가 가럇여아림(베냐민 지파의 땅)에 도착하였고, 그 땅 아비나답의 집에 오랜 기간 동안 머물러 있게 되었었습니다. 그러는 동안 이스라엘 민족은 하나님의 궤를 사모하게 되었고, 다윗이 왕위에 오르고 어느 정도 안정이 이루어지자 다윗은 하나님의 궤를 예루살렘으로 메어 오라는 명령을 내렸습니다. 그래서 20여년 동안 잃었던 하나님의 법궤를 모셔오게 되었습니다. 이스라엘 민족에게는 참으로 영광스러운 순간이 아닐 수 없는 기쁜 날이었습니다.

잣나무로 만든 여러 가지 악기와 수금, 비파, 소고, 양금, 제금으로 주악을 하였습니다. 다윗왕은 소와 살진 것으로 제사를 드리고 여호와 앞에서 힘을 다하여 춤을 추었다고 기록하였습니다. 참으로 다윗은 믿음이 좋은 왕이었습니다. 하나님의 궤를 옮겨 오는 일이 얼마나 좋았던지, 한 나라의 대왕이 에봇을 입고 힘을 다하여 춤을 추었으니 그 마음을 충분히 짐작할만 합니다. 사울의 딸 미갈이 다윗이 춤을 추다가 몸이 드러났다고 업신여기기까지 하였으니, 얼마나 힘을 다하여 무아의 경지에서 춤을 추었는지를 말해줍니다. 이렇게 하나님의 영광을 위하여 찬양하고 기뻐하는 다윗왕의 신앙은 이스라엘 백성들에게 귀감이 될만 합니다.

3. 성전을 지으라는 명령을 듣고 찬양하였습니다(삼하 7:1-29).

다윗의 위가 든든히 자리를 잡아 갈 즈음에 하나님은 선지자 나단을 통하여 다윗에게 말씀하셨습니다. "네가 나를 위하여 나의 거할 집을 건축하겠느냐"(삼하 7:5). 선지자 나단을 통하여 들려진 하나님의 말씀은 다윗에게 너무 고무적이었습니다. 말할 수 없는 기쁨이 충만하였습니다. "주의 말씀을 인하여 주의 뜻대로 이 모든 큰 일을 행하사 주의 종에게 알게 하셨나이다. 여호와 하나님이여 이러므로 주는 광대하시니 이는 우리 귀로 들은 대로는 주와 같은 이가 없고 주 외에는 참신이 없음이니이다"(삼하 7:21-22)라고 감사 찬양하였습니다.

신앙이 좋은 성도는 하나님의 명령이 떨어지면 기쁨으로 그 명령을 받고, 신앙이 없으면 기쁨으로 감당하는 것이 아니라 요나처럼 오히려 멀리 도망을 갑니다. 다윗은 하나님이 일을 시키심으로 하나님을 찬양하였습니다. 또 다윗은 다시 이렇게 고백하였습니다. "만군의 여호와 이스라엘의 하나님이여 주의 종에게 알게 하여 이르시기를 내가 너를 위하여 집을 세우리라 하신고로 주의 종이 이 기도로 구할 마음이 생겼나이다 이제 청컨대 종의 집에 복을 주사 주 앞에 영원히 있게 하옵소서"(삼하 7:28-29). 결국 다윗은 많은 전쟁을 치루느라 피를 많이 흘렸기 때문에 성전 짓는 일은 그의 아들 솔로몬에게 맡기셨지만 다윗은 최선을 다하여 성전 건축의 자재를 준비하였습니다. 백향목을 수입하여 오고, 금, 은, 동, 철을 무수히 준비하였습니다.

하나님의 명령을 듣고 감사하는 신앙을 본받아야 합니다. 하나님의 백성들은 하나님의 영광을 이하여 일거리를 찾아야 하며 명령에 순종하여야 합니다.

4. 아들이 죽었을 때에도 여호와께 경배하였습니다(삼하 12:20-23).

다윗은 밧세바와 불륜을 통하여 난 아들이 있었습니다. 그런데 선지자 나단을 통하여 하나님의 책망을 받은 다윗에게 슬픔이 다가왔습니다. 밧세바에게서 난 아들이 병이 들어서 죽게 되었습니다. 다윗은 금식하면서 그 아들이 낫기를 하나님께 기도하였습니다. 이레 만에 그 아이가 죽었습니다. 다윗왕은 아들이 죽었다는 소리를 듣자 땅에서 일어나서 몸을 씻고 기름을 바르고 의복을 갈아 입고 여호와의 전에 들어가서 경배하고 궁으로 돌아와서 음식을 먹었습니다.

신복들은 다윗왕에게 질문하였습니다. "아이가 살았을 때는 위하여 금식하고 우시더니 죽은 후에는 일어나서 음식을 잡수시니 어찌된 일이십니까?" 그때 왕은 대답하였습니다. "아이가 살았을 때 금식하고 운 것은 하나님이 혹시 긍휼을 베푸셔서 살려 주시기를 구하였기 때문이며, 죽은 뒤에 먹는 이유는 한 번 간 생명이 운다고, 금식한다고 되돌아 올 수 있겠느냐? 그러므로 얼굴을 씻고 옷을 갈아입고 밥을 먹는 것이다" 라고 대답하였습니다.

다윗은 현실적인 믿음을 가진 자였습니다. 그리고 생명의 주인은 하나님이신 것을 분명히 아는 믿음을 가진 자였습니다. 죽은 시체가 산 생명으로 다시 돌아오지 못하는 현실을 바로 보는 사람이었습니다. 어렵고 슬플 때 냉정한 현실로 돌아와 현실을 수용할 수 있다는 것은 지혜로운 자만이 가질 수 있는 신앙입니다.

5. 시므이의 저주를 받으면서도 하나님께 영광을 돌렸습니다
   (삼하 16:9-14).

다윗의 아들 압살롬의 반란으로 다윗은 예루살렘을 등지고 도망길에 올랐습니다. 아들을 대항하여 싸울 수도 있었겠지만 다윗은 기드온 시내를 건넜습니다. 온 백성들이 대성통곡(大聲痛哭)을 하면서 기드온 시내를 건넜습니다. 다윗은 감람산 길로 올라갈 때는 머리를 가리고 맨발로 울며 행하고, 백성들도 머리를 가리고 울면서 올라갔습니다(삼하 15:30). 이렇게 어려운 패배의

길을 가고 있는 다윗 앞에 사울의 집 족속의 한 사람인 시므이가 다윗을 저주하며 다윗과 그 신복들에게 돌을 던졌습니다. 참으로 어이없는 일이었습니다. 다윗왕의 신복 아비새가 왕께 청하였습니다. "이 죽은 개가 어찌 내 주 왕을 저주하리이까? 청컨대 나로 건너가서 저의 머리를 베게 하소서." 의분에 찬 부하 장수의 말이었습니다. 당연히 있을만한 일이었습니다.

그러나 다윗의 신앙은 달랐습니다. "수루야의 아들들아 내가 너희와 무슨 상관이 있느냐, 저가 저주하는 것은 여호와께서 저에게 다윗을 저주하라 하심이니 네가 어찌 그리하였느냐 할 자가 누구겠느냐" 하였습니다. "내 몸에서 난 아들도 내 생명을 해하려 하거든 하물며 이 베냐민 사람이랴 여호와께서 저에게 명하신 것이니 저로 저주하게 버려두라"고 말한 다윗은 참으로 자기를 볼 줄 아는 현명한 사람이었습니다. 자기의 잘못을 은폐시키며 상대방의 잘못을 들추어 내는 진실하지 못한 사람들의 행위와는 전혀 다른 자신의 결점을 인정하고 하나님의 자리를 철저하게 인정하는 진실한 행동이었습니다.

심경이 말할 수 없는 비탄에 빠져있는 터인데 시므이의 저주를 듣는 다윗의 심경에 변화가 일어날 법도 합니다만, 그는 하나님의 역사임을 인정하고 회개하는 마음을 가졌습니다. 어떠한 환경에서도 하나님을 인정하고 하나님께 맡기는 다윗의 신앙은 진실한 신앙이었습니다. 다윗의 죄로 말미암아 다윗 왕가에 찾아온 환난을 다윗은 그대로 받아들이며 하나님의 섭리에 순응하는 신앙을 소유하였습니다. 시편 3편은 다윗이 압살롬의 반란을 피할 때에 지은 시인데, 역시 하나님의 이름을 높이며 하나님의 구원을 기다리는 신앙이 깃들어 있습니다.

6. 삶을 마무리하는 찬양에서 하나님께 감사하였습니다(삼하 22:1-51).

사무엘하 22장은 자신의 삶을 돌아 보며 하나님의 은택 속에서 살아온 것을 감사하면서 기록한 찬양의 장입니다. 내용을 보면 구구 절절이 여호와의 높으신 위엄과 사랑과 보호하심과 구원하여 주심을 노래하였습니다. 먼저 사울의 손에서 건져 주신 하나님께 감사하였고, 환난 중에서 부르짖을 때 응답하신 하나님을 찬양하였습니다. 다음에는 하나님의 임재하심을 자연을 통하여 표현하였고, 재앙의 날에 건져주셨음을 찬양하였습니다.

여호와는 의를 따라 상을 주시며 갚으시는 하나님임을 찬양하였습니다. 곤고한 백성을 구원하시며 교만한 자에게는 낮추어 주시는 하나님임을 노래하였습니다. 또한 하나님의 도는 완전하고 여호와의 말씀이 정미(精微)하심을 찬양하였습니다. 마지막으로 찬양을 마무리 지으면서 "이러므로 여호와여 내가 열방 중에서 주께 감사하며 주의 이름을 찬양하리이다"로 끝을 마무리 하였습니다.

다윗의 삶은 하나님 앞에서 실수도 있었지만 보편적으로 훌륭한 신앙을 가지고 하나님을 찬양하며 감사하면서 산 훌륭한 용사요, 군왕이요, 도량이 넓은 믿음의 사람이었고, 그리고 정과 사랑이 있는 진솔한 인간이었습니다.

다윗의 찬양과 감사의 삶은 하나님의 마음도 감동이 되어 지는 삶이었고, 하나님의 선민을 괴롭히는 이방 나라에 대한 정복의 의지는 대단하였습니다. 전쟁에서 나가고 물러서는 진퇴(進退)의 문제를 하나님께 질문하는 신앙의 사람이었습니다. 자신을 죽이려하는 사울을 용서하고 반격할 수 있는 자리에서 하나님이 기름 부어 세운 종이기에 옷자락만 베고서도 회개하는 순수한 신앙을 소유한 다윗은 진실로 하나님 제일 주의로 산 훌륭한 사람이었습니다. 다윗은 언제나 찬양하는 찬양의 사람이었으며 감사하는 감사의 사람이었습니다.

찬양의 사람, 감사의 사람은 하나님의 마음에 기쁨을 드리는 사람들입니다. 다윗이 큰 실수를 하였지만 그 후손에서 왕위에 오를 자가 끊어지지 아니하고 다윗의 뿌리에서 예수 그리스도가 탄생하신 것은 하나님이 그 만큼 다윗을 사랑하신 때문입니다. 사랑하신 이유는 무엇일까요? 찬양과 감사의 사람, 그리고 회개할 줄 아는 사람이기 때문입니다.

부요케 하시는 하나님
(고후 8:7-9)

우리 주님이 이 세상에 오신 목적을 말하라고 한다면 여러 가지로 말할 수 있겠습니다. 물론 주님은 이 세상 만민을 구원하러 오셨습니다. 눅 12:49에 보면 "내가 불을 땅에 던지러 왔노니 이 불이 이미 붙었으면 내가 무엇을 원하리요"라고 말씀하시므로, 죄로 말미암아 영혼의 고통을 당하고 있는 차디찬 심령들 속에 은혜의 성령의 불을 던지러 오셨음을 말씀하시고 계십니다.

주님이 오신 목적이 성서 여러 곳에 기록되어 있지만, 오늘 우리에게 주어진 본문 말씀에 의하여 살펴보면, 주님이 이 세상에 오신 뜻은 부요하신 자로서 가난한 자가 되어 가난한 자를 부요케 하시려고 오신 것임을 말씀하고 있습니다. 오늘 본문 말씀을 우리 민족의 역사속에 대입시켜서 과거와 현재를 살펴 보면서 말씀을 전하고자 합니다.

가난한 자를 부요케 하러 오셨다는 말씀은 참으로 우리에게 고무적이 아닐 수 없습니다. 우리 민족의 수난의 역사 속에서 가난이란 참으로 한이 맺힌 단어입니다. 눈물겹도록 가난했던 우리 민족! 가슴 언저리가 시려오도록 헐벗고 굶주렸던 이 민족이었습니다.

가난은 죄가 아닌데도 죄인냥 가슴을 조이면서 살아온 이 민족 속에 부요케 하시는 주님의 역사가 110년 전에 일어나기 시작하였습니다. 누가복음 14:8의 말씀처럼 가난한 자에게 복음을 전하여 주셨던 것입니다.

우리 대한민국은 여러모로 가난하였던 나라였습니다. 육신의 가난, 정신의 가난, 많은 질고로부터의 가난! 60년대 까지만 해도 가난은 우리 민족의 대

명사였었습니다. 언제 한 번 쌀밥을 실컷 먹어볼 수 있을까 하는 소박한 희망 사항이 가난한 우리 민족들의 가슴속에 있었습니다.

이런 가난한 민족이 우상과 잡신 속에 사로잡혀 살아왔었습니다. 그러니 소망은 더욱 더 없었던 것입니다. 그러나 오늘날 우리 나라는 부요케 하시는 주님의 은혜 속에서 세계 50대 교회 가운데 한국에 있는 교회가 23개나 들어 있고, 2년전 까지만 하여도 경제적으로 많이 성장한 나라로 소문이 나게 되었던 것입니다. 이제는 우리를 어떤 면에서 부요하게 해주셨는지 살펴보며, 부요하게 하여주신 주님의 주신 바 은혜를 어떻게 간직하여야 할 것인가를 생각해 보아야 하겠습니다.

1. 정신의 가난에서부터 영적으로 부요케 하여 주셨습니다.

1) 사대주의 사상으로부터의 해방시키셨습니다.

사대주의 사상은 유교의 산물입니다. 기독교의 사상은 만민 평등주의 사상입니다. 하나님 안에서는 남녀노소, 동서고금을 막론하고 모두 평등합니다. 양반도 상놈도 없으며, 높은 자도 낮은 자도 없습니다. 다만 하나님 안에서 모두가 한 형제요 자매인 자녀일 뿐입니다. 이 만민 평등주의 사상이 오늘날 세계의 역사를 바꾸어놓는 큰 역할을 감당했을 뿐만 아니라 한국의 닫혀졌던 역사를 활짝 여는 큰 역할을 감당하였던 것입니다. 사대사상은 가능성 있는 자아를 잃어버린 수치스러운 사상입니다. 긍정적인 자아를 상실하였기 때문에 파동적이었고 결과는 가난 밖에 찾아올 것이 없었습니다.

2) 우상 숭배(잡신)의 잘못된 사상으로부터 해방시키셨습니다.

과거를 돌이켜 보면 우리 민족은 우상의 골짜기에서 살아왔습니다. 지신(地神), 수신(水神), 산신(山神), 칠성신(七星神), 태양신(太陽神), 삼신(三神) 등 수많은 잡신들을 숭상해 왔습니다. 이상스런 바위만 있어도, 희한하게 생긴 괴목(槐木)만 보아도 숭배의 대상으로 삼고 그 앞에 절해 왔던 것입니다. 하나님이 싫어하시는 일만 골라서 해왔으니 복을 받을 만한 이유가 있겠습니까? 우상 숭배가 물려준 것은 가난과 질병 뿐이었습니다. 내가 어렸을 때만 하여도 얼마나 가난하였으며, 평균 수명이 불과 50세 밖에 아니 되었습니다.

그런데 지금은 어떻습니까? 평균 수명이 72세라고 합니다.

3) 부정적인 사고로부터 해방을 시켜 주셨습니다.

불교의 사상이 물려준 것은 아무것도 아니라는 허무주의 사상입니다. 물론 자비사상자같이 좋은 사상도 있습니다. 그러나 불교는 은근히 사람들의 마음 속에 세상을 등지고 산 속으로 들어가는 도피, 은둔의 사상을 심어 주었습니다. 세속화 되어진 세상을 변혁시키려는 마음 보다는 회피하여 참선(參禪)을 하고 도를 닦아서 해탈하여 성불(成佛)하기를 사모하였던 것입니다.

유교의 사상이 물려준 것은 부정적인 사고와 소극적인 사고였습니다. 유교의 인의예지(人義禮智) 사상과 수신제가 치국평천하지도(修身齊家治國平天下之道)는 적극적인 사고 보다는 소극적인 사고이며 부정적인 측면이 많습니다. '하지 말라'는 금물(禁勿)의 사상이 주를 이루고 있습니다. 그래서 예가 아니면 보지도 말고(非禮勿視), 예가 아니면 말하지도 말고(非禮勿言), 예가 아니면 움직이지도 말라(非禮勿動)고 했으며, 악한 것을 들었을 때에는 벙어리와 같이 하라(聞惡如聾)고 가르쳤습니다.

그러나 기독교는 적극적이고, 긍정적이며 진취적인 사상을 소유하고 있습니다. "할 수 있거든이 무슨 말이냐 믿는 자에게는 능치 못할 일이 없느니라", "내게 능력 주시는 자 안에서 내가 모든 것을 할 수 있느니라" 등의 수많은 가르침은 회피하지 말고 참여하여 문제를 해결하고 변화시키라는 적극적인 주님의 윤리입니다.

내가 살고 있는 세상은 결코 내가 피하여 설 곳이 아니라 새롭게 변화시켜야 할 외면하지 못할 내 삶의 현장인 것을 주님이 가르쳐 주심으로 불교와 유교의 도피, 은둔, 소극적인 가난한 자세에서부터 해방시키셔서 영적으로 부요케 해주셨습니다.

2. 육적 가난에서부터 해방시켜 부요케 해주셨습니다.

가난한 자를 부요케 하시려고 이 땅 위에 오신 주님은 육신의 가난도 몰아내 주셨습니다. 현재 나이 50이 넘으신 분들은 우리 민족이 당한 가난의 쓰라림을 모두 맛 보신 줄로 압니다. 풀 뿌리를 씹으며 초근목피(草根木皮)로 연명을 해오던 우리 민족의 가난은 오늘의 이북과 같이 심각하였었습니다. 이러한 민족 속에 육신과 영혼을 부요케 해주셨습니다.

성경에 나타난 구원이란 말 가운데는 두 가지의 의미가 있습니다. 먼저 영적인 구원을 들 수 있습니다. 죄로부터 사죄함을 받는 것을 구원이라 말하였으며, 육신이 압박과 질병과 가난에서부터 해방되어지는 것을 구원이라 표현하였습니다. 하나님은 우리 민족이 우상의 골짜기를 벗어나서 하나님을 섬기기 시작하므로 긍휼히 여기셔서 영적 구원과 육신의 가난에서 건져주시는 구원의 역사를 이루어 주셨습니다. 우상을 섬기던 사람들이 하나님의 백성이 되어지고, 십일조를 드리고 감사하는 백성이 되어지므로 한국이 가난에서부터 해방되어지기 시작한 것입니다.

그런데 여러분! 지금 한국의 경제적 상황은 말이 아닐 정도로 불황에 접어들었습니다. 이유가 어디에 있다고 생각하십니까? 주어진 경제를 바로 사용하지 못하고 과소비와 사치성에 눈이 어두워진 현실을 심판하시는 하나님의 역사임을 바로 깨달아야 할 때라고 생각합니다.

믿는 우리들이 하나님의 것을 하나님께 바로 드릴 줄울 알아야 합니다. 다시 말하면, 십일조를 성실하게 드리고 감사할 줄 알며, 기독교인의 경제관이 확립 되어져서 세상에 만연 되어진 사치와 과소비를 몰아낼 때 경제적인 회생이 다시 이루어질 줄로 믿습니다.

3. 질고의 고통에서 해방시키시고 부요케 하셨습니다.

주님은 이 세상에 오셔서 육신의 질고로 고통당하는 자들을 치료하여 주셨습니다. 이사야서 53:4에서 그는 우리의 질고를 대신 지시고 고난을 당하였다고 기록하고 있습니다. 4복음서에 보면 수많은 각색 환자들이 주님의 치유의 손길에 의하여 고통의 사슬에서 풀려나왔음을 말씀하고 있습니다.

주님이 이 땅위에 오셔서 행하신 세 가지 큰 사역이 있습니다. 말씀을 가르치시는 교육의 사역을 이루셨으며, 천국 복음을 전파하는 선교의 사역을 이루셨습니다. 그리고 각색 병자들을 고치시는 치유의 사역을 담당하셨습니다. 눈먼 자, 앉은뱅이, 손 마른 자, 중풍병자, 혈루증 환자, 귀신 들린 자…. 수많은 환자들을 치료하시는 치유의 사역을 감당하시므로 질고의 고통에서 풀어 주셨습니다. 이와 같은 주님의 사역을 여러분들은 믿으십니까? '믿는 자에게 는 능치 못함이 없다'고 말씀하셨는데, 그리고 '네 믿음대로 될지니라'고 말씀 하셨는데, 믿는 자들에게는 이와 같은 표적이 따르기를 주님의 이름으로 축원 합니다.

참으로 암울하였던 시절, 우리 나라의 참혹한 상황은 말로 표현할 길이 없 었습니다. 가난하고 헐벗고 굶주린 우리 민족에게 질고까지 겹쳐져서 평균 수 명이 불과 50도 되어지지 아니하던 과거도 있었습니다. 인간이 이 땅 위에서 사는 동안 질고의 고통을 면할 길은 없습니다. 왜냐하면, 인간의 죄값으로 인 한 무질서와 혼돈과 파괴와 전쟁과 살육이 있기 때문입니다. 그러나 복음이 들어오면서 복음과 함께 현대의학도 한국에 들어옴으로 세브란스 병원이 최초 로 서게 되었고, 현대 의술이 기독교의 전래와 함께 이루어지므로 미개하였던 한국에 큰 공헌을 하였던 것입니다.

사랑하는 성도 여러분, 고도로 발전한 현대 의술로도 감히 치료하지 못하는 병도 하나님은 능히 치료하실 수 있기 때문에, 우리 주 예수님은 질고의 고통 에서 해방시키시는 치료자요, 해방자임을 감사 하십시다.

예수 안에는 죄를 용서하시는 사유하심이 있습니다.

예수 안에는 병을 치유하시는 치유가 있습니다.

예수 안에는 모든 속박에서부터 자유케 해주시는 해방이 있습니다.

가난과 굶주림에서부터 벗어나게 하시는 부요가 있습니다.

사유해 주시고 치유해 주시며, 자유케 해주시고 부요케 해주시는 우리 주님 을 모시고, 예수 안에서 부요한 삶을 누리시기를 예수님의 이름으로 축원합니 다.

12월
결산의 달

- 단강의 기적(수 3:1-16)
- 통회한 베드로(마 26:75)
- 복있는 사람(시 1:1-3)
- 성탄을 축하합시다(눅 2:1-20)
- 부르심의 상을 위하여(빌 3:13-16)

〈집필자 : 김용하 목사〉
- 서울 신학대학교 및 동대학원 졸업
- Providence 대학원 졸업
- 기성 인천서지방회 지방회장
- 현) 송림성결교회 담임목사

요단강의 기적
(수 3:1-16)

사람이 세 번은 생각할 줄 알아야 된다고 합니다. 하루를 지나고 하루를 살필 줄 알아야 하고, 한 달을 지나고 한 달을 살피고, 한 해를 지나면서 일 년의 생활을 살피면서 앞으로의 꿈을 가지고 살아야 한다고 합니다.

우리도 우리의 일년 된 과거를 생각해 보면서 내일을 계획하고, 꿈을 가지고 앞을 향하여 전진해야 하겠습니다. 앞으로 우리 가정 살림이나 교회 계획과 살림을 잘 해 나아가기 위해서는 좀디 생각하고 다짐하면서 새해를 맞이할 수 있기를 바랍니다.

오늘 본문은 이스라엘 백성이 요단강을 건너가 가나안 땅을 정복하기까지의 몇 가지 교훈이 있습니다.

1. 지도자들의 결단이 있어야 합니다.

여호수아서 3:3의 "백성에게 명하여 가로되 너희는 레위 사람 제사장들이 너희 하나님 여호와의 언약궤 메는 것을 보거든 너희 곳을 떠나 그 뒤를 좇으라"는 말씀 속에는 지도자들의 위대한 결단이 있었다는 것을 의미합니다.

왜냐하면 15절에, 그 때 모맥 거두는 시기에는 요단강이 항상 언덕에 넘친다고 하였습니다. 계절로나 이론적으로 맞지 않았습니다. 다른 때를 택하든지 그렇지 않으면 다른 방법을 강구해야 할 것이지만, 그들은 여호수아의 명령대로 물이 넘실거리는 요단강 속으로 하나님의 언약궤를 메고 들어갈 것을 결심한 것입니다.

하나님은 항상 이러한 기적을 마련해 놓으시고 우리들에게 비장한 각오와 결단을 요청하고 있는 것입니다.

에스더 4:16에 보면, 유대인들이 위급하게 되었을 때 에스더는 죽으면 죽으리라는 비장한 결단으로 3일간 금식 기도한 후 아하수에로 왕 앞에 나아갈 때, 하나님께서는 그의 마음을 움직여 이적적인 축복이 일어나게 하여 유대 민족을 건져내는 축복이 임한 것을 볼 수 있습니다.

오늘 본문에 나타나는 레위 사람 제사장들은 교회 사역자나 지도자들을 가리킵니다. 어떤 의미에서는 당회를 지칭할 수 있을 것입니다.

여호수아 3:15-16에 보면, 제사장들이 법궤를 메고 요단강 앞에 가서 물을 밟으니, 요단의 흐르는 물이 끊어지고 이스라엘 백성은 법궤를 따라 건너갔다고 합니다. 지도자들의 비장한 결의와 결단으로 목표를 향해 전진할 때, 요단강이 갈라지는 역사가 우리들 중에도 일어날 수 있기를 바랍니다.

2. 회중들의 순종이 있어야 합니다.

여호수아서 3:3에 "백성에게 명하여 가로되 너희는 레위 사람 제사장들이 너희 하나님 여호와의 언약궤 메는 것을 보거든 너희 곳을 떠나 그 뒤를 좇으라"고 하였습니다.

이스라엘 백성 중에는 전에 10지파 족장들의 보고 가운데 두려운 보고가 있었기 때문에 언약궤를 좇아가기를 머뭇거리는 자들이 많을 것입니다. 그 때 10지파 족장의 보고내용을 보면, 가나안 땅에는 기름진 옥토와 하나님의 약속이 있기는 하지만, 가나안 족속들은 강하고 성읍은 견고하고 심히 클 뿐 아니라, 거기서 아낙 자손을 보았으며, 그들은 산지와 해변에 거하는지라 우리는 능히 그들을 올라가서 치지 못하리라. 그들은 우리보다 강하니라 그들은 거민을 삼키는 땅이요 그들의 신장은 장대하여 우리는 스스로 보기에 메뚜기 같으니 올라갈 수 없노라고 보고했습니다.

그래서 그들은 두려움과 공포가 가득하여, 민수기 14:1-3에는 온 회중이 소리를 높여 부르짖으며 밤새도록 곡하였더라고 했습니다.

"이스라엘 자손이 다 모세와 아론을 원망하여 온 회중이 그들에게 이르되 우리가 애굽 땅에서 죽었거나 이 광야에서 죽었더면 좋았을 것을… 어찌하여 여호와가 우리를 그 땅으로 인도하여 칼에 망하게 하려 하는고. 우리 처자가 사로잡히리니 애굽으로 돌아가는 것이 낫지 아니하랴."

그러나 하나님은 주저앉아 있거나 머뭇거리는 것을 원치 않습니다. 우리 앞에 장애물이 있다 할지라도 따라 가기를 원합니다. 우리에게 원망할 만한 일이 있어도 순종하고 믿음으로 따라 가기를 원하십니다. 이제 이스라엘 백성들이 제사장들을 따라 가는 것은 그 사람을 따르는 것이 아니라 법궤를 따라 가는 것입니다. 즉 하나님을 순종하는 것입니다.

이 언약궤는 하나님의 임재에 대한 표적이며, 하나님의 권능의 증거이며, 하나님만 의지하고 따를 때 주시는 약속이 내포되어 있습니다. 이스라엘 백성은 요단을 건널 때에도 이 언약궤를 앞세웠고, 여리고성을 돌 때도 이 궤를 앞장세워 돌게 하므로 모든 담이 무너지고 승리하게 되었다는 사실을 믿으시고, 우리의 생애에도 항상 내 생각을 버리고 내 뜻을 버리고, 염려를 버리고, 하나님의 언약궤인 예수 그리스도와 그의 말씀을 따라가면서 요단강의 기적을 체험하는 승리자가 되시기를 바랍니다.

하나님은 제사보다 순종을 원하셨던 것입니다. 순종은 축복의 비결 중에 비결입니다.

권능은 하나님께 속하여 있습니다. 그런데 우리가 그 권능을 받는 데는 조건이 하나 있습니다. 그것은 하나님께 절대로 순종하는 것입니다. 토레이 목사님이 제시한 완전한 인간이 되는 4가지 조건을 보면,

① 하나님의 소유가 된 사람
② 하나님을 위해서 사는 사람
③ 하나님께 완전히 순종하는 사람
④ 하나님의 뜻밖에 모르는 사람이라고 했습니다.

요나는 이방인 니느웨 사람들이 구원받는 것이 못마땅하여, '니느웨 사람들을 회개시키라'는 하나님의 명령을 어기고 다시스로 도망가다가 결국 큰 물고기에게 삼키우는 고난을 당한 후에야 회개하였습니다.

수리아 왕의 군대장관인 문둥병자 나아만을 기억하십니까? 만약 그가 하나

님의 종 엘리사의 지시에 '나는 시끄럽고 거품이 일며 물살이 빠르고 진흙 투성이의 이 요단강 물을 좋아하지 않는다. 잔잔하고 신선한 물을 선택해 달라'며 순종하지 않았더라면 그는 고침을 받지 못했을 것입니다. 축복을 받게 되는 것은 '그분께서 어떠한 곳을 지적하시든 어떠한 방법을 제시하시든, 그분께 나아가서 치유를 받기 위하여 그분의 뜻에 따를 것이다'라고 말할 때입니다.

나아만이 깨끗함을 받을 수 있었던 것은 조건을 제시하려는 유혹을 떨쳐버리고 하나님께서 정하신 길을 따라 순종함으로 깨끗함을 받을 수 있었던 것입니다.

3. 일치와 협력이 있어야 합니다.

일치라는 말은 나와 네가 함께 하는 것을 뜻합니다.

아모스 3:3에, "두 사람이 의합지 못하고야 어찌 동행하겠으며", 마태복음 18:19에, "진실로 다시 너희에게 이르노니 너희 중에 두 사람이 땅에서 합심하여 무엇이든지 구하면 하늘에 계신 내 아버지께서 저희를 위하여 이루게 하시리라"고 말씀하셨습니다.

시편 133:1에는 "형제가 연합하여 동거함이 어찌 그리 선하고 아름다운고"라고 말씀하시며 일치와 협력의 아름다움을 말해주고 있습니다.

일치를 위한 기도

주님 안에서 우리는 하나가 되옵니다.
주님 앞에서도 큰 자도 작은 자도
높은 자도 낮은 자도 없나이다.
모두가 연합하여 주님 거룩한
몸의 지체를 이룰 뿐이옵니다.
주님의 지극히 작은 소자에게서도
주님은 우리를 만나 주시옵니다.
우리들에게 열린 마음을 주사
우리가 하나가 되게 하옵소서.

하나님의 교회에서 너와 내가 있을 수 없습니다. 지도자와 성도가 하나가 되어 일치가 되고 서로 협력할 때 요단강이 갈라진 것과 같이 놀라운 기적의 해가 될 것입니다. 인간적인 사고나 그 무엇 때문에 머뭇거리거나 주저하지 맙시다. 우리 당회에서 비장한 각오와 결의를 가지고 한 해를 설계했으니, 온 교회가 합심하여 전진함으로 놀라운 기적의 해가 되시며 복된 해를 맞는 성도가 되시기를 축원합니다.

통회한 베드로
(마 26:75)

어떤 공산당 간부의 세 가지 각오가 있었다고 합니다. ① 맞아 죽을 각오 ② 얼어죽을 각오 ③ 굶어죽을 각오라고 합니다. 우리도 ① 믿음으로 살 각오 ② 역경을 이겨낼 각오 ③ 주님을 위해 순교할 각오 ④ 죄를 이길 각오가 있어야겠습니다.

베드로의 생애를 보면 일어났다 다시 거꾸러지고 다시 일어나는 세 단계로 나눌 수가 있습니다. 그러한 점은 우리에게도 공감을 주고 있습니다.

본문을 보면 세상에는 헐몬산에 내린 새벽 이슬처럼 조용한 사람이 있습니다. 또한 요한처럼 원만한 사람도 있습니다. 그런가하면 이 본문의 주인공인 바닷사람 베드로처럼 불덩어리 같은 사람도 있습니다.

그는 정치나 철학을 말해본 적이 없습니다. 그는 무뚝뚝한 사나이입니다. 그렇지만 그에게는 훌륭한 점도 매우 많습니다. 그도 인간이기에 범죄 했습니다. 그러나 예수님은 그를 많이 사랑한 것입니다.

1. 그는 매우 훌륭했습니다.

베드로는 매우 훌륭했기 때문에 수제자가 되었습니다. 그 이름조차 베드로, 즉 반석이라 했습니다. 그는 매우 충동적이며 적극적이며, 열정이 많은 활동가이면서 정의와 애정이 많았습니다. 그래서 바울은 그를 초대교회의 기둥이라 했습니다(갈 2:8).

그가 소명감에 불 탔을 때 겸손하게 예수 그리스도의 무릎 아래 엎드려 가로되 "주여 나를 떠나소서 나는 죄인이로소이다"(눅 5:8). 신앙생활이 절정이었을 때 "주는 그리스도시오 살아계신 하나님의 아들입니다." "주여 영생의 말씀이 계시오매 내가 어디로 가리이까?"(요 6:28) "다 주를 버릴지라도 나는 언제든지 버리지 않겠습니다"(마 26:33). "내가 주와 함께 죽을지언정 주를 부인하지 않겠습니다"(마 26:35)고 하셨습니다.

그야말로 나무랄 데 없는 강하고 담대하며, 충성되고 확신을 가진 믿음의 사도였으며, 첫째 가는 신앙가였습니다. 그러나 그의 과격한 성격은 말고의 귀를 잘라 버렸습니다. 정의감은 있었으나 하나님의 뜻은 아닙니다. 무슨 일을 경솔하게 하면 실패하는 법입니다. 감정이 치우쳐 넘어지기 쉽습니다(요 18:10).

"나를 명하사 나를 물위로 오라 하소서"라고 할만큼 훌륭한 믿음의 사람이지만, 그도 인간인지라 무섭게도 예수님을 부인했던 것입니다.

2. 그는 세 번 부인하였습니다.

세상에서 죄를 범하지 않을 인생이 어디 있습니까? 또 하나님 앞에서 흠과 티가 없을 인생이 어디 있습니까? 인간은 누구든지 죄를 지을 수 있는 가능성이 있는 것입니다. 베드로는 이와 같은 인간이었습니다. 아마 그는 끝까지 예수께 충성할 수 있으리라고 확신했을 것입니다.

그러나 그는 인간의 육체적인 나약함을 알지 못하였습니다. 그의 결심은 진정한 것이요 굳은 결심이었습니다. 그러나 육으로 결심한 결심은 사탄에게 패하기 쉬운 것입니다. 나는 다시 죄를 짓지 않을 것이라고 장담할 인생은 하나도 없습니다. 베드로의 교만은 무서운 실패를 가져왔습니다.

그는 세 번씩이나 계속해서 부인한 것입니다. 첫 번은 속임으로 꾸미고, 다음은 맹세로 부인을 확증하였으며, 세 번째는 성내기까지 하면서 자신을 변호했습니다. 얼마나 가증한 태도입니까?

베드로는 저주하며 맹세하여 가로되 "내가 그 사람을 알지 못하노라"고 했습니다. 이 무서운 죄는 우리에게 대한 경고이기도 합니다. 이 죄는 우리에게도 있으며, 또 있을 가능성도 큽니다. 주 예수 그리스도를 주라 시인하지 못하고 부인하는 사람에게는 참된 영생이 없고, 그 심령의 뿌리는 썩어 부패한 영혼과도 같습니다. 그러므로 고린도전서 16:13에서 "믿음에 굳게 서서 남자답게 강건하라"고 외쳤던 것입니다.

3. 그는 심히 통곡했습니다.

예수님은 벌써부터 베드로는 부인을 예언하신 일이 있었습니다. "닭이 곧 울더라 이에 베드로가 예수의 말씀에 닭 울기 전에 세 번 나를 부인하리라 하심이 생각나서 밖에 나아가 심히 통곡하니라." 베드로는 결코 주님을 부인하지 않겠노라고 장담했지만 정말로 부인하고 말았습니다. 베드로는 닭이 세 번 울자 이 말씀이 생각나서 그 심각한 범죄에 대한 비애와 참회의 눈물로 통곡을 하지 않을 수 없었던 것입니다.

베드로가 깨닫지 못할 때는 닭의 울음소리를 통해서, 발람 선지는 나귀의 입을 통하여 깨닫게 하고 회개했습니다. 만일 베드로가 통곡하는 눈물이 없었다면 그의 생은 끝장을 보았을 것입니다. 실로 눈물은 하나님의 손을 움직이는 우리 인생의 무기입니다.

영국의 시인 작품가운데 낙원이라는 책이 있습니다. 선녀가 땅에서 제일 좋은 것을 가져오기까지 낙원에 들어가지 못합니다.

그는 한 애국자의 피 한 방울을 가지고 나갔으나 거절당하였습니다. 그는 자기의 마지막 한숨을 가지고 나갔으나 실패했습니다. 마지막으로 한 노인의 참회의 눈물을 가지고 가니 비로소 허락을 얻었다는 이야기가 있습니다.

시편 6에서 하나님은 다윗의 눈물의 기도를 받으셨습니다. 히브리서 5:7에 "그는 육체에 계실 때 자기를 죽음에서 능히 구하실 이에게 심한 통곡과 눈물로 간구와 소원을 올렸고, 그의 경외하심을 인하여 들으심을 얻었느니라"고 했습니다.

열왕기하 20:5에 "내가 네 기도를 들었고 네 눈물을 보았노라(히스기야) 내가 너를 낫게 하리니 네가 3일만에 성전에 올라가리라"고 했습니다.

스펄전은 천국은 메마른 눈으로는 못 들어간다고 했습니다. 인생은 누구나 통곡하고 회개하여야 합니다. 베드로는 침통한 참회를 했습니다. 그리하여 다시 일어날 수가 있었습니다. 또한 후일에 부활의 주를 갈릴리에서 만날 수 있었습니다. 그는 그 후 너희가 회개하고 돌이켜 죄 사함을 받으라고 외칠 수 있었고, 마지막에는 네로 황제의 박해로 거꾸로 십자가에 못 박혀 순교하기까지 이르렀습니다.

사랑하는 성도여러분!

하나님이 가장 원하시는 것은 통곡의 눈물을 기다립니다. 항상 주님을 사랑하고, 나의 허물을 주님께 고하여 죄 사함 받고, 주께 감사하며 축복 받는 성도들이 되시기를 주님의 이름으로 축원합니다.

누가복음 15:4-7에, "어느 사람이 양 일백 마리가 있는데 그 중에 하나를 잃으면 아흔 아홉 마리를 들에 두고 그 잃은 것을 찾도록 찾아다니지 아니하느냐 또 찾은즉 즐거워 어깨에 메고 집에 와서 그 벗과 이웃을 불러모으고 말하되 나와 함께 즐기자 나의 잃은 양을 찾았노라 하리라 내가 너희에게 이르노니 이와 같이 죄인 하나가 회개하면 하늘에서는 회개할 것 없는 의인 아흔 아홉을 인하여 기뻐하는 것보다 더하리라"고 하십니다.

이 시간 묵은해를 보내고 새해를 맞는 우리는 과거의 죄와 허물을 씻고 내일의 꿈을 싣고 믿음의 선한 싸움을 싸우며 전진하는 해가 되시기를 바랍니다.

복있는 사람

(시 1:1-3)

인간은 누구나 자기 나름대로의 꿈과 이상이 있지만, 이러한 욕망의 궁극적인 목적은 축복에 대한 열망으로 초점이 모여집니다. 복 있는 생애, 복 받는 삶을 거부할 사람은 세상에 한 사람도 없으며, 오히려 축복을 쟁취하기 위해서라면 무슨 일이 있든지 불사하는 맹렬을 보이는 것이 인간의 본능일 것입니다.

성공한 사람의 배후에는 반드시 성공할 수밖에 없는 비결이 있습니다. 상받은 자에게는 남다른 그 무엇을 뛰어 넘고 극복하고 감수하는 비법이 있습니다.

하나님께서 우리를 택하신 3가지 목적이 있습니다.

① 영광을 목적으로 하고 있습니다.

② 복음 증거를 목적으로 하고 있습니다.

③ 축복을 목적으로 하고 있습니다.

이렇게 우리를 통하여 아버지의 영광이 드러나고 복음이 증거되며 축복을 받게 하시려고 택하셨는데, 택함을 받은 우리가 이 모든 목적에 합격한 생활을 못하고 있다면 축복과는 상관이 없는 자가 되는 것입니다. 우리는 축복을 받아야 됩니다. 그래야만 자녀 앞에서 믿지 않는 자 앞에서 성도의 귀함을 증거할 수 있는 것입니다.

축복받는 세 가지 원칙이 있습니다.

1. 하나님께 대한 순종입니다.

신명기 28:2에 "네가 네 하나님 여호와의 말씀을 순종하면 이 모든 복이 네게 임하며 네게 미치리니 성읍에서도 복을 받고 들에서도 복을 받을 것이며 네 몸의 소생과 네 토지의 소산과 네 짐승의 새끼와 우양의 새끼가 복을 받을 것이며 네 광주리와 떡 반죽 그릇이 복을 받을 것이며 네가 들어와도 복을 받고 나가도 복을 받을 것이로다"고 했습니다.

하나님 아버지는 우리에게 32,500가지의 축복을 약속했지만, 그 약속의 전부가 조건부적인 약속입니다. 아무에게나 주어지는 축복이 아니요, '하나님의 말씀을 순종하면' 이라는 조건을 내세웠습니다.

그 말씀을 순종하기를 원하십니까? 그리하면 이 모든 축복을 주시겠다고 했습니다. 우리는 생활 속에서 끊임없는 생명력으로 말씀의 위력이 발휘되도록 믿음의 문, 순종의 문을 열어야 하는 것입니다.

2. 부모에게 효도해야 합니다.

에베소서 6:2-3에 "네 아버지와 어머니를 공경하라 이것이 약속 있는 첫 계명이니 이는 네가 잘 되고 땅에서 장수하리라"고 약속하십니다.

부모와 자식은 피로 연결되었기 때문에 생명과 직결되어 있습니다. 부모의 고통은 곧 나의 고통인 것입니다. 만일 부모의 눈에서 눈물나게 하면 곧 내게 눈물이 나올 것이며, 부모의 마음을 아프게 하면 곧 나의 마음이 아플 것입니다.

① 아침에 일어날 때나 잠자리에 들 때에는 반드시 부모에게 인사할 것이며, 어디에 가는지 꼭 행선지를 밝히고, 출입 때마다 인사할 것입니다.

② 효도는 부모의 심정을 이해하는 데서 시작됩니다. 아무리 세대차이를 느껴도 서로가 이해할 수 있도록 노력함이 예의입니다. 혹 부모님 말씀이 옳지 않더라도 즉시 반항하지 말고, 얼굴빛도 온화하게 하여 낮은 목소리로 공손하게 말씀드리되, 듣지 아니하시면 다시 조용히 물러났다가 다시 한 번 간청할 것입니다.

③ 부모의 사랑에는 조건이 없듯이, 자녀의 효도에도 조건이 없어야 합니다. 모든 자녀에게 똑같이 사랑을 베풀었듯이 모든 자녀가 부모 섬김에 최선을 다해야 합니다. 자녀들은 각자의 능력대로 서로 의논하여 부모를 정성껏 모시고 공경해야 합니다.

④ 효도는 부모를 기쁘게 하는 마음입니다. 자녀는 자기의 위치에서 최선을 다할지니 학교에서, 직장에서, 가정에서 자신의 본분에 최선을 다하는 것이 효도로 가는 지름길입니다.

그러므로 이 땅위에서 부모를 공경하는 것은 바로 나를 축복하는 것입니다. 형통의 축복(땅에서 잘되고) 장수의 축복(땅에서 장수하리라 → 건강)이 있음을 잊지 말아야 합니다.

3. 교역자를 선대하여야 합니다.

히브리서 13:17에 "너희를 인도하는 자들에게 순종하고 복종하라 저희는 너희 영혼을 위하여 경성하기를 자기가 회계할 자인 것같이 하느니라 저희로 하여금 즐거움으로 이것을 하게 하고 근심으로 하게 말라 그렇지 않으면 너희에게 유익이 없느니라"고 했습니다.

교역자는 교회와 교인을 위하여 일하는 사역자입니다. 가정문제, 사업문제, 자손문제, 영혼문제를 보살피지 않을 수 없습니다. 이러한 일은 하기 싫어도 해야 하고 피곤해도 해야 하며 눈이 와도 비가와도 추워도 해야 합니다.

애가서 4:16에 "여호와께서 노하여 흩으시고 다시 권고치 아니하시리니 저희가 제사장들을 높이지 아니하였으며 장로들을 대접지 아니하였음이로다"고 탄식합니다.

데살로니가전서 5:12에는 "형제들아 우리가 너희에게 구하노니 너희 가운데서 수고하고 주안에서 너희를 다스리며 권하는 자들을 너희가 알고 저희 역사로 말미암아 사랑 안에서 가장 귀히 여기며 너희는 서로 화목하라"고 권고하십니다.

성도는 성도의 본분을 알아서 서로 동역하는 마음으로 최선을 다하는 마음이 있어야 축복을 받는 것입니다. 축복 받는 데는 원칙이 있습니다. 하나님 아버지께서 요구하시고 명령하시는 규범입니다.

하나님의 말씀을 순종하고 이 일을 수행할 때에 주의해야 합니다.

① 부지런해야 합니다.

잠언 22:29에 "네가 자기 사업에 근실한 사람을 보았느냐 이러한 사람은 왕 앞에 설 것이요 천한 자 앞에 서지 아니하리라"고 했습니다. 개미와 같이 부지런하게 하나님을 섬겨야 합니다.

② 성실과 선행으로 하나님을 기쁘게 해야 합니다.

시편 37:3에 "여호와를 의뢰하여 선을 행하라 땅에 거하여 그의 성실로 식물을 삼을 지어다. 또 여호와를 기뻐하라 저가 네 마음의 소원을 이루어 주시리로다"고 하십니다.

③ 축복을 할 때(막 10:16)

예수님은 어린아이를 안고 저희 위에 안수하시고 축복하셨습니다.

㉠ 살렘 왕 멜기세덱이 아브라함에게(창 14:10)

㉡ 이삭이 야곱에게(히 11:20)

㉢ 요셉이 그 아들들에게(히 11:22)

㉣ 모세가 이스라엘에게(출 39:3-4)

㉤ 예수님의 축복

㉥ 바울이 축복(고전 10:16)을 하였습니다.

이와 같이 주의 종이 축복할 때 축복을 받았습니다. 주의 종이 축복할 수 있도록 신앙생활에 최선을 다하시는 성도님들이 되시기를 주님의 이름으로 축원합니다.

성탄을 축하합시다

(눅 2:1-20)

"기쁘다 구주 오셨네 만백성 맞으라." 이 찬송은 크리스마스 캐롤 중 대표적인 것이면서, 동시에 성탄의 의의를 가장 잘 요약한 것이라 하겠습니다.

과연 우리에겐 구세주가 필요합니다. 그리하여 2천년 전 유대 땅 베들레헴에 구주가 나셨습니다.

지금으로부터 약 2천년 전, 인간으로는 상상할 수 없는 초자연적인 일이 발생하였습니다. 다름이 아니라, 신이신 하나님께서 인간이 되신 일인 것입니다. 유대 땅 베들레헴의 이름 없는 여관인 마구간에서 탄생하신 한 아기가 있었으니, 그 아기가 바로 우주의 왕자요, 인류의 구세주가 되시는 예수 그리스도이셨던 것입니다.

그러나 믿음 없는 이 세상의 죄 많은 인간들은 탄생하신 아기가 인류의 구세주가 되시는 하나님의 독생하신 아드님인 것을 알아보지 못했습니다. 나중에야 깨닫게 되었던 것이지만 말입니다.

이 땅에 태어난 수많은 성현들이 있었고, 누구나 그들의 출생을 축하하지만, 2천여 년 전 유대 땅에서 탄생하신 예수님과는 견줄 수가 없습니다.

온 세계가 탄생을 축하하는 분은 예수님 한 분 뿐이십니다. 세상의 어떠한 악한도 성탄을 축하할 수 없는 좁은 마음을 가지지는 못합니다. 성탄은 바로 소리 없이 우리에게 다가온 하나님의 무한한 사랑이기 때문에, 인간의 마음을 새롭게 변화시키는 기적적인 사건이 일어나도록 하는 것입니다.

만물의 영장이 되는 인간이 아무것에나 의미를 부여하고 축하하는 것은 매우 유치한 일이 됩니다.

세상에서 가장 고귀하고 가치 있는 축하 사건이야말로 성탄축하 외에는 있을 수가 없습니다. 만약 성탄이 없었다면, 우리는 우리 인류를 기만하는 신의 노여움 속에서 벗어날 길이 없었을 것이고, 일찍이 멸망하고 말았을 것입니다. 성탄이 있었기에 인간은 창조주의 얼굴을 대할 수 있게 되었던 것입니다.

천사들이 전하여 준 그 소식은 전능자이신 창조주께서 직접 인간의 역사 현장으로 들어오신 것이기에, 우리 인간은 더더욱 하나님의 사랑을 실감할 수 있게 되었고, 하늘의 참 평화가 우리 인간 세상에도 이루어지게 된 것입니다.

이 평화는 평강의 왕이 되시는 예수님으로부터 주어지는 하나님과 인간의 관계입니다. 이 평화가 참 평화입니다.

우리 모두 예수님의 탄생을 축하합시다. 이 축하는 믿음으로만이 가능합니다. 세상이 아무리 요란스럽게 축하한다고 하여도, 이는 외형적으로 따라 오는 것뿐이지 진정한 축하는 될 수가 없습니다.

참다운 축하는 하나님의 눈으로 세상을 보는 것입니다.

하나님의 손으로 이웃에게 다가가는 것입니다.

하나님의 발로 가야할 곳을 향해 찾아가는 것입니다.

하나님의 뜨거운 마음으로 서로를 사랑하는 것입니다.

동방의 박사들이 예물을 준비하여 축하하였지만, 목자들은 무엇으로 예수님께 예물로 드렸겠습니까? 바로 순수한 믿음의 눈으로 찾아간 의심 없는 행위가 예수님께 가장 값진 선물이 되었을 것입니다. 뜨겁고 넓은 사랑을 가지고 이웃과 함께 성탄을 축하합시다.

오늘 우리는 예수님의 탄생을 어떻게 축하해야 할까요

1. 당시 예루살렘 시민들처럼 하지 맙시다.

고대하던 메시야 탄생의 메시지를 듣고 그들은 소란하면서도 축하하지 못했습니다.

당시 시민들은 메시야 되신 예수님이 오시기를 기대하였습니다. 학정과 굶주림과 헐벗음의 삶 속에서 참 메시야가 오시기를 소란스럽게 기다리고 사모하는 듯 하였으나, 정작 주님이 탄생하였을 때 축하하지 않았습니다.

지금도 겉으로는 성탄을 소란스러움 속에서 기다리고 떠들썩하는 환경이지만, 마음에서는 성탄의 정신과는 먼 불신과 살생과 거짓이 난무하는 자들이 있습니다.

2. 서기관들처럼 말로만의 축하를 하지 맙시다.

서기관들은 성경박사들입니다. 헤롯 임금의 질문에 베들레헴이라고 가르쳐 주었지만 실천이 없었습니다.

서기관들은 말로만 축하했습니다. 정작 축하하고 축하해야 할 일을 많은 사람들에게 가르쳐 주어야 할 사람들이었지만, 그들은 타인에게는 가르쳐 주었으나 자신은 축하하지 못했습니다. 서기관들은 권위와 지식을 앞세우고 형식과 외식에 치우치고, 진정한 섬김과 사랑을 실천하는 그리스도의 삶에는 인색했습니다.

3. 동방박사들처럼 축하합시다.

먼 곳에서 "별을 보고" 찾아왔으니 희생이 따름이요, 황금과 유향과 몰약을 예물로 드렸으니 헌신의 정신입니다. 우리도 동방박사처럼 수고와 희생으로 귀한 예물로, 헌신적인 삶의 정신으로 주님 오심을 진심으로 축하하는 성탄절이 될 수 있기를 바랍니다.

부르심의 상을 위하여
(빌 3:13-16)

한 해를 향하는 우리의 걸음이 이제 시작되었습니다. 우리 앞에 놓여 있는 한 해를 어떻게 사느냐에 따라 우리의 승패가 달려 있습니다. 우리의 삶이 아름답고 복스러운 삶이 되기 위하여 몇 가지를 제안하면서 권면의 말씀으로 대하고자 합니다.

1. 새해를 바라보는 눈이 있어야 합니다.

'새의 눈을 가진 자는 흥하고 벌레의 눈을 가진 자는 망한다'는 격언이 있습니다. 이 말씀은 낮고 어두운 곳을 보지 말고, 높고 밝은 곳을 바라보라는 교훈입니다.

우리가 무엇을 바라보느냐 하는 것은 참으로 중요합니다. 우리의 삶이 무엇을 바라보느냐에 따라 결정되어집니다. 볼 것을 바라보고 사는 자는 흥하고, 보지 않을 것을 보는 자는 망한다고 합니다.

본문에 보면 "오직 뒤에 있는 것은 잊어버리고 앞에 있는 것을 바라보고 잡으려고 푯대를 향하여 쫓아가노라"고 했습니다.

1) 과거만 바라보는 자가 있습니다.

내가 과거에는 부자였는데, 내가 과거에는 무엇을 잘했는데, 내가 과거에는 참 좋았는데 하면서 오늘을 탄식하는 사람들이 있습니다. 과거를 반성하는 것은 필요하지만, 과거에 얽매이는 것은 지혜롭지 못합니다. 과거에 사로잡힌 사람은 발전을 가져오지 못합니다. 모세도 바울도 베드로도 그의 청년시대를 돌아보고 한 말씀도 하지 않았습니다.

예수님도 막달라 마리아가 7곱 귀신 들렸지만, 그의 지난 날을 들추어서 말씀하신 일이 없습니다.

이미 흘러간 물로서는 물레방아를 돌릴 수 없습니다. 고민한다고 해서 흘러간 물이 다시 오지 않습니다. 슬프거나 분하거나 즐겁던 일도 과거는 과거로 묻어버리고 오늘을 살아야 합니다.

괴테는 "마음에 드는 생활을 건설하고자 뜻하거든 부디 지나간 일을 생각하지 않도록 하자"고 했습니다.

2) 현재만을 보는 자가 있습니다.

과거를 미루어 생각하지도 않고, 미래를 생각지도 않고, 오늘이 전부인 것처럼 사는 사람이 있습니다. 오늘에 충실한 것은 필요하지만, 현실에만 얽매이는 것은 지혜롭지 못합니다. 현실에만 집착한 사람은 오늘 좋으면 그만이라고, 또한 오늘의 불행이 인생의 전부인 것처럼 깊은 좌절에 빠져서 헤어나지 못하게 되는 자들도 많이 있습니다. 현재는 일생의 전부가 아닙니다.

3) 미래를 바라보아야 합니다.

앞을 바라보는 사람은 과거의 잘못을 되풀이하지 아니하고, 오늘에 머물지도 아니하고, 목표를 세우고 경주자와 같이 열심히 달려가는 사람입니다. 기독교의 신앙은 앞으로 전진하고, 앞으로 향하여 쫓아가는 신앙입니다. 앞을 바라보는 신앙입니다.

빌립보서 3:13에 "앞에 있는 것을 잡으려고 푯대를 향하여 그리스도 예수 안에서 하나님이 위에서 부르신 부르심의 상을 위하여 쫓아가노라"고 바울은 말합니다.

에서는 장자의 기업을 받을 좋은 여건을 가지고 있었으나, 눈앞의 팥죽 한 그릇만 보는 위인이었기에 그 축복을 잃고 말았으며, 야곱은 좋지 못한 위치에 있었으나, 앞을 보는 사람이었기에 위대한 조상이 되는 축복을 누리게 되었습니다.

예레미아서 1:11에 "여호와의 말씀이 또 내게 임하니라 이르시되 예레미아야 네가 무엇을 보느냐 대답하되 내가 살구나무 가지를 보나이다 여호와께서 내게 이르시되 잘 보았다"라고 했습니다. 예레미아와 같이 겨울에 봄을 바라보며 절망에서 희망에 찬 날을 바라보는 신앙의 눈을 가져야 하겠습니다.

2. 푯대를 향하여야 됩니다.

우리의 삶에서 우리의 목표인 푯대가 참으로 중요합니다. 푯대가 없는 사람은 생활에도 갈팡질팡 합니다. 이것을 해보았다 저것을 해보았다 바람부는대로 물결치는대로 목적도 의식도 없이 살다가 한평생을 지내고 맙니다. 인생의 삶에는 반드시 푯대가 세워져야 합니다.

1) 여러분의 푯대가 무엇입니까?

물질이 우리의 푯대가 될 수도 있습니다. 학문이 우리의 푯대가 될 수도 있습니다. 기업이 푯대가 될 수도 있습니다. 우리 자녀의 장래가 푯대가 될 수도 있습니다. 그러나 우리에게 가장 중요한 푯대는 예수 그리스도여야 합니다.

2) 사람이 사람답게 살기 위해서는 예수 그리스도를 바라보아야 합니다.

해바라기가 해를 바라봄으로 탐스러운 꽃을 피우듯이, 사람은 하나님을 푯대로 향하여야 참다운 신앙, 참다운 인격의 사람이 됩니다. 우리의 푯대는 무엇입니까? 바로 하나님이어야 합니다.

3. 하나님께 향하여야 합니다(약 4:8).

야고보서 4:8에 "하나님을 가까이 하라 그리하면 너희를 가까이 하리라"고 하십니다.

① 우리의 생사화복이 하나님께 있습니다.
② 우리의 소원이 하나님께 있습니다.

③ 우리의 상급이 하나님께 있습니다.
④ 우리의 부유함이 그에게 있습니다.
⑤ 우리의 복된 삶이 그에게 있습니다.

1) 하나님은 사유하시는 하나님이십니다(느 9:1-17).

70년 동안 바벨론에서 포로로 잡혀 있다가 고국에 돌아왔습니다. 와보니 예루살렘은 다 훼파되고, 농토는 짐승의 소출이 되어 버렸습니다. 느헤미야는 성전이 훼파 된 것을 고치고 이스라엘이 수를 계수하고, 이스라엘은 일제히 광장에 모여 학사 에스라가 모세의 율법책을 가지고 오기를 청하여 율법책을 낭독하고, 그 뜻을 해석할 때 다 깨닫고 울었습니다(8장).

"이스라엘이 다 모여 금식하며 굵은 베옷을 입고 티끌을 무릅쓰며 모든 이방 사람들과 절교하고 서서 자기의 죄와 열조의 허물을 자복하고 이날에 낮 사분의 일은 율법책을 낭독하고, 낮 사분의 일은 죄를 자복하며, 저희와 우리 열조가 교만하고 목을 곧게 하며, 주의 말씀을 듣지 아니하고 거역하며 주께서 저희가운데 행하신 기사를 생각지 아니하였사오니 오직 주는 사유하시는 하나님이라 은혜로우시며 긍휼히 여기시며 더디 노하시며 인자가 풍성하시므로 저희를 버리지 아니하셨나이다"고 기록하고 있습니다.

무엇으로도 씻을 수 없고 갚을 수 없는 죄를 용서해 주시는 하나님이십니다. 죄는 고난의 원인이며, 질고의 원인, 실패의 원인, 죽음의 원인입니다. 이 무서운 죄의 근원을 사유하십니다.

2) 하나님은 화평케 하시는 하나님이십니다(고전 14:33).

3) 하나님은 우리를 건지시는 하나님이십니다(시 68:20).

4) 하나님은 우리에게 후히 주시고 꾸짖지 아니하시는 하나님이시니라(약 1:5).

5) 나의 힘이 되신 여호와여 내가 주를 사랑하나이다(시 18:1)

하나님은 나의 힘이 되시며, 하나님은 나의 반석이 되십니다. 하나님은 나의 요새시오 나의 피할 바위요, 하나님은 나의 방패시오, 나의 구원의 뿔이시오 나의 산성이시오 나의 찬송이시로다. 하나님은 환난 중에 부르짖으며 내가 여기 있다 응답하시는 하나님입니다.

그는 우리의 아버지가 됩니다. 그는 우리의 소망이십니다. 누구든지 그에게 향하는 자는 새로운 삶을 얻을 것입니다. 누구든지 그에게 향하는 자는 밝은 빛을 보게될 것입니다. 누구든지 그에게 향하는 자는 행복의 문이 열릴 것입니다. 축복의 근원이 되시는 하나님이 우리의 푯대가 되시기를 바랍니다.

제 5 장
주일 저녁 설교

1월
출발의 달

· 성숙한 성도의 책임을 다하는 교회(엡 4:12-16)
· 뜨겁게 기도하는 성도(눅 11:1-4)
· 열심히 전도하는 성도(행 1:8)
· 성실히 봉사하는 성도(롬 12:3-13)

성숙한 성도의 책임을 다하는 교회
(엡 4:12-16)

새해를 맞아 온 성도들 위에 하나님의 놀라우신 사랑과 예수 그리스도의 은혜와 성령의 충만하심이 함께 하시길 기원합니다.

금년도 신앙생활의 표어는 "성숙한 성도의 책임을 다하는 교회"로 정했습니다.

신앙의 연륜이 더하여 감으로써 성도의 성숙한 신앙과 책임을 다하는 성도들이 되어야 합니다. 신앙연륜은 많은데 신앙인격은 미숙하고 책임을 다하지 못하는 것은 비신앙적입니다.

12절에서 바울은 성숙한 신앙의 삶을 설명하고 있습니다. 그것은 "성도로 하여금 온전케 하며 봉사의 일을 하게 하며 그리스도의 몸을 세우기 위함"이라고 했습니다.

성숙한 성도의 책임을 다하는 교회란 온전한 믿음의 사람, 성실한 봉사의 사람, 진실한(열심히) 전도의 사람이 되게 하는데 있습니다.

성숙한 성도의 책임을 다하는 교회의 모습은 어떠해야 할까요.

1. 믿는 것과 아는 일에 하나가 되는 신앙입니다(13).

바울은 에베소 교인들에게 하나님의 사역자로 세우심을 입은 자에게 가르침을 받은 자는 우선 하나님의 아들을 믿는 것과 아는 일에 하나가 되어야 한다고 말합니다. 이 간단한 한 마디의 말 속에는 세 가지의 중요한 사상이 담겨 있습니다.

1) 신앙의 대상을 분명하게 파악해야 한다는 것입니다.

신앙의 대상은 예수 그리스도이십니다. "주는 그리스도시오 살아계신 하나님의 아들이라"는 것입니다(마 16:16).

신앙인에게 있어 우선적으로 중요한 것은, 자신이 섬기는 대상의 실체를 파악하는 일입니다. 자기가 믿고 섬기는 대상의 실체를 파악하지 못하고 믿으면 잘못된 것입니다.

2) 신앙의 대상을 믿는 것과 아는 일은 동시에 이루어져야 한다는 것입니다.

믿음과 지식은 서로 분리해서 생각하기 쉽습니다. 그러나 믿는 것과 아는 것은 하나가 되어야 합니다.

그리스도에 대해 바른 지식을 갖지 못한 자가 그리스도를 주로 고백하는 올바른 믿음을 가질 수는 없으며, 또 그리스도를 바로 섬기며 믿는 자가 그리스도에 대해 무지하다는 것은 있을 수 없는 일입니다.

호세아 선지자는 이스라엘이 타락하여 하나님에게 패역한 민족이 된 원인이 무지 때문이라고 하면서(호 4:6), 범죄한 이스라엘 백성들을 향해 번제보다는 하나님을 아는 것이 급선무라고 호소하였습니다.

그렇습니다. 믿는 일과 아는 일에 하나가 되어 바른 신앙의 길을 걸어야 합니다. 번제보다는 하나님을 바로 알고 믿고 섬기는 일에 힘써야 합니다.

3) 하나님의 아들을 믿는 믿음과 아는 지식 가운데서 하나가 되어야 합니다.

이는 교회 안에서 성도의 일치를 가리킵니다. 교회의 각 지체들인 성도들이 교회에서 서로 덕을 세우며 하나 되지 못한다면 이는 분명 바른 신앙인이라 할 수 없는 것입니다. 신앙의 대상에 확실한 인식을 가지며 그 분을 신뢰한 자만이 그리스도 안에서 하나로 연합할 수 있으며, 또한 이런 자들의 모임만이 진정 하나님 앞에서 아름다운 교회라 할 수 있습니다.

아름다운 교회는 믿는 것과 아는 일에 하나가 되어야 합니다. 하나 될 때만이 힘이 있고 크게 일할 수 있고 아름다운 교회를 이룰 수 있습니다.

2. 온전한 사람으로 장성한 분량에까지 성숙한 신앙입니다(13하).

"온전한 사람"이란 몸과 마음이 성장하여 무슨 일을 하든 실수하지 않는 완전한 인격을 갖춘 성인을 가르킵니다.

이처럼 그리스도 안에서 하나 된 성도들은 완전한 성인이 모든 일을 일사불란하게 처리해 나가듯 교회에 주어진 하나님의 사역을 실수와 분쟁없이 잘 감당해 나가는 것입니다.

그래서 예수님께서도 공생애 기간 중에 산상수훈을 통해 천국 백성은 하늘에 계신 아버지께서 온전하심과 같이 온전한 자라야 한다고 말씀하셨습니다.

우리는 믿음안에서 온전한 사람이 되어야 합니다. 바울은 에베소 교인들에게 온전한 사람이 되되 장성한 분량에 이르러야 한다고 했습니다. 이 장성한 분량의 기준은 바로 그리스도이십니다.

그렇다면 그리스도의 장성한 분량이란 무엇을 말합니까? 그것은 바로 믿음과 지식에 있어서 온전한 상태를 가리킵니다. 그러기 위해서는 우선 어린아이의 상태에서 벗어나야 합니다. 어린아이란 사리를 분별하지 못하여 모든 일에 미숙한 상태를 가리킵니다.

장성한 분량의 신앙이란 굳건한 믿음으로 거짓 교훈에 대항하고 끝까지 진리를 사수하는 것을 의미합니다. 바울은 성도 한 사람 한 사람이 성숙한 그리스도인으로서의 몫을 다해 주기를 바랬습니다.

3. 사랑안에서 서로 연합하여 일하는 신앙입니다(15).

"오직 사랑안에서 참된 것을 하여"(15절)라고 했는데, 이 말은 사랑안에서 진실하라는 의미입니다. 즉 그리스도인들은 그들의 삶과 언행에서 질실된 모습을 보여야 합니다. 주님을 사랑한다면 그분 앞에서 자신을 낮출 수밖에 없고, 이웃을 사랑한다면 자신이 가진 것들을 그들에게 내어주게 되는 것입니다.

하나님을 사랑하고 이웃을 사랑한다면 결코 거짓될 수는 없을 것이고, 진실된 모습만을 보일 것입니다.

16절에 보면 "그에게서 온 몸이 각 마디를 통하여 도움을 입음으로… 그 몸을 자라게 하며"라고 했는데, 이는 서로 연합하여 성장해야 한다는 뜻입니다.

연합에는 두 가지 뜻이 있는데, 첫째는 교회는 그리스도와 서로 연합되어 있다는 것과, 둘째는 성도들끼리도 서로 연합되어야 한다는 뜻이 있습니다.

먼저 교회가 그리스도와 연합되어 있다면, 교회는 그분의 명령과 그분이 주시는 힘에 의해 움직여야 함을 생각할 수 있습니다. 또한 성도들 개인들도 주님의 능력을 의지해야 할 뿐 아니라 성도들끼리도 서로 의지하고 도와야 함을 알게 됩니다. 우리 속담에 "독불 장군은 없다"는 말이 있는데, 이 말처럼 성도들도 믿음의 성장을 도모하기 위해서는 서로에게 도움을 주고 받아야만 합니다.

주님이 주시는 겸손과 사랑을 바탕으로 해서 다른 성도들의 바람직한 모습을 통해 올바른 교훈을 배울 때에 성도의 성장은 이루어지고 나아가 교회의 성장도 있게 됩니다.

성숙한 성도의 책임을 다하는 교회의 모습은 믿는 것과 아는 일에 하나가 되는 교회요, 온전한 사람으로 장성한 분량에까지 성숙한 교회이며, 사랑안에서 서로 연합하여 일하는 교회입니다.

뜨겁게 기도하는 성도
(눅 11:1-4)

기도는 하나님이 그 자녀에게 주신 하나의 특권입니다. 따라서 크리스천만이 기도를 할 수 있고 크리스천에게 있어서 기도는 생명입니다.

태중에 있는 어린 생명이 탯줄을 통하여 어머니로부터 생명을 공급받듯이, 크리스천은 기도줄을 통하여 하나님께로부터 은혜와 능력의 생명을 공급받는 것입니다. 하나님과 대화하지 않고 어떻게 하나님의 사랑을 체험할 수 있으며, 어떻게 하나님의 응답을 내것으로 삼을 수 있으며, 어떻게 하나님의 일을 할 수 있겠습니까? 그리스도인은 하나님의 자녀인데, 어떻게 아버지와 대화하지 않는 자녀가 있을 수 있겠습니까?

기도는 그리스도인에게 있어서 신앙의 핵심이며 생명인 것입니다. 기도를 통하여 하나님께로부터 사랑을 받아야 합니다. 기도를 통하여 하나님께로부터 은혜를 받아야 합니다. 기도를 통하여 하나님께로부터 능력을 받아야 합니다. 기도시간은 하나님과 만나는 귀중한 생명의 시간인 것입니다.

금년 한해 우리 교회 성도들은 뜨겁게 기도하는 성도들이 되시기를 바랍니다.

1. 예수님은 참으로 기도의 사람이셨습니다(눅 11:1).

"예수께서 한 곳에서 기도하시고 마치시매 제자중 하나가 여짜오되 주여 요한이 자기 제자들에게 기도를 가르친 것과 같이 우리에게도 가르쳐 주옵소서"

라고 했습니다. 이는 예수님의 기도의 삶을 보고 제자들도 기도를 배우고 싶어서 예수님께 기도를 가르쳐 달라고 간구하였으며, 그 때에 비로소 주기도문을 가르쳐 주셨습니다.

기도는 생활이지 이론이 아니며, 기도는 행함이지 언어가 아닙니다. 예수님은 기도로 공생애를 시작하셔서(눅 4:1-2) 기도로 공생애를 마치신(눅 23:46) 온전한 기도의 사람이시며 기도의 능력자이십니다.

예수님은 공생애를 시작하실 때에 40일 금식기도(눅 4:1-2)로 시작하셨으며, 12제자를 뽑으실 때에도 산으로 가서서 철야기도 하시고 그 이튿날 뽑으셨으며(막 1:35), 큰 이적과 기사를 베푸신 후에는 무리를 피하사 산으로 기도하러 가셨고(마 14:15-23), 수시로 한적한 곳으로 가서서 기도 하셨습니다(눅 5:16).

예수님께서는 십자가를 지시기 전날 밤에 겟세마네 동산에서 온 밤을 세우시며 땀방울이 핏방울같이 될 때까지 간절히 하나님께 기도를 드리셨고(눅 22:44), 십자가에 못박혀 달리신 후에는 "아버지여 내 영혼을 아버지 손에 부탁하나이다"(눅 23:46) 하는 기도를 드리시므로 공생애를 마치셨습니다.

히브리서 5:7절을 보면, 예수님께서는 육체로 계실 때에 하나님 아버지께 심한 통곡과 눈물과 간구와 소원을 올렸다고 하였으며, 로마서 8:34절을 보면 예수님께서는 부활 승천하사 하나님 우편에 앉아 계시면서 지금도 우리를 위하사 하나님께 중보기도를 드리고 계시는 "온전한 기도의 사람"이신 것을 알 수 있습니다.

예수님께서는 지상에 계실 때는 물론 천국에 가서서도 우리를 위하여 항상 기도하시는 "기도의 사람", "기도의 모범"이십니다. 우리도 예수님의 기도의 모범을 본받아 뜨겁게 기도하는 성도들이 되십시다.

2. 제자들도 열심히 기도하는 사람들이었습니다(행 1:12-14).

"제자들이 감람원이라 하는 산으로부터 예루살렘에 돌아오니 이 산은 예루살렘에서 가까워 안식일에 가기 알맞은 길이라 들어가 저희 유하는 다락에 올라가니 베드로, 요한, 야고보, 안드레와 빌립, 도마와 바돌로매, 마태와 및 알

패오의 아들 야고보, 셀롯인 시몬, 야고보의 아들 유다가 다 거기 있어 여자들과 예수의 모친 마리아와 예수의 아우들로 더불어 마음을 같이하여 전혀 기도에 힘쓰니라"고 했습니다.

예수님께서 부활 승천하신 후 12사도와 예수의 가족들과 남은 제자 120문도들은 마가의 다락방에서 전혀 기도에 힘썼습니다.

사도행전 12:5절에 보면 "이에 베드로는 옥에 갇혔고 교회는 그를 위하여 간절히 하나님께 빌더라"고 했습니다. 이는 제자들의 합심기도였습니다.

베드로 사도가 옥에 갇혔을 때 온 교회가 합심하여 그의 석방을 위해 기도했습니다.

바울과 실라는 복음을 전하다가 옥중에 갇혀 있게 되었을 때 "밤중쯤 되어 바울과 실라가 기도하고 하나님을 찬미하매 죄수들이 듣더라"고 했습니다(행 16:25). 그들은 옥중에서 철야기도를 하였습니다.

사도행전 4:31절에 "빌기를 다하매 모인 곳이 진동하더니 무리가 다 성령이 충만하여 담대히 하나님의 말씀을 전하니라"고 했습니다.

제자들이 합심기도할 때 성령 충만함을 받았습니다.

사도행전 2:42절에는 "저희가 사도의 가르침을 받아 시로 교세하며 떡을 떼며 기도하기를 전혀 힘쓰니라"고 했습니다.

우리 성도들도 제자들처럼 예수님을 위해 교회와 나라와 민족을 위해 목회자와 자신과 자녀들을 위해 전혀 기도에 힘써야 겠습니다.

기도하는 성도 위에 은혜와 사랑이 있고, 기도하는 가정 위에 평화와 행복이 깃들고, 기도하는 교회 위에 부흥과 축복이 있습니다.

뜨겁게 기도하는 성도, 열심히 기도하는 교회를 이룹시다.

3. 새벽기도를 힘쓰는 성도가 되십시다(막 1:35).

성경에 보면 하나님께서는 새벽에 부르짖는 하나님의 사람들에게 나타나셨고, 하나님의 구속사업을 위해서 새벽에 활동하신 사실들을 찾아볼 수 있습니다.

"새벽에 여호와께서 불 기둥 구름기둥 가운데서 애굽 군대를 어지럽게 하니라"(출 14:24)고 하였고, 출애굽기 14:21-27절에서 보면 "모세가 곧 손을 바다 위로 내어 밀매 새벽에 미처 바다의 그 세력이 회복된지라"고 하였으며, 누가복음 24:1-6절에는 "안식후 첫날 새벽에" 이 여자들이 향품을 가지고 무덤에 갔다가 주를 만났습니다.

새벽기도는 주님과 역대 성도들이 힘을 써서 기도했습니다(막 1:35). "새벽 오히려 미명에 예수께서 일어나 나가 한적한 곳으로 가사 거기서 기도하셨다"고 했습니다.

감리교 창시자 웨슬레도 새벽마다 기도했고, 종교개혁자 말틴 루터는 말하기를 "나는 하루 새벽 2시간 이상 기도하지 않으면 마귀에게 지는 생활을 한다"고 했습니다.

이스라엘 백성은 자식이나 짐승 또는 곡식을 막론하고 처음난 것은 하나님의 것으로 알고 바쳤습니다. 우리도 24시간은 나를 위해서 쓰기 전에 새벽 첫시간을 주님 만나는 시간으로, 경배의 시간으로, 말씀 묵상의 시간으로, 하나님의 시간으로 바치는 것이 마땅한 일이라 하겠습니다.

예수님은 기도의 사람이요 기도의 모범을 보여 주셨으며, 제자들도 열심히 기도하므로 성령충만 받고 초대교회를 부흥시켰으며, 우리 성도들도 새벽기도에 힘쓰므로 능력 받고 축복받는 성도들이 되십시다.

열심히 전도하는 성도
(행 1:8)

전도는 주님의 지상명령(마 28:19-20)이요, 죽은 영혼을 복음으로 살리는 일입니다.

바울사도는 로마서 1:15-16절에서 "그러므로 나는 할 수 있는대로 로마에 있는 너희에게도 복음 전하기를 원하노라 내가 복음을 부끄러워 아니하노니 이 복음은 모든 믿는 자에게 구원을 주는 하나님의 능력이 됨이라"고 했습니다.

복음은 모든 믿는 지에게 구원을 주는 하나님의 능력이 됩니다. 복음은 하나님과 인간 사이의 막힌 모든 담을 폭파하여 허물어 버리는 능력이 있습니다. 복음은 죄를 멸하고 사탄의 권세를 파하여 죄와 허물로 죽었던 영혼을 살립니다. 복음은 곧 생명이요, 생명을 주는 하나님의 능력입니다.

복음은 변화의 능력이 있습니다. 복음을 믿고 받아들이는 곳에는 어느 곳에서든지 국가나 개인의 생애에 커다란 변화가 일어납니다. 삶의 목적이 바뀌어지고, 사람의 존엄성에 대한 새로운 이해가 생기고, 이전에 경험하지 못했던 우주관과 세계관이 생기게 됩니다.

복음이 들어가는 곳에서는 어디서나 결혼의 신성함, 남녀평등, 노예해방 등이 이루어졌고 자유와 사랑과 평화의 운동이 일어났습니다.

이 능력있는 복음의 말씀을 우리는 열심히 전해야 합니다.

1. 전도는 교회의 본질입니다(빌 1:27).

빌립보 1:27절 말씀을 보면 "오직 너희는 그리스도 복음에 합당하게 생활하라…"는 말씀이 있습니다.

복음이란 우리에게 구원을 주는 기쁜 소식을 말합니다.

본문에 "복음에 합당하게 생활하라"는 말은 그리스도를 증거하는 생활을 하는 것입니다. 전도는 교회의 본질입니다. 전도는 모든 그리스도인들을 향한 예수님의 지상 최대의 명령이자 마지막 유언입니다. 그러므로 전도할 수 있을 때 비로소 진정한 그리스도인이라 할 수 있습니다.

마가복음 1:38절에 예수님께서 말씀하시기를 "우리가 다른 가까운 마을로 가자 거기서도 전도하리니 내가 이를 위해서 왔노라" 하셨습니다.

예수님께서는 바로 전도자 입니다. 교회의 사명은 복음 전파에 있습니다. 복음 전파는 교회의 어떤 사업이나 목적이 아니라 교회가 교회 되게 하는 본질 그 자체입니다.

교회는 선교하고 있을 때 교회이지 선교의 열정이 식어질 때는 교회 본연의 위치에 서지 못하게 됩니다. 그래서 교회의 모든 조직과 운영 활동은 전도에 초점이 맞춰져 있어야 합니다. 전도는 교회를 부흥케 하는 동시에 개인의 영적 생활도 부흥케 하는 힘을 가지고 있습니다. 내가 열심히 전도하면 교회만 부흥되는 것이 아니라 내 심령도 부흥됩니다. 내 믿음도 자랍니다. 내 믿음에 힘이 있습니다. 내 믿음에 능력을 더하게 됩니다. 열심히 전도하는 성도로서 내 심령도 부흥되고 교회도 부흥시키는 성도들이 되시기를 바랍니다.

2. 전도는 그리스도의 증인이 되는 것입니다(행 1:8).

사도행전 1:8에 "오직 성령이 너희에게 임하시면 너희가 권능을 받고 예루살렘과 온 유대와 사마리와 땅끝까지 이르러 내 증인이 되리라"고 하셨습니다.

"증인"이란 말은 헬라어로 "마르투레스"라는 단어를 쓰고 있습니다. 이것은 순교한다, 죽는다, 목격한 것을 드러낸다는 뜻입니다. 이와같이 그리스도의 복음을 증거하기 위해 죽음의 자리에까지 이르겠노라고 하는 삶의 증인이라고 합니다.

스데반은 돌에 맞아 죽기까지, 야고보는 목이 잘리기까지, 베드로는 십자가에 거꾸로 매달려 죽기까지 예수 그리스도의 증인이 되었습니다. 무엇이 이들을 그토록 강하게 만들었겠습니까?

그들의 의지와 신념이 그들을 순교자가 되게 한 것이 아닙니다. 다만 저들 가운데 성령께서 임재하셔서 성령의 권능이 죽음을 두렵지 않게 했던 것입니다. 그렇다고 전도를 아무나 할 수 있는 것이 아닙니다. 성령이 강하게 역사하는 사람만이 전도할 수 있습니다. 전도하는 것은 성령께서 내 속에 강하게 역사하고 있다는 산 증거입니다. 그래서 본문 말씀에 "성령이 임하시면 권능을 받고 땅끝까지 이르러 내 증인이 되리라"고 하셨습니다. 전도는 그리스도의 증인이 되는 증거입니다.

3. 전도의 방법은 친분관계를 통해서 해야 합니다.

친분관계를 통한 전도란 자연스런 인간관계 즉 친구, 친지, 동료, 이웃을 통하여 그들을 그리스도께 전도하는 원리입니다.

이러한 방식의 전도는 최초의 사도들 만큼이나 오래 되었습니다. 안드레는 그의 형제 베드로를 그리스도께 인도했고, 요한은 그의 형제 야고보에게 전도했습니다. 빌립은 그의 친구 나다나엘에게 메시아를 만났다고 전했습니다. 관계란 기독교 신앙의 전부라고 해도 과언이 아닙니다.

죄는 결국 하나님과 인간과의 관계를 단절시켰습니다. 그리스도께서 죽으심으로써 하나님 아버지와 길을 잃고 방황하는 자녀들간의 관계가 회복되었습니다. 그리스도는 하나님께로 이르는 길이며(요 14:6), 죄인들의 친구이십니다(눅 7:34).

전도란 그리스도를 모르는 사람과 친교를 나누는 가운데 그가 진지하게 복음에 귀 기울일 수 있도록 하는 것입니다. 구령자는 죄인의 손을 잡고 그가 영생으로 가는 문지방을 잘 넘어가도록 인도해야 합니다.

친분관계는 사람들이 마음을 열고 복음을 받아들이도록 하는 효과적인 수단입니다. 인간적으로 친분관계를 맺는 유일한 열쇠는 친절입니다.

전도는 교회의 본질이요 사명이요 그리스도인들은 증인이 되어야 합니다. 이웃에 대한 친절과 사랑의 방법으로 전도해야 하겠습니다.

성실히 봉사하는 성도

(롬 12:3-13)

구원받은 성도로서 성장하고 성숙된 생활의 모습은 봉사로서 나타나게 됩니다. 믿음안에 있는 성도는 성실히 봉사하고 헌신하는 삶을 살게 됩니다. 진정한 봉사는 하나님의 사랑과 자비를 체험한 사람들에게서부터 시작됩니다.

섬기기 위해서는 낮아짐을 배워야 합니다. 자신을 나타냄이 없이 말없이 순종하기를 배워야 합니다. 그리고 주님을 먼저 섬길줄 아는 사람만이 이웃과 또 다른 사람을 섬길 줄 알게 됩니다.

우리 성도들이 성실히 봉사할 대상은 누구입니까?

1. 하나님을 위해 성실히 봉사하는 성도가 됩시다.

로마서 12:11절을 보면 "부지런하여 게으르지 말고 열심을 품고 주를 섬기라"고 했습니다.

각양 좋은 은사와 온전한 선물이 다 위로부터 빛들의 아버지 하나님께로부터 내려오기 때문에 열심을 품고 주님을 섬기는 자가 되어야 합니다.

구원받은 하나님의 사람은 하나님을 위해 행해야 할 의무를 두 가지로 구분하여 말씀하셨습니다. 하나는 시간에 관한 것으로, 6일 동안은 자신을 위해 열심히 일하고, 제 칠일은 거룩한 안식일로 지키며 하나님께 드리는 시간으로 삼으라고 했습니다.

이사야 58:13-14절에 보면 "만일 안식일에 네 발을 금하여 내 성일에 오락을 행치 아니하고 안식일을 일컬어 즐거운 날이라 여호와의 성일을 존귀한 날이라 하여 이를 존귀히 여기고 네 길로 행치 아니하며 네 오락을 구치 아니하며 사사로운 말을 하지 아니하면 네가 여호와의 안에서 즐거움을 얻을 것이라 내가 너를 땅의 높은 곳에 올리고 네 조상 야곱의 업으로 기르리라"고 했습니다.

이는 안식일을 거룩히 지켜 성수 주일하면 ① 여호와 안에서 즐거움을 얻는 천국 생활이 이루어지고 ② 땅의 높은 곳에 올려 주는 존귀한 자가 되게 하고 ③ 야곱의 업으로 축복해 주는 물질적 풍요의 축복을 주십니다.

또 하나는 물질적인 것으로 10의 1을 하나님을 위해 드리라고 했습니다. 십일조는 자신이 하나님의 사람임을 고백하는 신앙 고백과 같습니다. 십일조는 성도들의 신앙 질서인데, 자신이 하나님의 사람임을 확신하는 사람이면 누구든지 십일조를 드리게 됩니다.

십일조는 나의 모든 것이 하나님의 것이라는 확실한 고백입니다. 십일조는 하나님께서 축복하신 사실을 믿으며 계속 축복하실 것을 믿는 것입니다.

아브라함은 멜기세덱에게 십일조를 드리고 축복을 받았다고 했습니다(히 7:6-7).

야곱은 장차 하나님이 축복하실 줄 믿고 제단을 쌓고 십일조 드릴 것을 약속했습니다(창 28:22, 말 3:10-11).

십일조는 하나님의 것이라고 말라기 선지자는 선언했습니다. 십일조는 하나님의 것이기 때문에 드리지 않는 것은 도적질 하는 짓이라고 선언했습니다(말 3:8). 십일조 없는 신앙은 건전한 신앙이 아닙니다. 무슨 이유를 다 댄다해도 물욕을 벗지 못해 하는 변명일 것입니다.

십일조 신앙을 통해 성실히 하나님을 섬기는 성도가 될 수 있기를 바랍니다.

하나님은 십일조 바치는 자에게 축복을 약속하여 주셨습니다. 그의 약속은 ① 해를 막아 주시고 ② 지속하도록 하고 ③ 잘되게 하십니다. 하는 일은 잘되게 하여 이웃들이 분명히 알게 하십니다.

2. 하나님을 섬기며 인간을 사랑하는 구체적인 원칙은 다음과 같습니다.

1) 첫째 원칙은 하나님이 기뻐하시는 거룩한 헌신자가 되는 것입니다
   (12:1).

"너희 몸을 하나님이 기뻐하시는 거룩한 산 제사로 드리라 이는 너희의 드릴 영적 예배니라"고 했습니다. 하나님께 헌신하는 사람은 "사나 죽으나 우리가 주의 것이로다"는 고백을 할 수 있어야 합니다(롬 14:8). 이것이 사랑하며 섬기는 첫째 원칙입니다. 성실히 봉사하는 성도는 하나님이 기뻐하시는 거룩한 헌신자로 일하게 되는 것입니다.

2) 하나님께서 각 사람에게 나누어 주신 믿음의 분량대로 지혜롭게 봉사하는 것입니다(롬 12:3).

우리 인간은 세 가지 면에서 제한되어 있습니다.

① 시간적인 면에서 인간이 하는 일에는 유효 기간이 반드시 있습니다.

② 공간적인 면에서 여기에 있으면 저기에 있을 수 없습니다.

③ 인간은 실력면에서 지식의 한계, 체력의 한계, 재력의 한계가 있어서 자기의 분량을 잘 알아 그 분량 안에서 모든 일을 해야 합니다. 그 이상이 될 때 무리가 생깁니다. 그러므로 성실히 봉사하는 성도는 믿음의 분량대로 지혜롭게 봉사합니다.

3) 부분적으로 자기 직임에 충실하면서 종합적으로 교회적인 결실을 기대하는 것입니다(롬 12:4-5).

교회는 그리스도의 몸입니다. 한 몸에는 여러 개의 기관이 있어서 제 기능을 발휘하기 때문에 활동합니다. 눈은 눈으로써, 귀는 귀로써, 입은 입으로써, 손과 발도 각각 제 기능에 충실해야 합니다.

그러므로 개인적으로는 작은 것 같아도 교회적으로는 큰 것입니다. 부분적으로 자기 직임에 충실하면서 종합적으로 교회적인 결실을 기대하여 성실히 봉사하는 성도가 되어야 합니다.

4) 직접적인 봉사가 불가능한 대상자에게는 기도와 선한 사업으로 간접적으로 봉사하면 됩니다(롬 12:14-21).

핍박하는 자와 원수를 사랑하는 원칙이 기록되어 있습니다. 저주하지 말고 축복하며 희로애락을 함께 하고 기회만 생기면 선을 베풀어 선한 일을 도모하는 것입니다.

성실히 봉사하는 성도는 직접적인 봉사에도 참여하고 간접적으로 기도와 선한 사업에 동참하여 봉사하는 것입니다.

성실히 봉사하는 성도는 부지런하여 게으르지 말고 열심을 품고 주를 섬기는 사람입니다. 이는 하나님을 찬송하며, 감사하고 기도하며, 인내하고 사랑하며 섬기는 것입니다.

하나님을 일심으로 섬기는 자가 사랑의 은혜를 받고, 사랑을 실천하는 성도들을 통해서 하나님의 나라와 의는 이룩됩니다. 사랑하며 섬기는 성도가 되도록 노력하며, 일생동안 성실히 봉사하는 성도들이 되시기를 바랍니다.

2월
믿음의 달

산 소망의 삶
(벧전 1:3-12)

인생의 삶은 산 소망을 가지고 살아야 합니다. 소망없이 사는 사람은 죽은 사람이며, 삶의 의미를 상실하고 발전적인 삶을 살아갈 수가 없습니다.

인간이 사는 세상은 케에르케골의 말대로 전쟁터와 같습니다. 인생은 심한 훈련의 도장에서 오늘도 사명 수행을 위해 달려가고 있는 것입니다.

온실에서 자란 화초는 생명력이 약하지만, 벌판에서 비바람을 맞으면서 자라는 화초는 생명력이 강합니다. 무쇠가 강철이 되려면 뜨거운 용광로에 들이가야만 하고, 잔잔한 바다에서는 절대로 훌륭한 뱃사공이 나오지 못하며, 전쟁의 명장이 되려면 포탄 연우의 전쟁터에서 싸움을 수없이 치러야만 됩니다.

우리 인생의 삶도 전쟁터와 같아서 자신과의 싸움, 불의와의 싸움, 죄악과의 싸움에서 이겨 승리자가 되어야 합니다. 그러기 위해서는 산 소망을 가지고 살아야 합니다.

문호 톨스토이는 십자가 없는 인생은 없다며m 누구에게나 시련과 고난의 무거운 십자가가 있음을 설파 했습니다.

세상에는 자식이 없고 애정이 결여된 부부의 소리, 고부간의 갈등으로 번민하는 여성, 배우자의 부정으로 괴로워하는 남녀, 자식 때문에 속을 썩이는 부모, 이혼과 사별의 슬픔속에서 몸부림치는 사람, 정신병으로 인생을 비관하는 사람, 사업의 실패, 입시의 실패로 좌절하는 사람, 삶의 보람과 의미를 찾지 못해서 허무주의에 빠진 사람, 죄의식 때문에 항상 괴로워하는 사람, 매사에 자신감을 잃어버리고 환경에 적응하지 못하고 안타까워하는 사람, 가난과 불안과 패배 속에서 비틀거리는 사람, 실연에 우는 사람, 열등감의 포로가 된 사람 등, 이렇게 인생은 고민과 걱정과 염려가 천태 만상이요 백인 백상입니다.

그러기에 이러한 세상 속에서 개선가를 부를 수 있는 것은 소망입니다. 소망이 없이 산다는 것은 절망이요 좌절과 패배입니다. 소망이 없이는 우리는 일어설 수가 없습니다.

1. 산 소망의 근거는 예수 그리스도의 구속에 근거하고 있습니다(3-4).

네로 황제에 의해 로마에서 순교를 당한 사도 베드로가 황제의 박해 아래 놓인 당시 성도들에게 위로와 격려를 주기 위해 쓴 글이 베드로전서입니다.

베드로는 성도들의 박해를 피해 지혜있게 피신하라고 전하는 것이 아니라, 박해와 고난과 시련 역경을 받되 소망 중에서 이겨야 한다고 가르쳤습니다. 끝까지 믿음을 지키고 의를 행하며 하나님 나라에 소망을 두고 순교할 것을 권했습니다.

보다 깊어진 믿음, 보다 승화된 사랑의 생활을 강조하며 바로 살 것을 당부했습니다.

구원받은 성도들의 산 소망은 예수 그리스도의 부활입니다. 이것이 참된 삶의 근본입니다.

산 소망의 근거는 그리스도의 구속에 근거하는 것입니다. 허물과 죄로 죽었던 우리 인간들에게 예수 그리스도의 보혈의 역사만이 우리를 죄와 사망에서 건지리라는 참소망이 되신 것입니다.

인류는 죄라는 중병에서도 마귀의 포위망에서 절망 상태에 있었는데, 그리스도의 구속으로 삶을 얻고 연장된 소망을 가지게 되었습니다.

소망은 그리스도의 십자가 구속의 역사와 하나님의 영원성에 근거하며, 회개하는 사람에게 역사하는 소망입니다. 예수님은 죽은 자 가운데서 부활하심으로 우리에게 거듭나게 하사 산 소망이 있게 하셨습니다.

2. 산 소망은 생명의 활력소가 됩니다(7).

영국 속담에 삶이 있는 곳에 소망이 있다고 했고, 슈바이처는 생명의 비밀은 소망이라고 했습니다. 베드로는 소망으로 하는 일은 쉬워지고 낙망으로 하는 일은 어려워진다고 했으며, 섹스피어는 비참함을 당한자의 약은 소망밖에 없다고 했습니다.

하나님은 우주를 창조하실 때 맨처음 빛을 만드셨습니다. 삶의 시작은 곧 빛이라는 것입니다. 빛은 소망이며 소망을 가진 자만이 명랑하고 기쁘고 즐겁고 힘이 있고 웃음이 있고 참된 진리가 있습니다.

요한복음 9장에, 나면서 소경된 자가 보게 된 말씀이 있습니다. 예수께서 진흙을 눈에 발라 주고는 실로암 못에 가서 씻으라 하시자 순종하고 가서 씻었더니 보게 되었던 것입니다.

앞을 보지 못하는 소경은 외롭고 답답합니다. 그에게는 빛이 없는 연고로 소망이 없이 살았으나 밝히 앞을 볼 수 있게 됨으로 밝게 세상을 살 수 있게 된 것입니다.

소망은 삶의 활력소가 됩니다. 어떤 이둠 속에서도 소망을 가지고 사는 사람은 생명력 있습니다. 예수 그리스도에게 산 소망을 두고 사는 사람은 생의 활력이 넘치고 생명력이 있는 삶을 살게 됩니다.

소망 가운데 살면서 시련을 이긴 자에게는 칭찬과 영광과 존귀를 얻게 하십니다.

3. 완전하고 영원한 소망은 의로운 삶을 사는데 있습니다(9).

칼라일은 "고목이 쓰러질 때의 소리는 요란하지만 얻어지는 것은 없고, 작은 씨앗이 땅에 떨어질 때는 소리는 없지만 미구에 그곳에서 새 나무가 나고 큰 나무로 자란다"고 했습니다.

영원한 소망을 갖고 예수의 생명을 가진 자는 영생을 얻고 의로운 삶을 살게 됩니다.

로마서 13:12에 보면 "밤이 깊고 낮이 가까웠으니 그러므로 우리가 어두움의 일을 벗고 빛의 갑옷을 입자. 낮에와 같이 단정히 행하고 방탕과 술취하지 말고 오직 주 예수로 옷입고 정욕을 위하여 육신의 일을 도모하지 말라"고 했습니다.

완전하고 영원한 소망은 어둠의 삶을 떠나서 빛의 삶을 사는 삶의 자세로 고치는데 있습니다. 즉 의로운 삶을 사는데 있습니다.

산 소망이란 예수 그리스도의 구속의 역사에서 일어나며, 그 소망은 생명의 활력소이며 완전하고 영원한 소망은 어떤 어려움도 이겨내게 하고 생을 바르게 하고 초연한 기쁨을 맛보게 되며, 이 소망으로 하나님께 영광을 돌리는 삶을 사는 것입니다.

열매 맺는 믿음
(골 1:1-8)

농부가 씨를 뿌림은 열매를 기대함이요, 일의 시작은 좋은 결과를 기대하기 마련입니다. 믿음생활을 시작했다면 열매맺는 믿음생활이 되어야 합니다.

바울은 에바브라를 통해 골로새 교회에 이단이 생겨났음을 알게 되었습니다. 그것은 유대주의, 영지주의 및 천사숭배가 혼합된 사상이었습니다. 그들은 인간의 육체는 근본적으로 악하고 영은 선하다고 믿고 있었고, 예수 그리스도의 중보자 되심을 믿지 않았습니다.

그래서 바울은 골로새의 정황을 보고받자 본 서신을 로마 옥중에서 기록하여 보내게 되었습니다.

당시 골로새 교회는 이단의 도전을 받고 있었으나, 이단에 굴복하지 않고 신실하게 믿음생활을 하므로 열매맺는 믿음생활을 했습니다.

신앙생활을 하다보면 여러 가지 유혹과 시험을 만나게 됩니다. 유혹을 이기고 시험을 이겨서 열매맺는 믿음의 삶이 되어야 합니다.

우리가 열매를 맺어 풍성한 삶을 살아야 합니다. 골로새 교회는 무슨 열매를 맺게 되었습니까?

1. 기도의 열매가 있었습니다(3-5).

하나님은 자기의 기쁘신 뜻을 위하여 우리로 소원을 두고 행하게 하십니다 (빌 2:13). 그러므로 기도할 마음이 생기면 그것은 하나님께서 우리에게 소원을 두셨기 때문입니다. 즉 응답을 이미 준비해 놓으시고 성도들에게 기도를 시키신다는 뜻입니다.

골로새 교회는 바울이 직접 세운 교회가 아닙니다. 바울의 전도를 받은 에바브라가 고향에 돌아가서 세운 교회입니다. 그래서 바울은 골로새 교회를 위해서 기도만 했을 뿐입니다. 그런데 그 기도의 열매가 맺혀 감사할 일이 생겼습니다. 즉 예수안의 믿음과 성도간의 사랑과 하늘의 소망을 고루 갖춘 건전한 교회로 부흥하고 있었습니다.

이것은 분명한 기도의 열매였습니다. 기도의 열매가 있는 교회는 건전한 교회로 부흥하게 됩니다. 견고한 믿음, 풍성한 사랑, 변함없는 소망이 있는 교회가 됩니다.

모세가 기도해서 홍해를 갈랐습니다. 엘리야는 기도해서 불을 내렸습니다. 여호수아는 기도해서 태양을 머물게 했습니다. 아브라함은 조카 롯을 구원했습니다. 야곱은 형의 마음을 녹였습니다. 솔로몬은 기도하여 지혜를 얻었습니다. 한나는 기도하여 사무엘이라는 아들을 얻었습니다. 히스기야는 불치병에서 건짐을 받았습니다. 고넬료는 천사의 지시를 받았습니다. 베드로는 환상을 보았습니다. 가나안 여인은 딸의 흉악한 귀신병을 고쳤습니다. 예수님은 기도하여 십자가를 잘 지셨습니다.

뜨겁게 기도하는 교회로서 기도의 열매가 맺어지는 교회가 되시기를 바랍니다.

2. 깨달음의 열매가 있었습니다(6).

열 두 해를 혈루증으로 앓던 여인이 전혀 병고칠 가망이 없을 때 예수님의 능력으로 고침받은 것을 몸으로 친히 깨달았습니다. 그 깨달음이 열매를 맺어 그녀는 평생을 믿고 봉사의 삶을 살았습니다.

깨달음이 얼마나 중요한 문제인가를 보여주는 사건이 본문에도 나옵니다. "이 복음이 이미 너희에게 이르매 너희가 듣고 참으로 하나님의 은혜를 깨달은 날부터 너희 중에서와 같이 또한 온 천하에서도 열매를 맺어 자란다"고 하였습니다.

골로새에서도 에바브라에 의하여 복음이 전해졌고, 하나님의 은혜가 무엇인지를 깨달은 후에 골로새 교회는 놀라운 성장이 있었고, 라오디게아에 히에라볼리까지 교회를 세웠습니다. 깨달음의 열매로 풍성해졌습니다.

하나님의 은혜는 죄의 용서와 구원을 얻게 하사 영생함을 주시는 은혜요, 보호와 인도와 방패가 되시는 큰 은혜였습니다. 사망 가운데서 건져주시고, 고난과 역경 중에서 방패가 되시며, 목자가 되셔서 푸른 초장과 잔잔한 물가로 인도하여 주시는 은혜입니다.

말씀을 통해 깨달음의 열매를 맺는 은혜가 있으시기를 바랍니다.

3. 배움의 열매가 있었습니다(7-8).

에바브라는 골로새 사람입니다. 에베소는 소아시아의 중심지로서 바울이 두란노 서원에서 강론할 때 아시아지역 사람들이 복음을 받는 중에 에바브라도 복음을 받아들였습니다. 즉 그는 바울에게서 진리를 배웠고 복음을 배운 결과 골로새 뿐아니라 라오디게아와 히에라 볼리의 개척자가 되었습니다. 이처럼 훌륭한 일꾼이 된 것은 배움의 열매였습니다.

(1) 에바브라는 사랑받는 종이었습니다(7).
(2) 에바브라는 그리스도의 신실한 일꾼이었습니다(7).
(3) 에바브라는 성령 안에서 사랑을 고한 자였습니다(8).

이런 좋은 인격을 갖춘 사람에게서 배움으로 골로새교회는 건전하고 건강한 교회가 되었습니다. 배움의 열매가 있어야 합니다.

믿음생활에는 열매가 있어야 합니다. 기도의 열매가 있어야 하고 깨달음의 열매가 있어 하나님의 은혜에 감사하며 충성해야 하며, 배움의 열매가 있어 변화, 성장, 성숙한 교회가 되는 믿음의 풍성한 교회가 되어야 합니다.

건강한 믿음
(잠 29:23-27)

사람이 세상에 사는 동안 필요한 것들이 참으로 많이 있습니다. 육신이 살기 위해서는 의식주 문제가 해결되어야 하고, 남보다 훌륭하게 살려면 지혜와 지식도 있어야 하고, 보람있는 명예도 필요하다고 봅니다.

그러나 그 무엇보다도 육신적으로 건강해야만 이 모든 것이 가치가 있고 필요합니다. 병들고 약하게 되면 먹지도 잘 못하고, 좋은 옷 입는 것도 필요 없고, 좋은 집 사는 것과 명예를 얻는 것도 별로 귀하지 않습니다. 그만큼 건강이 중요하다는 말입니다.

육신의 건강보다 더 중요한 것은 건강한 영혼입니다. 영혼이 병들면 영육이 다 망하게 되고, 보잘 것 없는 인생이 되고, 비루하고 천박한 인생의 말로를 맞게 됩니다.

성도는 건강한 믿음을 가져야 합니다. 건강한 믿음이어야 하나님께 영광도 돌리고 하나님이 맡기신 일도 잘 할 수 있으며, 칭찬과 존경과 사랑을 무한히 받을 수 있습니다.

건강한 믿음은 어떤 믿음인가에 대하여 본문의 말씀을 근거해서 소개하고자 합니다.

1. 건강한 믿음은 겸손한 믿음입니다(23).

이 세상에는 교만한 자가 많습니다. 많이 배웠다고 자랑하는 지식의 교만,

그리고 가진 것이 많다고 교만한 사람, 세상 권력을 가졌다고 교만한 사람이 있습니다. 그런가하면 잘 믿는다고 자랑하는 믿음의 교만도 있습니다. 그러나 결국은 낮아질 수밖에 없고, 겸손한 자가 영예를 얻게 됩니다.

겸손한 자는 많이 배위도 부족한 줄 알고, 잘 살게 되면 어려운 자를 은밀히 도울 줄 알고, 잘 믿는자는 어린 믿음을 가진 자를 잘 챙겨줍니다. 그러므로 겸손한 자는 하나님께서 높여 주셔서 더욱 큰 영예를 얻게 하십니다.

건강한 믿음은 사람으로 하여금 겸손하게 만드는 법입니다. 백부장의 믿음은 건강한 믿음인고로 자기 하인에 대한 참된 관심을 가지고 그의 병을 고쳐 주었으며, 경건하여 하나님을 잘 경외하고 바쁜 공무 중에서도 믿음 생활에 충실하였습니다. 그리하여 예수님께서는 백부장의 믿음을 칭찬하였습니다.

사랑하는 성도여러분, 건강한 믿음생활을 하십시다. 건강한 믿음은 겸손한 믿음입니다.

2. 건강한 믿음은 신령한 믿음입니다(24).

사람은 누구와 짝하느냐 하는 문제가 중요합니다. 도적과 짝하면 두적이 되고, 창녀와 짝하면 탕자가 됩니다. 그리고 석가와 짝하면 불교인이 되고, 예수님과 짝하면 하나님의 자녀가 됩니다. 그래서 본문에서는 "도적과 짝하는 자는 자기 영혼을 미워하는 자라"고 밝혀주고 있습니다.

그러므로 영혼을 사랑하는 영적인 믿음이 건강한 믿음입니다. 세속적인 믿음 혹은 육적인 믿음은 병든 믿음이기 때문입니다.

사랑하는 성도 여러분, 예수님과 짝하는 사람들이 되시기를 바랍니다. 예수님과 짝하면 기도하게 됩니다.

주님은 새벽미명에도 기도하시고, 한밤중에도 기도하셨고, 변화산에서도 기도하셨습니다. 주님이 기도할 때, 그의 몸에서 광채가 나고 하늘에서 음성이 들리며 이는 내 사랑하는 아들이라 하였습니다. 신령한 모습으로 변화 되었습니다. 제자들이 황홀하여 여기 초막 셋을 짓고 여기 살자고 했습니다.

신령한 믿음은 기도해야 합니다. 신령한 믿음이 건강한 믿음입니다. 기도하지 않으면 인간의 소리가 나옵니다. 신령한 믿음을 갖는 건강한 신앙인이 되시기를 바랍니다.

3. 건강한 믿음은 정직한 믿음입니다(27).

믿는 사람이 사람을 두려워하면 하나님을 두려워하지 않게 됩니다. 마땅히 두려워할 자는 오직 하나님 뿐입니다.

그러므로 하나님을 의지하는 자가 안전합니다. 하나님께서 보호해 주시기 때문입니다.

하나님을 경외하는 자는 정직하게 삽니다. 믿음의 별명을 정직이라 할 수 있습니다. 정직한 믿음이 건강한 믿음입니다. 정직한 믿음은 악인의 미움을 받게 되어 있습니다. 정직한 믿음은 하나님께서 복을 주십니다.

"복은 검소함에서 생기고, 덕은 겸양에서 생기며, 지혜는 고요히 생각하는데서 생기느니라. 근심은 애욕에서 생기고, 물욕에서 생기며, 허물은 경망에서 생기고, 죄는 참지 못하는데서 생기느니라"는 말이 있습니다.

믿음으로 사는 자는 정직한 생활을 합니다. 건강한 믿음은 겸손한 믿음이요, 신령한 믿음이며 정직한 믿음입니다.

충전된 믿음
(눅 17:5-10)

사람은 완전하지 않기 때문에 말하는 것이나 생활하는 것이나 행동하는 것이 남의 마음에 모두 다 들지 못합니다. 또 내가 고의는 아니지만 상대방을 실족하게 할 수도 있습니다.

본문은 주님께서 남을 실족케 하지 말것과, 범죄하는 형제를 경계하고 그가 회개하거든 용서하라고 교훈하신 말씀입니다.

주님의 교훈은 완전 범죄에 대한 완전 용서를 말씀하신 것입니다. 또 완전한 용서를 해주어야 한다는 사실을 주님은 분명히 우리에게 가르쳐 주신 것입니다. 주님께서 말씀하신 실족과 용서에 대한 차원 높은 교훈에 대해서 제자들은 예수님이 말씀하신대로 지금까지 살아왔는가를 가만히 생각해 보니까 마음에 무언가 부끄러움을 느꼈고 찔림을 받았습니다. 그래서 그들은 5절에서 "우리에게 믿음을 더하소서"하고 자기들의 믿음 없음을 고백하면서 믿음을 더해 달라고 부탁을 드릴 수밖에 없었던 것입니다.

우리는 가끔 믿음이 있는 척 할 때가 많습니다. "이만하면 나는 믿음이 괜찮아" 하고 착각해서 교만에 빠지는 사람들이 많이 있습니다. 그러나 우리는 이 말씀의 거울 앞에 자신을 비추어 보고 "주여 우리에게 믿음을 더 하소서" 하고 주께 간구해야 하겠습니다.

본문에 우리에게 믿음을 "더하소서"라는 말은, 지금까지 가지고 있는 믿음에다가 믿음을 더 추가해 달라는 말입니다. 다시 말해서 자동차 밧데리가 다 되어 졌을 때 충전하는 것같이 이 말속에는 '충전'의 의미가 포함되어 있습니다.

오늘 우리는 성령충만한 믿음으로 충전시키는 시간이 되시기를 바랍니다.

왜 우리는 주님께 믿음을 더해 달라고 요청해야 할까요, 히브리서 12장 2절에 보면 "믿음의 주요 또 온전케 하시는 이인 예수를 바라보자"고 했습니다. '믿음의 주'라는 말은 믿음의 창설자 믿음의 근원자'라는 뜻입니다. 그리고 '온전케 하는 이'의 의미는 '완성한다. 끝마친다. 완전히 성취해 준다'는 뜻으로 사용한 것입니다.

예수님은 우리 믿음의 근원자요, 믿음의 창설자요, 우리 믿음의 시작인 동시에 예수님은 우리 믿음의 완성자요 성취자이십니다. 여러분과 제 믿음은 연약하고 부족합니다. 또 여러분과 제 믿음은 점점 약해질 수밖에 없습니다.

그러나 우리가 우리의 상태를 깨닫고 하나님께 나와서 "주여 나에게 믿음을 더하소서"라고 진실하고 겸손한 마음으로 기도할 때 믿음의 주요, 온전케 하시는 이인 예수님이 우리의 부족한 믿음을 충전시켜 주실 것입니다.

예수님이 우리의 부족하고 연약한 믿음을 아름다운 믿음으로, 온전한 믿음으로, 성령충만한 믿음으로 채워주시기를 간구해야 합니다.

1. 은혜로 충전된 믿음이어야 합니다(엡 2:8).

에베소서 2장 8절에 "너희가 그 은혜를 인하여 믿음으로 말미암아 구원을 얻었나니 이것이 너희에게서 난 것이 아니요, 하나님의 선물이라"고 말씀 하시면서, 믿음은 은혜를 통하여 주신다는 것을 말씀하셨습니다.

여러분과 제가 어떤 수고를 하거나 어떤 노력을 했기 때문에 하나님이 댓가로 믿음을 주신 것이 아니고, 오직 하나님의 은혜로 인하여 믿음으로 말미암아 하나님이 값없이 주시는 선물인 것입니다. 즉 믿음은 하나님의 선물입니다.

하나님께서 우리에게 믿음을 선물로 주신 것은 우리가 하나님 앞에 잘한 일이 있어서 주신 것이 아니라 값없이 그냥 주셨습니다. 왜냐하면 우리를 사랑하시기 때문입니다. 이 엄청난 사실을 깨닫기만 하면 여러분의 마음에는 주님을 사랑하는 마음이 뜨거워지고, 예배시간에 빠지라고 해도 빠질 수 없게 되어집니다.

믿음은 하나님을 믿는 자에게만 주어지는 특별한 선물입니다. 사람이 준 선물이 아니라 하나님 자신이 우리를 사랑하셔서 값없이 우리에게 주신 선물이기에 우리는 그것을 은혜로 받은 것입니다.

그러므로 우리는 믿음이 부족한 때마다 하나님께로 와서 "주여 내게 믿음을 더하여 주옵소서"하고 우리의 생명이 다하는 그날까지 무릎을 꿇고 머리를 조아려 기도하는 성도가 되기를 주님의 이름으로 축원합니다.

2. 소망으로 충전된 믿음이어야 합니다(히 11:1).

"믿음은 바라는 것들의 실상이요 보지 못하는 것들의 증거"라고 했습니다. 여기서 '바란다'는 것은 '소망한다, 원한다, 소원한다'는 뜻을 갖고 있습니다. 그러니까 소망을 더하여 주는 것이 믿음인 것입니다.

마태복음 15:21 이하에 보면 수르보나게 족속인 가나안 여자가 나옵니다. 이 여인은 자기 딸을 귀신에게 빼앗겼습니다.

가나안 여자는 흉악하게 귀신들린 자기 딸을 예수님이 고쳐주시기를 간절히 소망했습니다. 끝까지 바랐습니다. 기도하면서 바랐고 낙심하지 않고 바랐습니다.

인내하면서 겸손하게 바랐을 때 마침내 그 여인이 바라는 대로 소원이 이루어진 줄로 믿습니다.

그 여인은 자기가 바라던 대로 실상을 체험했습니다.

그때 그 여인에게 이르시되 "여자여 네 믿음이 크도다 네 소원대로 되리라"고 칭찬해 주셨고, 그의 딸은 그 시로 고침을 받았습니다.

주님은 이렇게 그녀의 믿음 위에 믿음을 더해 주셨습니다. 마침내 큰 믿음에 이르도록 믿음을 더해 주셨습니다.

오늘 여러분이 이 가나안 여자와 같이 겸손함과 간절한 열망과 믿음으로 하나님 앞에 기도한다면, 하나님은 우리들에게 믿음에 믿음을 더해 주시는 놀라운 축복을 주시리라 믿습니다.

예수님께 희망을 가졌던 사람들마다 낙심하거나 절망하지 않고 모두가 그들이 원했던대로 이루어졌습니다.

우리에게도 각자 소원이 있는 줄로 압니다. 그런데 그 소원이 이루어지는 비결은 믿음이 있어야 합니다. 그리고 그 믿음은 예수님이 주시는 것이라는 사실을 깨닫고 "우리에게 믿음을 더하소서" 하고 기도하시되, 가나안 여인과 같이 겸손하게 끝까지 낙심치 말고 소망가운데 기도하시는 분들이 되시기를 주님의 이름으로 축원합니다.

3. 능력으로 충전된 믿음이어야 합니다(막 9:23).

마가복음 9장 말씀에 보면 예수님께서는 베드로, 요한, 야고보를 데리고 변화산에 올라 가셨습니다.

예수님이 산에서 내려오시는 모습을 본 간질병 든 아이의 아버지는 예수님께 "무엇을 하실 수 있거든 우리를 불쌍히 여겨 도와 주옵소서" 하고 도움을 청했습니다.

그때 예수님께서는 "할 수 있거든이 무슨 말이냐 믿는 자에게는 능치 못할 일이 없느니라"(막 9:23)고 분명히 말씀하셨습니다.

이 말을 믿었던 아이의 아버지는 마음이 뜨거워졌습니다. 그래서 주님께 소리 질러 '내가 믿나이다. 나의 믿음 없는 것을 도와달라'고 했을 때, 우리 주님께서는 '벙어리되고 귀 먹은 귀신아 아이에게서 나오고 다시는 들어가지 말라'고 명령하시니, 귀신이 소리지르며 아이로 심히 경련을 일으키게 하고 나갔고, 그 아이는 죽은 것 같이 되었으나 예수님께서 그 손을 잡아 일으키시니 온전한 아이가 된 줄로 믿습니다. 현대의학이 해결할 수 없는 병을 믿음으로 고쳐 주셨습니다.

여러분의 사업문제도, 가정의 모든 문제도, 자녀의 문제도 주님 안에서 해결될 줄로 믿습니다.

여러분이 하나님 앞에 "믿음을 더하소서"라고 중심을 바쳐 기도한다면, 하나님은 여러분에게 능력있는 믿음을 더해 주시는 축복을 주실 것입니다.

어렵고 힘든 세상에서 우리는 믿음을 더하여 달라고 기도해야 하겠습니다. 하나님은 은혜로 믿음을 선물로 주시고, 소망으로 충전된 믿음을 갖게 하시며 능력이 있는 믿음으로 충전하여 주십니다.

  오늘도 성령충만한 믿음으로 충전되는 역사가 여러분 가운데 함께 하시기를 주의 이름으로 축원합니다.

3월
선교의 달

·민족의 소망과 구원(롬 8:18-24)
·무릎꿇는 사람(에스라 9:1-6)
·새 힘을 얻는 사람(사 40:27-31)
·열심히 전도하는 사람(행 20:17-27)
·복 있는 인생(사 56:1-2)

민족의 소망과 구원
(롬 8:18-24)

3.1절을 맞이하였습니다.

이 때가 되면 역사의 현장과 시대의 상황 속에서 민족 구원을 위해 사명을 감당하였던 우리의 선배들을 다시 한번 기억하면서 우리가 오늘의 상황에서 신앙인으로서 해야할 일이 무엇인가를 생각해 보아야 할 것입니다.

사람마다 소망이 있습니다. 그 개인의 소망은 개인의 형편에 따라 다양하게 나타날 수 있습니다.

오늘 우리 민족의 소망은 무엇입니까?

민족 구원이요, 통일된 민족이 되어야 할 것입니다.

본문 말씀은 우리에게 구원의 요소 중 궁극적인 구원에 관해서 말해 주며, 그 마지막 단계의 구원을 얻기 위해서는 꺼지지 않는 소망과 꺾이지 아니하는 인내가 있어야 한다는 교훈을 줍니다.

기독교의 구원은 인간을 죄에서 해방시켜 주는 것뿐 아니라 장래에 임할 하나님의 나라를 얻는 것까지도 포함합니다. 따라서 성도의 삶은 소망으로 일관되어야 합니다.

1. 소망이란 보이지 않는 성도의 힘입니다(24).

사도 바울은 참된 소망은 오직 "보이지 않는 것"이며, 그것이 곧 성도의 소망이라고 역설하고 있습니다. 따라서 이 소망은 성도로 하여금 현실의 모순과 고통을 이기게 하는 힘의 근원입니다. "희망은 곧 밥이다"라는 말이 있듯이, 성도에게 있어서 이 소망은 곧 삶의 원동력이 됩니다.

우리 민족이 일제의 36년 간의 압박과 설움 속에서도 민족의 해방과 자유의 날을 소망하고 갖은 수난과 어려움을 견디어 내었습니다. 이 소망은 막연하게 앉아서 바라보는 것이 아니라 강한 의지와 인내를 가지고 추구해 나갈 때에 이루어졌습니다.

"우리 주 예수 그리스도에 대한 소망의 인내를 가지게 우리 하나님 아버지 앞에서 쉬지 않고 기억함이니"(살전 1:3)라고 했습니다.

우리 민족은 주께서 해방과 자유를 주실 날을 소망하면서 하나님 앞에서 쉬지 않고 기도했습니다. 성전에서 기도했고, 집안에서 기도했고, 골방과 토굴에서도 기도했습니다.

오늘 우리는 이 민족구원을 위해 합심하여 예수 그리스도에 대한 소망의 인내를 가지고 하나님 아버지 앞에 기도하는 성도들이 되시기를 바랍니다.

2. 소망은 인내를 갖게 합니다(25).

성도가 궁극적인 구원, 즉 종말론적인 하나님 나라에 대한 소망을 이룰 때까지는 필수적으로 인내가 요구됩니다.

성도에게는 보편적으로 두 가지 측면에서의 고난과 환난이 있습니다. 그 첫째는 외적인 환난입니다. 이것은 그리스도인이기 때문에 받아야 하는 수모와 박해입니다.

성도는 이미 이 세상에서 '불러낸 자'이므로 결코 세상적이 될 수 없습니다. 따라서 자기와 동화되지 않는 성도를 향해 세상은 핍박을 가하는 것입니다.

이러한 고난이 엄습할 때 성도는 십자가 위의 그리스도를 바라보아야 합니다. 그는 언제나 이 세상에 대하여 인내와 온유와 겸손으로써 최후의 승리자가 되셨습니다.

둘째로 내적인 고난입니다. 이것은 성도의 인격을 성숙케 하는 고난입니다. 때때로 다가오는 신앙적 갈등과 회의, 그리고 영적인 고통 등은 성도에게 고난이 되지만, 그것은 궁극적으로 신앙과 믿음을 성장케 해줍니다. 일제의 외적인 환난으로 신앙적 탄압이 있었고, 내적으로 신앙을 유지하기 위한 고난이 있었습니다. 그러나 자유와 평화의 날을 바라고 소망 중에 인내하며 기도했습니다.

많은 경우에 있어서 진리보다도 불의가 의인보다도 악인이 득세합니다. 그리하여 이것들은 성도로 하여금 고민에 빠지게 합니다. 그러나 이에 대하여 성도는 묵묵히 인내해야 합니다. 말없이 자기 십자가를 지고 골고다를 올라야 합니다. 불원간 불의와 악을 심판하실 주님이 재림하실 것이기 때문입니다.

주님의 재림의 소망이 있기에 불의에 대한 섣부른 대항보다는 인내가 필요합니다. 소망 중에 인내하며 기도했을 때, 36년 만에 일본은 항복하고 유엔군이 승리했으며, 그러므로 우리는 민족의 해방과 평화를 맞게 되었습니다.

3. 민족의 궁극적 소망은 구원과 통일입니다.

민족의 궁극적 소망은 구원과 통일입니다.

1919년의 시대적인 배경은 여성들의 사회활동이 허용되지 아니하던 때였습니다. 이때 신앙의 선배들은 기도하며 하나님이 말씀을 따라 분연히 일어나 구국운동의 선구자적인 역할을 감당하였던 것입니다.

이제 오늘날 우리 앞에 과제는 이 민족 구원과 통일입니다.

3. 1절을 맞이하여 나라사랑, 이웃사랑 그리고 세계사랑이 우리의 선교 과제임을 다시 확인하고 이 일에 힘써야 하겠습니다.

3.1절은 우리 겨레가 일본인의 압박 속에서 숱하게 항거했고 자유를 부르짖었습니다. 그 결과 마침내 8.15 해방이라는 자유와 광복의 기쁨을 안고 독립된 우리들만의 삶을 살게 되었습니다. 그러나 피값으로 얻은 고귀한 자유도 잠시 잘못 이해하여 국토가 동강나는 또다른 비극을 짊어지게 됐습니다. 그리하여 민족 분단 51년이 되어지고 있습니다.

이 민족의 궁극적 소망인 민족통일과 구원의 날을 위해 기도하며 신앙인으로서 그 사명을 다할 수 있기를 바랍니다. 이 소망은 믿음안에서 소망의 하나님을 바라보며 소망중에 인내하며 기도하고, 나라사랑, 이웃사랑, 자기생활에 충실할 때 이루어지는 것입니다.

무릎꿇는 사람
(스 9:1-6)

해마다 3월이 되면 "애국"이라는 말과 "항거"와 "자유"라는 말이 생각납니다. 이러한 말들은 우리의 마음을 숙연하게 만듭니다. 그리고 우리들의 가슴을 뛰게 하며 피가 끓어 오르게 합니다.

올해는 82주년이 되는 3.1절이 되었습니다. 우리는 이 나라, 이 민족을 위해 지금 무엇을 해야 할것인가 엄숙히 생각해 보아야 하겠습니다.

우리의 선배들은 역사의 현장과 시대의 상황속에서 민족구원을 위해 생명 바쳐 일한 분들이 많이 있었습니다. 이제 우리는 이 민족의 최대 숙원인 민족 통일과 구원을 위해 하나님 앞에 겸손히 무릎을 꿇는 사람들이 되어야 하겠습니다.

본문의 말씀은 유다 민족이 70년 동안의 바벨론 포로생활에 종지부를 찍고 예루살렘으로 귀환한 이후에 있었던 일입니다.

70년 동안 버려진 성읍 예루살렘은 참담한 폐허였습니다. 뜻있는 지도자들이 나서서 성읍 재건과 성전 재건에 박차를 가하고 있었지만 그리 쉬운 일이 아니었습니다.

그 이유는 대내적으로는 국론이 통일되지 않아 의견이 분분하고 생각이 서로 달랐습니다. 그런가 하면 경제적인 어려움도 겹쳤습니다. 포로에서 돌아온 사람들은 돈이 없었습니다. 그리고 돈있는 사람들은 나 몰라라 하는 태도로 관광만 하고 있었습니다.

대외적으로도 문제가 있었습니다. 본문 9:1을 보면 '가나안 사람과 헷사람과 모압사람과 애굽사람과 아모리 사람의 가증한 일을 행하여'라고 했습니다. 이것은 그당시 주변 국가들의 이름입니다.

이방 민족들은 우상숭배로 유대민족의 신앙을 병들게 했고, 정치적 음해 공작으로 유다 민족을 위협했습니다. 이러한 정치적 위협과 경제적 시련 그리고 신앙적 위기를 앞에 놓고 민족 지도자였던 에스라는 "무릎을 꿇고 손들고" 기도를 드렸습니다. 그것이 문제 해결의 열쇠라고 믿었기 때문입니다.

본문에서 보면 지도자 에스라는 백성의 죄악에 대해 연대적 책임을 지고 눈물로 기도하는 모습을 보여 주고 있습니다. 그는 어떤 자세로 기도했습니까?

1. 에스라는 무릎을 꿇고 기도하였습니다(5).

에스라가 기도할 때 무릎을 꿇고 엎드려 기도함은 몇가지 깊은 뜻이 있습니다. 이는 에스라의 낮아짐이고, 에스라가 하나님만 상대하여 기도함이고, 에스라의 겸손함입니다.

전능자이신 하나님 앞에 자신의 부족함을 깨닫고 민족의 지도자로 세움 받음을 겸손해 하며 하나님만 의지하여 기도했습니다.

하나님께서는 이런 기도를 응답하여 주셨습니다.

우리가 하루 중에 하나님 앞에 엎드려 기도하는 시간이 얼마나 됩니까?

구약성경 열왕기상 18:42절에 보면, 엘리야 선지자가 "땅에 꿇어 엎드려 그 얼굴을 무릎 사이에 넣고" 기도했다고 했습니다.

무릎을 꿇는다는 것은 단순한 동작이 아닙니다. 하나님을 향하여 무릎을 꿇는 것은 절대 경배, 절대 갈망, 절대 항복, 철저한 극기를 하나님께 보여드리는 것입니다. 그 기도내용은 3년 6개월동안 가물었던 땅에 비를 주시라는 절실한 갈망의 기도였습니다.

에스라는 민족재건과 성전재건을 위한 간절한 기도를 하나님께 무릎 꿇고 기도했습니다.

우리도 애국을 위한 기도를 드리기 위해 겸손히 하나님께 무릎 꿇고 기도하는 성도들이 되시기를 바랍니다.

2. 에스라는 울며 기도하였습니다(3).

에스라가 울며 기도함은 그의 마음을 전적으로 하나님께 쏟는 기도이며, 하나님과 백성을 사랑하는 기도이며, 정력을 다하여 매달려 기도함을 의미하고 있습니다.

한나는 아들이 없어서 브닌나에게 당하는 수모로 인해 괴로워하며 하나님 앞에 심정을 토할 때에 통곡하며 기도하였습니다(삼상 1:10). 그리하여 하나님께서 한나의 서원 기도를 들어주셨습니다.

에스라의 울면서 드린 기도는 민족중흥을 위한 간절한 소원과 백성을 뜨겁게 사랑하는 눈물의 기도였습니다. 하나님께서 진실이 있는 눈물의 기도를 응답하여 주셨습니다.

3. 에스라는 죄를 자복하는 기도였습니다(6).

에스라는 죄를 청산할 때에 기도를 들어주시는 진리를 깨닫고 간절한 마음으로 하나님 앞에 나아가 기도하였습니다. 우상숭배로 인한 신앙적 타락, 정치적 음모, 경제적 빈곤을 가져오게 된 백성의 죄악을 하나님 앞에 내어 놓고 자복하는 기도를 드렸습니다.

바리새인들은 자신의 의로움과 종교적 행위를 자랑했습니다. 세리는 감히 눈을 들어 하늘을 쳐다보지 못한 채 "하나님이여 나를 불쌍히 여기소서 나는 죄인이로소이다"라고 자복했습니다(눅 18:11-13).

에스라의 눈물어린 간절한 기도, 죄를 자복하는 기도를 우리도 본받아서 바른 기도생활을 할 수 있어야 하겠습니다.

스코틀랜드를 달라고 기도했던 존 녹스는 "기도 안하는 민족보다 기도하는 한 개인이 더 강하다"고 했습니다.

우리도 이 나라 이 민족 통일을 위해, 성전 건축을 위해, 하나님 사랑과 이웃 사랑을 위해 겸손히 하나님께 무릎 꿇고 기도하는 성도들이 다 되시기를 바랍니다.

새 힘을 얻는 사람
(사 40:27-31)

인생의 삶속에서 누구나 성공적인 삶을 살기를 원하고 실패를 원하는 사람은 별로 없을 것입니다. 그러나 실패하여 넘어지고 자빠지는 사람들이 있습니다.

그런가 하면 성공한 사람들이 있습니다. 이 사람들은 실패하는 사람들에 비하면 행복한 사람들입니다. 그리고 넘어져도 다시 일어서는 사람들도 있습니다. 이들은 실패해도 다시 성공하는 사람들입니다.

인생이란 요람에서 무덤까지 성공만으로 계속 될 수는 없는 일입니다. 산이 있는가 하면 바다가 있습니다. 인생도 그렇습니다. 실패도 있고 성공도 있습니다. 그러나 중요한 것은 실패한 후에 성공하는 경우입니다.

성공하고 잘 살다가 실패로 인생을 마감하는 것보다는 실패를 딛고 일어서서 성공으로 마무리하는 것이 훨씬 더 행복한 것입니다.

오늘 본문은 넘어지고 자빠져도 다시 일어서고 새 힘을 얻는 비결을 설명하고 있습니다.

어떤 사람이 새 힘을 얻고 일어서는 사람입니까?

1. 창조주 하나님을 믿는 사람이 새 힘을 얻습니다.

본문 28-29절을 보면 하나님이 어떤 분인가를 설명하고 있습니다.

영원하신 하나님, 땅끝까지 창조하신 자, 피곤이나 곤비치 아니하시는 자,

명철이 한이 없으시며, 피곤한 자에게 능력을 주시고, 무능한 자에게는 힘을 더하시는 하나님이라고 했습니다.

본문이 밝히는 하나님은 시간적으로는 영원히 존재하십니다. 능력으로는 천지를 창조하셨습니다. 섭리면에서는 피곤이 없으시고, 능력과 힘을 공급하시는 자상하신 하나님이십니다. 한마디로 믿지 않으면 안될 분이신 것입니다.

우리가 믿는 하나님은 새 힘을 주시는 창조주 하나님이십니다.

누가 강한 사람인가? 영원하신 하나님, 창조주 하나님을 믿는 사람입니다. 그리고 자신이 약자임을 믿는 사람이 하나님의 도우심을 받는 강자가 되는 것입니다.

마 10:28절에서 보면 "오직 몸과 영혼을 능히 지옥에 멸하시는 자를 두려워 하라"고 하시며, 참새 한 마리도 하나님의 허락이 없이는 땅에 떨어지지 않는다고 하셨으니, 많은 참새보다 귀한 사람의 생명은 오로지 하나님 장중에 있으니 염려할 것 없다는 말입니다. 하나님은 국가의 흥망성쇄와 인류의 생사화복을 친히 주관하시는 우주적인 신이십니다.

이런 생명을 주관하시는 하나님을 믿는 사람은 새 힘을 얻습니다.

인간의 육체는 풀과 같이 마르고 시들어 버리는 존재입니다. 팔팔한 소년이나 장정이라도 그 힘에 한계가 있으며, 또한 쓰고나면 피곤해지고 곤비해 지는 것입니다. "사람을 믿으며 혈육으로 그 권력을 삼고 마음이 여호와에게서 떠난" 그 사람은 저주를 받을 것입니다.

2. 여호와 하나님을 앙망하는 사람이 새 힘을 얻습니다.

31절을 보면 "오직 여호와를 앙망하는 자는 새 힘을 얻으리니"라고 했습니다. 여기 "여호와 하나님"은 절대자요, 생명 창조의 근원자이십니다. 삼상 2:6절에 보면 "여호와는 죽이기도 하시고 살리기도 하시며…" 즉 생사를 주관하시고 계신다는 뜻입니다.

또 앙망은 하나님만을 바라고 믿는 것을 의미합니다. 하나님을 앙망하는 사람은 날로 새 힘을 얻고 행복에 빠지게 됩니다.

영국의 경제학자였던 존 스튜어트 밀은 "이해 관계로 모인 99명 보다 한 사람의 신앙인이 더 강하다"고 했습니다. 왜 신앙인이 강합니까? 이유는 그가 믿는 하나님이 강하시기 때문입니다.

본문의 말씀대로 영원하신 하나님이시며, 창조하신 하나님이시며, 명철이 한이 없으시며, 능력을 주시는 하나님을 앙망하는 사람이 어떻게 약자가 될 수 있겠습니까? 그는 하나님이 강하듯이 강합니다. 여호와 하나님을 앙망하는 사람에게 임하는 축복이 있습니다.

그것은 독수리가 날개쳐 올라가는 것과 같다고 했습니다. 그 의미는 독수리가 날개쳐 올라가는 하늘은 신선한 곳입니다. 먼지, 안개, 구름 따위가 없습니다. 새 힘을 얻은 사람들에게는 먼지 같은 걱정이나 근심이 없어집니다.

독수리가 올라가는 그 높은 하늘에서 내려다 보면 경관이 아름답습니다. 이와같이 주님을 앙망하는 사람들 눈에는 모든 것이 아름답게 보입니다. 심지어 실패도 감사하고 아름답게 보이는 것입니다.

여호와를 앙망하는 사람은 새 힘을 얻고 천성을 향해 달려갑니다. 누구도 가로막거나 방해하지 못합니다. 그뿐입니까? 달음박질하여도 곤비치 않고 걸어가도 피곤치 않습니다.

피곤을 모르는 인생, 거칠 것이 없는 삶, 장애물이 없는 생활이라면 얼마나 좋겠습니까?

하나님을 앙망하는 신앙이 있는 곳에 하늘의 새로운 힘의 공급이 있는 것입니다.

하나님께서 주시는 힘은 독수리의 날개처럼 올라감같은 힘이며, 달음질하여도 곤비치 아니하고 걸어가도 피곤치 아니하는 샘솟는 힘입니다.

세상 사람들은 세상의 힘, 돈의 힘, 권력의 힘을 의지합니다. 그러나 성도는 하나님께서 주시는 신령한 힘의 공급을 받아서 사는 것입니다.

땅끝까지 창조하신 자는 피곤치 아니하시며 곤비치 아니하시며 명철이 한이 없으시며 피곤한 자에게는 능력을 주시며 무능한 자에게는 힘을 더하시나니 하나님은 아무리 많은 일을 하실지라도 피곤치 아니하시고 힘이 다하지 않는 능력의 보고이십니다. 이런 하나님을 믿는 사람은 새 힘을 얻으며, 독수리의 날개치며 올라감 같은 영적 능력, 신령한 힘을 공급받아 세상, 육체, 사탄과 싸워서 승리하는 삶을 사시기 바랍니다.

열심히 전도하는 사람
(행 20:17-20)

예수님의 지상 명령이란 복음을 전하는 일입니다.

그가 이 세상에 오신 최대의 목적도 이 세상을 복음화하는 일입니다. 그는 이 일을 위하여 친히 복음을 전하셨습니다. 그는 이를 위해 낮에는 많은 사람을 만났고 병을 고쳤으며, 천국의 비밀을 가르쳤으며, 밤에는 감람산에 올라가 찬 이슬 맞으며 밤이 맞도록 기도하셨습니다.

또한 복음 전파를 위하여 열 두 제자를 부르사 훈련시켰으며, 또 70인 제자를 둘씩 "짝을 지어" 세상에 내보냈습니다.

"이스라엘 집의 잃어버린 양에게로 가라 가면서 전파하여 외치기를 천국이 가까웠다 하고, 병든 자를 고치며 죽은 자를 살리며 문둥이를 깨끗케 하며 귀신을 쫓아 내되 너희가 거저 받았으니 거저 주어라"(마 10:6-8).

예수님은 세상 사역을 다 마치신 후 제자들에게 이렇게 부탁하였습니다.

"예수께서 나아와 일러 가라사대 하늘과 땅의 모든 권세를 내게 주셨으니 그러므로 너희는 가서 모든 족속으로 제자를 삼아 아버지와 아들과 성령의 이름으로 세례를 주고 내가 너희에게 분부한 모든 것을 가르쳐 지키게 하라 볼지어다 내가 세상 끝날까지 너희와 항상 함께 있으리라"(마 28:18-20).

바울은 이러한 거역하지 못할 지상 명령인 복음 전파 사명을 열심히 감당한 대표적인 인물입니다.

전도란 화평의 복음을 전하는 일인데 쉽게 생각하면 "예수 믿으세요"라고 말하는 것이라 할 수 있습니다. 그러나 전도는 전쟁과 같습니다.

전도는 하나님의 택함을 받아 먼저 믿은 자들이 하나님의 명령과 예수님의 부탁을 순종해서 악마에게 포로되어 지옥으로 끌려가는 영혼을 빼앗아 천국으로 이사를 시키는 일이므로 전쟁입니다.

그러므로 전도는 하나님의 영광을 위하여 악마와 싸우는 전쟁이고, 전도는 사람의 영혼을 구원하기 위하여 악마와 싸우는 전쟁이고, 전도는 오늘날 살고 있는 수많은 사람들에게 자유와 복을 나누어 주기 위해서 악마와 싸우는 전쟁이고, 또한 전도는 오고 오는 우리 후손들이 삼천리 금수강산에서 자유를 누리며 주인 노릇을 할 수 있는 길을 열어 주려고 악마와 싸우는 전쟁입니다.

전도는 전쟁하는 심정으로 재산과 생명을 바쳐야 하고, 시간을 바쳐야 합니다.

바울은 에베소에서 어떻게 전도했습니까?

1. 바울은 겸손한 마음으로 전도했습니다(행 20:19).

바울은 인간적으로 교만할만한 조건이 너무 많았습니다. 대개 사람들이 돈이 많으면 돈 갖고 교만합니다. 지식이 낳으면 지식 갖고 교만합니다. 권세가 당당하면 권세를 갖고 교만합니다. 인물이 예쁘면 미모를 가지고 교만합니다.

남보다 조금 나으면 그걸 선전하면서 교만한 것이 인생인데, 바울에게도 교만할만한 훌륭한 것이 많이 있었습니다.

바울은 히브리사람 중에 히브리 사람이었습니다. 즉 하나님의 선민입니다. 베냐민 지파라고 했는데 이는 이스라엘 열 두 지파 가운데 가장 양반입니다. 그러니 바울은 양반집 자손이었습니다.

바리새파가 이스라엘의 교파 가운데 가장 정통 보수파에 속하고, 가말리엘 문하에서 공부한 사람이었습니다. 가말리엘은 당시 이스라엘 최고의 선생이었는데 바울은 이 가말리엘 문하의 석학이었습니다.

바울은 로마의 시민권을 가졌습니다. 그 때는 로마가 세계를 다스릴 때였습니다. 그러므로 로마의 시민권을 가졌다는 것은 권세가 당당하다는 것을 말합니다. 그런 바울이 부활하신 예수님을 만나 뵌 후에는 겸손한 사람이 되었습니다.

"나는 만물의 찌꺼기같은 인생이다." 만물의 하수도에 있는 찌꺼기 같은 인생이라고 자기의 부족을 깨달았습니다. 바울은 '주 떠나 가시면 내 생명 헛되다'는 것을 절감했습니다.

영혼이 떠나면 예쁘던 사람도 시체이고, 영혼이 떠나면 대통령도 시체이고, 영혼이 떠나면 박사도 시체인 것처럼, 목사님 장로님, 권사님, 집사님이라도 성령님 은혜가 떠나면 영적 시체입니다. 이것을 깨달은 바울은 겸손해 졌습니다.

성도 여러분, 겸손하면 하나님이 함께 하시고, 교만하면 하나님이 떠나 가시니 영적 시체가 되고 맙니다.

바울은 하나님을 모시고 전도하기 위해서 겸손했습니다. 교만한 마음이 생기면 성령님이 우리를 떠나십니다. 교만한 맘을 내버리고 겸손한 마음 가지고 전도에 열심을 다하는 성도들이 되시기를 바랍니다.

2. 바울은 눈물을 흘리면서 전도했습니다(행 20:19).

'눈물은 약자가 억울할 때에 감당을 못해서 흘리는 것'이라고 생각합니다. 그러나 눈물은 반드시 그런 것만은 아닙니다. 눈물에는 귀한 눈물도 많습니다.

자기 잘못을 깨닫고 우는 회개의 눈물, 주먹을 불끈 쥐고 바로 살기로 결심하고 우는 결심의 눈물, 은혜를 감사하고 감격해서 헌신하기 위해 우는 충성의 눈물, 죽을 생명을 보고 불쌍한 마음이 생겨서 우는 사랑의 눈물입니다.

바울이 흘린 눈물은 어떤 눈물입니까? 죽을 생명을 보니 불쌍해서 건져야겠다는 심정으로 자기의 눈물과 땀을 쏟아 주는 영혼을 사랑하는 눈물이었습니다.

사도 바울은 많이 운 사람입니다. 그는 본문 31절에서도 "그러므로 너희가 일깨어 내가 삼년이나 밤낮 쉬지 않고 눈물로 각 사람을 훈계하던 것을 기억하라"고 말씀하심을 보면, 바울의 전도 사역은 눈물의 사역이었음을 보여주고 있습니다. 눈물의 기도로 천하보다 귀한 생명을 구원하는 사람들이 되십시다.

3. 바울은 핍박을 각오하고 전도했습니다(행 20:19-24).

바울은 에베소에서 전도할 때에 핍박을 각오했습니다. 매를 맞으면서 했습니다.

오늘 봉독해 드린 말씀을 보면 "보라 이제 나는 심령에 매임을 받아 예루살렘으로 가는데 저기서 무슨 일을 만날는지 알지 못하노라"(행 20:22). 이 말씀의 뜻은 바울이 예루살렘으로 올라가면 감옥문이 열려 있었고, 다시 너희 얼굴을 못 볼지도 모른다. 나는 죽으러 간다는 뜻이었습니다.

죽을 것을 알고 전도하러 가는 하나님의 사람 바울은 희생을 각오한 전도자입니다.

내가 나를 위하여 다른 사람을 희생시키면 내 주머니에 돈은 생길지 몰라도, 내가 나를 위하여 다른 사람을 희생시키면 내 권세가 높아질지는 몰라도 하나님은 섭섭해 하십니다.

하나님이 섭섭해 하시고 다른 사람이 눈물을 흘리면 하나님의 징계의 몽둥이가 오고 악마의 장난이 벌어집니다.

저와 여러분은 내가 희생해서 하나님께 영광이 되고, 내 육신이 희생해서 남의 영혼을 살릴 마음을 가지고 일해야 합니다. 바울이 핍박을 각오하고 전도한 것처럼, 우리도 핍박이나 희생을 무서워 말고 열심히 전도하는 사람이 됩시다.

저와 여러분들은 하나님의 영광을 위하여, 영혼을 살리기 위하여 전도해야 하며, 내 나라와 민족이 자유로운 나라에서 살게 하는 기반을 닦기 위해서 생명과 재산과 눈물을 쏟으면서 전도해야 합니다.

사랑하는 여러분, 바울의 심정을 본받아 겸손한 마음으로, 눈물을 흘리면서, 고생을 각오하고 생명을 내어 놓고 전도하는 일에 최선을 다해야 하겠습니다.

복 있는 인생
(사 56:1-2)

사람마다 복있는 삶을 살기를 원하고 있습니다. 복 받기를 심히 원하면서도 어떤 것이 참된 복인지, 그 복을 주시는 분이 누구인지 모르면서 사는 타락한 인생은 육욕적인 것에 치우쳐 복도 육적인 것에 국한시킵니다. 즉 세상적인 것, 물질적인 것, 또는 유한한 것에 복의 초점을 두고 있습니다. 그러나 참된 복은 복의 근원자이신 하나님께 있습니다.

세상에서 말하는 복의 개념과 성서가 말하는 복의 개념에는 차이가 있습니다. 성경에서 말하는 복은 '거룩하고 신성한 기쁨'을 말합니다. 신앙적인 기쁨으로서 하나님 안에서 얻어지는 기쁨입니다. 기쁨에는 일시적인 기쁨이 있고 샘솟는 기쁨이 있습니다. 육적으로 오는 기쁨은 일시적이고 신앙적으로 오는 영적 기쁨은 샘솟는 기쁨과 같습니다.

복있는 인생의 삶은 다음과 같습니다.

1. 공평하게 사는 사람이 복이 있습니다(1상).

예수께서 18년 동안 귀신들려 앓으며 꼬부라져 조금도 펴지 못하는 한 여인을 안식일에 회당에서 만나 고쳐 주셨습니다. 시비하는 회당장을 오히려 책망하시고 그 여인에게 진짜 사람 대접을 해 주셨습니다. 즉 사람 차별을 하지 않으셨습니다.

가난 때문에, 배우지 못한 것 때문에, 신체의 불구 때문에, 사회적인 위치 때문에 차별하는 사람은 가장 고약한 사람입니다.

예수님은 언제 어디서 누구에게나 사람 차별하신 일이 없습니다. 본문에서 "너희는 공평을 지키며"라는 말씀은 누구에게나 공평하게 대하라는 뜻입니다. 즉 사람을 차별하지 말라는 뜻입니다. 유대사람들이 사람 차별하다가 망했습니다. 사마리아 사람들과는 상종도 하지 아니했습니다.

공평하게 사는 사람이 복이 있습니다.

사람과 사람 사이에는 공평하게 살아야 하고 평안한 관계를 가져야 합니다.

고린도후서 5:20에 보면 "너희는 하나님과 화목하라"고 했습니다. 하나님과 화목하고 평안한 관계를 가진 사람은 사람과의 관계도 평안한 관계를 갖습니다. 데살로니가전서 5:1에서도 보면 "너희끼리 화목하라"고 했습니다. 성도와 성도끼리 화목하고 평안해야 하며 공평하게 살아야 합니다. 그리할 때 복있는 삶을 살 수 있습니다.

피차 물고 먹으면 피차 망하고 편견에 의해 살면 평안을 깨고 문제가 야기됩니다. 교회에 소속된 성도들은 편견없이 공평하게 살아 복 있는 삶이 되시기를 바랍니다.

2. 의롭게 사는 사람이 복이 있습니다(1하).

제사장 사가랴와 그의 아내 엘리사벳을 가리켜 하나님 앞에 의인이라고 성경은 밝혔습니다(눅 1:19).

"하나님 앞에"라는데 큰 뜻이 있습니다. 이 말씀은 하나님 보시기에 라는 말입니다. 다시 말하면 하나님 표준의 의를 의미합니다. 본문에서는 의를 행하라고 명령하셨습니다.

노아 홍수 때의 사람들과 롯의 때의 사람들이 모두 심판을 받아 망했는데, 그들의 생활이 평범했습니다. 그러나 그들의 생활에서 하나님을 완전히 배제하였기 때문에 망하였습니다.

하나님을 신뢰하여 말씀에 순종하여 사는 것이 진정한 복입니다. 이웃에 대하여는 "의를 행하고"(1), "모든 악을 행치 아니하며"(2), 하나님께 대하여는 하나님의 계명을 지키고(2, 4, 6), 소명의식으로 하나님만 바라보는 것입니다. 하나님이 기뻐하실 일을 택하며(4), 하나님을 사랑하며(6), 하나님의 약속을 믿는 것입니다.

말씀을 믿고 지켜 의롭게 살면, 무엇을 하든지 어디로 가든지 형통케 하여 주십니다.

우리는 하나님의 언약을 믿는 신앙을 가지고 의롭게 살아야 합니다.

3. 성일을 지키는 사람이 복이 있습니다(2).

사람은 가정에서 태어나고 가정에서 자라고 가정에 충실하면서 행복을 누립니다. 우리의 신앙생활도 마찬가지입니다. 믿음은 교회에서 시작되고 교회에서 자라고 교회에서 열매를 맺습니다.

교회생활에 충실할수록 복이 됩니다. 교회생활의 기본은 주일을 지키는 것입니다. 주일을 지키지 아니하면 교회생활은 없어지기 때문입니다.

본문의 내용은 포로된 이스라엘에게 안식일을 지키라고 명령하는 것입니다. 그들은 포로생활의 고달픔과 각박한 생활여건 때문에 안식일을 지키지 못했습니다. 안식일을 지키는 것은 말없는 신앙고백입니다.

오늘에는 부요함과 향락문화 때문에 주일을 소홀히 합니다.

주일을 철저히 지키는 사람에게 결국에는 복이 있습니다(3-7절). 5절에 "내 성 안에서 자녀보다 나은 기념물과 이름을 주며 영영한 이름을 주어 끊치지 않게 할 것이며"라고 했습니다.

주일 성수하지 못하면 평안함이 없습니다.

십계명을 보면 성도는 돈을 못버는 손해가 와도, 공부를 좀 못해도, 사람을 못 만나도 거룩한 주일은 꼭 지켜야 하는 것입니다.

미국의 조상 청교도들이 예수 잘 믿기 위하여 영국을 떠나 아메리카에 도착해서 첫 농사를 짓고, 자기들의 집을 짓기 전에 먼저 교회를 짓고, 정성껏 추수감사를 드리면서 예배를 드린 것이 큰 축복의 근원이 되어 오늘날 세계 최강대국이 되었습니다.

성도가 제단생활에 실패하면 성공같아도 실패요, 제단 생활에 성공하면 세상에서 실패 같아도 성공입니다. 성일을 잘 지키는 사람은 복이 있습니다.

복있는 사람은 공평하게 사는 사람이요, 의롭게 사는 사람이며, 성일을 거룩하게 지키는 자입니다. 우리 모두 주안에서 복있는 인생의 삶을 사시기를 주의 이름으로 축복합니다.

4월
기도의 달

· 십자가를 바라보라(요 3:14-18)
· 부활의 신앙(고전 15:20-23)
· 믿는 자에게 주시는 은혜(요 3:1-15)
· 신자답게 하는 은혜(왕하 5:15-19)

십자가를 바라보라

(요 3:16-18)

예수님께서는 자신의 생애 중 최후의 한 주간 동안 예루살렘에서 여러 가지로 고난을 받으셨습니다. 그 기간을 우리는 고난주간이라고 합니다. 성도들은 이 주간을 맞이하여 주님의 고난에 동참하는 심정과 자세로 경건하게 생활함이 마땅합니다. 예수님의 십자가를 바라보는 삶이 되어야 하겠습니다.

십자가의 사건은 하늘도 놀라고 땅도 놀라고 인류도 놀라는 구속의 대 사건이었습니다. 십자기에 달리신 예수 그리스도는 우리의 생명이고 우리의 구주이십니다. 그러므로 오늘도 수억의 인간들이 그 앞에 경배를 드리고 있습니다.

자기의 아깝고 귀한 재물을 그분 앞에 바쳤고, 생명을 바쳤고, 정성을 다해 그분을 따랐습니다.

예수님께서 말씀하시기를 "나는 길이요 진리요 생명"이라고 말씀했습니다. "나는 빛"이라고 말씀했습니다. "나를 믿는 자는 영원히 죽지 않을 것이며 영원히 살 것"이라고 말씀했습니다.

주님은 기쁨이 없는 자에게 기쁨을 주셨습니다. 외로운 자에게 위로를 주셨고, 슬픈 자에게 기쁨을 주셨으며, 힘이 없는 자에게 힘을 주셨고, 지혜가 없는 자에게 지혜를 주셨으며, 죄 있는 자에게 죄를 용서해 주셨습니다. 우리는 주님을 떠나서는 아무것도 할 수가 없고 그를 떠나서는 살 수가 없는 것을 믿으셔야 합니다.

오늘 본문 요한복음 3:14절에 "모세가 광야에서 뱀을 든 것 같이 인자도

들려야 하리니 이는 저를 믿는 자마다 멸망치 않고 영생을 얻게 함이라"고 말씀하셨습니다.

이스라엘 백성이 광야에서 범죄했습니다. 하루에 2만 3천명씩 불뱀들이 그들을 물어 죽였습니다.

무서운 독사들입니다. 그때 모세가 하나님 앞에 기도했습니다. "이 민족을 불뱀으로 다 물어 죽이시겠습니까? 이 민족의 죄를 용서해 주시고 이 민족을 살려 달라고 하나님 앞에 몸부림치면서 기도했습니다. 그때 하나님께서 모세에게 말씀하시기를 "모세야. 너는 백성들을 무는 뱀 한 마리를 그대로 구리로 만들어서 장대에 다 걸어라 그리고 누구든지 바라보라고 해라 그러면 살리라"고 말씀하셨습니다.

모세가 무섭고 사나운 독사 한 마리를 잡아서 그것을 구리로 모양을 떠서 높은 장대에 달아 걸었습니다.

그리고 외치기를 "사랑하는 내 민족들아 장대를 바라보라"고 외쳤습니다. 그때 많은 백성들이 장대를 바라 볼 때 깜짝 놀랐습니다. 자기를 물던 원수가 죽어 있었습니다. 자기를 물던 원수 독사가 축 늘어져 죽고 있었습니다. 원수가 죽었다는 사실을 믿는 순간에 해독이 되어서 독사에게 물려 죽던 사람들이 살아남기 시작을 했습니다.

예수님께서는 "모세야 광야에서 뱀을 든 것 같이 인자도 들려야 하리니"라고 말씀하셨습니다.

"십자가를 바라보라!" 광야에서 이스라엘 많은 백성들이 놋뱀을 바라보는 순간에 살았습니다. 인간을 향한 모든 저주와 진노를 예수님께서 십자가에서 대신 받으셨습니다. 인간이 받아야 할 최극의 고통을 예수님은 십자가에서 몸소 담당하셨습니다.

예수님이 십자가에서 운명하는 순간에 내 죄가 예수 십자가에서 다 죽어버렸습니다. 예수님이 죽은 것은 내 죄가 죽은 것을 말하는 것이고, 내 질병이 죽었고 가난이 죽었고, 번민과 고통과 문제들이 바로 죽은 것을 믿으시기 바랍니다.

이 시간 여러분은 예수 그리스도의 십자가를 바라보는 시간이 되시기를 바랍니다. 십자가는 우리의 생명이요, 사죄요, 구원이요, 영생이요, 은총이 되는 것입니다.

사랑하는 성도 여러분, 이시간 증오와 불평, 불만, 원망이 가득한 사람은 십자가를 바라보시기 바랍니다. 질병으로 고생하시는 분도 십자가를 바라보시기 바랍니다.

고린도전서 1:8에 "십자가의 도가 멸망하는 자들에게는 미련한 것이요 구원을 얻는 우리에게는 하나님의 능력이라"고 말씀하고 있습니다.

좌절하고 낙심하는 자가 십자가를 바라보는 순간에 용기를 얻었습니다. 외롭고 고독한 자가 십자가를 바라볼 때 놀라운 힘과 능력을 얻습니다. 영적으로 죽은 사람이 십자가를 바라볼 때 살아나는 놀라운 성령의 역사가 일어나는 것을 믿으시기 바랍니다.

십자가를 바라보고 하나님 앞에 기도하는 사람은 또한 응답이 되는 것을 믿으시기 바랍니다.

여러분 앞에 큰 산이 있을지라도 십자가를 바라보고 기도하는 사람은 그 산을 옮겨 주시든지, 터널을 뚫어주셔서 통과하게 해주시든지, 옆길을 인도하시든지 하시는 자비하신 하나님인 것을 믿으시기 바랍니다. 그러므로 오늘 십자가를 바라보시기 바랍니다.

십자가를 바라볼 때 십자가는 우리에게 놀라운 생명을 주셨고, 우리에게 부요함을 주셨고, 건강을 주셨고, 자유를 주셨으며, 구원이 되셨습니다.

부활의 신앙
(고전 15:20-23)

예수 그리스도의 부활을 기념하는 부활절은 승리를 가져 왔기 때문에 기쁜 날입니다.

예수 그리스도는 생명이 있었기에 무덤 문을 뚫고 다시 사셨습니다. 이것이 바로 생명의 승리입니다. 생명이 있으면 반드시 승리합니다. 연약한 풀포기도 돌같이 굳어진 길바닥을 뚫고 솟아나는 것을 보면 생명은 강합니다.

예수 그리스도의 부활의 승리는 단순한 승리가 아니고 실패에서 승리를 거둔 기쁨인고로 더욱 진지합니다.

예수의 부활은 십자가의 죽음과 떼어서는 생각할 수 없습니다. 십자가 상에서의 그의 죽음은 무서운 죽음이었고 억울한 죽음이었습니다.

그러나 그리스도의 부활 후에는 그의 십자가의 죽음이 위대한 속량과 사랑의 힘이며, 죄를 이기신 능력이라는 것을 바로 알게 되었습니다.

그의 부활이 없었더라면 그의 죽음은 헛된 것이며, 참 하나님의 아들되심도 인정할 수 없었을 것입니다. 부활이 있은 후에야 비로소 그의 십자가 죽음은 하나님의 신비한 지혜이며, 하나님의 사랑의 절정이며, 사죄의 능력이라고 모두가 알게 되었습니다.

1. 예수님의 부활은 죄악을 이기셨습니다.

십자가는 사람들의 죄악의 힘에 선이 패배를 당한 것같지만, 그것이 또한 죄악을 이기는 비결인 동시에 그 승리를 부활로서 확인한 것입니다.

십자가 위에 그리스도를 못박은 인간들의 죄악은 승리한 듯 하였으나 결국은 패배한 것입니다.

예수 그리스도는 우리의 죄악에 대하여 보복하지 않으시고 사랑으로 용서하셨습니다. 그의 사랑의 용서로 죄악을 이기셨습니다. 현대인들은 죄를 심각하게 생각하지 않고 그저 조금 잘못하는 것 정도로 알고 있습니다.

옛날 유대인들도 역시 그러한 듯 합니다. 하나님의 아들인줄 모르고 죽였다 하더라도, 죄없는 의인을 십자가에 못박아 죽이고서는 좀 미안하게 되었다고 생각할 정도였습니다.

그러나 이것은 인간의 죄악이 얼마나 심하기에 죄를 죄인줄 모르고 미안하다고 생각하는 정도입니까?

인간들이 모두 이러한 죄악의 생활을 하고 있기 때문에, 실은 죄를 정죄하거나 심판할 사람도 없거니와, 인간에게 정죄를 달갑게 받을 사람도 없습니다. 그러나 하나님 앞에서만은 참으로 인간은 변명의 여지가 없습니다. 하나님을 아는 사람만이 사죄의 길을 가지고 있습니다. 그러므로 십자가로서 우리 죄를 용서해 주시니 죄에게 승리한 것입니다. 부활신앙은 죄를 이기는 신앙입니다.

2. 예수님의 부활은 죽음을 이기셨습니다.

우리의 두 번째 원수는 바울이 지적한대로 죽음이었습니다.

죄를 이기신 그가 죄의 값인 사망을 이기는 것은 당연한 이치가 됩니다. 의로운 자나 악한 자가 다같이 죽어야 되는 운명인 것입니다.

그러면 이 죽음을 어떻게 이길 수 있을까요?

바울은 예수의 부활을 설명하기를, 하나님이 그를 죽음 가운데서 일으켜서 다시 살게 하셨다고 했습니다.

하나님의 아들이신 예수 그리스도는 그의 명령에 복종하시고 자기의 마실 쓴 잔을 마시고 무덤 속에까지 들어갔으나 하나님은 그를 살리셨습니다.

그러므로 바울은 말하기를 우리 주 예수 그리스도를 통하여 우리에게 승리를 주신 하나님께 감사하다고 했던 것입니다.

그 하나님이 마지막 날에는 우리도 일으키신다는 것입니다. 예수 그리스도는 최후의 죽음을 운명적으로 받은 것이 아니고 오직 죽음을 인하여 자기의 사명을 완수하는 것입니다. 그러므로 죽음이 운명에서 생명으로 변한 것입니다. 사명이 없는 생애도 비참하겠지만 사명이 없는 죽음은 더 비참한 것입니다.

예수님의 죽음은 패배로 죽은 것이 아니라 사명의 완수로 죽으셨습니다. 그러므로 예수님의 부활은 죽음의 승리입니다. 부활의 신앙은 예수님의 죽음의 승리를 믿고 나는 죽음을 이길 수 있다는 신앙을 가지는 것입니다.

3. 예수님의 부활은 세상을 이기셨습니다.

2000년 전 세상이나 오늘의 세상이나 세상의 본질이나 역사적인 현상이 대동소이할 것입니다.

예수님이 십자가에 죽으시던 그 시대에도 제자가 스승을 팔아 먹었으며, 위험할 때는 스승도 친구도 동지도 저버리고 일신의 안전을 도모하는 세상이며, 악이 선을 억누르고, 거짓이 참을 비웃으며, 부패한 종교가 새로운 참된 종교를 배척하는 세상이며, 정권을 잡은 자들이 행패를 부려서 무죄한 사람을 죽이며, 종교가 정권에 아부하고 불의와 짝하며, 그릇된 재판이 승리하는 세상이었습니다. 오늘의 세상과 동일했습니다.

선과 의를 사모하고 질서와 건설을 염원하는 사람들에게 이러한 세상은 암울한 정신적 혼란과 폭력주의의 공포와 실망을 줄 것 뿐입니다.

예수님께서 부활하심으로 권세와 폭력이 궁극적으로 승리할 수 없다는 것을 계시하셨습니다. 즉 역사는 악마의 손에 있지 않다는 것입니다. 권모술수는 마침내 패배한다는 것입니다. 눈물로 뿌리면 기쁨으로 거둘 수 있을 때가 있다는 것입니다. 죽임을 당해도 살아날 수 있다는 것을 증명한 것입니다.

다시 산다는 이 희망과 이 신앙은 우주의 주권자이신 전능하신 하나님을 섬기는 백성들만이 가진 복음인 것입니다. 요한복음 16:33에, "세상에서는 너희가 환난을 당해도 담대하라 내가 세상을 이기었노라"고 하셨습니다. 이것이 우리의 부활의 사상이요, 또한 생명의 승리입니다.

　이와 같이 주님의 부활은 죄에서 승리하셨으며, 죽음을 이기시고 세상을 승리하신 생명의 승리자 이십니다.

믿는 자에게 주시는 은혜
(요 3:1-15)

믿는 자의 표적이 무엇일까요?

이 땅 위에 살면서 자기 주위에 있는 사람들에 대한 사랑을 실천하지 못하고 산다면 어떻게 하나님을 사랑한다고 말할 수 있겠습니까? 믿는 자들 중에도 남을 비판하고 원망하고 저주하는 자가 있습니다.

믿는 자에게 주시는 은혜는 사랑입니다.

중국 주나라에 '서백'이라고 불리는 문왕은 같애방을 등용하여 어진 정치를 한 성왕이었습니다. 그당시 우리나라 '예'라는 그들 사이에 놓인 국경의 토지를 가지고 오래도록 싸워왔으나 해결하지 못하고 있었습니다. 그리하여 두 나라 왕은 '서백은 어진 군주이니 이 문제에 대해 현명한 판결을 내릴 것이다'하고 주 나라를 찾아갔습니다. 도중에 그들은 들판에서 일하는 농부들이 서로 논밭의 두렁을 사양하며, 어린이들은 어른들을 공경하며, 어른들은 아이들을 사랑하는 매우 흐뭇한 풍속을 보게 되었습니다. 두 임금은 이들의 모습을 보고 자기들의 소행이 너무 지나쳤음을 알게 되었습니다. 그리고는 서벽을 만날 면목이 없다 하여 그냥 돌아가 더 이상 싸우지 않았다고 합니다.

이는 깨달음의 은혜입니다.

1. 출석의 은혜를 주십니다(1-2).

공부하는 학생에게는 출석이 기본입니다. 결석은 곧 학생의 본분을 망각하는 것입니다. 그리고 직장생활하는 사람도 마찬가지입니다. 제자리를 찾아 앉는 출석에서 모든 일은 시작됩니다.

우리의 신앙생활도 원리는 똑같습니다. 본문의 주인공은 니고데모입니다. 그는 바리새인으로 산헤드린 공회 의원입니다.

예수님께 대한 그의 믿음이 온전치는 못하였으나 예수께 찾아나올 정도는 되었습니다. 이때 예수를 만난 그는 믿음이 점점 자라서 예수님을 변명(요 7:50-51)도 하고, 나중에는 장례 치르는 일에까지 동참하고, 전설에 의하면 니고데모 복음(의경)까지 기록했다고 합니다. 이는 예수를 찾는 출석에서 받은 은혜입니다.

1절에 보면 "바리새인 중에 니고데모라 하는 사람이 있으니 유대인의 관원이라 그가 밤에 예수께 와서 가로되"라고 했습니다. 니고데모가 예수를 밤에 찾아온 것은, 낮에는 예수님께서도 바빴기 때문이었을 것이고, 니고데모도 그의 동료 바리새인들과 산헤드린 공회원들의 눈을 두려워 했기 때문이기도 했을 것입니다. 그러나 그런 것은 그렇게 중요한 일이 아닙니다. 중요한 것은 예수의 공생애 초기에 유대교의 지도급 인물이 예수님께 관심을 가지고 찾아왔다는데 있습니다. 그것은 구약과 신약이 만남이며, 율법과 복음의 만남으로 이해되기 때문입니다.

니고데모와 예수님의 만남은 출석 즉 만남의 은혜입니다. 인류의 역사는 만남의 역사입니다. 오늘도 주님의 거룩한 성전에 나온 성도들이 주님과의 거룩한 만남이 이루어지기를 바랍니다.

믿는 자들에게 주시는 첫 번째 은혜는 출석의 은혜입니다. 출석의 은혜를 받기만 하면 거룩한 만남이 이루어집니다.

2. 중생의 은혜를 주십니다(3-12).

사람이 세상에서 살아가는 동안에 기본이라는 것이 있습니다. 가령 학생에게 출석이 중요하지만 그 이전에 입학이라는 기본이 있습니다. 입학이 안되면 학생의 신분을 가질 수 없기 때문입니다. 직장의 직원이 되는 것도 마찬가지입니다.

이처럼 우리 그리스도인들에게도 기본이 있습니다. 그것은 거듭남, 즉 중생입니다. 사람이 세상에 태어날 때 육신의 아버지에게서 육신의 생명을 받아 태어납니다. 생명을 한번 받았으므로 한번 난다고 합니다. 그러나 믿는 사람은 하나님의 생명인 성령을 받았습니다. 그러므로 생명을 두 번 받았기에 거듭나고 하나님의 자녀가 되었습니다. 즉 주를 믿는 자마다 중생의 은혜가 있습니다.

주님은 니고데모에게 두 번씩이나 엄숙하게 "사람이 거듭나지 않으면 천국을 알 수도 없고 또 들어갈 수도 없다"고 하셨습니다. 그때 거듭남의 필요성을 역설하신 주님께 니고데모는 사람이 어떻게 모태에 들어갔다가 날 수 있느냐(4절)고 되물었습니다. 즉 니고데모는 거듭남의 의미를 "육체적 재생"으로 알았던 것입니다.

그러나 "거듭"이라는 원어는 위로부터, 하나님께로부터 새롭게 하는 뜻을 내포하고 있습니다.

그러므로 거듭난다는 뜻의 정의는 하나님의 능력으로 우리의 인격이 새롭게 변화되어 하나님의 세계에 합당한 존재로 다시 지음받는 것이라고 할 수 있습니다.

이것은 우리의 생명이 하나님의 능력으로 변화받는 것이요, 우리의 삶과 운명의 위치가 하나님 나라로 전환되는 것이요, 또 우리의 의식이 예수 그리스도의 의식과 조화되는 것을 의미하는 것입니다.

그러므로 주님께서 강조하시는 바 영생의 조건은 개개인의 인격의 참된 변화에 있으며, 그 변화는 오직 하나님의 능력으로 가능하다는 것을 확언하신 것입니다. 예수 그리스도를 믿는 자에게 주시는 은혜는 중생의 은혜입니다. 삭개오가 예수 믿고 변화된 중생의 은혜를 받는 것과 같습니다.

중생의 은혜는 토색한 것은 4배로 갚고 재산의 절반이라도 팔아 가난한 자에게 주는 새로됨의 변화입니다.

3. 영생의 은혜를 주십니다(13-15).

사람마다 죽기를 싫어하고 무서워 합니다. 영원히 살기를 원합니다. 영원한 삶을 본문에서는 영생이라고 합니다.

악마의 대리자로 자처하던 지존파들도 영생을 원하며 참회하였다고 합니다.

광야생활 중에 불순종하던 이스라엘이 불뱀에게 물려 하루에도 몇천 명씩 죽어 갔습니다. 하나님의 지시로 구리뱀을 만들어 장대 끝에 높이 매달았고, 그것을 쳐다보는 자는 살리라고 약속하셨습니다. 이때 말씀을 그대로 믿고 쳐다본 자는 누구를 막론하고 구원을 얻었습니다.

이처럼 십자가에 달리신 예수를 믿는 자마다 영생을 얻는다고 선언하는 것이 본문입니다. 그러므로 주를 믿는 자마다 영생의 은혜가 있습니다. 15절에 "저를 믿는 자마다 영생을 얻는다"고 했습니다.

주님은 '물과 성령으로'(5절) 거듭나야만 하나님의 나라로 들어갈 수 있다고 하셨습니다.

영생의 은혜를 받는 것은 인간의 개혁이나 결단의 차원을 넘는 것이 되어야 합니다. 즉 '그리스도의 사람'으로 본질적 재 출생을 해야 영생의 은혜를 받을 수 있습니다.

예수 그리스도를 믿는 성도들이 받는 은혜는 출석의 은혜, 중생의 은혜, 영생의 은혜를 받습니다.

모든 믿음의 가족들에게 출석의 은혜가 풍성하시기를 바랍니다. 새 사람된 변화의 은혜가 충만하시기를 기도합니다. 영생의 축복이 함께 하시기를 주의 이름으로 축원합니다.

신자답게 하는 은혜
(왕하 5:15-19)

하나님께서 일하시는 모습은 아주 위대하다고 여기시는 사람만 쓰시는 것이 아니라 작은 계집종 하나를 사용하셨습니다.

하나님께서는 이방 아람나라에 하나님의 살아계심을 증거하기 위해 엘리사를 그곳으로 보낸 것이 아니라, 작은 계집종 하나를 보내셔서 그를 통해 하나님의 살아계심을 전하였습니다. 이처럼 하나님이 사용하시는 사람들은 고관대작이나 영웅호걸만이 아닌 헌신된 작은 사람들임을 기억해야 합니다.

본문에 나오는 아람의 군대장관 나아만은 높은 지위와 명성을 소유한 자였지만 육체적으로는 문둥병으로 인해 고통을 당하고 있었습니다. 이때 이스라엘에서 포로로 잡아온 히브리인 계집종으로부터 이스라엘의 선지자는 당신의 병을 고칠 수 있다는 소식을 듣고 왕을 통하여 이스라엘에 도움을 구하게 되었습니다. 나아만 장군이 받은 은혜가 무엇입니까?

1. 고백의 은혜입니다(15-16).

고백이 없는 사랑은 죽은 사랑입니다. 믿음 역시 고백이 없는 믿음은 죽은 믿음입니다. 고백이 신앙을 신앙답게 하기 때문입니다. 본문의 나아만은 아람 나라의 군대 장관입니다. 그는 구국공신이기도 합니다. 그러나 그는 문둥병자가 되었습니다. 병을 고치고 살길이 없었으나 선지자 엘리사의 지도를 받아 요단강에서 일곱 번 몸을 씻고 깨끗이 고침을 받았습니다. 놀라운 체험이었습니다.

그는 엘리사에게 돌아와 이스라엘 외에는 천하에 신이 없는 줄을 안다고 고백하였습니다. 즉, 여호와만이 하나님이라는 뜻입니다. 결국 자기의 신앙을 온 천하에 공포한 것입니다. 이 고백으로 나아만이 신자다운 신자가 되었습니다.

신자다운 신자의 삶은 진실한 고백이 있어야 합니다.

세리들은 "나는 죄인이로소이다"라고 진실한 고백을 했습니다. 베드로도 빈 그물을 씻은뒤 예수님이 나타나서 깊은 곳에 가서 그물을 내리라고 했을 때 풍어를 낚고 예수님께 "나는 죄인이로소이다"라고 고백을 했습니다.

하나님은 진실한 고백을 하는 사람에게 은혜를 주십니다. 죄의 고백을 하고 주신 은혜를 고백을 하며, 바른 신앙의 고백을 하는 자에게 엄청난 은혜와 축복을 주십니다.

시몬 베드로는 "주는 그리스도시오 살아계신 하나님의 아들"이라고 고백을 했을 때, 주님은 "바요나 시몬아 네가 복이 있도다 네 이름을 반석이라 하라 이 반석 위에 내 교회를 세우겠다"고 말씀하셨습니다. 이런 큰 축복을 모두가 받게 되기를 바랍니다.

2. 변화의 은혜입니다(7).

성도에게 변화는 필수적입니다. 변화해도 되고 안해도 되는 것이 아닙니다. 변화는 필수적인 동시에 계속적이어야 합니다.

나아만 장군은 누구나 무서워하고 또 더러워하는 문둥병자였으나 말씀에 순종하고 어린아이의 살같이 깨끗해졌습니다. 이것은 육신적인 변화요 겉의 변화입니다. 동시에 그는 심령의 변화, 속의 변화까지 일어났습니다. 그는 노새 두 마리에 은혜받은 그 자리의 흙을 싣고 가서 흙 제단을 쌓았습니다. 흙 제단 위에서 오직 하나님께만 제사를 드렸습니다.

결국 나아만은 안팎으로 변화되었습니다. 변화의 은혜가 그로 하여금 신자 다운 신자가 되게 했습니다.

나아만은 엘리사가 보낸 사자로부터 "요단강에 가서 일곱 번 씻으라 그리하면 네가 깨끗하리라"(10절)는 전갈을 듣고 즉시 대노하여 일행을 데리고 아람으로 돌아가려고 하였습니다. 그는 엘리사의 지시에 대해 깊이 생각해 보지도 않은 채 자신의 권세와 명예만을 생각하였고, 엘리사가 그에 대한 예우를 해 주지 않는다고 먼저 화부터 냈던 것입니다. 성냄과 분노는 문제 해결의 열쇠가 아닙니다.

그는 화를 잘내는 급한 성격의 사람이었습니다. 그러나 그가 순종하므로 문둥병이 깨끗하여졌고, 화를 잘내는 급한 성격도 변화되었습니다. 육적으로 변화되고 영적으로 변화되었습니다.

신자다운 신자는 변화의 역사가 일어납니다. 마음이 변화되고 삶이 변화되고 교만하던 성품이 겸손한 성품으로 바꾸어지게 됩니다.

3. 평안의 은혜입니다(18-19).

돈은 우리에게 평안함을 줍니다. 돈만 있으면 얼마든지 편하게 살 수 있다고 생각합니다. 그래서 예수 믿으나 안 믿으나 눈만 뜨면 돈을 찾고 돈을 좋아합니다. 그러나 돈이 마음의 평안을 주지는 못합니다. 평안은 오직 예수님만이 주기 때문입니다(요 14:27).

본문의 나아만 장군은 문둥병 때문에 죽음의 문턱에 와 있었습니다. 그래서 그는 무척 불안했고 초조했습니다. 그에게는 전혀 평안이 없었습니다. 그러나 그는 엘리사의 지도를 받고 하나님을 만났습니다.

큰 은혜를 체험했습니다. 새로운 삶이 시작되었습니다. 그는 이전에 맛보지 못한 평안을 얻었습니다. 그래서 엘리사도 그에게 평안히 가라고 하였습니다. 하나님으로 인한 평안을 얻었습니다. 이 평안이 그로 하여금 올 때와 갈 때가 달라지게 하였습니다.

올 때는 불안초조한 마음으로 왔으나 갈 때는 평안, 기쁨, 소망이 넘치는 마음으로 돌아갔습니다.

예수님께 나아오는 자는 세상 근심, 걱정, 염려 불안한 마음으로 나온다고 해도 참된 평안과 자유를 얻습니다.

예수님은 "평안을 너희에게 끼치노니 곧 나의 평안을 너희에게 주노라 내가 너희에게 주는 것은 세상이 주는 것 같지 아니하니라 너희는 마음에 근심도 말고 두려워 하지도 말라'(요 14:20)고 했습니다.

이 얼마나 아름다운 시 입니까? 주요 선생이신 예수님이 제자들을 떠나신 것은 소경이 지팡이를 잃는 것과 같이 불안했습니다. 이때 예수님은 평안을 선물로 제자들에게 주었습니다. 예수님은 제자들에게 평안을 주셨으니, 이 평안은 하나님과 교제하는 중에 지니신 평안이며 자기생활로서 평안을 보여주셨습니다.

사람은 누구나 평안을 바라고 있습니다. 어느 철학자는 지금 세계는 눈이 빠지게 평안과 행복을 찾고 있다고 했습니다. 그러나 바라는 평안보다는 불안과 공포속에 헤매고 있습니다. 그러나 예수님은 참 평안을 주십니다.

이 평안은 마음의 평안, 영혼의 평안입니다. 예수님이 주시는 평안이란 십자가의 고통이나 희생 뒤에 얻는 평안입니다.

5월
가정의 달

- 가정 생활의 강령(엡 5:33-6:9)
- 외로운 사람(시 3:1-8)
- 잘되는 가정(대상 13:9-14)
- 단합된 교회(시 133:1-3)

가정생활의 강령
(엡 5:33-6:9)

5월은 가정의 달로서 어린이 주일, 어버이주일, 스승의 주일 등 가족관계의 소중함을 생각게 하고, 어른들과 부모님들에 대해 생각하는 좋은 절기를 주셨습니다.

가정은 하나님이 창조하신 남자와 여자의 본질에 기초하고 있으며, 그로부터 발전해 나온 것입니다. 하나님의 창조사역 가운데 최고의 절정은 인간창조입니다. 그리고 가정을 허락하여 주셨습니다. 가성은 사회제도의 산물이 아니라 하나님의 창조질서이며, 하나님의 뜻에 의한 축복의 기관입니다. 가정의 목적은 하나님의 영광이요, 하나님 나라의 확장이며, 동반자적 삶을 영위하게 하며, 종족번식에 있습니다.

오늘의 가정은 피로 엮어졌을 뿐, 정과 뜻과 삶의 철학으로 맺어져 있지 않습니다. 동물들도 피와 정으로 맺어져 있는데, 거기에까지도 이르지 못했습니다.

1. 부부생활의 강령(5:33)

남녀가 결혼하여 부부가 되는 것은 하나님께서 짝을 지어 주셨기 때문이라고 예수님께서 밝혀 주셨습니다.

오직 하나님께서 제정해 주신 부부생활의 강령을 따라 살면 행복할 뿐입니다.

아담이 홀로 사는 것을 좋지 않게 여기신 하나님께서 그를 돕는 배필로 하와를 만들어 짝이 되게 하셨습니다. 이런 이유 때문에 아내는 항상 남편을 돕는 입장에서 경외해야만 합니다.

즉 교회가 주께 하듯 해야 합니다. 동시에 남편은 아내를 사랑하되 예수께서 교회를 위하여 죽기까지 사랑하신 것처럼 해야 합니다. 다시말하면 남편의 사랑과 아내의 경외가 부부생활의 강령입니다.

1) 아내에 대한 남편의 사랑
① 남편은 그리스도의 사랑을 본받아야 합니다.
'남편들아 아내 사랑하기를 그리스도께서 교회를 사랑하시고 위하여 자신을 주심같이 하라'(25절)
② 남편은 희생적으로 아내를 사랑해야 합니다.
그리스도는 교회를 위하여 '자신'을 주셨습니다. 교회에 대한 그리스도의 사랑이 그러합니다.
③ 사랑의 수고에는 고통이 따릅니다.
"자기를 준다"는 일이 말처럼 쉽지 않습니다. 이는 고통이 따르는 일입니다.

2) 남편에 대해 아내의 사랑
남편을 향하여 아내는 경외하라고 교훈하고 있습니다.
이를 다른 말로 바꾼다면 아내는 남편에게 복종해야 한다는 뜻입니다. 아내의 복종은 남편의 지혜롭고 올바른 권위에 대한 복종입니다. 아내는 사라가 남편을 주라 칭하듯 남편을 존경하는 마음으로 복종해야 됩니다.

2. 부자생활의 강령(6:1-4)

바울사도는 본문에 두 번째로 부모와 자녀간의 윤리적인 생활 강령을 설명하고 있습니다.
하나님은 부모를 통해서 자기의 사랑을 나타내십니다. 즉 자녀는 부모의 사랑 속에서 태어나고 그 사랑을 받으며 배우고 사랑이 무엇인지를 깨닫게 됩니다. 그러므로 자녀는 부모님께 순종해야 합니다. 순종하되 "주 안에서"입니다. 주 밖에서의 순종은 믿는 자녀의 할 바가 아닙니다.

그리고 순종의 내용은 공경입니다. 하나님께 하듯 해야 하고, 또 부모님을 공경하듯 하나님께 해야 합니다.

동시에 부모는 자녀를 노엽게 하지 말아야 합니다. 자신의 자녀이기 전에 하나님의 자녀이기 때문에 말씀으로 양육해야 합니다.

부모의 양육과 자녀의 공경이 부자생활의 강령입니다.

(1) 부모에 대한 자녀의 강령 ― 효도

① 효도는 모든 사회 도덕의 기초가 됩니다.

십계명 가운데 다섯째 계명은 '네 부모를 공경하라 그리하면 너의 하나님 나 여호와가 네게 준 땅에서 네 생명이 길리라'(출 20:12)입니다.

② 부모를 공경하는 것은 사회 질서의 기초가 됩니다.

본문에는 부모뿐만 아니라 웃사람까지 공경하라는 뜻이 내포되어 있습니다. 자녀가 부모를 순종하고 공경할 때 학교에서는 학생이 선생을 존경하며, 사회에서는 아랫사람이 웃사람을 존경하고 따르며, 국민은 나라의 법을 소중히 여기고 따르는 법입니다. 그러므로 효는 모든 사회질서의 기초요 뿌리인 것입니다.

③ 자녀가 부모를 공경하는 것은 신앙의 첫열매가 됩니다.

부모와의 바른 관계는 하나님과의 바른 관계를 가지는 사람 생활의 첫열매입니다.

(2) 자녀에 대한 부모의 강령 ― 양육

① 부모는 자녀를 노엽게 해서는 안됩니다.

장성한 사람이 하나님의 형상과 모양대로 지음을 받은 존재라면 어린아이 역시 하나님의 형상을 가진 인격체입니다.

부모는 자녀를 고귀한 인격체로 자신과 동일한 하나님의 자녀로 인정해야 합니다.

② 부모는 자녀를 양육해야 하는 책임과 의무가 있습니다.

③ 부모는 주의 교양과 훈계로 자녀교육의 지침을 삼아야 합니다.

3. 계층생활의 강령(6:5-9)

옛날에는 계급이 있었습니다. 계급은 운명적이었습니다. 그러므로 불행한 역사였습니다. 그러나 오늘에는 계급이란 있지 아니하고 계층만이 있을 뿐입니다.

즉 사람 자체에는 위와 아래가 없으나 일을 하기 위한 직책에는 위 아래가 있습니다. 이것을 계층이라고 해도 좋습니다. 이런 관계로 계층간에는 반드시 윤리가 있어야 하고 생활의 강령이 있어야 합니다. 본문에서는 주인과 종을 말하고 있습니다. 좋은 주인을 섬기되 주께하듯 해야 하고, 주인은 종을 주께서 자기의 종을 아끼듯이 해야 한다고 본문은 지적합니다.

그러므로 윗사람의 아낌과 아랫사람의 섬김이 계층 생활의 강령입니다.

올바른 섬김의 자세는

1) 성심어린 봉사

모든 성도들이 성심을 다해 서로 섬기는 생활을 통해서 하나님께선 영광을 받으십니다. 그러므로 하나님앞에 부끄럽지 않은 진실한 삶을 살고자 하는 자는 성심을 다해 남을 섬기는 삶을 살아야 합니다.

2) 진실한 복종

다른 사람의 수하에서 노동과 자유를 담보로 생계를 유지해 나가는 사람들에게 있어서 상사에 대한 복종은 절대적이고 필연적이라 할 수 있지만, 진실한 복종이 바른 태도입니다.

가정생활의 강령은 부부간에는 남편의 사랑과 아내의 경외, 부자간에는 부모의 양육과 자녀의 공경, 계층간에는 윗사람의 아낌과 아랫 사람의 섬김이 좋은 생활강령입니다.

외로운 사람
(시 3:1-8)

이 세상에는 외로운 사람들이 많이 있습니다. 남편을 잃은 미망인, 부모 잃은 고아, 의지할 곳 없는 노인들, 부모로부터 버림받은 자녀들, 자녀들로부터 버림받은 부모들, 모두가 다 외로운 사람들입니다. 더구나 오늘의 세대에서는 신세대앞에 기성세대는 외롭습니다. 사람이 늙으면 더욱 외로움을 느끼게 됩니다.

오늘 성경에 보면 하나님의 마음에 합한 사람이었던 나윗 임금도 몹시 외로운 인생의 삶을 살았습니다. 다윗은 한 나라의 군주로서의 외로움보다는 여러 아들을 거느린 아버지로서의 외로움을 오늘 성경에서 고백하고 있습니다. 다윗은 자기 아내를 두고, 또 많은 자식들을 거느리고도 무서운 외로움을 씹으면서 세상을 살아야만 했습니다.

오늘날 노부모님들은 자식들을 두고도 소름이 끼치도록 외로움을 간직한 채 고독병을 앓고 있습니다.

핵가족시대가 되어 각기 저마다 편리하게 살려고 하고 부모 모시기를 좋아하지 않아 부모들이 외로움에 지쳐 투신자살을 하고, 또는 양로원에서 외롭게 보내는 부모들, 시골에서 외롭게 나날을 지내는 노부모들이 계시고, 자녀와 함께 살면서도 외로운 삶을 사는 노부모님들이 계십니다.

1. 다윗왕은 자기의 자식이 반역했을 때 외로웠습니다.

오늘 시편 3편의 내용을 보면 '다윗이 그 아들 압살롬을 피할 때 지은 시' 입니다.

다윗은 참으로 외로운 사람이었습니다. 사울왕이 다윗을 시기하여 죽이려고 목숨을 찾아 헤매인 것이 몇 번이고, 또 평생을 블레셋 군대에게 쫓기는 생활이 얼마입니까? 그런데 그의 말년에는 그의 아들인 압살롬이 군대를 일으켜서 아버지를 죽이고 왕적을 빼앗으려 쫓아 다님으로 다윗은 이리 저리 쫓기는 신세가 되어 있었습니다.

다윗은 사울왕이 죽이려고 그의 목숨을 찾을 때에는 별로 외로움을 느끼지 못했습니다. 왜냐하면 하나님께서 항상 같이 계시고 하나님께서 지켜주실 것을 믿었기에, 주 안에서 위로함을 받을 수 있기 때문이었습니다.

그러나 자기가 낳아서 길러 놓은 친아들이 죽이려고 찾을 때에는 말할 수 없이 외로와서 견딜 수가 없었습니다. 그래서 다윗은 오늘의 본문 말씀에서 "여호와여 나의 대적이 어찌 그리 많은지요 일어나 나를 치는 자가 많도소이다"라고 말했습니다.

마찬가지로 오늘의 부모님들은 참으로 외롭습니다.

자식들을 많이 두고서도 너무나 외로운 삶을 영위하고 있습니다. 오늘날 부모님들이 집이 가난하거나 세상에서 멸시와 천대를 받으며 노동 품팔이를 하면서 살아간다 할지라도 그 때문에 슬퍼하거나 외로움을 느끼지는 아니합니다.

어떤 이는 젊어서부터 홀로 되어 말할 수 없는 외로운 속에서도 자녀가 자라나는 모습을 바라보면서 모든 것을 참으면서 수절하고 살아갈 수가 있습니다.

그러나 만약 그렇게 기대를 걸고 길러놓은 자식이 부모를 거역하거나 불효하게 되면 실망과 좌절과 함께 고독감에 사로잡히게 되는 것입니다. 만약 자녀가 반역하거나 불효막심하면 부모는 죽고 싶도록 슬프고 외로워지는 법입니다.

야곱은 12아들 중 요셉 하나만 없어졌어도 얼마나 슬퍼하고 외로와 했으며, 누가복음 15:11 이하에 나오는 탕자의 아버지는 맏아들이 집에 있어도 작은 아들이 없어지니 그토록 외로와서 견딜 수 없었습니다.

엘리 제사장은 두 아들이 하나님을 거역하고 죄를 지을 때에 얼마나 외로 웠으며 마음이 아팠겠습니까?

부모는 자기 자식이 반역하고 불효할 때 외롭고, 하나님을 거역하고 죄를 지을 때 가장 외롭습니다.

부모는 일평생 자식들의 종노릇만 하다가 끝나버립니다. 어릴 때에는 자녀 가 하자는 대로 다 해주곤 합니다. 자라서도 자녀 교육시키느라 당할 일 못당 할 일을 다 당하면서 고생을 합니다. 또 출가시켜 놓아도 어려우면 어머니를 부릅니다. 이렇게 길러 놓으니까 자라서는 불순종하고 마음을 아프게 할 때 얼마나 외롭겠습니까? 젊은 자녀들이여 부모를 외롭게 하지 말고 즐겁게 하 여 드리시기를 바랍니다.

2. 다윗왕은 자기 자식이 아버지의 마음을 몰라 줄 때 외로웠습니다.

다윗의 아들 압살롬은 아버지의 마음을 몰라 주었습니다. 언제나 자식은 나 이가 많아도 부모의 깊은 심정을 몰라 줍니다. 부모의 깊은 심정을 이해하지 못할 때에 압살롬처럼 자기 아비지도 죽일 마음이 생기는 것입니다. 역사가 헤롯을 가장 잔인하고 악랄한 왕이라고 보는 것은 그가 자기 어머니를 죽였기 때문입니다. 오늘날 현대판 헤롯과 같은 자들이 많이 일어나고 있습니다.

다윗은 그 많은 아들들을 다같이 사랑하고 있었습니다. 압살롬이 자기 형제 압논을 죽이고 도망가 버렸을 때에도 다윗은 그 압살롬을 인하여 심히 슬퍼했 다고 사무엘하 13:37절에 말씀하고 있습니다. 부모는 자녀가 열이고 스물이 고 똑같은 사랑으로 한결같이 사랑하고 싶은 것입니다.

그러나 압살롬은 아버지의 그 심정을 이해하지 못했습니다. 사무엘상 18: 33에는 다윗은 자기를 죽이려고 군사를 거느리고 쫓고 있는 아들이 전사했다 는 소식을 듣자마자 "내 아들 압살롬아! 내가 너를 대신하여 죽었더면 압살롬 내아들아 내아들아!" 하면서 통곡했다고 했습니다.

이것이 아버지 마음이요, 아버지의 참사랑인 것입니다. 다윗은 시편 109:4 에서 "나는 사랑하나 저희는 도리어 나를 대적하니 나는 기도할 뿐이라"고 했 습니다.

자식이 부모의 마음을 몰라줄 때 부모는 가장 외롭습니다. 하나님과 성도간에도 물질보다 더 중요한 것은 마음입니다. 부모와 자식의 관계도 역시 물질보다는 마음이 더 중요한 것입니다. 마음을 피차간에 알고 마음을 주고 받을 때에 깊은 사랑을 느끼게 되는 것입니다.

그러기에 잠언 23:26에는 "내 아들아 네 마음을 내게 주며 네 눈으로 내 길을 즐거워 할찌어다"고 했습니다. 무엇보다 자녀는 부모에게 마음을 드려야 한다는 것입니다.

3. 부모가 늙어서 경제권이 없을 때 외로움을 느끼게 됩니다.

롯기 1장에서는 나오미가 요압 지방으로 피난 갔다가 자기 남편을 잃고 두 아들을 잃어버리고 처절한 모습으로 고국 땅 베들레헴을 다시 찾았을 때에 많은 사람들이 떠들면서 "이 사람이 나오미냐"고 하였습니다. 그때에 나오미가 답변하기를 "나는 나오미라 칭하지 말고 마라라 칭하라 이는 전능자가 나를 심히 괴롭게 하셨음이니라 내가 풍족하게 나갔더니 여호와께서 나로 비어 돌아오게 하셨느니라"고 했습니다.

그가 나가서 자기 생명같이 소중한 남편과 두 아들을 잃어버린 슬픔도 컸지만 말년에 경제권까지 없어져 버렸을 때에 외로움을 더 크게 느끼게 되었습니다.

이와 마찬가지로 우리 부모님들이 노년이 되어서 자식들에게 경제권 다 넘겨 주어 버리고 자신은 늙어서 돈 못벌게 되었을 때에는 외로움을 형언할 수가 없는 것입니다. 노인들일수록 돈이 없으면 힘이 없는 법입니다.

우리가 생각하기는 늙으신 부모님들은 밥이나 잡수면 됐지 돈이 어디에 쓸데 있느냐고 할 것입니다. 그러나 그러한 생각은 아주 잘못된 생각입니다. 선한 일도 해보고 싶고, 내손으로 헌금도 자유롭게 하고 싶은 것이 부모님들의 심정입니다. 그러므로 부모님에게 때때로 고기를 사다드리고 또 옷을 사다드리는 것도 좋지만, 그것을 용돈으로 드리는 것이 더 좋습니다.

자녀는 부모에게 무엇이나 달라고 하고, 또 부모는 자녀에게는 무엇이든지 송두리째 다 주고 싶은 것이지만, 부모가 자녀에게 무엇을 달라고 하기는 죽기만큼이나 무서운 것입니다. 그러므로 자녀들은 부모의 심정을 이해해 드리는 것이 중요합니다. 부모는 아무리 많이 가지고 계시다가도 가실 때에는 다 자식들에게 남기고 가십니다.

부모는 외롭습니다. 늙어갈수록 더욱 외롭습니다.

효부 룻은 그 불쌍하고 외로운 시어머니를 위로하기 위해서 자기의 장래도 생각지 않고 시어머니를 따라 베들레헴으로 오게 되었습니다.

그러기에 효도란 무엇이냐고 할 때, 한마디로 부모의 외로움을 달래 드리는 것이라고 할 수 있습니다.

잘되는 가정
(대상 13:9-14)

행복한 가정에서는 세 가지 소리가 들려야 한다고 합니다.

첫째는 어린애의 웃음소리가 들려야 합니다. 어린애의 소리가 안들린다는 것은 대가 끊어졌다는 것이요, 가정의 혈통이 단절되었다는 것입니다. 어린이는 가정의 희망이요, 인생의 푸른 새싹이요, 민족의 소중한 묘목이요, 나라의 새 생명이며, 그리고 교회의 기둥이기 때문입니다. 어린애 웃음소리가 들리는 가정은 잘되는 가정입니다.

둘째는 책을 읽는 소리가 들려야 합니다. 가정교육은 인간교육의 근본입니다. 인간의 성결은 가정에서 이루어집니다. 루소는 "가정은 도덕의 학교"라고 말했습니다. 가정에서 사랑을 배우고, 협동을 배우고, 봉사를 배우고, 대화를 배우고, 관용을 배우고, 용서를 배우며, 감사를 배워야 합니다. 가정에서 책 읽는 소리, 성경 읽는 소리가 들릴 때 그 가정은 잘되는 가정입니다.

셋째는 일하는 소리가 들려야 합니다. 어머니는 가사에 바쁘고, 자녀는 공부에 바쁘고, 아버지는 계획과 연구에 바빠야 합니다. 일하는 소리가 들리는 가정은 잘되는 가정입니다.

본문에서 잘되는 가정은 어떤 가정인가를 말씀해 주고 있습니다.

1. 말씀대로 사는 가정이 잘됩니다(9-10).

사도 요한은 이 예언의 말씀을 읽는 자와 듣는 자들과 그 가운데 기록한 것을 지키는 자들이 복이 있다고 증거하였습니다(계 1:3). 다시말하면 말씀대로 사는 가정이 잘된다는 뜻입니다.

본문의 아비나답의 가정은 하나님의 궤를 20년간이나 모시고도 복은 고사하고 화를 입었습니다. 방치해 두었기 때문입니다. 그리고 하나님과 충돌했기 때문입니다.

제사장 이외는 법궤에 손을 대면 안됩니다. 그런데도 아비나답의 아들 웃사가 법궤에 손을 댔습니다. 하나님의 말씀을 무시하고 제 멋대로 행한 결과입니다. 결국 말씀대로 살고 봉사하는 가정이 잘 된다는 교훈입니다.

본문에서 보면 다윗은 하나님의 법궤를 새 수레에 싣고 왔습니다. 이것은 블레셋 사람들의 방법이지(삼상 6:7) 하나님의 방법은 아니었습니다(민 4:2, 14). 다윗은 법궤를 찾아온다는 일에 마음이 들뜬 나머지 그 방법에 대해 깊이 생각하지 못했습니다. 그러므로 하나님께서 웃사를 치셨을 때도 그 이유를 깨닫지 못하고 오히려 분히 여겼습니다. 이는 말씀에 대한 무지함이 기쁨을 중단 시켰습니다.

말씀대로 순종하는 가정은 잘되는 복이 있습니다. 아브라함의 가정, 노아의 가정, 에녹의 가정 등은 잘되는 가정이요, 축복받은 가정들이었습니다. 말씀대로 산 가정이었기 때문입니다.

사도행전 5장에 나오는 아나니아의 가정은 불행한 가정이었습니다. 아나니아라는 이름의 뜻은 '자비'이고, 삽비라라는 이름의 뜻은 '보배'입니다. 두 사람 다 아름다운 이름을 가졌고, 또한 그들 두 사람은 신앙으로 결합된 가정이었으나 그들 속에 사탄이 침입하여 죄를 범하게 된 것입니다.

우리의 시조 아담과 하와도 에덴동산에서 행복하게 살았으나 사탄의 유혹으로 불행한 가정이 되었습니다. 이들은 말씀대로 순종하기로 했다가 범죄한 가정이 되므로 저주 받은 가정이 되었고 불행한 가정이 되었습니다.

2. 자책할 줄 아는 가정이 잘됩니다(11-12).

사울왕 때에는 우리가 궤 앞에서 묻지 아니 하였느니라(대상 13:3)는 말씀을 보면 하나님을 푸대접한 정도를 알 수 있습니다. 그러나 다윗은 나라가 안정된 후에 하나님의 궤를 먼저 생각했습니다. 그래서 예루살렘을 점령하자마자 성막을 짓고 하나님의 궤를 모셔 오는 일부터 시작하였습니다.

즉 나라중심에 하나님을 모시게 된 것입니다. 항상 하나님을 우리의 가정 중심에 모셔야 합니다.

이때 다윗이 크게 실수를 저질렀습니다. 블레셋 사람들의 방법과 똑같이 궤를 수레에 실어 올렸습니다. 소들이 뛰므로 웃사가 궤를 붙들었다가 즉사하였습니다. 이때 다윗이 자기 실수에 대해서 분히 여겼습니다. 즉 자책할 줄을 알았습니다. 이처럼 자기 실수를 인정하고 자책할 줄 아는 사람이 잘됩니다.

아미나답의 아들 웃사는 약 70년간 하나님의 법궤를 모시고 있었습니다. 그러나 하나님께서 나답과 아비후에게 말씀하신 것처럼 "나를 가까이 하는 자 중에 내가 거룩함을 얻겠고"(레 10:3) 하신 말씀을 기억해야 합니다.

웃사는 하나님과 친밀하다는 생각에 궤를 만지는 경솔한 태도를 취한 것이었습니다.

우리는 하나님 앞에서 경솔해서는 안됩니다.

베드로는 성미가 급해서 경솔하여 실수하는 일들이 있었습니다. 말고의 귀를 잘라내는 일이나, 호언 장담했던 베드로가 예수님을 세 번씩이나 부인하는 일들이 있었습니다. 그러나 자책할 줄 알고 회개할 줄 알았습니다. 잘못을 뉘우치고 탕자처럼 하나님 아버지 품으로 돌아오는 자는 잘됩니다.

3. 인가도 되는 가정이 잘됩니다(13-14).

여리고성의 기생 라합은 하나님의 소식을 듣고 믿었습니다. 그리고 일가 친척에게 증거한 결과 믿고 함께 구원을 얻었습니다. 즉 인가귀도 되어 그 가정이 복을 받았습니다. 그러나 소돔의 롯은 사위들이 믿지 않다가 죽는 불행을 당했습니다.

본문의 오벧에돔의 가정도 그것을 증거합니다. 웃사의 죽음사건으로 다윗은 궤를 오벧에돔의 집으로 메어 갔습니다. 하나님의 궤가 오벧에돔의 집에서 그 권속과 함께 석달을 있었다고 성경은 증거합니다. 권속과 함께 있었다는 말은 인가귀도를 의미합니다. 다윗 왕궁에까지 소문이 날 정도로 복을 받았습니다.

즉 인가귀도 된 가정이 잘된다는 뜻입니다.

오벧에돔은 두려움으로 법궤를 자기 집에 모셔 들였고 기쁨으로 생활하였습니다. 법궤가 그의 집에 있는 석달간 하나님은 그의 집과 그 모든 소유에 복을 내리셨습니다.

복은 그것을 기쁨과 두려움으로 받아들이는 사람에게는 생명을 더해 줍니다.

고넬료의 가정은 경건하여 온 집으로 더불어 하나님을 경외하는 인가귀도 된 가정으로 복받은 가정입니다.

믿는 성도들의 가정은 잘 되어야 합니다.

잘되는 가정이 되는 데에는 말씀대로 사는 가정, 자책할 줄 아는 가정이요, 인가귀도 되어 하나님을 잘 경외하는 가정입니다.

단합된 교회
(시 133:1-3)

본 시는 다윗이 작시한 찬양시로서, 형제 사이에 이루어지는 교제의 아름다움과 선함을 노래하고 있습니다.

그런데 시인이 노래한 형제 사이의 우애는 단순히 인간적인 우정을 노래한 것이 아닙니다. 이는 하나님 안에서 신앙과 참사랑으로써 하나된 성도들의 영적이고 신령한 연합을 노래한 것이라 할 수 있습니다. 성도들은 하나님 안에서 새로운 운명 공동체요 신령한 가족입니다.

오늘 하나님 안에서 신령한 가족이 된 우리 성도들은 주 안에서 단합된 교회의 모습을 이루시기를 바랍니다.

1. 단합된 교회는 가장 아름다운 교회입니다(1).

단합은 협동과 일치가 없이는 이루어질 수 없습니다. 먼저 협동해야 합니다. 마음을 다해 힘을 합하지 않고는 결코 선을 이룰 수 없습니다. 운동회를 통해 서로 협동과 일치를 이루어 선하고 아름다운 교회가 되도록 하시기를 바랍니다.

그리고 협동은 양보라는 토양 위에서만이 가능합니다. 분리주의는 독선의 쓴 열매입니다. 일치와 양보의 미덕 위에 단합될 때 아름다움이 있습니다. "오직 겸손한 마음으로 자기보다 남을 낫게 여겨야"(빌 2:3) 합니다.

2. 단합된 교회는 그리스도의 향기를 널리 드러내는 교회입니다.

시인은 형제간의 사랑을, 단합된 교회의 모습을 아론의 대제사장 위임식 때 그 머리에 부은 기름이 머리를 타고 내려 수염을 적시고 겉옷의 발 아래 옷자락까지 이르렀던 사실에 비유하였습니다. 형제간의 사랑과 신령한 연합은 마치 기름이 온 몸을 적시고 진동하듯이 그렇게 그 아름다운 결과가 널리 퍼져 나간다는 뜻입니다.

성도 상호간의 연합과 믿음의 교제로 그리스도의 향기를 널리 퍼뜨리는 교회가 되시기를 바랍니다.

3. 단합된 교회는 아름답고 풍성한 믿음의 결실이 있는 교회입니다(3절).

시인은 성도 사이의 아름다운 교제를 일컬어 "헐몬의 이슬이 시온의 산들에 내림 같도다"(3)고 하였습니다. 이슬은 건조하고 메마른 팔레스틴 땅을 비옥하고 풍요롭게 하는 천연의 혜택 가운데 하나였습니다.

헐몬 산의 이슬이 시온의 산들에 내린다 함은 곧 아름답고 풍요로운 결실을 약속해 주는 것과 같습니다.

정녕 믿음의 형제 자매들이 연합하고 연대하여 주님의 몸이신 교회를 세워 나갈 때 교회는 크고 풍요로운 믿음의 큰 결실을 맺습니다. 결국 교회가 주님 앞에서 풍성한 결실을 맺는 비결이 성도 상호간의 교제와 연합에 있다는 의미입니다.

6월
애국의 달

하나님의 나라를 사모하는 사람
(막 4:10-12)

고향을 잃은 사람들은 고향에 돌아가기를 사모하고, 부모 형제와 헤어진 사람들은 만나기를 사모하고 있습니다.

예수 그리스도를 믿는 사람들은 하나님의 나라를 사모하며 살고 하나님 나라에 가기를 원하고 있습니다.

예수님께서는 "하나님 나라의 비밀을 너희에게는 주었으나 외인에게는 모든 것을 비유로 하나니 이는 저희로 보기는 보아도 알지 못하며 듣기는 들어도 깨닫지 못하게 하여 돌이켜 죄 사함을 얻지 못하게 하려 함이라"(막 4:11-12)고 하였습니다.

하나님의 나라는 비밀한 것이라고 하였습니다. 그러나 믿는 자에게는 천국을 유업으로 주었다고 했습니다.

우리는 하나님 나라의 본질에 대하여 무엇인가를 생각해 보아야 하겠습니다.

1. 하나님 나라의 본질은 구원의 능력입니다.

천국은 능력이 충만한 곳이요, 능력의 통치가 왕성한 곳입니다. 천국은 바로 하나님 자신의 통치가 있는 곳입니다. 하나님의 통치란 하나님의 능력이 실현됨을 뜻하고 있습니다. 그 능력 중에 능력은 죄인을 사망에서 살려내는 구원의 능력입니다. 십자가의 구원이 능력의 본질입니다. 십자가로 말미암아 사망의 세력을 끝장내고, 인류를 죄에서 구원하신 것입니다.

하나님의 나라는 결코 정치적으로, 경제적으로 교육적으로 임하는 것이 아니라 예수 곧 십자가의 능력으로 임합니다. 영적인 생명으로 임합니다.

소경이 보며, 앉은뱅이가 걸으며, 문둥이가 깨끗함을 받으며, 귀머거리가 들으며, 죽은 자가 살아나며, 가난한 자들에게 복음이 전파됨으로 이루어졌습니다.

교회는 이 능력을 받고 증거하는 유일한 구원 운동의 기관입니다.

하나님의 나라를 사모하는 자들은 구원의 능력이 임하는 교회운동을 이루어가는 일에 힘써야 합니다.

사도행전 16:31에 "주예수를 믿으라 그리하면 너와 네 집이 구원을 얻으리라." 죄에서 구원, 가난에서 구원, 질병에서 구원, 슬픔에서 구원을 얻게 하는 능력이 있습니다.

2. 하나님의 나라의 본질은 의의 통치입니다.

하나님의 통치란 바로 의의 통치를 뜻하고 있습니다.

하나님 자신이 의의 왕이시오, 예수님 자신이 의의 왕이십니다. 그가 의의 왕이 되심은 스스로 자존하심이요, 창조주가 되심이요, 악이 없으심이요, 불의를 진멸하심이요, 영원한 통치자가 되심에 있습니다. 그러므로 성경은 전체가 하나님의 의로우심과 거룩하심으로 가득차 있습니다.

하나님께서는 죄인들에게 의를 덧입혀 의의 백성으로 여겨주십니다. 이는 그 아들 예수를 화목 제물되게 보내심으로 예수 믿는 자를 의롭게 하셨습니다. 그러므로 천국에는 죄인은 없습니다. 하나도 없습니다. 오직 의로운 자들만이 가는 곳입니다. 천국은 의인들의 천지요, 의인들의 독무대입니다.

천국은 의에 대한 보상을 누리는 곳입니다. 죄인들이 예수의 은혜로 구원받아 의인이 되어 충성한 결과 그 보상을 받고 즐기는 곳입니다.

디도서 2:14에는 "그가 우리를 대신하여 자신을 주심은 모든 불법에서 우리를 구속하시고 우리를 깨끗하게 하사 선한 일에 열심하는 친 백성이 되게 하려 하심이라"고 했습니다.

하나님의 나라를 사모하는 자들은 선한 일에 열심하는 하나님의 친백성이 되어야 합니다.

하나님이 의의 통치를 하심과 같이, 하나님 나라를 사모하는 자들은 의를 위해 살아야 하고, 의의 열매를 많이 맺어야 합니다. 하나님 나라의 특징은 먹는 것과 마시는 데 있지 아니하고 오직 의와 희락과 평강이 있는 곳입니다.

3. 하나님 나라의 본질은 축복의 나라입니다.

예수님은 그 축복을 왕자를 위한 잔치의 집으로 묘사하심이 마태복음 22장에 나타나고 있습니다. 그리고 계시록의 마지막 부분에서는 그 세례를 어린 양의 혼인으로 비유했습니다(레 19:7). 천국을 "신부가 남편을 위하여 단장한 것 같더라"고(계 21:2) 묘사하고 있습니다. 신랑 신부의 첫날 밤의 행복을 묘사하였습니다.

또한 하나님의 자녀의 복을 만끽하고 있다고 말하고 있습니다. 무엇보다도 바로 천국의 축복은 영생의 세계라는 사실입니다. 거기엔 우리의 원수, 사망이 끝장나 버린 세계입니다. 천국은 사망이 없어졌고, 애통하는 것이나 곡하는 것이 없어져 버렸다고 하였습니다(계 21:4). 아픈 것도 없어지고, 해와 달의 비췸이 쓸데 없어졌고(계 21:23). 다시는 밤이 없고(계 21:25), 저주가 없다(계 22:3)고 말하고 있습니다.

사랑하는 성도 여러분, 하나님의 나라는 구원의 능력으로 가득차 있습니다. 오직 예수, 구원의 힘이 하나님의 나라를 충만케 합니다.

하나님의 나라는 바로 의의 세계입니다. 하나님 자신이 의의 왕이요, 그 백성이 사죄 받은 의의 백성이요, 저들이 누리는 의로운 상급들로 빛나는 곳입니다. 결코 불의와 불의의 통치는 천국에서 찾아볼 수가 없습니다. 하나님의 나라는 바로 축복 충만의 세계입니다.

인생이 누릴 최상의 축복은 영생입니다. 거기에는 보좌를 향한 영원한 생명의 송가가 그칠 날이 없습니다. 우리는 날마다 의의 나라 하나님 나라를 사모하며 사는 자들이 되어야 하겠습니다.

기도의 사람

(약 5:13-20)

기독교의 역사는 기도의 역사입니다. 하나님은 기도를 통하여 당신의 능력의 팔을 움직여 주십니다.

누구나 아무 때나 기도할 수가 있고 응답받을 수가 있습니다.

모든 불행과 실패의 원인은 기도의 부족 때문이며, 기도해도 실패했다면 나중에 더 좋은 결과를 가져올 것입니다.

빌리그레함 목사는 기도에 대하여 말하기를 "아침의 기도는 하늘의 문을 여는 열쇠요, 저녁의 기도는 하늘의 축복을 보호하는 자물쇠이다"라고 했습니다.

노벨상 수상자인 알렉시카는 기도에 대하여 말하기를, "기도는 인간이 발휘할 수 있는 에너지 중에서 가장 강력한 형태이다. 그것은 지구의 중력만큼 큰 것을 움직이는 힘이다"라고 했습니다.

기도는 문제 해결의 열쇠요, 능력의 원천입니다.

기독교의 역사는 기도하는 사람들의 역사입니다. 역사를 지배하고 변화시킨 사람들은 모두 기도의 사람들이었습니다.

1. 영적 성장을 위해 기도는 꼭 필요합니다.

나무에는 뿌리가 꼭 있어야 하는 것처럼 그리스도인들에게는 기도가 꼭 필요합니다.

기도는 신앙생활의 기초가 됩니다. 바울은 "쉬지말고 기도하라"고 했습니다.

기도는 한 번 하고 끝나는 것이 아닙니다. 기도는 1개월 하고 끝나는 것이 아닙니다. 기도는 죽을 때까지 계속하는 것이 참된 기도입니다. 40일 금식기도 했다고 하여 기도하지 않으면 그의 기도는 무기력해집니다.

기도를 쉬고 있는 사람치고 영감이 있는 사람은 없습니다. 기도하지 않는 사람치고 능력있는 사람이 없습니다. 기도하지 않는 사람치고 열심있는 사람이 없습니다. 기도하지 않는 사람치고 감사하는 사람이 없습니다. 기도하지 않는 사람치고 예수 잘 믿는 사람이 없습니다.

따라서 기도하는 것을 쉬게 되면 예고 없는 환난의 물결이 닥쳐옵니다. 성도는 기도 없이는 이 세상을 살아갈 수 없고 환난을 이길 수 없습니다.

다니엘은 하루 세 번씩 무릎을 꿇고 기도하다가 그것이 도리어 올무가 되어 사자굴에 던져졌습니다. 그러나 하나님께서는 기도의 사람을 그냥 두지 않았습니다. 하나님은 사자의 입을 봉하셨습니다.

고넬료는 항상 기도하다가 제 9시에 환상을 보았고, 베드로는 제6시에 기도하다가 환상을 보았습니다. 고넬료의 기도는 응답을 받았습니다. 요한, 베드로, 야고보는 제9시에 성전으로 기도하러 올라가다가 구걸하던 앉은뱅이를 일으켰습니다.

사랑하는 성도 여러분, 영적성장을 위해 기도합시다.

우리의 신앙이 성장하고, 풍성한 삶을 살고, 환난을 이겨 승리하기 위해서는 쉬지 말고 기도해야 합니다. 이명직 목사님은 "우리가 신앙생활 할 때에 주위환경과 객관적 조건에 따라 마귀의 유혹이 옵니다. 때로는 짜증도 나고 혈기도 나고 불평도 생기며, 입에서 악담도 나오고 미워하기도 합니다. 그럴 때면 무릎 꿇고 기도하시오. 그러면 물러 갑니다"라고 말씀하셨습니다.

기도하면 시험도 유혹도 이기고 영적 성장을 가져옵니다.

바울 사도는 "기도를 항상 힘쓰고 기도에 감사함으로 깨어 있으라"고 하였습니다. 따라서 우리는 실패해도 기도해야 합니다. 환난 때에도 기도해야 합니다. 평안할 때에도 기도해야 합니다.

일할 때에도 기도해야 합니다. 병들었을 대에도 기도해야 합니다. 가난할 때에도 기도해야 합니다.

승리할 때에도 기도해야 합니다. 날씨에 관계없이 기도해야 합니다. 기쁠때나 슬플때나 항상 기도해야 합니다.

영적성장을 위해 기도하는 성도는 쉬지 않고 기도합니다. 기도하므로 응답이 있고 승리가 있으며 축복이 있기 때문입니다.

2. 기도는 환난 날에 도움을 주십니다.

환난은 누구에게나 찾아옵니다. 항상 밝고 환한 날만 있지 않고 비가 오고 궂은 날씨가 있는 것입니다.

그때에 우리는 기도하고 부르짖어 하나님의 도움을 요청해야 합니다. "환난 날에 나를 부르라 내가 너를 건지리니 네가 나를 영화롭게 하리로다"(시 50:15)라고 약속했습니다.

환난이 올 때 도움을 청할 수 있는 하나님을 믿고 산다는 것이 얼마나 큰 행복인지 모릅니다. 이런 신앙이 없고 하나님께 기도하는 길을 알지 못하니까 노이로제 환자가 생기고, 불면증에 걸리고 심하면 자살을 합니다.

그러나 기도할 줄 아는 사람은 어떤 문제라도 하나님께 나아가 호소할 수가 있고 해결받을 수가 있습니다. 도리어 "인간의 절망은 하나님의 기회"임을 체험할 수 있습니다.

약 5:15에 보면 믿음의 기도는 병든 자를 구원하신다고 했습니다. 기도는 병든 자를 구원하고, 기도는 시험을 이기는데 도움을 주고, 환난날에 도움을 주십니다.

엘리야의 기도는 3년 6개월 동안 비오지 않으므로 재난이 있던 그 땅에 기도하므로 비가 내리고 땅이 열매를 내므로 재난의 어려운 환난을 해결했습니다. 쉬지 않고 기도하면 나 자신이 변화되고, 가정이 변화되며 교회가 변화됩니다.

쉬지 않고 기도하면 문제가 해결되고 환난날에 큰 도움이 됩니다.

3. 주님께 더 잘 봉사하도록 열심히 기도해야 합니다.

성경에 나타난 위대한 인물들은 모두 하나님과 가까운 교제의 생활을 한 위대한 기도의 사람들이었습니다.

마틴루터는 "나는 할 일이 너무 많기 때문에 적어도 매일 두 시간 이상씩 기도하지 않으면 그 일을 완성할 수가 없다"고 했습니다.

기도하기 위하여 보내는 시간은 결코 낭비가 아닙니다. 기도하지 않고 무슨 일을 하는 것보다 기도로 시간을 보낸 후에 일하는 것이 훨씬 더 많은 일을 할 수가 있습니다.

사랑하는 성도 여러분, 주님을 위해 더 많은 봉사를 하고 싶습니까? 더 많은 영혼을 구원하는데 쓰임 받는 그릇이 되고 싶습니까? 더 많이 기도하십시다.

교회학교 교사도 가르치기 전에 기도하고, 기도회를 계속 가져야 합니다. 성가대원들이나 지휘자, 반주자, 목회자, 장로님, 권사님, 집사님들도 주님 위해 더 잘 봉사하기 위해서는 쉬지 말고 기도해야 합니다.

쉬지 않고 기도하면 능력을 받습니다. 새 힘을 얻습니다. 쉬지 않고 기도하면 충성스런 일꾼이 되고 교회가 부흥됩니다. 주님께 더 잘 봉사하기 위해 열심히 기도해야 합니다.

기도를 중단하고 쉬면 죄가 됩니다. 왜냐하면 가장 근본적인 관계인 하나님과의 관계가 끊어지기 때문입니다.

기도는 영적생명을 공급해 주며, 영감을 새롭게 합니다.

영적 성장을 위해 기도하고, 우리들의 삶속에 앞으로 어떤 환난이 닥칠지 모르니, 뜻하지 않은 순간에 닥칠 위험과 고통을 평소에 쉬지 않고 기도함으로써 환난에 맞설 방어벽을 쌓아 놓아야 합니다.

기도하는 성도는 망하지 않습니다. 기도하는 가정은 슬픔과 환난이 없습니다. 기도하는 교회는 왕성하게 부흥하게 됩니다.

우리 온 성도들은 교회부흥과 더 잘 봉사하기 위해 열심히 기도하는 성도들이 되십시다.

나라를 사랑한 사람 느헤미야
(느 1:1-11)

때는 주전 444년, 이스라엘 백성이 바벨론 포로에서 귀국한 지 약 95년이 된 때입니다. 그런데 이유는 확실치 않으나 갑자기 예루살렘에 있는 백성들이 큰 환난을 당하고 능욕을 당하며, 성벽이 파괴되고 성문이 불에 타버리는 사건이 생겼습니다(3절).

이때 느헤미야는 파사나라 수산궁에서 왕에게 잔을 드리는 직책을 맡고 있었습니다. 그는 멀리 고국에서부터 이 비참한 소식을 듣고 며칠간 금식하며 기도했습니다.

그는 마침 아닥사스다 왕의 허락을 받아 유대나라 총독이 되어 예루살렘으로 돌아왔고, 성곽공사를 벌여 52일만에 완성했습니다.

느헤미야는 나라를 사랑했습니다. 그는 애국 정신이 투철했습니다. 느헤미야에게 주어진 임무는 예루살렘의 성벽을 쌓는 것이었습니다. 이 임무 수행에 착실하게 성공적으로 감당하였습니다.

느헤미야의 사명은 우리들의 사명의 한 모형이며, 그의 일은 우리 일의 한 본보기입니다. 느헤미야는 높은 애국정신과 강한 실천력을 가진 기도의 사람이었습니다.

예루살렘성이 무너지고 불에 탔을 때 그는 금식하며 기도했다고 했습니다. 동포의 불행을 자기의 불행으로 여기며 자기의 죄로 인식한 것입니다. 기도 내용이 3-7절에 나옵니다.

하나님의 자비에 의지하는 수밖에 없었습니다. 무엇을 원하느냐는 왕의 질문에 대답할 때에도 하나님께 간절히 기도했습니다. 그러자 왕은 그의 소원을 들어 주었습니다(느 2:4-8).

그는 적이 얏보았을 때에도 한 마디 대꾸도 하지 않고 "우리 하나님이여 들으시옵소서 우리가 업신여김을 당하나이다" 하고 다만 하나님께 아뢰었을 뿐입니다(느 4:4).

적이 쳐들어 온다는 말을 듣고서도 기도만 했습니다(느 4:8-9). 적이 훼방하여 맥이 풀릴 때에도 "이제 내 손을 힘있게 하옵소서"(느 6:9)라고 기도했습니다.

비야와 사발랏이 다른 거짓 선지자와 결탁하고 훼방했을 때에도 "나를 두렵게 하고자 한 자의 소위를 기억하옵소서"(느 6:14)라고 기도하며 하나님의 징계를 기다렸습니다.

느헤미야는 높은 애국정신과 강한 실천력을 가진 기도의 사람이었습니다.

2. 느헤미야는 진실한 인도주의자였습니다.

백성들이 성곽공사를 위해 열심히 일하고 있는데 큰 흉년이 들었습니다. 그래서 공사에 지장을 주었고 생활에 어려움을 주었습니다. 먹을 것이 없어서 백성들은 전답과 가옥을 담보로 식량을 구했습니다.

나중에는 자기의 자녀를 인질로 해서 먹을 것을 구하고, 심지어는 자녀를 종으로 팔기까지 했습니다(1-5).

이때 느헤미야는 극도로 격분했습니다. 그의 신앙 양심은 이러한 사회부정을 용납할 수가 없었습니다.

그는 민중회의를 열고, 인신매매의 부당성을 지적하여 청중을 간곡히 권면함으로써 백성들 사이에 회개의 운동이 일어나게 되었습니다. 느헤미야는 청렴 결백하고 인도주의적인 훌륭한 지도자였습니다.

백성의 입장을 이해하였고, 억울한 일을 당한 자를 위로하고 일으켜 주었고, 부당한 일을 행한 자들의 죄를 촉구하였습니다.

진실한 애국자는 인도주의자들이며 박애주의자들입니다.

3. 느헤미야는 용감한 지도자였습니다(느 6:10-14).

성전을 재건하는 동안에 호론인 산발랏, 암몬인 도비야, 아라비아인 게셈 등이 사마리아 군대와 힘을 합쳐 느헤미야의 역사를 방해하게 되었습니다.

한편으로는 파사왕에게 허무한 말로 음모한다고 고하고, 한편으로는 유언비어를 퍼뜨려 민중의 기력을 쇠잔케 하고, 한편으로는 느헤미야 자신을 해하려고까지 했습니다.

그러나 느헤미야는 신념이 굳고 불굴의 용기와 기백을 가진 사람이었기에 넘어지지 않았습니다(4:14).

그는 12년 동안 여러 가지 환난과 고통과 기근과 멸시와 학대, 죽음에 직면해서도 낙망하지 않고 용감하게 고난을 극복하면서 성전 재건에 전력을 다하여 성공한 지도자였습니다.

성을 쌓아 올리는 사람은 허리에 검을 차고 있었습니다. 나팔을 불면 곧 모이도록 만반의 준비를 하고 있었습니다(느 4:16-20). 일을 마치고 집으로 돌아갈 때에도 그 옷을 벗지 않고, 물 길러 갈 때에도 무기를 들고 있었습니다(느 4:23).

우리는 적진의 한복판에서 마귀가 가장 싫어하는 하나님의 공사에 종사하고 있습니다. 작은 기회만 있으면 훼방하려고 노리고 있습니다.

기드온의 300명의 용사처럼 물을 마시는 동안에도 한 손에 창을 들고, 그 눈은 적을 노려보면서 경계를 게을리 해서는 안됩니다. 기도하면서 일하고 일하면서 지켜야 합니다. 그 조화속에 성공의 비결이 있습니다.

이렇게 느헤미야는 영적, 육적으로 용감한 지도자였습니다.

아몬왕의 이력서
(대하 33:21-25)

이력서는 그 사람의 소개와 그의 인격을 나타냅니다. 출생과 학력과 경력과 상벌등이 기록되므로 한 사람의 모습을 대변해 주고, 그가 한 일을 말해 주고 있습니다.

역대기에서 보면 이스라엘의 역대 왕들의 사적이 소개되고 있습니다. 선한 정치를 한 사람이 있는가 하면, 악한 정치로 그 말로가 좋지 아니한 사람들도 있습니다.

본문은 아문왕의 이력서가 소개되고 있습니다.

우리는 여기에서 아몬에 대해 기록된 짧은 이야기를 읽을 수 있다.

1. 그는 매우 사악했습니다(22).

그는 "므낫세의 행함같이" 일을 행하였습니다. 므낫세는 우상을 제할 때 "조각한 우상들을 불사르라"(신 7:5)고 이스라엘에게 명한 율법대로 그것들을 완전히 말살시키고 파괴하지 않은 때문이었습니다.

"아로새긴 우상"들을 버리기만 하고 태워버리지 않았기 때문에, 아몬은 그것들이 어디 있는가를 알아 내어 곧 그것들을 다시 세우고 거기에 제사드렸다고 했습니다(1). 그는 죄를 범하는데 있어서 그의 아버지를 능가하였습니다(23절). 그의 아버지도 잘못 행하였으나 그는 그보다 더했습니다.

우상에 집착한 자들은 더욱더 광적으로 그것에 매달립니다.

2. 그는 그의 아버지와 같이 회개하지 않았습니다.

그는 그 부친이 스스로 겸비함 같이 여호와 앞에서 스스로 겸비치 아니하였습니다.

사람이 타락한다는 것보다 그것을 회개하지 않는 것이 더 큰 죄가 됩니다. 또한 문제가 되는 것은 병이 아니라 치료를 무시하는 데에 있는 것입니다. 타락했다 하더라도 회개하고 돌아서면 탕자처럼 축복받는 사람이 될 수 있습니다.

사람은 세상에 태어나서 본을 받아 가면서 자기의 인격을 형성합니다. 어렸을 때에는 부모가 최고인 줄로 알고 부모를 많이 닮아갑니다. 조금 자라서 학교에 다니게 되면 선생이 부모보다 더 훌륭하게 보여서 선생을 닮으려고 무척 애를 씁니다. 그러면서 자기를 키워갑니다.

그러므로 사람은 누구를 본받느냐 혹은 그 사람의 무엇을 본받느냐가 중요합니다.

아몬은 부친 므낫세를 이어 왕이 되었는데, 부친의 좋은 점은 전혀 본받지 아니하고 나쁜 것만 본받았습니다. 결국 그는 여호와 보시기에 악한 왕이 되고 말았습니다. 그만큼 좋은 점을 본받기는 어렵다는 뜻입니다.

아무쪼록 좋은 본을 보여주고 좋은 점을 남길 수 있는 이력서를 남겨야 하겠습니다.

2. 그는 빨리 파멸했습니다(24절).

그가 즉위한 지 겨우 2년 밖에 되지 않았을 때, 그의 신복이 그를 "반역하였고" "죽였다"(24절)고 했습니다. 아몬은 그의 아버지가 통치 초에 행하였던 것처럼 악을 행하였습니다.

그의 아버지가 통치 후반기에 그랬던 것처럼, 그 자신도 회개하리라고 결심했을 것입니다. 그러나 그는 하나님을 반역했고, 그의 신복들은 그를 반역했습니다. 그러므로 "그 땅의 백성들이" 그 신복들을 반역자로 죽이는 것은 당연했습니다.

사람은 책임적인 존재입니다. 자기가 한 말이나 행동에는 반드시 책임을 져야 하기 때문입니다. 사람은 말에나 행동에 자유가 있기에 응분의 책임을 져야만 합니다. 결국 망할 짓을 하면 망하고 흥할 일을 하면 흥한다는 말입니다.

사울왕은 망할 짓을 하다가 망했으나, 다윗은 흥할 일하다 흥하였습니다. 본문의 아몬왕도 망할 일만 열심히 하다가 신복들에게 반역을 당해 죽고 말았습니다. 결국 왕의 자리는 2년으로 끝났습니다. 좋은 기회를 다 놓치고 말았습니다.

복 받을 일을 하고 좋은 이력서를 남겨야 하겠습니다.

3. 축복받아 좋은 이력서를 남깁시다.

사람이 이 세상에서 살아갈 때 하나님의 축복이 얼마나 귀하다는 것을 야곱과 에서의 경우에서 보게 됩니다.

아버지 이삭의 그 엄청난 재산을 에서가 전부 차지하였습니다. 그러나 야곱은 하나님의 축복을 약속 받았을 뿐이요 적수공권이었습니다. 야곱은 맨손 쥐고 시작했으나 하나님의 축복대로 되었습니다.

본문에서 신복들의 반역으로 아몬왕이 죽임을 당했으나, 국민들이 그 아들 요시아를 왕을 세웠습니다. 그 이유는 다윗에게 등불이 항상 있게 하겠다는 축복 때문입니다.

열왕기상 11:36 "그 아들에게는 내가 한 지파를 주어서 내가 내 이름을 두고자 하여 택한 성 예루살렘에서 내 주 다윗에게 한 등불이 항상 내앞에 있게 하리라"고 했습니다.

다윗의 자손은 축복대로 되는 가문이었습니다.

우리도 축복받아 좋은 이력서를 남겨야 하겠습니다. 요시아왕은 아버지 아몬왕을 본받지 않고 다윗왕을 본받아 종교개혁을 단행하고 좋은 이력서를 남겼습니다.

7월
교육의 달

· 이런 교회가 됩시다(행 2:42-47)
· 바람직한 교회(행 13:1-3)
· 예수 그리스도와 변화하는 세계(약 1:16-18)
· 교회의 자랑(고후 9:1-5)

이런 교회가 됩시다
(행 2:42-47)

이제 교회는 비약의 발전과 성장을 가져와야 하며, 성숙한 교회로서 세상의 빛과 소금이 되는 교회를 이루어 가야 하겠습니다.

하나님께서 복 주시는 교회, 은혜로운 교회로서 소문 나고, 지역사회와 민족 복음화에 이바지하는 교회로 성장해 나가야 하겠습니다. 그러기 위해서는 온 교회 성도들이 다음과 같은 신앙의 실천적인 삶을 살아야 하겠습니다.

1. 온 성도가 마음을 같이 하는 교회가 됩시다(2:46).

인류의 비극은 인간이 하나님과 마음을 같이 하지 못한데서 비롯되었습니다. 아담과 하와가 마음을 같이 하지 못했기 때문에 금지하신 선악과를 따먹고 범죄하고 말았습니다. 그 결과 인간에게는 영적, 환경적, 육체적 사망이 오게 되었습니다.

그러나 예수님께서는 모든 사람들로 하여금 하나님과 마음을 같이 하도록 화목을 위해 이 땅에 오셨습니다. 그러므로 성도는 예수님 안에서 하나님과 마음을 같이 할 때 축복된 삶을 살아갈 수 있습니다.

온 성도가 마음을 같이 하는 교회가 될 때 마가의 다락방에서처럼 성령 충만함을 받을 수 있습니다. 또한 기도의 응답도 성도가 마음을 같이할 때 속히 이루어질 수 있습니다.

"너희 중에 두 사람이 땅에서 합심하여 무엇이든지 구하면 하늘에 계신 내 아버지께서 저희를 위하여 이루시리라"(마 18:19)고 말씀하셨습니다.

뿐만 아니라 온 성도가 마음을 같이할 때 교회는 성장할 수 있습니다.

오늘 본문 사도행전 2:46에도 초대교회가 마음을 같이하여 성전에 모이기를 힘쓸 때 하나님께서 구원받는 사람을 날마다 더하게 하셨다고 말씀하고 있는 것입니다.

하나님이 주시는 마음은 온 성도가 한마음 되게 하는 것입니다. 사탄이 주는 마음은 분열을 조장하고 하나님의 일을 가로막게 하고 방해하는 것입니다. 모든 성도들은 주 안에서 한 마음을 갖고 하나님을 섬기고, 믿음생활에 전력을 다하시기 바랍니다.

2. 기도를 많이 하는 교회가 됩시다(2:41).

기도는 응답입니다. 하나님께서 기도하는 사람에게만 응답을 주십니다. 그래서 예수님께서는 "구하는 이마다 얻을 것이요 찾는 이가 찾을 것이요 두드리는 이에게 열릴 것이니라"(마 7:8)고 말씀하셨습니다.

기도할 때 새 힘을 주셨고, 기도하고 강단에서 잠을 잘 때 그렇게 평안하고 포근히 감싸주시는 느낌을 받았습니다. 기도의 응답도 있었고, 새로운 기도의 제목을 주셨습니다.

사랑하는 성도 여러분. 부족한 종과 온 교역자와 온 성도들이 열심히 기도하는 일에 힘 쓰십시다. 새벽기도, 철야기도, 밤기도, 특별 새벽주간 기도에 태신자를 위한 기도 등. 쉬지 않고 열심히 기도할 때 하나님이 응답해 주시고 축복 받는 교회가 되게 하실 것입니다.

3. 전도를 많이 하는 교회가 됩시다(2:47).

우리 사회는 변화되어야 합니다. 남북통일은 이루어져야 합니다. 그렇다면 우리 민족 모두가 예수님을 믿어야 합니다. 예수를 믿지 않는 불신앙의 사람에게서 사회의 변화와 남북통일을 기대할 수 없습니다. 왜냐하면 예수 그리스도 안에서만 인간의 변화를 기대할 수 있기 때문입니다.

만일 인간이 변화되지 않고 가정이나 사회의 변화를 바란다면 그것은 잘못된 것입니다. 아무리 좋은 법과 제도가 있다 하더라도 변화된 인간이 되지 않으면 곧 부패하고 맙니다.

그러면 사회변화와 남북통일을 위해서 우리 교회의 할 일이 무엇입니까?

그것은 오직 복음을 전하는 일입니다. 복음은 세상을 향한 기쁜 소식입니다. 그러므로 교회는 기쁜 소식을 전해야 합니다. 때를 얻든지 못 얻든지 예수님을 믿으면 구원받는다는 중생의 복음을 전해야 합니다.

예수님을 믿고 성령 충만함을 받아 권능을 얻을 수 있다는 성령충만의 복음을, 예수님이 고난 당하심으로 병든 자들이 고침 받을 수 있다는 신유의 복음을, 예수님이 가난하게 사심을 인하여 부요하게 될 수 있다는 축복의 복음을, 세상의 모든 것을 다 잃어 버렸다 하더라도 내세와 예수님의 재림을 기대하며 소망을 얻을 수 있다는 천국 복음을 전해야만 하는 것입니다.

전도는 주님의 지상 명령이요, 마지막 분부인 우리의 사명입니다.

4. 부정적인 말을 하지 아니하는 교회가 됩시다.

마귀는 어찌하든지 우리가 못한다고 부정적인 말을 하도록 환경을 변화시키며 미혹합니다. 그러나 성령님께서는 환경을 초월하여 할 수 있다고 말씀하십니다. 우리는 어찌하든지 성령을 쫓아 긍정적인 말을 해야 하겠습니다.

기독교는 말씀의 종교입니다. 우리가 예수님을 믿고 제일 먼저 변화되어야 할 것은 곧 지옥의 용어가 아닌 천국의 용어를 사용해야 한다는 점에서 입니다.

왜냐하면 성경은 "죽고 사는 것이 혀의 권세에 달렸나니 혀를 쓰기 좋아하는 자는 그 열매를 먹으리라"(잠 18:21)고 말씀하고 있기 때문입니다.

그러므로 우리는 부정적인 말을 우리의 입술에서 제하여 버리고 날마다 "나는 할 수 있다, 하면 된다, 해보자"라고 긍정적인 말을 해야 합니다.

가나안 정탐시 12정탐꾼 가운데 10명은 부정적인 생각으로 보고를 했습니다. 그러나 여호수아와 갈렙은 "여호와 하나님이 함께 하시면 능히 이기리라"고 긍정적인 생각과 말을 했습니다.

모세는 긍정적인 두 사람의 말을 믿고 가나안땅 정복에 나서게 되었습니다. 그리하여 그들의 소유가 되는 복된 땅이 되었습니다.

부정적인 말은 하지 말고 긍정적인 말만 하는 교회가 되기를 바랍니다.

5. 감사 잘하고 베풀어주는 교회가 됩시다(2:45).

사람이 하나님을 찬미하는 것보다 더 아름다운 것은 없습니다. 하나님께 받은 바 은혜를 항상 감사하며 생활하는 것이 바로 그리스도인의 삶인 것입니다.

만일 믿는 자라고 하면서 불평만 일삼는다면 그의 믿음은 송두리째 빼앗기고 말 것입니다.

좋은 일이 있을 때라면 좋은 일을 베풀어주신 하나님께 감사해야 할 것이며, 나쁜 일이 있을 때라면 나쁜 일은 좋은 일로 바꾸어주실 하나님으로 믿기 때문에 감사해야 할 것입니다. 그러므로 우리는 하나님의 자녀 된 그 순간부터 하나님께 감사해야 하는 것입니다.

그래서 시편 기자는 "내 영혼아 여호와를 송축하라 내 속에 있는 것들아 다 그 성호를 송축하라"(시 103:1)고 찬미하고 있는 것입니다.

우리는 주신 은혜에 대하여 감사 잘하고, 주실 은혜를 믿고 감사하는 성도들이 되십시다.

지금까지 살아온 것도 하나님의 은혜로 살아온 것이며, 받은 축복을 헤아리며 나누어주고 베풀어주는 교회가 되도록 힘써야 하겠습니다.

예수님께서는 "주라 그리하면 너희에게 줄 것이니 곧 후히 되어 누르고 흔들어 넘치도록 하여 너희에게 안겨 주리라"(눅 6:38)고 말씀하셨습니다.

오병이어로 예수님께서 나누어주실 때 일어난 기적처럼, 나누어주고 베풀어주는 교회가 될 때 큰 기적이 일어나는 교회가 될 것입니다.

사랑하는 성도 여러분. 온 성도가 마음을 같이 하는 교회, 기도를 많이 하는 교회, 전도를 많이 하는 교회, 부정적인 말을 하지 아니하는 교회, 감사 잘하고 나누어주고 베풀어주는 교회를 이루기 위해 우리 모두 기도하십시다.

바람직한 교회
(행 13:1-3)

교회는 주님의 몸입니다. 주님의 몸된 교회가 바람직한 교회가 되는 데는 건물에 있는 것도 아니고, 사람 숫자에 있는 것도 아니며, 헌금을 많이 하는 데 있는 것도 아닙니다.

본문은 바람직한 교회는 어떤 교회인가에 대하여 말씀하여 주고 있습니다.

사도행전 13장에서는 베드로를 중심으로 한 예루살렘 교회 이방 선교 사명의 주도권은 안디옥 교회로 넘어가는 것을 보여주고 있습니다. 그리고 바울과 바나바를 통해서 드디어 교회는 '땅 끝까지'(행 1:8) 전해질 복음의 첫 발걸음을 내딛기 시작합니다.

안디옥 교회를 통해 바람직한 교회상을 제시해 주는데, 그 모습은 무엇일까요?

1. 조화를 이룬 교회입니다(1).

에덴동산은 조화를 이룬 곳이기에 낙원이었습니다. 즉 하나님과의 조화, 사람과의 조화, 자연과의 조화, 그리고 자신과의 조화가 잘 이루어진 곳이었습니다.

그러나 아담과 하와가 사탄의 유혹을 받아 금단의 열매를 따먹고 범죄 한 결과 부조화의 현상이 나타났습니다. 낙원을 상실하고 말았습니다. 여기서부터 인간은 불행해지기 시작하였습니다. 조화와 부조화의 차이는 이처럼 엄청난 것입니다.

안디옥 교회의 지도자들의 이름이 본문에 등장합니다. 살아온 문화권이 다르고, 민족과 계층이 다르지만 조화를 잘 이루었습니다. 참으로 바람직한 교회였습니다.

우리 교회도 예수님 중심으로 조화를 이루어야 하겠습니다.

안디옥 교회의 설립 배경을 살펴보면,

(1) 환난을 통해 세워진 교회입니다.

안디옥 교회의 설립 동기는 '스데반의 일로 태어난'(행 11:19) 박해로 인해 흩어졌던 무명의 이방 성도들로 인하여 세워졌다는 데에 큰 의미가 있습니다(행 11:20).

따라서 안디옥 교회 성도들은 기독교 신앙의 참된 의미를 처음부터 알고 신앙생활을 했다는 강점이 있습니다. 즉, 그리스도의 영광뿐만 아니라 그리스도의 고난에도 함께 참여하는 것이 복음에 참여하는 삶이라는 것을 알았습니다.

이와 같은 조화로운 안디옥 교회의 신앙의식이 기독교회의 참된 위상임을 인식해야 할 것입니다.

(2) 협력하여 세워진 교회입니다.

안디옥 교회는 평신도들의 신앙의 열정과 사도 바나바의 지혜와 덕이 협력하여 세워진 교회입니다(행 11:22-24). 또 예루살렘 모교회의 경험과 이방 성도들의 겸손이 조화를 이루어 설립된 교회라는 커다란 의미가 있습니다.

바로 이점이 안디옥 교회로 하여금 모든 지상 교회는 한 공동체요, 그리스도의 몸과 지체라는 진리로 무장하게 한 동기라고 봅니다.

안디옥 교회는 개척교회였으나, 교회가 사랑과 믿음 안에서 하나가 된다면 불가능한 일은 없다는 좋은 예를 보여주었습니다. 조화를 이룬 교회는 사랑이 있고 믿음이 있습니다. 그러나 이기적인 교회는 발전할 수 없습니다.

고인 물처럼 스스로 부패합니다. 오늘날 수많은 교회들이 자원은 풍성한 반면, 교회내의 분위기가 냉랭하고, 불만, 불평 분쟁이 가득한 이유는 바로 공동체 의식을 외면하고 내 자신만 생각하고 육성하려 하는 이기적인 정책 때문임을 유념해야 합니다. 바람직한 교회는 조화를 이룬 교회입니다.

2. 말씀 중심의 교회였습니다(2).

사람은 중심을 잡아야 자신을 지탱할 수 있습니다. 가정도 중심을 제대로 잡은 가정이 복되고 평화롭습니다. 그리고 어떤 단체일지라도 중심이 잡혀야 유지되는 법입니다. 이처럼 교회도 중심을 잡아야 하는데 말씀중심이 되어야 합니다. 말씀은 신앙과 행위의 유일한 법칙이기 때문입니다.

안디옥 교회에 대한 설명을 본문에서 살펴보면, 주를 섬겨 금식할 때라고 우선 소개하고 있습니다. 여기서 섬긴다는 말은 예배와 같은 뜻입니다. 모든 섬김의 근본이 예배이기 때문입니다. 그들은 금식하며 예배하는 중에 성령이 하시는 말씀을 들었습니다.

두 사람을 따로 세우라는 말씀에 순종했습니다. 이처럼 안디옥 교회는 말씀 중심으로 예배하였고, 말씀중심의 교회였습니다.

안디옥 교회의 뛰어난 덕성은,

안디옥 교회는 늘 '주를 섬겨 금식'(2절)하며 기도하는 교회였습니다. 이점이 바로 안디옥 교회의 힘의 근거입니다.

교회가 기도 많이 한다는 사실은 겸손하다는 증거요, 신앙이 순수하다는 반증입니다. 교만하고 자만하여 세속화된 교회는 기도의 불길이 없습니다. 아무리 풍성한 환경과 자원을 소유했을지라도, 성령의 주권과 능력을 외면한 교회는 시기와 다툼과 요란(약 3:16)함이 있을 뿐입니다.

또한 안디옥 교회는 받은 바 영적 진리를 교육으로 체계화하는 교회였기에, 항상 힘과 질서가 있었습니다(행 11:26). 말씀교육은 변화, 성장, 성숙케 하기 때문입니다. 바람직한 교회는 말씀 중심의 교회입니다.

3. 선교를 위한 교회였습니다(3).

예수를 믿으면 누구든지 구원을 얻습니다. 그러므로 어려서 죽어도, 젊어서 죽어도, 늙어서 죽어도 천국에 갈 수 있습니다. 그런데 왜 오래 살기를 원하며 또 오래 살아야 합니까? 그 이유는 전도에 있습니다. 즉, 전도하기 위해서 오래 살아야 합니다. 전도는 무엇으로도 대신할 수 없는 사명이기 때문입니다.

교회가 존재하는 이유도, 그리고 부흥해야 하는 이유도 여기에 있습니다. 본문에 등장하는 안디옥 교회는 금식하며 기도하고 두 사람에게 안수하여 보냈습니다. 바나바와 사울을 이방인의 선교사로 파송했습니다.

금식하는 것도, 기도하는 것도, 안수하여 세운 것도 모두가 세계선교를 위함이었습니다. 그러므로 땅 끝까지 선교하는 교회가 바람직한 교회입니다.

안디옥에서 비로소 그리스도인이라 일컬음을 받게(26절) 되었다는 사실은 무엇을 의미합니까? 바로 안디옥 성도들이 모두 그리스도 예수처럼 살았다는 증거입니다.

아무리 많은 은사와 질 높은 신앙교육을 받았다 해도, 받고 배운대로 살지 않으면 쓸모 없습니다.

하나님의 교육을 잘 받은 성도는 오직 그리스도의 이름과 그 영광만을 증거합니다. 바람직한 교회는 선교를 위한 교회입니다. 바람직한 교회는 영적, 육적 인물간의 조화를 이룬 교회이며, 말씀을 중심으로 기도하고 교육하는 교회이며, 예수 그리스도만을 증거하는 교회입니다.

예수 그리스도와 변화하는 세계
(약 1:16-18)

인간들이 모여서 구성하는 세상은 인간들의 생활이나 사고와 생활에 사용하는 도구의 발전 등에 따라 새로운 국면으로 발전하며 변화를 이루어 왔습니다.

1. 정치 세계의 변화가 있습니다.

이념적 갈등과 대립으로 냉전 시대에 묻혀 살았던 사람들이 공산주의와 사회주의 이념의 벽이 무너지고 탈 냉전 시대가 열리면서 어둡고 긴 터널을 빠져 나오게 되었습니다. 극한 대립과 전쟁의 위기가 한층 사라지게 된 것입니다.

동독과 서독의 통일, 소비에트 연방의 붕괴, 중국의 개방화 물결, 세계 각 나라가 민주화의 열병을 뜨겁게 앓으면서, 이제야 참다운 삶이 무엇인가를 생각하여 그 길을 찾아 온 세계가 함께 협력하는 모습을 볼 수 있습니다.

전쟁의 위기와 위험은 많이 없어졌다고 해도, 이제는 문화, 경제, 종교전쟁으로 기울어지는 경향입니다.

2. 사회적 변화가 있습니다.

오랜 농경사회와 유목생활 중심에서 이제는 제품을 상품화하고 거대한 산

업사회로 변하고, 산업사회에서 정보화 시대로 변모해 가고 있습니다.

① 규격화에서 다양화로, ② 분업화와 협력화로, ③ 집중화가 분권화로, ④ 동사화가 연속화로, ⑤ 극대화가 실용화의 방향으로 그 방향이 수정되어가고 있습니다. 의식주의 변화가 놀랍게 변하게 되었습니다.

매스미디어의 역할은 오늘의 세상을 놀랍게 변화시켰습니다. 인공위성, 팩시밀리, 유대용 전화, TV, 카메라, 컴퓨터, 복사기 등. 국제적 통신망을 거미줄처럼 연결하는 매스미디어의 역할은 세상을 놀랍게 변화시켰습니다.

3. 환경의 변화가 있습니다.

세계 도처에서 일어나는 기상의 변화, 토질과 수질의 오염으로 인해서 환경의 변화가 많이 일어나고 있습니다. 이상 기온의 변화로 한재나 고온 현상으로 수목이 죽고, 사람들이 더위에 못 이겨 죽는 상태가 나타나고, 대기오염, 환경공해로 생명의 위협을 받고 있습니다. 생수판매 사건, 신선한 공기 판매 현상이 나타나고 있습니다.

4. 인간성의 변화가 오고 있습니다.

사회상의 변화와 경제조건의 변화에 따라 인간성이 변하고 있습니다. 부끄러움이나 타인에게 폐가 되는 행위나, 전통적인 가치기준을 무시해 버린 시대가 되었습니다.

더 고귀한 것, 더 옳은 것보다는 무엇이나 할 수 있는 것이 우선이고, 무엇이나 즐거운 것이 으뜸이 되고 있습니다. 그리하여 삶의 패턴이 변화되고, 행동의 규범도 바꾸어지고, 자세의 변화도 달라지고 있습니다.

전통적인 가족공동체와 사회공동체의 급격한 몰락으로 인하여 사람들은 이제 자신만을 생각하는 이기적인 존재가 되었습니다.

철저히 이웃과 차단된 아파트라는 주거환경, 이제는 사람들과 함께 일하기보다는 기계와 함께 혼자 일하게 되는 노동의 패턴변화, 부모에게나 남편에게 의존하지 않고도 살아갈 수 있는 경제적 독립, 민주사회에 의한 개인 인권의 신장, 이러한 모든 것들이 개인주의적 성향으로 나타나게 되었습니다.

또한 사람들의 마음이 악하고, 추하고, 거짓되고, 간사하며 교활하고, 교만에 가득 차 있는 것을 발견하게 됩니다. 무서운 시기와 질투심으로 부끄러운 내면을 가지고 있으면서 겉으로는 전혀 다른 모습을 나타내 보일 때가 있습니다. 사람들의 마음이 변하고, 자신을 상실하고, 하나님을 찾지 않는 세대가 되고 있습니다.

5. 종교의 변화가 오고 있습니다.

우리가 잘 아는 대로 우리의 전통종교는 불교요 유교였습니다. 불교는 배불정책으로 그 명맥만을 유지해 왔고, 유교는 강력한 서양문물과 함께 이 땅에 들어온 기독교의 영향으로 유명무실하게 되었고, 기독교만이 승승장구하여 왔습니다.

그런데 최근 이런 우리 나라의 종교적 상황에 큰 변화가 나타나고 있습니다. 우선 교회 성장의 현격한 둔화 현상입니다. 조금 심하게 말하는 사람들은 한국 교회의 성장은 이제 끝났으며, "마이너스 성장시대"에 접어 늘었다고 합니다.

교회에 대한 사회의 비판의 눈초리가 점점 따가워지고 있습니다. 성직자에 대한 세금징수 문제, 교회재산에 대한 무거운 과세, 군대 안에서의 군목의 축소 등이 문제가 되고 있습니다.

또 하나의 징조는 천주교와 불교의 기독교에 대한 견제와 약진입니다. 교인들이 헌금이나 봉사의 무거운 책임을 질 수밖에 없는 작은 교회를 기피하고 대 교회를 선호하고 있습니다.

물질 만능주의 시대가 되므로 집도 있고, 자가용도 있고, 보험을 들어 놓았으니, 더 이상 미래에 대한 불안을 느낄 필요가 없다고 생각하고 있습니다. 그리하여 사람들은 더 이상 하나님께 기도할 필요를 느끼지 않습니다. 이렇게 하다가는 서구 교회가 걸어갔던 길과 변화를 우리가 곧 경험하게 될 것입니다.

6. 변치 않는 그리스도 중심으로 살아야 합니다.

그러나 사람들이 이런 변화되는 세상 속에 살고 있지만, '변하지 않는 것'이 있습니다. 그는 곧 하나님이시오, 예수님 이십니다.

야고보서 1:17에 "그는 변함도 없으시고 회전하는 그림자도 없으시니라"고 했으며, 다니엘서 6:26에서는 "하나님은 영원히 변치 아니하시는 분이라"고 하였으며, 히브리서 6:17에서는 "그의 뜻이 변치 아니함을 충분히 나타내시려고" 한다고 말씀하고 있습니다.

이 세상의 모든 것은 다 변하여도 오직 하나님은 영원히 변치 않으시는 분입니다.

로마서 12:1-2에 "형제들아 내가 하나님의 모든 자비하심으로 너희를 권하노니 너희 몸을 하나님이 기뻐하시는 거룩한 산제사로 드리라 이는 너희의 드릴 영적 예배니라 너희는 이 세대를 본받지 말고 오직 마음을 새롭게 함으로 변화를 받아 하나님의 선하시고 기뻐하시고 온전하신 뜻이 무엇인지 분별하도록 하라"고 했습니다.

이 말씀은 하루가 달리 급격하게 변화하는 사회 속에서 어쩔 줄 몰라 어리둥절 하는 우리들에게 주시는 하나님의 말씀이라고 생각합니다.

변화된 세상 속에서 우리 교회는 변화된 세상에의 적응이 아니라, 하나님의 뜻을 따라 세상이 변화하도록 유도하고, 그 변화의 방향타가 되어야 하리라는 말씀입니다.

역사의 주관자는 하나님이심을 굳게 믿고, 오늘의 인류역사를 향한, 그리고 한민족을 향한 하나님의 기뻐하시고 선하신 뜻이 무엇인지를 믿음의 눈으로 분별하고, 오늘도 변화하는 역사 속에서 이 역사를 이끌어 가시는 하나님의 사역에 함께 동참해야 할 것입니다.

교회의 자랑
(고후 9:1-5)

사람들은 자랑하기를 좋아합니다. 자식 자랑에서 소유물까지 자랑합니다. 교회는 자랑거리가 있어야 합니다. 사랑이 많고 은혜가 있는 교회는 자랑거리가 많고, 사랑이 식고 은혜가 떠난 교회는 자랑거리보다는 시기와 질투, 원망과 시비가 많게 됩니다.

당시 아가야 지방의 수도였던 고린도는 우상 숭배지로 유명했지만, 반면에 신앙에 대한 열정 또한 남달라서 모교회에 대한 사랑에 불붙어 있었습니다.

그들은 신앙 안에서 예루살렘 교회를 위한 연보를 원했습니다. 그래서 바울은 마게도냐에 방문했을 때 고린도 지방에서는 이미 연보를 준비하고 있다고 자랑했습니다. 그 결과 마게도냐 교회는 감동을 받고 연보에 나서서 좋은 열매를 맺었습니다.

교회의 자랑거리는 무엇이어야 할까요?

1. 교회는 봉사의 자랑거리가 있어야 합니다(9:1).

사람이 살아가면서 도움을 받을 줄도 알고 도와 줄줄도 알아야 합니다. 역시 사랑을 받을 줄도 알고 베풀 줄도 알아야 합니다. 여기에서 교제가 이루어지고 정을 나누게 됩니다.

고린도교회는 예루살렘교회 성도들의 도움과 사랑을 많이 받았습니다. 즉,

유태인들의 신령한 것을 나눠 가졌기 때문입니다. 그래서 늘 고마워하고 있던 참이었습니다.

그런데 유다 지방에 큰 흉년이 들어서 예루살렘 교회의 성도들이 큰 어려움을 당하게 될 때 고린도인들이 지체하지 아니하고 힘껏 구제헌금을 하게 되었습니다.

이것을 본문에서는 성도를 섬기는 일이라고 하였습니다. 이처럼 고린도교회는 예루살렘 교회 성도를 섬기는 일이 자랑이었습니다.

봉사가 교회의 할 일 중에 중요한 일입니다. 봉사의 경우에 몸으로 봉사하는 경우도 있고 물질로 봉사하는 경우도 있습니다. 고린도교회 교우들은 '연보'를 통하여 봉사하였습니다.

연보는 쓰고 남는 것으로 바치는 것이 아닙니다. 연보가 단순히 형식적이고 습관적인 행위로 전락하지 않기 위해서는 연보를 위해 기도하고 미리 준비하는 태도가 중요합니다.

고린도교회 교우들은 "참 연보"를 드렸다고 했습니다. 이는 "축복"이란 의미입니다. 그러므로 준비하는 연보가 축복이 된다는 의미입니다. 왜 그렇습니까? 준비하는 연보란 억지로 하는 연보와 달라서 자발적이고 자원하는 마음으로 드리는 것이기 때문입니다. 즉, 자원하는 마음으로 구제할 때 주는 자에게 기쁨을, 받는 자에게 고마움을 느끼게 하는 것입니다. 연보는 자기 전부를 드리는 자발적이고 희생적인 것일 때 축복이 됩니다.

교회는 물질로 봉사하는 자랑거리가 있어야 합니다. 자발적으로 하는 봉사는 아름다운 축복의 열매를 맺습니다.

2. 교회는 열심의 자랑거리가 있어야 합니다(2).

목동의 신분에서 왕이 된 다윗은 열심히 굉장한 사람이었습니다. 어찌나 열심이었든지 "열심이 나를 삼켰다"고 고백하였습니다(시 69:9). 그런데 예수님도 열심이 대단했었습니다. 예루살렘 성전을 청결하실 때 얼마나 열심을 냈든지 제자들이 다윗의 열심을 생각했다고 사도 요한은 회상하였습니다(요 2:17).

성공한 사람들을 자세히 살펴 보면 하나같이 공통점을 갖고 있는데 '열심'이라는 것입니다. 이처럼 신앙생활의 성공에도 열심히 좌우합니다.

고린도교회 성도들은 열심이 불같이 뜨거운 사람들입니다. 갖가지 은사가 많았던 것도 믿음의 열심 때문이었습니다. 이제는 유대의 성도들은 돕는 일에 마게도냐인들을 격동시킬 만큼 열심이 있었습니다. 이런 열심이 그리스도인의 자랑거리였습니다.

교회의 자랑거리는 열심입니다. 온 성도가 열심히 모이고, 열심히 기도하고, 열심히 전도하고, 열심히 봉사할 때 생명이 있고 능력이 나타납니다.

하나님께서 성도에게 주시는 놀라운 축복은 선한 일을 많이 하게 하고, 열심히 하게 하시려는 것입니다.

고난 당하는 자들의 고통을 덜어주고, 상처를 감싸주며, 가난한 자들을 구제하는 사랑은 연보를 통한 은혜의 나눔으로 성취될 수 있습니다. 무엇보다 열심히 서로 사랑하는 일이 교회의 자랑거리가 될 수 있기를 바랍니다.

3. 교회는 준비의 자랑거리가 있어야 합니다(3-5).

하나님께서 사람을 통해서 일하실 때에는 준비를 시키시지만, 전지전능하신 하나님 자신에게는 준비가 필요 없습니다. 사람은 사람이기에 과정이 필요하고, 준비하는 일을 빼놓을 수 없습니다.

거창한 예루살렘 성전을 7년만에 솔로몬이 지을 수 있었던 것도 다윗왕의 치밀한 준비가 있었기 때문입니다. 아버지의 준비가 아들로 성공하게 한 것입니다.

본문에 보면 "준비"라는 말이 네 번이나 기록되었습니다. 그만큼 철저히 준비했다는 뜻입니다. 그들은 벌써 일년 전에 계획을 세우고 작정을 하였습니다. 그리고 일년 동안을 꾸준히 준비하였습니다. 결국 그들의 후한 연보는 하나님께 영광을 돌렸습니다(고전 9:13).

본문에서 보면 연보의 놀라운 결과들이 함축되어 있습니다. 먼저 풍성한 연보는 행위 자체로 성도와 성도를 결속시키고 화해시킵니다. 단순히 주는 자와 받는 자 뿐만 아니라 대상을 정하고 그들을 위하여 헌금하는 과정에서 싹트는 사랑과 결속을 말합니다.

또한 연보의 혜택을 누린 성도들이 연보한 자들을 사모하게 되는 것, 또한 하나님께 영광을 돌리는 일입니다. 그리스도 예수 안에서 드려진 예물은 결코 물질로서 머물지 않고 그것이 사용되는 곳에서 하나님의 영광을 드러내게 됩니다.

연보는 이처럼 받은 바 은혜를 나누는 저들 사이를 사랑으로 풍성하게 하고 하나님께는 영광이 되는 것입니다.

교회의 자랑거리는 봉사의 자랑, 열심의 자랑, 준비의 자랑거리가 많아야 하겠습니다. 목사님도 자랑하고, 장로님도 자랑하고, 권사님도 자랑하고, 온 교회의 모든 일이 하나님께는 영광이요 세상에서는 자랑거리가 되어야 하겠습니다.

8월
봉사의 달

- 하나님 표준따라 삽시다(잠 16:1-3)
- 예수님을 바라보고 삽시다(빌 2:1-11)
- 광복이 주는 현대적 의미(시 46:1-3)
- 광야로 나아갑시다(호 2:14-20)

하나님 표준따라 삽시다
(잠 16:1-3)

사람이 살아가는 형태와 표준은 각기 다른 것을 볼 수 있습니다. 어떤 사람은 가인처럼 자기 중심적이고 세상 중심적으로 사는 사람이 있으며, 베드로처럼 실수해도 회개하고 주의 뜻대로 살아 끝까지 충성하는 사람이 있고, 가룟 유다처럼 화려하게 시작했다가 물질 중심적으로 살다가 패망하는 사람도 있습니다.

에녹은 의로운 삶을 살면서 하나님과 300년 동안이니 동행하다가 죽음을 보지 않고 승천한 사람도 있으며, 바울처럼 사나 죽으나 오직 주의 영광만을 위해 일하다가 하나님 나라에 간 고귀한 생애를 산 사람들도 있습니다.

이렇게 훌륭하게 산 사람들은 모두 하나님의 표준을 따라 산 사람들입니다. 하나님의 표준을 따라 사는 삶은 무엇일까요?

1. 하나님의 결정에 따라 사는 삶입니다(1).

노아 홍수 후에 세월이 흘러갔습니다. 노아의 후손들 가운데서 바벨탑을 쌓기 시작하였습니다. "우리의 이름을 내겠다." 또는 "온 지면에 흩어짐을 면하자"는 불순한 동기로 이 일을 경영하였습니다. 하나님께서 그 일을 중지시키고, 그들을 온 지면에 흩어 버리셨습니다.

이들은 자기들의 이름을 내고, 자신들의 흩어짐을 면하기 위한 방법으로 바벨탑을 쌓았습니다. 그러나 이는 하나님의 뜻이 아니었고, 하나님의 결정이 아니었습니다. 그리하여 바벨탑 쌓는 일을 하나님께서 허락지 아니하셨습니다.

이처럼 사람들이 무슨 일을 경영한다 할지라도 다 성공하는 것은 아닙니다. 결정권은 하나님께 있기 때문입니다. 그러나 솔로몬 가문의 성전건축은 성공을 했습니다. 다윗은 필요한 모든 것을 준비하였고, 그 아들 솔로몬은 어렵지 않게 지었습니다. 그것은 하나님의 허락이요 결정이었기 때문입니다. 즉 하나님을 위한 일이었기 때문입니다. 본문도 응답은 하나님께 있다고 했습니다(1절).

성도는 하나님 표준으로 살아야 합니다. 인간은 한치 앞도 내다보지 못하는 참으로 한계가 분명한 존재입니다. 그리고 인간의 마음과 생각은 늘 변하기 쉽고 늘 불안하기에 스스로 자신을 신뢰하는 것처럼 어리석은 일은 없습니다.

하나님 인간의 모든 부족과 형편 처지를 인간 자신보다 더 잘 알고 계신 분이십니다(히 4:15). 그리고 그 하나님은 인간을 너무도 사랑하시는 분이십니다.

정녕 하나님의 은혜로우신 이끄심에 자신의 의지와 생각을 모두 복종시키는 자에게(딤후 1:12) 하나님은 차고 넘치는 은혜로 응답해 주실 것입니다.

하나님은 오늘도 당신의 절대 주권을 인정하는 자에게 절대 후원을 아끼지 아니하십니다(잠 3:6). "너는 범사에 그를 인정하라 그리하면 네 길을 지도하시리라"(잠 3:6).

2. 감찰하시는 하나님 표준을 따라 살아야 합니다(2).

하갈은 자기의 잉태함을 깨닫고 주인 사라를 멸시하다가 결국 쫓겨났습니다. 술광야 길에서 고통 당하는 하갈을 보신 하나님께서 갈 길을 가르쳐 주셨고, 또 큰 축복을 약속하셨습니다. 이때 하갈이 "나를 감찰하시는 하나님을 뵈었다"고 간증하였습니다(창 16:13).

그녀는 다시 주인집으로 돌아가 하나님의 말씀을 따라 아들을 낳았고 또 잘 지내고 있었습니다.

하나님은 인간이 교만하여 타인을 멸시하다 고통받는 것까지도 감찰하사 긍휼히 여기시고 살길을 열어주시는 분이십니다. 자신의 표준을 따라 살았다면 하갈은 고통 속에 살고 천박한 인생의 삶으로 종말을 맞이했을 것입니다. 그러나 감찰하시는 하나님을 믿고 살았습니다.

인간의 모든 행위를 샅샅이 지켜보시고 또 온갖 고통을 모두 지켜 감찰하십니다. 하나님은 사람을 감찰하실 때 사람의 외모만이 아니라 그 사람의 동기와 의도까지도 감찰하시는 분이십니다.

사람들은 이 땅에 살면서 각자 나름대로의 계획과 목적을 가지고 열심히 살아갑니다. 불신자들은 모두 계획에 하나님을 염두에 두지 않습니다. 실패하면 원망하고 자학하며 성공하면 자고하고 자랑합니다. 하지만 성도들은 이와 달라야 합니다. 모든 삶의 배후에 하나님께서 경영하시고 섭리하시며 감찰하시는 하나님 표준을 따라 살아야 합니다.

3. 성취하시는 하나님 표준으로 살아야 합니다(3).

"바람의 길이 어떠함과 아이 밴 자의 태에서 뼈가 어떻게 자라는 것을 네가 알지 못함같이 만사를 성취하시는 하나님의 일을 네가 알지 못하느니라"고 솔로몬은 고백하였습니다(전 11:5).

솔로몬은 애기 낳는 일로 성취하시는 하나님을 잘 보여주고 있습니다. 태중의 뼈가 어떻게 자라는 지를 아무도 모르나 자라고 있는 것처럼, 하나님께서는 우리가 모르는 가운데서도 무엇인가를 성취하고 계십니다. 그래서 본문에서는 "너의 행사를 여호와께 맡기라 그리하면 너희 경영하는 것이 이루리라"고 하였습니다.

여기에 "맡기고"라는 말은 '굴려 버리다'의 뜻입니다. 자기의 할 일을 다하고 하나님께 굴려 보내면 하나님께서 마무리지어 주십니다. 그러므로 성취하시는 하나님 표준으로 살아야 합니다.

비록 일차적으로는 나 자신이 계획하고 추진할지라도 궁극적으로 그 일을 이루시고 성취하시는 분은 '내가 아니라 하나님'임을 겸손하게 고백해야 합니다.

그런즉 처음부터 하나님과 함께 상의하고, 또 하나님께 내 인생을 맡겨야 합니다. 그리할 때 모든 일의 뜻하는 바가 은혜 중에 성취됩니다(3절). 내 인생의 키를 하나님께 드리고 그분의 인도대로 따라갑시다. 그리하면 분명 그분은 우리를 기쁨의 도구로 인도할 것입니다.

사랑하는 성도 여러분. 우리 인생의 삶을 내 가치 기준이나 결정에 따라 살지 말고 전능하신 하나님의 표준을 따라 사는 지혜롭고 성공적인 삶을 사는 성도들이 되시기를 바랍니다.

예수님을 바라보고 삽시다

(빌 2:1-11)

사람마다 인생을 살아가는 동안 그가 생각하는 이상이 있습니다. 그 이상이 무엇이냐에 따라 그 인생의 결과도 달라집니다.

우리는 땅위에 살지만 천국을 사모하며 사는 백성들입니다. 천국을 사모하며 사는 자들은 우리의 삶을 온전케 하시는 예수님을 바라보며 살아야 합니다. 예수 안에 평안이 있고 안식이 있으며 구원이 있기 때문입니다.

'근묵자흑'이란 말이 있습니다. 먹을 가까이 하면 검어진다는 뜻이며, 나쁜 사람과 사귀면 그 버릇에 물들기 쉽다는 말입니다.

반대로 '서당개 삼년에 풍월한다'는 말이 있습니다. 이 말은 무식한 사람도 유식한 사람과 같이 오래 지내면 자연히 견문이 넓어진다는 뜻이며, 무슨 일 하는 것을 오래 보고 듣고 하면 자연히 할 줄 알게 된다는 말입니다.

사람은 가깝게 하는 것에 따라서 달라지고 바라보는 것에 따라서 변화됩니다. 그러기에 성경은 '이 세대를 본받지 말라', '이 세상이나 세상에 있는 것들을 사랑치 말라'고 말씀합니다(요1 2:15). 왜냐하면 이 세대를 본받거나 이 세상을 사랑하면 썩어지고 부패한 세상 풍조에 밀려 요동할 수밖에 없기 때문입니다.

반면에 성경이 우리에게 바라보라고 권면하는 것이 있습니다. "믿음의 주요 또 온전케 하시는 이인 예수를 바라보자"(히 12:2), "내 영혼아 네가 어찌하여 낙망하며 어찌하여 내 속에서 불안하여 하는고 너는 하나님을 바라라 나는 내 얼굴을 도우시는 내 하나님을 오히려 찬송하리로다"(시 42:11).

하나님이 말씀하십니다. "땅 끝의 모든 백성아 나를 앙망하라 그리하면 구원을 얻으리라 나는 하나님이라 다른 이가 없음이니라"(사 45:22).

"소년이라도 피곤하며 곤비하며 장정이라도 넘어지며 자빠지되 오직 여호와를 앙망하는 자는 새 힘을 얻으리니 독수리의 날개치며 올라감 같을 것이요 달음박질 하여도 곤비치 아니하겠고 걸어가도 피곤치 아니하리로다"(사 40:30-31).

예수를 바라볼 때 피곤치 않고 낙심치 않게 되며 예수의 마음을 품게 될 때 온유하고 겸손함으로 하나님의 뜻을 이루게 됩니다. 인생의 모범이신 예수님을 바라봄으로 모범을 닮아가고, 예수님 처럼 하나님께 존귀하게 여김 받기를 바랍니다.

성도 여러분, 무엇을 바라보십니까? '바라본다'는 것은 목표를 가지는 것입니다. 목표가 없는 행동은 무가치한 행동이며 쓸데없는 낭비에 불과합니다.

사도 바울은 "내가 달음질 하기를 향방 없는 것같이 아니하고 싸우기를 허공치는 것같이 아니하여"(고전 9:26)라고 하여, 목표 있는 삶을 강조하고 있습니다. 목표 없는 마라톤 경주, 표적물을 맞추지 못하는 사격은 시간과 정력만 낭비하는 것입니다.

우리는 하나님을 바라보고 살아야 합니다. 믿음의 주요 온전케 하시는 이인 예수를 바라보고 살아야 합니다. 하나님을 바라보고 살아가는 자들에게는 하나님께서 끊임없는 도전을 주십니다.

창세기 1장에서 하나님께서는 "생육하고 번성하여 땅에 충만하라 땅을 정복하라"(창 1:28)라고 하셨습니다. 얼마나 위대한 문화적 도전입니까? 예수께서 승천하시기 전에 "오직 성령이 너희에게 임하시면 너희가 권능을 받고 예루살렘과 온 유대와 사마리아와 땅 끝까지 이르러 내 증인이 되리라"(행 1:8)라고 하셨습니다. 얼마나 엄청난 복음적 도전입니까?

하나님께서는 사람들에게 다음과 같은 도전적인 질문을 계속 하심으로 그들을 격려하십니다.

첫째 질문은 "네가 어디 있느냐"(창 3:9)라는 질문입니다. 자기 현실을 깊이 이해하라는 말씀입니다.

둘째 질문은 "네 손에 있는 것이 무엇이냐"(출 4:2)라는 질문입니다. 하나님께서 주신 은사, 기술, 지원, 기회, 비전은 무엇입니까? 하나님께서는 비전을 이룰 모든 것을 다 마련하셨다고 암시하시는 말씀입니다.

셋째 질문은 "네가 여기서 무엇을 하고 있느냐"(왕상 19:9)라는 질문입니다. 하나님께서 주시는 자원, 지식을 가지고 무엇을 하고 있느냐는 말씀입니다. 사명감이 희미해진 사람에게 사명감을 일깨우시는 질문입니다.

넷째 질문은 "네가 무엇을 보느냐"(겔 8:15)라는 질문입니다. 하나님의 미래 계획을 보는가? 당신이 해야할 일과 되어야 할 존재는 무엇인가?

다섯째 질문은 "이 뼈들이 능히 살겠느냐?"(겔 37:3)라는 질문입니다. 하나님의 계시와 지도와 능력을 믿느냐? 하는 것입니다. 그래서 불가능하게 보이는 일들도 과감하게 도전하라는 말씀입니다.

이 5가지 질문은 오늘 우리에게 도전의식을 주는 말씀입니다.

사랑하는 성도 여러분. 여러분의 인생을 보다 힘차게 살아가고 자신의 위치를 깨닫고, 내가 이 나라 이 민족을 위해 한국 교회를 위해 일할 것이 무엇인가를 깊이 생각하고, 사명감을 가지고 주님 분부하신 선교와 교육의 명령을 따라서 오늘도 힘차게 일하는 주의 역군들이 다 되시기를 바랍니다.

예수님을 바라보고 사는 사람들에게 은혜를 주실 것입니다. 믿음의 주요 온전케 하시는 이인 예수님을 바라보고 사는 성도들이 되시기를 바랍니다.

광복이 주는 현대적 의미
(시 46:1-3)

1945년 8위 6일과 9일에 일본 나가사까와 히로시마에 원폭이 투하됨으로 인해 세계를 재패하려던 일본의 소위 천황이 백기를 들고 항복하는 소리가 나며, 더불어 2차대전의 종막을 내리게 된 것입니다.

36년간의 일제의 지배하에서 쓰라린 고통을 당하던 우리 민족은 이 시간으로부터 완전히 해방을 당하게 되었습니다.

이렇게 8.15 광복을 맞게 되었을 때, 이스라엘 백성들이 70년의 바벨론 포로생활에서 해방되었던 기쁨과 자유와 감격을 누릴 수 있었습니다.

광복이 주는 의미는 무엇입니까?

1. 환난 중에 만난 광복은 하나님이 직접적으로 역사하신 사건이었습니다 (46:1).

시편 126:1에 보면 "여호와께서 시온의 포로를 돌리실 때에 우리가 꿈꾸는 것 같았도다" 라고 이스라엘은 노래했습니다. 하나님은 포로 된 자를 풀어주시며, 억울한 자의 원한을 풀어주시는 분이십니다.

이스라엘의 해방은 그들의 지혜와 능력으로 쟁취한 것이 아니고 하나님께서 직접적으로 역사하시는 사건이었습니다. 그러기에 꿈꾸는 것 같았다고 저들은 노래하고 기뻐했습니다.

바벨론에 포로 된 이스라엘의 운명처럼 일본에 사로잡혀 새벽이 없는 밤중이었습니다. 하나님은 그 긴 고통의 밤을 거두시고 1945년 8월 15일 해방을 허락하여 주셨습니다.

이 소식이야 말로 정말 꿈꾸는 것 같은 역사였습니다. 하나님은 국가나 가족이나 개인이 어려움을 당할 때에 놓아주시고 풀어주시며 자유를 주시는 하나님이심을 기억하시기 바랍니다.

여러분 중에 어려움을 당한 성도가 있습니까? 결박당한 심령이 있습니까? 고통 중에 있는 성도가 있습니까? 질병에 고통당하는 자가 있습니까? 전능하신 하나님께서 풀어주실 것입니다.

출애굽기 19:4-6에 보면 "내가 너희를 해방했으니 이제 나와의 약속을 맺으며 너희는 자유인이 되고 거룩한 백성이 될 것이다" 라고 말씀하셨습니다.

광복 50주년을 맞는 현대적 의미는 하나님과 약속을 맺으라고 하신 말씀을 상기해야 합니다. 하나님의 약속을 믿어야 합니다. 언약의 말씀 따라 사는 자가 될 때 자유인이 될 것입니다.

하나님이 오늘의 성도들에게 요구하시는 것은 '거룩한 백성'이 되는 것입니다. 거룩한 백성은 하나님과 이웃과 자신에게 정직하게 살고, 이웃에게 사랑과 용서의 삶을 살며, 하나님 앞에서 살기 때문에 의롭고 거룩하게 사는 것입니다.

2. 광복의 의미는 자유와 평화의 선물을 받은 사건이었습니다.

기독교에서는 자유를 구원이라는 말로도 표현합니다. 죄와 사망으로부터 구원받는 것은 죄와 사망으로부터 자유하다고 말하는 것입니다.

기독교의 자유 됨은 성경에 당시의 노예제도를 배경으로 하여 증명하고 있습니다. 노예와 자유민의 역사는 종과 주인의 관계로 말할 수 있습니다.

노예가 되는 경로에는 3가지가 있는데, 하나는 전쟁에 패하게 되면 종이 되고 노예가 되었습니다. 마찬가지로 하나님을 믿는 성도들도 정욕과 싸워서 이겨야지, 땅에 있는 정욕에 따라 살면 죄가 됩니다.

환난과 싸워서 이겨야지, 지면 패배자가 되는 것입니다.

불의와 싸워서 이겨야 의인이 되지, 지면 죄인이 됩니다.

불행과 싸워 이겨야 행복이 있는 것이지, 그렇지 않으면 비극을 낳게 되는 것입니다.

우리는 죄와 사탄의 권세와 환난과 불의와 나의 정욕을 이겨야 자유와 평화의 선물을 얻습니다.

두 번째로는 팔려 가는 노예가 있습니다. 요셉이 형들에게 팔려갔기 때문에 노예생활을 했습니다. 에서가 야곱에게 팥죽 한 그릇에 장자의 명분을 팔게 되므로 종이 되었습니다. 성도의 명분을 물질에 팔거나 권력과 명예에 팔거나 세상 유혹에 팔면 노예가 됩니다.

그런데 본래적인 노예가 있습니다. 날 때부터 노예가 있습니다. 아프리카의 흑인은 아무리 노예가 되지 않으려 하여도, 흑인이기 때문에 백인의 노예가 되었던 것입니다. 운명적으로 노예가 있습니다.

노예는 종이요, 참 자유가 없고 평안을 상실한 채 살고, 삶의 목적도 별로 없습니다. 복음 안에서 참 자유인이 된 성도는 하나님께 영광 돌리는 삶과 자유와 평화를 위해서 일하시기를 바랍니다.

3. 광복의 현대적 의미는 다시는 종의 멍에를 메지 말라는 말씀입니다.

예수님께서 우리에게 해방을 주신 것은 다시는 종의 멍에를 메지 말고 하나님의 영광을 위해서 살라는 뜻입니다.

사도 바울은 고전 6장에서 "너희 몸으로 하나님께 영광을 돌리게 하라"고 했습니다. 우리는 죄와 불의와 사탄의 멍에를 메지 말고 하나님께 영광 돌리는 삶을 살아야 하겠습니다. 그러기 위해서 우리는 "의의 종"이 되어야 하겠습니다. "진리의 종"이 되어야겠습니다. "성령의 종"이 되어야 하겠습니다.

마태복음 11:29절에서 예수님께서는 "나의 멍에를 메고 내게 배우라"고 하셨습니다. 예수님의 멍에는 겸손과 순종입니다.

바울은 빌립보 3:14에서 "푯대를 향하여 예수 그리스도 안에서 하나님이 위에서 부르신 부름의 상을 위하여 쫓아가노라"고 했습니다.

빌립보서 2:5에서는 "너희 안에 이 마음을 품으라 이 마음은 곧 그리스도 예수의 마음이니 그는 근본 하나님의 본체시나 하나님과 동등 됨을 취하지 아니하시고 복종하셨으니 십자가에서 죽으심이라”고 말씀을 하셨습니다.

우리는 다시는 과거와 같은 종의 멍에를 메지 말아야 합니다. 죄의 멍에를 메지 말고 진리의 사람, 진리의 백성이 되어서 우리 성도들이 하나님께 영광 돌리는 복된 믿음의 역사를 이루는 성도들이 되시기를 주님의 이름으로 축원합니다.

광야로 나아갑시다
(호 2:14-20)

호세아 예언자는 북 이스라엘에서 활동한 예언자입니다. 그가 예언을 시작하던 때는 여로보암 2세 통치 말기와, 그가 죽은 주전 746년 이후에 계속 일어난 왕실내의 정치적 싸움으로 인한 사회적 불안이 극도에 달한 때였습니다. 종교적으로는 바알 숭배와 종교 혼합주의 현상이 만연했고, 제사장들은 자기의 책임을 망각한 채 타락하였던 때입니다.

하나님의 사람 호세아 선지자가 신랄하게 고발한 이스라엘의 죄는 야훼 하나님을 떠나 그를 잊어버리고, 바알과 다른 우상에게 미혹되어 저지른 종교적 간음죄였습니다.

바알 종교의 유혹은 이스라엘 자손들에게 있어 매우 달콤한 것이었습니다. 바알은 풍요의 신으로 그가 풍성한 수확을 가져다준다고 믿었습니다. 이 풍성한 수확은 하늘과 땅의 접합의 결과라고 믿었습니다. 그래서 바알 신당에는 성녀들을 두고 매음행위를 일종의 종교의식으로 받아들였던 것입니다.

이 바알 숭배는 이스라엘 자손들의 정신세계를 황폐하게 하였고, 오로지 물질 문명만을 추구하며 육체적인 향락에 몰입하게 만들었습니다. 이와 같이 달콤한 물질문명에 도취되어 하나님을 떠나버린 이스라엘에 대하여 하나님은 어떻게 하셨을까요?

1. 저들이 빠져있는 바알 숭배, 곧 물질문명의 삶에서 빠져 나오게 하시기 위한 것입니다.

물질문명이 인간을 안락하게 해주는 것은 사실이지만, 그것은 인간의 영혼을 잠들게 만들고 육체적인 향락과 도덕적인 부패와 역사의식의 상실을 가져오는 것입니다.

성경은 처음부터 도시문명을 하나님의 뜻과는 거리가 먼 것임을 여러 곳에서 지적하고 있습니다. 소돔과 고모라 성에 대한 심판은 바로 도시문명에 대한 하나님의 최초의 심판의 기록입니다.

하나님께서 이스라엘 자손들은 4백년 동안이나 애굽에서 종살이를 하게 하셨는데, 그 종살이를 통하여 애굽 문명의 잔인함과 착취와 억압이 어떠한 것인지를 체험하게 하셨습니다.

또한 왕국건설 후 솔로몬이 화려한 성전과 자기의 궁전을 건축하여 이스라엘은 번영의 전성기를 맞게 되었습니다. 그러나 그것은 곧 민족의 분열이라는 비극을 가져왔습니다. 그후 그 화려한 모든 건축물은 바벨론에 의하여 파괴되어 버렸습니다.

하나님은 이스라엘을 계속 광야로 불러내고 계신 것입니다. 바벨론 포로 이후 계속 광야로 불러내고 계신 것입니다. 곧 물질문명이 삶에서 빠져나오게 하십니다.

예수님께서도 물질문명과는 상관이 없는 하나님 나라를 선포하셨습니다. 그래서 먹고 마시는 것보다는 먼저 그의 나라와 그 의를 추구하라고 하셨습니다.

사도 바울은 "돈을 사랑함이 일만 악의 뿌리가 되나니 이것을 사모하는 자들이 미혹을 받아 믿음에서 떠나 많은 근심으로써 자기를 찔렀도다"(딤전 6:10)라고 하였습니다.

오늘 극도에 달한 물질문명은 인간의 정신세계를 황폐케 하고, 인간의 영혼을 잠들게 하고 있습니다. 여기서 구원받는 길은 다시 광야로 나가는 길밖에 없습니다.

하나님은 오늘 우리에게 광야로 나갈 것을 말하고 있습니다. 그것은 절약과 검소와 절제의 삶을 뜻하는 것입니다. 광야의 삶이란 우리가 가난했을 때 그랬던 것처럼, 모든 것을 아끼고 재생하여 쓰고 버리는 것이 없는 삶을 상징합니다.

더 늦기 전에 우리가 광야로 나가지 아니하면 우리는 이 문명의 찌꺼기들로 인하여 멸망하게 될 것입니다.

2. 저들에게서 도시문명의 모든 잔재들을 털어 내고 하나님과의 계약을 기억케 하시기 위함입니다.

하나님은 거친 광야 한복판인 시내산에서 저들과 계약을 맺으시고 율법을 주셨습니다.

거친 광야에서 저들은 하나님만을 의지할 수밖에 없었습니다. 그가 주시는 만나와 메추라기와 샘물이 아니면 도저히 살아남을 수 없는 거친 광야에서 이스라엘은 하나님만을 사랑하고 섬기기로 계약을 맺었던 것입니다.

거친 광야 가운데서 문명에 물들지 않은 이스라엘은 율법이 지시하는 하나님 사랑과 이웃 사랑의 의미를 올바로 알 수가 있었습니다.

그러나 가나안에 들어가 도시문명을 접하면서 그들의 정신은 흐려지고, 율법이 지시하는 삶은 어리석은 것으로 생각되어 거기서 점점 멀어지기 시작하였습니다. 인간의 안락한 삶이 율법 같은 것은 별로 중요하게 생각지 않도록 만들어 놓았습니다.

아무것도 가진 것이 없는 광야생활에서는 서로가 평등할 수 있었습니다. 서로가 협력할 수 있었고, 서로가 나눌 수 있었습니다. 그러나 농경생활로 들어오면서 빈부의 격차가 생기게 되고, 주인과 종의 관계가 이루어지고, 가진 자와 못 가진 자의 격차가 일어나게 되자, 율법에 지시한 이웃사랑과 형제사랑을 지킬 수 없었습니다. 그래서 하나님은 이들을 다시 광야로 이끌어내어 율법의 근본정신을 깨우치려 하셨습니다.

우리 자신을 돌아볼 때, 곤고하였던 시절에는 우리가 열심히 기도도 하고 하나님의 말씀을 좇아 살려고 힘썼지만, 그때를 벗어나자 우리의 신앙은 점점 나태해지고 교만해지며, 이웃에 대하여 무관심하며, 하나님에게 간절히 기도하는 것을 잊어버리게 됐습니다.

도시문명은 우리의 신앙을 시들게 만듭니다. 물질문명은 우리의 영혼을 좀먹는 독소를 뿜어내고 있습니다. 안락하고 분주한 도시생활은 우리를 기도의 생활에서 멀어지게 하고 있습니다. 부요한 삶은 우리의 겉 사람만 살찌게 할 뿐이지, 우리의 속 사람은 점점 시들게 할 뿐입니다.

더 늦기 전에 광야의 신앙을 되찾는 성도들이 되시기를 바랍니다.

3. 잃어버린 역사의식을 새롭게 하시기 위함입니다.

바알 숭배는 미래가 없습니다. 역사가 없습니다. 그저 오늘 잘먹고 잘사는 것이 최대의 선일 뿐입니다.

이스라엘 자손들이 이 달콤한 유혹에 빠져 저들의 미래를 잃어버린 것입니다. 하나님의 구원의 섭리를 잃어버렸습니다. 하나님께서 그들에게 주신 사명을 망각해 버렸습니다. 미래의 구원을 위해 오늘의 고난을 감수해야 한다는 가치관을 헌신짝처럼 던져 버렸습니다. 현실주의, 쾌락주의 문화의 가치는 오늘 잘먹고 잘살면 되는 것입니다.

하나님은 이런 찰라적인 가치관을 깨시고 이들에게 하나님의 구원의 미래를 보여 주려하신 것입니다. 그래서 이스라엘을 광야로 불러내시어 다시 한번 그 역사의식을 새롭게 하시려 한 것입니다.

사랑하는 성도여러분. 바알 문명인 도시문명에 찌들어 있는 우리 자신을 한번 깊이 성찰해야 하겠습니다. 그것은 죽음의 문명이며, 우리의 영혼을 시들게 만드는 마귀의 문명입니다. 그것은 분명히 마지막 날에 모두 무너져 내릴 수밖에 없습니다. 그래서 다시 광야에 계신 하나님께로 나가야 하겠습니다. 우리의 영적인 삶을 풍요하게 해줄 수 있는 광야로 나가야 하겠습니다. 우리의 나태하고 안이해진 신앙생활을 새롭게 하기 위하여 고난 당하여 울부짖던 그 옛날로 돌아가야 하겠습니다.

욕망을 절제하고 검소하게 살던 광야의 시절로 돌아가야 하겠습니다. 파멸이 오기 전에, 더 늦기 전에 여기서 벗어나 하나님을 만나고, 그의 음성을 들을 수 있는 광야로 나가야 하겠습니다. 그 길만이 우리 모두가 살 수 있는 길입니다.

이제 하나님만을 의지하고 사는 광야의 신앙으로 영혼을 새롭게 하는 성도여러분의 생활이 되시기를 바랍니다.

9월
말씀의 달

축복하신 예수님
(막 8:1-10)

예수님은 지상에서 교육, 선교, 봉사(마 4:23)의 일을 하셨으며, 또한 각색 병자를 고치시고, 죽은 자를 살리시며, 기적을 행하신 일들이 있습니다.

오늘 본문 마가복음 8:1-10까지의 말씀은, 7병 2어의 기적을 베푸신 사건입니다.

큰 무리들이 예수님과 3일간이나 함께 하는 동안 먹을 것이 없이 기진하였을 때, 예수님께서 "무리를 명하사 땅에 앉게 하시고 떡 일곱 개를 가지사 축사하시고 떼어 제자들에게 주어 그 앞에 놓게 하시니 제자들이 무리 앞에 놓더라"고 했습니다. 그리하여 배불리 먹고 일곱 광주리나 남았다고 했습니다.

어떻게 그런 축복이 이루어 졌습니까?

1. 예수님은 있는 것으로 축복하셨습니다(4-5).

광야에서 영의 양식인 말씀으로 채워주신 예수님께서 많은 무리를 그냥 돌려보내지 않으시고, 육신의 배고픔을 생각하사 배불리 먹여 보내야 되겠다 말씀하실 때, 믿지 않는 자의 눈으로는 황당한 이야기입니다. 광야에서 어떤 좋은 것으로도 먹을 것을 구할 수 없는 상황입니다.

그러나 예수님께서는 너희에게 있는 것이 얼마냐고 물으셨습니다. "지금 물고기 두 마리와 떡 일곱이로소이다"라고 대답할 때, 그러면 그것을 가지고 해결하겠다고 하셨습니다.

이것을 보면 있는 것 가지고 문제를 해결해 주시는 예수님 입니다.

있는 것으로 축복해 주시니, 늘어나서 사천 명 정도가 먹고 일곱 광주리가 남았다는 말씀입니다.

본문에서 주님께서는 있는 것으로 축복하시고, 늘리고 키워 문제를 해결해 주시는 줄 믿고, 여러분도 아쉽고 없을 때 기도하시기 바랍니다. 그리하면 주실 것입니다.

나에게 조금 있는 것, 내가 무엇을 지금 하고 있는데 안 되는 것, 이러한 것을 키워달라고 하면 분명 키워 주시는 줄 믿습니다. 그래서 있는 것으로 축복해 주시는 예수님이십니다.

모세가 홍해 앞에 당도해서 애굽군의 추격과 홍해로 앞이 가로막힌 진퇴양난의 위기에서 하나님께 기도할 때, "모세야 네 손에 든 것이 무엇이냐?" "지팡이 하나 뿐이니이다." "그것을 가지고 홍해를 가르키라"고 했습니다.

모세의 손에 들려진 지팡이를 통해서 홍해를 도망하게 하는 놀라운 축복을 허락 하셨습니다. 이와 같이 하나님은 있는 것을 가지고 활동할 때 축복해 주십니다.

2. 예수님은 믿는 자에게 축복하셨습니다(6상).

무리를 명하여 땅에 앉게 하셨는데, 그들은 명하신 대로 순종하는 믿음이 있었습니다.

물고기 두 마리와 보리떡 일곱 개는 혼자서 먹어도 모자랍니다. 그런데 무리를 명하사 앉게 하시니 믿고 앉았습니다. 그 많은 사람들이 물고기 두 마리와 보리떡 일곱 개를 먹겠다고 앉았으니, 그 믿음이야말로 얼마나 좋습니까?

주님의 손에 있어, 주님의 손만 거쳐 나오면 문제가 해결되리라 믿고 앉았더니, 그 많은 무리가 실컷 먹은 후 일곱 광주리나 남았다는 것입니다. 믿는 대로 받은 것입니다.

믿는 자에게 준 것입니다. 믿지 않고 간 사람은 받을 길이 없었습니다. 그러므로 성경은 믿는 만큼 되고, 믿는 만큼 받는다고 말씀하고 있습니다. 그래서 믿는 자에게 주는 축복이 있습니다.

열 두 해를 혈루증을 앓던 여인은 예수님의 옷가만 만져도 자기 병이 나을 줄 믿는 믿음이 있었기에, 예수님께서 "딸아 네 믿음이 너를 구원하였느니라 평안히 가라 네 병에서 놓여 건강할 지어다" 하고 축복해 주셨습니다. 믿음으로 구원받고, 마음의 평안과 육신의 건강축복을 받았습니다.

예수님은 믿는 자에게 영육간에 축복해 주십니다.

3. 예수님은 봉사한 자에게 축복해 주십니다(6하-8).

주님께서 제자들에게 너희 있는 것이 얼마냐 물으시고, 저들에게 있는 생선 두 마리와 떡 일곱 개를 가지시고 축복해 주셔서, 그 많은 무리가 먹고 일곱 광주리가 남았다 했습니다.

그런데 사천 명을 주님께서 땅에 앉게 하신 다음 축복하시고 떡을 떼어 제자들에게 다 나눠주라고 했습니다.

제자 12명이 4천 명에게 봉사한 것을 말합니다. 나도 배고픈데 얼마나 힘들었겠습니까? 그러나 그것을 다 나눠주고 난 다음 받은 것은 귀한 것입니다.

봉사하고 받은 것입니다. 우리가 구원을 얻고 천국 가는 일에 우리가 할 일은 없습니다. 오직 믿음 뿐입니다. 그러나 축복은 행함에 있다 하셨으니, 봉사 잘하여 축복 받는 여러분 되시기를 바랍니다.

사르밧 과부는 주의 종 엘리야 선지자를 위해 마지막 양식을 가지고 봉사한 후에, 죽었던 아들을 살리게 되는 큰 축복을 받았습니다.

축복 받는 삶은 있는 것으로 헌신하고, 말씀대로 믿고 순종하며, 받은 은사대로 성실하게 봉사하는 자에게 주어지는 삶입니다.

절제의 생활
(엡 4:25-27)

우리 인생의 삶의 과정에는 절제 없이 과식하다가 위장이 병이 나는 경우들이 있고, 과욕을 부리다가 사업에 실패를 가져오는 경우들이 있으며, 말에 대한 절제가 없이 함부로 말하므로 상대방의 마음을 상하게 하고, 자신의 인격에 손해를 보는 경우들이 많이 있습니다.

절제는 성령의 아홉 가지 열매 중에서 맨 마지막 열매이기도 합니다. 이 절제란 어떤 것이 넘치지 않도록 잘 조절하고 억제하는 마음을 의미합니다.

성도의 절제의 생활은 무엇이어야 할까요?

1. 말의 절제가 있어야 합니다(25).

우리가 세상을 살아가는 동안 조절을 잘 해야 합니다. 예수 믿는 사람들이 가장 먼저 해야 되는 절제의 생활은 말조심하는 것입니다.

바울 사도가 에베소 지방에 가서 전도해서 교회를 세워 키워놓고, 또 다른 곳에 가서 교회를 세워 키워 놓곤 하다가, 얼마쯤 세월이 지나서 에베소 교인들의 사정을 듣고 편지를 보냈습니다.

여기에 보니, 에베소 교인들에게 "너희가 거짓말하지 말라"고 권면하고 있습니다. 그들은 교회 나오면서도 거짓말을 곧잘 했다는 뜻입니다. 그러면서도 죄인 줄을 몰랐습니다. 거짓말을 버리고 이제부터는 진실을 말하고 참된 것을 말해야 하는 이유는, 우리가 한 지체 즉 한 몸이기 때문입니다.

내가 내 자신을 속인다면 가장 어리석은 사람입니다. 성도는 진실을 말해야 합니다. 망하는 것 같아도 사람들이 결국은 알아준다는 것입니다. 즉, 믿어준다는 것입니다. 그 다음부터는 성령이 기쁘게 생각하신다는 것입니다.

거짓말 할 때에는 성령이 말할 수 없이 우리를 위해서 근심을 합니다. 그러므로 말의 절제, 즉 무슨 일이 있어도 거짓말은 안하며, 진실한 것만 말한다고 하는 이러한 말의 절제가 성령을 기쁘게 하는 생활입니다.

성도가 하지 아니해야 할 말은 수군수군하는 말, 비방하는 말, 시기하는 말, 질투하는 말, 불평하는 말, 원망하는 말, 거짓 증거하는 말 등입니다.

성도는 칭찬하는 말, 위로하는 말, 격려하는 말, 사랑하는 말을 많이 해야 합니다. 진실한 말, 덕이 되는 말, 상대방의 마음을 유쾌하게 하는 말을 해야 합니다.

2. 마음의 절제를 해야 합니다(26).

예수 믿으면서도 분을 내는 일이 종종 있습니다. 아무리 금슬 좋은 부부 사이에도 이따금 분을 내는 일이 있고, 부모자식 간에도 분을 내는 일이 있고, 성도들 간에도 분을 내는 일이 있습니다.

분을 내고 그 분풀이를 다하게 되면 죄를 짓게 됩니다. 그러니 분을 내되 죄까지는 짓지 말라는 것입니다.

그리고 '해가 지도록 분을 품지 말라'는 말씀은 우리 나라는 한밤중 0시가 되면 날이 바뀌는데, 이스라엘은 해가 질 때 새날이 되므로, 오늘 분이 나면 오늘로 삭여 버리고 내일까지 분을 끌고 가지 말라는 뜻입니다.

믿는 사람은 어떤 이를 미워함으로 다음날까지 분을 품고 있으면 성령이 근심한다는 것이 본문의 가르침입니다. 그러므로 분을 빨리 떨쳐버릴수록 성령이 기뻐하는 생활이 됩니다. 이것이 마음의 절제입니다.

분을 내고 죄짓는 마음은 나쁜 마음입니다. 아픈 마음을 달래고 성령 안에서 위로를 받으며 말의 절제를 잘하는 사람은 착한 마음입니다. 이것이 예수님의 온유하고 겸손한 마음입니다.

3. 믿음의 절제가 있어야 합니다(27).

도적이 어디로 들어옵니까? 도적은 틈이 있기만 하면 들어옵니다. 그래서 문단속을 잘해야 합니다. 도적이 들어오면 남겨놓질 않습니다. 그저 손에 잡히는 것은 다 가져갑니다. 하여튼 도적은 들어 왔다 하면 손해나는 것입니다.

우리 믿음의 도적은 마귀입니다. 마귀는 틈만 있으면 들어옵니다. 약한데로 꼭 뚫고 들어옵니다.

어떤 사람이 돈을 하도 좋아해서 돈이라면 자기 믿음도, 또 자기 양심도 팔아먹을 사람이 있다면, 그런 사람에게는 돈줄을 타고 꼭 마귀가 들어옵니다.

어떤 사람은 명예심이 강하여 명예라면 오금을 못 쓸 정도입니다. 그런 사람은 바로 명예심이 약점입니다. 마귀는 이런 약점을 타고 들어와서 믿음을 모두 도둑질해 갑니다.

병마는 약할 때 약한 틈을 타고 들어옵니다. 혈압이 올라가도 병이 되고, 내려가도 병이 됩니다. 혈압이 한결 같아야 되고 체온도 한결 같아야 됩니다. 우리의 믿음도 한결같이 빈틈이 없어야 됩니다.

우리의 믿음이 한결같을 때에는 마귀가 틈을 타지 못합니다. 마귀로 하여금 틈을 주었다 하면 성령은 근심하게 됩니다. 우리는 빈틈없이 든든히 하고, 한결같은 믿음으로 생활할 때는 성령이 기뻐하십니다. 절제의 생활은 말의 절제, 마음의 절제, 믿음의 절제, 이것이 성령을 기쁘게 하는 생활입니다.

<h1 style="text-align:center">요셉의 생활 철학</h1>
(창 42:18-25)

인간은 누구나 생활철학을 갖고 있습니다. 바울 사도에게는 로마서 14:8에 "우리가 살아도 주를 위하여 살고 죽어도 주를 위하여 죽나니 그러므로 사나 죽으나 우리가 주의 것이로다"고 그의 생활철학을 고백하였습니다.

영국 정치가 모아는 "인생은 짧은 날이다. 그러나 일하는 날이다"고 말하였습니다.

사도 바울은 골로새서 3:1-4절에서 그의 신앙철학을 '위엣 것을 찾는 생활'이라고 했습니다(1절). 이 말씀은 뚜렷한 생활목표를 가지라는 뜻입니다.

목표가 고상하면 인격도 고상해집니다. 세상적인 것에 목표를 두는 것보다 위에 계시는 하나님, 예수 그리스도에게 목표를 두는 자는 고상한 인격을 소유한 자입니다.

먼저 위엣 것을 찾고, 위엣 것을 생각하라고 말했습니다. 생각은 마음과 행동이 일치되는 것을 뜻합니다. 위에 계시는 그리스도를 생각하고, 사모하고, 사랑하며, 그 생활이 그리스도와 통하는 것을 뜻합니다. 성도들은 매일같이 예수를 생각하면서 그의 뜻을 따르도록 노력해야 합니다.

본문에 나오는 요셉은 예수님의 모형을 나타내는 인물로서, 신앙의 사람이요, 소망의 사람이요, 인내의 사람이었습니다. 본문을 통해서 요셉의 생활철학을 생각해 보고자 합니다.

1. 하나님을 경외하는 요셉이었습니다(18).

애굽왕 바로가 이스라엘 사람이 아들을 낳으면 산파를 시켜 죽이게 할 때, 산파들이 하나님을 두려워하여 애굽 왕의 명을 거절하였습니다. 이런 것을 '경외'한다고 합니다. 하나님을 두렵고 떨림으로 섬기는 것을 의미합니다.

결국 하나님이 그들의 집을 왕성케 하셨습니다. 그리고 다윗도 '하나님을 경외하는 자를 건져주시고, 모든 좋은 것으로 풍족케 해주시더라'고 체험을 간증하고 있습니다(시 34:7-10).

역시, 오늘의 본문에서 요셉도 같은 고백을 하고 있습니다. 즉 "요셉이 그들에게 이르되 나는 하나님을 경외하노니 너희는 이같이 하여 생명을 보전하라"고 하였습니다.

요셉은 어려운 고비를 여러번 넘기고, 나중에는 만민의 생명을 구원하는 일까지 하였습니다. 그 이유는 하나님을 경외하였기 때문입니다.

요셉의 생활철학은 여호와를 경외하는 신앙이었습니다. 지혜로운 삶은 여호와를 경외하는 삶이요, 미련한 삶은 지혜를 멸시하는 삶인 것입니다.

여호와를 경외한다는 '경외'라는 말은 '존경하다', '두려워하다' 라는 뜻으로, 마음의 진정한 존경에서 우러나오는 거룩한 두려움을 뜻하는 말입니다. 성경은 여호와께 대한 이 경외의 삶이 바로 지혜라고 말한 것입니다.

성도의 생활철학은 여호와를 경외하는 삶이어야 합니다.

2. 청산하는 요셉이었습니다(19-23).

바나바는 바울의 은인입니다. 바울이 회개한 후 사도들과 사귐의 교량역할을 하였고, 안디옥 교회에서 선교사를 파송하기 전에 다소까지 가서 바울을 데려다가 함께 교회를 봉사하게 하였습니다. 그런 바나바와 함께 바울은 마가를 데리고 선교여행을 떠났으나, 중도에 돌아 온 마가 때문에 두 사도는 크게 싸우고 갈라섰습니다.

그후에 바나바는 마가를 훌륭히 키워 놓았습니다. 그 사이에 두 사도간에 쌓였던 앙금을 청산하고 바울은 다시 마가를 데려 왔습니다.

본문에서 요셉은 형들과의 원한을 청산하는 작업과 함께 괴로워하는 형들의 과거사를 깨끗이 청산하도록 하였습니다. 그래야만 형제간에 또는 하나님과의 관계가 바로 되기 때문입니다.

요셉은 화목의 사람입니다. 자기를 억울하게 한 형들이었지만 용서하고 용납하여 불순한 감정을 청산하는 사람이었습니다.

사랑하는 성도여러분. 여러분 중에 골육의 형제자매나 믿음의 형제 자매들간에 억울하게 했다든지, 불순한 감정을 갖게 한 자들이 있습니까? 용서하고 관용할 수 있기를 바랍니다.

나쁜 감정과 억울한 마음을 청산하고 사는 것이 현명한 사람입니다.

3. 도와주는 요셉이었습니다(24-25).

사마리아 사람 하나가 여행 중에 강도를 만나 거의 죽게 된 유대인을 보았습니다. 자기의 도움을 전적으로 필요로 하는 상황이었습니다.

그때 그를 돕는다고 하는 것은 손해보는 일이요, 위험한 일이요, 평소 자기를 늘 업신여기던 자이기에 마음이 별로 내키지 않는 일이 있으나, 이것저것 생각지 않고 도와준 결과, 자기도 좋고 죽을 사람도 살렸습니다.

이웃을 돕고 형제를 돕는다는 것은 매우 귀한 일이요 중요한 일입니다.

본문에서 요셉은 형제를 도울 힘이 있었고, 형들이 요셉의 도움이 절실하였을 때 그릇에 채워 주었고, 돈은 돌려주는 동시에 양식까지 주는 후한 도움을 베풀었습니다.

도움은 도움 그 자체로 끝나야 합니다. 반대급부를 요구치 말아야 합니다. 요셉같이 거저 돕는 철학이 필요합니다. 도와주며 살 수 있는 사람, 베풀며 살 수 있는 자가 큰 사람이며 훌륭한 사람입니다.

요셉처럼 하나님을 경외하는 삶, 형제와 화목하는 삶, 이웃을 도와주는 삶을 살아가는 성도들이 되시기를 바랍니다.

포로 자손의 은혜
(스 6:19-22)

사람마다 소원이 있습니다. 지금 처한 환경과 처지에 따라 그 소원하는 바가 다를 것입니다.

물에 빠진 자의 소원은 물에서 건짐 받는 일이요, 수술환자의 소원은 수술이 잘되기를 원하는 일이요, 대학시험을 치는 자는 합격이 소원일 것입니다.

포로생활에서 귀환한 유다 백성들에게 있어 가장 큰 소망이 있었다면, 그것은 무너진 하나님의 성전을 바로 세우고, 단절되었던 하나님과의 교제를 회복하는 일이었다고 하겠습니다. 따라서 유다 백성들은 많은 시련과 방해에도 불구하고 성전은 기어코 재건하려 했었습니다.

그런데 이러한 유다 백성들의 노력을 못마땅히 여긴 대적들은 집요하게 방해해 왔습니다. 그러나 바사 왕 다리오는 기구들을 예루살렘으로 그대로 반환되도록 선처했습니다.

포로 된 이스라엘 자손에게 주신 은혜는 무엇이었습니까?

1. 대물림의 은혜가 있었습니다(19-20).

이스라엘 백성들이 하나님의 은혜를 망각하고 우상을 열심히 섬기다가 바벨론에 나라가 망하고, 많은 사람들이 포로로 잡혀갔었습니다.

세월이 바뀌어 바사 왕 고레스 원년에 스룹바벨의 인도 하에 그 자손들이 가나안으로 귀환하여 첫 유월절을 지킨 사실이 본문 내용입니다.

유월절은 그들의 조상들이 애굽의 종살이에서 해방된 날입니다. 그 날짜가 중요한 것은 전혀 아닙니다. 중요한 것은 해방되었다는 사실입니다. 해방될 때 양의 덕을 보았는데, 그 양은 예수님을 가리킵니다. 그때 그 조상들이 받은 은혜가 그 자손들에게 대물림이 되었습니다.

바벨론의 속박에서 벗어난 이스라엘 자손들은 애굽의 해방을 기념하는 유월절을 새 성전에서 드렸습니다. 애굽에서의 구원의 은혜가 바벨론의 속박에서 구원 얻는 은혜로 그 자손들에게 대물림이 된 것입니다. 그리고 그 은혜는 오늘날 우리들에게까지 대물림이 되고 있습니다.

예수 그리스도의 구속의 은혜로 구원 얻는 축복이 우리에게도 대물림이 되었습니다. 이 대를 물린 구속의 은혜가 우리 자손들에게도 대물림이 되어야 합니다.

아브라함의 믿음이 이삭에게, 이삭의 모범 된 순종이 야곱에게, 야곱의 축복 받은 믿음이 그 자손과 요셉에게 대물림이 된 것처럼, 먼저 믿는 부모들은 자녀들에게 좋은 믿음을 대물림 할 수 있어야 합니다.

본문에 보면, 하나님 앞에서 유월절 절기를 지키기 위해 먼저 성전에서 봉사하는 제사장들과 레위인들이 몸을 정결케 한 것을 볼 수 있습니다.

하나님은 부정한 것을 받지 아니하시므로, 그분께 나아가는 사람들은 먼저 정결케 해야 합니다. 대물림의 은혜를 받는 자녀들이 되기 위해서는 부모들이 깨끗하게 살아야 하며 의롭게 살아야 합니다.

몸을 정결케 했다는 것은 성결을 의미하고 거룩한 삶을 상징합니다. 거룩한 믿음을 대물림하는 성도들이 되시기를 바랍니다.

2. 어울림의 은혜가 있었습니다(21).

사람이 더불어 살고 어울려 사는 것은 참 아름답습니다. 형제가 어울려 살고 이웃이 더불어 사는 것을 다윗 왕은 감탄해 마지않았습니다(시 133:1). 함께 어울리고 더불어 지낼 때 소속감을 확실히 갖게 됩니다.

본문에서 보면, 포로로 잡혀갔던 자의 자손들, 즉 포로 2세들이 가나안 땅에 귀환하여 유월절을 지킬 때, 가나안 땅에 남아 있으면서 이방 사람들의 우상숭배에 부정스러웠던 사람들도 그 부정을 떨쳐버리고 하나님을 구하면서 유월절에 동참하였습니다. 즉 귀환한 자들과 남아있던 자들이 더불어 지켰습니다. 이런 어울림의 은혜는 유월절을 더욱 뜻 있게 하였습니다. 우리도 예배하는 일이나 하나님의 일에 함께 어울림은 더욱 은혜를 풍성케 합니다.

문제가 되는 것은 어울림이 없이 외톨이로 또는 파벌주의에 빠지는 것입니다. 정치적 파벌게임, 지역적 적대감정, 주안에서도 네 편 내편이 작용한다면 불행스러운 일입니다.

어울림의 은혜는 선하고 아름다운 일입니다. 이는 머리에 있는 보배로운 기름이 옷깃에 내림 같고, 헐몬의 이슬이 시온의 산들에 내림같이 아름답다(시 133:1-3)고 했습니다.

3. 즐거움의 은혜가 있었습니다(22).

기계가 무리 없이 잘 돌아가기 위해서는 반드시 윤활유가 있어야만 합니다. 인간생활이 원활해지고 신앙생활의 활기가 넘치기 위해서는 즐거움이 있어야 합니다. 가정생활의 즐거움, 직장생활의 즐거움, 또는 교회생활의 즐거움이 있을 때 생활의 성공이 약속됩니다.

본문에서 유월절과 무교절을 지킨 그들은 하나같이 즐거움을 지켰습니다. 의무적으로 하거나 억지로 지킨 것이 아니라 감격해서 지킨 것입니다. 그런데 그 즐거움은 자신들이 만든 감정적 즐거움이 아니었습니다. 여호와께서 저희로 즐겁게 하셨다는 것이 본문의 설명입니다. 이것이 여호와 안에서만 얻는 즐거움입니다. 이런 즐거움이 믿음을 살찌게 합니다. 그러기에 즐거움 자체가 은혜입니다.

유월절에 참예하는 모든 무리를 하나님은 즐겁게 하셨습니다. 은혜 안에 거하면 기쁨이 충만케 됩니다. 우리는 그분께 받은 은혜를 되새기도록 해야 하며, 그 기쁨을 잊어서는 안됩니다. 하나님께서는 기이한 능력으로 항상 우리를 도우심으로, 우리는 그 은혜를 감사하며 기쁨을 누리도록 해야 하겠습니다.

하나님의 은혜는 변함없이 우리를 권고하시고 기쁨으로 충만케 하십니다. 그 은혜 안에 거하여 사는 성도들이 되시기를 바랍니다.

하늘에서 가장 큰 사람

(눅 9:46-48)

사람마다 욕망이 있습니다. 의식주에 관한 욕망이 있어서 잘 입고 잘먹고 좋은 집에서 살고픈 마음이 있고, 자신이 하는 일들을 통해 성공하고픈 욕망이 있고, 사회적인 지위문제로 누가 크냐에 대한 욕망이 있습니다.

본문에서 보면, 열 두 제자가 예수의 왕국을 지상의 왕국처럼 생각하고, 그들 사이에 그 나라에서 가장 높은 자리를 차지하기 위해서 경쟁이 있있습니다. 그리하어 세자 중에서 누가 크냐 하는 변론이 일어나게 되었습니다.

본문의 배경을 살펴보면, 변화산으로부터 가버나움으로 돌아온 예수님과 제자들은 서로 다른 생각을 가지고 있었습니다. 예수님의 생각은 십자가에 집중되고 있었습니다. 그러나 제자들은 장차 예수님께서 틀림없이 세우실 것이라고 믿는 왕국에서의 영광스러운 자리를 생각하고 있었습니다.

예수님은 자신이 고난을 받기 위해서 오신 것에 관해 두 번째로 말씀하셨는데, 제자들 사이에서는 저들 가운데 "누가 크냐"하는 문제로 다투고 있었습니다.

이때 예수님은 어린 아이 하나를 데려다가 곁에 세우시고, "누구든지 내 이름으로 이 어린아이를 영접하면 곧 나 보내신 이를 영접함이라 너희 모든 사람 중에 가장 작은 그이가 큰 자니라"고 말씀하셨습니다.

그렇다면 하늘에서 가장 큰 사람은 누구입니까?

1. 허세 부리는 욕망이 없는 자가 큰 사람입니다.

주님께서 어린아이를 세우셔서 말씀하시기를, "너희 모든 사람 중에 가장 작은 그이가 큰 자니라"고 말씀하신 의미는, 어린이와 같이 허세를 부리지 않으며, 단순히 신뢰하고 사랑하는 그 사람이 큰 사람이라는 뜻입니다.

제자들에게 허세를 위한 욕망이 있었습니다. 제자들이 가는 길은 십자가의 길이요, 고난의 길이며 죽음의 길이었습니다. 왜냐하면 주님 가시는 길이 바로 그런 길이기 때문입니다.

그런데 제자들은 왕권의 자리에서 누가 크냐에 대한 허세의 욕망에 사로잡혀 자기가 더 크기를 원하고 있었습니다. 제자들에게는 명성을 얻으려는 욕망이 있었습니다. 이들은 서로 섬기는 것보다는 명성을 얻으려는데 마음을 썼습니다.

그러나 만일 사람이 하나님을 위해서 일한다고 하면, 우리의 명성은 나중이며 우리가 최선을 다하여 봉사해야 할 것입니다.

봉사보다는 명성을 얻으려는 욕망은 허세에 불과한 것입니다. 제자들에게는 지위를 얻으려는 욕망이 있었습니다. 왕의 가장 가까이에서 높은 지위를 얻으려는 욕망이 제자들에게 있었습니다.

그리스도인들이 어떤 지위나 임무를 받았다면, 그것은 무거운 짐이요 책임인 줄 알아야 합니다. 지위를 얻는 것이 문제가 아니라 그 책임을 다할 수 있어야 합니다.

제자들에게는 사람의 눈에 띄기 위한 욕망이 있었습니다. 사람들은 자기의 봉사가 알려지기를 바랍니다. 그래서 그 일에 대해서 감사를 받고 칭찬을 받으려고 합니다.

그러나 주님께서는 말씀하시기를, "너는 구제할 때 오른 손이 하는 것을 왼 손이 모르게 하여 네 구제함이 은밀하게 하라, 은밀한 중에 보시는 너의 아버지가 갚으시리라"고(마 6:4) 하셨습니다.

우리의 봉사와 하는 일이 사람의 눈에 띄기보다는, 은밀한 중에 하는 것을 주님은 더 기뻐하십니다.

사랑하는 성도 여러분, 위신에 대한 욕심, 지위에 대한 욕심, 명성에 대한 욕망을 다 버리고 전적으로 하나님만 의지하고, 은밀한 중에 주의 일에 충성하므로 하늘에서 가장 큰 사람이 되시기를 주의 이름으로 축복합니다.

2. 겸손한 사람이 가장 큰 사람입니다.

예수님께서 어린아이를 세우신 중심 요점은 바로 어린아이의 겸손이었습니다.

주님은 제자들에게서 위대한 일, 중요한 일인 하늘나라의 일에는 관심이 없고, 세상 권세를 얻고자 하는 교만한 모습을 발견 하셨습니다.

주님이 생각하는 큰 자는 겸손한 사람이었습니다.

잠언에는 "교만은 멸망의 선봉이요 겸손은 존귀의 앞잡이니라"고 했습니다.

겸손은 사람에게 참으로 귀합니다. 어린아이처럼 겸손한 사람은 하나님의 나라에서 높은 지위를 얻을 가치가 있다는 것입니다.

바울은 그리스도의 종으로서, 이방인의 사도로서의 직책에 대해서 "내가 복음을 전할지라도 자랑할 것이 없음은 내가 부득불 할 일임이라 만일 복음을 전하지 아니하면 내게 화가 있을 것임이로다"(고전 9:16)고 고백했습니다.

바울은 빌립보교회에 편지하면서 "아무 일에든지 다툼이나 허영으로 하지 말고 오직 겸손한 마음으로 각각 자기보다 남을 낫게 여기라"(빌 2:3)고 하였습니다.

겸손한 사람은 자기 일에 충실하고, 다른 사람을 나보다 낫게 여기는 사람입니다. 그러므로 서로 존경하고 서로를 높이고, 언제나 화합을 가져오게 됩니다.

하나님 나라의 일을 위해 부름 받은 우리들은 부지런히 자기 일을 다하고, 다른 사람을 나보다 낫게 여기는 삶을 살아갈 때, 나도 모르는 사이에 하늘에서 큰 자로 인정이 되고, 그리스도인들이 모인 곳은 화평이 이루어지게 되는 것입니다.

예수님의 십자가를 앞에 놓고도 누가 크냐고 다투던 제자들은 오순절에 성령 충만을 받은 후에 모두 겸손해졌습니다. 하늘에서 가장 큰 사람은 겸손한 사람입니다.

사람마다 자기가 남보다 크기를 원하는 마음이 있습니다. 제자들도 누가 크냐고 다투었습니다. 그러나 주님은 하늘에서 가장 큰 사람은 허세 부리지 않는 자요, 겸손한 사람이라고 했습니다. 우리 모두 겸손한 사람들이 되십시다.

10월
감사의 달

여호와의 은사
(렘 31:10-14)

정주영씨가 "시련은 있으나 실패는 없다"고 말을 했습니다.

하나님께서는 하나님의 자녀 된 자들을 영원히 버리시지 않습니다. 고난은 있으나 버림받는 것은 아닙니다.

본문은 이스라엘에 대하여 하나님께서 예레미야를 통하여 회복을 선포하신 내용을 언급하고 있습니다. 여호와 하나님께서는 이스라엘의 회복에 대해 약속하셨습니다. 그런데 이스라엘의 회복은 그들의 공로와는 아무런 상관이 없었습니다. 오직 하나님의 은혜로 말미암은 구원이었습니다.

오늘 우리는 우리의 죄값을 모두 탕감하시고, 하나님의 백성으로 세워 주신 하나님의 은총을 확신하고 감사하며 살아야 합니다.

우리 성도들은 영적으로 이스라엘 된 하나님의 백성입니다. 그러므로 선민 이스라엘에게 주신 하나님의 새 언약을 우리 성도들에게 주신 것입니다.

그렇다면 여호와의 은사는 무엇일까요?

1. 여호와의 은사는 구원의 은사입니다(10-11).

이스라엘은 하나님께 선택받은 하나님의 백성입니다. 그들은 하나님의 온갖 혜택을 받으면서도 하나님의 미워하는 짓만 열심히 하였습니다. 즉 우상숭배였습니다. 성경은 우상숭배를 영적 간음으로 표현했습니다.

하나님께서도 참으심에 한계가 있었습니다. 결국 바벨론을 들어 징계함으로 그들이 포로가 되어 가나안에서 흩어지고 말았습니다. 그러나 포로생활을 통해서 그들은 많은 것을 깨닫고 믿음에 바로 서게 되었습니다.

이때 "이스라엘을 흩으신 자가 그를 모으시고 목자가 그 양무리에게 행함같이 그를 지키시리로다"(10)라고 본문은 밝혔습니다. 하나님께서 선민을 구원 하신다는 말씀입니다.

이처럼 여호와의 은사는 오늘도 우리를 구원하십니다. 하나님의 약속대로 이스라엘 백성들은 감격의 눈물을 흘리면서 그토록 사모해 왔던 고국 땅으로 귀환 했습니다. 이는 하나님의 구원의 은사였습니다. 그들은 "그 때에 우리 입에는 웃음이 가득하고 우리 혀에는 찬양이 찼었도다"(시 126:2)라고 노래 하였습니다.

이스라엘 백성들의 구원의 결과는 평화와 안식, 영광과 기쁨을 누리게 될 것이라고 하였습니다.

이렇게 이스라엘이 하나님의 구원을 받을 수 있었던 원인은 무엇입니까?

이스라엘 자신들의 행태를 보면, 그들은 구원받을 자격이 없었습니다. 이스라엘은 여전히 하나님을 섬기지 아니 하였고, 오히려 바벨론의 우상에 빠져 있었습니다. 그럼에도 불구하고 하나님께서는 당신이 택한 백성 이스라엘을 향해 긍휼을 베풀어 주셨습니다.

하나님께서는 선민 이스라엘을 당신의 자녀로 여기신 것입니다. 그러므로 선민 이스라엘에게 약속하신 평화와 안식은 곧 자녀에게 친히 주신 약속이었습니다.

오늘 우리는 그리스도를 통하여 영적으로 하나님의 자녀가 된 성도들입니다. 따라서 이스라엘에게 주신 평안의 약속은 오늘 우리에게 주신 약속이기도 합니다.

그런고로 우리는 구원의 은총 가운데서 하나님이 허락하신 기쁨과 평안, 그 누구도 빼앗을 수 없는 기쁨과 평안을 누리는 성도들이 되어야 하겠습니다.

2. 여호와의 은사는 재물의 은사입니다(12상).

이스라엘은 포로생활 70년 동안 너무도 고달팠습니다. 심히 굶주렸고, 헐벗었고, 갖은 학대를 다 받았습니다. 이런 엄청난 고생은 하나님을 저버리고 믿음을 저버린 결과였습니다. 즉 자업자득이었습니다.

그러나 그들의 고생은 헛되지 않았습니다. 저들이 하나님을 버렸다고 해서 하나님이 저들을 버린 것은 아니었습니다. 저들에게서 믿음의 녹슨 때를 벗기는 하나님의 연단이었습니다.

본문에서 그들을 향하신 하나님의 은사, 곧 곡식과 새 포도주와 기름과 어린양의 떼와 소의 떼에 모일 것이라고 하였습니다. 믿음이 회복된 후에 온갖 풍요한 재물을 누리게 하시는 하나님의 은사입니다.

하나님께서는 이스라엘 백성들에게 해방을 주심으로 그들은 예배의 자유를 얻게 되었습니다. 그들에게 예배의 자유는 가장 큰 은혜에 속하였습니다. 예배의 자유를 얻어 하나님을 기쁘시게 할 때, 만물의 풍성함의 축복을 주셨습니다.

앗수르와 바벨론 군대에 대한 침탈은 팔레스틴을 완전히 황폐화 하였습니다. 인명이나 가축의 피해 정도는 헤아릴 수 없을 정도였습니다. 그런데 하나님께서는 이같이 황폐한 땅을 다시 원상태로 회복시켜 주시겠다고 약속하신 것입니다.

그리고 그 땅에서 이전처럼 생육하고 번성하여 충만하게 되리라고 하셨습니다. 실로 하나님께 회개하고 돌아오는 자에게 주어지는 하나님의 풍성한 축복이 아닐 수 없습니다.

3. 여호와의 은사는 신령한 은사입니다(12-14).

육신은 재물로 만족하고 즐거워합니다. 그러나 사람이 떡으로만 사는 것이 아니요 하나님의 말씀으로 사는 것입니다. 즉 우리의 영은 신령한 은사로 만족하고 기뻐합니다.

본문에 "물댄 동산 같고 근심이 없다"는 말씀은 신령하다는 말씀입니다. 그 이유는 하나님께서 즐겁게 하셨기 때문임을 밝힙니다. 그리고 14절은 "내가 기름으로 제사장들의 심령에 흡족케 하며 내 은혜로 내 백성에게 만족케 하겠다"고 하나님은 선언하셨습니다.

결국 각계 각층의 사람들에게 신령한 은사를 주셔서 신앙생활을 즐겁게 하도록 하시겠다는 뜻입니다. 신령한 은사가 성도의 영혼을 살찌게 하기 때문입니다.

물댄 동산에서는 물이 끊임없이 흐름같이, 하나님의 은혜는 이스라엘 백성들에게 영원토록 충만하게 역사하십니다. 하나님의 은혜가 역사하는 곳에서는 어떠한 결핍이나 부족함이 있을 수 없으며, 영원한 생명과 기쁨과 만족만이 있게 마련입니다.

하나님의 역사하심을 날마다 체험하는 성도의 삶이어야 하겠습니다. 그리고 우리는 구원하시는 하나님과 은혜와 복주시는 하나님의 크신 은혜에 늘 감사하는 삶을 살아야 하겠습니다.

하나님은 회개하고 돌아오는 자에게 구원의 은혜, 재물의 축복, 신령한 은사를 주시는 것입니다.

세례의 신학적 의미
(골 2:12)

교회는 그리스도의 몸이며 교회생활의 핵심은 성례전 입니다. 개혁자 칼빈은 교회란 무엇이냐에 대한 질문에, "첫째는 하나님의 말씀이 솔직하게 전파되는 곳이고, 다음은 성례가 집행되는 곳이다"라고 정리했습니다.

세례식은 예수님 사역의 시초에 거행하셨고, 성찬식은 그 생애 마지막 밤에 제정 거행하셨습니다.

세례의 신학적 의미

세례란 물로 씻음을 의미합니다. 히브리어로 '라하쯔'로 '씻다, 빨다, 목욕하다'의 뜻으로, 성결과 정결의 삶을 의미합니다(출 29:4).

예수님에게 있어서 세례는 일생에 가장 놀랍고 은혜로운 순간이었습니다. 복음서에서 보면 "물에서 올라오실 때 하늘이 열리고, 하나님의 음성이 비둘기같이 내려 자기 위에 임하심을 보시더니 하늘로서 소리가 있어 가라사대 이는 내 사랑하는 아들이라 내가 너를 기뻐하노라"고 기록했습니다.

"너는 내 아들이다 내가 너를 사랑한다." 이렇게 하나님이 말씀하셨기에 온 천하를 얻은 것보다 더 귀한 것이었습니다.

예수님은 일생동안 죽는 순간까지 한 순간도 이때의 감격과 뜨거운 사명감을 잊지 못했고, 그 어떤 유혹과 고통이 올찌라도 가실 길을 다 가심으로 생과 사를 승리로 이끄신 분입니다.

위대한 사람은 누구십니까? 잠깐 받은 그 깨달음과 순간에 받은 결심을 영구화 하는 사람입니다.

우리가 받는 세례는 그리스도의 세례 경험, 즉 하늘이 열리고 성령이 임하시고 "너는 내 아들이다" 하는 음성을 듣고, 확신하는 감격과 은혜에 동참하는 것입니다.

예수님이 죽으심으로 나도 죽는 세례이요, 그가 사심으로 나도 사는 세례입니다. 그가 영생함으로 나도 영생한다는 확신이 있습니다. 교회에서는 이보다 더 큰 은혜가 없다고 생각합니다. 예수님의 모든 것, 하나님의 모든 영생이 내 것이 되기 때문입니다.

하나님의 예정하신 그 뜻을 이루고자 복음을 받아들인 자가 교회 예배생활에 친숙해져 6개월 이상 출석하면 학습 교인이 되고, 학습 받은 자로 다시 6개월 이상 하나님을 잘 섬기면 주의 몸 된 교회에 세례교인이 됩니다.

하나님을 섬기는 자가 주의 몸 된 교회에 세례교인이 되었다 함은, 신구약 성경과 헌법, 예배모범, 성도의 의무에 충실해야 한다는 것을 의미합니다. 그러므로 세례교인은 십일조 생활을 기본적으로 행해야 합니다.

그리고 세례 받은 후의 삶은 새로운 삶을 살아야 합니다. 옛 생활을 벗어버리고 새 생활을 해야 합니다.

80세 된 한 노인이 선교사에게 복음을 전해 듣고 세례를 받았습니다. 그리고 난 후 노인의 생활은 변화를 가져왔고, 하나님께 헌신하는 생활을 했습니다. 어느 날, 누가 그에게 올해 나이가 몇인가를 물었을 때, "나는 이제 겨우 두 살입니다. 왜냐하면 나의 인생은 하나님을 믿고 그에 의해 새로 태어날 때부터 시작되었기 때문입니다"라고 대답했습니다.

참된 세례인은,
1) 지적으로 자기의 죄를 깨달아야 합니다.
많은 사람이 자기의 죄를 깨닫지 못하고 있습니다. 다윗은 자기가 간음죄를 진 것을 알지 못하였는데, 나단 선지자가 그 범죄 사실을 알게 해주어 깨닫게 되었습니다. 그때 다윗은 왕의 신분이지만 용상에서 내려앉아 많은 신하들 앞에서 통회했던 것을 우리가 잘 압니다.

2) 정적인 요소로 통회하는 마음을 가져야 합니다.

회개의 눈물이 있어야 합니다. 베드로는 예수님을 세 번이나 부인했지만, 닭이 우는 소리를 듣고 통곡하며 회개했습니다. 세리와 같이 가슴을 치며 회개한 것처럼 우리의 잘못을 회개해야 합니다.

3) 반드시 의지적인 결단이 필요합니다.

요한일서 1:9에 "만일 우리가 우리 죄를 자백하면 저는 미쁘시고 의로우사 우리 죄를 사하시며 모든 불의에서 우리를 깨끗케 하실 것이요"라고 했습니다.

우리가 죄를 자백해야 합니다. 죄를 끊어버리고 미워하며 돌아서야 합니다. 그러므로 회개란 자기의 죄를 깨닫고 마음깊이 뉘우쳐 눈물로 참회하고, 완전히 그 죄를 끊고 그 자리를 떠나는 것입니다.

세례의 조건은 복음을 믿는 것입니다. 복음이란 예수께 관한 말씀입니다. 복음의 주인은 예수님이십니다. 그러므로 복음을 믿으라는 말은 예수님을 믿으라는 말과 같습니다.

예수님은 하나님의 아들로서 성령으로 잉태하여 동정녀 마리아께서 나신 것을 믿어야 합니다. 예수님이 내 죄를 인해 십자가에 못 박혀 죽으신 것을 믿어야 하고, 부활하셔서 승천하신 예수님을 믿는 것입니다. 마음으로 믿어 영접하고, 그를 나의 구주로 믿고 내 생명을 그에게 맡기고, 그를 전적으로 의지한다는 말입니다.

그러므로 참된 회개와 참된 믿음이 있는 자는 하나님께서 그의 자녀로 여겨주시고, 영생을 주시며, 구원을 주신다고 약속하셨습니다.

성만찬의 신학적 의미
(마 26:26)

주의 몸 된 교회는 구원받은 인격체들이 그리스도 예수의 구속의 은혜에 감격하여 우리 주 예수께서 친히 하신 말씀에 따라 성찬에 참여해야 합니다.

성찬은 예수 그리스도께서 마태복음 26:26에 "예수께서 떡을 가지사 축복하시고 떼어 제자들에게 주시며 가라사대 받아 먹으라 이것이 내 몸이니라 하시고 또 잔을 가지사 사례하시고 저희에게 주시며 가라사대 너희가 다 이것을 마시라 이것은 죄 사함을 얻게 하려고 많은 사람을 위하여 흘리는바 나의 피 곧 언약의 피니라"고 하신 말씀 위에 제정되었습니다.

그러므로 기독교는 신구약 성경에 나타난 성례의 참 의미를 예배공동체 속에 나타내어야 합니다.

즉, 예수 그리스도의 살과 피를 기념하는 교회는 은혜와 진리가 충만한 교회요, 살아 계신 하나님의 교회이며, 항상 생명력이 넘치는 교회로 성장하게 됩니다.

1. 성찬은 최후에 드신 식사였습니다(26:26).

우리는 음식을 통해서 생을 이어가지만, 마지막으로 드신 성찬과 함께 매일매일을 종말적 신앙을 갖고 주님을 맞을 준비를 하며 살아야 한다는 뜻입니다.

성찬에 참예하므로 하나님의 자녀가 예수의 고난과 죽으심, 그리고 부활과 승천, 재림하실 예수 그리스도를 대망하면서 믿음생활을 할 수 있어야 합니다.

이 때 교회 속에 부활의 새 생명력과 천국복음은 더욱 힘있게 전파되어 교회가 더욱 성장할 것입니다.

2. 성찬은 주님의 사랑의 식탁이었습니다(26:26).

주님은 자기가 죽기 전에 그의 제자들과 유월절 먹기를 원하였다고 말하였습니다. 그는 자기 사랑과 생명을 제자들에게 남김없이 나누어주시기를 원했던 것입니다.

"이것은 내 몸이다. 이것은 나의 피다. 너희끼리 나누라. 먹을 때마다 나를 기념하라. 그리고 내가 너희를 사랑한 것 같이 너희들도 서로 사랑하라"고 했습니다.

다시 말하면, 그는 음식과 함께 그의 몸과 생명과 피 전체를 나누어 주셨습니다. 여기에 그리스도의 가진 모든 아름답고 선한 은사를 다 내 것으로 먹고 마시게 됩니다. 이 거룩한 예식에 참여하고도 구원을 의심하거나 사명을 망각한다면, 사도 바울의 경고와 같이 자기의 죄와 죽음을 먹고 마시는 사가 되는 것입니다.

3. 성찬은 우주적인 식탁이었습니다.

다빈치의 그림에는 주님 옆에 사랑의 사도 요한이 있고, 맞은 편에 예수를 판 가룻 유다가 버젓이 앉아 있으며, 믿음의 대표자인 베드로가 있고, 부활을 의심했던 도마도 한 자리에 앉아 있습니다.

예수는 이 식탁에 제자들과 전 인류를 청하고 있습니다. 남녀 구별 없이, 빈부의 차이 없이, 민족의 차별 없이, 각양의 종교 이념을 뛰어 넘어서 만민을 사랑으로 부르고 있는 식탁입니다.

성찬은 만물을 부르시는 주님의 살과 피입니다. 이 성찬 예식은 우리 주 예수께서 친히 세우사 자기의 살과 피를 기념하여 그가 재림하시기까지 그 죽으심을 기억하게 하는 예식이며, 이 성례식에 참석한 자에게 힘을 주사 죄를 대속하게 하며, 모든 고난에서 저희를 견고하게 하심과, 저희를 장려하고 책임을 감당하게 하며, 사랑과 열심으로 저희를 감화하며, 믿음과 거룩한 주의 도를 일으키게 하며, 양심의 평안과 영생의 소망을 확정하는데 무한한 유익이 되는 예식입니다.

성찬에 참예하는 모든 성도들에게 은혜와 진리가 충만하고, 살아 계신 하나님과 영적 교제가 충만하며, 생명력이 넘치는 신앙생활을 하는 축복이 함께 하시길 기원합니다.

감사의 기념비
(삼상 7:12-17)

기념비란 훌륭한 업적이나 공적을 널리 오래도록 전하기 위해서 세운 비석입니다.

은혜는 물에 새기고 원수는 돌에 새긴다는 말이 있듯이, 사람이 은혜를 잊지 않고 감사하며 기억한다는 것은 참으로 어려운 일입니다.

그러나 하나님의 참된 선지자이며, 이스라엘 나라를 멸망 직전에서 구원한 지도자 사무엘은 감사의 기념비를 훌륭하게 세운 것을 본문에서 찾아볼 수가 있습니다.

사무엘이 온 백성을 미스바에 모아놓고 회개하며 부르짖어 기도하면서 큰 부흥회를 하고 났더니, 블레셋 사람들이 이스라엘을 치러 올라왔습니다.

큰 군대가 쳐들어오므로 온 이스라엘이 두려워서 벌벌 떨고 있을 때, 사무엘이 하나님께 번지를 드리며 간절히 기도 했습니다. 블레셋이 가까이 왔을 때, 하나님께서 갑자기 큰 우뢰 소리를 발하여 블레셋 군대를 어지럽게 하시니, 블레셋 군대가 완전히 패하고 말았습니다.

사무엘은 이번 전쟁에서 승리하고 블레셋 군대를 물리친 것은 군대의 힘이 강해서도 아니고 무기가 좋아서도 아니라, 오직 하나님의 은혜임을 알기 때문에, 이것을 두고두고 기념하기 위하여 돌을 취하여 쌓아놓고 그 이름을 "에벤에셀", 즉 "하나님이 여기까지 우리를 도우셨다"고 기념비를 세웠습니다.

우리도 심령과 생활에 하나님이 기뻐하시는 기념비를 세워야겠습니다.

아이작 월튼이란 사람은 말하기를 "하나님이 거하시는 곳은 두 곳이다. 한 곳은 천국이요, 다른 한 곳은 겸손하고 감사하는 마음이다"라고 했습니다.

1. 감사치 않는 것이 죄입니다.

문호 세익스피어는 말하기를 "불테면 불어라. 추운 겨울 바람아. 눈보라와 섞어치니 사정도 없다마는, 인간의 감사치 않는 마음보다 모질지는 않구나"라고, 감사하지 않는 마음이 얼마나 무서운가를 말해주고 있습니다.

감사하는 곳에 성령이 역사하고 불평하는 마음에는 마귀가 들끓게 되는 것입니다. 감사하지 않는 자는 하나님께 영광을 돌리지 못하는 사람입니다.

시편 50:23에 "감사로 제사를 드리는 자가 나를 영화롭게 하나니"라고 했습니다.

하나님이 인간을 지으신 목적도 영광 받으시기 위함이고, 예수님의 십자가의 보혈의 공로로 지옥갈 죄인을 구원하시는 것도 영원히 영광 받으시기 위함인데, 감사할 줄 모르는 사람은 하나님께 영광 돌리지 않는 사람입니다.

예수님이 열 문둥병자를 고쳐 주셨는데, 돌아와 엎드려 감사하는 사람은 겨우 한 사람 뿐이었습니다. 그 때 예수님은 "그 아홉은 어디 갔느냐? 이 이방인 외에는 하나님께 영광을 돌리러 온 자가 없느냐"고 섭섭해 하셨습니다.

감사하지 않는 죄는 하나님께 영광을 돌리지 않는 죄입니다.

감사하지 않는 자는 부정적인 사람이 됩니다.

감사를 모르는 사람은 불평거리만 찾게 되고, 비판하기만 좋아하므로 부정적인 사람이 되고 맙니다. 부정적인 사람에게는 마귀가 역사함으로 하나님이 함께 하시는 사람이 되기는 어렵습니다.

백만 장자가 되는 것보다 착한 사람이 되는 것이 더 큰 축복이요, 황금을 쌓아두는 것보다 은혜 안에서 자라는 것이 더 축복이며, 몇 천 평의 금광을 가지는 것보다 하나님의 인도를 받는 생활이 더 큰 축복이며, 금고에 보화를 가득 채우는 것보다 하나님의 사랑을 받는 것이 더 큰 은혜이며 축복입니다.

감사를 모르는 사람은 이런 은혜와 축복을 받아 누릴 수가 없습니다. 감사하는 사람은 모든 것을 긍정적으로 해석하지만, 부정적인 사람은 어떤 여건에서도 불평과 불만을 일삼게 됩니다.

감사치 않는 자는 배신자가 되고 맙니다. 감사하여 옥합을 깨뜨려 한 나드의 향유를 붓는 마리아는 큰 칭찬과 축복을 받았지만, 그것을 보고 성을 내며 책망하던 가룟 유다는 결국 스승을 은 30냥에 팔아먹고 목매달아 자살하고 말았습니다. 그는 배신자가 되고 말았습니다.

성도여러분. 감사치 않으므로 부정적인 사람, 배신자, 하나님께 영광을 돌리지 못하는 어리석은 사람이 되지 마시기를 바랍니다.

2. 믿을 것과 입을 것을 주신 하나님께 감사합시다.

북한에서는 농작물이 잘 안되어 양식이 부족하여 하루 한 끼 먹기 운동까지 벌이고 있는데, 우리는 마음대로 먹고 마시며 넉넉하여 나누어 줄 수 있게 되었으니 감사하고, 소련에서는 빵 한 덩이 사기 위해서 몇 시간씩 줄을 서서 기다려야 하고, 아프리카에서는 먹지 못해서 일 년에 수백 만 명씩 굶어 죽고 있습니다.

그런데 한국은 잘 먹고 잘 살고, 남은 음식 버리는 것이 일 년에 8조원이 넘는다고 합니다. 우리들은 오늘까지 먹을 것과 입을 것을 후히 주신 하나님께 감사하며 살아야겠습니다.

3. 생명을 지금까지 연장해 주신 하나님께 감사합시다.

그 동안 비행기 사고로, 배가 침몰하므로, 교통사고로, 가스 폭발로, 다리가 끊어지므로, 백화점의 붕괴사고로 수백 명의 사람이 불의의 죽음을 당하지 않았습니까?

그런데 하나님께서는 우리의 생명을 지켜 주시고 연장시켜 주셨습니다.

우리가 알지 못하는 중에도 수백 번의 죽음의 화살이 우리 옆을 지나갔으나, 하나님께서 비켜가도록 지켜주신 것입니다. 생명을 지금까지 지켜주신 하나님께 감사해야 합니다.

4. 영생을 얻고 천국의 후사가 된 것을 감사해야 합니다.

영생을 얻고 천국에 대한 소망이 확실한 사람은 어떤 환경에서도 감사할 수 있고, 내일의 소망을 버리지 않고 당당히 살아갈 수 있습니다. 믿는 성도는 예수 그리스도를 믿음으로 영생을 얻고 천국의 후사가 된 것을 새롭게 감사해야 합니다.

이 큰 은혜와 사랑을 받고 살면서도 감사치 못하고 산다면 불행스러운 일입니다.

천국을 소유하고 영생을 누릴 소망을 갖고 사는 자는 행복한 사람입니다. 우리의 심령 속에 감사의 기념비를 세우듯 감사의 생활을 잘 해야 합니다.

먹을 것과 입을 것을 주신 하나님께 감사하고, 지금까지 생명을 지켜주신 하나님께 감사하며, 영생을 얻고 천국의 후사가 되게 하신 하나님께 감사하는 성도들이 되시기를 바랍니다.

11월
은혜의 달

· 본받을 만한 모범적인 교회(살전 1:1-10)
· 은혜안에 굳게 사는 신앙(벧전 5:8-14)
· 바람직한 제단(레 9:22-24)
· 갈릴리로 갑시다(마 26:31-32)

본받을 만한 모범적인 교회
(살전 1:1-10)

교회는 복음전도와 봉사활동과 예배와 교육을 통해 하나님 나라의 확장과 하나님의 자녀의 본분을 다하며 살아가는 진리와 사랑의 공동체입니다.

요한계시록 2:3에 나오는 소아시아의 일곱 교회 중에는 칭찬듣는 교회도 있었고, 책망듣는 교회도 있었고, 칭찬과 책망을 함께 듣는 교회도 있었습니다.

본문에 나오는 데살로니가 교회는 모범적인 교회로서 칭찬과 감사의 조건이 많았고, 바울 사도가 자랑스럽게 생각하는 교회였습니다.

오늘날에도 많은 교회들이 있습니다. 모범적인 교회들도 있고 사회의 지탄받는 교회도 있으며, 문제의 소지가 많은 교회들도 있습니다.

우리 교회 모든 성도들은 데살로니가 교회 교인들처럼 모범적인 교인들이 되어서 이웃교회에 소문이 퍼져나가고, 비기독교 세계에까지 퍼져 나가서 본받을만한 모범적인 교회 되기를 바라면서, 본문에 나타난대로 데살로니가 교회의 모범적인 면을 몇가지 말씀드리고자 합니다.

1. 믿음, 소망, 사랑의 생활이 본이 되었습니다(3-4).

바울은 자기가 전도하여 세운 각 교회를 생각하면서 매일 기도하는 습관이 있었는데, 특별히 데살로니가 교회는 잊을 수 없는 교회였습니다.

그가 기도할 때마다 하나님께 쉬지 않고 감사한 교회였습니다.

1) 믿음의 역사 때문이었습니다.

칼빈선생은 믿음의 역사를 믿음의 효력으로 보았습니다. 그들의 믿음은 살아있는 믿음이었습니다.

살아있는 믿음은 열심히 일하는 믿음입니다. 믿음이 있는 사람은 일하지 않고 앉아있을 수가 없습니다. 일을 하되 믿음으로 하지 않고 비신앙으로 일하면 아무리 열심히 해도 하나님을 기쁘시게 할 수가 없습니다.

우리는 데살로니가 교인들처럼 열심히 일해야 되겠습니다. 믿음이 일에 나타나고 생활에 나타나야 되겠습니다.

2) 사랑의 수고 때문이었습니다.

수고는 귀찮은 일이요, 사랑과 희생이 없이는 결코 할 수 없는 일입니다. 그러므로 '수고는 사랑의 시험'이라고 말할 수 있습니다.

우리가 주님은 사랑 한다면 주님을 위한 수고를 아끼지 않음으로 나타나야 합니다. 사람이 이웃을 사랑한다면 이웃을 위한 수고로 나타나야 되는 것입니다.

부모가 자식을 위하여 수고를 아끼지 않는 것은 자식을 사랑하기 때문입니다. 아내가 남편을 위해 수고를 아끼지 않는 것은 남편을 사랑하기 때문입니다.

이 사랑은 댓가를 요구하지 않는 희생적인 사랑입니다. 사랑하는 사람을 위하여 수고를 하되 댓가를 요구하지 않습니다. 이 사랑의 절정은 그리스도의 십자가에 나타났습니다.

모범적인 교회는 사랑의 수고를 아끼지 않는 교회입니다. 그런 교인이 모범적인 교인입니다. 자랑스런 교인이며 본받을만한 교인입니다. 우리 교회는 모범적인 교인이 가득한 교회가 되어야 하겠습니다.

3) 소망의 인내 때문이었습니다.

그리스도인들에게는 이따끔 환난과 핍박이 닥치는 법입니다.

벧전 2:19-20에 "애매한 고난을 받아도 하나님을 생각함으로 슬픔을 참으면 이는 아름다우나… 오직 선을 행함으로 고난을 받고 참으면 이는 하나님 앞에 아름다우니라"고 했습니다.

옛날부터 주를 위해 애매한 고난을 당하거나 핍박을 받는 신앙인들이 인내하면서 신앙을 지키고 살아간 것은 대 심판주가 계심을 소망중에 믿었기 때문이었습니다. 소망은 끝없이 인내합니다.

데살로니가 교회들의 이런 소망의 인내 때문에 바울은 기도할 때마다 그들을 기억하고 말한다고 했습니다.

우리 교회도 믿음, 소망, 사랑이 있는 교회로 다른 교회의 본받을만한 모범적인 교회가 되어지기를 원합니다.

2. 성령의 역사가 능력있게 작용하는 교회였습니다(6-7).

그들은 많은 환난 가운데서도 성령의 기쁨으로 복음을 받았습니다. 데살로니가 교회가 받은 환난에 대해서는 사도행전 17:5-10에 기록되어 있습니다.

바울이 거기서 전도할 당시 이방인들이 많이 믿게 되자 유대인들이 시기하여 거리의 무뢰한들을 충동하여 소요를 일으켰습니다. 그러나 많은 환난 가운데서 성령의 기쁨으로 복음을 받았습니다.

신앙인의 기쁨의 원천은 성령입니다. 그들은 외적 환난을 그들의 마음 속에 계신 성령의 기쁨으로 참아냈습니다. 환난을 참는 것은 위인들이 할 수 있으나, 환난에서 기뻐하는 것은 깊은 신앙인만이 할 수 있는 일입니다.

바울은 "우리가 환난 중에도 즐거워하노니 이는 환난은 인내를, 인내는 연단을, 연단은 소망을 이루는 줄 앎이로다"(롬 5:3-4)고 했습니다.

데살로니가 교인들은 많은 환난 가운데서도 기쁨으로 바울이 전한 말씀을 받아들였습니다.

사람이 순탄할 때는 복음의 소리에 귀를 기울이는 것 같다가도, 환난이 오고 핍박이 오고 역경이 오면 복음의 소리를 외면하기 쉽고 원망하기 쉽고 불평하게 쉬운데, 데살로니가 교인들은 그럼에도 불구하고 복음의 소리에 귀를 기울이고 하나님의 말씀으로 받았던 순수한 믿음이 있는 사람들이었습니다. 성령의 역사가 능력있게 작용하는 교회인 것을 말해주고 있습니다. 그들은 받은 바 말씀을 따라 사도들과 그리스도를 본받은 자가 되었습니다. 그러므로 마게도냐와 아가야 모든 믿는 자의 본이 되었습니다.

우리 교회도 사람이 작용하는 교회가 아니라 성령의 역사가 능력있게 작용하는 본받을만한 모범적인 교회가 되어지기를 원합니다.

3. 주의 말씀을 널리 전도하는 교회였습니다(8절).

"주의 말씀이 너희에게로부터 마게도냐와 아가야에만 들릴뿐 아니라 하나님을 향하는 너희 믿음의 소문이 각처에 퍼진다"고 했습니다.

복음이 데살로니가인들로 말미암아 온 헬라 경내에 힘있게 전파되었습니다. 데살로니가 교인들은 전도를 열심히 했습니다. 그들을 통하여 주의 말씀이 각처에 퍼져 나갈 수 있었던 것은, 그들의 모범적인 생활이 복음을 뒷받침해 주었기 때문이라고 봅니다.

좋은 소문이나 나쁜 소문이나 퍼지게 되어 있습니다. 데살로니가 교회는 모범적이고 은혜스러운 교회라는 좋은 소문을 각처에 퍼뜨리는 교회였습니다. 그래서 "하나님을 향한 너의 믿음의 소문이 각처에 퍼진다"고 했습니다.

이 시간 우리 교회는 좋은 소문이 많이 퍼져 나갔는지 나쁜 소문이 퍼져 나갔는지 살펴보아야 하겠습니다. 나쁜 소문이 퍼져 나갔다면 소문을 바꾸어야 합니다.

예수님의 수제자 베드로는 스승이 잡혀 가실 때 예수님을 부인한 사람이었으나, 그가 회개한 뒤 성령이 충만하여 열심히 전도할 때 소문이 달라졌습니다. 그를 통하여 많은 사람이 회개했습니다.

다윗이 왕으로서 전쟁에 나간 우리아의 아내를 빼앗아 간음을 했을 때 악명높은 소문이 퍼져 나갔으나, 그의 진실된 회개의 열매로 인해서 소문이 바뀌게 되었습니다.

오히려 그의 진심의 회개를 통하여 그의 고매한 인격의 좋은 소문이 퍼져 나가게 되었습니다.

교회가 사회의 욕을 먹고 지탄을 받는 악명높은 소문이 퍼져 나가서는 안 됩니다. 반대로 복음의 메아리가 참된 믿음과 함께 울려 퍼져 나가서 좋은 소문이 퍼져나가야 하는 것입니다.

전도 많이 하는 교회로, 기도 많이 하는 교회로, 교회와 사회에 봉사하는 교회로, 열심있는 교회로, 내실있는 교회로, 사랑이 많은 교회로 소문이 나야 하겠습니다.

은혜 안에 굳게 서는 신앙
(벧전 5:8-14)

오늘의 시대는 교통의 위기 시대를 맞이했습니다. 교통난 문제로 고난을 받고, 교통사고의 위험을 통해 위기 의식을 느끼는 시대가 되었습니다.

사도 베드로가 본 서신을 기록할 당시의 상황은 교회가 세상으로부터 영육 간에 심각한 위기를 맞고 있던 때였습니다. 8절에 보면 "대적 마귀가 우는 사자같이 두루 다니며 삼킬 자를 찾는 때"라고 말하고 있습니다.

아마 베드로는 이같은 표현을 하면서 자신과 교회가 직면한 적그리스도의 화신인 네로 황제와, 네로가 즐기기 위해 설치해 놓은 굶주린 사자들이 득실대는 원형 경기장을 연상했을 것입니다.

말세는 이처럼 죽음이 우리 목을 조이고 있는 그런 때입니다. 그런데 그 같은 일을 주도하는 자가 누구입니까? 그는 바로 '대적 마귀'입니다. 중상 모략자, 고소자라는 뜻을 지니고 있는 마귀는 바로 우리 영혼의 대적이요, 성도와 교회의 원수로서 우리 성도의 시련을 조장하고 있습니다. 이 마귀는 특히 그 잔인성과 해악성 때문에 사자라 불려집니다.

그러나 "모든 은혜의 하나님은 졸지도 주무시지도 아니하시고 모든 일에 당신의 백성들에게 은혜를 베풀어 주신다"는 것입니다.

그러기에 성도는 어느 순간 어떤 상황에서 사단의 공격을 받더라도 결코 염려하거나 두려워 할 필요가 없는 것입니다.

10절에 보면 "모든 은혜의 하나님 곧 그리스도 안에서 너희를 부르사 자기의 영원한 영광에 들어가게 하신 이가 잠깐 고난을 받은 너희를 친히 온전케 하시며 굳게 하시며 강하게 하시며 터를 견고케 하시리라”고 했습니다.

1. 고난의 은혜 안에 굳게 서야 합니다(12절).

예수님의 십자가 고난과 부활의 영광을 서로 떼어 놓을 수 없습니다. 이런 의미에서 그리스도의 고난은 그 자체가 영광입니다. 그래서 베드로는 자기를 가리켜 “고난의 증인이요 나타날 영광에 참여할 자”라고 하였습니다(벧전 5:1).

베드로전서는 기록하게 된 특별한 동기가 있습니다. 당시 흩어져 사는 유대인들 중에 예수 믿는 믿음 때문에 같은 유대인들에게서 온갖 핍박을 다 받고 있었습니다. 이때 베드로는 핍박 받고 있는 그들을 위로하고 격려해 주기 위해서 베드로 전서를 쓰게 되었습니다. 그들은 고난 속에서 오히려 큰 은혜를 체험했습니다.

당시 유대인들이 받던 일시적 환난이나 박해와 대조되는 표현은 “진실로 현재의 고난은 장차 우리에게 나타날 영광과는 족히 비교할 수 없다”(롬 8:18)고 했습니다. 온전케하며 굳게, 강하게, 견고케 하시리라고 했습니다.

고난이 주는 유익은 잘못된 신앙을 바로잡음으로 온전케 하고, 나약한 믿음의 기초를 다짐으로 굳게 세우고, 하나님의 군사로 강하게 무장시킴으로 강하게 하고, 구원의 반석 위에 확고히 서게 하는 견고한 믿음의 사람이 되게 합니다.

여러분 중에 고난당하는 자가 있습니까? 고난을 통해 주실 은혜가 있을 것입니다.

실로 신앙세계에서 고난 없는 영광은 없습니다. 우리의 영원한 구주되신 그리스도께서도 친히 이 길을 통과하셔야만 했습니다(눅 24:26). 성도에게는 이 고난 자체가 어떤 불이익을 당하거나 아픔일 수 있습니다. 그러나 은혜가 풍성하신 하나님은 이 고난을 통하여 우리에게 몇가지 유익을 주십니다.

① 온전케 하신다고 했습니다. 우리의 모나고 둔탁한 부분을 두드리고 다듬어 완전한 신앙인격으로 만들어 주십니다.

② 굳게 하신다고 했습니다. 어떤 세파에도 흔들림 없는 견고한 신앙인으로

만들어 굳게 하십니다.

③ 강하게 하신다고 했습니다. 활기 있고 역동적인 삶을 살아가게 만드십니다.

④ 터를 견고케 하십니다. 모진 풍파가 온다 할지라도 반석위에 세워진 집이 무너지지 않듯 그렇게 강인하게 든든하게 세우십니다.

정녕 고난받는 것이 당시는 힘들지라도 참아냄이 마땅합니다. 이 고난을 통해 우리가 하나님의 자녀라 인침 받을 수 있고, 하나님의 뜻이 무엇인지를 더욱 명확히 알게 되어, 가슴을 크게 열어 하나님의 능력과 지혜를 높이 찬양토록 하십니다.

2. 교제의 은혜안에 굳게 세워 주십니다(13절).

성도는 조건없이 선택받아 하나님의 자녀가 된 자들입니다. 그리고 선택권은 하나님께 있습니다. 그래서 예수님은 "너희가 나를 택한 것이 아니요 내가 너희를 택하여 세웠다"고 하셨습니다.

그러므로 하나님께 선택받았다는 사실은 영광이요 또한 은혜입니다. 교회란 선택받은 자의 무리, 즉 거룩한 공동체입니다. 거룩한 공동체를 이룬 성도들은 "사랑의 입맞춤으로 피차 문안하라 그리스도 안에 있는 너희 모든 이에게 평강이 있을지어다"(14절)고 했습니다.

"마음의 평화가 없이 드리는 제사는 제사가 아니다"고 터툴리안이 말하였습니다. 이스라엘 사람들이 제사를 드린 후에는 반드시 마음의 평안을 얻고 돌아갔다는 말입니다. 예배를 통해서 반드시 평안의 은혜를 받아야 한다는 말이기도 합니다.

또한 예배를 통해서 반드시 사랑의 교제가 있어야 한다는 뜻입니다. 그래서 본문의 문안과 입맞춤은 사랑의 교제를 의미합니다.

교회는 성도간에 교제를 통한 은혜로 굳게 세워가야 합니다. 기도의 교제, 마음의 교제, 물질의 교제, 사랑의 교제가 있을 때 은혜안에 굳게 서는 신앙입니다. 시기나 질투, 원망과 시비는 교제의 관계를 깨뜨리는 일입니다. 사랑의 교제안에 굳게 서는 신앙생활이 되시기를 바랍니다.

바람직한 제단
(레 9:22-24)

무슨 일을 맡았을 때 성실하게 하고 바람직스럽게 일을 하는 사람이 있는 가 하면, 불성실하게 하고 그릇 행하므로 바람직스럽지 못한 사람도 있습니다.

또한 바람직한 제단은 하나님의 뜻대로 행하며 하나님이 기뻐하시는 일을 행하는 제단을 의미합니다.

출애굽의 지도자 모세는 하나님의 대언자요, 하나님의 뜻을 쫓아 백성을 약속의 땅 가나안 입구까지 인도한 훌륭한 사명자였습니다. 그는 어찌하든지 이스라엘을 하나님이 원하시는 방향으로 이끌고자 노심초사 했습니다.

본문은 7일간에 걸쳐 치러진 제사장의 위임식을 모두 마친 후 바로 그 다음 날 곧 제 8일째 되는 날에 하나님은 아론과 그 아들들로 하여금 공식적으로 제사를 집례하고 하나님과 백성의 중보자로서의 사명을 완수하게 하셨습니다.

이때 "여호와의 영광"이 나타나는 바람직한 제단의 모습이 나타났습니다.

바람직한 제단의 특징은 무엇입니까?

1. 축복의 제단이었습니다(22).

본문은 아론과 아들들의 제사장 위임에 대한 기록입니다.

제사장으로 위임된 후 백성을 향하여 손을 들어 축복하며, 속죄제와 번제와 화목제를 하나님께 드렸습니다.

속죄제는 자범죄의 죄사함을 위한 제사요, 화목제는 화목을 위한 화합, 평온, 번영, 기쁨, 행복의 뜻을 가지고 있는 제사요, 번제는 속죄받음을 감사하는 제사입니다. 이런 제사를 하나님께 드리고 백성을 위해 축복했습니다.

죄사함 받음을 감사하는 제사를 드리고, 자신이 범한 죄를 용서받기 위해 속죄제를 드리고, 화목을 위하고 번영과 기쁨과 행복이 있는 제단은 축복된 제단입니다.

아담의 아들 가인과 아벨은 한날 한시에 제단을 쌓고 제사를 드렸지만, 아벨의 제단은 축복의 제단이었고 가인의 제단은 불행한 제단이 되었습니다. 그 차이는 하나님께 열납 여부 때문입니다.

오늘 우리가 드리는 예배의 제단이 아벨의 제단이 되기를 바랍니다.

오늘 본문을 보면 "아론이 백성을 향하여 손을 들어 축복함으로 속죄제와 번제와 화목제를 필하고 내려오니라"고 하였습니다. 즉 축복함으로 모든 제사는 끝났다는 말입니다. 다시 설명하면 모든 제사 끝에는 축복이 있었다는 뜻입니다.

예배의 제단 후에 축복의 역사가 입할 수 있기를 기원합니다.

2. 영광의 제단이었습니다(23).

아담 이후에 하나님께 제단을 쌓고 제사드리는 일은 많았지만, 법제화 된 것은 출애굽시대 즉 광야시대에 성막을 세우면서 부터입니다.

여호와의 명을 쫓아 모세가 성막과 그 기구들을 완성한 후에 우선 성막을 세우고 모든 기구들을 제자리에 놓았습니다. 그 다음에는 관유를 발라 성별하였습니다. 이 모든 것이 하나님의 명하신대로 마쳤습니다. 그 결과 여호와의 영광이 성막에 충만했습니다.

이처럼 성막제단은 영광이 충만한 제단이었습니다. 모세와 아론이 백성에 축복하매 여호와의 영광이 온 백성에게 나타났습니다. 이처럼 바람직한 제단은 영광의 제단입니다.

성막의 기구들이 제자리에 있다 함은 성도와 직분자들이 제자리를 지키고 제 사명을 다해야 함을 의미하고 관유를 발라 성별했다는 말은 성령을 받아 성별된 삶을 살 때 여호와의 영광이 나타나는 바람직한 제단이 될 수 있습니다.

3. 불붙는 제단이었습니다(24).

아합과 이세벨이 주동이 되어 전파하는 바알 종교는 요원의 불길처럼 번졌습니다. 하나님께서 진노하신 결과 3년 반 동안 비가 오지 않았습니다. 이때 엘리야 선지자가 갈멜산에 제단을 쌓고 기도하였더니 하나님이 불을 내려서 제물을 태웠습니다. 즉 불붙은 제단이었습니다.

그날이 다 지나기 전에 큰 비가 내려 끈질기게 괴롭히던 문제가 완전히 해결되었습니다. 가장 바람직한 제단입니다.

본문을 살펴보면 불이 여호와 앞에서 나와 단 위의 번제물과 기름을 살랐습니다. 하나님께서 흠향하셨다는 뜻이었습니다.

불붙는 제단은 성령이 충만한 제단이라는 뜻입니다. 백성들은 기뻐 노래하며 경배했습니다. 이처럼 바람직한 제단은 불붙는 제단입니다. 열심의 불, 기도의 불, 전도의 불, 봉사의 불이 붙은 제단이 되어야 합니다.

바람직한 교회가 되고 주의 영광을 들어내며 여호와의 기뻐하는 제단이 되기를 주의 이름으로 축원합니다.

갈릴리로 갑시다
(마 26:31-32, 사 9:1-7)

사람마다 태어난 고향이 있는가 하면 자라난 고향도 있습니다. 예수님께서는 유다땅 베들레헴에서 나셨고 갈릴리에서 자라셨습니다.

예수님께서 잡하시기 전 제자들에게 말씀하시기를 "오늘 밤에 너희가 다 나를 버리리라 기록된바 내가 목자를 치리니 양의 떼가 흩어지리라 하였느니라 그러나 내가 살아난 후에 너희보다 먼저 갈릴리로 가리라"(마 26:31-32)고 하셨습니다.

예수님은 부활하신 후 갈릴리에서 제자들과 만날 것을 기약하신 것입니다. 부활하신 주님은 왜 제자들을 갈릴리로 불러 모으셨을까요?

갈릴리는 오늘 우리에게 무엇을 의미하는 것일까요?

1. 갈릴리는 사망의 그늘진 땅이었습니다.

갈릴리는 북이스라엘의 가장 북쪽 지방으로, 기원 전 734년부터 강대국에 의해 점령당해 온 지역입니다. 앗수르에 의해 병합되어 많은 이방인들이 몰려오기 시작하였고, 그후 6세기 동안 갈릴리는 바벨론, 페르시아, 마게도냐, 애굽, 시리아에 차례로 점령당하였으며, 그동안 끊임없이 여러 다양한 민족들이 이주해 와서 이 지역에서 살았던 것입니다.

유대인들은 기원전 734년부터 80년까지 한번도 갈릴리 지방을 지배하지 못했습니다. 그러다가 기원전 63년에는 로마의 점령하에 놓이게 되었습니다.

이런 역사적인 배경에서 볼 때 이 지역은 수없이 주인이 바뀌면서 고난 당한 곳이었고, 또 잡다한 인종들이 몰려와 살았던 곳임을 알 수 있습니다.

기원전 7백년 경에 나타난 이사야의 예언에 "이방의 갈릴리" 또는 "이방인들의 갈릴리"라는 표현이 나오는 것으로 보아 갈릴리는 잡다한 주민들이 거주하는 곳이었음을 알 수 있습니다.

이 지역의 종교적인 형편도 자연 사마리아와 페니키아와 시리아의 요단 동편에서 행해지던 이방의 우상 종교가 성행할 수밖에 없었습니다.

그래서 갈릴리에 사는 유대인들은 예루살렘 성전에 참석하는 것을 소홀히 했는데, 이런 태도로 보아 유대의 정통적인 신앙이 이방인들이 주로 사는 갈릴리에서 변모된 사실을 볼 수 있습니다.

이사야에서 보는대로 이 갈릴리 지역은 "사망의 그늘진 땅"이며 여기에 사는 주민들은 "흑암에 행하는 거민"으로 표현되고 있습니다. 이로 보아 가난과 학정에 시달린 지역임을 쉽게 짐작할 수 있습니다.

이런 지역에서 살아남기 위해서는 약삭빠르고 눈치가 있어야 할 것입니다. 체면 차리지 아니하고 악착같이 살아야 할 것입니다.

율법을 지키기 어렵고 이들의 삶에는 윤리성이 결여되었고, 거칠고 사나우며 염치없는 천민의 삶일 수밖에 없었습니다.

로마 점령하에서는 자치권이 허락되어 예수님 당시 헤롯 안티파스가 갈릴리 분봉왕으로 다스렸는데, 이 때에 갈릴리 지역을 유대화하려고 유대인들이 애를 썼습니다.

오늘 우리에게 갈릴리로 가라는 명령의 의미는 무엇일까요?

사망의 그늘진 땅으로 가서 복음의 소식을 전하라는 말씀인 줄 믿습니다. 가난과 학정에 시달린 사람들에게로 가라는 명령입니다. 교회는 소외된 계층, 어두운 그늘 속에 있는 자들에게 관심을 가지고 사랑의 실천적 활동이 있어야 합니다.

2. 예수님은 갈릴리에서 복음을 전하셨습니다.

마태복음 4:23에 보면 "예수님께서 온 갈릴리에 두루 다니시면서 회당에서 가르치시기도 하고 모든 병과 약한 것을 고치셨는데 그 소문이 온 수리아에 퍼졌고 갈릴리와 레가볼리와 예루살렘과 유대와 요단강 건너편에서 허다한 무리가 예수님을 쫓았다"고 하였습니다.

예수님의 12제자들은 가룟 유다만 빼고는 모두가 갈릴리에 사는 유대인 들이었습니다. 예수님은 갈릴리야 말로 천국 복음을 전파하기 적합한 곳이라 판단하셨습니다.

죄인을 불러 구원하러 오신 예수님에게 있어서 죄인들의 집합소라고 할 수 있는 갈릴리야말로 그의 일터로 적격이었습니다.

또한 인간의 약함과 질병을 담당하시기 위하여 오신 예수님에게는 갈릴리야말로 적당한 장소였습니다. 거기에는 너무나 많은 병자가 있었고 귀신들린 사람들이 많이 있었습니다.

폐쇄적인 유대인의 사회보다는 잡다한 인종이 모여 사는 갈릴리가 보다 개방적이며, 세계 지향적인 복음에 어울리는 장소였습니다.

예수님은 갈릴리에서 계속 복음을 전하셨고, 부활 후에도 갈릴리에서 제자들과 만나신 것으로 기록되어 있습니다.

예수님은 복음 전파의 중심지를 갈릴리 무대로 하였습니다. 복음전파의 중심지가 갈릴리처럼 개방적이고 다양한 계층의 모임 장소이어야 더 좋습니다.

3. 사랑하는 성도여러분, 갈릴리로 갑시다.

부활하신 주님께서 제자들을 갈릴리에 보내신 이유가 무엇일까요?

부활의 빛에 의하여 예수님의 자취를 돌아보게 하기 위한 것이었습니다. 제자들은 거기서 비로소 그들의 스승이셨던 예수님이 바로 그리스도이심을 깨닫고 그를 구주로 영접하였습니다.

부활하신 예수님께서 갈릴리로 가라고 하신 것은 선교의 사명을 주시기 위한 것이었습니다.

예수님께서 갈릴리에서 가난한 자들과 고통당하는 자들과 병든 자들을 돌아보신 것처럼 너희들도 가난한 자, 고통당하는 자, 외로운 자, 병든 자들이 있는 곳에 찾아가서 저들을 위로하며 치료하고 복음으로 소망을 주며 구원을 선포하라는 것입니다.

오늘의 우리의 갈릴리는 어디 입니까?

절망의 어두움에 덮여 있는 탄광촌과 빚더미 위에 앉은 농촌, 불합리한 사회환경 속에서 고난당하고 천대받는 사람들이 있는 곳이 바로 우리의 갈릴리가 아니겠습니까?

사랑하는 성도 여러분, 갈릴리로 가십시다.

절망과 사망의 그늘진 갈릴리, 질병과 아픔의 그늘진 갈릴리, 신음과 생의 절규속에 사는 갈릴리에 가서 예수의 생명, 부활의 소망을 전하십시다.

예수 그리스도의 따뜻한 손길을 기다리는 갈릴리와 같은 곳에 눈을 돌리고 손길을 주며 발걸음이 향하도록 새로운 선교 비젼을 갖는 교회와 성도들이 되시기를 바랍니다.

12월
결산의 달

인생 헌법
(마 22:36-40)

인생은 선택의 연속입니다. 물건에 대한 선택, 인생의 갈길에 대한 선택, 배우자에 대한 선택 등. 삶의 과정에서 선택의 기로에 설 때가 많습니다. 이 세상에 태어난 것은 하나님이 선택하셨지만 세상에 태어난 이후는 내가 선택하면서 살아야 합니다.

세상에는 자기 마음대로 선택하는 사람과 하나님의 뜻대로 선택하며 살아가는 두 종류의 사람들이 있습니다. 그리스도인은 예수님처럼 하나님의 뜻과 법도대로 매사를 선택하는 자입니다. 헌법을 잘 지키면 훌륭한 국민이 되는 것처럼, 하나님이 주신 인생 헌법을 잘 지키면 성공적인 하나님 나라의 백성이 될 수 있습니다.

그렇다면 모든 선택의 기초로 주신 하나님의 헌법은 무엇입니까?

1. 인생 헌법 제1조는 "하나님을 사랑하라"입니다.

본문 마태복음 22:37-38에, 예수님은 "마음과 목숨과 뜻을 다하여 하나님을 사랑하라"고 하셨습니다. 전 인격과 존재를 다 바쳐 하나님을 사랑하는 것이 우리 인생 헌법의 제1조입니다.

이 헌법에 기초해서 우리는 하나님을 가까이 하는 삶을 선택해야 합니다. 다시 말해 하나님앞에 죄 짓지 말고 의롭게 살아야 하는 것입니다.

인생 최대의 실패는 하나님을 멀리 하는 것이요 하나님을 버리는 것입니다.

성경은 악을 정의하기를 하나님을 버리고 자신만을 의지하는 것이라고 했습니다.

예레미야 2:13을 보면 "내 백성이 두 가지 악을 행하였나니 곧 생수의 근원되는 나를 버린 것과 스스로 웅덩이를 판 것인데 그것은 물을 저축지 못할 터진 웅덩이니라"고 기록되어 있습니다. 즉 하나님이 없다고 하는 무신론과, 하나님 없이 살 수 있다는 인본주의가 하나님 앞에 가장 큰 악이라는 것입니다.

반면에 인생 최대의 성공은 하나님을 만나는 것이요 하나님께 가까이 가는 것입니다.

하나님을 만난 자는 모든 것을 얻은 자입니다.

잠언 8:17-19절에 "나를 사랑하는 자들이 나의 사랑을 입으며 나를 간절히 찾는 자가 나를 만날 것이니라 부귀가 내게 있고 장구한 재물과 의도 그러하니라 내 열매는 금이나 정금보다 나으며 내 소득은 천은보다 나으니라"고 했습니다.

다윗도 "하나님을 가까이 하는 것이 내게 복이라 내가 주 여호와를 나의 피난처로 삼아 주의 모든 행사를 전파하리이다"(시 73:28)라고 고백 했습니다. 모든 것을 다 가지고 누려보았던 일국의 대왕이 하나님께 가까이 가는 것이 인생 최대의 복이라고 고백했던 것입니다. 우리도 날마다 "하나님께 가까이 가는 것이 복이다"라고 고백하며 살아야 합니다. 우리가 하나님을 가까이 하면 하나님께서도 반드시 우리를 가까이 하실 것입니다.

하나님을 가까이 하는 실천적 방법은 말씀과 기도로 존재적 교통을 가져야 합니다(시 1:2).

또 교회의 작은 일에 충성하여 사역적 교통을 가져야 합니다(히 10:25). 다른 사람을 하나님께 가까이 가도록 도와줄 때 내가 하나님께 가까이 갈 수 있습니다. 불신자에게는 전도와 신자에게는 봉사할 때입니다.

2. 인생헌법 제2조는 "자신을 사랑하라"입니다.

39절에 "네 이웃을 네 몸과 같이 사랑하라"고 했습니다.

다시 말해 나의 몸을 사랑할 때 다른 사람도 사랑할 수 있다는 말씀입니다. 그러므로 우리 그리스도인은 자신을 사랑하는 것을 인생헌법으로 삼고, 헌법에 의거해서 어떠한 상황에서든지 불행을 선택하지 말고 행복을 선택하는 삶을 살아야 합니다. 우리가 행복하게 사는 것은 하나님의 뜻이요 명령이요 소원입니다.

행복은 결국 선택의 결과입니다. 아무리 조건이 좋아도 불행한 사람이 얼마든지 있고, 행복할만한 조건은 거의 없는 불행한 환경 가운데서도 행복하게 사는 사람이 많이 있습니다.

이런 점에서 행복은 조건의 결과가 아니라 선택과 결단의 결과입니다.

그리스도인은 환경과 조건에 영향을 받아 행복하거나 불행해하는 자가 아닙니다. 환경과 문제에 관계없이 행복을 선택할 수 있는 내적인 힘, 성령의 힘을 가지고 사는 자입니다.

인간은 정복자로 창조되었습니다. 창세기 1:27-28을 보면 "하나님이 자기 형상 곧 하나님의 형상대로 사람을 창조하시되 남자와 여자를 창조하시고 하나님이 그들에게 복을 주시며 그들에게 이르시되 생육하고 번성하여 땅에 충만하라 땅을 정복하라 바다의 고기와 공중의 새와 땅에 움직이는 모든 생물을 다스리라 하시니라." 땅을 정복하고 다스리라 오직 인간에게만 주신 하나님의 명령이요 권세입니다.

문제나 환경에 지배당하는 삶이 아니라 오히려 정복하고 지배하는 인생이 되는 것은 하나님의 근원적인 뜻입니다. 즉 우리가 행복하게 사는 것은 하나님의 뜻입니다. 우리 인생의 삶의 중심에 예수 그리스도를 절대적 가치로 삼는 삶이 바로 자신을 사랑하는 삶이요 행복하게 사는 삶의 비결입니다.

3. 인생 헌법 제3조는 "이웃을 사랑하라"입니다(39).

먼저 하나님을 사랑하고 그 다음에 자신을 진실로 사랑하는 자가 남과 이웃을 사랑할 수 있습니다.

이웃을 사랑하라는 말씀을 인생 헌법으로 삼고, 우리는 할 수 있는대로 다른 사람에게 해를 주는 일을 선택하지 말고 오히려 유익을 주는 일을 선택해야 합니다. 남에게 도움이 되는 인생, 남의 필요를 채워주는 인생, 남을 행복하게 하는 인생, 이러한 인생이 참으로 성공한 인생입니다.

이웃을 사랑하는 것은 어떤 거창한 희생의 삶이 아닙니다. 자신의 길을 성실하게 걸어 가고 자신의 역할을 잘 감당하는 것부터 시작해야 합니다.

거미 인생, 개미 인생, 꿀벌 인생이 있습니다. 거미 인생은 자기 생존을 위해 타인을 이용하는 거미줄을 치고 사는 불이익을 주는 인생이고, 개미 인생은 타인에게는 불이익은 주지 않지만 자기만을 위해 일하고 자기중심적인 인생의 삶을 사는 사람이며, 꿀벌 인생은 자기 자신은 희생할지라도 타인에게 유익을 주며 공익을 위해 자기를 희생하는 사람입니다. 이웃을 사랑하는 삶은 꿀벌 인생으로 사는데 있습니다.

인생의 삶은 혼자 살 수 없습니다. 이웃과 더불어 살아야 합니다. 하나님께는 의지하는 삶, 나에게는 독립심, 타인에게는 협력하며 살아야 합니다. 서로 돕고 함께 어우러져 사는 상호의존적 인생의 삶을 살아야 합니다.

결론적으로 말씀드리면, 그리스도인은 선택하도록 선택받은 존재입니다. 후회없는 인생, 성공적인 인생을 위하며 올바른 선택을 해야 합니다.

올바른 선택을 위해서는 흔들리지 않는 인생헌법이 있어야 하며, 하나님의 헌법에 순종하는 삶을 살아야 합니다.

하나님을 사랑하기 위하여 하나님께 가까이 나가고, 나를 사랑하기 위하여 행복하게 살아야 하며, 이웃을 사랑하기 위하여 남에게 유익을 주는 삶을 살아야 합니다.

진정한 삶의 공동체
(행 2:43-47)

인간을 가리켜 사회적 동물이라고 말하고 있습니다. 사람은 사회를 떠나서 살 수 없고, 사회속에서 더불어 살게 된 것이 인간의 삶입니다.

삶의 현실 속에는 갖가지 어려운 문제들이 많이 있습니다. 전쟁의 문제, 각종 질병문제, 사회문제가 우리를 괴롭게 하고 있습니다.

돈을 빌려주고 돌려주지 아니해서 생기는 문제, 가정의 파괴로 인한 결손자녀의 문제, 수없이 많은 문제들이 삶의 현실속에 뿌리박고 있습니다.

그러한 것 못지않게 우리를 괴롭히고 있는 것이 '고독과 소외'의 문제입니다. 이런 각양 문제들로부터 평안을 얻으려면 어떻게 헤야 할까요?

1. 진정한 삶의 공동체는 진리와 사랑의 공동체 입니다.

우리가 매일 군중속에 살면서 외로움을 느끼는 것은 진정한 인간관계를 맺고 살지 못하고, 단순히 피상적이고 형식적인 교제 가운데서 살아가고 있기 때문입니다.

물고기가 물을 떠나서 살 수 없듯이 인간은 관계를 떠나서 살 수 없습니다. 그 관계란 나와 하나님, 나와 이웃, 나와 사회, 나와 자연과의 관계입니다.

우리는 지금 이러한 관계 속에서 살고 있지만 이러한 관계들이 모두 병들어 있습니다. 다 파괴되어 있습니다. 오늘 우리들의 관계는 치열한 경쟁과 대립의 관계입니다.

이러한 관계 가운데는 자기 자신의 약점을 은폐해 보려는 비판과 책임전가, 상대방의 약점을 이용해서 자신의 이익을 충족시켜 보려는 은밀한 계획과 추태스러운 모습을 들어내게 됩니다.

여성 성서학자 '수잔 데 디트리히' 여사는 〈증인의 공동체〉라는 그의 저서에서 현대인의 고독한 삶에 대해 다음과 같이 말하고 있습니다.

"현대인은 웅성거리며 복잡한 세계에서 살고 있지만 이보다 더 고독한 삶도 일찍이 없었다. 가족이나 사회 공동체 모두가 구심력을 잃고 원심력에 의해 뿔뿔이 흩어져 정신생활은 날로 공허해 지고 있다. 오늘날 어디서든지 사람들은 '공동체에 굶주리고 목말라 있다'고 했습니다.

공동체에 굶주리고 있다는 말은 진정한 관계성의 삶을 상실하고 있다는 의미입니다.

진정한 삶의 공동체, 이것이 오늘 우리들이 갈망하고 있는 공동체입니다. 진정한 공동체란 병들고 파괴된 모든 관계를 회복시킬 수 있는 진리와 사랑의 공동체입니다. 진정한 삶의 공동체는 예수안에서 진리를 통해 올바른 관계를 맺고 사랑의 공동체를 이루는데 있습니다.

2. 진정한 삶의 공동체는 하나님의 가족 공동체입니다.

사도행전 2장에서 보면, 초대교회 교인들은 예수 그리스도의 이름으로 세례를 받고 죄사함을 받고 성령을 선물로 받았습니다. 사도들의 가르침을 받아 서로 친교하며 떡을 떼며 기도에 힘썼습니다. 다함께 거하면서 모든 물건을 서로 통용했습니다. 재산과 소유를 팔아 각 사람의 필요에 따라 나누어 주었습니다. 하나님을 찬미하여 온 백성에게 칭송을 받았습니다. 그들로 인해 구원 받는 사람의 수가 날마다 더하게 되었습니다.

진정한 공동체의 힘은 힘은 살아계신 하나님이 그들 가운데 현존해 계신 것이었고, 누구나 그 공동체에 들어오면 그들 가운데 현존해 계시는 하나님을 체험할 수 있었습니다. 이는 하나님의 가족공동체가 되었기 때문입니다.

하나님의 가족공동체의 아름다운 모습을 시인은 다음과 같이 묘사하고 있습니다.

"형제가 연합하여 동거함이 어찌 그리 선하고 아름다운고 머리에 있는 보배로운 기름이 수염, 곧 아론의 수염에 흘러서 그 옷깃까지 내림 같고 헐몬의 이슬이 시온의 산들에 내림 같도다 거기서 여호와께서 복을 명하셨나니 곧 영생이로다"(시 133:1-3).

이 시에서 말하는 형제란 혈육관계나 어떤 이념으로 의식화된 인간관계가 아닙니다. 하나님께로부터 부름받은 사람으로서 역사속에서 소명과 책임을 끊임없이 요청받고 있는 사람들입니다. 그러한 사람들이 연합해서 동거함이 매우 선하고 아름답다고 했습니다.

우리는 진정한 삶의 공동체인 하나님의 가족공동체를 이루어가야 하겠습니다.

3. 진정한 삶의 공동체는 성령의 공동체입니다.

성서에는 매우 대조적인 두 공동체가 있습니다. 그중 하나가 구약성서에 나타난 바벨 공동체입니다.

그들은 자신들의 힘으로 하나님 없이 이상적인 공동체를 만들려고 했습니다. 그 결과는 언어의 분열과 인간의 분열이었습니다.

그 다음으로 이것과 대조적인 공동체가 신약성서에 나타나 있는 오순절 성령의 공동체입니다. 이 공동체는 성령의 역사로 말미암아 태어난 공동체이며, 서로 마음과 마음이 합해지고 언어가 서로 다르지만 말이 서로 통하는 공동체입니다. 성령의 공동체는 말씀과 기도가 특징이고, 사랑과 평화가 그 열매입니다.

요한계시록 21장에서 보면, 미래에 나타날 진정한 공동체의 전형을 보여주고 있습니다. 새 하늘과 새 땅과 함께 모든 눈물을 그 눈에서 씻기시고 다시 사망이 없고 애통하는 것이나 아픈 것이 없는 생명의 공동체입니다.

생명의 공동체, 성령의 공동체, 사랑의 공동체는 혁명이나 정치권력이나 경제적 풍요로 이루어지는 것이 아닙니다. 오순절 사건 후 새로운 공동체를 탄생시킨 하나님의 능력과 그의 주권에 의해 만들어지는 공동체입니다.

그리스도와의 결합 없이는 인간 소외나 고독이 극복될 수 없습니다. 그리고 진정한 삶의 공동체가 이루어질 수 없습니다. 그리스도와의 결합으로만이 성령의 공동체, 생명의 공동체를 이룰 수 있습니다.

초대교회 이후 오늘에 이르기까지 산 위에 세운 성으로서 세상을 놀라게 하고, 하나님의 살아계심을 믿게 한 공동체들은 그리스도 안에서 형제된 사람들이 연합하여 동거하는 공동체들이었습니다.

그들은 함께 무릎 꿇고 기도하는 사람이었고, 하나님의 사람이었으며, 하나님의 약속에 대한 절대적인 신뢰로 말미암은 확고한 소망이 있었습니다.

사랑하는 성도 여러분. 말씀과 기도, 사랑과 용서 속에서 하나님의 가족공동체, 성령의 공동체, 생명의 공동체를 이룬 진정한 삶의 공동체를 만들어가는 일에 온 성도가 마음을 같이 하시기를 바랍니다.

목자들의 크리스마스
(눅 2:8-14)

2000여년 전 인류의 죄를 대속하기 위해 베들레헴 말구유에서 탄생하신 아기 예수를 영접하면서 오늘의 성탄을 맞이합니다.

국가적으로 어렵고 힘든 이 때를 슬기롭게 헤쳐나가는 길은 오직 신앙뿐이요, 예수 탄생의 의미를 깊이 성찰하고 '목자들의 크리스마스'와 같이 성탄을 맞는 성도와 국민들이 되어야 하겠습니다.

예수님의 탄생 전의 일반적 배경을 살펴 보면 다음과 같았습니다.

로마의 정치적 상황은 가이사 아구스도라는 칭호를 가진 자가 천하에 호적령을 내림으로, 나사렛에 살던 요셉과 마리아가 베들레헴으로 가게 된 것입니다(눅 2:1-).

호적령을 내린 것은, 당시 호적도 없이 자유롭게 살게 되었는데, '아구스도'가 왕이 되면서 '인두세'를 받아들이기 위해서였습니다.

로마의 종교는 다신교에다 자연숭배였습니다. 헬라의 철학적 경향은 "세계는 사상가에 의해 지배된다"는 말이었습니다. 즉 하나님 없이도 살 수 있다는 의미였습니다.

그때 유대나라 정치적 상황은 헤롯이 왕으로 즉위 하였는데, 이 헤롯왕 때 예수님이 유대땅 베들레헴에서 탄생하신 것입니다.

유대인의 역사와 정치적 상황은 참으로 수난의 길이었습니다. 여러 제국으로부터 시달리고 시달려서 만왕의 왕이요, 모세가 예언한 한 선지자를 고대하고 고대하던 때에 예수님이 탄생하신 것입니다.

예수님 탄생 무렵의 종교적 형편은 타락할대로 타락해 있었던 것입니다. 대제사장들은 재리와 정권욕에 넘쳐 있었고, 서기관들은 성경 연구에서 민중 지도로 임무를 바꾸었고, 종교인들은 파당을 지어 싸우고 있었으며, 로마의 학정 때문에 유대인들은 본토를 버리고 세계 방방 곳곳으로 분산되어 살면서 고달픈 인생의 길을 걸어가게 되었습니다.

이렇게 정치적, 종교적, 사회적으로 극도로 타락할 때에 예수님이 탄생하였습니다.

한마디로 말하면 '요지경 시대'에 전혀 소망이 없는 그 때에 온 인류를 구원하시기 위해 '만왕의 왕'으로 예수님이 탄생하신 것입니다.

예수님 탄생의 '그 시대'와 오늘 우리가 처한 '현 시대'가 다른 것이 무엇입니까?

오늘의 시대도 속된 말로 표현하면 '요지경 시대'가 아닐 수 없습니다. '부실공화국' '대도공화국'이 그 증명입니다. 그러나 본문에 보면 "그 지경에 목자들이 밖에서 밤에 자기 양떼를 지키더니"라고 했습니다.

예수님 탄생하신 그 지경에서 양떼를 지키던 목자들이 예수님 탄생의 기쁜 소식을 처음 전해 들었습니다.

목자들은 한밤에 양을 치면서 천사들의 찬송과 메시야의 탄생 메시지를 듣고 달려가서 이 사실을 알렸습니다.

오늘 우리들도 양을 치던 목자들처럼 성탄을 맞이합시다.

1. 목자들은 자기 양떼를 지켰습니다(8).

당시의 세상이 '요지경의 시대'였지만 목자들은 세상이 어찌 하든지 세류를 따라 살지 않고 흔들리지 않고 묵묵히 자기 양떼를 지키는 일에 충실하였습니다.

'자기 양떼를 지켰다'는 것은 직무에 충실했다는 뜻이요, 사명 완수에 최선을 다하였다는 의미이며, 직책 감당을 성실히 하였다는 말입니다. 자기 일에 충실했던 목자들이 천사들의 찬송 소리를 통해 아기 예수 나신 축복의 기쁜 소식을 들었습니다.

오늘도 목자들처럼 자기 일에 충실하는 자에게 성탄의 기쁨과 축복은 찾아올 것입니다.

2. 목자들은 밤에 양떼를 지켰습니다(8).

밤은 모든 사람들이 자고 쉬는 시간입니다. 만물들도 고요히 잠든 밤이었습니다. 양떼들도 쉬는 시간이었습니다. 그러나 목자들은 다른 사람들이 쉬고 자기 양떼들도 쉬고 있을 때 쉬지 못하고 양떼의 생명을 지키고 있었습니다.

역사의 밤을 맞는 시대, 정치적으로 종교적으로 어두운 밤을 맞는 시대입니다. 어두운 밤에 자기 양떼를 지키는 목자들이 필요한 시대입니다. 이 나라, 이 민족을 지키고 내 교회를 지키는 진정한 일꾼들을 부르시는 시대입니다. 시대적으로 밤을 맞는 때에 깨어 있는 자만이 축복의 성탄을 맞게 될 것입니다.

3. 목자들에게 주의 영광이 두루 비추었습니다(9).

자기 사명에 충실하는 자에게 주의 사자가 곁에 서서 지켜주십니다. 주의 영광으로 저희를 두루 비추어 주십니다.

우리는 그리스도의 탄생을 통해 신앙적 가치를 재음미하고, 예수의 찬란한 빛을 바라 보며, 길이요 진리요 생명이신 그리스도를 따라 광명의 세계에서 화합과 일치로 성탄의 의미를 새롭게 해야 하겠습니다.

우리 기독교인들은 성탄을 통해 네 가지 빛을 비출 수 있어야 합니다. ① 사랑의 빛 ② 정의의 빛 ③ 자유의 빛 ④ 평화의 빛을 비취는 성탄이 되기를 주의 이름으로 축원합니다.

큰 기쁨의 소식
(눅 2:1-20)

세상에는 날마다 새로운 소식이 홍수처럼 밀려오고 있습니다. 그 소식들 중에는 흉한 소식도 있고 슬픈 소식도 있으며, 가슴을 서늘하게 하고 아프게 하는 소식들도 있습니다. 기쁜 소식보다는 슬픈 소식이 더 많고, 좋은 소식보다는 나쁜 소식이 더 많이 들려옵니다.

국민들에게 희망을 주고 용기를 주는 소식보다는 실망을 주고 좌절하게 하는 소식도 있고, 위로와 칭찬의 소리보다는 원망과 불평의 소리가 더 많이 들리는 세상입니다.

로마 황제 가이사 아구스도에 의해 통치되는 이스라엘 민족에게 기쁨이란 없었습니다. 정치적인 면에서 뿐만 아니라, 경제적인 측면에서도 각종 세금과 수탈에 시달려야 했습니다.

슬픔과 절망의 그림자가 이스라엘 전역을 덮고 있었습니다. 그 누구도 이 비극적인 현실을 타개하고 기쁨의 실마리를 찾아낼 수 없었습니다.

또다시 무거운 밤이슬이 이스라엘 전역에 내리기 시작했습니다. 목자들은 내리 누르는 밤의 무게를 이겨내며, 양들에게 작은 기쁨과 평안을 제공하기 위해 노력하고 있었습니다. 그 밤에 하나님께서는 영원한 절망과 파멸을 당해 달리는 인생들에게 큰 기쁨의 소식을 준비하였습니다. 세상이 주는 작은 기쁨이 아니라 하나님만이 주실 수 있는 큰 기쁨의 소식을 마련하신 것입니다.

그렇다면 하나님께서 주시는 기쁨은 어떤 기쁨입니까?

1. 큰 기쁨의 소식은 모든 사람에게 주실 영원한 참 기쁨의 소식이었습니다.

큰 기쁨의 소식은 로마의 학정에 시달리는 이스라엘 백성에게 일시적으로 정치적인 독립을 줌으로써 느끼게 하는 기쁨이 아닙니다. 또 그것은 각종 세금과 재앙으로 인해 경제적으로 고통받는 이스라엘 사람들에게 필요한 물질을 제공하여 순간적으로 누리는 기쁨도 아닙니다.

목자들이나 이스라엘 사람들과 같은 특정한 사람들에게만 제공되는 제한적인 기쁨도 아니었습니다.

하나님께서 계획하고 그 밤에 주기를 원하셨던 기쁨은 시간과 공간을 초월하여 영원토록 모든 사람에게 주실 영원한 참 기쁨, 즉 사람이나 세상이 줄 수 없는 하나님만이 주실 수 있는 하늘의 기쁨이었습니다.

세상이 주는 기쁨의 소식은 유한적이고, 특정한 사람들에게만 주어지는 제한적인 소식이 많습니다. 영원한 기쁨의 소식이 아니라 일시적인 기쁨의 소식이 있을 뿐입니다.

하나님이 주신 큰 기쁨의 소식은 영원한 참 기쁨의 소식이고 모든 사람에게 주시는 큰 기쁨의 소식이었습니다.

하나님께서는 그 크고 놀라운 기쁨의 소식을 오늘 우리에게도 주시기를 원하시고 계십니다.

예수님께서는 가이사 아구스도가 로마 제국을 다스리던 시대에 태어났습니다. 요셉과 마리아는 아구스도의 호적 정리 명령에 따라 베들레헴으로 갔습니다.

요셉은 다윗의 자손으로 베들레헴에서 태어났으니, 그곳에 본가가 있었기 때문입니다.

아기 예수는 그들이 베들레헴에 있는 동안 태어났습니다. 그런데 아기 예수가 태어난 날 밤에 놀라운 사건이 일어났습니다. 그것은 천사들이 밤중에 한 무리의 목자들에게 나타나서 다윗의 마을 곧 베들레헴에서 구주가 탄생하시리라는 기쁨의 사실을 전했던 것입니다.

천사의 메시지는 위로를 주는 것이었습니다. 그 메시지는 구세주, 그리스도 주님께서 태어나시겠다는 언약의 실현이었습니다. 이는 실로 큰 기쁨의 좋은 소식이 아닐 수 없었습니다.

2. 큰 기쁨의 소식은 절망과 죽음의 터널에서 구원하신다는 구원의 소식이었습니다.

하나님을 떠난 이스라엘 백성의 현실은 흑암과 절망의 세월이었습니다. 하나님께서 주시는 기쁨으로 채워져야 할 가슴은 한과 슬픔으로 얼룩졌고, 그 뒤틀린 가슴을 억제할 수 없어서 예수님 당시의 이스라엘 백성들은 고향을 떠나 산적이 되거나 떼강도가 되기도 했습니다.

또한 하나님께서 주시는 기쁨이 아닌 인간이 돈과 권력으로 만들어낸 인위적인 기쁨은 이스라엘의 현실을 더욱더 어려운 지경으로 인도하여 로마로부터의 독립의 희망은 점점 더 희미해져 갔습니다.

오늘의 우리들도 지나온 시간들을 돌이켜 보면 하나님께서 주시는 기쁨이 아니라 세상이 추구하는 쾌락을 향해 달려 왔습니다. 이제는 이 절망과 죽음의 터널에서 벗어나 하나님께서 주시는 참기쁨을 소유해야 합니다.

지금까지 이스라엘 백성들은 흑암속에서 죽음의 그림자에 가려져 있었습니다. 그러나 이제 모든 슬픔과 절망은 사라지고 참 기쁨을 맛보게 되었습니다.

온 인류를 절망과 흑암과 죄에서 구원하실 구세주 탄생의 소식이었습니다.

그는 어린아이로 탄생하실 것이며, 하나님의 백성과 세계를 다스리실 정사를 어깨에 메고 오실 것이며, 모사가 되시며, 전능하고 영존하는 아버지와 같으신 하나님이실 것입니다.

또한 그는 평화의 왕으로 오시어 다윗의 왕좌에 앉아서 영원한 평화와 정의로 통치하실 것입니다.

이 모든 것은 만군의 하나님의 사랑으로 이루어졌습니다.

큰 기쁨의 소식은 구세주 탄생의 소식이며, 그는 영원한 왕으로 평화와 정의를 통치하시고 사랑과 자유를 주시는 메시야 되시는 분이십니다.

3. 큰 기쁨의 소식은 구세주로 믿는 자들에게만 주어집니다.

하나님께서는 참 기쁨을 얻기 위해서 하나님의 말씀을 믿어야 한다고 말씀 하십니다.

예수 그리스도를 나의 구세주로 믿는 자들에게만 큰 기쁨의 소식이 주어지는 것입니다.

이 땅에 드리워진 모든 슬픔의 근원은 하나님의 말씀을 믿지 않고 제멋대로 살아온 인생들의 불신에서 비롯 되었습니다.

본문의 말씀에서도 목자들이 천사의 말을 믿지 않고 아기 예수께로 가지 않았다면, 그는 하나님께서 주시는 큰 기쁨을 누리지 못했을 것입니다.

하나님께서는 예수님께로 달려가라고 말씀하십니다. 목자들이 모든 것을 들에 놓아 두고 아기 예수께로 달려갔듯이, 우리도 참 기쁨을 소유하기 위해서는 예수님께로 달려가야 합니다.

하나님께서 주시는 기쁨을 소유한 백성에게 내리시는 복은 무엇입니까? 먼저 하나님께서 주시는 기쁨 자체가 큰 복입니다. 왜냐하면 하나님께서 주시는 기쁨은 인간이 추구해 온 그 어떤 기쁨보다는 완전한 것이기 때문입니다.

결론적으로 말씀드리면, 이제부터 지금까지 추구해 오던 세상적인 기쁨을 버리고, 하나님께서 주시는 기쁨을 향해 나아갑시다. 하나님께서 주시는 기쁨을 소유하기 위해 하나님을 믿고, 그분의 말씀을 따라 나아가야 합니다.

또한 모든 삶의 초점을 우리 주 예수께 맡기고 그를 향해 달려갑시다. 그리하면 우리는 세상이 줄 수 없는 참된 기쁨과 평안 속에서 매일 매일 하나님을 찬양하는 아름다운 성도의 삶을 살게 될 것입니다.

결산하는 주님
(마 25:14-30)

한 해가 시작하여 1년 12달 365일이 다하여 한 해가 다하면 일의 결산, 재정의 결산, 삶의 결산을 하게 됩니다.

한 해 동안 믿음의 결산, 봉사의 결산, 전도의 결산을 할 때 얼마 만큼의 흑자가 되었습니까?

본문의 말씀은 달란트 비유로서 결산의 모습이 나타납니다.

1. 주인의 모습이 나타납니다.

1) 맡기는 주인(14-15)

어떤 사람이 종들을 불러 자기의 소유를 맡기고 타국에 갔습니다. 각각 그 재능대로 맡겼습니다. 주인은 곧 하나님을 가리킵니다. 하나님께서 우리에게 온갖 것을 맡겨 주셨습니다.

한 해 동안 주님께서 주의 일을 위해 맡겨 주신 직분과 사명이 있습니다.

2) 계산하는 주인(19).

주인은 종들에게 달란트를 맡기신 후에 간섭하는 일이 별로 없는 것 같았습니다. 그러나 나중에 가서는 반드시 계산을 하였습니다. 하나님도 우리에게 어김없이 계산하자고 하십니다.

금년에 맡기신 일에 계산을 통해 흑자인가 아니면 적자인가? 적자인생을 산 사람이 많습니다.

3) 보상하는 주인(21, 28)

종들과 계산한 후에 주인은 종들의 수고에 따라 보상하였습니다.

다섯 달란트 받았던 종은 주인의 즐거움과 함께 한 달란트를 더 받았습니다.

우리도 공력을 따라 상을 받게 됩니다.

2. 충성된 종의 모습이 나타납니다.

1) 변함없는 충성(16, 19).

충성된 종은 주인으로부터 달란트를 받자 곧바로 가서 장사하였습니다. 그리고 오랜 후에 주인이 돌아올 때까지 충성하였습니다. 계속적인 충성입니다. 즉 변함없이 충성하여 주인의 마음에 듭니다.

충성된 종은 환경에 좌우되거나 인해적 장벽 때문에 변질되거나 중단포기를 하거나 책임 회피를 하지 않습니다. 끝까지 변함없이 충성합니다.

2) 조건없는 충성(20)

충성된 종은 주인으로부터 달란트를 받자 조건없이 열심히 장사했습니다. 충성된 종은 절대로 조건이 없었습니다. 즉 충성의 댓가로 어떤 조건을 내놓지 않았습니다.

조건이 없을 때에는 말이 없습니다. 조건적인 충성은 충성이 아닙니다. 순수한 충성이어야 합니다.

3) 본을 받아 충성(17)

두 달란트 받은 자도 그같이 하여 두 달란트를 남겼습니다. 그같이 하였다는 말은 다섯 달란트 받은 자와 같이 하였다는 말입니다. 즉 충성을 잘하는 사람을 본받아 충성했다는 것입니다.

중직자들이 충성할 때 성도들이 본을 받아 충성합니다. 교회부흥의 원동력은 중직자들이 충성할 때 크게 역사합니다. 기도하는 일에 충성하고, 봉사하는 일에 충성하며, 헌금하는 일에 충성해야 하며, 전도하는 일에 충성해야 합니다.

3. 불충한 종의 모습이 나타납니다.

1) 불평하는 종(24-25).

한 달란트 받은 종은 주인에게 거침없이 불평하였습니다. 이치에 맞는 말은 하였지만 주인에게는 해당되지 않는 말입니다. 이렇게 불평하는 종은 염소같은 존재입니다. 염소는 뿔로 받아 넘기는 일만 하고 불평하는 존재를 상징합니다.

2) 게으른 종(25-27)

불충한 종은 한 달란트를 맡고서도 그것을 땅에 감추어 두었습니다. 최소한 은행에라도 맡겼어야 했습니다.

게으름에 빠졌기 때문입니다. 무책임한 자입니다. 염소같은 자입니다.

3) 무익한 종(30)

한 달란트 받은 종을 가리켜 아무데도 쓸데가 없다고 주인은 선언을 하였습니다. 즉 무익한 종이라는 것입니다. 그래서 바깥 어두운데로 내쫓겼습니다. 염소같은 일꾼이었기 때문입니다.

성도들은 각자가 받은 갖가지 재능들을 최대한 활용하며 성실히 봉사함으로써 하나님의 뜻을 이루는데 사용해야 합니다.

우리는 하나님이 주신 달란트를 맡은 사람들입니다. 한 해 동안 일 해왔지만 부족한 점이 많았고 불충했던 면이 있습니다. 이제 한 해를 보내고 새해에는 더욱 충성을 다짐해야 하겠습니다.

직무에 충실한 사람이라야 착하고 충성된 종입니다. 아무리 많은 것을 맡았고 아는 것이 많다고 할지라도 직무를 소홀히 하는 사람은 칭찬을 들을 수가 없습니다. 그분이 맡겨주신대로 그분의 뜻을 쫓아 우리의 사명을 잘 감당하도록 힘써야 합니다.

달란트의 주인은 주님이시니 주님께 칭찬받는 청지기가 되어야겠습니다. 우리에게 맡겨진 직무를 충실히 잘 감당하여 하나님께 칭찬과 상급을 받는 성도가 되어야겠습니다.

제 6 장
특별 설교

1. 절기 설교

부활절

· 부활의 종교(고전 15:55-57)
· 부활의 아침(마 28:5-10)
· 부활사건과 인간(요 20:11-29)

〈집필자 : 하귀호 목사〉
· 총신대학교 및 대학원 졸업
· 미국 버브리칼신학대학원 목회학박사 취득
· 현) 만민교회 담임

부활의 종교
(고전 15:55-57)

기독교가 세계적으로 다함께 지키는 큰 명절이 있으니 성탄절, 부활절, 추수감사절입니다. 옛날 유대인들은 유월절, 장막절, 오순절을 3대 절기로 지켰습니다. 그러나 주님의 나심을 축하하는 성탄절은 지극히 성대하게 지키나 부활절은 그렇지 못한 감이 있습니다. 사실인즉 주님의 처음 나심보다는 죽으셨다가 다시 살아나신 부활절이 더욱 의의가 깊고 성대하게 축하해야 할 날입니다.

유교의 공자는 죽음에 대하여 묻는 제자의 질문에 "생이 불화이든 사후 개지리요" 하였습니다. 즉 "사람이 살아가는 것도 제대로 알지 못하는데, 죽은 후의 것을 어찌 알리요" 라는 말입니다. 유교의 교조인 공자는 부활은 고사하고 죽음의 세상도, 사는 세상도 모른다고 하였으니, 무지한 인간의 솔직한 고백은 될지 모르지만, 그래도 한 종교를 창설했다는 교조의 입장에서는 창피한 말이 아닐 수 없습니다.

불교의 교조 석가는 어떤 과부가 외아들이 죽어 비통한 중에 석가에게 살려 달라고 할 때 "인인개사 가가유상"이라고 하였습니다. "사람 사람마다 죽음이 있고 집집마다 상사가 있는 법인데, 너의 집인들 상사가 없고 네 아들인들 죽음이 없겠느냐?"라고 비관적인 체념을 강조하였습니다.

회교인들은 아라비아 메카성에 있는 그 교조 마호메트의 무덤을 참배하는 일을 최고 영광시 하고 신성시 하니, 이러한 양상은 부활에 대해서는 상상도 못하는 썩어진 무덤 중심의 종교인 것입니다.

그러나 우리가 믿는 기독교는 당당한 부활의 종교입니다. 일찍이 구약시대에서 벌써 부활의 예표가 나타났고, 부활의 표적이 실제적으로 소개되었습니다. 엘리야가 사르밧 과부의 아들을 살렸고, 엘리사가 수넴 여인의 아들을 살렸고, 에스겔 37장에서는 많은 해골들이 부활되었습니다. 그리고 예수님께서는 야이로의 딸을, 나인성 과부의 아들, 죽은 지 나흘이 지난 나사로를 살렸습니다. 예수님 자신도 예언하셨던 대로 십자가에 못박혀 죽으셨다가 3일만에 다시 살아나셨습니다.

기독교의 가장 중요한 핵심은 부활입니다. 부활이 없다면 예수 그리스도의 십자가의 죽음도 헛된 것이 됩니다. 왜냐하면 만약 부활이 없다면 예수 그리스도의 죽음은 그가 사망의 권세에 굴복당했음을 단적으로 보여주는 것이기 때문입니다. 그러기에 부활은 기독교에 있어서 가장 중요한 것이라 할 수 있습니다. 그래서 바울은 고린도교인들에게 부활에 대하여 변증하였습니다. 그 변증이 고린도전서 15장입니다. 특히 그중에서도 본문은 부활에 대한 모든 변증을 마치고 결론적으로 죄, 사망, 그리고 부활에 대한 확신을 말하는 부분입니다.

1. 죄에 대하여 생각하여 봅시다.

1) 사망을 초래한 것이 죄입니다.

"사망의 쏘는 것은 죄"라고 했습니다. 여기서 "쏘는 것"은 벌이나 뱀 등이 가지고 있는 독소가 있는 침이나 이빨을 가리키는 것으로 사망의 해로움을 나타내주는 것입니다. 인격화시켜 표현한다면 사망은 독성을 가진 왕적 권세자로서 모든 인류에게 해독을 끼칩니다. 그 결과로 모든 인류는 죽음 아래에 있게 되었습니다. 그러나 사망이 그러한 영향력을 행사할 수 있는 근본적인 원인은 바로 죄입니다. 왜냐하면 죄의 댓가가 사망이기 때문입니다. 따라서 만약 죄가 사해지면 사망의 문제, 즉 사망의 해독성도 해결되어 버립니다. 그러나 죄의 문제가 해결되지 않는다면 사망의 영향력은 영원히 인류에게서 떠나지 않습니다.

2) 죄의 권능은 율법에서 나옵니다.

한편 죄가 그 영향력을 발휘하여 사망을 초래할 수 있고 사망이 온 인류에게 그 힘을 발휘할 수 있게 한 것은 율법입니다. 그 이유는 과거에 죄로 드러나지 않던 것을 죄로 드러나게 한 것이 율법이기 때문입니다. 인간들은 율법을 통해 비로소 죄가 세상에 존재함을 알게 되었습니다. 그래서 바울은 죄가 율법이 있기 전에도 있었으나 율법이 없을 때에는 죄로 여기지 않았다고 말했던 것입니다. 이처럼 죄의 권능은 율법입니다. 율법은 인간에게 생명과 자유를 가져다 주기 보다는 도리어 죄를 가져다 주었습니다.

2. 부활에 대하여 생각하여 봅시다.

1) 인간을 사망의 영향력에서 해방시킨 것은 예수 그리스도의 부활입니다.

"사망아! 너의 이기는 것이 어디 있느냐." 예수 그리스도의 죽음과 부활은 율법과 깊은 연관을 가집니다. 예수 그리스도는 하늘의 보좌와 권세를 버리시고 율법 아래로 오셨습니다. 그래서 사도바울은 갈라디아서 4:4에서 이렇게 말하였습니다. "때가 차매 하나님이 그 아들을 보내사 여자에게서 나게 하시고 율법 아래 나게 하신 것은 율법 아래 있는 자들을 속량하시고 우리로 아들의 명분을 얻게 하려 하심이라." 이것을 달리 표현하면 그는 사망의 권세 아래로 오신 것입니다. 그래서 그는 죄인처럼 되셨고 십자가에서 죽으셨습니다. 그러나 그것은 잠시였습니다. 예수님은 사흘만에 부활하셨습니다. 사망의 권세를 꺾으신 것입니다. 예수님께서는 승리자가 되셨습니다. 그리고 그를 믿는 자들에게 더 이상 죄와 사망이 그 영향력을 행사하지 못하도록 하셨습니다.

이런 사실을 히브리서 기자는 히브리서 2:14-15에 "자녀들은 혈육에 함께 속하였으매 그도 또한 한 모양으로 혈육에 함께 속하심은 사망으로 말미암아 사망의 세력을 잡은 자, 곧 마귀를 없이 하시며 또 죽기를 무서워 하므로 일생에 매여 종노릇하는 모든 자들을 놓아 주려 하심"이라고 말씀했습니다. 그래서 예수 그리스도를 영접하는 자를 더 이상 정죄할 수 없으며 송사할 자도 없습니다.

2) 우리로 하여금 죄와 사망에 대해 이기게 하신 분은 하나님이십니다.

"우리에게 이김을 주시는 하나님께 감사하노니." 여기서 "우리"는 예수님을 영접한 그리스도인을 의미합니다. 우리 그리스도인에게 생명과 자유를 주시고 죄에서 해방시켜 주신 분은 바로 하나님이십니다. 하나님은 인간을 사랑하셔서 독생자를 주시고 십자가에서 죽게 하셨고, 예수님을 부활 시키심으로 인간들이 죄의 권세에서 해방될 수 있는 대속 사역을 이루셨습니다. 이처럼 죄와 사망에서 그리스도인이 해방될 수 있으며, 영생과 기쁨을 소유할 수 있는 것은 예수 그리스도를 통하여 표현된 하나님의 은혜와 사랑 때문입니다.

그래서 바울은 디모데에게 하나님을 "우리 구주 하나님"이라고 디모데전서 1:1에 소개하였던 것입니다.

"그러므로 내 사랑하는 형제들아! 견고하여 흔들리지 말며 항상 주의 일에 힘쓰는 자들이 되라 이는 너희 수고가 주안에서 헛되지 않은 줄을 앎이니라."

예수 그리스도를 통하여 표현된 하나님의 은혜를 입은 그리스도인이 해야 할 것은 오직 주의 일에 힘쓰는 일입니다. 주의 일을 하되 흔들림이 없이 확고한 가운데 행하여야 합니다. 왜냐하면 부활과 하나님의 사랑이 확실하기 때문입니다. 이 확신이 흔들리게 될 때 우리는 무슨 일을 하든 흔들릴 수밖에 없습니다. 보상이 따르지 않는 봉사와 희생을 기피하게 되고 그리스도를 위한 죽음을 두려워하게 됩니다. 때로는 신앙의 회의에 봉착하게 되고 성도가 기본적으로 가져야 할 주의 사업에 대한 진지한 자세를 잃게 됩니다. 이처럼 부활에 대한 확신은 우리 신앙의 기초와 소망이 되는 것입니다.

부활의 아침
(마 28:5-10)

밤이 지나면 상쾌한 아침이 오듯, 춥고 우울했던 겨울이 지나고 새싹이 움트는 봄이 돌아왔습니다. 금년의 봄은 그 의미가 크다고 생각됩니다. 그것은 어느 해보다 눈도 많이 왔고 추웠기에 봄이 오기를 더 고대했기 때문입니다. 오늘은 예수 그리스도가 죽음의 권세를 이기시고 다시 사신 부활의 아침입니다. 하나님의 아들 예수님은 고향 사람들에게는 목수의 아들이라고 배척을 받고, 집권자들에게는 반역자라고 미움을 받고, 종교가들에게는 이단자라고 시기를 받아 십자가에 못박혀 죽으시고 장사지낸 바 되었습니다.

그러나 예수님은 어두운 무덤을 헤치고 이른 새벽에 다시 사셨으니, 그리스도는 정복당하는 자가 아니라 승리자이시며, 죽음에 의한 패배자가 아니라 그의 말씀과 능력으로 다시 살아나신 부활의 첫 열매입니다.

그러므로 부활의 아침은 승리의 아침이요 소망의 아침이며, 새 역사의 아침입니다.

1. 부활의 아침은 승리의 아침입니다.

십자가는 죽음의 상징이요, 고통의 표시이며, 어두움의 표상입니다. 사람은 누구나 죽음을 두려워 하고 고통을 싫어합니다. 그러나 고통의 십자가를 지셔야만 했던 예수님, 죽음을 당하지 않을 수 없었던 그리스도를 생각해 보아야 합니다.

고통의 십자가 뒤에 기쁨이 있고, 죽음 뒤에 부활이 있고, 어두운 밤을 통과하여야 밝은 아침이 있기에 예수님은 십자가를 지시고 골고다로 가셨던 것입니다.

기차여행 때 터널을 통과하려면 지루한 느낌이 있습니다. 이용하는 기차가 완행열차라면 그 고통은 더욱 심각합니다. 그러나 괴롭던 터널을 통과한 사람만이 밝은 빛, 맑은 공기의 참맛을 느낄 수 있습니다.

엄동설한의 춥던 겨울을 겪어 본 사람만이 봄의 따사로움과 활기찬 생동력을 더 느낄 수 있습니다. 죽음이 삶으로 바뀌고, 패배가 승리로 변하는 새아침이 되어 예수님을 십자가에 못박던 불법과 불의의 세력은 물러가고, 생명의 예수님은 두꺼운 무덤을 헤치고 승리하셨습니다.

겨울을 지날 때는 봄이 올 것 같지 않으나 때가 되면 봄은 다시 찾아옵니다. 터널을 지날 때는 괴로움이 오래갈 것 같지만, 터널을 벗어날 시간은 있습니다. 예수님은 죽음을 이기고 다시 살으셨으니 우리에게도 승리의 아침은 있습니다.

터널이 길고 지루하다고 원망하지 마십시오. 타고가는 열차가 더디다고 낙심하지도 맙시다. 어두운 터널을 지나서 밝은 빛, 맑은 공기를 심호흡할 승리의 날은 있습니다.

2. 부활하신 아침은 소망의 아침입니다.

예수님이 십자가에 달리실 때 해가 빛을 잃어 하늘과 땅이 캄캄하게 되었지만 죽음은 삶으로, 암흑은 광명으로, 절망은 소망으로 변했습니다. 예수님의 부활은 죽음이 생명의 장벽은 될 수 없다는 사실입니다.

죽음 앞에 장수도 거꾸러지고 영웅도 항복합니다. 죽음은 잔인하기 때문에 신부의 신방에서 신랑도 빼앗아 가고, 과부의 외아들도 데려갑니다. 그러나 죽음이 생명에게 삼킨바 되었으니 썩을 것이 썩지 않을 것을 입고, 죽은 몸이 죽지 않을 것으로 입을 때가 있습니다.

불의가 정의에게 정복당할 날이 있습니다. "어찌하여 산 자를 죽은 자 가운데서 찾느냐 그는 여기 계시지 않고 살아나셨다"고 하였으니, 부활은 절망에서 소망을 일으켜주는 역사적 사건입니다.

예수님의 부활은 미움보다 사랑이 강하다는 사실입니다. 예수님은 빌라도의 불법과 교권자들의 시기의 무덤에 인봉되었던 것입니다. 그러나 절망할 필요는 없습니다. 두려워할 이유도 없습니다.

불법의 무덤은 무너질 날이 있습니다. 시기, 다툼, 불의가 강한 것 같으나 사랑은 그보다 더 강하다는 것을 알아야 합니다. 예수님을 무덤에 인봉했다고 교권자와 집권자들이 안심했을지는 모르나, 역사의 움직임은 보이지 않는 곳에서 싹트기 시작하여 사흘만에 예수님은 다시 살아나셨습니다. 산 자를 죽은 자 가운데서 찾는 어리석음을 범하지 맙시다.

빌라도의 교권으로도 정의를 인봉할 수는 없었고, 제사장들의 모함으로도 사랑의 예수님을 꺾을 수는 없었습니다. 부패한 사회속에도 정의는 움트고, 미움과 다툼이 춤추는 교회속에도 사랑의 햇빛은 솟아오르고 있습니다.

루마니아의 작가 게오르규가 '세계와 한국'이란 글에 "수난의 밤만이 고요한 아침을 창조할 수 있다. 어떤 수난을 만나든지 한국 사람들은 이것을 한 줄기 아침 햇빛과 같은 아름다운 시로 변화시키는 지혜를 가지고 있다. 암흑이라도 흰옷처럼 순수한 빛으로 승화시켜 하나님과 가장 가까운 거리에서 대화할 수 있는 순결성을 한국인들은 지니고 있다"고 지적했습니다.

고난을 아는 자만이 부활의 소망을 소유할 수 있습니다. 절망하지는 마십시오. 소망의 햇빛이 우리를 비추고 있습니다.

3. 부활하신 아침은 새 역사의 아침입니다.

부활의 아침은 새역사 창조의 아침입니다. 예수님의 죽음으로 흩어졌던 제자들이 예수님의 부활로 용기를 얻어 강력한 영적 군대가 되어 새로운 역사가 시작되었습니다. 비겁한 베드로는 용감해졌고, 잔인하던 요한은 사랑의 사람이 되었고, 의심많던 도마는 확신의 사람이 되어 부활하신 그리스도의 메시지를 가지고 세상으로 뛰쳐 나가게 되었습니다.

예수님은 다시 살아나셨다고 증거하는 설교에는 많은 청중이 감화를 받았고, 그들의 생활에는 사랑이 싹터 강력한 단체를 이루어 로마나라를 예수님의 이름으로 정복하였으니, 부활은 새 역사의 기원이요, 새세계의 시작입니다. 부활을 믿는 교회는 오늘의 새 역사를 강조하고 있습니다.

제2차 세계대전 중에 미국의 네 사람의 군목과 그들의 전함이 적의 어뢰에 맞아서 침몰하게 되었습니다. 이 때에 네 사람의 군목들은 자기들 몫의 구명대를 부하들에게 주고 그들은 침몰하는 갑판 위에서 찬송을 부르면서 바다속으로 내려갔습니다. 지금 미국의 필라델피아시의 기념관에는 이 네 사람의 위대한 삶을 기념하는 "불멸의 군목들"이란 문구를 새겨 놓았습니다. 부활을 믿는 네 군목들의 행동은 오늘 미국 국민들의 마음속에서 영원히 살아 움직이고 있습니다.

모스크바의 크레므린궁 옆 붉은 광장안에 있는 한 지하 능 속에는 썩지않게 향료를 발라 보존되어 있는 레닌의 유해가 정장을 하고 누워 있는 유리관 위에 이렇게 쓰여져 있습니다. "그가 언제나 모든 사람의 가장 위대한 지도자였으므로 그는 새로운 인류의 주인이셨다. 그는 세계의 구원자이셨다."

레닌에 대한 그 찬사는 과거 시제로 서술되어 있습니다. 그리스도의 자랑스런 말씀과 얼마나 놀라운 대조를 이루고 있습니까? "나는 부활이요 생명이니 나를 믿는 자는 죽어도 살리라"(요 11:25).

예수 그리스도에 대한 우리의 믿음은 그의 부활 안에 기초를 두고 있습니다. 스위스의 위대한 신학자 칼 발트는 "예수 그리스도의 육신적 부활에 대한 확신 없이는 아무런 구원도 있을 수 없다"고 말했습니다.

오늘도 예수님의 부활은 세계 방방곡곡에서 새 역사를 창조하고 있습니다. 어두운 밤이 지나면 밝은 태양이 떠오르듯, 죽음의 그늘이 지나면 생명의 아침이 반드시 찾아옵니다.

사망권세를 깨뜨리신 우리 주 예수 그리스도의 부활의 아침은 승리의 아침이요, 소망의 아침이며 새 역사의 아침입니다.

이 부활의 약속을 믿고 날마다 감격의 성도가 되시길 기원합니다.

부활사건과 인간
(요 20:11-29)

기독교는 부활의 종교입니다. 한번 죽음으로 끝나는 종교가 아닙니다. 죽음과 동시에 새로운 삶이 시작됩니다. 그러므로 기독교는 죽음이 없는 영생의 종교입니다. 실패하는 것 같으나 마지막에는 승리하는 종교요, 약한 것 같으나 강한 생명을 창조하는 구원의 종교입니다.

부활절을 맞이할 때마다 부활사건과 함께 떠오르는 사람이 있습니다. 본문 11-18절에 나오는 막달라 마리아와 26-29절에 나오는 도마가 바로 그 인물들입니다.

1. 막달라 마리아에 대하여 말씀 드리겠습니다.

이 여인은 인정 많고 매우 감정적인 사람이었습니다. 그는 주님의 십자가의 운명을 마지막까지 지켜보고 있었습니다. 가슴을 태우며 한없이 눈물을 흘렸습니다.

안식일이 지나고 첫날, 이른 새벽에 집을 나섰습니다. 아직 날이 새지 않은 산길은 무섭고 험했습니다. 또 주님의 무덤을 찾아간다는 것은 신변의 위험도 따랐습니다. 그의 손에는 향유를 담은 옥합이 들려 있었습니다. 귀하신 주님의 옥체에 향유나마 발라드리고자 하는 마지막 소원이었습니다.

그는 무덤 가까이에서 뜻하지 않은 장면에 멈춰서고 말았습니다. "누가 무덤 문의 그 큰 돌을 옮겨줄까" 하고 염려했던 그 돌이 벌써 밖으로 굴려져 있었고, "놀라지 말라! 네가 십자가에 못박히신 나사렛 예수를 찾는구나. 그가 살아나셨다"고 하는 음성이 들렸습니다.

막달라 마리아는 급히 예수님의 제자들에게 달려가 이 놀라운 소식을 전했습니다. 마리아의 보고를 듣고 베드로와 요한이 동산으로 달려왔습니다. 그들은 예수님의 빈 무덤을 보았습니다. 예수님이 누우셨던 자리에 놓여진 세마포와 수건만을 보고 돌아갔습니다.

마리아는 그대로 무덤밖에서 울고 있었습니다. 그의 슬픔은 억제할 수가 없었습니다. 천사가 일러준 말은 그의 마음에 남아있지 않고 주님의 시체마저 원수들이 가져가 버렸다고 슬퍼하고 있었습니다. 그때, 부활하신 예수님은 처음으로 인간에게 나타나셨습니다. "여자여! 어찌하여 울며 누구를 찾느냐." 예수님의 인자하신 음성이었습니다.

그러나 마리아는 그가 동산지기인 줄로 알고 "당신이 주님의 시체를 옮겨갔거든 어디 두었는지 내게 이르소서 그러면 내가 당장 찾아와서 정성껏 안장하리이다"고 하였습니다.

막달라 마리아는 주님을 사랑하였습니다. 주님을 존경하며 그의 죽음 장소까지 따랐습니다. 그가 가진 모든 것을 바쳐 봉사하고 생명까지도 드릴 희생의 각오가 되어 있었습니다. 주님을 향한 애정과 열심은 예수님의 어느 제자보다도 뜨거웠습니다. 그러나 예수님의 부활은 믿지 못했습니다. 무덤에 큰 돌이 굴러간 것을 보면서도, 주님의 시체가 없는 빈 무덤을 들여다 보면서도, '그가 다시 살아나셨다'는 천사의 음성을 듣고도 예수님의 부활을 믿지 못했습니다. 부활하신 예수님이 나타나시어도 그를 기껏 동산지기로만 알았습니다.

믿음이란 이처럼 믿기 어려운 것입니다. 열심 많다고 반드시 신앙이 있다고는 속단할 수가 없습니다. 분주히 앞장서서 교회를 받들고, 눈물을 흘리며 기도하면서도 그 마음에 믿음이 없을 수가 있다는 것입니다. 종교적 열심과 신앙이 반드시 합치하는 것은 아닙니다.

열심을 믿음이라고 오해해서는 안됩니다. 특히 감정이 풍부한 성도들 중에 이런 과오에 빠지는 예를 흔히 볼 수 있습니다. 열심도 좋고, 성의도 좋지만 그 열심, 그 정성이 믿음에서 나온 것이어야만 합니다. 그렇지 못할 때 그의 잘못된 열심을 교정해 주기란 무척 힘들 일입니다.

　진정한 의미의 교회봉사란 그 열심이 믿음에서 나오는 것이어야만 합니다. 믿음에서 나오지 않은 열심은 언제나 만족과 기쁨이 없습니다. 불평과 불만이 항상 그의 수고의 뒤를 따릅니다.

　열심 많은 마리아가 믿음의 경지에 들어가기 위해서는 주님이 직접 나타나셔야만 했습니다. 우리도 부활하신 주님을 만나 믿음 없는 열심에서 믿음 있는 열심가가 되어야 합니다.

　2. 도마에 대하여 말씀드리겠습니다.

　도마는 막달라 마리아보다는 의지적이요 지성적이라 할 수가 있습니다. 동료 제자들이 도마를 만나자 "우리가 부활하신 주님을 만났다"고 했습니다. 그때 "내가 그 손의 못자국을 보며 내 손가락을 그 못자국에 넣으며 내 손을 그 옆구리에 넣어 보지 않고는 믿지 아니 하겠노라"고 강경히 부인했습니다.

　눈으로 보는 시각도 불완전하니까 손으로 만져본 후에라야 믿겠다는 것입니다. 우리가 사흘전에 예수님이 십자가 위에서 완전히 운명하시는 것을 보았지 않느냐 그런데 어떻게 살아났다고 하느냐는 것입니다.

　도마는 현대 지성인을 대표 합니다. 철학을 알고 과학을 배웠다는 지성인들은 믿음을 얻기가 매우 어렵습니다. 이들은 물적 증거와 과학적 합리성의 제시를 요구합니다. 그것이 없이는 믿을 수가 없다는 것입니다. 이들의 지식과 과학은 믿음으로 들어가는 길에 걸림이 되고 있습니다.

　그 후 여드레가 지난 날이었습니다. 제자들이 모두 한 집안에 모였을 때 도마도 함께 있었습니다. 문들은 닫혀 있었습니다. 그런데 예수님께서는 그들 가운데 나타나셔서 "너희에게 평강이 있을지어다"고 말씀하셨습니다. 예수님은 도마를 향해 말씀하셨습니다. "네 손가락을 이리 내밀어 내 옆구리에 넣어 보라. 그리하고 믿음 없는 자가 되지 말고 믿는 자가 되라."

　무슨 과학적 해명이나 물적 증거가 요청 될 사이가 없었습니다. 도마는 그대로 거꾸러졌습니다. 그의 완고하던 마음은 깨어졌습니다. 그의 의혹으로 불안하던 마음은 광명을 찾게 되었습니다. 다시는 의심할 여지가 없었습니다. 도마는 "나의 주시며 나의 하나님이시니이다"고 주님을 경배하며 부활의 신앙을 고백 했습니다.

열심이 곧 신앙이 아닌 것처럼, 신앙은 반드시 지각적인 인식과 감각적인 확인으로 얻어지는 것은 아닙니다. 신앙의 세계는 인간이 가진 지각과 감각의 영역밖에 있습니다.

사람의 이성으로 신앙의 세계를 규명해 보려는 시도, 그 자체가 잘못된 것입니다. 오직 신앙은 인간의 이성을 초월하여 하나님과 접촉하고 교제하고 사귀는데 있습니다.

주님께서 도마에게 만져보라 하심으로 그의 불신앙을 깨우쳐 주셨고, 믿음 없는 자가 되지 말고 믿는 자가 되라 하심으로 그의 신앙에 확신을 주셨습니다. 인정 많고 감정적인 막달라 마리아를 향해서는 "나를 만지지 말라"고 하신 주님은 회의적이고 이성적인 도마에게는 "네 손을 내밀어 내 손과 옆구리를 만져 보라"고 하셨습니다. 도마는 만져보기도 전에 주님의 부활을 보고 시인 했습니다.

신앙은 과학이 아닙니다. 막달라 마리아는 충분한 물적 증거와 과학적 증거를 보고도 믿지 못했습니다. 반면에 도마는 그가 물적, 과학적 증거를 요구했지만, 주님을 만나는 순간 일일이 실험해 보기도 전에 믿었습니다.

믿음의 최고봉은 부활 신앙입니다. 주님이 다시 살아나셨다는 부활신앙을 가진 자야 말로 참 신앙의 사람입니다. 주님의 부활을 믿는 신앙은 곧 자기 자신도 장차 죽었다가 다시 살아날 것을 믿는 신앙입니다. 그러므로 그리스도의 부활을 믿지 못하는 신앙은 신앙이 아닙니다.

주님은 이 시대의 우리에게 귀하신 복음을 주셨습니다. "너는 나를 본고로 믿느냐 보지 못하고 믿는 자들은 복 되도다"고 주님은 말씀하셨습니다. 주님이 부활승천하신 후 2천년이 지난 오늘에 부활의 사실을 믿기란 참으로 어려운 일입니다. 그러나 믿기 어려운 형편에서 믿는다는 것은 믿기 쉬운 당시의 사람들보다 더욱 복된 것이 당연한 일입니다. 그러므로 믿기 어려운 지금 이 시대에서 가지는 부활신앙은 그야말로 복중의 복이요 금보다 귀한 믿음입니다.

막달라 마리아는 감정으로 주님을 찾았고, 도마는 이성으로 주님을 만나려 했습니다. 둘 다 잘못된 생각들이었습니다. 지성과 감성으로는 부활의 주님을 만날 수가 없습니다. 그들이 부활의 주님을 만날 수 있는 길은 다른데 있었습니다. 그것은 곧 성경입니다.

고린도전서 15:3-4에 "성경대로 그리스도께서 우리 죄를 위하여 죽으시고 장사 지낸 바 되었다가 성경대로 사흘만에 다시 살아나셨느니라"고 하였습니다. 만일 막달라 마리아와 도마가 그리스도께서 사흘만에 다시 살아나리라는 말씀을 믿고 기억했더라면 그와 같이 어리석은 미혹에 빠지지 않았을 것입니다.

그러므로 현대 성도가 부활 신앙에 들어가는 길도 자기의 사색과 판단에 의하거나, 감상에 빠져 얻어지는 것은 아닙니다. 오직 성경에 돌아옴으로 확실한 믿음의 경지에 들어가게 됩니다.

종교 개혁가 마틴 루터는 "나의 마음에 느낌은 항상 나를 속인다. 나에게 있어서 확실한 것은 오직 성경밖에 없다"고 하였고, 요한 칼빈은 "우리가 예수님의 부활을 믿는 것은 외부적 경험에 의한 것이 아니고 오직 하나님의 말씀 안에서만 얻어진다"고 하였습니다.

다시 말하면 믿음이란 육체의 시각이나 촉각을 통해 얻어지는 것이 아닙니다. 또한 사람의 지혜로, 오묘한 사색으로 얻어지는 것이 아닙니다. 믿음의 본거지는 성경입니다. 성경은 성령의 말씀으로 정확 무오합니다. 거기서만 부활신앙이 나오는 것입니다.

맥추감사절

· 맥추절을 지키는 의미와 정신(신 16:9-12)
· 맥추절과 신앙부흥(출 23:14-19)
· 너희는 성령을 좇아 행하라(갈 5:16-23)

〈집필자 : 조승철 목사〉
· 연세대학교 경제학과 졸업
· 장로회신학대학교 신대원 졸업
· 미국 풀러신학대학원 목회학박사 과정 이수
· 현) 가좌제일교회 담임 목사

맥추절을 지키는 의미와 정신
(신 16:9-12)

맥추절은 하나님이 제정한 것이기 때문에, 맥추절을 지키는 목적은 '사람 중심'일 수가 없고 '하나님 중심'의 절기로 지켜야 하는 것입니다. 즉, 맥추절을 지킴으로써 하나님의 은혜를 기억하고 감사드리며, 그 의미를 대대로 계승하고 발전시킨다는 것입니다. 오늘날 우리 예수 믿는 성도들이 특별히 맥추절을 지키는 이유는 무엇입니까? 이 시간 맥추절을 지키는 의미와 정신을 살펴보려고 합니다.

1. 하나님의 은혜로 추수하게 된 것을 감사하며 고백하는 절기입니다 (10절).

이스라엘 백성들이 가나안 땅에 정착한 후 처음으로 씨를 뿌리고 열매를 거두었습니다. 그들은 너무나도 감사해서 자원하는 마음으로 첫 열매를 가지고 나와 예배를 드렸습니다. 이것이 첫 번 맥추감사주일이었습니다.

오늘 본문 10절을 보면 "네 힘이 닿는 대로 자원하는 예물을 드리라"고 권고하고 있습니다. 그러므로 사람을 보지 말고 오직 하나님만 바라보면서 "힘껏, 그리고 정성껏" 감사하기 바랍니다. 오늘도 이른 비와 늦은 비를 적절하게 주시는 하나님께 진정 감사하기 바랍니다.

2. 가난하고 의지할 데 없는 약자들과 함께 기쁨을 나누는 절기입니다 (11절).

본문 11절의 말씀을 보면 "노비와 객과 고아와 과부와 함께 즐거워 하라"고 명하셨습니다. 오늘날 우리 한국 교회가 힘없고 가난하고 불쌍한 이웃을 향해서 얼마나 관심을 가지고 있는가를 맥추절을 지키면서 생각하지 않을 수 없습니다.

맥추절은 우리들만의 축제를 위해서 정해진 절기가 아니라, 오히려 '하나님의 관심'은 사회적 약자들에게 있습니다. 그러므로 이 시간 여러분들이 하나님을 모신 중에 어려운 이웃과 함께 즐거워하는 진정한 믿음의 축제가 되는 맥추감사주일로 지킬 수 있기를 바랍니다.

3. 맥추절을 지키면서 과거에 종살이 했던 사실을 기억하라고 하셨습니다 (12절).

과거 이스라엘 백성들은 430년간 애굽에서 종으로 살았었습니다. 그런데 지금은 자유의 몸이 되었습니다. 그리고 내 땅이 있으니 내가 수고하고 땀흘린 대가가 고스란히 내게로 돌아옵니다. 그러므로 과거 그 비참한 종노릇하던 시절을 잊지 말고 하나님의 축복을 더 마음 속 깊이 새기라는 것입니다.

이것을 명령하심은 "너의 주인이신 하나님을 잊어버리지 말고 힘써 하나님께 감사하라"고 권면하시는 것입니다. 이런 분들이 다 되시기를 간절히 축원 드립니다.

이 시간 여러분의 마음속으로부터 우러나오는 진정한 감사가 있습니까? 중심에서 우러나오는 진정한 감사야말로 참으로 하나님을 기쁘시게 하는 것입니다. 오늘 맥추감사주일을 맞으면서 감사의 고백과 공동체의 축제, 그리고 하나님을 나의 진정한 주인으로 다시 한 번 다짐할 수 있기를 바랍니다. 여러분 모두에게 더욱 풍성한 하나님의 은혜와 축복이 넘치시기를 우리 주님의 이름으로 축원 드립니다.

맥추절과 신앙 부흥

(출 23:14-19)

이스라엘 백성들이 보리를 추수하고 첫 단을 하나님께 드린 것으로부터 유래한 절기가 맥추절입니다. 원래 이스라엘 백성은 유목민 들이었습니다. 아브라함이 그랬고, 애굽에서도 그들은 목축을 했었습니다. 광야 40년은 만나와 메추라기를 먹고 살았지 농사는 짓지 않았습니다. 그러므로 이스라엘이 첫 보리 농사를 지어서 하나님께 바친 시기는 약속의 땅 가나안에 들어가서입니다.

우리 나라는 하곡과 추곡이 있으므로, 보통 일 년에 두 번 추수감사주일을 지킵니다. 하곡은 보리와 밀이요, 추곡은 쌀, 수수, 조, 콩 등입니다. 그러므로 오늘 맥추감사주일은 한 해의 절반을 보내고 나서 드리는 전반기 감사주일입니다.

1. 맥추절은 '신앙부흥'과 깊은 관계가 있습니다.

광야 40년은 하나님을 전적으로 의지하며 살았던 시기였습니다. 하나님께서 내려주시는 만나와 메추라기를 받아만 먹고 살았습니다. 마치 6.25 이후 폐허 속에서 미국의 쌀을 원조받아 먹고, 구제품 옷가지를 얻어 입던 식입니다.

그런데 여호수아의 인도 아래 가나안 복지로 가기 위하여 요단강을 건너자마자 만나와 메추라기는 사라져 버렸습니다. 이제는 고달프지만 자기 손으로 직접 농사를 지어야만 먹고 살 수 있게 된 것입니다. 즉 받아만 먹던 광야의 신앙에서 자급 자족의 신앙으로 부흥하게 된 것이요, 나아가서 첫 열매를 하나님께 드리기까지 되었으니, 받기만 하던 신앙에서 드리는 신앙으로 성숙하게 된 것입니다.

이 시간 나 자신을 살펴봅시다. 내 신앙은 요단강을 건너기 이전의 신앙인가 아니면 이후의 신앙인가?

요즈음 우리 나라가 미국에게 원조를 해달라고 하면 주겠습니까? 웃기는 소리 한다고 할 것입니다. 맥추절은 받아만 먹던 광야의 신앙을 청산하고 신앙이 새롭게 부흥되는 절기여야 합니다. 그렇다고 하면 이 신앙부흥의 '내용'은 어떤 것이어야 할까요?

2. 맥추절 신앙부흥의 내용은 '감사'입니다.

하나님의 은혜에 감사한다는 그 자체가 부흥된 신앙입니다. 그러므로 더 많이 감사드리는 신앙은 그만큼 더 부흥된 신앙인 것입니다. 그리고 감사하게 되면 감사하는 만큼 하나님께 드리게 됩니다. 하나님은 드리는 자의 하나님이십니다. 하나님은 감사함으로 드리는 사람을 복 주십니다. 제단이 인색하면 축복의 비가 내리지 않으며 기도의 응답도 내리지 않습니다.

이삭이 축복하기 위하여 에서에게 별미를 만들어 올 것을 요구했습니다. 마찬가지로 하나님께서도 무엇이 부족하기 때문에 내게 바치라고 하시는 것은 아닙니다. 내게 바치라고 하심은 복 주시기 위함인 것입니다. 따지고 보면 도대체 내 것이 어디 있습니까? 모두 다 하나님께로부터 받은 것뿐입니다. 맥추절 아침에 여러분의 감사가 부흥 되시기를 축원 드립니다.

3. 맥추절 신앙부흥의 내용은 '순종'입니다.

본문 16절을 보면 "맥추절을 지키라"고 명령하셨습니다. 명령은 듣기만 하는 것이 아니라 즉시 실행에 옮겨야 합니다. 실행으로 즉시 옮기지 않으면 명령한 그 분을 무시하는 것입니다. 맥추절을 지키라 하셨으니 그저 순종하여 풍성하게 드려야 합니다. 그러므로 맥추절 신앙부흥은 '순종의 부흥' 입니다.

　이스라엘 백성을 광야 40년간 연단하신 하나님의 목적도 바로 여기에 있었습니다. "네 하나님 여호와께서 이 40년 동안에 너로 광야의 길을 걷게 하신 것을 기억하라 이는 너를 낮추시며 너를 시험하사 네 마음이 어떠한지 그 명령을 지키는지 아니 지키는지 알려 하심이라"(신 8:2). 그렇습니다. 만나와 메추라기를 그저 받아 먹는 신앙에서는 시험도 연단도 없지만, 신앙이 부흥하고 감사가 부흥하면 시험과 연단이 따르고, 그럼에도 불구하고 순종하면 더 큰 믿음으로 '순종의 부흥'이 이루어지는 것입니다. 맥추절 이 아침에 여러분의 순종이 놀랍게 부흥되는 역사가 있기를 축원 드립니다.

4. 맥추절 신앙부흥의 내용은 '축복'입니다.

　신앙이 부흥되면 우리의 삶의 내용이 달라지고 생활도 달라집니다. 그저 하나님께 달라고 떼를 쓰는 신앙에서 하나님께 드리는 신앙으로 부흥되며, 남에게 대접을 받고자 하는 사람이 남을 대접하는 사람으로 바뀌게 됩니다. 뿐만 아니라 하나님께서 그의 생업에도 복을 주셔서 경제적으로 윤택하게 살 수 있게 해주십니다.

　그러나 물질의 축복은 그것이 '신앙부흥의 결과'로써 주어진 것일 때에 한해서만 하나님의 축복입니다. 모든 물질의 복이 다 하나님의 축복은 아닙니다. 오늘 이 나라의 풍요는 어떠합니까? 하나님의 축복인가 아니면 인간노력의 결과인 바벨탑인가요?

　우리의 물질 풍요가 우리의 신앙 부흥의 결과로 주어지는 것이 되어야 하겠습니다. 현대판 바알 숭배, 물질만능주의가 사라져야 하겠습니다. 진정한 하나님의 축복이 우리 가운데 부흥되어야 할 것입니다.

　오늘 우리는 올 한 해의 절반을 보내고 난 첫 번째 주일을 맞았습니다. 지난 반 년간 과연 내 신앙은 부흥했습니까? 감사하고 순종하며 복을 받았습니까? 사랑이 넘치는 교회를 이루어가고 있으며, 사랑이 넘치는 가정을 이루어가고 있습니까? 맥추감사주일 이 아침에 여러분 한 심령 한 심령의 놀라운 부흥을 축원드립니다.

너희는 성령을 좇아 행하라

(갈 5:16-23)

성지 이스라엘의 우기는 11월부터 4월까지여서, 이 때에 밀농사를 짓습니다. 우리가 쌀 농사를 지어 추수한 후에 하나님께 감사 드리듯이 바로 맥추감사주일은 이와 같은 절기입니다. 그런데 실제로 우리 중에 지금 밀농사를 짓고 있는 사람은 없습니다. 그래서 우리는 '영적인 맥추감사주일'의 깊은 뜻을 새기려 하는 것입니다. '영의 열매'를 결실할 수 있는 '영적인 생산력'이 중요합니다. 그 비결이 있다면 무엇일까요?

1. 어떤 농사든지 풍년을 맞으려면 '자연의 법칙'을 잘 따라야 합니다.

흔히 추수감사주일이 되면 '결실의 기쁨과 감격'에 대하여 생각하기 마련입니다. 그러나 사실 '거두는 것'은 수고하고 땀흘려서 잘 가꾼 결과일 따름입니다. 이렇게 본다면 '나의 수고와 열심'이 귀합니다.

아무리 많이 수고하여도 그 수고가 하나님의 운행하시는 '자연은총'과 맞아 떨어질 때에 수고한 보람도 있게 되고 크게 결실하는 축복도 받아 누리게 되는 것입니다. 비가 오는 때와 시기를 무시하고 나 혼자 열심을 낸다고 농사가 될까요? 농약을 쳐야 하는 시기를 놓치고서 과연 병충해를 예방할 수 있을까요? '영적 파종과 그 결실'에 있어서도 이러한 원리는 마찬가지입니다. 하나님의 때와 하나님의 방법을 무시하고서 하나님의 은혜를 받을 수 없으며, 더군다나 '영적 결실'이란 불가능할 수밖에 없습니다.

그러므로 '나의 수고와 열심'이 '하나님의 질서로서의 자연 은총'과 결부될 때, 거기서 결실이 있게 됩니다. 토마스, 아퀴나스의 장점은 '자연과 하나님의 은총'을 서로 배타적인 것으로 보지 아니하고, 서로 협조하여 선을 만들어 가는 것으로 보았다는 것입니다. 이런 측면에서 우리 모두는 '하나님의 동역자들'입니다.

2. 영적 풍년을 맞이하게 되는 '영의 법칙'은 무엇입니까?

그것은 "너희는 성령을 좇아 행하라"고 하시는 그 음성에 순종하는 것입니다. '성령을 좇아서' 열심을 낼 때에 때가 이르게 되면 '성령의 열매'를 풍성하게 거두게 되는 것을 말씀해 주셨습니다(16절).

그러나 '육체의 소욕'을 따라가게 되면 '육의 풍년'이 들게 된다고 하십니다. 19절부터 21절까지 나오는 '육체의 열매들'은 크게 네 가지 부류로 나눌 수 있습니다. '음행과 더러운 것과 호색'은 성적인 열매요, '우상 숭배와 술수'는 종교적인 육의 열매요, '원수맺는 것과 분쟁과 시기와 분냄과 당짓는 것과 분리함과 이단과 투기'는 형제간에 서로 사랑하지 못하여서 결실하게 되는 육의 열매요, '술취함과 방탕함'은 절제하지 못하여 결실하게 되는 육의 열매입니다. 이와 같은 '육의 풍년'으로서는 하나님의 나라를 그 유업으로 받을 수 없다고 분명히 말씀 하셨습니다(21절).

반면 '영의 풍년'은 아홉 가지 성령의 열매입니다. '육체의 소욕'대로 끌려가게 되면 결국 '육의 열매'를 결실하는 '육의 풍년'이요, '너희는 성령을 좇아 행하라'는 그 말씀에 순종하여 따라가면 결국 '성령의 열매'를 결실하는 '영의 풍년'입니다.

밀농사를 지어 놓고서 거둔 후에 밀도 풍년이고 쌀도 풍년일 수가 있습니까? 이와 같이 우리들의 영적인 결산도 결국은 '영의 풍년'이든지 혹은 '육의 풍년'이든지, 이 둘 가운데 하나일 수밖에 없는 것입니다.

3. 영의 사람과 육의 사람은 이 땅에 살면서도 현저하게 차이가 납니다.

성령을 쫓아서 행하는 사람은 '보이지 않는 하늘 나라'를 추구하나, 육신의 소욕을 좇아 행하는 사람은 '눈에 보이는 이 세상'만 추구합니다. 전자가 독수리라면 후자는 지렁입니다'(고후 4:18, 고전 15:30).

성령을 쫓아서 행하는 사람은 범사에 긍정적이고 적극적이고 창조적입니다. 그러나 육신의 소욕을 따라서 사는 사람은 언제나 부정적으로 보고 파괴적으로 생각합니다. 즉 인생을 전체적으로 보는 그 관점이 틀립니다.

이 땅에서 보여지는 이러한 차이가 장차 하나님 앞에 설 때에 '더욱 더 엄청난 차이'로 존재하게 될 것입니다. 그것은 부자와 나사로 사이에 놓여진 '깊은 구렁'과도 같은 것이 됩니다(눅 16:26).

나는 지금 무엇을 쫓아서 살고 있는가를 생각해 봅시다. 엄밀히 말하면 나는 내 인생의 주인이 될 수 없습니다. 이것이야말로 나의 큰 불행입니다. 나는 '성령의 도구'이거나, 아니면 '죄의 병기' 중에 하나일 수밖에 없는 것입니다. 성령을 쫓아 행함으로 성령의 열매를 결실하는 여러분들이 되시기를 축원드립니다.

이 시간 여러분의 마음속에 중심으로부터 우러나오는 진정한 감사가 있습니까? 중심에서 우러나오는 진정한 감사야말로 참으로 하나님을 기쁘시게 하는 것입니다. 오늘 맥추감사주일을 맞으면서 감사의 고백과 공동체의 축제, 그리고 하나님을 나의 진정한 주인으로 다시 한번 다짐할 수 있기를 바랍니다.

여러분 모두에게 더욱 풍성한 하나님의 은혜와 축복이 넘치시기를 우리 주님의 이름으로 축원 드립니다.

추수감사절

· 넘치는 감사(고후 9:6-15)
· 감사할 줄 아는 인생이 됩시다(시 103:1-22)
· 감사의 삶은 아름답다(시 100:1-5)

〈집필자 : 최영길 목사〉
· 평택대학교 졸업
· 협성신학대학교 신대원 졸업
· 감리교 신학대학원 선교대학원 졸업
· 순성제일감리교회 담임 목사

넘치는 감사
(고후 9:6-15)

사람마다 행복하기를 소원하고 있습니다. 행복을 소원한다고 다 행복한 것은 아닙니다.

흔히 사람들은 행복의 조건을 3가지로 말하고 있습니다. 하나는 자기 소유가 많은 것, 즉 재산이 많으면 행복하다고 말합니다. 둘째는 명성, 지위, 명예가 있으면 행복하다고 말하고, 셋째로는 자신의 건강, 높은 지능이 있으면 행복하다고 말합니다.

그렇다면 우리는 참된 행복의 기반을 어디서 찾아야 옳을까요? 물질이 풍족한데 입니까? 지위, 명성, 명예가 있는 곳입니까? 건강과 지능이 있는 곳입니까? 그것만은 아닙니다. 우리의 행복의 기반은 하나님께 범사에 감사함에 있습니다.

감사가 넘치는 인간의 마음은 항상 열려져 있어서, 남과 더불어 살고 남을 이해할 수 있기 때문입니다. 감사가 없는 사람은 그 생각의 방향이 고립적이고 파괴적이기 쉽습니다. 감사의 기반 위에 인간의 삶의 터를 형성할 때 행복이 있는 것입니다.

1. 감사는 신앙의 척도가 됩니다.

감리교의 창시자 요한 웨슬레는 감사를 가리켜서 "성숙한 그리스도인의 표적"이라고 말했습니다.

감사를 모르는 그리스도인은 어린아이와 같은 미숙한 성도입니다. 감사의 생활이 성숙한 그리스도인과 미숙한 그리스도인을 구별하는 척도가 될 수 있는 것입니다. 그것은 하나님께 감사하지 않는 사람은 그 마음이 막혀서 하나님의 관계가 단절될 수밖에 없습니다.

이와 반대로, 감사하는 사람은 그 마음이 하나님과의 관계에서 열려진 까닭에, 하나님과 언제나 깊은 관계를 맺고 있습니다. 하나님과 바른 관계를 맺고 사는 사람은 행복한 사람입니다.

감사의 첫 인물들은 가인과 아벨이었습니다. 가인의 제물을 하나님께서 받지 않으시고, 아벨의 제물은 하나님께서 받으셨다는 이야기를 우리는 잘 알고 있습니다.

창세기 4:5에 보면, 가인과 그 제물은 열납지 않으셨고, 창세기 4:4에 보면, 아벨은 양의 첫 새끼와 그 기름으로 하나님께 제사를 드렸더니 여호와께서 열납하고 있음을 알게 됩니다.

그 차이점이 무엇일까요? 히브리서 1:4에 보면, "믿음으로 아벨은 가인보다 더 나은 제사를 하나님께 드림으로 의로운 자라는 증거를 얻었느니라"고 말씀하고 있습니다. 여기에서 아벨은 하나님께 믿음으로 드렸다고 말하고 있습니다.

창세기 4:3에 가인은 땅의 소산으로 제물을 삼아 여호와께 드렸다고 말하고 있습니다. 아벨은 첫 새끼를 즉 처음 것을 드렸다고 말하고 있으나, 가인은 첫 곡식, 처음 양식을 드렸다는 말씀이 없습니다.

아벨은 제일 귀중하고 제일 가치 있는 것을 드렸다는 말씀입니다. 아벨의 감사는 자신의 부족을 느끼면서 간절한 마음으로, 겸손한 신앙의 자세로 드렸습니다. 그러기에 하나님께서 아벨의 제물은 받으셨습니다.

우리도 믿음으로, 간절한 마음으로, 겸손한 신앙의 자세로 물질과 나 자신 전부를 드릴 수 있는 감사가 되시기를 바랍니다.

2. 역경 중에도 감사해야 합니다.

영국의 위대한 대설교자 스펄젼 목사는 "가진 것이 없으나 감사하는 자는 넘치도록 받을 것이요, 가진 것이 넉넉하나 감사치 않으면 있는 것도 빼앗기리라"고 하였습니다.

인간의 열매 중에 제일 귀한 열매는 어려움 중에 감사하고 받은 은혜에 대한 보답의 열매입니다.

시편 50:14-15에 "감사로 하나님께 제사를 드리고 지극히 높으신 자에게 네 서원을 갚으며 환난 날에 나를 부르라 내가 너를 건지리니 네가 나를 영화롭게 하리로다"고 했습니다.

감사는 하나님께 드리는 제사입니다. 이 감사의 제사는 내가 남보다 조금 더 가졌다거나 형편이 좀 낫다는 데서 일어나는 것이 아니라 나에게 주어진 모든 것이 하나님의 것이라는 사상에서 나와야 하나님께 감사를 바르게 할 수가 있습니다.

하나님께서 재물을 공급해 주신 것이기에 나도 하나님께 드리는 것입니다. 기독교인의 신앙은 우리의 생명이 곧 하나님께로부터 왔다고 고백해야 합니다.

사랑하는 성도 여러분! 일 년 동안의 삶을 회고해 봅시다.

생명을 지켜주시고, 가정을 돌봐주시고, 생활을 영위하게 하신 하나님께 감사해야 합니다. 역경 중에도 지켜주신 하나님께 감사해야 합니다.

3. 넘치는 감사를 하도록 하십시다.

본문 11-12에 "너희가 모든 일에 부요하며 너그럽게 연보함은…"이라고 합니다. 하나님께 많은 감사를 함으로 인하여 넘쳤느니라고 했습니다. 넘치는 감사를 여기서 볼 수 있습니다. 예산보다 넘치는 감사, 계획보다 넘치는 감사, 상황보다 넘치는 감사가 축복에 대한 보답인 줄로 믿습니다.

감사의 표현에는 3가지의 단계가 있습니다.

1단계의 감사는 하나님이 주셨기 때문에 감사하는 것이 있습니다. 바람을 주시고, 비를 주시고, 건강을 주시고, 재물을 주시고, 자녀 기업을 주신 하나님의 은혜에 감사를 드리는 감사입니다.

2단계의 감사는 어려움에도 불구하고 감사하는 것입니다. 병에 걸렸음에도 감사하는 것, 가난해도 감사하는 것, 실패와 역경을 당해도 감사하는 것, 고통 중에도 감사하는 것이 신앙 중에 나오는 감사임을 기억하시길 바랍니다.

3단계의 감사는 자기의 부족을 느끼면서 하나님께 감사하는 감사입니다. 요셉이 형들에 의해서 은 20냥에 팔려 가면서도 하나님의 섭리와 은혜를 불평 없이 순종하며 감사했습니다.

구속의 은혜를 깨닫고, 범사에 감사하고, 불평 없이 감사하고, 넘치는 감사를 하는 성도들이 되시기를 주의 이름으로 축원합니다.

감사할 줄 아는 인생이 됩시다

(시 103:1-22)

사람은 받은 은혜와 축복에 대하여 감사할 수 있어야 합니다. 사람 중에는 감사할 줄 아는 사람이 있는가 하면, 감사를 원수로 갚는 사람이 있으며, 감사에는 무관심하게 살아가는 사람들도 있습니다.

기독교는 감사의 종교입니다. 그러므로 그리스도인들은 감사할 줄 아는 믿음의 사람이 되어야 합니다. 그리스도인들은 감사의 생활을 해야 합니다. 그리스도인이라고 하면서 감사의 생활을 안 한다면, 그는 참 그리스도인이 아닙니다.

감사할 줄 모르는 사람은 믿음이 없는 사람입니다. 신앙이 자라고 커지면 커질수록 감사의 도가 높아지고 커질 것이며, 감사의 도가 줄어들면 줄어들수록 신앙의 도가 줄어듭니다.

실로 감사는 우리 신앙의 척도요, 인격과 교양의 척도입니다. 감사할 줄 아는 인생이 참된 인생을 살게 됩니다.

감사할 줄 아는 인생은 어떤 사람입니까?

1. 받은 은혜를 감사할 줄 알아야 합니다.

부모의 은혜로부터 시작해서 우리를 아는 모든 사람들로부터 받은 은혜를 감사할 줄 알아야 합니다.

은혜에는 지은(知恩)이 있습니다. 부모의 은혜, 남편과 아내의 은혜, 친구와 자녀의 은혜, 이 모든 것을 아는 것이 지은(知恩)의 조건입니다. 그리고 사은(謝恩)이 있는데, 선물을 주어 보답하는 은혜요, 감은(感恩)이 있는데, 은혜를 마음에 느끼고 감사하는 것이고, 보은(報恩)이 있는데, 은혜에 보답하는 것을 말하고 있습니다. 배은망덕은 보은하지 못하는 사람들을 일컫는 말입니다. 이 네 가지 지은, 사은, 감은, 보은하는 사람은 성숙한 사람이고 인생도 아는 사람입니다.

"주신 이도 하나님이시고, 거두시는 이도 하나님이시다." "너희 중에 받지 아니한 것이 무엇이뇨"라고 말씀하셨습니다. 그러므로 은혜를 받고 사는 우리 인생은 마땅히 하나님의 은혜를 알고 감사하고 언제나 느끼고 보은하면서 살아야 합니다.

바울 사도는 그리스도 안에서 이기게 하신 생활을 감사하였습니다. 죽을 고비에서도 죽지 않고 살게 하여 주시고, 넘어질 자리에서도 넘어지지 않고 일어서게 해주시고, 절망할 처지에서도 절망치 않고 소망을 갖게 해주시고, 물러설 형편에서도 물러서지 않고 전진하게 하시고, 꺼질 수밖에 없는 입장에서도 꺼지지 않고 솟아나게 해주신 하나님의 은혜를 감사하였던 것입니다.

2. 역경 중에서도 감사할 수 있어야 합니다.

흔히들 감사는 감사할 것이 가득한 사람만이 하는 것으로 알고 있습니다. 난 감사하고 싶은데 감사할 것이 없다고 생각하는 분들도 있습니다.

난 아직 집도 없고 남들처럼 잘 살지도 못하는데 무슨 감사가 있으며, 난 아직 그렇게 축복 받지 못했으니 무슨 감사할 일이 있느냐고 생각할 수도 있습니다. 그러나 역경 중에서도 감사할 수 있어야 합니다.

가난하고 부요하다는 것이 물질의 많고 적음에 있는 것이 아니라, 그 마음에 얼마나 감사의 마음이 있느냐에 있는 것입니다.

첫 번 추수감사절을 생각해 봅시다. 1620년 2월 25일 102명의 청교도들이 메이 플라워 호를 타고 미국에 상륙하였으나, 같이 온 동료를 절반이나 잃었습니다.

추위에 공동숙소까지 갑자기 불타 없어졌습니다. 그러나 그들은 얼어붙은 땅위에 무릎을 꿇고 하나님께 감사하는 예배를 드린 것입니다. 그들에게는 감사할 줄 아는 믿음이 있었습니다.

감사의 눈을 가지고 인생을 보셔야 합니다.

우리는 "지난 일 년간 죽을 고생을 했고, 매사에 뜻대로 된 것이 하나도 없고, 사업에 실패 했으므로 감사할 수 있어야 합니다.

지진으로 집과 생명을 잃은 사람과 비교하면 감사할 일이 있고, 홍수로 가족과 재산을 잃은 사람들과 비교하면 감사할 것이 있습니다. 역경 중에서도 감사할 수 있어야 합니다.

메튜헨리는 이전에 안 받은 것 감사, 자기 생명 도적 맞지 않은 것이 감사, 무엇인가 남아 있으니 감사, 도적 되지 않은 것을 감사하였다고 합니다.

3. 범사에 감사할 수 있어야 합니다.

감사할 줄 아는 사람은 언제, 어디서나 감사하는 사람입니다.

지난날의 어려웠던 일이 때로 내 인생을 깊이 있게, 새롭게 하는 계기가 되지는 않습니까? 물질적으로 어려울 때, 참된 물질의 가치를 얻을 수 있지 않습니까? 어떤 일에서든지 감사의 눈을 가지고 감사할 줄 아는 사람이 되어야 할 것입니다.

"여호와께 감사하라 저는 선하시며 그 인자하심이 영원함이로다." "감사하므로 그 문에 들어가며 찬송하므로 그 궁전에 들어가서 여호와께 감사하라"고 했습니다.

어떤 순례자가 제단에 불을 붙이기 위하여 성지에서 불을 들고 걸어가다가 추위에 떨고 있는 가난한 부인이 불을 좀 붙여 달라고 간청을 하자 하나님 제단에 붙이기 전에 불을 붙여 주었습니다.

순례자는 계속 길 가다가 바람이 불어 그만 불이 꺼지고 말았습니다. 그러나 곧바로 그 여인으로부터 불을 붙여 받았습니다. 불을 붙여 주지 않았더라면 결코 돌려 받을 수 없었을 것입니다.

주는 감사, 하나님께 드리는 감사가 풍성할 때 감사의 일이 더 많이 생깁니다. 주는 자가 복이 있습니다.

감사의 삶은 아름답다
(시 100:1-5)

한 해를 살면서 받은 은혜와 축복을 헤아려 보며 감사하는 날입니다. 오늘의 세상은 감사를 모르고 살아갑니다. 그래서 사람들은 배은망덕한 세상이라고 말합니다.

예수님께서 길을 가시다가 열 문둥병자를 고쳐주셨는데, 그 중에서 오직 한 명만이 다시 찾아와서 감사의 마음을 표했습니다. 나머지 아홉 명은 어디로 갔는지 모릅니다. 그래서 예수님은 나머지 아홉은 도대체 어디 있느냐고 찾으셨습니다.

이것은 바로 배은망덕이며, 감사를 모르고 살아가는 지금의 세태를 말해주고 있습니다.

카네기는 "사람들은 본래 입은 은혜를 잊는 것이 당연하고 자연스러운 일"이라고 했습니다. 또 세익스피어는 "은혜를 모르는 자식을 둔 부모의 마음은 독사에게 물린 것보다 더 쓰리고 아프다"고 고백했습니다.

이 세상에 자기가 받은 은혜를 알고 감사를 표현하는 사람이 그리 흔치 않은 것을 알 수 있습니다.

그러나 오늘 본문의 말씀은 마음이 즐겁고 기쁨이 넘치는 사람이 쓴 시입니다. 받은 은혜가 크고 놀라워 감사하는 마음이 가득한 사람이 노래한 것입니다. 감사의 삶은 실로 아름다운 것입니다.

1. 감사의 대상은 목자 되신 하나님이십니다(3).

"너희는 알지어다 그는 우리를 지으신 자시요 우리는 그의 것이니 그의 백성이요 그의 기르시는 양이로다"라고 했습니다.

하나님은 우리를 지으시고, 우리의 주인 되시며, 또한 왕이 되시어서 우리를 지도하시고 다스리시며, 선한 길로 인도하시는 목자 되신 하나님입니다.

"여호와는 나의 목자시니 내가 부족함이 없으리로다 그가 나를 푸른 초장에 누이시며 쉴만한 물가으로 인도 하시는도다"(시 23:1-2)고 하였습니다.

그런 하나님께서 우리를 여기 저기로 인도하여 이곳까지 오게 하셨습니다. 우리가 스스로 잘 계획해서가 아니라 하나님의 선하신 인도로 오늘에 이르게 된 것입니다.

같은 피조물이지만 동물들에게는 감사가 없습니다. 하나님을 생각하는 마음속에 진정한 감사의 조건이 있는 것입니다. 하나님으로부터 생명, 물질, 건강, 자녀 등, 나의 가진 모든 것이 하나님께로 왔기 때문입니다.

영국의 제임스 왕에 의해 청교도들이 종교적인 핍박을 받자, 그들은 유럽 대륙으로 건너가 네덜란드의 암스테르담을 중심으로 살았습니다. 그러나 그곳에서 생활을 오래하고, 세월이 흐르면서 자라나는 아이들이 영국의 풍습을 잃어버리고, 말도 잊어버리게 되었습니다. 그래서 1607년 다시 영국으로 돌아왔다가, 1620년에 "메이 플라워"라는 배를 타고서 102명이 신대륙으로 향했습니다. 대서양을 횡단하는 모진 항해 중에 질병과 역경으로 반 수 이상이 목숨을 잃었으나, 63일 동안 바다와의 싸움 끝에 오늘날의 아메리카 대륙의 "폴리머스"라는 해안 기슭에 도착했습니다.

그들은 믿음으로 모든 시련을 극복하고, 그 이듬 해에 농사를 지어 첫 수확을 얻게 되자, 먼저 하나님께 감사예배를 드렸습니다. 그로부터 미국에서는 11월 넷째 목요일을 추수감사절로 선포하고 국민적 축제일로 지키게 되었습니다.

그들의 감사 조건은 대단한 것이 아니었습니다. 항해 도중에 수많은 사람이 죽었으며, 새로운 기후와 풍토에서 적응하기 위해 많은 고난을 당해야 했습니다. 그러나 그들은 믿음으로 마음을 늘 하나님께로 돌렸습니다. 주위의 환경보다는 지켜주시는 하나님께 감사했던 것입니다. 하나님의 인도하심과 지켜주심을 기억하면서, 한 해의 추수에 대하여 감사의 예배와 찬양을 드렸던 것입니다.

성도가 하나님께 감사할 이유는 많습니다. 무엇보다 그분은 우리를 지으신 창조주요, 기르시는 목자이시며, 각양 인자와 성실을 베푸시는 구원자이시기 때문입니다(3, 5절). 그러므로 나의 존재 자체가 감사의 이유요, 나아가 삶의 모든 구석구석에 감사의 이유가 있는 것입니다.

2. 감사하는 인생은 아름다운 삶을 사는 사람입니다.

우리가 하나님께 드리는 감사에는 세 가지 요소가 함께 있어야 합니다. 그것은 감사의 예물과 감사의 선포 증거, 그리고 감사의 노래입니다. "감사제를 드리며 노래하여 그 행사를 선포할지로다"(시 107:22).

감사의 제사에는 반드시 정성스럽게 준비된 예물이 필요합니다. 예물은 감사의 외적인 표현이기 때문입니다. 그리고 하나님의 성호를 찬양해야 하며, 무엇이 감사한지 알려 증거해야 합니다.

감사에는 환경을 변화시키는 능력이 있습니다. 바울이 옥중에서도 감사하며 하나님을 찬양했을 때, 굳게 닫혔던 옥문이 열려지고 간수들이 회개하여 예수님을 영접하는 복음의 역사가 일어났던 것입니다.

감사는 우리의 마음을 편하게 하고 강하게 하며 적극적인 태도로 바꾸어 줍니다. 감사는 사람에게 사랑 받게 할뿐만 아니라 하나님의 사랑을 누리게 합니다.

하나님의 사랑을 받으면 기쁨과 만족이 샘솟습니다.

감사는 믿음과 삶에 놀라운 위력을 발휘합니다.

우리의 삶을 더욱 긍정적이고 윤택하게 만듭니다.

믿음의 감사는 하나님이 원하시는 것이고, 우리가 드려야 하는 것입니다.

성도들은 받은 바 은혜에 감사하여 순전한 기쁨과 즐거움으로 하나님을 섬겨야 합니다. 진정 기쁨의 감사, 즐거움의 감사를 드리십시다.

성탄절

· 성탄절을 어떻게 맞이할까(눅 2:1-14)
· 그의 별을 보고 왔노라(마 2:1-12)

<집필자 : 이준식 목사>
· 부산장신대학교 졸업
· 장로회신학대학교 신대원 졸업
· 장로회신학대학교 대학원 졸업
· 부산구남교회 담임 목사

성탄절을 어떻게 맞을까?

(눅 2:1-14)

성도여러분, 메리 크리스마스! 성탄의 기쁨과 축복이 각 가정에 충만하시기를 축원합니다.

성탄은 예수님의 생일날입니다. 예수님은 가장 낮고 천한 마굿간에서 났고 구유속에 뉘셨습니다.

아무리 천한 사람도 짐승보다는 낫습니다. 예수님은 짐승과 사람의 경계선에 오셔서, 아무리 자학하고 절망적인 사람일지라도 친구가 되시려고 구주가 되셨습니다. 미천한 사람의 친구가 되시기 위해 천하게 나셨습니다.

크리스마스에 우리는 겸손을 배워야 하겠으며, 가난한 자, 소외된 자, 절망한 자에게 관심을 가져야 하겠습니다.

우리는 어떻게 성탄을 축하해야 할까요?

1. 목자들처럼 성탄을 축하합시다.

"주의 사자가 곁에 서고 주의 영광이 저희를 두루 비추면서" 성탄의 소식은 목자들에게 전달되었습니다. 이 소식은 천사들이 전하였습니다. 이 소식은 온 백성에게 미칠 큰 기쁨의 소식이라고 했습니다.

천사들이 전한 이 소식은 양치는 목자에게 전하여졌습니다. 이 목자들은 양을 치고, 젖을 짜고, 털을 깎고, 양을 잡아 고기를 만드는 사람들입니다. 집집마다 젖을 나르고 고기를 공급하며, 양의 털을 공급하여 따뜻이 입히는 직책은 그들의 근본 직책입니다.

목자들은 남에게 먹을 것, 마실 것, 입을 것을 공급하며, 어두움과 위험 속에서 지켜주는 사람입니다. 이처럼 이 기쁜 소식은 우리의 모든 것을 채워주시며, 위험 중에서도 지켜주시는 복음입니다.

목자들처럼 이웃의 고통을 분담하고 먹고, 마시고, 입을 것을 나누고, 소외된 이웃에게 따뜻한 손길을 펴는 자에게 성탄은 찾아올 것입니다.

1) 목자들은 맡겨진 직분에 충성을 다하는 자들이었습니다(8).

예수님 탄생 당시 팔레스타인은 겨울철이었습니다. 팔레스타인의 겨울 날씨는 비가 많이 오고 추웠을 것입니다. 더욱이 베들레헴은 해발 600m의 고사지대였기 때문에, 한밤중에 목자들이 들판에서 양을 지키는 것은 매우 어렵고 힘든 작업이었을 것입니다.

그럼에도 불구하고 목자들은 성전에 바쳐질 희생양을 돌보면서 밤이 다하도록 들판에서 밤을 지새웠던 것입니다. 마치 온몸을 다해 하나님께 헌신과 봉사하는 그런 심정으로 말입니다.

이와 마찬가지로, 우리 주님은 장차 당신의 재림을 사모하며, 맡겨진 직분에 몸과 마음을 바쳐 충성을 다하는 자들에게 재림의 기쁘고 복된 소식을 들려주실 것입니다.

오늘도 자기에게 맡겨진 일에 충성하는 자에게 성탄의 기쁨은 충만할 것입니다.

2) 목자들은 사명감에 불타는 자들이었습니다(15-16).

목자들은 베들레헴 교외의 들판에서 양을 치다가, 천사들을 통해 구주 탄생의 실로 어마어마한 소식을 들었습니다. 그리고는 천사를 통해서 하신 말씀을 쫓아 베들레헴으로 가기로 결심하였습니다.

목자들은 그토록 오랫동안 대망하던 메시야 탄생의 소식을 듣자, 그 기쁨을 이기지 못하여 천사의 말을 듣고 구주탄생의 장소가 어딘지도 모른 채 즉시로 아기 예수님을 찾아 나섰던 것입니다.

목자들은 기쁨의 소식을 한시 바삐 전해야 한다는 사명감에 불탄 나머지,

즉시로 하던 일을 멈추고 그 자리에서 예수님을 찾아갔던 것입니다.

사명감에 불타 일하는 자에게 성탄의 기쁨이 넘치게 될 것입니다.

3) 목자들은 주님께 영광과 찬양을 돌리는 자들이었습니다(20).

목자들은 당시 팔레스틴에서 최하위계급에 속하는 자들이었습니다. 그러나 이들은 자신의 신분에 불평하지 않고 맡겨진 직분에 묵묵히 충성한 결과 구주 탄생에 관한 하나님의 계시를 받는 축복을 얻었습니다. 그리고 이들은 이 놀라운 소식을 전해야겠다고 마음 먹었습니다.

사명감에 불탄 나머지 아기 예수를 방문하고는 하나님의 계시가 사실로 나타난 것을 목도하는 두 번째 놀라운 축복을 얻게 되었습니다.

그리하여 하룻밤의 짧은 시간에, 말할 수 없이 놀랍고도 엄청난 하나님의 역사와 섭리를 직접 체험한 목자들은 겸손하게 하나님 앞에 무릎을 꿇고 이 놀라운 일을 이루신 하나님을 향해 조용히 찬양과 영광을 돌렸던 것입니다.

그리하여 20절에 있는 말씀같이, "목자가 자기들에게 이르던 바와 같이, 듣고 본 그 모든 것을 인하여 하나님께 영광을 돌리고 찬송하며 돌아갔다"고 했습니다.

목자들처럼 영광과 찬송을 돌리는 성탄절이 되시기를 바랍니다.

2. 성탄의 소식은 하나님의 평화의 소식입니다.

"하늘에는 영광, 땅에는 평화." 땅의 혼돈, 흑암, 불안, 공포, 죽음은 모두 하나님의 영광에 대한 반역으로 말미암아 온 것입니다. 그런데 이 어두운 세상, 혼돈한 세상에 빛 되신 예수님이 평화의 왕으로 오셨습니다. 땅의 전쟁을 쉬게 하시며, 궁핍과 노예를 근절하시고, 풍성한 자유와 완전한 평화를 선포하시는 왕이십니다.

그가 온 땅을 다스리는 날, 진정 인류의 고대하던 평화와 자유가 실현될 것입니다.

"그 이름을 예수라 하라." 이 이름은 그의 백성을 죄에서 구원하시기 위한 이름입니다.

우리를 이 거친 땅, 고난의 환경에서 괴로운 생명을 가지고 아프고 슬픈 생애를 그대로 살도록 한 것이 아닙니다. 이 모든 부조화와 무질서의 원인인 죄를 멸하시고, 능력과 하나님의 영광으로 충만한 새 생명의 인간으로 거듭나게 하시기 위하여 우리에게 임한 것입니다.

서로 불신한 자가 있습니까? 신뢰를 회복하시기 바랍니다. 오해가 있는 자 있습니까? 화해의 장이 열리기를 바랍니다. 성탄을 통해 가정이 평안하고 사회가 평화롭고 하나님께는 영광이 되기를 바랍니다.

그의 별을 보고 왔노라
(마 2:1-12)

유대 분봉 왕 헤롯 때에 예수께서 유대 땅 베들레헴의 어느 말구유에 나시매, 이상한 별 한 개가 하늘에 떴습니다. 별을 전문적으로 연구하던 동방의 박사들이 그간 역사에 없는 이상한 별 한 개가 나타나자 자기들이 제일 귀한 보배를 예물로 삼고 그에게 경배하러 방문한 역사적 사실이 본문의 말씀입니다.

동방박사들이 "그의 별을 보고 왔노라"고 고백하였습니다.

그리스도의 탄생시 별이 나타난 의의가 무엇일까요?

계시록 22:16에 보면 "나는 다윗의 뿌리요 자손이니 곧 광명한 새벽별이라"고, 하늘에 올라간 예수님께서 친히 말씀하셨습니다.

동방박사들이 그의 별을 보고 와서 한 일이 무엇입니까?

1. 다함께 축하하였습니다(1).

동방의 박사들은 어느 나라 사람인지, 또는 어느 족속인지를 성경이 전혀 밝혀주지 않기 때문에 알 수가 없습니다. 한 가지 확실한 것은 하늘의 별을 보고 하나님의 계시를 받은 사람들입니다.

즉 하늘을 보고 사는 사람들입니다. 다시 말하면 천문학자들입니다. 그들이 모두 몇 명이었는지를 알 수 없으나, 예수님께 바친 예물로 추측을 해보면 세 명인 것 같습니다. 또 그들은 함께 예수의 나심을 별을 보고 계시를 받았습니다. 그들은 다함께 예수님의 탄생을 축하하러 왔습니다.

이번 성탄은 온 가족이 다함께, 온 민족이 다함께 하는 성탄축하가 되기를 바랍니다. 성탄축하는 온 인류의 축제일이요 만백성이 축하할 날입니다.

사랑하는 성도 여러분! 남녀노소, 빈부귀천을 초월하여 다함께 축하하는 성탄절이 되기를 바랍니다.

2. 경배로 축하하였습니다(2-11상).

하나님은 신령과 진정으로 예배하는 자를 찾으십니다. 그러므로 예배는 하나님을 기쁘시게 하는 성도의 본분입니다.

동방의 박사들은 아기 예수께 경배하러 왔고 또 엎드려 경배하였습니다. 그 당시 경배란 엎드려 절하는 것을 가리키는데, 경배라는 말과 예배라는 낱말이 똑같은 단어임을 명심해야 합니다. 따라서 박사들이 아기 예수께 예배하러 왔다고 하여도 좋겠습니다.

그들의 경배를 기쁘시게 받으신 예수님은 오늘의 성탄축하 예배를 기쁘시게 받으실 것입니다. 최대의 경의와 겸허한 마음으로 경배하는 신앙으로 성탄을 축하하시기를 바랍니다.

3. 예물로 축하하였습니다(11하-12).

박사들의 예수님께 드린 예물은 황금과 유향과 몰약입니다. 이것을 믿음과 소망과 사랑이라고 영적인 해석을 하기도 합니다.

그런데 동방박사들의 예물들은 싸구려가 아닙니다. 있어도 되고 없어도 되는 것이 아니라 아주 값비싼 것들입니다. 즉 정성껏, 그리고 힘껏 준비하여 바쳤습니다.

이렇게 바친 예물은 예수님의 애굽 피난생활 때 아주 귀하게 쓰여졌습니다. 가난한 요셉과 마리아는 애굽으로 피난할 때 갖고 갈만한 것이 거의 없는 형편이었기에 고생이 뻔한 일이었으나, 박사들의 예물이 큰 보탬이 되었습니다.

우리가 드리는 성탄절 헌금은 예수님을 기쁘시게 하는 예물이 되고, 값지게 사용되는 귀한 헌금이 될 것입니다.

동방박사들은 별을 따라갈 때에 마지막에 그리스도를 만날 수 있게 된 것입니다. 지금도 이 별과 같은 그리스도를 바라보고, 그리스도에게 나아와서 그를 찾아 경배하고, 동방박사가 예물을 드린 것처럼 내게서 가장 귀한 심령을 그리스도에게 드린다면, 어떤 자리에 있다고 할지라도, 아무리 절망상태에 빠졌다고 할지라도 새로운 소망이 올 것입니다.

진실로 예수 그리스도는 허위가 많은 이 세상을 비춰는 진리의 새벽 별입니다. 예수 그리스도는 사망으로 침륜하는 이 세상에서 생명의 별이 되십니다. 예수 그리스도는 절망의 심령에서 허덕이는 온 인류에게 소망의 별이 되는 것입니다.

이 빛나는 별이 우리의 생애에 항상 같이 할 수 있기를 기원합니다.

성례주일

· 거듭나는 삶(요 3:1-8)
· 성찬의 깊은 의미(마 26:26-29)

〈집필자 : 김명기 목사〉
· 서울장신대학교 졸업
· 장로회신학대학교 신대원 및 대학원 졸업
· 미국 메코믹신학대학원 졸업(목회학 박사)

거듭나는 삶

(요 3:1-8)

오늘은 세례 예식을 거행하는 주일입니다.

예수 믿기로 작정하고 신앙고백을 하고 하나님 앞과 성도들 앞에서 세례 예식을 거행하게 되었습니다.

"사람이 물과 성령으로 나지 아니하면 하나님 나라에 들어갈 수 없느니라" (요 3:5)

거듭나야만 하나님의 자녀된 특권을 향유할 수 있고, 거듭나야만 하나님의 나라를 볼 수 있고 들어갈 수 있으며, 거듭나야만 영원한 생명을 얻습니다.

본문에서 보면 바리새인이었고, 유대관원 곧 산헤드린 공회의원이었으면서도(7:50) 백성의 선생 곧 랍비였던(10절) 니고데모가 예수님께 찾아왔습니다.

니고데모는 비록 관원이었지만 사회나 정치 문제에 대해서가 아니라 자기 자신의 영혼과 그 영혼의 구원에 관해서 예수님과 대화를 나누었습니다.

대화의 초점이 "물과 성령으로 거듭나야 하나님 나라에 들어갈 수 있다"는 말입니다.

출생은 생명의 시작입니다. 영적 출생 곧 거듭난다는 것은 길을 잃은 채로 살거나 목적없이 살던 사람들이 새롭게 살기를 시작하는 것입니다.

우리는 이 거듭남을 통해 새로운 본성, 새로운 원칙들, 새로운 사랑 그리고 새로운 목적들을 소유하게 됩니다.

우리는 첫 번째 출생을 통해서는 부패하고 죄에 빠졌습니다. 따라서 우리는 새로운 피조물이 되어야 합니다. 우리의 새로운 삶은 중생을 통해서만 가능합니다.

중생은 성령의 능력으로 말미암아 죄인의 마음속에 일어나는 위대한 변화입니다. 중생은 우리 안에 그리고 우리를 위해서, 우리가 스스로 할 수 없는 어떤 일이 일어났음을 의미합니다. 생명이 시작되어 영원히 지속될 어떤 일이 이루어진 것입니다.

중생하지 않고서는 우리는 그리스도와 하나 될 수 없고, 또 그 분으로부터 아무런 혜택도 기대할 수조차 없습니다. 중생은 이생과 내생의 행복을 위해서 필수적인 것입니다.

1. 거듭난다는 말의 정의

거듭난다는 말은 "위에서부터 난다"는 뜻입니다. 그러므로 요한복음 1:13에 "이는 혈통으로나 육정으로나 사람의 뜻으로 나지 아니하고 오직 하나님께로서 난 자들이니라"고 했으며, 고린도후서 5:17에는 "새로운 피조물"이라고 했습니다.

벤 문 박사는 "거듭남은 하나님께서 인간속에 새로운 영적 생명의 원소를 입식하는 것"이라고 했습니다.

거듭남은 구원의 필수조건입니다.

예수 안에서 거듭난 자만이 구원받을 수 있습니다. 죄에서 구원받고 사망에서 구원받아 자유와 평화 영원한 생명을 얻습니다.

예수님께서 "물과 성령"으로 거듭난다고 말씀해 주셨습니다. 물은 깨끗하게 씻는 것을 상징하는 말입니다. 예수 그리스도께서 우리의 삶을 사로 잡으실 때, 우리가 마음을 다하여 그를 사랑하게 되고, 지난 모든 죄는 그의 피로 정결케 됩니다.

성령이란 능력의 상징으로 거듭남의 역사가 오직 하나님 능력으로 됨을 나타냅니다. 마치 인간이 출생할 때 아이의 자력적 행위로 아니 되고 순전히 어머니 힘으로 도는 것처럼, 거듭남의 역사는 오직 성령의 능력으로 된다는 말입니다.

또한 성령은 진리의 말씀으로 우리를 거듭나게 하십니다(약 1:18). "그가 그 조물 중에 우리로 한 첫 열매가 되게 하시려고 자기의 뜻을 좇아 진리의 말씀으로 우리를 낳으셨느니라"고 했습니다.

3. 거듭남의 증거

고린도전서 13:3에 "그런즉 믿음, 소망, 사랑 이 세 가지는 항상 있을 것인데 그 중에 제일은 사랑이라"고 했습니다. 거듭남의 증거는 믿음의 삶을 살며, 소망의 사람이 되며, 사랑의 실천자로 사는 데 있습니다.

사랑하는 성도 여러분, 물과 성령으로 거듭나서 믿음, 소망, 사랑의 사람이 다 되시기를 바랍니다.

인간이 다시 난다는 것은 산 소망으로 다시 나는 것입니다.

바울은 산 소망의 근원은 하나님께 있다고 했습니다. 로마서 15:13에 "소망의 하나님이 모든 기쁨과 평강을 믿음 안에서 너희에게 충만케 하사 성령의 능력으로 소망이 넘치게 하시기를 원하노라"고 했습니다.

그리스도인의 특징은 소망입니다. 그리스도인은 자신이 썩어질 씨에서가 아니라 썩지 아니할 씨로 났다고 믿는 것입니다(벧 1:23).

자신 속에 하나님의 씨로 난 것을 가지고 있기 때문에 시간이나 영원도 멸망시키지 못하는 생명을 자신이 가지고 있는 것입니다. 이 생명은 예수 그리스도의 부활로부터 온 것입니다(벧전 1:3).

그리스도인의 신생은 의롭게 하는 신생입니다(요1 2:29, 3:9, 5:18).

이 신생으로 인하여 그리스도인은 자아로부터 깨끗함을 받으며, 자신을 속박하던 죄와 자신을 얽어 매는 악습으로부터 깨끗함을 받는 것입니다. 그는 죄로부터 해방되어 의롭게 걸을 수 있는 능력을 얻게 되는 것입니다.

그리스도인의 신생은 사랑에의 신생입니다(요1 4:7).

하나님의 생명이 그리스도인 안에 있기 때문에 그리스도인은 그리스도 없는 인생의 근본적인 이기주의로부터 깨끗해지며, 자기 중심 생활의 근본적인 무용서와 가혹한 행위로부터 깨끗해지는 것입니다.

그리하여 그리스도인 속에는 용서와 희생적 사랑과 하나님의 생명이 있게 되는 것입니다.

　거듭난 자는 산 소망을 가지고 의롭게 살며 하나님의 사랑을 실천하며 사
는 것입니다.

성찬의 깊은 의미
(마 26:26-29)

성찬은 주께서 친히 세우신 거룩하고 엄숙한 예식입니다. 이 예식에는 많은 축복이 약속되어 있습니다. 예배 모범에 "이는 그리스도를 기념하여 그의 재림하시기까지 그 죽으심을 기억케 하는 예식이니 자기 백성에게 힘을 주셔서 죄를 대적하게 하며 모든 고난에서 저희를 견고케 하심과 저희를 장려하고 격발하여 책임을 감당케 하며 사랑과 열심이 저희를 감화하며 믿음과 거룩한 주의를 일으키게 하며 양심에 평안함과 영생의 소망을 확정케 하는 데 무한한 유익이 된다"고 했습니다.

주님의 유월절 최후의 만찬은 성찬식의 기원으로서 우리를 위해 살을 찢으시고, 우리를 위해 피를 흘리신 주님의 그 거룩한 희생은 참으로 위대하십니다.

떡을 떼사 "받아 먹으라 이것이 내 몸이니라"고 하셨습니다(26절). 이처럼 예수님께서 축사하시고 떡을 떼어 제자들로 하여금 받아먹게 하신 것은 곧 있게 될 당신의 십자가 죽음을 염두에 두신 일이었습니다.

떡이 희생됨으로써 죽어 가는 우리 인류를 구원하시고, 영원한 생명을 얻게 해 주셨습니다.

잔을 가지사 "이것을 마시라 나의 피 곧 언약의 피니라"고 하셨습니다(27-28절). 구원의 약속을 위해 흘리는 피입니다. 하나님과 하나가 되고, 그리스도와 함께 영원한 생명의 잔치에 참여하게 되는 것입니다.

성찬의 깊은 의미를 몇 가지로 나누어 말씀드리고자 합니다.

1. 주님의 죽으심을 기념하는 예식입니다.

죄 없으신 성자 예수님이 왜 죽으셔야 하는가?

이사야 53:5에 "그가 찔림은 우리의 허물을 인함이요 그가 상함은 우리의 죄악을 인함이라 그가 징계를 받음으로 우리가 평화를 누리고 그가 채찍에 맞음으로 우리가 나음을 없었도다" 라고 했습니다.

성찬은 나의 허물, 나의 죄악 때문에 죽으신 예수님을 기념하는 예식입니다.

예수님께서는 당신이 모범을 보이신 성찬 예식을 통해 더 이상 육체로는 이 땅에 계시지 않을 것이지만, 이 예식을 행하는 이마다 인간구원을 위해 이 땅에 성육신 하셨고, 또 끝내는 십자가 대속 제물이 되신 예수님을 기억하고 기념토록 하려 하신 것입니다.

그러므로 우리는 성찬예식에 참여할 때마다 그 험한 십자가를 지시고 우리 죄를 속량하시기 위해 당신의 몸이 찢기는 고통까지 감래하신 그리스도의 그 큰사랑과 그 은혜로운 희생을 깊이 생각해야 합니다. 그리고 그 사랑을 늘 기억하고 기념하여 감사해야 합니다.

2. 그리스도와 성도의 연합을 의미합니다.

요한복음 15:5에 "나는 포도나무요 너희는 가지"라고 했습니다. 성찬은 그리스도와 성도의 생명적 연합을 가르쳐주는 예식입니다. 떡과 잔을 마시므로 그리스도와 하나 되고, 형제와 자매가 주안에서 연합되는 삶이 이루어져야 합니다. 예수의 피로 완성되는 용서와 구원에 모든 이들이 참여할 것을 의미합니다.

이렇듯 죄의 용서는 모든 진실한 신자들에게 주어지는 위대한 축복이며, 다른 모든 축복의 기초가 되는 것입니다. 용서와 그리스도안에서 하나되는 삶을 살아가야 합니다.

3. 우리는 그리스도의 자체임을 알아야 합니다.

성찬식은 그리스도는 머리시요, 성도는 그의 지체임을 가르쳐 줍니다(엡 1:22-23). 그리스도의 몸의 지체인 성도는 머리이신 그리스도의 명령에 절대 순종해야 합니다. 먹든지 마시든지 무엇을 하든지 하나님의 영광을 위해서 살아야 합니다.

이제 후로는 더욱 주님의 뜻에 순종합시다. 사랑하는 성도 여러분, 성찬에 참예하므로 십자가의 공동체로서 하나 되는 공동체가 되어, 그리스도의 지체로서 봉사의 공동체 사명을 잘 감당할 수 있기를 바랍니다.

종교개혁주일

· 개혁하는 교회(골 1:24-29)
· 개혁자의 삶(롬 1:16-17)

〈집필자 : 맹일형 목사〉
· 총신대학교 신학과 졸업
· 총신대학교 신학대학원 졸업
· 연세대학교 연합신학대학원 졸업, 교회사 전공
· 현) 인천중앙장로교회 담임 목사

개혁하는 교회
(골 1:24-29)

오늘은 종교개혁 기념 주일입니다. 중세기 기독교가 부패하고 지나치게 제도화되어 생명력을 잃고 있을 때, 마틴 루터는 비텐베르크 대학 정문에 교회의 오류 95개 조항을 게시해 놓고, 우리 한 번 이 문제들을 함께 토론하고 잘못된 것들에 대해 생각해보며, 이를 통해 새롭게 되는 것이 하나님의 뜻이 아니겠느냐고 외치며 종교개혁의 기치를 높이 들었습니다.

지금 한국 교회의 각 교단이나 각 신학교에서는 개혁의 소리가 더욱 높습니다. 이제는 종교개혁 보다는 교회개혁이라는 소리가 더욱 거세게 들려오고 있습니다. 종교도 새로워지고 교회도 새로워져야 합니다. 그러나 그것은 우리 개인의 신앙이 새롭게 되지 않고는 도저히 기대할 수 없는 오늘의 과제입니다.

1. 먼저 자신의 삶과 신앙을 변화시켜야 합니다.

오늘의 본문에서 바울 사도는 자신의 사도적 사명을 새롭게 다짐하고 있습니다. 24절에서 "내가 이제 너희를 위하여 받는 괴로움을 기뻐하고, 그리스도의 남은 고난을 그의 몸된 교회를 위하여 내 육체에 채우노라. 내가 교회의 일꾼 된 것은… 우리가 그를 전파하며… 힘을 다하여 수고하노라…" 바울은 자신이 새로워져야 하고, 새롭게 결단하고 있음을 힘있게 강조하여 말씀하고 있습니다.

해마다 10월 마지막 주일을 종교개혁 주일로 지켜왔습니다. 이제는 개혁이라는 말 자체도 아무런 의미 없이 들려지는 형편입니다. 우리 자신을 포함해 개혁의 대상이 되어야 할 사람들이 오히려 개혁을 부르짖고 있습니다. 하지만 개혁을 부르짖으면서도 개혁을 위해 제대로 하고 있는 일들이 없다는데 더욱 심각한 문제가 있습니다.

교회 개혁이나 종교개혁의 이론은 이제 더 이상 필요치 않은 실정입니다. 교회가 새롭게 개혁되지 못하니까 이제는 교회 밖에서 교회 개혁을 강하게 요구하고 있는 형편이 되었습니다.

24절에서 바울은 "내가 이제 너희를 위하여 받는 괴로움을 기뻐하고, 그리스도의 남은 고난을 그의 몸된 교회를 위하여 내 육체에 채우노라"고 했습니다. 여기에서 그리스도의 남은 고난이라는 것이 구속적 고난을 의미하는 것은 아닙니다. 예수님이 십자가에서 받으신 고난이 부족하거나 미완성이거나 고난이 남아 있다는 의미가 아닙니다. 그것은 하나님 나라 건설, 세계 선교, 이방인 선교, 즉 하나님의 교회 섬기는 일로, 지금도 당하고 있는 복음적인 고난을 의미합니다. 바울은 이 고난을 기뻐하고 이 고난을 자기 육체에 채우겠노라고 선언합니다.

오늘까지 한국 교회는 세계 선교 역사에 유례없이 성장하고 부흥해 왔습니다. 지금도 교회 안팎에서 교회를 위하고 선교를 위하고 복음을 위해서 뛰어다니는 이들이 적지 않습니다. 그런데 정말 하나님만을 위해서인가를 알아보고 싶은 마음이 없지 않습니다. 정말 내가 하나님만을 위해, 교회를 위해, 그런 고난을 선택하고 있는가, 내가 교회의 중직자라면 중직자로서의 책임을 성실히 수행하여 부끄러움이 없이 하나님 앞에 설 수 있는가를 자신에게 물어 보아야 합니다. 이처럼 나 자신부터 새로워져야 교회 개혁이 가능하고 종교개혁의 진정한 의미가 드러나게 됩니다.

2. 하나님의 말씀을 실천하는 삶이 되어야 합니다.

교회의 구조적 갱신이 필요합니다. 교회의 사역 과정에서 일어나는 구조적인 장벽이 제거되고 하나님의 말씀을 이루는 교회가 되어야 합니다.

　본문 25절에서 "내가 교회 일꾼 된 것도… 하나님의 말씀을 이루려 함이니라"고 했습니다. 하나님의 말씀을 이룬다는 것은 복음적인 생활, 즉 그리스도와 같은 섬김의 생활, 희생의 생활을 뜻하는 것입니다. 이것이 교회의 바른 모습입니다.

　오늘의 교회가 사회에 지도력을 발휘하지 못하고 비판거리가 되고 웃음거리가 되고 부끄러운 모습으로 나타나는 것은 예수 그리스도의 낮추심을 제대로 따르지 못한데서 비롯된 것입니다.

　그리스도를 구주로 고백하고 그의 뒤를 따르는 제자 된 사람들은 예수 그리스도처럼 자기 목숨까지도 내어놓으려는 사람들입니다. 오늘날 그리스도인과 교회가 정말 예수 그리스도의 말씀을 따라 가기 위해서 기꺼이 버려야 할 것이 무엇입니까?

　성경 주석가로 유명한 매튜 헨리(Matthew Henry)가 하루는 자기의 돈지갑을 도둑맞았습니다. 그럼에도 그는 오히려 감사했는데, 그 이유로 첫째는 그 많은 세월동안 오늘 처음 돈지갑을 도둑맞았기에 감사했고, 둘째는 지갑은 도둑 맞았어도 생명을 도둑 맞지 않았기에 감사했고, 셋째는 이 세상에 별 사람이 다 있지만 자기 자신이 도둑이 되지 않고 도둑 맞는 사람이 된 것을 감사했고, 넷째는 작은 것을 잃고 큰 것을 잃지 않았기 때문에 감사했다는 것입니다.

　이와 같이 교회의 모습은 섬기면서 기뻐하고, 손해보면서도 감사하고, 희생하면서도 찬송하는 것입니다. 그런데 오늘의 교회는 절대 손해보려 하지 않고, 희생하지 않으려 하여 소위 이기적인 집단처럼 비치기에 새로워져야 하는 것입니다.

　하나님의 뜻은 오직 항상 기뻐하고, 쉬지 말고 기도하고, 범사에 감사하는 것입니다. 왜 싸웁니까? 싸우지 마십시오. 왜 다툽니까? 다투지 마십시오. 왜 화를 내고 얼굴을 붉힙니까? 기쁜 미소를 지으십시오. 그것이 믿음이요, 하나님의 말씀은 이러한 모습입니다. 그래서 바울은 이방인에게 복음 전하는 일을 위하여 "힘을 다하여 수고하노라…"고 말씀하고 있습니다.

　3. 기도에 따르는 삶의 훈련이 있어야 합니다.

한국 교회 만큼 기도생활을 강조하는 교회는 드뭅니다. 그러나 또 한편으로는 한국 교회 만큼이나 문제가 많은 교회도 드뭅니다. 그것은 기도와 생활이 다르기 때문입니다.

바울은 본문 1:9-12에서 골로새 교회를 위해 이렇게 기도합니다. "주께 합당히 행하며 범사에 기쁘시게 하고, 모든 선한 일에 열매를 맺게 하시며, 하나님을 아는 일에 자라게 하시고…." 그리고 바울은 이러한 기도에 알맞는 자기의 헌신과 고난과 사명을 다짐하고 있습니다. 이것이 지도자의 모습입니다. 삶이 뒷받침하는 기도가 필요합니다.

한국 교회는 기도하는 만큼 바르게 사는 법을 교인들에게 가르치지 못하고 있습니다. 그런 모습을 지도자들이 모범을 보이지 못하고 있습니다. 교회가 공동체적으로 그런 모습으로 사회에 나타나지 못하고 있는 것이 오늘의 문제입니다.

기도하는 사람은 달라야 합니다. 바르게 살고, 정직하게 살고, 기쁘게 살고, 감사하며 살아야 합니다. 기도하는 사람은 하나님의 힘을 힘입어 희생하고 봉사하고 섬기고, 이웃을 위해 손해를 봐도 인내하고 이해하고 도와주어야 합니다.

종교개혁 기념주일을 맞이했습니다. 개혁과 갱신의 이론적이고 사변적인 것은 이제 더 이상 필요하지 않습니다. 자신의 신앙생활과 인생관이 변해야 합니다. 하나님 말씀을 실천하는 삶이 되어야 합니다. 기도하는 만큼 바른 생활을 하는 훈련이 있어야 합니다. 이런 우리의 개인적인 노력이 또 하나의 바른 교회를 세우게 될 것입니다.

개혁자의 삶
(롬 1:16-17)

오늘은 종교개혁 기념주일로 지킵니다. 종교개혁 기념 주일은 1517년 10월 31일 마틴 루터(Martin Luther)가 95개조 항의문을 비텐베르크 대성당 문에 걸면서 시작된 종교개혁을 기념하기 위한 것입니다. 교회가 이것을 기념하는 것은 그때 비로소 교회가 새롭게 태어날 수 있었기 때문입니다.

루터는 로마서를 통하여 가톨릭 교회의 공로주의(功勞主義)를 비판하고, 오직 믿음으로만 구원을 얻을 수 있다고 주장하였습니다. 이것은 신학의 대전환을 이루게 된 사건이었으며, 교회 갱신의 새로운 출발점이 되었습니다. 루터 이후에는 칼빈(John Calvin)과 같은 많은 개혁자들이 나타나 말씀 중심의 새로운 신학사상들을 발전시켜 나갔습니다.

사실 종교개혁 이전에는 성경이 보편화되지 못하였고, 말씀에 대한 깊은 연구도 없었습니다. 이런 점에서 종교개혁은 루터의 독일어 성경 번역과 인쇄술의 발명에 힘입어 성경에 대한 새로운 인식을 널리 전파하게 하였고, 예배에 있어서도 예전 중심이 아니라 말씀 중심의 새로운 시대를 열게 하였습니다. 종교개혁은 하나님 주권사상의 회복, 말씀으로의 회기, 그리고 믿음의 중요성을 재발견한 놀라운 개혁이었습니다. 이것들은 오늘날 우리 개혁 신앙의 기초가 되었습니다.

여기서 우리가 간과해서 안될 것은 종교개혁의 정신입니다. 과거의 전통과 틀에 매이지 않고, 하나님의 말씀을 새롭게 발견하면서 하나님의 무한하신 은총의 세계를 열어 나가고자 했던 그 개혁정신이야말로 오늘날 우리가 계승해

가야 할 가장 중요한 요소입니다.

정작 이 시대만큼 개혁이 요구되고 믿음의 문제가 심각한 때가 없었던 것 같습니다. 지금 나의 모습은 이런 세태 속에서 어떻게 준비되어 있습니까? 오늘 우리는 본문의 말씀으로 여기에 대한 하나님의 분명한 말씀을 듣고자 합니다.

1. 진정한 개혁자의 삶은 믿음으로 출발합니다.

주전 612-605년 사이에 유다에서 사역한 한 선지자의 고민 속에서 이 사실을 알 수 있습니다. 하나님이 통치하시는 유다 백성에게 어찌하여 패역과 겁탈과 강포와 변론과 분쟁이 있는가? 또한 하나님의 공의가 어찌하여 악인이 의로운 사람을 삼키는데 잠잠히 계시는 것인가?(합 1:3, 13) 하는 문제입니다.

하나님의 말씀을 듣기 위해 성루에 올라간 하박국 선지자에게 하나님의 음성이 들립니다. "…그러나 의인은 그 믿음으로 말미암아 살리라"(합 2:4). 이와 같은 동일한 고백이 오늘 바울의 입에서도 나옵니다.

로마는 '승자가 진리다' 라는 강자의 철학이 지배하던 사회입니다. 그 속에서 약자일 수밖에 없었던 그리스도인들이 어떻게 살아야 할 것인가에 대한 해답이 오늘의 본문 말씀입니다. 또한 이 말씀은 중세의 교황제도 밑에서 복음의 자유를 외쳤던 한 젊은 신부 루터의 신앙 고백이기도 한 것입니다.

"오직 의인은 믿음으로 말미암아 살리라"(롬 1:17).

종교개혁 주일을 지키는 우리들에게 들려오는 하나님의 메시지입니다.

2. 개혁자의 삶은 복음에 근거한 삶을 삽니다.

복음이란 무엇일까요? 오늘의 짧은 본문 속에서 '복음'이란 단어가 3회나 반복됩니다. 본래 복음은 해방과 승리의 기쁜 소식을 의미합니다. 마치 전쟁의 결과를 초조하게 기다리는 사람들에게 승리했다고 외쳐대는 것과 같습니다. 바로 이것이 복음입니다.

그런데 바울은 이것을 기독교적으로 이해합니다. "모든 믿는 자에게 구원을 주시는 하나님의 능력"(롬 1:16)이 복음이라고 말합니다. 다시 말하자면 인간은 죄로 인하여 사망이 그에게 왕노릇 했지만 예수 그리스도의 십자가가 죄의 권세를 깨뜨리고 사망을 이겼다고 선언한 것입니다. 이것이 바로 복음의 진정한 의미입니다.

여러분들은 이러한 복음에 충만한 삶을 영위하십니까? 아니면 이 복음의 능력을 상실하고 '기독교'라는 종교의 틀 안에 갇혀 있습니까?

중세의 사람들은 교황제도와 교회의식과 면죄부 같은 복음과는 상관없는 것을 신앙이라고 착각하고 살았습니다. 여기에 대해 '오직 믿음으로(Sola Fidei)', '오직 말씀으로(Sola Scriptura)', '오직 은혜로(Sola Gratia)'라는 원리를 주장하며 일어선 것이 종교개혁의 시발점이 된 것입니다.

그러므로 믿음으로 하지 않는 모든 것, 성경말씀에서 벗어나는 모든 것, 하나님의 은혜 대신 인간의 인위적으로 하는 모든 것은 오늘날의 개혁교회가 싸워야 하는 본래적인 요소입니다.

종교와 복음의 차이를 말한다면, 종교는 인간의 욕구에서 출발했지만, 복음은 하나님의 사랑에서 시작되었다는 점입니다. 인간은 종교를 만들고자 하지만 하나님은 이것을 원치 않습니다. 오히려 인간들이 종교적 행위를 포기하고 하나님의 의에 참여하기를 원하십니다. 이 하나님의 의는 독생자를 내어주시는 데까지 이릅니다. 이 독생자는 인간의 죄를 담당하시는 속죄의 어린양입니다. 사도 요한은 이러한 주님의 모습을 다음과 같이 외칩니다. "보라! 세상 죄를 지고 가는 하나님의 어린양이로다"(요 1:29).

복음 속에 거하시는 예수 그리스도는 결코 인간의 종교행위를 허락하지 않습니다. 이것이 종교적으로 변해 가는 기독교에 대한 새로운 개혁의지입니다.

"그리스도인이 된다는 것은 금욕적인 수양을 쌓는 것이나, 종교적이 된다는 것이 아니다. 그것은 단순히 '사람'이 된다는 것이다. … 예수 그리스도는 사람을 새로운 '종교'의 자리로 부르신 것이 아니라 '삶'의 자리로 부르셨다"고 말한 신학자의 말은 종교성 안에 안주하려는 우리에게 큰 경종을 울려줍니다.

3. 개혁자의 삶은 항상 하나님의 은혜를 인식하며 살아갑니다.

본문에서 말하는 의는 자신의 행함으로 하나님의 의의 수준에 도달하는 것이 아닙니다. 오히려 나의 수준은 도저히 하나님의 의에 이를 수 없지만, 하나님의 의를 받아들임으로 의인이 된 것을 말합니다. 인간 스스로는 결코 의에 이를 수가 없습니다.

오늘의 본문 말씀은 여기에 대한 해결책을 제시합니다. 곧 하나님께서 예수 그리스도를 통하여 이미 의롭다고 인정하신 것은 받아들여야 한다는 것입니다. 이것이 믿음입니다. 바울은 이것을 칭의(Justification)라고 말합니다. 이 말은 본래 법적 용어입니다. 아마도 로마사회는 법이 발달한 사회인지라, 바울은 이같은 법적 용어를 사용하여 기독교의 진리를 변증한 것 같습니다. 나의 상태에 관계없이 하나님은 나를 의롭다고 인정한다는 사실을 믿는 데에 새로운 개혁이 성취됩니다.

이제는 하나님과의 새로운 관계가 형성되었습니다. 이전까지는 하나님이 무서운 심판자였습니다. 그러나 이제는 아닙니다. 사랑이 넘치는 아버지의 모습이며, 무한히 용서하시는 분, 곧 구원자이십니다.

루터는 이러한 체험을 31살 되던 해에 경험합니다. 소위 '탑 속의 체험'이라고 부르는 것입니다. 1514년 어느 날, 비텐베르크의 어거스틴 수도원에서 시편 22편을 읽다가 복음적 체험을 합니다. "내 하나님이여, 내 하나님이여, 어찌 나를 버리셨나이까?"(엘리 엘리 라마 사박다니). 이 말씀을 읽는 중에 온몸이 떨리면서 정작 하나님으로부터 버림을 받은 존재는 자기 자신인데, 그 대신 예수 그리스도께서 버림을 당한다는 음성을 듣게 됩니다.

성도 여러분! 내가 받아야 할 저주와 고난, 이것을 하나님은 당신의 외아들 예수 그리스도에게로 옮기셨습니다. 더 이상 무슨 말을 할 수 있겠습니까? 이를 믿는 자마다 의인이 되고(요3:16), 믿음으로 살아갑니다. 이들이 모인 교회도 믿음으로 사명을 감당합니다.

오늘의 한국교회가 이 사명을 자각해야 합니다. 안일한 종교성에서 벗어나 복음의 현장에 뛰어드는 용기, 또한 하나님의 의로 말미암아 의인이 된 복음적 체험이 요청되는 때입니다.

우리에게 의미가 있는 것은 어제나 내일의 교회가 아니라 오늘의 교회입니다. '오늘'이란 말은 시간과 공간의 특별한 상황 아래에 있는 것을 말합니다.

하나님은 오늘의 교회에게 오늘의 개혁을 허락하십니다. 이 일을 하나님은 당신의 마음에 합한 사람을 통해서 이룩하실 것입니다. "내가 이새의 아들 다윗을 만나니 내 마음에 합한 사람이라. 내 뜻을 다 이루게 하리라"(행 13:7).

오늘 종교개혁 주일을 지키면서 신앙인의 용기가 그리워집니다. 카톨릭의 신부로서 교황의 교서를 불태웠던 종교개혁자 마틴 루터의 다음과 같은 말을 함께 묵상해 봅시다.

"나는 이 악한 세대에, 내가 하나님께 대한 책임을 완수하지 않고 침묵을 지킴으로 양심에 짐을 지우는 것보다 차라리 생명의 위협과 고난을 택하려 한다."

2. 헌신예배 설교

제직헌신예배

〈집필자 : 최영길 목사〉

하나님의 마음에 합한 자
(시 141:1-10)

하나님 앞에서 세우심을 받은 모든 제직들이 하나님의 마음에 합한 자들이 될 수 있기를 바랍니다.

다윗은 남자다운 남자였고, 자신의 국가를 멋지게 다스렸던 군주중의 군주였습니다. 그는 훌륭한 왕이었고 정치가였습니다. 그래서 유대인은 "위대한 지도자"로 보고 있으며, 사자와의 싸움, 물맷돌 다섯 개를 가지고 거대한 골리앗 앞에 나선 믿음의 용기가 있는 사람이며, 음악과 시의 명인으로 유명하며, 다윗과 요나단의 우정, 다윗과 나단 선지자와도 목숨을 나눌 수 있을 만큼 좋은 우정의 사람이었습니다. 그래서 다윗은 하나님의 마음에 합한 자였습니다.

1. 입술의 문을 지켜달라고 기도하였습니다(시 141:3).

시편 141:7에 보면, "사람이 밭 갈아 흙을 부스러뜨림같이 우리의 해골이 음부 문에 흩어졌도다"라고 고백하고 있는데, 이 구절은 반란군들에게서 다윗을 보호하기 위해 충신들이 전사하는 모습을 표현한 것입니다. 이런 급박한 상황에서 그는 간절히 기도했습니다.

그 기도의 내용이 시편 141:3에 "여호와여 내 입 앞에 파수꾼을 세우시고 내 입술의 문을 지키소서"라고 기도했습니다.

다윗은 지금 고통 중에 있습니다. 그는 억울합니다. 그는 원수들의 모함에 빠져 있습니다. 지금 그는 그 크나큰 고통에 외마디 소리를 지를 수밖에 없는 절박한 상황입니다. 그런데 그는 하나님의 사람이었습니다. 그는 자기의 입술에서 자기를 죽이려고 쫓아다니는 그 원수들을 향해 저주의 소리가 나올까봐 염려했습니다. 그는 자기의 입술이 하나님을 향해 들려지기 원했습니다. 고통 가운데 있었지만, 그는 자기의 혀와 입술을 하나님께서 지켜주시기를 기도했습니다.

말은 그 사람의 인격입니다. 그리고 사람은 자기가 한 말대로 됩니다. 야보고서 3장에 혀가 배의 키와 같다고 말씀하였습니다. 거대한 배가 조그만 키에 의해 방향이 바뀌는 것처럼, 혀가 한 말대로 사람의 인생을 바꿉니다. 긍정적인 사람은 긍정적인 언어를 쓰며, 부정적인 사람은 부정적인 언어를 사용합니다.

다윗은 고통 속에서도 "하나님이여 내 입술에서 하나님께서 싫어하시는 것이 터져 나올까 두렵사오니 내 입술에 파수꾼을 세워 주시고 내 입술의 문을 지켜 주옵소서"라고 기도했습니다.

우리는 다윗처럼 하나님 앞에 평생동안 내 말을 지켜달라고, 내 입술의 문을 지켜달라고 기도해야 합니다. 살면서 쓸 데 없는 말을 하지 맙시다. 악한 말은 더욱 하지 맙시다. 남을 헐뜯고 다른 사람을 잘못 되게 하는 그런 말이 우리 속에서 완전히 사라지도록 해야 합니다.

다윗처럼 원수에게 쫓기고 있는 그 억울한 상황 가운데서도, "내 입 앞에 파수꾼을 세우시고 내 입술의 문을 지켜 주십시오"라고 기도하는 하나님의 사람이 되어야 합니다. 다윗의 그러한 마음을 하나님께서 귀히 여겨 주셨습니다.

2. 온전한 마음으로 살아가기를 소원했습니다(시 141:4).

다윗은 악행하는 사람들과 함께 악행을 하지 않게 도와달라고 기도했습니다.

다윗은 자기의 마음이 악행하는 일에 동참하지 않고, 온전한 마음으로 하나님의 말씀만 붙잡고 살았습니다. 다윗은 하나님의 말씀 밖에서, 하나님 뜻 밖에서 얻어지는 어떠한 소득도 외면했습니다.

다윗은 자기를 죽이려는 원수와 같은 사울을 죽일 수 있는 환경에서도 죽이지 아니하고, 오히려 사울의 옷자락을 벤 것을 가슴 아파했습니다. 이 일을 통해 보면 다윗은 자신의 여유와 도량을 한껏 보인 착한 마음을 볼 수 있습니다.

다윗은 "여호와여 내 마음을 악인들의 길에서 지켜주시고, 그들의 소득에서도 지켜주시고, 그들이 주는 쾌락과 즐거움과 유익도 멀리하게 하옵소서"라고 기도했습니다. 다윗은 자신의 인생을 하나님 앞에서 바로 보았습니다.

3. 위대하신 하나님의 능력의 손이 함께 하시길 원했습니다(대하 16:9).

다윗은 입술을 지켜달라고 기도했습니다. 마음을 지켜달라고 기도했습니다. 그를 지켜 달라고 기도했습니다. 이것이 다윗이 다윗 되게 한 다윗의 마음입니다. 하나님께서 그 마음을 보셨습니다.

다윗은 위대하지 않습니다. 다만 다윗이 신뢰했던 그 하나님이 위대하신 것입니다. 다윗을 붙잡았던 그 능력의 손이 위대합니다. 그 능력의 손이 다윗을 다윗이 되게 만들었습니다. 그 하나님께서 다윗을 역사상 가장 걸작의 인생으로 이 땅에 만들어내셨습니다. 그 하나님께서 지금도 하나님의 마음에 합한 사람을 찾으십니다.

역대하 16:9에 "여호와의 눈은 온 땅을 두루 감찰하사 전심으로 자기에게 향하는 자를 위하여 능력을 베푸신다"고 했습니다.

이 시대에 참으로 필요한 것은, 하나님의 능력의 손이 함께 하는 자입니다. 위대하신 하나님의 능력의 손이 함께 하는 자는 하나님 앞에서 정직하게 사는 그리스도인 것입니다. 하나님께서는 대낮에 예레미야에게 등불을 들고 다니게 하시면서, 이스라엘에서 의인 한 사람만 찾을 수 있어도 그 땅에 재앙을 내리지 않겠다고 말씀하셨던 분이십니다.

진정으로 하나님께 발견되는 제직 여러분이 되시기를 바랍니다.

하나님과 함께 일하는 자
(고후 6:1-18)

세상에는 많은 일들이 있고, 그 일을 감당해 가는 사람들도 많이 있습니다. 그중 우리에게는 거룩한 일, 성업을 이루게 하는 사람들로 택하여 주셔서 귀한 성직을 맡겨 주셨습니다. 이 거룩한 직분의 일을 인간의 수단과 방법과 재주로 하지 말고, 성령의 도우심을 받아 하나님과 함께 일하는 종들이 되시기를 바랍니다.

사도 바울은 예수 그리스도를 믿기 시작한 후 스스로 하나님의 종이라는 신념과 생각으로 하나님의 일에 힘썼습니다. 그는 하나님과 함께 일하는 자로서 고린도 교인들을 권면하였습니다.

하나님께서는 바울을 복음의 증거자로 세우셨을 뿐 아니라, 그 일을 감당할 능력도 공급해 주셨습니다. 그리하여 그로 하여금 복음을 증거하는 과정에서 겪는 모든 환난과 역경을 이겨내게 하셨습니다.

본문을 통해 사도 바울이 고린도 교인들을 어떻게 권면하고 있으며, 또 그 내용은 무엇인지 알아보도록 하겠습니다.

1. 하나님과 함께 일하는 자는 고난을 받습니다(4-5).

사도 바울은 하나님의 일군으로 자천하여 많은 고난을 받았습니다. "고난 중에 많이 견디는 것과 환난과 궁핍과 곤난과 매맞음과 갇힘과 요란한 것과 수고로움과 자지 못함과 먹지 못함이" 있었습니다.

이런 장애물과 어려움이 있음에도 불구하고 승리를 위해 고난을 참고 돌진하는 것은 군사의 모습과 같습니다. 그리스도께 순종하기 위하여 바울이 싸운 싸움은 사역에 있어서 진실하고 이타적임을 증명하는 것이었습니다.

복음을 위하여 매맞음과 요란한 것은 폭도들의 훼방과 중상과 모략을 인함이요, 수고로움이란 자신과 그의 동료들을 감원하기 위하여 밤낮 고생하는 그의 모습을 생각하게 하고, 자지 못함이란 기도와 말씀의 사역을 위해 잠자지 않고 깨어 있었음을 묘사하고 있으며, 먹지 못함은 양식이 없어 먹지 못하고 다닌 때가 종종 있었음을 시사해 주고 있습니다.

하나님과 함께 일하는 자는 이와 같이 많은 고난과 어려움을 당하게 됩니다. 많은 고난과 어려움 속에서도 감당할 수 있는 조건은 성령의 감화를 받아야 합니다. 성령의 감화로 거듭난 사람이 되지 아니하면 감당하기 어렵습니다.

그리고 세상의 지혜보다는 진리의 말씀이 있어 하나님의 능력 안에서 일해야 합니다. 그리고 거짓 없는 사랑을 갖고 일할 때 우리는 잃어버린 영혼을 사랑하게 되며, 주의 복음사역을 위해서 일하게 됩니다. 주의 복음 사역을 위해서 일하는 사람들에게는 고난이 있습니다. 그 고난이 후에 받을 영광의 면류관과 족히 비교할 수 없다고 했습니다.

2. 하나님과 함께 일하는 자는 직분에 거리낌없이 충실해야 합니다(6).

하나님과 함께 일하는 자는 하나님의 은혜를 깨닫고, 하나님의 은혜에 감격하여 충성 봉사하는 아름다운 생활을 하게 됩니다. 자신에게 주어진 직분에 대해 거리낌없고, 충실한 생활로 인정받는 사역을 감당해 갑니다. 직분 수행자의 태도는 직책에 훼방을 받지 않게 무엇에든지 아무에게도 거리끼지 말아야 합니다.

오직 모든 일에 하나님의 일꾼으로 자천하여 행해야 하며, 많이 견디는 자세를 취해야 합니다.

그렇다면 직분 수행의 자세는 어떠해야 합니까?

그것은 직분에 대한 겸손한 마음과 오래 참음과 자비함과 성령의 감화와 거짓이 없는 사랑과 진리의 말씀과 하나님의 능력 안에 있어 의의 병기로 무장하고 하나님께 영광을 돌리는 자세를 가져야 합니다.

자기 자신 스스로의 생활로 마음을 넓혀 육체의 일을 버리고 온전히 예수를 따르는 마음의 자세를 가져야 합니다. 성도의 삶은 불신자와는 달리 공명정대하고 진실하며, 진리와 함께 기뻐하며, 날마다 하나님께서 원하시는 성령의 열매를 맺어야 합니다.

추운 겨울 저녁, 영국 런던 시내의 한 악기점으로 남루한 옷차림의 한 사람이 들어왔습니다. 그의 옆구리에는 헌 바이올린이 들려 있었습니다. "저는 지금 배가 고파서 견딜 수 없습니다. 제발 이 바이올린을 사주세요. 얼마라도 좋습니다."

악기점 주인은 당시 영국의 화폐 단위로 약 5달러 정도를 주고 그 바이올린을 샀습니다. 그런데 그 바이올린은 백년 전에 행방불명 되었던 바이올린의 거장 '안토니오 스트라디바리' 라는 사람의 것이었습니다.

배가 고파서 밥 몇 끼니를 먹을 수 있는 값 5달러에 팔아버린 바이올린은 무려 10만 달러 짜리였던 것입니다.

우리의 생명은 천하보다 귀한 것입니다. 제직 여러분. 무엇과 여러분의 생명을 바꾸겠습니까? 우리의 귀한 생명을 바쳐 거룩한 직분을 감당하기 위해 충성을 다하고 거리낌없는 마음으로 맡은 일에 충실하시기를 바랍니다.

3. 하나님과 함께 일하는 자는 큰 은혜로 충만케 하십니다(6:8-10).

하나님의 거룩한 사역을 위해서 고난을 받고, 자기 직분에 거리낌없이 충실히 일하는 자에게는 큰 은혜로 충만케 됩니다.

하나님 앞에서 참되다 함을 얻고, 사람에게는 무시당하는 무명한 존재이나 하나님께는 유명했고, 죽은 자 같으나 살았고, 징계받은 자 같으나 죽임을 당하지 아니하고, 근심 대신 위로로 기뻐합니다. 세상 물질로는 부족하나 모든 사람을 부요케 합니다. 아무 것도 없는 자 같으나 모든 것을 가질 수 있는 결과를 갖습니다.

금년 시작부터 성도 여러분과 제직들이 하는 모든 일이 그리스도를 기쁘시게 하는 일들이 되시기를 바랍니다. 자기의 자랑과 자기의 칭찬을 위해서만 일하지 마시기를 바랍니다.

하나님과 함께 일하는 자는 은혜 중심으로 일하고, 하나님이 원하시는 일을 이루기 위해서는 고난도 달게 받으며, 맡은 직분을 위해서 거리낌없이 충성되이 감당하며, 주님을 기쁘시게 하는 삶을 살아갑니다.

밖에 나갔던 어린아이가 뛰어 들어오면서 엄마를 불렀습니다. "엄마 산에 나쁜 아이가 살고 있어요. 그 아이는 내가 하는 말을 그대로 따라 하지 않았어요. 그래서 내가 화를 내며 '야 미운 애야. 너 때려 줄거야' 했더니, 그 애도 나에게 '야 미운 애야. 너 때려 줄거야' 하고 나를 욕하는 거예요." 이 말을 들은 엄마는 "애야 그것은 메아리란다. 네가 사랑한다고 말하면 그도 너에게 사랑한다고 했을거야" 라고 말하며, 언제나 행한대로 되돌아 온다는 사실을 기억하며 살아야 할 것을 가르쳤다고 합니다.

제직 여러분. 하나님께서는 우리가 행한대로 갚아 주십니다.

주님을 기쁘시게 하는 삶을 살고, 주를 위해 충성할 때, 하나님께서는 우리에게도 기쁜 삶을 주시고, 충성한 것 만큼 큰 은혜와 축복으로 채워주십니다.

하나님을 위해 일할 때 고난도 있고 환난도 있으며 십자가도 있습니다. 그러나 하나님께 의지하면 성령의 도우심으로 능히 감당할 수 있도록 힘을 주십니다.

금년 한해도 맡은 직분 따라 하나님과 함께 일하는 자로 큰 결실맺고, 착하고 충성된 종이라 칭찬을 받으며, 큰 은혜와 축복이 충만하시기를 주의 이름으로 축복합니다.

남선교회 헌신예배

〈집필자 : 최정성 목사〉

열심을 내는 남선교회
(행 8:26-31)

가난한 가정에서 태어나 정치가, 출판업자, 과학자, 저술가로 대성한 벤자민 프랭크린은 겸손한 사람이었습니다. 그는 마차를 타고 비서와 함께 여행을 할 때 열심히 일하는 농부를 만나면 모자를 벗고 정중하게 인사를 해서 비서들을 당황하게 만들었습니다. 이런 일이 계속되자 하루는 한 비서가 "선생님께서는 어찌하여 농부를 그렇게도 존경하십니까?"라고 물었습니다. 프랭크린은 자신의 옷을 가다듬으면서 말했습니다. "이 사람아 서서 일하는 농부가 앉아 있는 신사보다 높은 사람일세."

그렇습니다. 사회에서도 직장에서도 일하는 사람이 귀합니다. 교회에서 보면 처음에 직분을 맡을 때에는 나 같이 부족한 사람이 이렇게 귀한 직분을 맡을 수 있을까 감격해 하면서 송구스러워 하는 모습을 종종 보게 됩니다.

저는 모든 직분자들이 그와 같이 처음에 직분을 받을 때에 겸허한 마음을 계속 가졌으면 하는 욕심이 있습니다. 안타까운 것은 많은 중직자들이 처음 직분을 받을 때의 순수한 마음을 잊고 있다고 하는 것입니다.

교회의 많은 기관이 있지만 무엇보다 중요한 기관이 남선교회 입니다. 오늘 본문 말씀은 에디오피아 여왕 간디게의 국고를 맡은 권세 있는 내시가 예루살렘에 예배하기 위해 갔다가 예배를 마치고 돌아오는 길에 빌립을 만나서 말씀을 공부하고 깨닫게 되자 세례를 받는 모습입니다. 이 말씀 속에서 권세 있는 내시의 열심을 발견하게 되는데, 오늘 남 선교회 회원들이 이러한 열심을 갖기를 바라면서 몇 가지 생각하며 은혜를 나누기를 원합니다.

1. 예배드리는데 열심을 냅시다.

"일어나 가서 보니 에디오피아 사람 곧 에디오파아 여왕 간디게의 모든 국고를 맡은 큰 권세 있는 내시가 예배하러 예루살렘에 왔다가"(본문 27절)라고 말씀합니다. 본문의 주인공 여왕의 국고를 맡은 내시가 예배를 드리기 위해서 하나님의 성전이 자리잡고 있는 예루살렘까지 찾아갔던 것입니다. 당연한 일이기는 했지만 결코 쉬운 일은 아니었습니다. 그에게는 찾아가는 열심이 있었습니다. 그러나 내시가 예배를 드리는 일은 매우 어려운 일이었습니다.

첫째로 거리가 멀었기 때문입니다. 에디오피아에서 예루살렘 까지 가려면 국경을 넘어야 했고, 뜨거운 사막과 광야를 지나 여러 날의 시간이 걸려야 했던 것입니다. 보통사람 같으면 좀처럼 엄두를 낼 수 없는 참으로 어려운 일이었습니다.

둘째로 업무가 바쁜 사람이었기 때문입니다. 그는 한 나라의 모든 국고를 맡고 있는 고관이었습니다. 국사에 분주한 고위 관리가 예배를 위해서 예루살렘까지 왔다고 하는 것은 참으로 어려운 일이었습니다. 조금만 바빠도 예배를 소홀이 하는 현대인들은 부끄러움을 느껴야 할 것입니다.

일년 주일 낮 예배 52번, 찬양 예배 52번, 삼일 기도회 52번, 철야 기도 52번, 구역예배 52번, 새벽 기도회 365번, 도합 625번 예배를 드려야 온전한 예배를 드리는 성도라고 말 할 수 있습니다. 여러분은 몇 번이나 참석하십니까? 스스로 질문하고 대답해 보시기 바랍니다.

미국의 시간 관리 전문가 마이클 포티언씨가 조사를 했습니다. 70살을 산다고 가정할 때 잠자는데는 23년, 직장에서 일하는데 20년, 쉬면서 즐기는데 7년, 먹고 마시는데 6년, 줄서기거나 신호를 기다는데 5년, 약속한 사람을 기다리는데 3년, 물건 찾는데 3년, 여성인 경우 가사일 하는데 3년, 전화 통화하는데 1년을 보냈습니다. 그런데 하나님께 예배드리는 데는 겨우 1년반 밖에 안되었다고 합니다.

말세가 되면 사람들이 모이기를 폐한다고 성경은 말씀하고 있습니다. 남 선교회 회원들은 가장으로서 가정의 신앙을 이끌어 가기 위해서 무엇 보다도 예배드리는 일에 힘써야 될 것입니다.

한번 따라 하세요 "출근하기전에 교회를 들려 기도하고, 퇴근 후에 교회가서 기도하고 집에 가자." 이것을 실천 할 수 있기를 바랍니다.

2. 배우는 일에 열심을 냅시다.

"빌립이 달려가서 선지자 이사야의 글 읽는 것을 듣고 말하되"(본문 30절)라고 말씀합니다. 믿음으로 하나님의 성전에서 봉사하는 일꾼들은 말씀을 모르고는 일 할 수 없습니다. 본문에 나오는 내시는 예루살렘에 머무는 동안 많은 말씀을 듣고 또 배웠을 것입니다. 그럼에도 돌아가는 길에 또 마차 위에서 성경을 펴들고 말씀을 열심히 읽고 있었습니다. 예루살렘에서 랍비들을 통해서 많은 말씀을 배웠겠지만 그것으로 만족해 하지 아니하고 계속 성경을 탐구하는 열심이 그에게 있었습니다.

성경을 모르는 가운데 열심을 내는 것은 영혼을 죽이고 교회를 혼란하게 하고 하나님의 영광을 가리우기 때문에, 폭탄을 껴안고 불속에 뛰어드는 것처럼 매우 무섭고 위험한 일입니다.

그 먼길을 와서 예배를 드리고 다시 돌아가는 그 길은 참으로 힘들고 피곤했을 것입니다. 그렇다면 병거에서 좀 쉬어야 될 형편이었는데 휴식처로 삼지 않고 성경 공부방으로 삼아 말씀을 배우고자 하는 열심은 그의 육체의 피로를 잊게 하였습니다.

예배시간에 보면 혹 졸고 있는 사람이 있습니다. 사정과 형편은 있겠으나 분명한 것은 배우고자 하는 열심히 부족하다는 것입니다. 말씀보다는 기적에 관심이 많고, 구원보다는 축복에 관심이 많고, 하나님의 거룩한 일 보다는 세상 일에 관심이 많게 되는 것입니다. 말씀을 모르고 기도하면 신비주의가 됩니다.

시카고에 무디신학교에 13명의 주일학생들을 가르치는 83세 선생님이 계십니다. 그는 계속 가르치기 위해 성경을 배운다고 합니다. 열심히 잘 배우는 사람의 신앙이 성장하고 인격도 성숙해 갑니다. 소그룹 모임과 성경공부 모임에 참석해 열심히 배우는 여러분 되시기를 바랍니다.

3. 말씀대로 살려는 열심을 냅시다.

"길 가다가 물 있는 곳에 이르러 내시가 말하되 보라 물이 있으니 내가 세례를 받음에 무슨 거리낌이 있느뇨"(본문 36절)라고 말씀합니다. 빌립를 통해서 말씀을 깨달은 내시는 길을 가다가 물을 발견하게 되자 세례 받기를 원했습니다. 배우고 들은 것을 즉시 행하고자 하려는 열심히 있었습니다.

오늘 한국교인들은 성경을 많이 알고 있습니다. 그러나 알고 있는 것만큼 행하지 못하는데 문제가 있습니다. 십일조를 해야되는 것은 알지만 아까워서 못하고, 주일성수는 알지만 바빠서 못지키고, 기도해야 하는 것은 알지만 게을러서 못합니다. 그래서 현대 기독교인들은 머리와 귀는 크지만 손과 발이 매우 약합니다.

2차대전 때 독일의 한 교회 마당에 서 있던 예수님의 동상이 부서져서 보수를 하게 되었는데, 담임 목사님께서는 예수님 동상의 손은 보수를 하지 않고, 그 동상 밑에 "예수님께서는 우리의 손을 사용하기를 원하십니다" 라고 글을 써 놓았습니다.

예수님께서는 오늘도 남선교회원들의 거룩한 손을 사용해서 봉사하고 전도하고 충성하기를 원하고 계십니다.

구원의 확신이 있다고 하면서 믿음대로 행하지 못하는 사람이 많습니다. 본문의 주인공 내시처럼 듣고 배우고 깨달은 말씀을 즉시 행하므로 복을 받는 여러분 되시기를 바랍니다.

21세기를 살아가는 남선교회 회원 여러분, 예배드리는 열심, 말씀을 배우고자는 열심, 말씀대로 살려고 하는 열심을 가지므로, 영혼이 잘된 것처럼 범사가 잘되고, 육신은 건강하고 가정은 화목하며, 하는 일마다 형통한 축복을 받으시기를 주님의 이름으로 축원합니다.

교회가 요구하는 일꾼

(느 2:18-20)

무디는 1837년 2월 5일 매사추세츠주 노도필드에서 가난한 가정의 6째 아들로 태어났습니다. 그 아버지 에드린은 벽돌공으로 성실하게 살았지만, 공사장에서 사고를 당해 10명의 가족을 남기고 세상을 떠났습니다. 가난해서 힘들고 어렵게 살아가는 무디의 가정에 에베레트 목사님이 오셔서 성경도 읽어주고 기도도 해주었습니다. 무디는 목사님을 무척 좋아했고, 자기도 크면 목사가 되어 많은 사람을 도와주고, 그들의 고통을 덜어 줘야겠다고 늘 생각했습니다. 무디는 "하나님의 일보다 세상 일을 앞세워서는 안 된다"는 어머님의 말씀을 들으며 자랐습니다. 초등학교 밖에 못 나왔으나 17세 소년이 됐을 때 독실한 크리스찬이었던 사무엘이라는 삼촌에 의해 주일학교에 빠지지 않고 참석하겠다는 약속을 하고 구두 가게에 채용이 되었습니다.

1855년 무디가 18세가 되던 어느날, 무디의 주일학교 선생인 에드워드 컴볼 씨가 구두 가게를 찾아 왔습니다. 컴볼선생은 무디를 향하여 "자네는 그리스도를 마음에 받아들인 체험이 있나" 하고 물었습니다. 무디는 고개를 옆으로 저었습니다. 두 사람은 양화점 뒷방에서 무릎을 꿇고 기도를 드립니다. 그때 성령의 불길이 18세 소년의 가슴에 떨어졌습니다. 가슴이 너무 뜨거워 밖으로 뛰쳐나갈 정도로 성령의 충만을 받게 된 것입니다. 그는 잠이 들기 전에 어머니에게 이 체험을 적어 보냈습니다. "어머니 1837년 2월5일은 내가 세상에 태어난 날이고, 그 후 18년이 지난 오늘 4월21일은 제가 성령으로 새롭게 태어난 둘째 생일입니다. 어머니 기뻐해 주세요". 그 이후로 무디는 불타는 전도자가 되어 하나님께 쓰임 받았습니다.

이스라엘의 역사는 고난과 전쟁의 역사인 것을 우리는 잘 알고 있습니다. 그 고난의 역사 속에서 하나님은 시대마다 필요한 일꾼들을 세우셨습니다. 그래서 그 일꾼들을 통해서 나라가 위태로울 때 건져 주셨고, 하나님의 신령한 뜻을 이루어 나갔던 것을 볼 수 있습니다. 그 중에 하나가 포로시대의 후반기에 살아가던 느헤미야를 우리는 빼놓을 수 없습니다.

느헤미야는 포로로 잡혀가 있었으면서도 아닥사스다 왕의 신임을 얻어 술 맡은 관원장으로 있으면서 하나님의 선민으로의 긍지를 가지고 있었고, 하나님을 믿는 신앙을 분명히 했던 것을 봅니다. 그는 포로로 잡혀와 있기는 했으나 왕궁에서 고생하지 않고 평안하게 생활을 했습니다. 그런데 조국 예루살렘이 폐허가 된 채 버려져 있다는 소식을 듣고 심히 슬퍼하여 하나님 앞에서 금식하며 기도를 했습니다. 하나님의 은혜가 임하여서 아닥사스다 왕의 권한으로 예루살렘으로 돌아가 무너진 성을 재건 할 수 있도록 총독으로 임명을 받았고, 많은 물적 자원과 호위병까지 허락을 받아 예루살렘에 오게 되었습니다. 이 모든 것이 하나님의 역사가 아닐 수 없습니다.

저는 이 말씀 속에서 정말 이스라엘은 느헤미야와 같은 귀한 믿음의 일꾼이 있었기에 민족이 살아 왔다고 믿습니다. 느헤미야와 같은 일꾼은 나라와 민족에 뿐 아니라 사회나 단체에도 있어야 하고 주님의 몸된 교회안에도 필요한 줄로 믿습니다.

저는 남선교회 모든 회원들이 느헤미야와 같은 일꾼이 되기를 바라는 마음으로 오늘 "교회가 요구하는 일꾼" 이라는 제목으로 함께 은혜를 나누기를 원합니다.

1. 기도하는 일꾼입니다.

느헤미야는 예루살렘성이 무너졌다는 소식을 들었습니다. 그 소식을 듣고 그는 앉아서 울며 하나님께 금식하여 기도했습니다. 교회에도 무슨 일이 생겼을 때, 그 일을 가지고 입으로 나팔불며 떠들어 대는 성도가 필요한 것이 아닙니다. 그런데 대개 기도하지 않는 사람들은 꼭 말을 앞세웁니다. 작은 문제와 사건도 엄청난 것처럼 떠벌이기를 좋아하는 것 같습니다. 그러나 기도하는 사람은 큰 문제도 조용히 침묵하고 하나님께 그 문제를 가지고 엎드려 기도하는 것입니다. 그런 의미에서 교회는 기도하는 일꾼이 참으로 귀합니다.

교회는 세 가지의 "꾼"이 있습니다. 말만 앞세우는 말꾼, 뒷짐 지고 구경만 하는 구경꾼, 어떤 일이든지 십자가를 지는 마음으로 감당해 나가는 일꾼입니다.

어떤 성도들은 봉사를 많이 해 놓고 시험에 드는 경우를 봅니다. 열심히 일을 다 해 놓고서 시험에 듭니다. 그 이유는 그들의 봉사에 기도가 없었기 때문입니다.

그러므로 교회에서 하는 모든 일들은 먼저 기도가 앞서야 되는 것입니다. 봉사 하기전에 기도하고, 헌금 하기전에 기도하고, 전도 하기전에 기도해서 항상 기도의 밑바탕 위에서 일이 이루어질 때 자신에게도 축복이 되고 다른 사람에게도 은혜가 될 줄로 믿습니다. 무릎 꿇을 줄 아는 남선교회원들이 다 되시기를 바랍니다.

2. 매사에 적극적인 일꾼입니다.

느헤미야는 자기가 포로의 몸으로 있는 신세였지만 고국 예루살렘성을 생각 할 때마다 견딜 수 없는 괴로움이 씻어지지 않았습니다. 그래서 아닥사스다 왕에게 간청하여 예루살렘에 총독으로 오게 되었고, 예루살렘에 도착해서 깊은 밤에 일어나 어떻게 되어 진 것인가 알아보기 위해서 성을 시찰하는 모습입니다. 모든 일에 적극적인 느헤미야의 모습을 보게 됩니다.

어떤 일이 생기면 그 일을 피하고 외면하는 사람이 있는가 하면, 그 일의 해결을 위해 적극적인 자세로 대하는 모습의 사람을 봅니다.

예루살렘성을 재건하는데 모든 백성들이 참여하고 있는 것을 볼 수 있습니다. 하나님의 교회에서 어떤 일을 계획할 때 앞뒤로 계산하고 뒤로 빠지는 일꾼이 아니라, 매사에 긍정적이며 적극적인 일꾼이 되시길 바랍니다.

3. 좋은 일에 앞장 서는 일꾼입니다.

느헤미야가 성의 재건을 위해 열심히 일하니까 온 백성들이 느헤미야의 이 거룩한 일에 힘을 다해서 협력하는 것을 보게 됩니다. 교회는 이처럼 선하고 복된 일에 항상 앞장서는 일꾼이 있어야 합니다. 먼저 앞서는 자가 있을 때 또 뒤를 따르는 일꾼이 생기게 됩니다. 가장 중요한 것은 선봉자입니다.

본문 17절에 "우리가 당한 어려움을 너희도 아는바가 아니냐 무너진 예루살렘을 바라보고 사는 것은 우리 모두의 수치요 괴로움이라"며 외쳤습니다. 그리고 이것을 다시 쌓는 일이 우리의 사명이라고 말했습니다. 그러자 백성들은 다함께 일어나 재건하는 일에 힘을 내었습니다.

어떤 사람은 만나서 이야기 하면 믿음이 떨어지고 용기가 없어지고 좌절되는 경우가 있고, 어떤 사람은 만나서 이야기 하면 믿음이 생기고 힘이 솟아나는 사람도 있습니다.

룻기에서 보면 나오미의 가정이 이방 나라 모압으로 이사할 때 앞장섰던 사람은 엘리멜렉 이었습니다. 하나님께서는 모압땅에서 제일 먼저 엘리멜렉을 치셨습니다. 어디에서든지 좋은일에 앞장서는 여러분 되시기를 바랍니다.

4. 비난을 감수하는 일꾼입니다.

느헤미야가 백성들과 함께 열심히 예루살렘성 재건을 위해 일할 때 방해의 세력이 있었습니다. 선하고 거룩한 일에는 언제나 원수마귀의 방해가 있게 마련입니다.

느헤미야가 예루살렘성 재건을 부르짖고 이 일을 행할 때 산발랏과 도비야가 비웃고 비난을 하였습니다. 그러나 느헤미야는 그것에 굴복하지 않고 끝까지 감당했습니다.

교회에서 일하는 일꾼들은 비난의 소리에 관심 가질 필요가 없습니다. 하나님의 일은 작은 일을 하면 작은 마귀가 큰일을 하면 큰 마귀가 방해를 합니다. 옆에서 들려오는 소리 때문에 주님의 일을 중단해서는 안됩니다.

사랑하는 남선교회 회원 여러분은 기도하는 일꾼, 적극적인 일꾼, 좋은 일에 앞장서는 일꾼, 비난도 감수하는 일꾼으로 교회가 요구하고, 시대가 요구하는 하나님의 귀한 일꾼들이 되시기를 주님의 이름으로 축원합니다.

여선교회 헌신예배

〈집필자 : 최정성 목사〉

한나처럼 삽시다
(삼상 1:9-18)

사람마다 살아가는 환경과 방법이 다양합니다. 좋은 환경에서 편히 살아가는 사람도 있고, 어려운 환경에서 고달픈 인생을 살아가는 사람도 있습니다. 좋은 환경에서도 불행스럽게 사는 사람도 있고, 힘든 환경 속에서도 행복하게 사는 사람들도 있습니다.

본문에 나오는 한나는 자녀를 낳지 못한 여성으로, 다른 사람이 어떻게 보아주는 것보다도 자신의 고통이 더욱 앞서 있었습니다. 무엇보다도 한 집에 사는 첩으로 있는 브닌나가 자신을 무시한데서 심적 고통이 적지 아니했습니다.

그리하여 자기의 고통을 여호와께 아뢰므로 귀한 아들 사무엘을 낳게 되었고, 그 아들을 특별한 관심 속에 성장시킨 여성이었습니다. 한나는 믿음의 기도로 불행스러움을 행복으로 바꾼 여성이었습니다.

여전도회원 여러분, 기도의 여인 한나처럼 승리하는 삶을 사시기를 바랍니다.

1. 한나는 서원 기도를 한 여인이었습니다(삼상 1:11).

한나는 고통스러운 과거가 있는 여인이었습니다. 인간에게 때때로 부딪히는 고난과 고통은 그 일생을 완전히 달라지게 하는 전환점이 될 때가 많습니다. 그러기에 세상사는 동안의 고통과 역경은 우리에게 큰 의미를 주게 됩니다.

한나는 자식이 없는 것을 수치로 여겼습니다. 이스라엘의 사고로는 자손을 많이 두는 것이 하나님의 축복을 받은 증거였으며(신 7:13-14), 반면에 성태하지 못한 것은 하나님의 축복에서 제외된 것으로 이해되었기 때문입니다(창 20:17-18).

그러므로 한나는 자식 없음에 대한 모욕과 멸시와 굴욕을 느끼어 때로 울었고, 그 때마다 그 남편 엘가나는 "내가 그대에게 열 아들보다 낫지 아니하뇨"(7절) 하며 위로했습니다.

그러나 15절에 보면, 한나는 "나는 마음이 슬픈 여자라"고 했습니다. 또한 삼무엘상서 1:6에는 "그 대적 브닌나가 그를 심히 격통하여 번민케 하더라"고 했습니다. 한나는 브닌나로부터 조롱받았기 때문에 고통스러워 했습니다.

삼무엘상서 1:11에, "만군의 여호와여 만일 주의 여종의 고통을 돌아보시고 나를 생각하시고 주의 여종을 잊지 아니하사 아들을 주시면 내가 그의 평생에 그를 여호와께 드리고 삭도를 그 머리에 대지 아니하겠나이다"고 했습니다.

하나님께서 아들을 주시면 그 아들의 평생을 하나님께 드리겠다고 하였습니다. 또한 삭도를 그 머리에 대지 않겠다고 서원했습니다. 즉 평생 나실인으로 하나님의 일을 하도록 만들겠다는 것입니다(민 6:2, 삿 13:5).

이러한 한나의 기도는 사무엘로 하여금 어린 시절부터 주께 마음을 바쳐 살도록 했던 것입니다. 여전도회 회원 여러분, 한나처럼 육신의 자녀와 영적인 자녀들을 위해 '나실인'이 되도록 서원기도를 드리며 사시기를 바랍니다.

2. 한나는 믿음이 돈독한 여인이었습니다.

서원기도를 통해 아들을 달라고 기도한 것도 신앙자의 행위요, 엘리가 한나를 위해 축원의 기도를 드린 후 한나의 얼굴에 수색이 없어짐은 신앙이 있었기 때문입니다. 그후 득남한 것을 기도의 응답으로 받아들인 것도 신앙이요, 메시아적 시를(삼상 2장) 읊어 예언한 것도 한나의 믿음이었던 것입니다.

디모데가 외조모와 어머니에게 믿음을 물려받은 것처럼, 사무엘도 위대한 신앙의 어머니인 한나에게 그 믿음을 물려받았습니다.

부모가 자녀에게 천금을 물려주는 것은 믿음을 물려주는 것만 같지 못하며, 열 아들을 낳아서 잘못 기르는 것보다는 한 아들을 낳아 신앙의 사람되게 하는 것이 더 중요합니다.

자녀들에게 믿음을 물려주려면, 한나와 같이 어머니가 먼저 신앙의 어머니가 되어야 합니다. 서원 기도대로 하나님과 서약을 지킨 여인이었습니다. 그녀는 사무엘이 자신의 곁을 떠나 성소에 영원히 머물도록 했습니다. 한나는 하나님과의 약속을 실천하는 믿음이 돈독한 여인이었습니다.

3. 한나는 감사와 찬송으로 여생을 산 여인이었습니다.

삼무엘상 2:1-10은 한나가 하나님께 기도함으로 아들 사무엘을 얻고, 서원한대로 아들 사무엘을 하나님께 드리고 감사, 찬송한 내용입니다.

삼무엘상 2:1에 "내 뿔이 여호와를 인하여 높아졌으며", 삼상 2:5에, "전에 잉태치 못하던 자는 일곱을 낳았고 많은 자녀를 둔 자는 쇠약하도다." 2:10에 "자기 왕에게 힘을 주시며 자기의 기름 부음을 받은 자의 뿔을 높이 시리로다 하나라"고 했습니다. 이상의 찬송을 세 가지로 나누면

① 여호와는 신실하사 내 기도를 들으셨다 함이요"(삼상 2:1-3)

② 여호와는 절대 능력으로써 약한 자를 붙들어 강하게 하시는 하나님이 되심과(삼상 2:4-9)

③ 장차 메시야의 출현에 대한 예언적 찬송입니다(삼상 2:10).

이는 한나의 영감을 통한 찬송인데, 2절에 반석은 그리스도요, 10절의 기름부음 받은 자는 메시야의 탄생을 찬송한 것입니다. 한나는 감사와 찬송으로 여생을 산 여인이었습니다.

한나는 브닌나의 학대를 받으면서 환난 중에 여호와께 기도하여 아들을 얻었고, 서원대로 그 아들을 바쳤으며, 또 하나님의 은혜를 감사 찬송함으로 하나님께 최대의 영광을 돌렸습니다. 그러므로 우리도 믿음의 사람으로 일평생 하나님의 은혜를 감사 찬송함으로 하나님께 영광 돌리며 사십시다.

마르다처럼 봉사하자

(눅 10:38-42)

강태공의 어록에 "착한 것을 보거든 목마를 때 물 본 듯이 하고 악한 것을 듣거든 귀머거리 같이 하라. 그리고 착한 일에는 모름지기 탐을 내고, 악한 일에는 모름지기 즐겨하지 말라"는 말이 있습니다.

성도는 주의 일을 위해 봉사하는 일에는 탐을 내어야 하고, 불평하고 빠지는 일에는 즐겨하지 말아야 합니다.

베다니 마르다의 가정에서 있었던 이야기는 평범한 이야기 같지만 우리에게 깊은 교훈을 주고 있습니다. 예수님께서는 이 가정을 사랑하셔서 자주 들리셨던 것 같습니다. 예수님께서는 그 가정을 방문할 때마다 혼자 가시지 아니하고 제자들과 함께 하셨습니다.

마르다는 베다니 가정의 여가장으로서 집안 일을 열심히 하고 다른 사람들에게 대접을 잘했고, 사랑하는 마음으로 자기 집을 개방했습니다. 그녀는 손님들을 기쁘게 해드리는 일을 명예롭게 여겼습니다.

오늘 저는 마르다의 주님 섬기는 봉사에 대해 말씀드리며 은혜를 나누고자 합니다.

1. 마르다는 절망의 슬픔이 있었던 여인이었습니다(요 11:21).

마르다는 동생 나사로가 죽어서 장사까지 치렀기 때문에 슬펐던 것입니다.

요한복음 11:21에, "마르다가 예수께 여짜오되 주께서 여기 계셨더면 내

오라비가 죽지 아니하였겠나이다"라고 했습니다.

그녀의 말에는 그녀가 그리스도께 나사로가 병들어 있음을 알렸음에도 불구하고 그리스도께서 곧장 오시지 않았던 것이 서운한 듯 하였습니다. 하지만 그녀는 원망의 감정만으로 그리스도를 대하지는 않았습니다.

그녀는 "나는 이제라도 주께서 무엇이든지 하나님께 구하시는 것은 하나님이 주실 줄 아나이다"라고 고백함으로써, 그리스도께 대한 기대감과 믿음을 잃지 않았습니다.

이러한 기대감과 믿음은 나사로의 병든 소식을 전한 심부름꾼에게 요한복음 11:4에, "이 병은 죽을 병이 아니라 하나님의 영광을 위함이요 하나님의 아들로 이를 인하여 영광을 얻게 하려 함이라" 하신 그리스도의 말씀을 그녀 자신이 심부름꾼으로부터 전해 듣고서 이를 기억하였기 때문에 가질 수 있었던 것입니다.

우리들도 신앙생활을 하다 보면 마르다가 품었던 것과 같은 원망의 감정을 가질 때가 있습니다. 그러나 우리는 이사야서 55:8-9에 "내 생각은 너희 생각과 다르며 내 길은 너희 길과 달라서 하늘이 땅보다 높음같이 내 길은 너희 길보다 높으며 내 생각은 너희 생각보다 높으니라"고 하신 하나님의 말씀을 기억하며, 그분께서 궁극적으로 우리를 선한 길로 인도하시리라는 사실을 굳게 믿어야 합니다.

주의 복음사역을 위해 봉사하는 자는 환경에 얽매이지 말고, 마르다가 절망의 슬픔 속에서도 주님을 위해 봉사한 것처럼 할 수 있어야 합니다.

2. 마르다는 예수님 대접하기 위해 분주했던 여인이었습니다.

누가복음 10:38에 "저희가 길 갈 때에 예수께서 한 촌에 들어가시매 마르다라 이름하는 한 여자가 자기 집으로 영접하더라"고 했습니다.

마르다는 예수님께서 오라비 나사로를 살려 주시기 전부터 예수님과 친밀한 관계에 있었습니다(요 11:1-4). 그녀는 주님께서 원하시기만 하면 언제나 자기 집에 오시기를 환영하고 있었습니다. 다시 말하면 그녀는 언제나 주님을 영접할 마음의 준비를 하고 있었다는 사실입니다. 그것은 참으로 축복 받은 마음입니다.

그리스도는 누구나 이 마르다와 같이 주님께서 언제 오시든지 "아멘 주 예수여 오시옵소서"(계 22:20) 하고 영접할 준비가 되어 있어야 합니다.

누가복음 10:40에 "마르다는 준비하는 일이 많아 마음이 분주한지라"고 했습니다. 마르다는 예수님을 대접하기 위해 분주하게 일했습니다. 맛있는 음식 대접은 그 분에 대한 존경의 표시며 사랑의 증거입니다.

여전도회 회원들은 대접하는 일에도 분주하고, 교회에서 봉사하는 일에도 분주하게 일해야 합니다.

3. 마르다는 용감하게 주님께 충성한 여인이었습니다.

예수님을 죽일만큼 유대인들의 증오심이 극도에 달했을 때에도 마르다는 주님께 충성스러웠습니다. 그녀는 예수께서 죽으시기 엿새 전 예수님을 위해 잔치를 베풀었습니다(요 12:12).

그녀는 대접하기를 그치지 않았습니다. 그녀의 대접 잘하는 아름다운 인격과 기꺼이 섬기고자 하는 자세는 예수님의 사랑을 받을 수 있는 것이었습니다.

그러나 이렇게 정렬적이고 활동적인 여성들이 흔히 자신에 빠져 참으로 중요한 일을 빠뜨려 버릴 것을 주님께서는 지적하사, 그녀가 주변적인 일에 생애를 바치는 것을 방지하실 수 있었습니다.

"마리아는 이 좋은 편을 택하였으니 빼앗기지 아니하리라." 결국 마르다도 이 좋은 편을 택하도록 하신 것입니다. 마르다는 용감하게 주님께 충성한 여인의 모델입니다.

여전도회 회원 여러분. 마르다처럼 봉사하시기를 바랍니다. 절망의 슬픔이 있는 환경에서도 예수님을 대접하기 위해 분주했던 마르다처럼 성의를 다하고 용감하게 주님께 충성한 믿음을 본받는 여전도회 회언들이 다 되시기를 바랍니다.

교사헌신예배

〈집필자 : 이정식 목사〉
· 중앙대학교 대학원 졸업
· 장로회신학대학교 및 대학원 졸업
· 메코믹신학대학원 목회학박사 취득

현실 시각이 중요합니다
(민 13:25-33)

오히라 미쓰요라고 하는 36세 된 여성 변호사가 우리 나라 소년원에서 특강을 한 적이 있습니다.

이 변호사는 학창시절에 전학을 갔는데, 친구들로부터 심한 왕따를 당해서 자살을 하려다 미수에 그친 적이 있으며, 18세에는 일본 야쿠자의 아내가 되기도 하였습니다. 그 후에 이혼을 하고 호스티스로 일하면서 아버지의 친구인 '오히라' 씨를 만나 인생의 참 의미를 발견하게 되었다고 합니다.

그 때부터 공부를 하기 시작하여 변호가 되었고 자기와 같은 길을 걷고 있는 청소년들에게 '오늘의 현실보다 오늘의 현실을 어떤 시각으로 바라보아야 하는가?'에 대해서 특강을 하였습니다. 그리고 많은 소년원의 아이들에게 큰 감동을 주었다고 합니다.

본문에서 우리는 이것을 명확하게 읽을 수 있습니다. 출애굽 한지 2년이 되었을 때, 이스라엘은 가나안을 앞두고 가데스 바네아라는 곳에 도착했습니다.

하나님께서 모세에게 각 지파에서 족장 한 사람씩을 선발하여 정탐꾼으로 보낼 것을 명하십니다. 모세는 하나님의 말씀대로 각 지파의 족장 12명을 선발하여 정탐꾼을 보냅니다. 40여일 동안 가나안 땅을 탐지한 정탐꾼들은 돌아와 백성들 앞에서 보고를 합니다. 그 보고의 내용이 오늘 우리가 본문의 말씀입니다.

12명의 정탐꾼 중 열 사람은 가나안 땅이라는 사실, 그 환경을 보고서는 자신을 잃었습니다. 그 땅의 풍요함과 아름다움을 보고 좋았지만, 그 땅의 거민과 성들은 자신들이 대적하기에는 너무나 강해 보였고, 상대적으로 자신들은 약하다는 사실을 깨달았습니다. 이것이 오늘이라는 현실이었습니다.

그런데 2사람의 정탐꾼, 여호수아와 갈렙은 똑같은 것을 보았지만, 그들은 사실은 사실로 보았지만 믿음이라는 시각으로 오늘의 현실을 보았습니다.

1. 갈렙은 좋은 생각을 선택하였습니다.

인생을 성공적으로 행복하게 살았던 사람들은 생각의 법칙을 터득한 사람들입니다. 우리 안에는 환경을 변화시키고 세상을 변화시킬 수 있는 잠재력이 있습니다. 그러나 환경을 바꾸고 세상을 바꾸기 위해서는 선생님들 자신을 바꾸어야 합니다.

간디는 세계를 변화시키기 위해서는 우리가 스스로 변화해야 한다는 점을 강조했습니다. 어떻게 우리를 변화시킬 수 있습니까? 우리의 생각을 변화시키는 것입니다.

선생님의 생각이 변화될 때 선생님들 자신이 변화됩니다. 선생님들 자신이 변화될 때 주일학교 환경이 변화됩니다. 이것은 하나님의 변함없는 법칙입니다.

모든 것이 생각에서 출발하고 생각으로 결과를 낳습니다.

바울은 로마 옥중에서 빌립보서를 기록했습니다. 옥중에서도 기뻐하며, 기쁨의 서신을 쓰고 있습니다. 주안에서 기뻐하라고 외치고 있습니다. 그는 자족하고 있습니다. 이 모든 비결이 어디에 있습니까? 그가 주님 안에서 가졌던 생각에 있었습니다.

오늘 본문에서 10명의 생각은 부정적인 시각으로 가득차 있었습니다. 그들은 하나님을 무수히 체험했습니다. 애굽에 내린 열 가지 재앙 가운데서 유월절을 통한 하나님의 구원의 역사, 홍해를 건너는 사건, 광야에서 밤에는 불기둥으로 낮에는 구름 기둥으로 인도하심, 바위에서 물이 솟아나는 체험 등 하루하루 사는 것이 기적의 삶이었습니다. 그러나 그들의 생각은 변하지 않았습니다.

사랑하는 교사 여러분!

"태도가 사실보다 중요합니다." 하나님께서 우리에게 원하시는 것이 바로 태도입니다. 곧 그 시각을 바라보는 믿음입니다.

하나님께서는 각 교회 주일학교마다 사실이라는 환경을 주셨습니다. 어떤 교회는 예배당 한 곳에서 장년 예배를 드리고, 아동부 예배를 드리고, 중·고등부 예배를 드려야 하는 참으로 교육환경이 열악한 교회도 있습니다.

그런가 하면, 어떤 교회는 교육관 시설이 참으로 훌륭하게 만들어진 교회도 있습니다. 그러나 교육환경이 좋다고 해서 주일학교 교육이 잘 된다고 주장할 수는 없습니다. 그보다 더 중요한 것이 교사 한 분 한 분이 어떤 시각을 가지고 교육을 하느냐가 더 중요합니다.

여호수아와 갈렙은 하나님께서 함께 하시면 합력하여 선을 이룰 수 있다고 하는 긍정적인 시각이 있었기에 가나안 땅에 들어갈 수가 있었습니다.

특별히 오늘 말씀을 통해서 갈렙이라는 사람을 주목해 보십시오. 그는 특별한 사람이기 전에 하나님의 사람으로 평범한 한 사람이었습니다. 그러나 그 내면 속에 뜨거움이 있었고, 믿음의 시각으로 세상을 바라볼 줄 아는 사람이었습니다.

그렇습니다. 교사는 다른 사람보다 월등하게 훌륭하지 않아도 됩니다. 그러나 믿음의 시각을 가지고 생각하는 것은 교회학교를 살리느냐 죽이냐의 문제입니다.

2. 갈렙은 미래를 창조하는 언어를 선택했습니다.

본문 30절 "갈렙이 모세 앞에서 백성을 안돈시켜 가로되 우리가 곧 올라가서 그 땅을 취하자 능히 이기리라"고 합니다.

우리의 믿음과 언어는 함께 갑니다. 우리의 언어에 영향을 끼치는 것은 우리의 믿음입니다.

오늘 갈렙은 "능히 이기리라"고 도전적인 언어를 사용하고 있습니다. 우리가 하는 말을 하나님이 듣고 계십니다. 그리고 그대로 행하시겠다고 말씀하십니다. 이스라엘 백성들은 그들이 한 말 때문에 가나안 땅에 들어가지 못했습니다. 하나님이 주신 가나안 땅, 젖과 꿀이 흐르는 땅을 악평했을 때, 그들은 그 땅에 들어가지 못했습니다. 40년 동안이나 광야에 살다가 가나안 땅에 들어가지 못하고 죽고 말았습니다. 그러나 미래를 창조하는 언어를 사용했던 여호수아와 갈렙은 결국 가나안 땅에 들어갔습니다.

우리가 하는 말이 미래를 창조합니다. 그렇기 때문에 신중해야 합니다. 큰 믿음을 갖고 좋은 생각을 하십시오. 구체적인 꿈을 갖고 구체적인 언어를 사용하십시오. 강렬한 소원은 우리의 입술의 고백으로 나타나야 합니다. 더욱 중요한 것은 그 소원이 이미 이루어진 것처럼 생각하는 것입니다.

변화를 원하지 않는 사람은 마치 길들여진 코끼리와 같습니다. 코끼리가 아주 어릴 적에 말뚝을 박아 놓고, 그 발에 줄을 매어 놓습니다.

처음에는 그 매인 말뚝에서 빠져 나가고자 몸부림치지만, 어느 정도 기간이 지나면 포기해 버립니다. 코끼리는 스스로 말뚝에서 멀어질 수 없다는 믿음을 갖게 됩니다. 끈을 풀어놓아도 도망가지 못하게 됩니다. 얼마나 비극적인 일인지 모릅니다.

사랑하는 교사 여러분!

정말 원하는 것을 이미 이루어진 것처럼 현재형으로 말하십시오.

마가복음 11장 24절에서는, "그러므로 내가 너희에게 말하노니 무엇이든지 기도하고 구하는 것은 받은 줄로 믿으라 그리하면 너희에게 그대로 되리라"고 하십니다.

믿음은 바라는 것들의 실상입니다. 믿음의 고백은 아직 없는 것을 있는 것처럼 부르는 것입니다. 문제에 초점을 맞추지 마십시오. 문제의 해결책에 초점을 맞추십시오.

원하는 환경, 되고 싶은 인물, 하고 싶은 것들을 이미 소유한 것처럼 말하십시오. 우리가 하는 말이 미래를 창조합니다.

갈렙은 "능히 이기리라"고 고백합니다.

내가 지도하는 학생들은 하나님이 원하는 인물이 될 것이라고 고백하십시오. 우리 반은 반드시 성장할 것이라고 고백하십시오. 그러면 하나님께서는 여러분들과 함께 하실 것이며 도와주실 것입니다.

3. 갈렙은 하나님께 온전한 순종을 선택했습니다.

갈렙은 하나님을 온전히 좇아간 사람입니다.

민 32:12에서 하나님은 "다만 그니스 사람 여분네의 아들 갈렙과 눈의 아들 여호수아는 볼 것은 여호와를 온전히 순종하였음이니라 하시고"라고 말씀하십니다.

그는 온전히 순종하는 믿음의 사람이었습니다. 하나님의 말씀에 하나님의 약속에 그 마음이 나누이지 않고 온전히 따라갔던 것입니다. 특별히 하나님 안에서 하는 모든 일에는 반드시 순종이라는 과정이 있습니다.

어떤 부부가 있었습니다. 그 부부의 소망은 자신의 재력과 노력으로 자손들에게 물려 줄 수 있는 교회를 세우는 것이었습니다. 그 꿈을 가지고 목사님과 상담을 했습니다. 그 때 목사님이 이렇게 권면하셨습니다.

"참 좋은 꿈을 가지고 있습니다. 그러나 그것이 꿈으로만 끝나게 될 수도 있습니다. 당신들에게 온전한 순종의 믿음이 없다면 말입니다."

그들에게는 꿈은 있는데 믿음이 없었습니다. 특별히 순종하는 믿음이 없습니다. 그리고 사랑이 없습니다. 사랑할 줄 모릅니다. 사랑할 줄 모르는 것도 순종을 못하는 것입니다. 그래서 그렇게 충고하셨다고 합니다.

하나님은 순종과 헌신을 통해서 받으시는 분이십니다. 그러기에 순종과 헌신이 선행되지 않을 때는 하나님과 상관없는 인간들의 교회를 세우게 됩니다. 그래서 자칫 내가 세운 교회, 내 교회라는 이기심 가운데 교회를 병들게 합니다.

예수님도 하늘의 일을 이루기 위해서 죽기까지 순종하셨습니다.

빌립보서 2:6-8에, "그는 근본 하나님의 본체시나 하나님과 동등 됨을 취할 것으로 여기지 아니 하시고 오히려 자기를 비어 종의 형체를 가져 사람들과 같이 되었고 사람의 모양으로 나타나셨으매 자기를 낮추시고 죽기까지 복종하셨으니 곧 십자가에 죽으심이라"고 하십니다.

아버지께 대한 순종이 구원의 역사를 이루게 됩니다.

하나님의 은혜를 귀하게 여기시는 선생님들이 되십시오. 하나님의 은혜를 멸시하지 마십시오. 하나님의 은혜를 받았다면 이제 하나님의 은혜 받은 자처럼 살아야 합니다. 월터 트로비쉬는 "그리스도는 우리를 있는 그대로 받아 주시지만, 일단 그분이 받아 주시면 우리는 있는 그대로 남아 있을 수 없다"고 말했습니다.

지금 당신의 모습은 하나님의 은혜의 선물입니다. 당신이 부족함에도 불구하고 있는 모습대로 받아 주시고 붙잡아 주신 것입니다. 그렇다면 앞으로 당신이 주님의 은혜 속에서 변화되고 성숙하게 될 모습은 당신이 하나님께 드릴 선물입니다.

사랑하는 교사 여러분!

우리의 꿈이 성취되는 데는 생각보다 시간이 걸립니다. 그러므로 쉽게 포기하거나 낙심해서는 안됩니다. 시련 가운데서도 준비하고, 고통 중에서도 전진하는 지혜가 필요합니다.

신앙의 많은 사람들이 간과하는 것의 하나가 바로 이것입니다. 순종 없이 무엇인가 자신의 일을, 자신의 뜻을 펼쳐 보겠다는 것입니다. 그러나 우리 안에 순종하는 믿음을 가지고 있다면, 우리는 하나님의 말씀대로 하나님의 지시와 인도하심대로 갈 수 있고, 사명을 감당할 수 있습니다. 갈렙은 이러한 믿음의 사람이었습니다. 그래서 그는 믿음으로 하나님의 약속을 보았고, 그리고 "곧 올라가서 그 땅을 취하자 능히 이기리라"(30절)고 할 수 있었던 것입니다.

사랑하는 여러분. 어떻게 사명 감당하시기를 원합니까?

믿음에 있어서는 순종하며 살기로 작정해야 되지 않겠습니까?

다수의 잘못된 믿음보다 소수의 온전한 믿음으로 교사의 사명을 감당하면서 살기로 작정하지 않겠습니까? 좁은 길, 좁은 문으로 들어가기 위해 힘써야 하지 않겠습니까?

지혜로운 교사
(갈 6:7-10)

2001년도는 90년만에 가뭄이 왔다고 합니다. 농부들뿐만 아니라 온 나라가 걱정을 했습니다. 왜냐하면 적당한 시기에 농작물을 심지 않으면 수확이 엄청나게 달라지기 때문입니다.

몇 년 전에 교인들과 함께 시골에다 호박씨를 심어 놓고 가을에 가서 거두려고 했더니 거둘만한 열매가 없었습니다. 왜냐하면 씨앗을 뿌려놓고 대가를 지불하지 않았기 때문입니다.

오늘 본문에서 "…사람이 무엇으로 심든지 그대로 거두리라"고 하십니다. 우리가 심은대로 거두는 것입니다. 씨앗은 그 품종대로 나게 되어 있습니다. 선을 심으면 선으로 그 열매를 거두고 악을 심으면 악으로 그 열매를 거두게 되어 있습니다.

갈라디아서 6장에, 육체를 위하여 심으면 육체로부터 썩어질 것을 거두게 되고, 성령을 위하여 심는 자는 성령으로부터 영생을 거둔다고 말씀합니다. 이것은 불변의 법칙입니다.

여기서 중요한 것은 반드시 과정이라는 대가를 지불해야 합니다. 성경은 이것을 매우 중요하게 여기고 있습니다. 달란트 비유에서 주님은 다섯 달란트의 종과 두 달란트의 종을 칭찬하십니다. 그 칭찬 결과를 두고 칭찬하시는 것만은 아닙니다. 주님께서는 저들에게 "착하고 충성된 종"이라고 똑같이 칭찬하십니다.

무엇이 착한 것입니까? 무엇이 충성된 것입니까? 결과가 좋다고 해서 착합니까? 결과가 좋다고 충성된 것입니까?

충성이란 말은 '선하다', '진실하다'는 의미입니다. 그 마음과 태도, 곧 과정과 결과의 총체가 충성됨입니다. 누가 충성할 수 있습니까? 마음이 없고, 태도가 되어 있지 않으면 못합니다.

초대 교회 사도들은 복음의 열매를 위하여 힘쓴 사람들입니다. 그들은 자신의 생애를 복음을 위하여 바쳤습니다. 교회가 저절로 세워지고 우연히 복음의 열매가 맺혀지지 않았습니다.

사도행전 20:17-27절 말씀에도 보지만, 바울은 교회를 위하여 겸손과 눈물로, 그리고 죽음을 각오하고 복음을 위하여 달려간다고 고백하고 있습니다.

오늘 본문에서 에베소 교회의 모습을 보여주지만, 에베소 교회만이 아니라 가는 곳마다 그가 그렇게 했음을 우리는 볼 수 있습니다. 이것이 바울의 수고입니다.

바울의 수고로 복음의 결실이 아시아와 유럽으로, 세계로 뻗어가게 되었습니다. 중요한 것은 복음의 열매를 얻기까지 눈물과 기도로 가르치고 수고함이 있었다는 것입니다.

우리가 하는 모든 일에서도 마찬가지입니다. 하나님께서 맡겨주신 교사의 사명을 완수하기 위해서는 우리가 지불해야 할 것은 지불해야 합니다. 그리고 나서 기다려야 합니다. 이것이 지혜로운 교사입니다. 그러면 우리는 어떤 대가를 지불해야 할까요?

1. 지혜로운 교사는 작은 씨앗에서 큰 비전을 봅니다.

우리가 인생에서 심은 씨앗은 모두가 작습니다. 그러나 주님께서는 작은 겨자씨 안에도 생명이 있기에 신비함을 말씀해 주십니다. 생명 속에 탄생의 신비, 열매 맺는 신비가 담겨 있습니다. 씨앗에 담긴 생명은 그 속에 엄청난 가능성이 있습니다.

"또 비유를 베풀어 가라사대 천국은 마치 사람이 자기 밭에 심은 겨자씨 한 알 같으니 이는 모든 씨보다 작은 것이로되 자란 후에는 나물보다 커서 나무가 되매 공중의 새들이 와서 그 가지에 깃들이느니라"(마 13:31-32).

씨를 뿌려 놓고 마냥 기다려서는 안됩니다. 그리고 생각만 가지고 있어서도 안됩니다. 세상에서 가장 무서운 사람은 꿈이 있는 사람입니다. 꿈이 있는 사람은 그 가능성을 창조해 냅니다. 그런데 그 꿈을 가지고만 있어서는 안됩니다. 그 꿈을 실현하기 위해 대가를 치러야만 합니다.

생각만 가지고 있어서는 아무것도 안됩니다. 아이디어가 풍부하고, 기가 막힌 발상을 하는 사람들이 있습니다. 그런데 대가를 치르지 않는 아이디어라면 죽은 것입니다. 아무 것도 얻을 수 없습니다. 꿈을 이루기 위해서, 성공적인 사명을 감당하기 위해서라면, 나의 목표와 목적을 위해서라면 뛰는 열정이 있어야 합니다.

한 달란트 받은 종의 결과가 무엇입니까? 바깥 어둔 곳에 쫓겨나 이를 갈고 있어야 했습니다. 왜냐하면 그는 한 달란트를 받고서는 대가를 치르러 하지 않았습니다. 심지 않은데서 거두고 헤치지 않은데서 모으시는 분이신 줄 알았습니다.

그리고 그 달란트를 땅에 묻어 두었습니다. 그러나 다섯 달란트 받은 종과 두 달란트 받은 종은 칭찬을 들었습니다. 대가를 치렀기 때문입니다.

사도 바울은 복음을 위하여 얼마나 열정을 가졌는지를 봅니다. 그는 먼저 유익한 것은 무엇이든지 군중 앞에서나 각 집에서 거리낌없이 전했습니다. 그리고 그에게는 눈물도 있었습니다. 유대인의 음모도 있었고, 말할 수 없는 고초도 겪었습니다. 그러면서 삼 년 동안 밤낮 쉬지 않고 눈물로 각 사람을 훈계하고 가르쳤다고 합니다.

심지어 고린도후서 11장에서는 자신의 수고를 여러 가지로 나열하고 있습니다.

'…내가 수고를 넘치도록 하고 옥에 갇히기도 더 많이 하고 매도 수없이 맞고 여러번 죽을 뻔하였으니'(23)라고 하면서, 그가 당한 고초를 계속 열거합니다.

12:10절에서 "그러므로 내가 그리스도를 위하여 약한 것들과 능욕과 궁핍과 핍박과 곤란을 기뻐하노니 이는 내가 약할 그 때에 곧 강함이니라"고 고백합니다. 이것이 바울의 열정입니다.

무조건 뛰고 열심히 하는 것이 다는 아닙니다. 잘 풀리지 않을 때도 있고,

힘이 들 때도 있습니다. 오해도 있고, 시기와 질투도 있으며, 좋을 때도 있습니다. 이 모든 과정을 겪으면서 열매는 거두어지는 것입니다.

'성공시대'라고 하는 프로그램을 텔레비전에서 보신 분이 계실 것입니다. 소위 성공한 사람들의 인생 스토리를 드라마 형식으로 만들어 가는데, 그들의 성공 배경에는 하나 같이 큰 댓가가 지불되었다는 공통점을 발견합니다. 그들의 열정과 노력으로 인해 기회가 주어졌음을 알 수 있습니다.

"그 작은 자가 천을 이루겠고 그 약한 자가 강국을 이룰 것이라 때가 되면 나 여호와가 속히 이루리라"(사 60:22).

작은 자 속에 천이 담겨 있습니다. 약한 자 속에 강국이 담겨 있습니다. 연약한 자 속에 강함이 들어 있습니다. 모든 위대한 사건은 작은 씨와 같은 출발에서 시작되었습니다. 모든 일은 작은 선택 후에 얻게 될 비전을 보았기 때문에 가능했습니다.

2. 지혜로운 교사는 기도의 대가를 지불합니다.

교사들에게 있어서 정말 대가를 지불해야 하는 중요한 요소가 한 가지 있습니다. 그것은 무릎꿇는 대가를 지불해야 한다는 것입니다. 단지 일만 열심히 하는 교사가 아니라 무릎꿇고 하나님의 뜻 안에서 하려고 하는 열심이 있어야 합니다.

왜냐하면, 먼저 우리가 애쓰고 수고하는 것이 하나님의 뜻이 아니라면 어떻게 할 것입니까? 나는 하나님의 뜻이라고 생각하고 했습니다. 나는 하나님의 일을 위해서 한다고 했습니다. 그런데 그것이 하나님께서 원치 않으신 일이라면 어떻게 하느냐 말입니다.

"나더러 주여주여 하는 자마다 천국에 다 들어갈 것이 아니요 다만 하늘에 계신 내 아버지의 뜻대로 행하는 자라야 들어가리라"(21).

많은 사람들이 주의 이름으로 선지자 노릇하고 권능을 행하고 선행을 베풀지만, 주님은 "그 때에 내가 저희에게 밝히 말하되 내가 너희를 도무지 알지 못하니 불법을 행하는 자들아 내게서 떠나가라 하리라"(23)고 했습니다.

이것이 두려운 것입니다. 주의 이름으로 주의 영광을 위하여, 학생들을 위해서 한다고 했습니다. 그래서 열심은 있었고, 열매가 있는데 하나님께 합당치 않은, 하나님께서 원치 않는 일이 되었습니다. "내가 너를 도무지 알지 못한다"고 하신다면 우리의 열정은 무엇이 됩니까?

저는 이것이 두렵습니다. 여러분 한 사람 한 사람에 대해 이것이 두렵습니다. 때문에 하나님 아버지의 뜻대로 하기 위해, 하나님 나라에 쌓여지는 일, 하나님의 영광을 위해서 하는 일이 되어야 하기에 우리는 무릎을 꿇는 시간이 있어야 합니다.

예수님은 사역하실 때는 열정적으로 사역하셨습니다. 그래서 수많은 사람들이 주님을 만나기 위해, 그분의 말씀을 듣기 위해, 그리고 병 고침을 받기 위해 몰려 들었습니다. 그러나 해가 저물면 주님은 아무리 많은 사람이 몰려온다 할지라도 자신의 사역을 멈추시고 한적한 곳으로 물러 나셨습니다. 무릎 꿇는 대가를 지불하기 위해서입니다.

우리가 무릎 꿇는 대가를 지불해야 하는 것도 동일한 이유에서입니다. 우리는 슈퍼맨이 아닙니다. 예수님 보다 더 강하고 능력 있는 사람들이 아닙니다. 사람되신 하나님께서 이렇게 하셨다면 우리 또한 그렇게 해야 합니다.

바울도 기도하는 사람이었습니다. 그는 교회를 위하여 기도하기를 쉬지 않았다고 합니다. 로마서 1:9절에 그는 "내가 그의 아들의 복음 안에서 내 심령으로 섬기는 하나님이 나의 증인이 되시거니와 항상 내 기도에 쉬지 않고 너희를 말하며"라고 말합니다.

그리고 바울 서신 곳곳에서 교회를 위하여 기도하는 내용을 봅니다. 그의 기도는 교회를 위한 기도요, 하나님의 나라를 이루기 위한 기도입니다. 그리고 자신의 영혼과 육신의 쉼과 충전을 위한 기도였던 것입니다.

하나님의 사람은 열매맺는 일군입니다. 그러나 하나님의 뜻에 합당한 열매를 맺는 일군이기에 기도의 대가를 치러야 합니다.

3. 지혜로운 교사는 인내할 줄 압니다.

농사에서 제일 중요하게 분별해야 하는 것이 시기입니다. 심을 때가 있고, 가꿀 때가 있고, 기다릴 때가 있고, 거둘 때가 있습니다. 그런데 이 중에서 가장 어려운 때가 기다릴 때입니다. 열심히 심고 가꾸었는데도 비가 오지 않으면 소용이 없습니다. 농사는 노력만 가지고 되는 것이 아닙니다. 하나님의 은혜가 함께 해야 합니다. 비가 오지 않거나 홍수가 나면 아무리 노력해도 소용이 없습니다. 부지런한 농부라도 비를 오게 할 수는 없습니다.

"그러므로 형제들아 주의 강림하시기까지 길이 참으라 보라 농부가 땅에서 나는 귀한 열매를 바라고 길이 참아 이른 비와 늦은 비를 기다리나니"(약 5:7).

이 때 해야 할 일은 길이 참는 것입니다. 농부는 초연한 자세를 가져야 합니다. 집착과 초연에 균형이 필요합니다. 집념을 가지고 열심히 심고 가꾸어야 합니다. 그러나 그 다음에는 하나님의 손에 맡기고 초연할 줄 알아야 합니다.

어떤 사람이 씨를 뿌려 놓고 자라지 않는다고 해서 땅을 파헤쳐 보았습니다. 그 다음날 씨는 모두 죽어 있었습니다. 조급하면 쓰레기를 만듭니다. 생명이 성장하는 것은 우리 눈에 잘 보이지 않습니다.

우리가 기다리는 동안에 하나님이 일하십니다. 기다리는 동안에 포기하거나 낙심하지 마십시오. 갈라디아서 6:9에서 "우리가 선을 행하되 낙심하지 말지니 피곤하지 아니하면 때가 이르래 거두리라"고 하십니다.

열정으로 일할 때 우리는 그 결과를 얻습니다. 그러나 때로는 인내도 필요합니다. 인내 없이 성공할 수 없습니다. 인내 없이 열매를 거둘 수 없습니다.

하나님의 인내는 온 인류를 구원으로 인도하는 능력이 되었습니다. 그분은 사람이 되어 육신을 입고 이 땅에 오셨습니다. 그리고 낮은 자리에서 섬기셨습니다. 그분은 섬김을 받기 보다 섬기는 자의 삶을 택하셨습니다. 또한 고난을 받으셨습니다. 주님의 인내는 위대한 열매를 맺었습니다.

주님께서 말씀하십니다. "내가 진실로 진실로 너희에게 이르노니 한 알의 밀이 땅에 떨어져 죽지 아니하면 한 알 그대로 있고 죽으면 많은 열매를 맺느니라"(요 12:24).

중요한 진리는 심는 대로 거둔다는 것입니다. 내가 무엇을 심었느냐? 그리고 어떻게 대가를 지불했느냐 하는 것입니다.

열매는 땀 흘린것 만큼 거두게 되어 있습니다. 선생님들이 대가를 지불한 만큼 거두게 되어 있습니다. 특별히 무릎꿇는 대가를 치룰 때 우리는 하나님의 뜻에 합당한 열매를 거두게 될 것이며, 그리고 희생하며 인내할 때 우리는 함께 열매를 얻게 될 것입니다.

청년헌신예배

〈집필자 : 최영길 목사〉

역사의 주인공
(딤전 2:1-4)

젊은 날은 좋은 때이고 자랑스러운 날이며, 희망이 벅찬 시기입니다. 그러기에 그 날들을 어떻게 살며 어떻게 활용하느냐하는 문제는 중대한 문제입니다.

젊은이는 가정의 꽃이요, 교회의 희망이요, 한 민족의 보화입니다. 그러기에 우리의 기대는 청년에게 있습니다. 우리 교회와 국가의 장래는 청년들에게 달려 있습니다.

청년은 가정과 교회와 국가의 희망의 주인공입니다. 주인공 될 인물들이 잘 될 때, 그 가정과 교회와 국가는 번영이 있고 발전이 있으며 평안이 있습니다.

젊은이들에게는 기백이 있고 용기가 있습니다. 때로는 오류가 있고 어리석음이 있어도, 그것은 완전을 향한 과정입니다. 청년에게는 미래가 있습니다. 그러기에 희망의 주인공입니다. 주어진 젊음의 시간 속에서 재능을 최대한 활용하여 공부하고 봉사하면 승리의 날이 도래할 것이 분명합니다.

청년의 특징은 낭만에 있습니다. 낭만은 미래의 추구이고, 낭만은 행복에의 순례이며, 낭만은 사랑에의 동경입니다. 그러기에 청년에게는 꿈이 있습니다. 이상이 있습니다. 초연하고 고고한 삶의 자세가 있습니다.

청년은 진리만을 최고의 가치로 생각하고, 정의에 가치를 두고, 숭고한 사랑에 순응하는 열정이 있습니다. 그러기에 '청년은 희망의 주인공'들입니다.

1. 젊음의 모범적 인물은 예수 그리스도이십니다.

예수님은 하나님의 무한한 가능성을 지니고 사셨습니다. 그는 낭만에 아롱진 멋있는 인생을 사셨습니다.

공중 나는 새도 깃들일 곳이 있고 여우도 굴이 있지만, 인자는 머리 둘 곳이 없다고 하셨습니다. 그러기에 그는 눕는 곳은 어디든지 침대가 되었습니다.

공중에 날아가는 새, 들의 백합화, 길가의 풀 포기, 넘실거리는 갈릴리의 파도, 새들이 노래하는 감람산, 구름이 발 아래 떠도는 헬몬산, 대자연 속에서 하나님의 진리를 설파 하셨습니다.

그는 정의를 위해 바리새파의 교권에 도전했으며, 죄인을 향한 불붙는 사랑 까닭에 자신을 희생의 제물로 바쳤던 것입니다.

청년 예수님은 "나는 진리다"고 했습니다. 그는 비진리와 타협하지 않았습니다. 그는 진리를 설파했고, 진리대로 살았고, 진리를 위해 죽었습니다.

청년 모세는 애국적 정의감에 불타서 애굽의 부와 지위와 영화를 버리고 이스라엘의 구원을 위해 몸을 바쳤습니다.

그리고 젊은이는 예수님처럼 죄인을 향한 불붙는 사랑까닭에 자신을 주신 것처럼 불쌍한 이웃, 불우한 이웃을 위해 사랑을 실천하고 자신을 줄 수 있어야 합니다. 일신의 안전을 위해 진리를 버리고 불의와 결탁하며, 증오로 이웃을 억압한다면 그는 이미 청년이 아닌 것입니다.

2. 청년은 그리스도의 정신을 가지고 따르는 자입니다.

그리스도의 영이 없는 사람은 그리스도의 사람이 아닙니다. 크리스천이란 그리스도에게 속하여 십자가의 군사로 부르심을 입은 사람입니다.

크리스천은 비록 고난을 받는다 해도 "자기생활에 얽매이지 않고 군사로 부르신 자를 기쁘게 해야 한다"(딤후 2:4)고 했습니다.

사도 바울은 말하기를 "누구든지 자기를 위하여 사는 자가 없고 자기를 위하여 죽는 자도 없도다…. 그러므로 사나 죽으나 우리가 주의 것이로다"(롬

14:7-8)고 했습니다.

그리고 "살든지 죽든지 내 몸에서 그리스도가 존귀히 되게 하려 한다"(빌 1:20)고 말했고, "너희가 먹든지 마시든지 무엇을 하든지 다 하나님의 영광을 위하여 하라"(고전 10:31)고 권면하고 있습니다.

기독청년은 그리스도의 영이 없이는 될 수가 없습니다. 그리스도의 정신을 가지고 그리스도의 가신 길은 따르는 자가 기독청년이 될 수 있습니다. 살든지 죽든지 그리스도를 존귀케 하는 삶을 사는 자가 진정한 기독청년이 될 수 있습니다.

하나님의 영광을 위해 자신의 젊음을 바쳐 헌신하는 삶을 살 수 있기를 바랍니다.

3. 기독청년의 사명은 무엇일까요

젊은 크리스천들이 자기를 그리스도의 군사로 부르신 하나님을 기쁘시게 하는 일이란 어떠한 것입니까?

(1) 그리스도에게 헌신하는 일입니다.

헌신이란 주를 따라가는 일입니다. 주를 따르려면 "자기를 부인하고 자기 십자가를 지고 주를 좇는 것"입니다(마 16:24). 자기 부인은 야비하고 저속한 이기적 욕망을 버리고 주의 영광을 위한 삶의 목표를 세우는 일입니다.

(2) 그리스도를 증거하는 일입니다.

선교는 우리에게 위탁된 최대의 임무입니다(마 28:19-20). 승천하시기 직전에 주님은 다시 한 번 말씀하셨습니다. "오직 성령이 너희에게 임하시면 너희가 권능을 받고 예루살렘과 온 유다와 사마리아와 땅 끝까지 이르러 내 증인이 되리라"(행 1:8).

그러므로 청년들은 성령을 받도록 기도해야 합니다. 선교는 물질이나 지식이나 정책만을 가지고 되지 않습니다. 성령을 받았을 때에만 가능합니다.

성령 충만하여 그리스도를 증거하는 일에 청년이여 일어 나십시다.

　희망의 주인공이 될 청년들이여. 예수 그리스도를 닮고, 그리스도의 정신을 가지고 그리스도의 가신 길을 따르며, 그리스도에게 온전히 헌신하고 그리스도를 증거하며, 그리스도의 나라를 세우는 일에 주인공이 될 수 있기를 바랍니다.

　그리하여 그리스도의 복음 안에서 가정과 교회와 국가의 희망의 주인공들이 되시기를 바랍니다.

청년 요셉처럼 삽시다
(창 37:1-11)

청년이 없는 교회는 미래도 없습니다. 교회 내의 청년 인구가 줄어들고, 교회 내의 청년활동이 약화되는 것은 대단히 유감스러운 일입니다.

서구 교회가 청년들이 교회를 떠나고, 어린이들이 교회에서 자라지 못한 결과 텅 빈 교회로 몰락한 것을 잊지 말아야 합니다.

요셉이란 이름의 뜻은 "여호와가 더 주시리라"는 의미입니다. 요셉은 "야곱"의 열 한번 째 아들이고, 어머니는 라헬로써 동복 형제는 아우 베냐민입니다.

야곱이 노년에 얻은 아들로서 야곱의 특별한 사랑을 받았고, 재질이 뛰어나며, 하나님 섬기기를 한결같이 하여 형제 중에 가장 뛰어난 인품을 보였습니다. 그 때문에 형들로부터 미움을 받아 애굽 노예 상인에게 팔려갔으나, 후에 애굽의 총리대신까지 되는 훌륭한 인물이 되었습니다.

청년주일을 맞이하여 청년 요셉의 모습을 살펴보며 은혜를 나누고자 합니다.

1. 청년 요셉은 꿈을 가진 자였습니다(5-6).

"요셉이 꿈을 꾸고 자기 형들에게 고하매 그들이 그를 더욱 미워하였더라 요셉이 그들에게 이르되 청컨대 나의 꾼 꿈을 들으시고 우리가 밭에서 곡식을 묶더니 내 단을 둘러서서 절하더이다"고 했습니다.

꿈이라는 말은 우리가 사용하는 말 중에서 가장 좋은 의미를 가지고 있습니다. 꿈 때문에 인류는 전진했다고 말할 수 있습니다.

스위포트는 말하기를 "그대의 환상을 버리지 말라. 환상이 사라지면 여전히 그대가 생존할지라도 그대는 살고 있는 것이 아니기 때문이라"고 했습니다.

슈바이처는 〈나의 어린시절〉이란 그의 저서에서 "성공의 비결은 전 생애를 통하여 희망을 잃지 않는데 있다"고 했습니다. 어떤 난관이나 고난 가운데서도 포기할 수 없는 희망을 가진 자는 기어이 성공할 것입니다.

요셉의 꿈은 일반적인 꿈이 아니라 하나님의 특별하신 섭리로 주신 꿈, 즉 꿈을 통한 계시였습니다. 이 꿈 자체가 장래에 일어날 하나님의 큰 실재적 사건에 대한 예시인데, 그것은 요셉이 애굽의 총리가 됨으로써 실현되었습니다 (창 41:46).

나폴레옹 힐이란 사람은 꿈을 가진 자의 공통적인 특징을 ① 자기확신이 있는 사람, ② 창의력이 있는 자, ③ 상상력이 있는 자, ④ 식어지지 않는 열정이 있는 자, ⑤ 자기 연단을 이겨내는 자, ⑥ 집중적인 노력이 있는 자라고 했습니다.

청년들이여, 미래의 꿈을 가지고 사시기 바랍니다.

2. 청년 요셉은 부모에게 효도한 자였습니다(2).

2절에 "야곱의 약전이 이러하니라 요셉이 십 칠세의 소년으로써 그 형제와 함께 양을 칠 때에 그 아비의 첩 빌하와 실바의 아들들로 더불어 함께 하였더니 그가 그들의 과실을 아비에게 고하더라"고 하였습니다.

여기에서 요셉의 솔직함을 볼 수 있고, 창세기 37:12-14을 보면 "그 형들이 세겜에 가서 아비의 양떼를 칠 때에… 그를 헤브론 골짜기에서 보내매 이에 세겜으로 가니라"고 했습니다.

헤브론 골짜기에서 세겜까지 가는 길은 맹수가 출몰하는 산지이고 험한 곳이었습니다. 요셉에 대하여 시기와 미움을 갖고 있는 형들을 찾아가는 것은 죽음을 각오하지 않고는 못 가는 길입니다.

그러나 요셉은 부모의 말씀인고로 어린 나이에도 불구하고 그곳에 갔습니다. 죽을 각오도 하면서 효도하려고 한 자입니다. 우리 모두는 요셉을 통해서

이 점을 꼭 배워야 하겠습니다.

부모의 뜻을 거역하고 자기 멋대로 행하는 자는 잘될 수가 없습니다. 청년 시절은 아버지의 뜻을 따르고 어머니의 법을 지켜서 살 때 하나님이 복을 주십니다.

요셉이 환경과 형편을 통해서는 순종하기 힘든 처지였지만, 죽음을 각오하고 부모의 뜻을 순종하는 자가 될 때 하나님이 그를 붙들어 주었고 축복해 주신 것입니다.

청년들은 부모에게 꼭 효도해야 합니다.

3. 청년 요셉은 지혜로운 경제 정치가였습니다(창 41:48-49).

"요셉이 애굽 땅에 있는 그 칠 년 곡물을 거두어 각 성에 저축하되… 그 수가 한이 없음이었더라"고 했습니다.

요셉이 30세 때 총리가 된 후에 그의 해몽대로 7년간은 풍년이 들고 다음 7년간은 심한 흉년이 들었습니다. 요셉은 7년 풍년 때 곡식을 바다의 모래같이 많이 저축하므로 흉년의 때에 어려움을 당하지 않았습니다. 바로가 요셉을 발탁했던 것에 어긋나지 않게 요셉은 바로를 풍요하게 만들어 주었습니다.

만일 요셉이 다스리지 않았던들 애굽과 그 인접 국가들은 멸망하고 말았을 것입니다. 충성스런 한 주권자의 준비가 애굽 백성들에게 생명을 주고, 바로에게 평안과 풍요를 안겨주었던 것입니다.

요셉의 지혜는 풍요 때 양식을 아껴서 빈축했다가 흉년 때에 양식을 방출하여 팔았습니다. 청년 요셉은 참으로 지혜로운 경제 정치가였습니다.

요셉은 꿈대로 이루어졌습니다. 그것은 오직 믿음으로 행했기 때문입니다. 그간 형들의 미움으로 상품과 같이 팔아 넘기고, 종살이, 감옥살이 같은 일들에도 자기의 처지를 비관하지 아니하고, 하나님의 섭리만 바라고 인내하며 기도하는 중에 상상할 수 없는 축복을 받았습니다. 무엇보다도 미워하던 형들을 사랑으로 보살피는 사랑하는 마음, 그의 심덕과 신앙심을 우리 모든 청년들은 배워서 실천해야 합니다.

한국교회의 미래 청년들을 위해 교회는 몇 가지 관심을 가져야 합니다.

첫째는 먼저 교회의 장로들이 젊은 생각을 가져야 합니다. 경건과 보수, 전통 등에 관심을 두면 기존 교인들을 붙들 수는 있어도, 새로운 지식과 정보를 지닌 청년들을 교회 안으로 끌어들이기는 쉽지 않습니다.

반대로 장로들이 진보적이거나 개방적이면 젊은이들을 교회 안으로 영입하기는 쉬울지 몰라도 기존 교인들을 잃기 쉽습니다. 이같은 갈등과 과도기에 장로들이 조화롭게 하여야 할 것입니다.

기존 교인과 새 교인, 또는 청년 등 어느 한 쪽만으로 바람직한 교회는 될 수 없습니다.

둘째는 교회 안에 청년 육성을 위한 프로그램을 개발해야 합니다. 그리고 이를 위한 충분한 재원을 마련해야 합니다. 교회는 어떤 사업보다 청년사역, 청년육성을 위해 획기적인 의식전환과 투자가 필요합니다.

셋째는 청년 전문지도자의 육성과 수용자세가 요구됩니다. 지금 교계에서는 젊은 지도자 수혈운동이 서서히 움직이고 있습니다. 교회도 신앙적인 비전과 기술 그리고 전문적인 지식을 갖춘 지도자가 대우받는 그런 풍토가 조성되어야 합니다.

넷째로 교회 안에 청년을 위한 공간이 확보되어야 합니다. 청년공간을 통해 교회 안에서 청년들의 새 문화가 활발하게 실험되고 자라나야 합니다.

뿐만 아니라, 이들의 건전한 비판을 통해 교회의 병리적인 구조가 개선되고, 교회는 본래적 복음사역을 위해 보다 힘있게 전진해야 합니다. 그래야 교회가 젊어지고 힘있고 능력 있고 비전있는 교회가 될 것입니다.

사랑하는 청년들이여! 요셉처럼 꿈을 가진 청년이 되고, 부모에게 효도하는 청년이 되며, 지혜로운 청년들이 되시기를 바랍니다. 그리할 때 하나님이 쓰시는 사람이 되고 축복해주실 것입니다.

교회는 젊은 청년들의 생각을 수용하고, 좋은 프로그램을 개발하고, 활동의 장을 확보하여 주고, 활발한 청년문화가 꽃필 수 있도록 도와주어야 합니다. 그래야 균형 잡힌 성장과 희망있는 교회로 새로워질 수 있습니다.

3. 특별기념 설교

〈집필자 : 최정성 목사〉
· 동현교회 담임목사

돋는 해 아침 빛 같은 인생
(삼하 23:1-5)

　　다사다난했던 한 해를 보내고 새해를 맞는 첫 시간, 하나님의 놀라우신 은혜와 축복이 온 성도들 위에 영원히 함께 하시기를 기원합니다.

　　오늘 우리는 큰 희망과 꿈을 안고 새해를 출발하였습니다. 국내적으로 정치와 경제 상황은 불안정한 상태이며, 이북에 있는 동족들의 가난과 어려움의 극한 사태가 우려되는 민족적 상황과, 세계 정세들도 예측 불허인 상황에서 새해를 맞이했습니다.

　　그러므로 올해는 과거 어느 때보다도 더욱 든든히 하나님을 의지하는 신앙의 힘을 가지고 살아야 하겠습니다.

　　어두움이 드리운 세상 속에서도 우리 믿는 성도들의 삶은 "돋는 해 아침 빛 같은 인생"을 사시는 한 해가 될 수 있기를 빕니다.

　　잠언 4:8에 "의인의 길은 돋는 햇볕 같아서 점점 빛나서 원만한 광명에 이르러니와" 라고 하였습니다. 의인의 길에 대한 축복을 돋는 햇볕으로 비유한 것입니다.

　　본문 삼무엘하서 23:4에서도, 다윗의 생애가 "돋는 해 아침 빛 같고 구름 없는 아침 같고 비 후의 광선으로 땅에서 움이 돋는 새 풀 같으니라"고 하였습니다.

　　저 베들레헴 촌락에서 양을 치던 보잘 것 없던 다윗이 돋는 해 아침 해 같은 축복을 받았을 때에 과연 어떻게 되었습니까? 그는 마침내 이스라엘의 왕이 되었으며, 왕중의 왕으로 후대에 아름다운 거울이 된 것을 볼 수 있습니다.

다윗은 하나님의 총애를 받는 자가 되었고, 그의 이웃 민족들에게 이상으로 뛰어났으며, 예언자처럼 앞을 내다보게 되었습니다. 그는 야곱의 하나님의 기름부음 받은 자였었고, 따라서 하나님의 백성의 일반 정치적 이권과 국토의 보호 및 그들에게 대한 정의의 집행에 유용한 자가 되었습니다.

우리는 사무엘하 3:1에서 아주 의미 있는 한 구절을 보게 됩니다. "사울의 집과 다윗의 집 사이에 전쟁이 오래매 다윗은 점점 강하여 가고 사울의 집은 점점 약하여 가니라"는 말씀입니다. 즉, 다윗의 집은 돋는 해와 같이 점점 강하여 갔으나 사울의 집은 지는 해와 같이 점점 약하여 갔다는 것입니다.

금년 한 해 동안 성도들의 가정은 다윗의 집과 같이 점점 강하여지고, 돋는 해와 같이 밝은 세계가 열리기를 바랍니다. 교회는 돋는 해와 같이 점점 강하여지고 은혜와 사랑 가운데서 든든히 서가는 교회가 되기를 축복합니다.

1. 돋는 해 새 희망을 상징하고 있습니다.

어둡고 적막했던 밤이 지나고 새 아침이 오고, 밝은 빛이 비추는 아침은 새 희망의 날이 아닐 수 없습니다. 아침에 솟아오르는 태양은 훨씬 더 신선하고 힘있게 느껴집니다.

온갖 어두움을 물리치고 찬란하게 솟아오르는 태양은 순결과 생명과 기쁨과 능력의 상징이라 여겨집니다. 한 마디로 말하면 새 희망을 상징합니다. 금년 한 해를 새 희망을 가지고 살아야 하겠습니다.

교회에 소속된 모든 성도들은 돋는 해와 같이 신선하고 순결하며 생명과 기쁨과 능력이 넘치는 삶을 사는 한 해가 되시기를 바랍니다. 새 희망을 갖고 믿음으로 사는 성도는 신선하고 순결한 삶을 삽니다.

신선함은 늘 새롭고 생생함이 있습니다. 순결함은 순수하고 깨끗함을 의미합니다. 성도의 거룩한 삶이 늘 새롭고 싱싱함이 있는 마음과 순수하고 깨끗함이 있는 삶임을 알아야 합니다. 예수 생명 안에 살므로 기쁨과 능력이 넘치는 인생의 삶을 사셔야 합니다.

2. 돋는 해 아침 빛 같이 사는 방법은 무엇일까?

1) 하나님을 경외하는 삶을 살 때입니다(3절).

사울이 실패한 원인은 그가 하나님을 떠나고 말씀에 불순종했기 때문입니다. 그러나 다윗은 철저하게 하나님을 경외하므로 하나님을 신뢰하며 그를 의지하므로 하나님이 그와 함께 해주셨던 것입니다.

하나님을 경외하는 삶을 사는 자는 돋는 해 아침 빛 같은 인생의 삶을 살도록 하나님이 도와주십니다.

다윗은 왕이 되어 하나님을 두려워하는 마음으로 백성을 다스렸습니다. 그러므로 불의와 압제를 금하고 공의와 자유를 위해 일했습니다. 그리고 자신의 의무에 충성을 다하였습니다. 의무를 다하는 다윗에게 번영을 약속하여 주셨습니다.

"하나님을 경외함으로써 다스리는 자는 아침 빛 같이 되리라"(4절)고 했습니다.

빛이란 쾌적합니다. 의무를 다하는 자는 그 빛의 은혜를 누리게 됩니다. 그리고 그의 즐거움은 양심이 그를 증언해 주고 있습니다.

빛은 밝습니다. 그처럼 훌륭한 임금은 찬란해지게 됩니다. 그의 공정과 경건심이 그의 영예가 될 것입니다.

빛은 축복입니다. 하나님을 두려워하면서 다스리는 임금보다 백성에게 더 좋은 선물은 없습니다.

2) 사람을 공의로 다스리는 자가 될 때입니다(3절).

다스리는 자들에게는 의무가 있습니다. 왕이라도 하나님의 말씀을 들었을 때에는 자기의 위신과 권세가 높다 하여도 불평하지 말고 그 의무를 다해야 합니다.

영국 속담에 "해야 한다는 말은 왕을 위해서 있다"고 했습니다. 왕이라 할지라도 하나님의 명령과 규례와 법도에 따라 공의로 다스려야 한다는 말입니다. 다윗 왕은 하나님을 두려워하는 가운데 정의와 공의로 다스렸습니다.

다스리는 자들은 자기들이 마음대로 처분해도 좋은 그런 짐승을 다스리는 것과 같이 해서는 안되고, 이상을 가지고 있는 자기들과 동등한 인간을 다스리고 있다는 사실을 기억하고 공의로 다스려야 합니다.

3) 하나님께 자신의 나아갈 길을 위하여 기도하는 자가 될 때입니다 (삼하 5:19, 23).

다윗은 하나님께 자신의 나아갈 길을 위하여 기도하였습니다. 그러므로 돋는 해 아침 빛 같은 인생을 살게 되었습니다.

말씀을 정리하겠습니다. 다윗의 삶이 돋는 해처럼 된 것은 다윗이 하나님을 사랑하고 의지하며 그 말씀대로 살고, 모든 일을 할 때 일일이 하나님께 기도하고, 그 응답 받은 대로 행동했기 때문입니다.

다윗은 연약해 보였으나 하나님을 경외함으로 하나님이 그와 함께 하시며 축복해 주실 때에 돋는 해처럼 되었습니다.

교회 모든 성도들에게도 다윗처럼 돋는 해 아침 빛 같은 인생을 사시는 한 해가 되시기를 주의 이름으로 축원합니다.

민족의 파수꾼
(겔 33:1-9)

올해로 우리는 80주년이 되는 3.1절을 맞이하였습니다. 해마다 이날이 되면 우리는 주권을 잃었던 민족의 아픔을 딛고 분연히 일어섰던 선배들의 뜨거운 조국애를 되새기게 됩니다.

역사적으로 3.1운동은 일제의 침략통치에 억눌렸던 민족의 자유와 생존권을 회복하기 위한 자주독립 운동이었습니다.

특별히 나라의 경제상황이 어려운 현시점에서는 자신의 열정과 생명을 다해 조국을 사랑했던 선진들의 숭고와 정신을 생각하게 합니다.

우리는 오늘 이 민족의 파수꾼의 사명을 감당해야 할 때입니다. 파수꾼의 책임은 빈틈없는 경계태세를 갖추어 적의 동태를 사전에 감지하고, 또한 적의 이동을 파악하여 침략을 대비하는 일입니다. 따라서 경계 소홀로 적의 침략을 받게 되면 그 일차적 책임은 파수꾼에게 있습니다.

본문에서 보면 하나님께서는 바로 이 파수꾼의 사명이 에스겔 선지자에게 있다고 하였습니다. 그리고 유다 백성에게 회개를 촉구하여 심판을 피하게 하는 것이 파수꾼으로 부름 받은 에스겔 선지자의 사명임을 분명하게 상기시키셨습니다.

1. 일제시대의 기독교인들은 민족의 파수꾼이었습니다.

1919년 3월 1일 "조선 독립 만세"를 부르짖었던 한국 기독교인들은 조국을 지키기 위해 일어났던 파수꾼들이었습니다. 우리 선배 성도들은 초기부터 민족을 염두에 두면서 살았습니다. 교회 따로 민족 따로 생각지 않고 처음부터 민족을 위한 교회로서의 구실을 다하려고 애썼습니다.

1896년 8월 20일자 독립신문 논설에 잘 나타나 있듯이, 기독교신앙이 있는 곳에 천부의 자유권이 부여되고, 나라의 자주와 독립이 보장된다는 확신을 가지고 당대의 기독교인들이 행동했음을 봅니다.

1905년 일본의 강압에 의하여 을사보호조약이 맺어졌을 때, 당대의 그리스도인들은 그것이 자기들 때문이라고 참회하면서 민족 독립 의지를 더욱 견고히 했습니다. 나라를 못 지켜서 일본에 빼앗긴 죄를 눈물로 자복했습니다.

1905년에 원산에서 시작하여 1907년 평양에서 성공한 "대부흥 운동"도 민족의 파수꾼 역할을 못한 죄책 때문에 시작되어 요원의 불길처럼 마음과 마음 속에 불을 붙여 전국을 뒤흔들어 놓았던 것입니다.

역사상 우리 민족의 마음을 가장 폭넓게 하나로 모은 것이 3.1운동입니다. 윌슨 미국 대통령의 민족자결주의와 인도 등 민족 독립의 외풍을 받고, 고종 황제의 인산으로 울분이 북받치는 내풍이 어우러졌습니다.

3.1운동은 우리 나라 근대 민족운동의 '분수령'이었습니다. 한민족 대 단결의 중심이었습니다. 오늘도 3.1정신을 이어받아 이 민족의 대 단결과 남북통일의 분수령이 되도록 해야 합니다.

2. 오늘의 한국 교회는 민족을 지키는 파수꾼이 되어야 합니다.

현재 많은 기독교인들이 하나님과의 개인적인 관계만에 신앙의 차원을 두고 나라가 잘못 되어도 무관심한 채 민족을 돌보지 않을 때 하나님의 책망을 받을 것이 틀림 없습니다. 민족의 통일, 민족의 평화가 속히 이루어질 수 있도록 민족의 파수꾼 사명을 잘해야 할 것입니다. 파수꾼이 잘못해서 한 생명이라도 잃으면 그 피의 값을 받아야 할 것입니다.

본문에 보면, 에스겔에게 민족의 파수꾼 사명을 맡기시고, 만약 자신의 사명을 망각하고 회개를 선포하지 않거나 하나님의 경고를 전하지 않을 경우, 또 유다 백성이 이런 사실을 모르고 하나님의 진노를 받아 죽을 경우 그 죽음의 책임은 선지자에게 있다고 하셨습니다(9절).

3.1절 기념주일을 맞이하여 여러 성도들의 자각이 요청되고 있습니다. 여러분들이 민족의 파수꾼입니다. 이 교회가 민족의 파수꾼입니다. 6천만 전 생명을 사랑하여 우리 삼천리 금수강산을 외세로부터 지켜야 합니다.

이스라엘은 50번 이상의 외국인 침입으로 수도 예루살렘 성이 우겨싸임을 당하고, 38번씩이나 다른 나라가 통치하는 비운을 겪은 나라였습니다. 수없이 포로로 잡혀가고, 나라 없는 나그네 백성으로 유리하였습니다. 마치 나무줄기를 잘라서 그 밑부분만 남아있는 것같은 상태의 불운이 거듭된 나라요 민족이었습니다.

이제는 완전히 없어지고 마는가 생각되었을 때도 또다시 살아나고 하기를 거의 4천 년간을 계속한 나라였습니다. 마치 그루터기에서 다시 움이 트고 싹이 나서 자라듯 하나님께서 수없이 일으켜 주셨습니다. 그들의 국운은 마치 풍전등화와 같았으나 늘 보호해 주심으로 완전히 소멸시키지 않으시고 독립시키셨습니다.

하나님은 우리 민족을 오늘까지 지켜주셨습니다. 3.1정신으로 단결이 되어 남북통일을 위해 나아갈 때 분명히 하나님께서는 통일시켜 주실 것입니다.

은혜의 현장
(수 23:1-5)

인간생존의 역사는 전쟁의 역사라고 말해도 과언이 아닌 듯 싶습니다. 선과 악의 싸움, 정의와 불의와의 싸움, 민족 역사 속에서도 생존을 위한 싸움은 어떤 형태로든 계속되어 왔습니다.

이스라엘의 역사도 예외는 아니었습니다. 본문에 나오는 여호수아의 생애는 40년 광야생활과 가나안 전쟁으로 대변할 만큼, 안정된 생활이라고는 거의 찾아볼 수 없이 분주하고 지친 나그네 여정이었습니다.

그러나 그의 생이 빛나는 것은 그처럼 거친 인생 행로를 걸어 왔으면서도 한번도 하나님을 배신한 적이 없었습니다. 그러므로 하나님께서 3가지 은혜를 베풀어 주셨습니다.

1. 은혜의 현장은 안식의 은혜가 있습니다(1-2).

히브리 기자는 세 가지 안식을 말하고 있습니다. 제 칠일 안식을 첫째로 말하고, 가나안 안식을 두 번째로 말하고, 영원한 안식을 세 번째로 말하고 있습니다.

이 세 가지 안식은 서로 연관되어 있습니다. 영원한 안식이 궁극적인 안식이지만, 가나안 안식은 영원한 안식의 상징입니다.

오늘 본문이 가르치는 안식은 가나안 안식입니다.

발붙일 곳 없이 정착을 못하고 방황하던 이스라엘 백성이 여호수아의 인도로 가나안에 들어가서 대적을 물리치고 평화를 누리게 되었습니다. 민족적인 숙원이 성취되는 때였습니다.

그러나 이 안식을 하나님이 주셨다고 본문은 말하고 있습니다. 이스라엘 백성이 가나안에서 얻는 안식은 전적으로 하나님의 은혜였다는 말입니다.

우리의 영원한 안식도 하나님의 은혜일 뿐입니다. 가나안은 안식의 은혜의 현장입니다. 오늘 한국민들은 하나님이 주시는 안식의 은혜를 희구하고 있습니다.

남북분단의 현실속에서 그 이전 일제 36년간의 착취와 수탈로 평화와 안식을 상실했었고, 그리고 6.25전쟁 3년 동안의 시련이 있었으며, 자유당시절의 독재의 몰락과 4.19혁명, 또 5.16을 겪으면서 민족의 안녕이 쉽지 않았고, 평안을 상실한 채 분단의 아픔과 고통, 서러움 속에서 살아왔습니다.

5.16의 주역 박정희 대통령은 경제 일방으로 나라를 이끌었으며, 그의 공화국은 인간 양심의 고양보다는 무조건 경제 제일주의였습니다.

그 후유증으로 IMF 상황이 벌어지고 나니까 국민들이 소비문화를 재검토하여 새로운 장을 열고자 하였습니다. 그러나, 검찰 항명, 고급옷 사건, 폭탄주 마신 검찰, 고위 간부의 술주정이 부른 노동계의 분노와 서해 바다의 해풍 충격 사건은 국민들의 마음에서 평화와 안식을 빼앗아 갔습니다. 이제 우리 국민들은 사심을 버리고 나라를 살리는데 힘을 모아야 하며, 복의 근원되신 하나님께로 돌아와야 겠습니다.

2. 은혜의 현장은 기업의 은혜가 있습니다(3-4).

민족이 하나의 국가로 살아남기 위해서는 먼저 주권이 있어야 합니다. 주권을 잃게 되면 식민지나 노예가 되기 때문입니다.

일제 36년간을 통해서 우리 민족은 뼈저린 체험을 했습니다. 그리고 그 못지 않게 중요한 것이 국토입니다. 국토가 없으면 남의 땅에 얹혀 살아야 하기 때문입니다. 하나의 국가로서 성립 자체가 되지 않기 때문입니다.

이스라엘은 지금까지 민족은 있었어도 주권이나 국토가 없었기에 노예생활과 유랑생활 뿐이었습니다. 그러나 이제는 출애굽에서 주권을 찾았고 가나안에서 기업을 받았습니다.

기업은 의식주 문제를 전부 해결해 주므로 중요한 자산이 됩니다. 이 기업 역시 하나님께서 싸워 이스라엘에게 주셨다고 성경은 밝히고 있습니다. 하나님께서 주셨기에 은혜입니다. 가나안은 이 기업의 은혜의 현장입니다.

사랑하는 성도 여러분, 우리들에게 주어진 기업은 현재 38선 이남 땅이며, 영해와 공해를 잘 지킬 의무가 있습니다. 잃은 것도 찾아야 하고, 소유된 것도 빼앗기지 않도록 잘 지켜야 합니다.

사랑하는 성도 여러분, 나라를 사랑하며 민족을 귀히 여기며 주어진 국토와 주권을 잘 지켜나가야 합니다.

3. 은혜의 현장은 승리의 은혜가 있습니다(5).

사무엘이 주축이 되어 미스바에 모여 이스라엘이 신앙 부흥 집회를 하고 있는 때였습니다. 블레셋 사람들은 이 때를 기회로 여겨 침략해 왔습니다. 부흥회에 모였던 사람들은 기도할 것 밖에 달리 할 것이 없었습니다.

하나님께서 큰 우박을 내리시므로 블레셋 진이 어지러워졌을 때 이스라엘은 맨손 들고 나가서 그들을 쫓아버렸습니다. 다시는 쳐들어오지 못하였습니다. 사실은 하나님께서 대적을 쫓아내신 것입니다. 이것이 승리의 은혜입니다.

본문에서 분명히 밝혀 주시기를 "너희 하나님 여호와 그가 너희 앞에서 그들을 쫓으사 너희 목전에서 떠나게 하시리니"라고 하였습니다.

이스라엘이 분명히 싸워서 쫓아냈음에도 불구하고 하나님이 대적을 물리치셨다고 하였습니다. 하나님이 7배나 되는 대적을 축출해 주셨기에 이스라엘이 승리하였습니다. 이것이 승리의 은혜입니다.

우리를 대적하는 자들을 물리쳐야 합니다. 승리하는 개가를 부르며 깃발을 세워야 합니다.

이스라엘 백성에게 주신 안식의 은혜, 기업의 은혜, 승리의 축복이 우리 한 국민들에게도 주시고, 믿음으로 사는 모든 성도들에게 충만하시기를 기원합니다.

민족광복과 우리의 자세
(고전 5:7-8)

민족의 독립과 조국통일을 위해 목숨을 바친 수많은 애국 지사와 순국선열들의 고귀한 희생의 대가로 일제 36년간의 압박에서 벗어나 8.15해방의 감격을 맞이한 날이 8.15 광복절입니다.

어느 민족이나 국가를 막론하고 잊지 못할 감격의 기념일을 가지고 있습니다. 중국은 쌍십절이요, 미국은 7.7절이며, 이스라엘은 1.14 유월절이요, 우리 민족은 8.15 광복절 입니다.

오늘 우리는 8.15일 광복절을 기념하면서 민족 광복과 우리의 자세란 제목으로 말씀드리고자 합니다.

1. 하나님의 섭리에 감사해야 합니다.

이스라엘 민족이 강대국 애굽에 살면서 포악한 바로의 탄압에서 갖은 고난과 학대를 받아가며 살았습니다. 이 때에 이스라엘 민족에게는 아무 힘이 없었습니다. 사내아이가 살아남지 못했으며, 이 학대는 아무도 이겨낼 수가 없었습니다.

그러나 하나님께서는 자기 민족의 부르짖음을 들으셨으며, 친히 자기 백성에 대한 애굽인의 학대를 보셨던 것입니다. 그리하여 자기 백성을 구원하시기로 작정하신 것입니다. 이것이 이스라엘의 출애굽의 원동력이었습니다.

그래서 하나님께서는 이 일을 위하여 모세를 부르시고, 애굽에 10가지 재앙을 내리시고, 불기둥 구름기둥으로 인도하시고, 홍해를 가르시어 애굽의 군대를 수장 시키시고 이스라엘을 구원하신 것입니다.

신명기 1:30-31에 "하나님 여호와가 애굽에서 너희를 위하여 너희 목전에서 모든 일을 행하신 것같이 이제도 너희를 위하여 싸우실 것이며 광야에서도 너희가 당하였거니와 사람이 자기 아들을 안음 같이 너희 하나님 여호와께서 너희의 행로 중에 너희를 안으사 이곳까지 이르게 하셨다"고 하였습니다.

출애굽 기사는 하나님의 작정이시며 하나님의 행동이었습니다. 전체가 하나님의 역사였습니다.

이같이 8.15의 광복도 하나님의 섭리 였습니다. 일제의 갖은 학살과 학대를 받았으며, 우리의 힘은 점점 약하여졌습니다. 팽창하는 일본의 세력을 당해 낼 수가 없었습니다. 아시아 전역에 뻗어 가는 일본의 학대에서 광복의 소망은 전혀 없었던 것입니다.

이같은 시대에 하나님의 섭리가 나타났습니다. 애굽의 학대를 보시고 이스라엘의 부르짖음을 들으신 하나님께서 이스라엘을 구원하시기를 작정하셨던 것과 같이, 고난 당하는 한국을 기억하셨습니다. 특히 일본의 교회에 대한 핍박을 기억하신 것입니다.

수많은 성도에 대한 핍박과 주의 종들에 대한 핍박이었습니다. 그 핍박이 해방전 4월 20일, 48세의 일기로 순교의 제물이 된 주기철 목사님의 순교를 절정으로, 저들의 포악과 횡포가 극심할 때 하나님께서는 비로소 손을 대신 것입니다.

8월 17일, 한국 교회 지도자 20만을 죽이려고 계획했던 그들이 도리어 히로시마에 8월 6일 원자 폭탄이 투하되므로, 20만명의 인명이 몰사를 하고, 8월 15일에 무조건 항복을 하였던 것입니다. 이것이 바로 하나님의 작정이었으며 섭리였으며 행사였습니다.

2. 새로운 말씀 운동이 일어나야 하겠습니다.

하나님의 말씀은 개인을 살리고 민족을 살릴 수 있습니다. 8.15광복의 원동력은 믿는 성도들과 성직자들이 말씀 안에서 하나 되어 하나님의 도우심을 구하였기 때문입니다.

예레미야서 23:29을 보면 "하나님의 말씀은 불과 같고 반석을 쳐서 보수는 방망이와 같다"고 하였습니다.

또 히브리서 4:12에 보면 "하나님의 말씀은 살았고 운동력이 있어 좌우에 날선 어떤 검보다도 예리하여 혼과 영과 및 관절과 골수를 찔러 쪼개기까지 한다"고 하였으며, 로마서 1:16에는 "내가 복음을 부끄러워 아니하노니 이 복음은 모든 믿는 자에게 구원을 주시는 하나님의 능력이 됨이라"고 했습니다.

과연 하나님의 말씀만이 강력한 힘을 지녔고, 우리 민족을 인도할 길잡이가 되기 때문에 우리는 말씀 안에서 살아야겠습니다.

3. 과거를 회상하여 조국을 잘 지켜야 합니다(8).

출애굽기 12:8에 무교병과 쓴 나물을 먹으라고 했으며, 신명기 16:3에 무교병 즉 고난의 떡을 먹으라고 했습니다. 이스라엘 백성은 이 유월절에 쓴 나물과 고난의 떡을 먹었습니다. 이는 애굽의 학대받던 일을 회상하고 각성하라는 의미입니다.

활에 맞은 새는 굽은 나무를 보고 놀라며, 물에 빠진 소는 빗물 고인 물을 보아도 멈춘다는 속담이 있듯이, 사람이 그 학대받던 일과 고생하던 일을 잊고 반성하지 못하면 이는 금수만 못합니다.

우리는 거의 반세기 동안 많은 학대를 받았습니다. 그때에 순교한 순교자의 수가 엄청납니다.

이스라엘 백성들이 무교병, 곧 고난의 떡을 먹으면서 유월절을 지켰던 것처럼, 우리 민족은 8.15의 광복을 맞이할 때, 우리도 눈물로 떡을 빚어먹고 하루쯤은 허리띠를 동이고 금식하며 순교한 주의 종들을 추모하며, 복음 앞에 진리 앞에 죽음을 맹세하며, 다시는 이런 불행이 없기를 기원함이 합당할 것입니다.

이사야 1:5-9에 "너희는 어찌하여 매를 더 맞으려고 더욱 더욱 패역하느냐" 하신 말씀은, 오늘 우리를 향한 경고의 말씀인줄 압니다. 각성해야 합니다. 과거를 회상하여 조국을 잘 지켜야 합니다.

　　이스라엘 백성들이 유월절을 지킬 때 누룩 없는 떡을 먹었습니다. 이것은 민중의 성결화 입니다. 즉 죄를 제거하는 운동이었습니다. 우리도 하나님 앞에 죄를 제거합시다.

더 나은 본향을 사모합시다
(히 11:13-16)

우리 민족의 최대 명절인 중추절을 은혜 중에 지내게 됨을 감사드립니다.

중추절은 조상을 생각하며 햇곡식과 햇과일을 먹는 날로서 온 가족이 모이는 즐거운 날입니다. 그래서 많은 사람들이 고향을 찾아서 떠나는 것입니다.

창세기 32:9에 보면 "나의 조부 아브라함의 하나님 나의 아버지 이삭의 하나님 여호와여 주께서 전에 내게 명하시기를 네 고향 네 족속에게로 돌아가라 내가 네게 은혜를 베풀리라 하셨나이다" 라고 하는 야곱의 기도가 나옵니다.

그는 형 에서의 장자권을 빼앗음으로 인해서 형의 노여움을 샀기에, 고향에서 살지 못하고 자기 외삼촌이 있는 타향에서 고생하며 살았습니다. 그 결과 거부가 되었고, 이제 고향으로 돌아가게 되어 하나님께 기도하고 있는 것입니다.

이처럼 인간은 누구나 고향을 그리며, 그 고향으로 금의 환향하기를 소원합니다.

성도 여러분, 많은 사람이 고향을 찾는 이유가 무엇이라고 생각하십니까?

고향에는 사랑하는 부모 형제가 있으며, 그곳에는 무언가 표현할 수 없는 향수가 있으며, 옛친구와 흩어졌던 이웃을 만날 수도 있는 곳입니다.

한 마디로 말해서 고향에는 인정이 있고, 자기만이 누릴 수 있는 사랑과 보고싶은 사람을 만날 수 있기 때문인 것입니다.

인간이 한평생 살아가야 하는 생명의 활동기간에 세 가지가 변하는 반면, 네 가지가 변하지 않는 것이 있다고 합니다. 그 세 가지 변화는 외모와 깨달아지는 지식과 욕망이라고 합니다. 육체가 변하고 지식이 변하고 삶에 대한 욕망이 변한다는 말입니다.

또한 변하지 않는 네 가지는 첫째로, 사람이 아무리 오래 살고 많은 것을 가지고 행복하게 살아도 인생은 역시 인생이라는 것입니다.

둘째는 모든 인생이 육체적으로 주어야만 된다는 것입니다.

셋째는 원천적으로 인간은 사랑하면서 사랑을 받아야만 하는 사랑의 힘을 가진 존재라는 것입니다.

넷째로 인간은 고향에 대한 향수를 갖게 마련입니다.

사람은 누구나 고향을 가지고 있습니다. 태어난 곳을 모르는 고아들도 제2의 고향이라는 곳이 있습니다.

많은 사람들은 고향에 대한 아름다운 추억들을 회상하면서 살아갑니다. 만물의 영장이라고 하는 인간들은 고향을 그리워하게 마련입니다. 짐승도 자기가 사는 고향을 떠나기 싫어하는 생태적 본능이 있다고 합니다.

우리 나라와 같은 분단 국가에서는 1천만의 이산가족이 있기 때문에 고향에 대한 향수는 민족적인 그리움의 덩어리라고 말할 수 있습니다.

사람에게는 육신의 고향과 보이지 않는 고향, '더 나은 본향'이 있습니다. 육신의 고향은 언제나 가고 싶으면 갈 수 있는 곳이지만(이북을 제외), 보이지 않는 고향, 즉 더 나은 본향은 마지막에 가야 할 처소입니다.

미국의 강철왕 카네기는 말하기를 '나는 세 곳의 고향을 가지고 있는데, 태어난 곳이 나의 고향이요, 내가 죽는 그곳이 또한 나의 고향이요, 내가 가야 할 하나님의 나라가 영원한 고향이다' 라고 했습니다.

그러면서 덧붙여 말하기를 '내가 태어난 고향에는 꿈나무를 심고 살며, 죽어야 할 고향에는 사랑의 나무를 심고, 내가 찾아가서 영원히 살아야 할 고향인 하나님의 나라에는 나를 송두리째 심는 노력을 한다'라고 고백했습니다.

우리는 제3의 고향 영원히 돌아갈 고향에 대해 이렇게 강렬한 소망을 피력한 카네기가 가난하거나 불행한 인생의 주인공이 아니었다는 사실을 돌아 볼 필요가 있습니다.

'더 나은 본향'이란 남녀와 환경과 형편에 관계없이 언제나 그렇게 가고 싶은 곳입니다. 아니 꼭 가야 하는 곳입니다.

히브리서 11:14-16에서 보면, 이 세상의 고향이 아닌 더 나은 본향을 사모하는 믿음의 사람들을 위해서 하나님께서 약속해 주신 축복의 말씀이 다음과 같이 기록되어 있습니다.

"이같이 말하는 자들은 본향 찾는 것을 나타냄이라… 저희가 이제는 더 나은 본향을 사모하니 곧 하늘에 있는 것이라. 그러므로 하나님이 저희 하나님이라 일컬음 받으심을 부끄러워 아니하시고 저희를 위하여 한 성을 예비하셨느니라"고 했습니다.

사랑하는 성도 여러분!

하나님께서는 믿음으로 살면서 자기 육신이 태어난 고향보다도 하나님 아버지가 계시는 "더 나은 본향"을 사모하는 자에게 아버지 하나님이 되어 주시고, 그들을 위해서 눈물도 고통도 애통함도 없고 오직 그리스도의 영광과 우리를 위해 예비하신 의의 면류관, 생명의 면류관만 있는 한 성을 예비해 주신다는 것입니다.

일 년에 한번씩 맞이한 한가위 명절을 수 십 번이나 지냈지만, 돌아갈 수 없는 고향만 바라보며 안타까워하는 성도들도 있을 것입니다.

오늘 히브리서 11:14 이하에 기록된 말씀처럼, 위로와 소망이 있으시기를 바랍니다.

민족 대이동의 중추절은 아름다운 풍속이요 정 많은 한국민에게는 천국과 같은 풍요로움과 감사와 기쁨과 즐거움이 있는 좋은 절기입니다. 고향을 그리워하며 찾는 열심과 같이, 더 나은 본향을 사모하며 살아가는 성도들이 되시기를 바랍니다.

빛을 따라 사는 사람
(고후 4:1-6)

일정한 단계와 정한 기간 동안 학업을 마치고 졸업하며 진급하는 여러분들을 진심으로 축하합니다.

배움의 길을 향해 가는 사람은 빛을 따라 사는 사람이요, 소망적인 삶을 살고 행복을 위해 전진해 가는 삶입니다.

옛날 사람들은 빛을 거룩한 것으로 여겨서 하나님과 관련시켜 생각했습니다. 하나님은 빛에 거하시고, 그는 빛으로 옷을 입으셨으며, 그에게는 어두움이 전혀 없고, 하나님이 육신을 입으신 예수님은 세상의 빛이시며, 하나님의 영광의 광채인 것입니다.

성서는 말씀하시기를, 빛은 하나님의 임재를 상징했습니다. 신약성경에 기록한 헬라말로는 빛을 "포스"라고 했는데, 이 말은 하나님께 나오는 가장 고귀한 정신이며 도덕적인 삶을 의미했습니다.

빛 된 삶은 하나님의 구원하시는 진리와 기독교적인 인격과 삶의 역사를 말하는 것으로 생각되어 왔습니다.

사도 바울이 말한 "빛을 따라 사는 사람"은 어떤 사람인가?

1. 빛을 따라 사는 사람은 진리를 나타내는 삶을 삽니다(2절).

"이에 숨은 부끄러움의 일을 버리고 궤휼 가운데 행하지 아니하며 하나님의 말씀을 혼잡케 아니하고 오직 진리를 나타냄으로 하나님 앞에서 각 사람의 양심에 대하여 스스로 천거하노라"고 했습니다.

빛을 따라 사는 사람은 진리를 나타내는 삶을 살게 됩니다. 진리는 빛을 발하게 되므로 따르는 자들이 있습니다. 그 진리의 핵심은 인간에 대한 아가페적인 사랑입니다.

진리의 세계를 보고자 하는 사람들은 V자 4개가 있어야 한다고 합니다.

1) Vision(비젼)입니다.

진리를 사모하는 사람들에게는 이상과 꿈이 있어야 합니다. 우리 앞에 꿈이 없는 사람은 좋은 사람이라고 할 수 없습니다.

요엘 2:28에 "내가 내 신을 만민에게 부어 주리니 너희 자녀들이 장래일을 말할 것이며 너희 늙은이는 꿈을 꾸며 너희 젊은이는 이상을 볼 것이다"라고 말씀해 주셨습니다.

우리는 꿈과 이상이 있는 신앙인이 되어야 합니다.

2) Venture(벤츄어)입니다.

Venture는 도전이란 뜻입니다. 우리들은 미래에 대한 도전과 모험심이 있어야 하겠습니다. '무슨 일이든지 하면 된다'는 의지로, 의로운 일에 도전하는 삶이 진리를 나타내는 삶이라 할 수 있습니다.

3) Vitality(바이탈리티)입니다.

이는 활력을 뜻하는 말입니다. 생기가 있고 생명력이 있어야 된다는 말입니다. 해보려는 욕망, 정의를 추구하려는 의에 불타는 심정으로 활동을 전개하여 나가는 것을 뜻합니다.

4) Victory(빅토리)입니다.

승리란 뜻입니다. 불의와 싸워 이기고 세상과 싸워 이기며 사탄과 싸워 승리하는 것을 말합니다. 세상과 싸워 이기고, 자기와의 싸움에서 이겨야 하는 것입니다.

이렇게 신앙적이고 적극적이고 긍정적인 자세로서 이겨나가는 승리의 삶을 살아갈 때에, 의와 진리의 세계에 살게 되는 것입니다.

빛을 따라 사는 사람은 진리를 나타내며 의로운 세계에서 살게 됩니다.

2. 빛을 따라 사는 사람은 복음을 증거하는 삶을 삽니다(3).

"만일 우리 복음이 가리웠으면 망하는 자들에게 가리운 것이다"고 말씀하고 있습니다. 복음을 증거하려면 믿음 위에 겸손과 감사를 더 해야 합니다.

누가복음 17:11-19에 열 명의 문둥병자의 기사를 볼 수 있습니다. 열 명이 몸을 다 고쳤는데, 그 중에 사마리아 사람 한 명만이 와서 무릎을 꿇고 절하고 하나님께 영광을 돌렸다는 사실입니다.

병 고친 아홉 명의 행방은 자기 잘 곳으로 갔지만, 사마리아 사람 한 명은 겸손한 마음과 감사한 마음으로 예수님께 와서 무릎을 꿇고 절하며 감사했습니다.

감사한 한 사람, 사마리아 사람은 그리스도의 복음을 증거하였습니다. 믿는 사람들이 그리스도의 복음을 가리우면 결코 복음이 될 수 없습니다.

고침 받은 문둥병자와 같이, 믿음과 겸손과 감사의 삶을 통해 그리스도의 복음을 증거하는 빛을 들어내는 삶을 사시기를 바랍니다.

3. 빛을 따라 사는 사람은 성령의 인도하심을 따라서 사는 사람입니다.

인간의 욕심과 세상의 물결 따라 사는 것은 육을 따라 사는 일이요, 의와 진리와 화평을 쫓아 사는 자는 성령의 인도하심을 따라 사는 것입니다.

성령의 지도하심을 따라서 살 때에는 광명의 역사가 있고 축복이 있지만, 인간의 말과 지식과 경험, 그리고 우월감에 의해 살게 되면 실패로 돌아가고 좌절과 낙망만이 따를 뿐입니다.

요한복음 16:33에, "세상에서는 너희가 환난을 당하나. 담대하라 내가 세상을 이기었노라"고 하십니다.

세상에서는 환난을 당할 수 있습니다. 담대한 믿음으로 성령의 인도하심을 따라서 살 때 승리할 수 있습니다.

　빛을 따라 사는 사람들은 진리를 나타내는 삶과 그리스도의 복음을 외치고 증거하는 삶을 살아야 하고, 성령의 인도하심을 받아 온 천하에 빛을 증거하는 믿음의 용사들이 다 되시기를 주의 이름으로 축원합니다.